IB

해설

부동산IB 해설

초판 발행 2023년 6월 15일
초판 3쇄 발행 2024년 6월 20일

지은이 권태준
펴낸이 류원식
펴낸곳 교문사

편집팀장 성혜진 | **책임진행** 김성남 | **디자인** 신나리 | **본문편집** 김도희

주소 10881, 경기도 파주시 문발로 116
대표전화 031-955-6111 | **팩스** 031-955-0955
홈페이지 www.gyomoon.com | **이메일** genie@gyomoon.com
등록번호 1968.10.28. 제406-2006-000035호

ISBN 978-89-363-2427-8 (93320)
정가 42,000원

부동산IB 해설

권태준 지음

투자금융기관 실무자를 위한

부동산개발금융 길라잡이

R E A L   E S T A T E   I B

교문사

저자 소개

권태준

우리은행 CIB사업부 부장(출간일 현재)

건국대학교 부동산학과 학사 (동 대학 부동산대학원 휴학 중)
고려대학교 경영대학원 석사 (Global MBA)
우리은행 종합금융단, 프로젝트금융부, 투자금융부, 기업개선부, 동경지점, 교하지점 등 근무

1997년 우리은행 입행 후 2001년 외환 딜러로 선발되어 종합금융단에 근무한 것을 시작으로 다양한 IB 부문에서 폭넓은 경험을 쌓아온 IB 전문가. 수도권제1순환고속도로(舊 서울외곽순환고속도로) 자금관리를 시작으로 부산 백양터널 채권매각을 비롯한 다양한 인프라금융의 실무자로서 IB 경력을 시작하였다. SOC 및 벤처분야, 기타 정책금융 성격의 투자를 제외하면 우리은행 최초의 순수 민간 지분투자(PI) 사례 중 하나인 모 부동산신탁사 지분투자 프로젝트의 실무를 담당하여 성공적인 exit에 기여한 바 있다. 다수의 국내 및 해외 부동산PF, 국내외 거액 기업여신(corporate finance) 및 신디케이티드 론, 선박·항공기 금융, 국내 상업용 부동산 실물자산 금융 및 국외지점 거액 외화여신에 이르기까지 다양한 IB·기업여신 업무의 주선 및 참여업무를 담당하였다. 부동산PF의 신규 주선뿐 아니라 이해관계가 복잡한 부실여신의 매각주선 등 사후관리 부문까지 깊게 경험한 올라운드 전문가로 평가받고 있다.
대한민국 부동산PF의 태동기부터 2008년 글로벌 금융위기와 관련된 부동산PF의 좌절과 실패, 사후관리에 이르기까지 부동산개발금융시장의 부침을 모두 경험한 대한민국 부동산개발금융 1세대. 지식산업센터, 대규모 아파트 및 주상복합시설 등의 공동주택, 골프장 및 복합 리조트, 오피스텔 및 상업용 부동산, 해외 부동산PF에 이르기까지 다양한 부동산PF의 금융구조 설계와 금융주선 업무를 담당하였다. 참고할 전례가 없는 경우가 대부분이던 시기에 특유의 끈기와 섬세함, 추진력을 바탕으로 대상 프로젝트에 최적화된 금융구조를 설계하고 금융주선까지 완료함으로써 현재 금융시장에서 보편적으로 접할 수 있는 다양한 프로젝트별 금융조건의 원형이 정립되고 표준화되는 데 기여하였다. 부동산개발금융이 개별 프로젝트의 성공과 그 참여자 소수의 경제적 부가가치 창출 수단으로만 인식되고 있는 현실에 늘 아쉬움을 가지고 있으며, 부동산PF가 개별 프로젝트 차원을 넘어 사회적 자본 창출의 도구로서 그 지위를 인정받고 사회적 공기(公器)로서도 역할 하기를 소망한다.

추천사

부동산 프로젝트 파이낸싱과 구조화금융 등에 관심 있는 분들께 추천합니다.

긴 시간 동안 책 출간을 위해 많은 고뇌와 노력을 통해 좋은 결실을 맺은 것에 대해 감사하다는, 진심 어린 축하인사를 드립니다. 저자는 우리은행에서 IB와 관련한 다양한 분야에서 오랫동안 많은 실전 경험을 쌓은 부동산금융 전문가입니다. 저는 많은 시간을 저자 옆에서 지켜보면서, 업무 하나하나에 진심을 쏟고, 클라이언트를 대하는 겸손하고 진지한 태도와 철저한 업무처리에 늘 깊은 인상을 받곤 했습니다. 이번에 출간된 책을 읽어보니 부동산금융에 입문하는 초보자부터 실무를 담당하고 있는 일선의 담당자에게도 많은 도움이 될 만한 내용들로 구성되어 있어 반가웠습니다. 특히, 구조화금융을 비롯하여 다양한 금융기법에 대한 상세한 설명은 무척이나 인상적이었습니다. 현업에서 부동산PF를 담당하시는 분을 포함하여 투자금융 및 부동산IB 분야에 관심이 있는 모든 분들께 적극 추천합니다.

이호준_제이알투자운용 투자사업본부 전무

투자은행 분야에 관심 있는 모든 분들을 위한 필독서

저자는 부동산개발금융뿐만 아니라 부동산 실물자산 투자와 관련된 IB 분야에서도 탁월한 업무능력을 보여준 흔치 않은 전문가입니다. 함께했던 부동산 실물자산 매입·투자 딜(deal)에서 저자는 늘 해박한 업무지식과 꼼꼼하고 완벽한 업무처리, 항상 온화한 업무태도로 딜의 성공적인 마무리에 큰 기여를 한 바 있으며, 결과적으로 성공적인 딜 클로징을 할 수 있었습니다. 비록 부동산개발금융 분야에 중점을 두고 기술되어 있기는 하나, 책을 살펴보니 투자은행 전반에 걸쳐 핵심적인 절차와 용어 등이 두루 소개되어 있어 자산운용사를 비롯한 IB 분야 금융기관의 주니어분 모두에게 유용하리라 생각되며, 업력이 있는 시니어들도 다시금 이론을 재정립할 수 있는 기회가 될 것으로 생각합니다. 특히 피상적인 안내가 아닌, 다양한 실전을 거친 프로페셔널한 경험에서 나오는 진심 어린 조언을 읽는 재미도 적지 않았습니다. 책의 내용이 가볍지만은 않으나, 완독하신다면 얻는 것이 적지 않으리라 생각합니다.

유진형_엠플러스자산운용 부동산운용본부 차장

부동산개발금융 시장에 저자와 같이 접속하다.

"Virtual Reality"를 통해 우리는 시공간의 제약을 받지 않고 다양하게 체험할 수 있습니다. 이 책을 읽다 보면 저자가 경험하고 연구해 온 생생한 부동산개발금융이라는 시장의 가장 기본으로, 때론 과거와 미래까지도 시공간을 넘어 모두 체험할 수 있습니다. 부동산개발금융 시장에 참여하길 원하시는 분, 기회와 위험이 모두 상존하는 시장에서 정확한 판단과 의사결정이 필요한 분 모두에게 친절한 가이드북이 될 것으로 확신합니다.

김주영_KB자산운용 부동산운용본부 이사

IB 베테랑에게도 도움이 될 실용적인 도서

늘 최선을 다해서 클라이언트의 입장을 이해하고, 전문가다운 최적의 방안을 찾던 저자의 모습이 항상 인상적이었습니다. PF를 포함하여 다양한 실물자산, 오브젝트 금융을 아우르는 핵심 기본용어와 함께 신디케이션 절차와 주의할 점, 리츠 및 구조화금융, 부동산펀드에 이르기까지 다양한 금융상품과 기법을 자세하고 친절히 설명하고 있어 마치 옆에서 과외를 받는 느낌이 들었습니다. IB 부문 주니어뿐만 아니라 이미 금융권에서 시니어로 활동하는 많은 베테랑들에게도 큰 도움이 되리라 믿습니다.

김종욱_DB자산운용 대체투자운용본부 본부장

금융기관, 시공사, 시행사, 증권사 및 신탁사 담당자들의 필독서

부동산 개발금융은 부동산 개발사업에서 하나의 중심축으로 사업의 성패를 좌우할 수 있는 매우 중요한 부분입니다. 이러한 개발금융은 시대와 환경 변화에 따라 지속적으로 변하고 있습니다. 제가 속해 있는 건설업계도 다양한 방식의 개발금융 기법이 나타나고 또 사라지기도 합니다. 이러한 변화의 흐름 속에서 최근 업계에 입문하거나, 성장하고 있는 실무담당자들이 현재의 흐름만 보고 기본을 간과하는 경우가 많이 있습니다. 그로 인해 기본적인 것들을 놓치는 경우가 많이 있는데, 이 책은 그러한 기본을 다져주고 실질적인 업무능력을 심도 있게 배양해 줄 수 있는 책이라고 생각되어 추천드립니다. 특히 투자금융기관 실무자들뿐만 아니라 시공사, 시행사, 증권사, 신탁사 등 부동산 개발사업 여러 분야의 실무자들께도 강력하게 권해 드립니다. 실무경험을 토대로 집필되어 내용이 생생하고 실제 업무 적용에도 용이한 책이어서, 저 또한 이 책을 읽으면서 다시 한번 배우는 계기가 되었습니다. 많은 분들이 이 책을 읽고 부동산개발금융에서 도움을 받으시길 기대합니다.

정창환_한화건설 개발사업본부 차장

대한민국 부동산개발금융 담당자가 실무에 바로 적용할 수 있는 책

저자와의 인연은 한국신용평가에서 사업성평가를 담당하던 2000년대 초반으로 거슬러 올라갑니다. 부동산 PF 용어 자체가 낯설던 시절부터 저자가 대한민국 IB 1세대 중 한 명으로서 성공적으로 수행한 다수의 부동산PF를 사업성평가 담당자로서 함께할 수 있었던 것은 개인적으로도 저에게 큰 기쁨이자 소중한 인연이었습니다. 저자가 사명감을 가지고 투자은행 부문 후배를 위한 참고 도서를 집필하고 있다는 소식에 출간 소식을 손꼽아 기다리고 있었습니다. 이 책이 신입 직원들의 입문서로 탁월한 내용을 포함하고 있으며, 이미 관련 업무에 종사하는 담당자들에게도 꼭 필요한 실무경험을 공유하는 실용적인 책으로 많은 분들이 꼭 참고하기를 강력히 추천합니다.

윤중현_상상인증권 PF본부 전무

부동산개발금융의 기본서

반가운 책이 출간됐습니다. 부동산금융의 한 축을 담당하면서 주위 분들에게 추천할 자료가 한정적이라 늘 아쉬움을 가지고 있었는데 이제 그러한 아쉬움이 많이 해소될 것 같아 개인적으로 기쁩니다. 내용을 정독해 보니 부동산개발금융을 포함하여 IB 전반에 대한 기본서의 성격과 함께 부동산금융 관련 전문서로도 손색없는 깊은 내용을 담고 있어 놀랐습니다. 부동산개발금융에 관심 있는 분들이 기본을 탄탄히 다지는 데 큰 도움이 될 것으로 믿습니다.

이승호_대한감정평가법인 이사

부동산개발금융의 친절한 길라잡이

부동산PF를 비롯한 부동산IB를 깊이 있게 공부하고자 하는 분들에게 큰 도움이 될 책입니다. 당연하다고 생각하고 있는 기본적인 용어의 개념과 연원부터, 실무담당자에게 도움이 될 다양한 내용까지 버릴 것 없이 알차게 채워진 책의 구성을 보니 저자가 기울인 정성을 한눈에 알아볼 수 있었습니다. 부동산개발금융에 관심을 가지고 관련 업무를 담당하고 계시는 모든 분들에게 자신 있게 권해 드립니다. 아울러, 교보문고 앞에 적힌 "사람은 책을 만들고, 책은 사람을 만든다"라는 문구처럼 독자가 이 책과 함께 부동산개발금융에 대한 올바른 방향을 만들어가길 기대합니다.

김건희_미래새한감정평가법인 본부장

IB 실무가와 법률가의 부동산금융 바이블

저자는 대한민국 IB 분야를 개척해 온 최고의 전문가입니다. 철저한 준비와 온화하면서도 날카로운 업무 추진에 늘 감탄을 하곤 했습니다. 저자는《부동산IB 해설》을 입문서로 기획하였으나 실제로 그 내용은 '입문'의 수준을 넘어 대한민국 부동산IB의 역사를 되짚어 가며 IB실무가라면 궁금하고 찾아보고 싶은 내용, 금융기법, 용어와 개념들의 의미와 활용 그리고 그 속에 녹아 있는 법률적 의미를 친절하면서도 깊이 있게 다루고 있습니다. 그동안 선배들에게 알음알음 물어 이해해야 했던 '평균' 만기와 '평균' 대출금의 기본 개념, 잘 와닿지 않는 Cap Rate의 분석적 설명, 흩어져 있어 법령만 봐서는 알 듯 모를 듯한 부동산개발 인허가, 어디에도 정리되어 있지 않은 구조화금융거래의 도해, 부동산IB에서 사용되는 vehicle의 이해하기 쉬운 비교·설명, 그리고 신디케이티드 론 방식 자금조달의 처음부터 마지막 단계를 설명하고 있는 마지막 챕터는 이론과 실무 능력을 모두 갖춘 IB업계 선배가 후배에게 넌지시 일러주는 마음가짐과 자세를 담아둔 것이 아닐까 하는 생각이 들었습니다. 저자가 대한민국 IB를 살찌워 왔듯이 판을 거듭해 가며 이 책도 꾸준히 성장해 부동산금융업계의 바이블이 되기를 기원해 봅니다.

고훈_법무법인(유) 광장 금융증권그룹 파트너변호사

IB에 관심 있는 분들의 필독을 권합니다.

먼저 출간을 진심으로 축하드립니다. 멀리서나마 집필 소식을 듣고 있었는데 오랜 인고의 시간을 거쳐 드디어 출간이 된 것 같아 반갑습니다. 저자와는 대한민국에 IB가 태동하던 시기에 함께 프로젝트를 진행한 소중한 인연입니다. 특유의 면밀함과 클라이언트의 신뢰를 바탕으로 금융주선을 위해 과감하게 딜을 진두지휘하던 저자의 모습이 새삼 떠오릅니다. 흔히 부동산PF로 호칭되는 부동산개발금융의 참고도서가 적지 않지만 지나치게 부동산개발금융 부문에만 초점을 맞춘 측면이 없지 않아 다소 아쉬웠습니다. 이번에 저자가 펴낸 《부동산IB 해설》은 부동산개발금융을 중심으로 기술되어 있으나 투자은행과 자본시장 전반에 걸쳐 필수적인 개념과 용어도 충실하게 수록되어 있어 투자은행 전반의 관점에서 기본서로 삼기에 손색이 없을 것 같습니다. 부동산개발금융에 국한되지 않고 IB 분야에 관심 있는 모든 분들에게 일독을 권해 드립니다.

최진숙_법무법인(유) 바른 파트너변호사

부동산금융의 기본은 이 책으로 먼저 공부하시길 추천드립니다.

이 책을 통해 저자의 풍부한 경험과 실력을 다시 한번 알 수 있었습니다. 이 책은 프로젝트 파이낸스에 대한 실무뿐만 아니라 리츠&부동산펀드, 자산유동화, 외환 환헤지에 이르기까지 부동산투자의 제반 개념을 잘 설명해 주고 있습니다. 부동산금융을 배우고자 하는 학생뿐만 아니라 은행, 증권사, 각종 대출기관, 투자기관, 자산운용사 등 부동산금융 투자실무자들에게도 이 책을 자신 있게 추천해 드립니다.

박영곤_대신자산신탁 리츠투자부문장

이론적인 배경에 다양한 실무경험을 녹여 만든 부동산IB 업무 필수 입문서

저자는 본인과 33년 이상 가까이 지내온 학과 후배 겸 인생 지기입니다. 겸손한 성격에 전공자답게 투자은행 분야에서 탄탄한 이론적인 지식을 바탕으로, 다양한 실전 경험을 가진 부동산IB 업계의 실력자라 감히 말씀드립니다. 은행, 증권사, 운용사, 신탁사, 여신기관 등 부동산IB 분야 실무 종사자 및 입문 희망자들에게 많은 도움을 줄 수 있는 책이라고 생각합니다. 기존에도 유사한 내용의 도서가 발간된 적이 있었으나, 이론과 다양한 경험을 바탕으로 한 실무를 겸비한 책은 많지 않다고 생각합니다. 이에 대한 필요성을 느끼고 있던 차에 저자의 책 내용을 살펴보니, 필요하다고 생각하는 내용이 일목요연하고 세세하게 구성되어 있었습니다. 국내외 다양한 딜을 직접 주선 및 자문, 투자한 경험에서 우러나오는 생생한 지식이 들어가 있어 이론적인 배경과 함께 실무적인 지식에 목마른 부동산IB 실무에 종사하시는 분들과 관련 업무를 희망하시는 분들께 큰 도움이 되리라 확신하게 되어 추천합니다. 본 책으로 인해 많은 도움 받으시길 기대해봅니다.

정현훈_현대차증권 부동산구조화부문 상무

IB시장이라는 숲과 부동산개발금융이라는 나무의 절묘한 콜라보

초고를 읽고 신선한 충격을 받았습니다. 시중에서 비교적 쉽게 접할 수 있는 나열식 소개가 아닌, 하나하나 저자가 직접 경험하고 고민한 내용이 깊이 있고 구체적으로 서술되어 있었습니다. 예를 들어 무엇이 부동산개발금융이고 일반 여신과의 근본적인 차이점은 어떤 것인지와 같은 가장 기본적인 부분에 대해서도 적지 않은 논문과 참고자료, 저자의 오랜 금융실무 경험을 바탕으로 그 근원까지 깊게 파고들어 알기 쉽게 설명하고 있습니다. 다른 책에서는 거의 접하기 힘든 약정서의 구성체계도 탄탄한 근거를 바탕으로 친절히 서술되어 있고, 누구나 알 것 같지만 실제로는 깊이 있게 알기 힘든 핵심 IB 용어에 대해서도 그 연원과 의의를 잘 설명하고 있는 점도 장점입니다. 실제로 금융주선, 금융참여 업무를 수행하시는 분들, 특히 저자가 애정을 가지고 있는 금융기관 주니어분들이 실수를 줄이고 보다 효율적으로 업무를 수행하는 데 큰 도움이 되리라 믿습니다.

기동호_우리은행 IB그룹 부행장

기본에 충실한 부동산금융 해설서

IB 부문에 또 한 권의 양서가 출판되어 반갑습니다. 비단 부동산개발금융뿐만 아니라 IB시장의 생태계와 구조화금융의 이론적인 배경과 실무 사례, 각종 투자 vehicle의 장단점, 그리고 국내에는 상대적으로 잘 알려져 있지 않은 국제 표준 금융계약의 체계에 이르기까지, 실무에 도움이 될 내용이 풍부하여 투자은행 부문에 관심 있는 분들께 실질적으로 큰 도움이 될 것으로 생각합니다. 현업에 종사하시는 분 외에 투자은행의 세계에 관심이 있는 모든 분들께 추천합니다.

김만호_우리은행 IB그룹 프로젝트금융본부장

투자금융 및 부동산금융의 기본에 충실한 책

대중적으로 용어는 알려져 있는 경우가 많지만 그 업무의 내용이나 성격에 대해서는 여전히 전문영역으로 남아 일반의 접근을 허용하지 않는 금융부문이 있습니다. 바로 IB로 지칭되는 투자금융과 투자은행, 그리고 부동산금융의 세계입니다. 저자는 대한민국 IB의 초창기부터 다양한 분야에서 폭넓은 경험을 쌓아온 베테랑입니다. 피상적인 이론의 나열을 벗어나 부동산개발금융을 비롯한 IB의 기본 핵심용어에 대한 설명, 금융주선의 절차와 주의할 점 등이 생생히 묘사돼 있어 금융실무에 바로 활용할 수 있는 귀중한 정보가 가득합니다. 주요 금융조건합의서(안)와 비밀유지서약서를 비롯한 다양한 부록도 풍부하여 현업에 실질적인 도움이 될 수 있으리라 믿습니다. 특히, 구조화금융 방식을 비롯한 각종 금융기법에 대한 실제 금융주선 경험을 바탕으로 한 세세한 설명은 국내 관련 도서 중 독보적이지 않을까 싶습니다. 저자가 기획한 부동산개발금융과 투자금융의 입문서로 손색이 없을 것 같아 추천드리며, 향후에도 저자가 계획하고 있는 실제 금융주선 사례와 리스크분석 부문을 아우르는 또 다른 역작의 탄생 또한 기대해 봅니다.

전현기_우리은행 IB그룹 투자금융본부장

대한민국 부동산개발금융과 IB 부문의 작지만 소중한 길라잡이가 되기를 희망합니다.

금융기관 재직 중 오랫동안 국내외 부동산개발금융 및 부동산실물자산 금융, 자기자본투자(PI), 선박 및 항공기금융, 대형 딜(deal)의 사후관리 및 채권매각 등 다양한 투자은행(Investment Banking: IB) 부문 업무를 담당해 왔습니다. 그간 다양한 금융기관 담당자들을 만나면서 부동산개발금융, 그리고 부동산실물자산 금융 부문에도 고수분들이 많다는 생각을 늘 해왔습니다.

그러나 훌륭한 전문가들의 포진에도 불구하고 금융시장 최일선에서 고군분투 중인 자산운용사나 증권사, 은행의 프론트(front), 심사부서 주니어분들이 업무적응에 크고 작은 어려움을 겪거나 실무와 관련된 지식을 체계적으로 익혀나가시는 데 어려움을 겪는 모습 또한 적지 않게 봐왔습니다. 이는 기본적으로 부동산개발금융을 실무에서 제대로 수행하기 위해 요구되는 지식과 경험의 절대적인 양이 만만치 않은 데에서 비롯합니다. 예를 들어, 부동산개발금융의 경우 가장 기본이 되는 부동산 공법의 기본 지식부터 시작해서 딜(deal)의 객관적인 리스크 파악을 위한 시장 및 금융환경을 파악하는 능력, 해당 프로젝트나 딜(deal)의 수익창출력 파악을 위한 재무분석능력, 클라이언트(client) 및 다른 금융기관, 시공사 등과 의사소통을 신속하고 효율적으로 수행할 수 있는 세심하면서도 과감한 주도성, 프로젝트의 장점과 특징을 일목요연하게 제3자에게 설득하는 프레젠테이션 능력에 이르기까지 익혀야 할 분야가 한두 가지가 아닌 경우가 많습니다.

부동산을 대상으로 하는 금융이라도 실물자산을 대상으로 하는 것인지, 개발사업을 지원하는 부동산개발금융인지에 따라 그 절차와 구조가 상이합니다. 이 밖에도 해당 자산이나 프로젝트가 국내에 소재하는지, 아니면 해외에 소재하는지에 따라서도 분야가 나뉘게 되는데, 각 분야에서 요구되는 전문지식과 경험치가 모두 달라서 해당 분야의 진입장벽이 되기도 합니다.

금융기관마다 차이가 있으나 과거에는 주니어를 위한 연수 프로그램이나 도제식 교육 시스템이 비교적 효율적으로 작동되어 왔던 것에 비해, 최근에는 딜(deal) 선점을 위한 금융기관별 경쟁이 과거와는 비교가 되지 않을 정도로 치열해지고 있어 상대적으로 주니어의 체계적인 육성이 우선순위에서 밀리는 경향이 있습니다.

이러한 현실에서, 금융기관에서 부동산개발금융을 담당하는 인력이 실물자산부터 프로젝트파이낸스와 같은 부동산개발금융, 해외자산 투자 및 금융지원, 그리고 이에 관련된 장기 지분투자(principal investment) 및 회수에 이르는 사후관리에 이르기까지 다양한 분야를 입체적으로 경험하고 통찰력을 지닌 인재로 성장하기에는 구조적으로 한계가 있다고 생각합니다.

물론 금융기관에서는 다양한 분야에 대한 대응 팀을 별도로 조직해서 시장의 수요를 충족하는 방식을 채택하기도 합니다. 하지만 대형 금융기관이라도 팀이나 본부별로 각 분야를 전담하는 조직을 다시 분리운영하는 것은 쉽지 않습니다. 실제로 분리해서 운영한다고 해도 시장의 수요란 것이 칼로 무 베듯이 실물자산과 개발금융으로 명확히 구분하기 힘든 경우도 있습니다. 투자목적 및 트렌드에 따라 개발 후 실물자산 보유, 장기 지분투자를 전제로 한 개발금융 또는 실물자산 매입금융 등 다양한 니즈(needs)가 존재하는데, 이를 단순히 담당 팀이나 본부별 운영체제로만 감당하기에는 클라이언트나 금융기관 담당자 입장에서 부족하다고 느끼는 지점이 반드시 생기기 마련입니다.

가장 바람직한 모델은, 여력이 된다면 금융기관별로 각 분야를 담당할 특화된 조직을 분리 운영하고, 이와 더불어 부동산 관련 금융을 담당하는 개별 인력이 부동산금융 및 가능하면 부동산금융을 포함한 투자은행의 제반 분야에 대해서 클라이언트 응대가 일정 수준 가능한 올라운드 플레이어(all-round player) 능력을 갖추는 것이라고 할 수 있습니다.

이 책은 다양한 분야의 투자금융기관에서 부동산금융을 담당하시는 주니어분들이 부동산 관련 금융이라는 전체적인 숲을 부동산개발금융이라는 관점에서 일견하실 수 있도록, 종국적으로는 쌓여가는 경험과 더불어 부동산 관련 금융 분야에서 올라운드 플레이어가 되도록 도움을 주는 데 목표를 두었습니다.

당초 이 책의 초안은 한참 전인 2015년에 완성되었습니다. 대한민국 IB 1세대로서 경험하고 축적한 지식을 후배분들께 조금이나마 전달해야 한다는 나름의 사명감으로 시작하였으나, 부족한 글솜씨에 더해 한 권의 책에 부동산금융 지식을 모두 담아야 한다는 강박에 가까운 욕심이 겹쳤습니다. 완성된 초안을 살펴보니 거창했던 의도와 달리 단순한 글무더기에 불과한 결과물이 되지 않았나 하는 걱정과 부끄러움이 앞서 한동안 출판 관련 꿈을 접고 후속 작업을 몇 년간 중단했습니다.

약 4년간의 국외점포 근무를 마치고 귀국 후 일선 점포에서 부동산금융 관련 현업을 하면서 예전과 유사하게 자산운용사나 증권사, 시중은행 주니어분들이 업무에 애로를 겪고 있음을 다시 한번 목격하며, 부족하지만 다시 펜을 들기로 용기를 냈습니다.

대한민국에는 부동산개발금융을 취급하는 수많은 금융기관이 있습니다. 그러한 금융기관에서 지금도 불철주야 노력하고 계시는 주니어분들이 10여 년 전과 다름없이 표준화된 업무절차가 무엇인지, 신디케이티드 론(Syndicated Loan)의 진정한 의미와 효용이 무엇인지 등 아직도 이론적으로나 실무 면에서 많은 부분을 여전히 궁금해하고 다양한 사안에 대해 고민하시는 모습을 보고 느낀 바가 많았습니다. 또한 클라이언트와의 협의나 사후관리 과정에서 과거 금융시장에서 IB 선배들이 겪었던 실수가 지금도 금융시장 현업에서 반복되는 모습을 보면서 내심 적지 않은 충격을 받았습니다.

같은 용어이지만 서로 다른 뜻으로 쓰면서 담당자들 사이에 동문서답을 주고받는 일은 여전히 현재진행형이었습니다. 그 외, 기본적인 관련 법지식을 몰라서 업무 중에 난처한 일을 겪고, 제대로 알고 있으면 훨씬 편리한 내용과 절차를 피상적인 지식으로 경무장한 채 현업에서 고군분투하시는 모습도 예전과 크게 다르지 않았습니다.

그리고 어쩌면, 이러한 안타까움이 앞으로도 대한민국에서 현재진행형으로 계속되는 것은 아닌지 하는 걱정도 지울 수 없었습니다. 이에 많이 부족하지만 조금이나마 도움이 될 만한 내용이라면 출판이라는 작업을 거쳐 세상에 내놓는 것이 그나마 관련 업무를 먼저 경험한 사람으로서 최소한의 의무 중 하나가 아닐까 하는 생각이 들었습니다.

실무에서 가장 최전선에 계시는 투자금융기관의 주니어분들께는 마치 옆에서 친절한 선배가 개인과외를 해주는 것처럼 최소한의 길라잡이가 될 수 있도록 노력했습니다. 비록 깊은 내용은 아닐지라도 이론적인 지식이나 실무 면에서 희미하나마 등대 같은 길라잡이가 될 수 있다면 큰 보람이 될 것 같습니다.

이 책은 부동산개발금융 및 IB(투자은행)의 가장 핵심이 되는 분야에 집중하여 단기간에 실무에 도움이 되는 지식을 흡수하실 수 있도록 하는 데에 초점을 맞췄으며, 크게 두 부분으로 구성되어 있습니다.

전반부는 부동산개발금융과 투자은행 부문의 실무자로서 반드시 정확히 알고 있어야 하는 핵심용어나 개념에 대한 설명을 주된 내용으로 하고 있습니다. 용어에 대한 설명은 책의 말미에 부록이나 참고사항으로 배치하는 것이 일반적이지만, 이 책에서는 그 구성을 반대로 하여 과감히 전반부에 배치했습니다. 누구나 한 번쯤은 궁금해 했지만 너무나 익숙한 용어이고, 또 관행이라서 다들 아는 것으로 전제하고 넘어갔을 기초적인 부분에 대해서도, 그것이 부동산금융을 담당하는 데 핵심적인 내용이라면 최대한 상세하게 알려드리고자 했습니다. 설명은 실무적인 부분에 초점을 맞췄으나 가능하면 이론적인 부분까지 언급하고자 정성을 기울였습니다.

이 책의 후반부는 대한민국 부동산개발금융의 연혁을 포함해서 그 절차와 기본적인 기법 등을 설명드리고 있습니다. 전반부의 핵심용어 설명에서 그러했듯이 지나치게 이론적이고 교과서적인 부분은 배제하고 최대한 실무자의 관점에서 실질적인 도움이 될 수 있도록 했습니다.

한편, 이 책은 부동산 관련 금융 중 실물자산이 아닌 부동산개발금융을 주로 다루고 있습니다. 한정된 지면과 당초 부동산개발금융 분야를 염두에 두고 장기간 초고를 작성해 온 탓에 출판에 즈음하여 부동산 실물자산 금융을 상세히 다루지 못한 점은 개인적으로 가장 아쉬운 부분 중 하나입니다. 그러나 부동산 실물자산 금융 분야도 부동산개발금융과 마찬가지로 부동산공법을 그 뿌리로 하여, 상대적으로 그 기법과 절차 등 적어도 형식적인 부분에서는 실물자산 부동산금융과 많은 부분이 유사하다는 점에서 다소나마 아쉬움이 상쇄되지 않을까 싶습니다.

그리고 주니어분들을 대상으로 하다 보니 이 책은 부동산개발금융 및 투자금융의 전체적인 얼개를 소개하는 데 중점을 둘 수밖에 없었음을 고백합니다. 일단 주니어로서 기본적인 내용을 숙지한 이후의 가장 핵심은 시장에서 딜(deal)을 발굴하고, 해당 딜의 리스크와 사업성을 판단해서 금융주선을 성사시키는 것이라고 할 수 있습니다만, 여러 가지 이유로 리스크와 사업성분석 관련 내용을 깊게 다루지 못한 점 또한 이 책의 한계라고 할 수 있습니다.

이 책은 부동산개발금융을 기본 테마로 하여 다루고 있지만 그 외의 비정형 특수금융업무에도 참고할 만한 내용을 가급적 많이 싣고자 노력했습니다. 부동산개발금융이 투자은행업무의 한 분야로 인정되고, 다양한 IB 기법들이 활용되고 있기 때문에 비단 부동산금융뿐만 아니라 IB 분야의 기초지식에 목마른 분들께도 기본적인 지식을 익혀 나가시는 데 도움이 되지 않을까 싶습니다.

이 책에서 각종 용어의 뜻이나 정의는 가급적 학문적 정의를 기준으로 하고자 노력하였으나, 이해를 돕기 위해 실제로 금융시장 및 현업에서 사용되는 의미와 충돌하는 경우에는 과감히 실무적인 내용에 중점을 두고 기술하였습니다.

이 책은 부족한 점이 많습니다. 저자의 준비 부족으로 인한 내용의 부족함이 가장 큰 탓이지만, 내용을 보완할 도표나 그림 등도 그 절대량에서 부족한 면이 많습니다. 하지만 내용이 화려하지도 않고 부족한 부분도 많지만 독자분들이 부동산개발금융이나 투자금융의 입문단계에서 가장 기초적이고 기본적인 부분을 철저히 그 맥락이나 실무적인 용례까지 아실 수 있도록 하는 데 노력을 기울였습니다. 또한 금융실무를 경험하면서 저 자신을 비롯하여 동료나 같은 업계에 계신 분들이 느껴왔던 갈증에 귀를 기울이고 그러한 내용을 반영하여 이 책에 포함시키고자 많은 노력을 기울였습니다.

뛰기 위해서는 우선 걸을 수 있어야 한다고 생각합니다. 부족하나마 이 책으로 걸으시는 데 무리가 없도록 기초체력을 쌓으시고 다른 전문서적이나 논문을 참고하시면서 각 기관에서 실전을 차근차근 경험하신다면 시행착오를 줄이고 한층 효율적으로 현업에 임하실 수 있지 않을까 싶습니다.

감사의 말씀

우선 인간적으로나 능력 면에서 부족한데도 불구하고 IB 부문에서 일할 기회를 주신 우리은행에 마음에서 우러나오는 진심 어린 감사를 드립니다. 일선 지점에서 영업의 중요성과 소중함을 일깨워 주신 함께 근무했던 선후배님들께도 진심으로 감사 인사를 드립니다. 투자금융의 프론트 및 심사부문에서 동고동락했던, 저를 이끌어 주시고 도와주셨던 별 같은 선후배님, 동료분들은 너무 많아서 개별적으로 감사 인사를 드리기에는 지면이 허락되지 않을 것 같습니다. 일일이 말씀드리지는 못하지만 다시 한번 같이했던 모든 분들께 머리 숙여 깊이 감사드립니다.

건국대학교 부동산학과와 부동산대학원은 제 부동산 관련 지식의 근간입니다. 은사이신 조주현 교수님, 손재영 교수님께 깊은 존경과 감사를 드리며, 여러 선후배님들, 원우님들께도 지면을 빌려 깊은 감사를 드립니다. 특히, 이 책의 출판과정에서 늘 애정 어린 시선으로 출판을 격려해 주시고 많은 자료를 제공해 주신 정현훈 선배님, 강승완님께 큰 감사를 드립니다. 두 분의 도움으로 자칫 포기할 뻔했던 집필과정의 지난함을 이겨낼 수 있었습니다. 고려대학교 경영전문대학원에서는 세상을 바라보는 넓은 시야와 다양한 경영 관련 지식을 접할 수 있었습니다. 경영대학의 많은 은사님들, 그리고 함께 공부했던 원우분들께 감사드립니다.

다양한 금융기관의 투자은행 부문, 그리고 시행사 및 건설사에도 탁월한 식견과 오랜 경험을 보유한 많은 전문가들이 포진하고 있습니다. 비록 몸담고 있는 조직이 다르고 일일이 열거해 드리지는 못하지만, 함께 딜(deal)을 하면서 가르쳐주시고 도움을 주신 수많은 고수분들께도 고개 숙여 진심 어린 감사를 전합니다.

제가 IB 부문에서 그나마 제대로 된 한 사람 몫을 할 수 있게 가르쳐주시고 방향을 제시해 주신 대한민국 IB의 진정한 1세대분이신 홍대희 전 우리은행 부행장님, 우리은행 고경수, 배상논, 이필보, 양성우 선배님께 깊이 감사드립니다. 특히 고경수 선배님은 이 책의 출판과정에서 소중한 격려와 조언을 아끼지 않으셨습니다. 마음 깊이 감사드립니다. 우리은행 IB그룹의 기동호 부행장님은 대한민국에서 손꼽히는 IB 전문가이십니다. 이 책의 출간 소식에 마치 내 일처럼 기뻐하시고 격려해 주셨습니다. 부족한 책이라는 점을 감안할 때 개인적으로는 영광이었으며, 다시 한번 따뜻한 응원에 진심 어린 감사를 드립니다. 그리고 어려울 때 애정 어린 시선으로 언제나 힘이 되어주신 분들이 계십니다. 최고의 IB 전문가로 시장을 이끌고 계시는 우리은행의 김만호, 전현기, 황병선, 이승환, 김종만 선배님과 지점에서 대형 딜(deal)을 마무리할 때까지 항상 격려해 주시고 지원해 주신 우리은행 유정근 영업그룹장님, 대한감정평가법인의 이승호 이사님, 미래새한감정평가법인의 김건희 이사님, 겸손하고 착한 사랑하는 후배 이영준 변호사님, 상상인증권의 윤중현 부사장님, 늘 든든한 힘이 되어주는 동료 차영걸, 이상민, 최혁준, 이상준, 신충섭, 그리고 친구 김관희, 정영관, 이호준, 정현성에게도 진심으로 감사드립니다. 우리은행 동경지점과 CIB사업부의 후배님들, 우리은행 IB그룹의 별 같은 동료 부장님들과, 특히 인간적으로나 업무적으로 한 단계 더 크게 성장할 수 있도록 가르침을 주신 존경하는 이태영 선배님, 김대용 선배님 두 분께 깊이 감사드립니다.

기동호 부행장님과 함께 이 책의 출간소식에 격려를 아끼지 않으신 분이 더 계십니다. IB그룹의 탄탄한 기반을 마련해 주시고 현재 우리은행의 기업투자금융부문을 이끌고 계신 강신국 부행장님께도 진심으로 감사드립니다.

법무법인 광장의 고훈 변호사님은 제가 주니어였을 때부터 인연을 같이 해온, 대한민국 IB 분야의 개척자이자 최고의 전문가이십니다. 바쁘신 가운데 흔쾌히 초고를 읽어주시고 귀한 의견을 주신 고훈 변호사님께도 다시 한번 진심으로 감사 인사를 드립니다. 그리고 고훈 변호사님과 더불어 대형 딜(deal)을 저와 함께하면서 도움을 주신 법무법인 광장의 김인수 변호사님, 윤현준 변호사님께도 이 자리를 빌려 특별한 감사를 드립니다.

고훈 변호사님과 두 분의 헌신이 없었다면 제가 담당했던 많은 일들을 어떻게 수행할 수 있었을지 상상이 되지 않습니다.

법무법인 바른의 최진숙 변호사님 또한 대한민국 IB 분야의 선구자 중 한 분으로서 대한민국 최고의 전문가이십니다. 2000년대 초반부터 역시 많은 프로젝트를 도와주시고 늘 어려운 부탁에도 마치 내 일처럼 조건 없이 도움을 주셨습니다. 최진숙 변호사님께도 지면으로나마 깊은 감사 인사를 드립니다.

이 책은 나름대로 마무리한 초고를 두고 출판을 고민하던 시기에 ㈜교문사 류원식 대표님의 조언으로 거의 대부분의 내용을 새로 쓰다시피해서 세상에 선보이게 됐습니다. 류원식 대표님의 충고와 격려가 없었다면 이 책은 결코 독자분들과 만나지 못했으리라 생각합니다. 최명희 부장님은 저자가 자신감을 잃고 원고의 진도가 지지부진할 때마다 역시 큰 격려를 해주셨습니다. 이 책이 어엿한 한 권의 책으로 출판되게 된 것은 전적으로 두 분의 지지와 격려를 바탕으로 한 것입니다. 이 자리를 빌려 류원식 대표님, 최명희 부장님께 진심 어린 감사의 인사를 전합니다. 그리고 부족한 원고를 쉽고 정확히 전달될 수 있도록 정성스레 고민해 주시고, 번거로운 저자의 의견을 언제나 경청해 주신 이 책의 편집자 김성남 선생님께도 깊이 감사드립니다.

마지막으로, 늘 묵묵히 가족의 울타리가 되어준 사랑하는 아내 권미애와 딸 권유진, 항상 응원해 주시고 무한한 사랑을 주시는 양가 부모님, 형제분들, 그리고 도움을 주신 많은 가족분들께 감사하고 사랑한다는 말씀을 드리고 싶습니다.

부족하지만 이 책이 차갑고 엄격한 금융실무의 세계에서 오늘도 치열하게 분투하고 계시는 대한민국 금융기관 주니어분들께 작지만 따뜻한 온기가 되고, 그리하여 부족한 내용을 세상에 선보이는 부끄러움이 조금이나마 덜어지게 되기를 희망합니다. 특별히, 대한민국 투자금융기관 주니어분들의 건승을 진심으로 응원합니다. 감사합니다.

2023년 어느 늦은 봄날에

권태준

차례

CHAPTER 3 대한민국 부동산개발금융의 역사

CHAPTER 4 부동산개발금융의 일반 절차

CHAPTER

5 부동산개발금융의 자금조달 방식

CHAPTER

6 부동산개발금융의 구조설계

CHAPTER

7 신디케이션

이 책은 부동산개발금융과 투자금융의 기본이 되는 정보를 전달해 드리기 위해 기술되었습니다.
다양한 참고도서와 논문, 그리고 저자의 실제 금융실무 경험을 바탕으로 하였으며, 저자는 가능한 범위 내에서 내용의 정합성에 대하여 최대한 확인을 함으로써 이 책의 내용이 사실과 다름이 없도록 하는 데 최선을 다하였습니다.
그러나 복잡하고 다양한 변수가 존재하고 관련 정책과 법령, 그리고 금융환경이 끊임없이 변화하는 금융시장에서 이 책의 내용만을 근거로 하여 실제 금융주선 또는 그 외의 다른 금융업무를 수행하는 것은 권유하지 않습니다.
이 책의 내용과 관련된 업무 및 법률행위는 반드시 독자 여러분의 경험과 지식 그리고 법률, 회계, 기타 관련 분야 전문가의 조언을 바탕으로 독자가 자체적으로 판단하고 결정하여야 하며, 관련 법령 및 세무, 회계를 포함한 모든 주요한 관련 정보의 확인의무도 일차적으로 그리고 최종적으로 독자에게 있습니다. 책 내용을 참고하시되, 그 내용을 바탕으로 한 업무와 법률행위의 결과에 대하여 저자는 아무런 책임을 부담하지 않음을 말씀드립니다.

CHAPTER 1

부동산개발금융의 의미 톺아보기

CHAPTER 1

부동산개발금융의 의미 톺아보기

1. 부동산개발과 부동산개발금융의 기본 의미

부동산개발의 의미와 법적 정의

여러분은 부동산개발이 어떤 것이라고 생각하시는지요? 아마 부동산개발이 부동산개발이지 복잡하게 따로 생각할 필요가 있을까라는 생각을 하시는 분들이 많을 겁니다. 맞습니다. 부동산개발은 여러분이 머릿속에서 지금 떠올리고 계실 것으로 보이는 이미지와 크게 다르지 않습니다. 다만 부동산개발을 포함한 부동산과 관련된 금융, 그리고 투자금융의 넓은 바다로 나아가시는 분들이라면, 한 번쯤은 부동산개발이 무엇인지 생각하실 기회를 갖는 것도 나름 의미가 있을 것 같습니다.

부동산개발에 관한 학문적인 정의는 상당히 다양합니다. 그중 가장 합리적이라고 생각하는 정의 중 하나는 안용운, 최민섭 선생의 정의인데 관련 논문에서 두 저자는 부동산개발을 다음과 같이 정의하고 있습니다.[1]

"부동산 개발이라는 행위는 다양한 사업참여자가 무형의 아이디어를 법률 등에 근거하여, 사회적 요구에 부응하는 최유효 사용을 위해 노동, 자본, 금융, 재화를 활용하여 토지와 건축물을 신축, 증축, 개축 등을 진행하고 사회적 부가가치증대와 기업의 적정 이윤을 창출하는 행위다."

위와 같은 정의도 훌륭하지만, 부동산학 원론의 이론을 차용하여 제가 생각하는 광의의 부동산개발은 "해당 부동산의 최유효 이용 및 부가가치 창출 극대화를 목적으로 하는 개발 행위"에 근접한 개념이라고 생각합니다.

또한 부동산개발은 시행(development)과 시공(construction), 그리고 자본조달(finance)의 세 가지 주요요소가 유기적으로 결합하여 수행된다는 점에서, 크게는 인적자원으로[1] 분류할 수 있는 시행과 시공, 그리고 물적자원에 해당하는 금융자본과 부동산공법 및 관련 법령 등 사회적 인프라의 유기적 결합물로도 볼 수 있습니다. 이를 그림으로 표현하면 다음과 같습니다.

한편, 한국의 현행 법령에도 부동산개발이 무엇인지에 대해서 명확하게 정의되어 있습니다. 「부동산개발업의 관리 및 육성에 관한 법률」(약칭: 부동산개발업법) 제2조를 살펴보

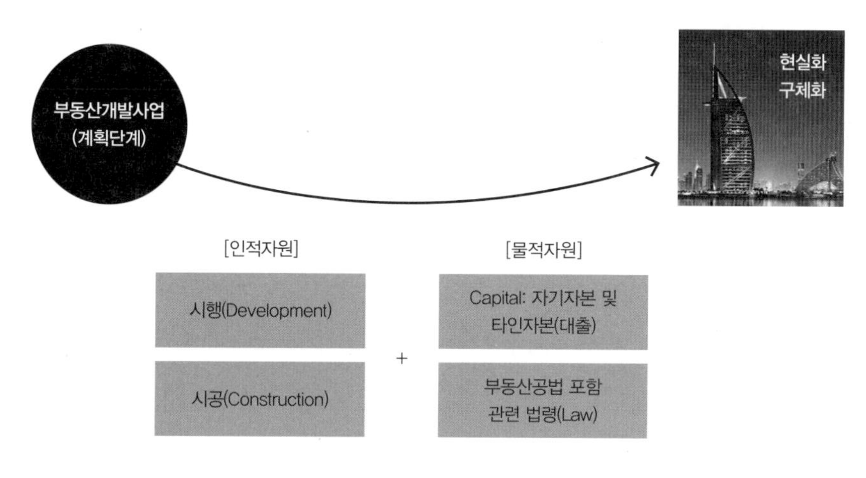

그림 1.1 부동산개발의 구성요소

1 경영학을 기준으로 한 엄격한 의미의 인적자원·물적자원의 의미로 기재한 것은 아닙니다. 시행, 시공이라는 것이 대부분 자연인 또는 법인 등 인적자원의 법률행위를 통해서 구현된다는 점에서 인적자원이라고 표현했고, 관련 법령 등도 사회적 인프라로 간주하여 물적자원으로 표현했습니다. 이러한 구분은 온전히 저자의 개인적인 구분임을 밝혀 드립니다.

변 '부동산개발'은 다음과 같이 정의되어 있습니다.

> 1. "부동산개발"이란 다음 각 목의 어느 하나에 해당하는 행위를 말한다. 다만, 시공을 담당하는 행위는 제외한다.
>
> 가. 토지를 건설공사의 수행 또는 형질변경의 방법으로 조성하는 행위
>
> 나. 건축물을 건축·대수선·리모델링 또는 용도변경 하거나 공작물을 설치하는 행위. 이 경우 "건축", "대수선", "리모델링"은 「건축법」 제2조 제1항 제8호부터 제10호까지의 규정에 따른 "건축", "대수선" 및 "리모델링"을 말하고, "용도변경"은 같은 법 제19조에 따른 "용도변경"을 말한다.

정리하자면 법적으로 '부동산개발'이란 ① 토지의 조성행위 및 ② 대수선·리모델링 등을 포함하는 광의의 '건축행위' 등 두 가지를 아우르는 개념이라고 할 수 있습니다. 그런데 이러한 정의는 앞서 이론적인 광의의 해석에 비해 굉장히 제한적이고, '부동산개발'의 정의로는 다소 부족해 보입니다.

토지를 특정 용도에 맞춰 조성한다면 상식적인 '개발'의 의미에 정확히 부합합니다. 하지만 건축의 경우는 어떨까요? 아파트 같은 대규모 주택의 건축 및 공급이라면 '개발'의 이미지에 부합하지만, 자신이 거주할 목적으로 스스로 단독주택 한 채를 건축하는 것도 '개발'이라고 할 수 있을까요?

앞서 살펴본 이론적인 의미에서는 부동산개발이라고 할 수 있겠지만, 판매나 임대 등 영리행위를 목적으로 하지 않는 경우에 법적으로도 과연 부동산개발이라고 할 수 있을지는 다소 의문일 것 같습니다. 여러분은 어떻게 생각하시는지요?

해답은 「부동산개발업의 관리 및 육성에 관한 법률」[2]의 입법취지에 있습니다. 이 법이 제정된 취지는 기존까지 표준사업분류나 기타 법제도상으로 공식적으로 존재하지 않았던 부동산개발업을 제도권 안으로 명확히 편입·규정하고, 궁극적으로 부동산개발업자를 관리감독하는 것이었습니다. 따라서 이 법에서 사용되는 용어나 개념 자체에는 기

2 「부동산개발업법」은 부동산개발업의 관리·육성 등 주로 부동산개발업자의 등록 및 그 운용요건 등과 관련하여 초점을 맞추고 있을 뿐이고 부동산개발 자체와 관련해서는 그 외 수많은 부동산공법이 관련되어 있다는 점 혼동 없으셨으면 합니다.

본적으로 부동산을 개발하여 판매하거나 임대하는 등 영리행위를 목적으로 하는 것이라는 전제가 이미 깔려 있습니다.

개인적으로는 "제3자에게 영리를 대가로 제공하는 것을 전제로 한다"는 것을 법적으로 부동산개발의 정의에 포함시켰다면 훨씬 더 직관적으로 이해하기 쉽지 않았을까라고 생각합니다만, 굳이 영리를 목적으로 하지 않더라도 부동산의 상태가 어떤 형태로든 '변경'된다는 점에서는 광의의 '개발'이라고 하는 데 큰 문제는 없다고 할 수 있습니다.

한편, 이런 관점에서 보면 위 법의 정의에서 '시공을 담당하는 행위'를 제외한 것도 이제 이해가 되는 것 같습니다. 여기서 '시공을 담당하는 행위'라고 표현된 것은 부동산개발업과 한국표준산업분류 기준상 기존에 존재하던 건축업을 구분하기 위해서[2]입니다.

그렇다면 단서조항에 건축업은 제외하면 된다고 하면 되지 굳이 '시공을 담당하는 행위'라고 길게 표현할 필요가 있을까라는 생각이 드실 수도 있습니다. 여기서 재미있는 점을 발견할 수 있는데, 현재 대한민국 법령에서는 어느 곳에서도 공식적으로 '건축업'이라는 표현이 존재하지 않는다는 점입니다. 대신 「건축법」에서 '공사시공자'라는 표현이 등장하고, '공사시공자'는 「건설산업기본법」상의 공사시공자[3]를 뜻하는 것으로 되어 있습니다. 이미 기존 법령에서 건축을 전문으로 하는 업자를 '공사시공자'라는 개념으로 정의하고 있기 때문에 이 개념을 원용해서 '시공을 담당하는 행위'라고 단서조항을 작성한 것으로 보시면 이해에 도움이 될 것 같습니다.

이왕 살펴본 김에, 「부동산개발업의 관리 및 육성에 관한 법률」의 제정취지를 간단히 살펴보겠습니다. 동법은 2006년에 입법예고되어 2007년 11월부터 시행되었습니다. 제정 당시 취지는 법제처의 2006년 8월 18일 자 입법예고에 잘 나와 있습니다. 좀 길지만 당시 입법예고 중 입법취지 부분을 보시면 이 법이 왜 제정되었는지 이해하시는 데 큰 도움이 될 것 같아 입법예고 내용 중 일부를 발췌해서 소개해 드립니다.

---

3 「건설산업기본법」 제2조 제4호

"부동산개발업은 토지를 택지·공장용지·상업용지 등으로 조성하거나 토지에 건물 기타 공작물을 결합하여 당해 부동산을 판매·임대 등의 방법으로 공급하는 업으로서 표준산업분류표상 부동산임대 및 공급업과 건물건설업으로 나뉘어 존재하고 있으나, 주택건설사업자에 대한 등록제를 도입하고 있는 주택법을 제외하고는 부동산개발업자를 체계적으로 관리·육성할 수 있는 제도적 기반이 없는 실정임.

또한 개발사업 시행과정에서 사기분양·허위광고 등으로 소비자 피해 사례가 발생하여도 부동산개발업자에 대한 정보 부족으로 건전한 개발업자와 부실개발업자를 구별하기 어려운 실정임. 따라서, 부동산개발에 관한 기본적인 사항과 부동산개발업의 등록, 부동산개발업자의 의무 등을 주요 내용으로 하는 「부동산개발업의 관리 및 육성에 관한 법률」을 제정함으로써 부동산개발업에 대한 종합적·체계적 관리제도를 도입하여 부동산개발업을 관리·육성하고 국민의 재산권보호에 이바지 하고자 함."[4]

해당 법의 제정 이전에도 아파트 등 주택을 공급하는 시행사, 즉 개발업자가 존재했지만 이러한 개발행위와 개발업자의 관리, 감독 등은 각 개별 법령, 즉 「건축법」이나 「주택법」 등을 기준으로 하여 단편적으로 이루어져 왔습니다. 주택 외의 상업용 시설 등을 대규모로 공급하는 시행사가 활발히 영업을 영위하고 여러 가지 사회적 이슈가 제기[5]되고 있었으나 이를 체계적으로 규제할 방안이 마땅치 않았고, 이러한 문제를 해결하기 위해 등장한 것이 「부동산개발업의 관리 및 육성에 관한 법률」이라고 할 수 있습니다.

여기까지 읽으셨다면, 상식적으로 알고 계셨던 '부동산개발'이라는 의미가 조금은 더 입체적으로 다가오지 않았을까 싶습니다.

---

4 보다 자세한 내용은 법제처 홈페이지의 관련 부분을 참고하시기 바랍니다.

5 2003년 6월 서울 동대문의 의류 전문 쇼핑몰로 기획되어 투자자 약 3천여 명으로부터 분양대금 및 투자금을 유치했던 굿모닝시티가 거액의 횡령 및 정치자금 제공 등의 사유로 검찰조사를 받던 중 최종 부도처리되었습니다. 서울 요지에서 진행된 메머드 상업용시설의 개발프로젝트였으나, 실상은 청사진만 가지고 진행된 허술한 프로젝트였음이 나중에 밝혀진 바 있습니다. 허위분양과 사기분양, 분양대금 횡령 및 정치자금 제공 등 부동산개발에서 발생할 수 있는 최악의 상황이 모두 종합된 대형 게이트로서 한국 사회에 엄청난 파문을 던졌습니다.

알듯 말듯 아리송한 부동산PF의 개념

부동산PF는 양호한 사업성을 근거로 실행되는 '부동산개발 지원을 위한 종합대출'이다

아마 부동산금융을 접하시면서 가장 많이 듣게 되는 용어 중 하나가 바로 부동산개발금융, 부동산PF, PF 등이 아닐까 싶습니다. 앞서 부동산개발이 무엇인지 알아봤으니 이제 PF나 부동산PF가 무엇인지, 이들과 부동산개발금융에는 어떤 관계가 있는지 차근차근 살펴보도록 하겠습니다.

부동산PF를 설명드리기 앞서 PF에 대한 개요를 먼저 설명드리는 것이 순서입니다만, 우선 지금은 PF가 '프로젝트 파이낸스(Project Finance)'의 약자로서 일반 기업대출과 비교하여 프로젝트 자체의 현금흐름에 초점을 두고 지원되는 금융방식이라는 정도로만 이해하셔도 무방합니다.

프로젝트 파이낸스가 무엇인지에 대해서는 시중의 전문도서를 참고하시거나 온라인 등에서 그 개념을 쉽게 접하실 수 있습니다. 하지만 실제로 금융현업에서 프로젝트 파이낸스를 접해 보지 않으신 경우라면, 나열식으로 이루어진 피상적인 설명이나 교과서적인 의미만으로는 도대체 프로젝트 파이낸스가 무엇인지, 그리고 부동산PF는 또 무엇인지 직관적으로 이해하기가 그리 쉽지 않습니다.

현업에서 부동산개발금융을 장기간 담당해 온 전문가들이 부동산PF가 무엇인지 쉽게 요약해서 설명하지 못하고 곤혹스러워하는 것은 단순히 이론적인 의미가 어려워서만은 아닙니다. 부동산PF는 PF의 개념을 차용하여 전통적인 프로젝트 파이낸스의 속성을 가지고 있으면서도 한국 부동산개발시장에서 나름대로 독특하게 진화한, 전통적인 PF라면 응당 그러해야 할 것이라고 여겨지는 속성과는 다른 특성을 아울러 가지고 있습니다. (도로나 발전소와 같은 기반시설에 대한 일반적인 PF에서도 이른바 PF의 교과서적인 특징, 대표적으로 비소구성이 온전히 구현되지 않고 있다는 비판을 받는 경우가 있습니다. 이는 PF의 실제 취지와 개념을 오해한 데에서 비롯된 것인데, 이러한 오해와 비판은 특히 부동산개발금융 부문에서 그 정도가 더 심한 경향이 있습니다.)

이렇듯 전통적인 프로젝트 파이낸스의 속성[6]을 일부 가지고 있지만 한편으로는 인프라

---

6 실제로, 인프라부문에 지원되는 전통적인 프로젝트 파이낸스와는 다른 부동산PF의 특성 때문에 부동산개발금융을 PF의 범주가 아닌, 단순한 자산담보대출로 봐야 한다는 시각도 있음을 소개하고 있기도 합니다(반기로. 프로젝트 파이낸스. 한국금융연수원 출판사업부, 제9판 2쇄, p. 25).

부문에 지원되는 전통적인 PF와 비교하여 상대적으로 단기간이고 그 상환재원도 분양대금과 같이 시장변동성이 큰 리스크에 노출되어 있는 점 등 일반적인 PF와는 차별화되는 특성도 아울러 가지고 있으며, 담보에 의존하는 기존의 기업금융과도 또 다른 특징이 있기 때문에, '부동산PF'를 직관적으로 쉽게 이해될 수 있도록 간단히 정의하기가 쉽지 않다고 할 수 있습니다. 이해를 돕기 위해 부동산PF의 개념을 단순화해서 먼저 설명드리고, 그다음에 PF의 일반적인 의미와 주요 속성에 대해 보다 깊이 있게 설명드리겠습니다.

부동산개발금융과 부동산PF, 그리고 PF 등은 모두 나름의 맥락과 배경을 가지면서 그 뜻에 분명한 차이가 있습니다. 하지만 이론적인 의미와는 별개로 현재 금융시장에서, 적어도 부동산개발 부문에서 이 세 가지 용어는 사실상 동의어로 취급[7]되고 있습니다. 학술적으로도 부동산개발과 관련하여 지원되는 금융은 부동산개발금융이나 부동산PF로 혼용되는 경우가 많습니다.

표현이 어떻든, 이러한 용어는 모두 부동산개발을 위해 지원되는 금융이라는 핵심 공통분모를 가지고 있습니다. 그런데 부동산개발 지원금융이 꼭 대출방식으로만 일어나는 것은 아닙니다. 이 책의 부동산개발금융 방식 부문에서 자세히 설명드리겠습니다만, 부동산PF를 위해서 대출(loan)뿐만 아니라 지급보증, 부동산펀드나 자산유동화를 활용한 구조화금융 등 다양한 금융방식이 활용되고 있습니다. 따라서 부동산개발을 위한 지원금융과 동의어로서 부동산PF는 가장 널리 활용되는 대출방식뿐만 아니라 자기자본의 성격을 갖는 지분(equity)[8]투자, 그리고 이러한 대출이나 지분투자를 위한 각종 금융상품 및 기법 등을 모두 망라한다는 뜻을 포괄적으로 내포하고 있습니다. 이런 차원에서 부동산PF는 '부동산개발사업을 위해 지원되는 대출 등 여신[9]을 포함한 금융 전반'을 일컫는

7 개인적으로는 '부동산개발금융'이라는 용어 대신 '부동산개발 지원금융'이라고 표현하는 것이 바람직하다고 생각합니다. 단, 따로 말씀드리지 않는 한 이 책에서는 금융시장 관행을 고려하여 '부동산개발 지원금융'을 '부동산개발금융' 및 '부동산PF'와 동의어로 사용하였습니다.

8 equity의 사전상 발음은 [ékwəti]입니다. 금융시장에서는 '에쿼티', '에쿠티', '이쿼티', '에퀴티' 등 사용하는 사람에 따라 다양하게 불리고 있으며, 개인별로 선호하는 발음방식이 달라서 equity를 부르는 방식이 그 사람의 고유성을 나타내기도 합니다. 개인적으로는 주로 '에쿼티' 또는 '에쿠티' 등으로 호칭하고 있습니다.

9 금융기관을 채권자로 하고 차주를 채무자로 하는 모든 신용공여행위를 여신(與信)이라고 합니다. 여신에는 대출뿐만 아니라 지급보증, 무역금융에서의 신용장발행 등이 모두 포함됩니다. 여신에 대한 자세한 정의는 이 책의 핵심용어 설명 부분을 참고하시기 바랍니다.

용어라고 할 수 있습니다.

다만, 부동산개발사업을 위한 지원금융이라고 해서 그 모두를 부동산PF라고 할 수 있는 것은 아닙니다. 부동산PF도 엄연히 PF 개념을 바탕으로 하는 금융기법이기 때문에 주요한 PF의 속성을 가지고 있어야 부동산PF라고 부를 수 있습니다. PF의 여러 가지 특징 중 핵심적인 속성으로는 SPC(special purpose company)를 차주로 한다는 점, 비소구(非訴求, non recourse) 성격을 지닌다는 점, 특정 프로젝트(개발사업)로부터 생성되는 미래현금흐름(future cash flow)을 중시한다는 점 등이 있습니다. 이러한 속성에 대해서는 곧 자세히 설명드리겠으며, 우선 '부동산PF'의 개념을 직관적으로 이해하시기 쉽도록 안내드리자면 다음 표와 같습니다.

표 1.1 부동산PF의 개념

○ 부동산PF = "양호한 사업성을 바탕으로 부동산개발사업에 지원되는 종합대출"
• 부동산개발 프로젝트에 소요되는 사업비 중 토지 및 건축비, 운영비를 포함한 기타 비용 등 다양한 항목의 사업비를 종합적으로 지원하는 대출로서, 미래현금흐름을 담보로 한다는 PF의 기본속성을 가지고 있는 대출 • 단, 부동산개발을 지원하기 위한 대출을 획일적으로 부동산PF라고 하지는 않으며, 금융실무에서는 취급시점에서 정식담보로서의 담보력 유무와 별개로(정식 담보력이 없거나 또는 일부 부족하더라도) 사업성이 인정되어 해당 개발사업을 위해 설립된 특수목적법인(SPC)에게 지원되는 대출을 포함한 여신을 일반적으로 '부동산PF'로 분류함
○ 사례: 서울 광화문 소재 대형 상업용빌딩 건축 프로젝트
• 총사업비 1,000억원 • 토지매입비 500억원, 건축비, 운영비 및 용역비, 세금 및 기타 비용 등 500억원 • 토지감정평가액을 기준으로 한 금융기관의 정식 담보인정가액 300억원 • 자기자본 350억원, 타인자본(대출) 희망금액 650억원 • 채권보전: 토지담보 및 건축 중인 건물에 대한 양도담보[10], 시공사의 책임준공[11] 등 • 특이사항: 해당 오피스빌딩은 완공 후 외국계 투자금융사 및 국내 대기업 계열에서 매입(분양)하는 것으로 사전에 확정계약 체결로 미래현금흐름이 기확보된 것으로 편의상 간주 ☞ 일반적인 기업대출인 경우 대출가능금액 → 토지 담보인정가액인 300억원 + α[12] ☞ 부동산PF로 인정되는 경우 대출가능금액 → 650억원

※ 단, 사업초기에 토지매입지원을 목적으로 하는 '브릿지론(bridge loan)'은 부동산PF라고 하지 않으며 별도로 구분하여 호칭함[13]
※ 금융관행상 부동산PF = 부동산개발금융 = PF의 의미로 보편적으로 혼용되고 있음(이론적으로는 구분되는 개념임)

---

10 양도담보는 민법상 물권은 아니나 판례로 인정된 비전형담보물권 중 하나입니다. 법정 담보물권인 저당권과 비교하여 사적 실행을 전제로 한다는 특성이 있습니다. 건축 중인 건물을 예로 든다면, 은행이 대출을 실행하고 건물이 1층, 2층 이렇게 올라갈 때마다 공사비 청구시점에 맞춰서 그 시점까지 공사가 진행된 부분에 대한 소유권을 은행이 보유하는 내용을 주로 하는 양도담보계약을 체결할 수 있습니다. 양도담보계약을 체결함으로써 건축 중인 부분에 대해 비록 완공 전이긴 하지만 그 소유권은 은행에 귀속되며, 채무가 정상적으로 최종변제되는 경우에는 건축주(차주)가 완공된 건물에 대한 소유권을 자동으로 다시 가지게 됩니다. 따라서 중간에 사업이 중단되거나 차주가 대출원리금 지급불능 상황이 되는 경우, 우선변제권이 있는 권리를 제외하고 은행은 해당 건축물에 대한 소유자로서 제3자에게 대항할 수 있게 됩니다. 양도담보의 법적 성질에 대해서는 이 책에서 깊은 내용을 모두 소개하기가 힘든 점이 있습니다. 관심 있는 분들은 제가 참고한 논문, 이승우(2021). 부동산 양도담보의 담보권 실행과 법적 쟁점. 법학논총, 41(3), 121-149의 일독을 권유드립니다.

다시 정리하자면, 광의의 부동산PF는 '양호한 사업성을 바탕으로 해당 부동산개발사업을 위해 설립된 특수목적법인(SPC)에 지원되는 대출 등 여신을 포함한 금융 전반'을 일컫는 것이라고 할 수 있습니다. 이를 보다 구체적이고 금융시장에서 일반적으로 사용되는 개념을 중심으로 살펴보면 정식담보력의 유무와 별개로 양호한 사업성을 바탕으로, 부동산개발사업의 다양한 항목의 사업비를 해당 사업을 목적으로 설립된 SPC에게 종합적으로 지원하는 대출이라고 할 수 있습니다. 이러한 개념을 바탕으로 곧 설명드릴 PF의 일반적인 주요 특성까지 익혀나가신다면, 부동산PF가 무엇인지에 대해서 스스로 판단

---

11 부동산PF에 있어 시공사의 책임준공확약은 그 확약의 대상이 내용상 종국적으로는 시행사가 아닌 금융기관을 대상으로 하는 것이 일반적입니다. 책임준공은 신탁사의 책임준공확약을 결합한 신탁구조로도 자주 활용되고 있는데, 이 부분은 이 책의 신용강화구조에서 더 설명드리도록 하겠습니다.

12 여기서 알파(α)라고 표현한 것은, 일반적인 기업대출이라고 해서 항상 부동산담보력이 인정되는 범위 내에서만 실행되지는 않기 때문입니다. 실제로 사업을 진행하는 측에서 연대보증이나 지급보증, 자금보충 등의 지원을 하거나 신용도가 양호한 경우 담보력에 더해 일부 보증이나 신용으로 추가로 대출이 취급될 수 있습니다. 단, 이렇게 부동산담보력을 초과하여 취급되는 경우는 예외적인 경우로서 그 규모가 크지 않은 것이 일반적입니다. 또한 위 사례는 이해를 돕기 위해 극단적으로 간단하게 만든 조건들입니다. 실제 금융실무에서는 매우 다양한 채권보전 방안이 뒷받침되고, 해당 프로젝트의 객관적인 사업성을 어떻게 인정하고 대출규모에 반영할 수 있는지, 입지를 고려한 자기자본 규모의 적정성 여부는 또 어떻게 되는지, 그리고 본질적으로 해당 프로젝트의 수익구조가 분양 등 판매에 의존하는 것인지 아니면 임대 등에 의존하는 것인지 등 정말 다양한 변수가 있어서 일률적으로 금융조건을 정형화하고 부동산PF 여부를 분류하는 것은 결코 쉬운 작업이 아니라는 점, 오해 없으시기 바랍니다.

13 브릿지론(bridge loan)은 토지매입과 기타 초기 필수 사업비 등을 목적으로 지원되는 대출로서 당연히 그 자체로 부동산개발 지원금융의 일종이라고 할 수 있습니다. 토지매입의 목적이 궁극적으로 해당 토지를 기반으로 하는 부동산의 개발에 있기 때문입니다. 일반적으로 토지계약금은 시행사가 부담하고 나머진 잔액에 대해 지원하는 것이 보통이나, 경우에 따라서는 계약금도 지원대상이 되는 경우도 있으며 시중은행 등 1금융권에서는 취급하지 않는 것이 일반적입니다. 금융시장에서는 혼동을 피하기 위해 토지매입을 주목적으로 하는 것을 브릿지론 또는 브릿지론 PF로, 이러한 브릿지론을 바탕으로 토지매입이 완료된 후 해당 브릿지론의 상환 및 건축자금 일부 조달 등을 목적으로 하는 금융을 흔히 본PF로 구분해서 부르고 있습니다. 이에 대해서는 이 책의 인허가나 인출 설명 부분에서 보충해서 설명드리겠습니다. 참고로, 브릿지론은 설명드린 의미 외에도 자산유동화 방식에서 대출채권을 기초자산으로 하는 경우에도 활용되고 있습니다. 이때의 브릿지론은 토지매입을 주로 한다는 의미의 브릿지론과는 다른 개념입니다. (이 책의 자산유동화 방식에서 자세히 설명드리도록 하겠습니다.)
부동산PF는 자금용도가 토지매입에 소요되는 자금을 포함하여 건축비 일부, 그리고 그 외 시행사의 운영경비 및 기타 비용을 모두 망라하는 성격을 갖는 경우가 대부분이므로, 토지매입만을 목적으로 하는 브릿지론을 부동산PF라고 하지는 않고 있습니다. 하지만, 예를 들어 지주공동사업으로서 자금용도 중 토지비는 포함되지 않고(지주 토지 현물출자 구조) 순수하게 건축비가 대출의 목적인 경우에도 그 건축비의 상환재원이 분양대금 등 미래현금흐름으로서 교과서적인 PF의 특성을 일부 가지고 있는 점을 감안하여 금융시장에서는 관행적으로 부동산PF로 인정되고 있습니다. 즉, 금융시장에서 부동산PF로 인정하는 기준은 당연히 부동산개발사업을 그 대상으로 하지만, 세부적으로는 지원의 목적이 토지비인지 또는 건축비인지 구분하는 자금의 용도보다는 객관적으로 인정되는 미래현금흐름을 담보로 하느냐 여부가 더 중시되는 경향이 있습니다.

하실 수 있는 단단한 지식을 갖게 되시리라 믿습니다.

최근 '부동산PF'라는 용어가 매스컴에서 광범위하게 다뤄지면서 비교적 대중적인 용어가 된 측면이 없지 않지만, 개인적으로 '부동산PF'라는 용어는 실무경험이 없는 한 직관적인 이해가 쉽지 않고 전통적인 PF의 개념과 다른 속성 때문에 불필요한 혼동과 논란이 계속되는 측면이 있는 용어라고 생각[14]합니다. 비록 '부동산PF'라는 용어가 이미 금융시장에서 광범위하게 사용되고 있는 표준화된 일반용어이며, 최근에는 대중적인 경제용어로서의 지위까지 획득해 가는 과정에 있는 것은 사실이나, 가급적 '부동산PF'와 함께 '부동산개발 지원금융' 또는 '부동산개발지원을 위한 종합대출' 등을 부기하거나 경우에 따라서는 보다 적극적으로 '부동산PF'의 대체어로서 이들 용어를 사용하는 것이 보다 바람직[15]하다고 생각합니다.

부동산PF는 어떤 대상에 적용할 수 있을까

부동산개발사업의 유형

부동산PF의 대상이 되는 부동산개발사업은 기준에 따라 다양하게 분류할 수 있습니다. 우선 직관적인 이해가 가장 쉬운 구체적인 개발대상을 기준으로 살펴보면, 크게는 주거용과 비주거용으로, 다시 그 안에서 주요 대상별로 집합화하여 구분할 수 있습니다. 이를 표로 나타내면 다음과 같습니다.

14 2022년 하반기에 미국발 급격한 금리인상, 환율급등, 그리고 얼어붙은 채권시장 등 금융시장 관련 부정적인 요인이 다수 발생했습니다. 이로 말미암아 부동산개발시장도 직격타를 맞았고 이에 대해 언론에서 집중적으로 해당 이슈를 보도함으로써, 이제 "부동산PF"가 무엇을 뜻하는지 모르고서는 경제 관련 심도 있는 논의가 진행이 되지 않을 정도로 대중적인 지위를 획득하였습니다.

15 한국의 부동산PF가 전통적인 PF와는 확연히 다른 특징을 가지고 현재진행형으로 발전하고 있음을 고려하면 더욱 그렇습니다. PF에 대해서는 곧 자세히 설명드리겠습니다만, 사실 부동산개발 지원금융이 더 포괄적인 개념이므로 주로 대출에 국한하여 사용되는 부동산PF와 같은 뜻이라고 하는 것은 이론적으로도 다소 무리가 있습니다.

표 1.2 구체적 개발대상을 기준으로 한 부동산개발사업의 예시

분 류		내 용
주거용	아파트, 택지개발지구	• 가장 대표적인 주거용 부동산개발금융 상품 • 부동산개발금융 차원에서 이미 대중화되어 있으며 금융기관의 안정적 자산운용 및 수익 창출, 잠재고객 확보 등 시너지 효과 가능 • 주택정책에 따라 향후 미래현금흐름의 변동 가능성이 있음 • 지역별 편차가 매우 심함 • 일정 기준 충족 시, 주택도시보증공사(Korea Housing & Urban Guarantee Corporation, HUG)의 PF보증, 한국주택금융공사(Korea Housing Finance Corporation, HF)의 PF보증 활용 가능
	도시형 생활주택, 역세권 임대주택	• 중소규모 주거시설 공급 목적 • 법제도적 지원을 바탕으로 금융조달 측면에서 유리할 수 있음 • 소규모의 타인자본조달 규모 고려 시 대형 금융기관 참여를 통한 규모의 경제 실현은 불가능하여 타인자본조달 비용 저감에는 불리
	주거용 오피스텔	• 주거용과 비주거용 성격 혼재/지역별로 공급과잉 여부판단이 중요 • 주거전용률[16] 열위 및 주거용 시설로서 소음 및 부대환경 등이 열위한 경향 • 준주택으로서 일정 수준의 범용성 보유
	실버타운	• 고령화시대에 적합한 테마이나, 주택으로 인정되지 못하는 한계를 포함한 각종 법적·제도적 수혜의 미비로 실제 수요는 제한적인 경향이 있음 • 주거용으로서 범용성이 제한되어 있어 객관적인 사업성 확보를 위한 입지 선정 및 타운 내 시설구성이 중요한 요소로 부각 • 사업시행자 입장에서 한층 정밀한 비용편익 분석과 마케팅 필요 • 사회적 인식전환을 바탕으로 대중화에 성공할 경우 장기적으로는 안정적인 개발대상으로 대두될 잠재력 보유
	타운하우스 및 기타	• 고급 주거시설 • 소규모의 특정 수요층을 대상으로 하여 범용성 열위
비주거용	상업용 시설	• 근생상가, 복합상가, 전문 테마상가 및 대형 쇼핑몰 등 • 교통환경(배후상권)이 중요한 요소 • 일정 기준 충족 시 「건축물의 분양에 관한 법률」(약칭: 건축물분양법)[17] 적용
	지식산업센터[18]	• 서울 성수동, 구로동, 가산동 등에 밀집 • 첨단 IT, 바이오·의료기업 대상 등으로 외연확장 중(마포구 외) • 다수의 기업이 입주하는 다층형 집합건축물 • 구(舊) 아파트형 공장이 모태로서 지역특성 및 입주기업의 특성에 따라 다양한 층고 및 시설 구성이 가능

---

16 전용률의 계산에 대해서는 이 책의 2장에서 별도로 설명드립니다.

17 「건축물의 분양에 관한 법률」(약칭: 건축물분양법, 건분법)'은 분양하는 바닥면적의 합계가 3천 제곱미터(m^2, 907.5평) 이상인 건축물 및 업무용 시설(오피스텔)로서 30실 이상인 경우 등 일정 요건에 해당할 경우 수분양자 보호를 위해 적용되는 법률입니다. 앞서 2003년의 동대문 굿모닝시티 사태로 수많은 수분양자가 피해를 입고 사회문제화되었다는 것을 설명드렸습니다. 굿모닝시티 사태는 이후 2005년 4월부터 시행에 들어간 「건분법」 및 2007년에 시행된 「부동산개발업의 관리 및 육성에 관한 법률」이 제정되는 단초가 되었습니다.

18 「산업집적활성화 및 공장설립에 관한 법률」(약칭: 산업집적법)에 근거한 것으로서 "동일건축물에 제조업, 지식산업 및 정보통신산업을 영위하는 자와 지원시설이 복합적으로 입주할 수 있는 다층형 집합 건축물로서 대통령령으로 정하는

표 1.2 (계속)

분류		내용
비주거용	레저시설	• 골프장(회원제·대중제)/테마파크/관광숙박시설(콘도미니엄, 호텔) • 복합카지노레저시설 등 • 사업성 판단과 객관적 가치산정이 매우 어려운 경향이 있음
	오피스빌딩 등	• 의료시설 전문 소형 상업용 건물 • 준공 후 임대를 목적으로 하는 중대형 오피스빌딩
	산업단지[19]	• 범용성이 없으며 수요예측이 무척 어려움 • 부동산PF 중 난도가 가장 높은 상품 중 하나

위 표의 구분은 저자의 개인적인 경험을 바탕으로 한 임의적인 구분으로서 당연히 위 표에 기재되지 않은 개발대상이 있을 수 있습니다. 또한 위 표에서는 부동산PF의 대상을 주거용과 비주거용으로 구분하였으나, 부동산PF가 국내 부동산개발사업을 대상으로 하는지 아니면 국외 부동산개발을 목적으로 하는지 등에 따라서 구분할 수도 있습니다. 참고로 해외의 부동산을 개발하는 사업을 대상으로 하는 경우, 국내와는 다른 금융구조와 현지 법체계, 다양한 이해관계자의 구성 및 사후관리의 어려움 등으로 근본적으로 국내의 부동산PF와는 다른 검토기준을 갖게 됩니다.

또한 위 표에 기재된 각종 대상사업들은 그 나름대로 부동산PF가 지원되기 위한 주요 검토기준이 모두 다르나 이러한 점을 기재하지는 못했습니다. 따라서 이러한 구분은 단지 부동산PF가 어떤 대상에 적용될 수 있는지를 나타내는 참고자료로서만 봐주시기를 당부드립니다.

한편, 부동산PF의 대상이 되는지 여부와 별개로 부동산개발사업은 개발주체가 어디인지, 어떤 방식으로 진행되는지 등에 따라서도 구분할 수 있습니다. 이를 간단히 표로 정리하면 다음과 같습니다.

것을 말한다"고 규정되어 있습니다. 입주대상자격에 제한이 있으며 「지방세특례제한법」에 의거, 일정 조건을 충족하는 경우 취득세와 재산세 감면혜택이 있습니다. 최근에는 과거 '아파트형공장'으로 불리던 1세대식 구성, 즉 제조업 기반의 입주기업 구성을 완전히 탈피하여 서울시 내 주요 권역에서 바이오·의료산업 집적 이익을 위해 지자체 주도로 최첨단 지식산업센터 개발이 진행되고 있는 등 산업구조의 변화에 발맞춰 계속 진화하고 있습니다.

19 산업단지의 부동산PF와 관련해서는 이 책 부록의 'Q&A' 부분을 참고하시기 바랍니다.

표 1.3 개발주체 및 개발방식을 기준으로 한 부동산개발사업의 유형[3]

항 목	내 용
개발주체에 따른 분류	• 공공개발: 국가, 지자체, 공공기관 등이 개발주체인 경우 – 대부분의 사회간접자본시설 개발사업이 이에 해당 • 민간개발: 소규모 부동산의 자력개발자, 전문 개발업체(developer), 시공사 주도의 개발사업을 포함한 민간이 주체가 되어 진행되는 모든 개발사업 • 민관합동개발(제3섹터): 지자체, 공공기관 등이 민간기업과 합동으로 개발하는 방식 – 공공기관도 아니고 민간기관도 아닌 제3의 주체라는 차원에서 금융시장에서 흔히 '제3섹터'로 호칭됨 – 일반적으로 공공기관 등은 토지확보 및 인허가를, 민간부문은 자본과 기술을 담당하는 구조
개발방식에 따른 분류	• 단순 개발방식: 토지주의 자력개발을 의미 • 환지 방식: 택지화되기 전의 토지를 도로, 공원 등 필수 공공재 또는 체비지를 고려한 감보율[20]에 따라 감보한 후 기존 토지소유자에게 배분하는 방식 – 감보율에 따라 기존 토지소유주가 보유하는 절대 토지면적은 큰 폭으로 감소하나, 개발완료 시 토지가치의 증대가 훨씬 막대한 특징을 보유 • 전면매수 방식: 대규모 주택(아파트 등)을 공급하는 사업을 대상으로 하며, 주로 공공기관이 개발주체가 됨 – 사업시행자에 의한 토지수용을 포함한 전면매수 후 진행되는 방식으로서 일산, 분당 등 1기 신도시 대부분에 적용된 방식 • 혼합방식: 환지 방식과 전면매수 방식이 혼합된 개발사업

한편, 이 책에서는 대상 사업의 종류나 개별 프로젝트의 특성을 반영한 리스크를 정형화하고 분류한 자료를 싣지는 않았습니다. 대상 프로젝트나 딜(deal)의 리스크값을 판단하는 영역의 경우 주요한 점, 예를 들면 총사업비 중 자기자본이 차지하는 최소 비율이나 시공사의 신용도, 입지 등에서는 공통적으로 기준을 정할 수 있는 부분도 있으나 그보다는 정형화하기 어려운 다양한 변수가 훨씬 더 많이 존재합니다. 예를 들어, 자기자본 비율이 평균에 미달하더라도 해당 부동산의 입지나 사업성, 시공사의 인적보증 등이 그러한 자기자본 비율 미달이라는 단점을 상쇄하는 경우도 현업에서는 자주 볼 수 있습니다. 반대로, 입지가 아무리 좋더라도 정부정책 리스크가 있고 세계적으로 실물자산 가격의 등락변동폭이 커질 가능성이 있는 경우처럼 거시경제 차원의 고민이 수반되는 시기에는 다른 조건이 아무리 좋더라도 부동산PF 지원이 어려운 경우도 실제로 발생하곤 합니다.

---

20 환지(換地)와 감보율(減步率) 등 낯선 부동산공법 용어가 등장했습니다. 환지는 영어로 'land reallocation'에 해당하는데 단순히 사업시행 이전의 토지를 재분배한다는 뜻은 아닙니다. 환지는 도시개발사업에서 사업시행자가 기존의 토지 소유권을 변경시키지 않고(매수나 수용을 통하지 않고) 개발을 진행하고, 개발이 완료된 후에는 기존의 토지에 대하여 일정 기준에 의해 새로이 조성된 대지에 기존 소유권을 이전시키는 도시개발사업 진행방식의 한 종류입니다.
감보율은 도시개발사업의 완료 후 기존의 토지면적 대비 감소한 비율을 뜻합니다. 개발사업을 진행하면서 다양한 공공용지(공원, 도로 외)가 해당 사업부지에 필요하게 되고, 그 외 사업비용 충당을 위한 일종의 보험성격으로 향후 매각을 염두에 두고 남겨두는 토지면적[체비지(替費地): 비용을 위해 남겨둔다는 의미] 등을 모두 감안하면 기존의 토지가 개발완료 후에도 100% 그대로 원소유주에게 귀속되는 것은 사실상 불가능한 일이라고 할 수 있습니다. 재분배된 토지면

부동산개발사업의 종류에 따른 리스크를 섣불리 정형화해서 설명드리는 것은 득보다 실이 많을 수 있습니다. 아쉽지만 입문서인 이 책의 성격상 리스크 부분에 대한 깊은 설명을 생략하고 대신 부동산PF의 주요 검토 포인트 등을 설명드리는 것으로 갈음하는 점을 양해 바랍니다.

부동산PF의 주요 검토부문 및 Q&A

부동산개발금융을 담당하면서 부동산PF를 검토하는 기준에 대해서 금융기관 담당자분들이 빠질 수 있는 함정이 하나 있습니다. 바로, 부동산PF 지원을 위한 금융기관 내부 가이드라인의 맥락을 오해하고 과신하거나 과소평가하는 것입니다. 금융기관에서 부동산PF를 검토하고 상담하기 위한 필터(filter)로서 최소한의 필수 조건은 존재하는 것이 사실입니다. 일반적으로 부동산PF에서 인허가의 완료를 공통적으로 인출선행조건 중 하나로 하고 일정 수준 이상의 시행사의 자기자본 투입을 요구하는 것 등이 그 대표적인 예라고 할 수 있습니다. 객관적으로 인정되는 최소 요건도 큰 의미가 있으나, 그러한 요건들을 지나치게 일반화하여 매트릭스(matrix)화하고 기준으로 삼는 것은 현실적으로도 쉽지 않고, 무엇보다도 현업에서 프로젝트의 사업성을 객관적으로 판단하는 것과는 별개의 영역이라는 것을 인식하실 필요가 있습니다.[21]

결국 주요 검토사항에 대한 가이드라인을 둔다는 것은 해당 프로젝트나 딜의 사업성과 리스크값을 판단하는 데 있어 기본적인 사항에 대한 주관적인 판단의 여지를 줄이기 위함입니다. 하지만 최소 기준으로서 정형화된 가이드라인을 지나치게 고집하는 경우, 다양한 층위의 프로젝트와 개별 딜이 가지고 있는 사연이나 특징이 무시될 가능성도

적은 감소했을지라도 도시개발사업의 완료로 토지가치는 기존보다 비교가 안 될 정도로 상승하기 때문에 기존 토지소유주에게 불리하지는 않습니다. 오히려 기존 토지소유주는 토지가치 상승으로 인해 막대한 개발이익 향유가 가능한 것이 일반적입니다.

21 다양한 금융기관이 나름의 검토기준과 가이드라인을 제정하여 운용하고 있으나, 그러한 기준은 금융기관의 종류나 지원하려는 부동산개발금융의 종류 등에 따라 다르기 마련입니다. 아주 간단한 기준만을 활용하는 경우도 있고, 개발하려는 대상이 어떤 것인지에 따라 매우 세분화된 필터링(filtering) 조건을 제정하고 유지하는 경우도 있습니다. 가이드라인은 최소한의 필터링으로 기능하는 데에는 유용하고 필요하나, 사업성을 판단하는 것과는 전혀 별개의 기준이라는 인식이 필요합니다. 이러한 인식이 부족한 경우, 개별 프로젝트의 특성분석은 도외시한 채 가인드라인을 통과했다는 이유만으로 딜이 추진되는 본말이 전도된 웃지 못할 여신 의사결정으로 연결될 수도 있습니다.

배제할 수 없습니다. 반대로, 비정형 여신의 성격을 가지는 부동산개발금융의 속성을 중시하면서 리스크 판단의 최소 필터에 해당하는 기준을 경시하는 것도 바람직하지 않다는 점 기억하셨으면 좋겠습니다.

여기서는 우선 부동산PF 대출지원을 위한 주요 검토부문에는 어떤 것이 있는지, 그리고 초기 상담 시에 이를 효율적으로 파악하기 위한 클라이언트 측과의 Q&A 사항은 어떻게 준비해야 하는지를 소개해 드리고자 합니다.

다음 표를 바탕으로 클라이언트의 사업계획서와 초기 검토를 진행하신다면 효율적인 프로젝트 파악에 도움이 될 것입니다. 부동산개발사업의 일반적인 절차와 위험요소, 그리고 초기 검토 시 주의해야 할 점 등은 곧이어 설명드리도록 하겠습니다.

표 1.4 부동산PF의 주요 검토부문 예시

항 목	내 용
인허가	• 인허가 진행상황 및 근본적으로 인허가 제한사항이 있는지 여부 (토지이용계획확인원, 관련 법령 확인, 인허가 관청 문의 등) • 지구단위계획 지정완료 여부 • 재건축, 재개발사업: 관리처분인가 완료 여부 및 가능성
토지매입	• 토지매입계약 체결 여부 (사업자 지정요건 충족 여부 및 가능성 예시: 소유자 1/2 이상, 면적기준 2/3 이상 확보 여부 등) • 명도 위험 여부 및 해결가능성
시행사	• 시행사 지분관계(실소유자), 계열기업 여부 • 시행경력 및 능력, 자기자본 투입능력, 시장 평판 조회
시공사	• 시공사 선정 여부 및 예상 시공사 • 시공사 신용등급, 수주현황 및 향후 현금흐름, 우발채무 현황 • 시공사의 지원방안(책임준공 및 기타 인적보증 제공 가능 여부 등)
자금용도 및 적정성	• 용도별 필요자금 파악 (토지매입비, 초기사업비, 브릿지론 상환자금, 공사비 등)
사업성/분양성	• 입지의 양호성 판단 • 사업성 및 원리금상환 가능성 검토: 분양가 수준, 경쟁재 현황, 현금흐름 분석
채권보전방안	• 예상 인적담보 및 물적담보 파악
기타	• 리스크에 비례하는 금융기관의 적정 수익성 확보 가능 여부 외

주요 검토부문에 대한 내용을 보다 효율적으로 파악하기 위한 구체적인 체크리스트의 Q&A 예시는 다음 표와 같습니다. 사업계획서 및 아래 표 등을 통해 클라이언트의 금융니즈를 파악하는 것이, 최적의 금융방식을 선택하고 금융구조를 설계하는 밑바탕이라고 할 수 있습니다.

표 1.5 부동산PF 초기 상세 Q&A 내용 예시

<table>
<tr><th>구 분</th><th>상세 체크리스트</th></tr>
<tr><td>신규여신 여부</td><td>• 타 금융기관 대출상환과 관련 없는 신규 건 여부
• 신규 건인지, 타 금융기관에서도 본 건 관련 상담이 진행 중인지 여부
• 타 금융기관의 브릿지론을 대환하는 용도 여부
• 타 금융기관의 부동산PF를 대환하는 건 여부
• 신규여신 집행 목표 일정</td></tr>
<tr><td>리파이낸싱인 경우 추가파악</td><td>• 기존의 대출기관과 금액(최초 약정액 및 현재 잔액)
• 기존 대출의 주요 채권보전책 및 만기
• 대환의 주목적 및 희망 일정</td></tr>
<tr><td>개발대상 및 건축개요</td><td>• 부동산개발사업의 대상
(아파트, 상업용 시설, 지식산업센터, 골프장, 종합 리조트 외)
• 용도지구, 건폐율 및 용적률, 건물의 층수 및 동수, 아파트·오피스텔인 경우 총 세대 수, 호실 수 등
• 상업용 시설, 오피스빌딩 등의 경우 층수 및 총 연면적, 입주자 예상 구성
• 골프장의 경우 대중제, 회원제 여부 및 총 홀수, 홀당 건축예상비 등</td></tr>
<tr><td>인허가</td><td>• 인허가 완료 여부 및 예상 시기, 최종 인허가의 종류 및 인허가권자, 절차
• 인허가 관련 근본적인 제한사항: 공적 제한사항 여부, 필요시 인허가관청 문의
• 지구단위계획, 관리처분 인가 여부 및 가능성
• 관련 근거법령 및 제도
• 과거 인근 민원제기 여부 및 향후 민원발생 가능성 등</td></tr>
<tr><td>토지매입</td><td>• 현재 토지소유주(개인·법인 여부, 토지소유주 수) 및 현재 사업부지 상태
(나대지 여부, 지상 건축물 존재 여부 및 철거가능 여부)
• 토지소유주가 다수일 경우 토지매매 관련 현실적인 의견일치 가능성, 분쟁가능성
• 토지 매매대금 예상액
• 토지계약 진행현황 또는 토지매도 의향서수취 현황
• 일부 토지계약 체결 시 잔금일자 등 추후 현금지출 일정 및 규모
• 토지계약 체결 시 계약체결의 주체: 개인명의 가계약 후 시행사 명의 전환 여부 외
• 토지매매가액 중 시행사에서 자기자금으로 우선 충당 가능 규모
• 토지면적 및 제곱미터(㎡)당 또는 평당 매매가액
• 현재 토지의 근저당권 등 제한물권 현황</td></tr>
<tr><td>시행사</td><td>• 시행사 및 실소유주의 기업명, 개인성명 등
• 계열기업 여부 파악, 시행사 임직원의 시행유관 경험 및 능력, 평판 파악
• 시행사 및 관계자, 관련 기업의 사업자번호 외 고유번호 파악 및 신용상태 조회(대상 개인 및 기업 동의 필요)</td></tr>
<tr><td>시공사</td><td>• 시공사 선정 여부 및 잠재 시공사 대상 기업
• 시공사 선정 시 시공사 담당자 연락처, 시공사와 시행사의 협상 단계
(시공사의 내부 초기 검토진행 단계 여부, 시공의향서 접수 단계 여부, 상당 부분 협상진행 중으로서 시공사 내부 수주심의 절차 진행예정 단계 여부 등)</td></tr>
<tr><td>자금용도 및 적정성 파악</td><td>• 총 부동산PF 요청 금액 파악(예시/자금용도 및 규모의 적정성 파악 목적)
• 그 외 클라이언트가 희망하는 금리, 만기 등의 사항
<table><tr><th>항목</th><th>총액</th><th>PF금액</th><th>자기자금</th><th>분양대금</th><th>비고</th></tr><tr><td>토지비</td><td></td><td></td><td></td><td></td><td></td></tr><tr><td>공사비</td><td></td><td></td><td></td><td></td><td></td></tr><tr><td>기타</td><td></td><td></td><td></td><td></td><td></td></tr><tr><td>합계</td><td></td><td></td><td></td><td></td><td></td></tr></table></td></tr>
</table>

〈계속〉

표 1.5 (계속)

구 분	상세 체크리스트
사업성/분양성	• 시행사 추산 자금수지표, 현금흐름표 등 수령, 분석 • 시행사, 시공사 등의 시장조사자료(경쟁재 포함) 수령 후 분석 • 관련 법령에 의해 제한되지 않는 경우를 전제로, 분양(판매) 또는 임차 관련 사전의향, 준공 후 매입 확약 관련 현황
예상 채권보전방안	• 예상 인적담보: 시행사 대표 연대보증 가능 여부, 시공사의 지원방안 등 파악 • 예상 물적담보: PF보증서, 부동산 근저당권설정, 담보신탁수익권 증서 등 파악
기타	• 프로젝트의 특징 및 장단점, 그 외 기타 사항

부동산개발사업의 절차는 어떻게 구성되고, 단계별 위험요소에는 어떤 것이 있을까

부동산개발사업을 단계별로 구분한 일반절차와 각 단계에 따른 주요 위험요소를 그림으로 정리해서 소개해[22] 드리고자 합니다.

그 전에, 참고차 부동산개발금융의 일반절차를 간단히 그림으로 표시하면 다음과 같습니다.

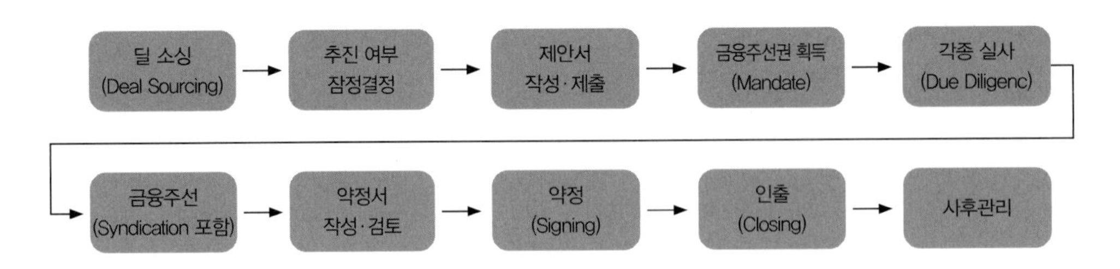

그림 1.2 부동산개발금융의 일반절차

그림 1.3은 부동산개발사업의 가장 일반적인 절차를 나타낸 것이며, 세세한 절차는 개별 프로젝트에 따라 다를 수 있습니다. 예를 들어, 시공사 접촉이나 부동산PF 금융기관 접촉 등은 위 그림에서는 토지매입 완료단계에서 이루어지는 것으로 나타나 있지만, 사안에 따라 사업 초기부터 이루어질 수도 있습니다. 전반적으로 부동산개발사업이 어

22 순서로는 부동산개발사업을 설명드리는 부분에 포함되는 것이 바람직합니다만, 부동산개발사업의 절차와 위험요소를 이해하는 것이 결국 프로젝트의 검토와 직결된다는 점에서 주요 검토부문과 별도로 설명드렸습니다.

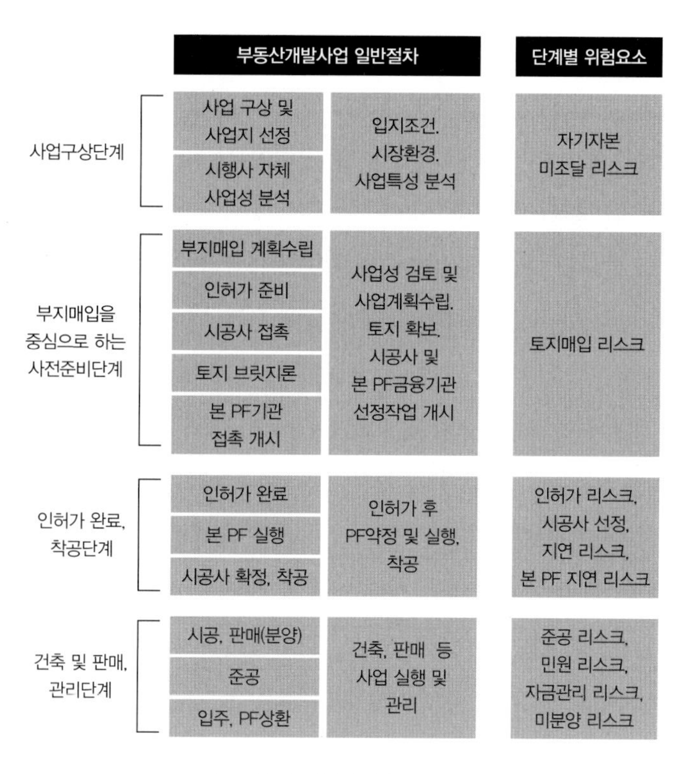

그림 1.3 부동산개발의 단계별 주요 위험요소

떤 절차와 단계를 거쳐 진행되는지에 대한 간략한 얼개라고 보시면 되겠습니다. (부동산개발 절차 중 금융 측면, 즉 부동산개발금융의 절차에 대해서는 별도의 장에서 자세히 설명드리겠습니다.)

부동산개발사업의 위험 중 가장 대표적인 것이 토지매입 및 인허가, 분양 및 준공 리스크가 아닐까 싶습니다. 개별적으로는 각각 다른 위험요인으로 보이지만, 부동산PF의 PF로서의 속성, 즉 미래현금흐름의 안정성에 영향을 미칠 수 있다는 점에서는 본질적으로 동전의 양면처럼 같은 리스크 요인이라고 할 수 있습니다.

본 PF의 경우 대부분 토지매입 및 인허가 완료를 전제 조건으로 하기 때문에 실질적으로 분양 리스크와 준공 리스크가 주요 관심사가 됩니다. 본 PF의 전 단계에서 실행되는 토지 브릿지론은 대부분 그 상환재원을 본 PF 자금으로 하고 있으며, 만약 브릿지론 실행 후 우여곡절 끝에 토지매입이 완료되지 않는다거나 인허가가 완료되지 않으면 난감한 상황에 처할 수 있습니다. 따라서 브릿지론의 경우 이러한 리스크를 고려하여 여건이 허락한다면 토지담보 외에 시공사의 인적 보강을 받는 경우도 있으며, 금리 및 대출금리 및 수수료 등의 비용도 이에 비례하여 높은 수준인 경우가 많습니다.

부동산PF를 대하는 금융기관 담당자의 기본 인식

단계별 주요 위험요소는 어떤 것이 있는지 아는 것만으로는 실무적으로 사실 큰 의미가 없습니다. 그러한 위험요소를 바탕으로 가장 최적의 금융방식을 선택하고, 어떻게 안정적인 금융구조를 설계할 수 있을지가 금융주선기관의 역할이라고 할 수 있습니다. 앞서 말씀드린 것처럼 경험과 전문성을 바탕으로 한 프로젝트의 사업성, 리스크 판단은 이 책의 주요 주제는 아니지만, 부동산PF를 검토하는 데 있어 담당자로서 지녀야 할 마음가짐이나 인식을 참고차 안내드리고자 합니다.

표 1.6 부동산PF 검토 시 담당자가 지녀야 할 기본 인식

구 분	내 용
채권보전 (이겨놓고 시작하자)	• 부동산개발사업은 개발의 성공이 구조적으로 사전에 담보될 수 없는 속성 보유 • 일반 부동산실물자산과 비교하여 비교하기 힘들 정도로 리스크값이 큰 분야 • 이중삼중의 채권보전책과 신용보강이 있더라도 채무불이행사유가 언제든지 현실화될 수 있음 • 금융구조를 설계할 당시부터 Exit(대출원리금상환)을 최우선으로 고려해야 함 • 리스크파악이 쉽지 않은 딜의 경우 신중을 기해야 함
참여 금액 (욕심은 금물)	• 대출금을 장기 보유하는 금융기관의 경우, 대형 개발사업일수록 반드시 신디케이티드 론 방식으로 참여하여 리스크 최소화 필요[총액인수(firm-commitment underwriting) 후 셀 다운(sell-down)하는 방식[23] 채택 시 참여기관 사전 섭외 필수 등 면밀한 신디케이션 전략수립 필요]
균형 잡힌 시각 (시공사만 보지 말자)	• 인허가 완료나 적정한 자기자본 등은 최소요건에 불과 • 시공사의 인적 신용보강이나 담보에도 불구하고 대출원리금상환까지는 수많은 관리대상 요인이 존재하며 사업비는 통상 증가하는 경향이 있음 • 부동산PF의 본령은 사업성에 기반한 미래현금흐름임. 유입될 분양대금 등 현금흐름은 부동산PF 금융기관의 가장 큰 담보자산임을 잊지 말고, 사업성을 최우선 기준으로 보는 시각을 견지해야 함 • 자금관리 시스템은 미래현금흐름을 확보하는 매우 중요한 요소
충격에 대비하자	• 부동산개발사업의 속성상 완료까지 장기간 소요 • 개별 프로젝트의 사업성과 아울러, 대출 만기까지 장기간 국내외 경제동향, 충격 요인 및 정부 정책 변경 가능성 등 거시적 변수를 사업성 분석과 등가로 분석하는 자세 필요 • 주택공급 추이(건축허가 현황, 미분양 현황 외), 인구통계학에 근거한 지역별 인구증감 추이 등 분석 필요

부동산개발금융 검토를 위한 필요서류 목록 예시

실제로 금융기관에서 부동산PF의 클라이언트 및 시공사 등 사업당사자에게 요청하는

23 금융주선기관의 총액인수 및 셀 다운에 대해서는 이 책의 핵심용어 부분에서 설명드립니다.

필요서류 목록표의 예시는 다음과 같습니다. 실무에 활용하실 때에는 앞서 주요 검토부문과 Q&A 예시를 참고하시어 아래 표의 내용을 적절하게 가감[24]하시면 되겠습니다.

표 1.7 부동산PF 여신심사를 위한 필요서류 목록표 예시

<table>
<tr><th>분 류</th><th colspan="2">내 용</th><th>비 고</th></tr>
<tr><td rowspan="16">시행사</td><td colspan="2">사업자등록증 사본</td><td></td></tr>
<tr><td colspan="2">정관 및 주주 명부, 조직도</td><td></td></tr>
<tr><td colspan="2">등기사항 전부증명서</td><td></td></tr>
<tr><td colspan="2">등기사항 전부증명서상 주요 임직원 이력서</td><td></td></tr>
<tr><td colspan="2">법인설립일부터의 재무상태표, 영업활동 증빙자료</td><td></td></tr>
<tr><td colspan="2">지방세, 국세 완납 증명서</td><td></td></tr>
<tr><td colspan="2">부채현황표</td><td></td></tr>
<tr><td colspan="2">개인신용조사서(대표이사)</td><td></td></tr>
<tr><td colspan="2">시행사 및 관련 기업 신용조사서류</td><td></td></tr>
<tr><td colspan="2">총괄 자금수지표 및 프로젝트 진행현황 경과표</td><td></td></tr>
<tr><td colspan="2">향후 추진일정표</td><td></td></tr>
<tr><td colspan="2">신용정보조회표(대출내역 포함)</td><td>동의서 징구 전제</td></tr>
<tr><td rowspan="4">조합일 경우</td><td>창립총회의사록</td><td></td></tr>
<tr><td>조합 정관 및 규약</td><td></td></tr>
<tr><td>관리처분총회 책자 및 의사록</td><td></td></tr>
<tr><td>조합원 명부 등</td><td></td></tr>
<tr><td rowspan="6">시공사</td><td colspan="2">감사보고서</td><td></td></tr>
<tr><td colspan="2">반기결산서(또는 최근월 가결산 자료)</td><td></td></tr>
<tr><td colspan="2">수주현황표, 자체 진행 사업현황표(분양률, 공정률 포함)</td><td></td></tr>
<tr><td colspan="2">차입금현황표(관계사 등 특수관계인 차입/대여 포함)</td><td></td></tr>
<tr><td colspan="2">PF 인적담보 제공 현황</td><td></td></tr>
<tr><td colspan="2">미수금현황표(미수연령 3개월, 6개월, 12개월 이상 등 구분)</td><td></td></tr>
<tr><td rowspan="6">권리분석</td><td colspan="2">부동산매매계약서 및 계약금 등에 대한 증빙자료</td><td rowspan="6">권리분석자료는 내용이 방대한 경우가 많음. 실무상 시행사의 자료를 1차 참고하고, 이에 대한 감정평가기관의 확인 또는 감정평가기관으로부터 별도의 독립적인 자료를 제출받아 확인</td></tr>
<tr><td colspan="2">토지조서</td></tr>
<tr><td colspan="2">토지 및 건물등기부등본</td></tr>
<tr><td colspan="2">건축물관리대장, 토지대장</td></tr>
<tr><td colspan="2">지적도</td></tr>
<tr><td colspan="2">토지이용계획확인원</td></tr>
</table>

〈계속〉

24 앞서 설명드린 상세 Q&A 목록이나 필요서류 목록은 말 그대로 예시일 뿐입니다. 이러한 목록표상의 자료는 주로 검토 초기 단계에서 금융기관 내부 심사나 IM(Information Memorandum, 프로젝트 및 금융구조, 개요 관련 종합설명자료) 작성을 위해 일괄적으로 필요한 경우가 많으나, 프로젝트의 성격이나 사업단계에 따라 한꺼번에 징구되지 않고 준비되는 대로 순차적으로 제출·징구되는 경우도 적지 않습니다.

표 1.7 (계속)

분 류	내 용	비 고
재무분석	시행사의 기투입자금 증빙자료	
	자금수지표	
	중도금대출 계획표(예상 규모 및 납부일정, 금리 등)	
인허가	진행현황 증빙자료, 관련 법 조항 외	
기타	사업계획서	
	설계도면(축소본)	
	예상공정률 자료	
	설계계약서	
	감리계약서	
	분양대행사 관련 자료	
	감정평가서	
	사업성검토보고서 또는 PF대출원리금상환가능성검토보고서	
	공사도급계약서	
	소요자금명세표 등	

부동산개발금융기관의 생태계는 어떠할까

부동산PF를 비롯한 부동산개발금융시장에는 어떤 참가자들이 있고 각자의 주요 역할은 무엇인지를 간단히 살펴보도록 하겠습니다. 일단, 시장 참여기관들을 그림으로 살펴보면 그림 1.4와 같습니다. 우리가 흔히 1금융권이라고 하는 것은 「은행법」의 적용을 받고 지급준비율의 구속을 받는 '은행'을 가리킵니다. 2금융권이라 하면 은행 외의 모든 비(非)은행 금융기관[25]을 가리킵니다.

그림에서 보시는 것처럼 시중은행 등은 부동산PF 관련 매우 엄격한 기준을 가지고 제한적으로 참여하고 있습니다. 2008년 9월 리먼 브라더스 파산으로 본격화된 글로벌 금융위기 이전까지는 시중은행 및 특수은행 등이 대한민국의 부동산PF 시장을 주도했습니다. 당시 증권사들도 은행과 어깨를 나란히 하기는 했으나, 막강한 자금력을 바탕으로 매우 적극적으로 부동산PF 주선을 담당했던 은행이 주거용 및 비주거용 부문 모

---

25 한국은행은 중앙은행으로서 1금융권이라고 표현하지 않습니다. 그림 1.4에 표시되지 않은 금융기관일지라도 「은행법」의 적용을 받지 않는 한 모두 공식적으로는 2금융권에 포함됩니다. (상호저축은행은 '은행'이라는 명칭을 사용하고 있지만 「은행법」이 아닌 「상호저축은행법」의 적용을 받습니다.) 하지만 금융관행상 대부업체 등은 편의상 3금융권이라고 부르기도 합니다. 은행은 지급준비제도의 대상이며 이를 활용하여 신용창조의 기능을 담당하고 있습니다. 경제학에서는 이러한 신용창조기능의 유무, 즉 통화기관으로서의 지위를 기준으로 1·2금융권을 구분하고 있습니다. 그리고 외국계 은행은 기재가 생략되어 있사오니 참고하시기기 바랍니다.

1금융권
「은행법」
적용

〈일반 시중은행〉
우리은행, 국민은행, 신한은행, 하나은행, NH농협은행, SH수협은행, 광주은행, 대구은행, 부산은행, 경남은행, 전북은행, 제주은행 및 외국계 SC제일은행, 한국씨티은행 등

〈특수은행 (정책금융기관)〉
IBK기업은행, KDB산업은행, 한국수출입은행
(인터넷전문은행, 기타 외국계 은행은 기재 생략함)

〈부동산PF 제한적 취급〉
- PF보증서 등 담보가 확실한 국내 우량 딜, 대형 시공사 참여 또는 실차주가 대기업인 경우를 중심으로 2금융권 대비 상대적으로 제한적인 부동산PF 주선 및/또는 참여
- 정책금융 성격의 부동산PF 주선 및/또는 참여

2금융권
[비(非)은행
금융기관]

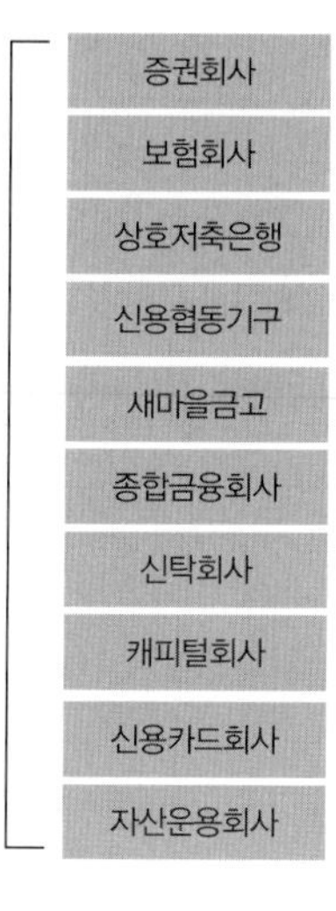

〈부동산PF 금융주선 부문〉
- 증권회사: 비교적 유연하고 신속한 의사결정, 총액인수 능력 등을 바탕으로 부동산개발금융 주선의 중추 역할 담당
- 부동산신탁회사: 책임준공확약 구조를 활용하여 금융주선 외연 확장 중
- 자산운용회사: 일부 전문운용사가 부동산개발금융 주선 업무 수행 중

〈부동산PF 참여 및 토지 브릿지론〉
- 보험사: 일반적으로 주선보다는 참여에 중점을 두는 편, 거액 우량 딜에 주로 참여
- 토지 브릿지론은 다양한 2금융권에서 지원하고 있으나 기준 및 금리수준 편차가 심한 경향
- 상호저축은행, 종합금융회사, 캐피털회사 등은 부동산 실물자산 담보대출 중 후순위 대출도 보편적으로 적극 지원하는 경향이 있음
- 신용협동기구는 속성상 복수의 단위 협동기구가 참여하는 형태가 일반적임

(금융기관 나열순서는 별도의 기준에 의하지 아니함)

그림 1.4 부동산개발금융시장 구성도

두에서 광범위하게 주류로서의 역할을 했던 시기였다고 할 수 있습니다. 그러나 2008년의 금융위기를 전후하여 대규모의 부동산PF 부실채권이 발생하여 사회문제화되었고 은행 내부적으로도 천문학적인 손실이 발생하는 등 어려움을 겪으면서 부동산PF 주선의 주도권은 증권사로 기울게 되었습니다. 은행이 안전자산으로 분류되는 딜에 국한하여 상대적으로 제한된 부동산PF를 주선하고 참여하는 이유가 여기에 있습니다. (이 부분에 대해서는 이 책의 부동산개발금융의 연혁 부분에서 자세히 설명드립니다.)

현재의 부동산PF 주선시장은 현실적으로 주택도시보증공사(HUG), 한국주택금융공사(HF) 보증서 등 구조적으로 은행 참여가 필수인 주거용 부문에서의 보증서 담보부 PF를 제외하고는 대형 증권사를 중심으로 재편된 지 오래이며, 여기에 더해 일부 부동산개발 전문 자산운용사와 부동산신탁사가 활발히 활동하는 시장이라고 할 수 있습니다. 한편, 부동산PF 금융생태계에서 다양한 2금융권 기관의 역할은 의외로 매우 중요합니다. 리스크를 이유로 은행이 취급하지 않는 토지 브릿지론을 비롯하여 각종 부동산PF 신디케이

티드 론에 중순위 및 후순위로 활발히 참여함으로써 사실상 부동산PF 금융시장을 떠받치는 또 하나의 기간 금융으로서의 역할을 담당하고 있다고 해도 과언이 아닙니다. 국가경제적으로는 과도한 부동산PF 리스크 노출로 인한 비판에서 결코 자유로울 수 없으나, 적어도 부동산개발금융시장의 생태계 관점에서만 보자면 2금융권의 부동산PF 참여는 필수불가결한 측면이 있음을 부인할 수 없습니다.

2금융권 내에서도 금융기관의 종류에 따라 금리나 참여 사업, 선·후순위 여부 등에 일정한 경향이 있는 것은 사실이지만 역시 이를 일반화해서 말씀드리기는 어려운 면이 있습니다. (비용 측면에서는 고위험 여신을 취급하는 것에 비례하여 상당히 높은 수준의 금융비용이 요구되는 것이 일반적입니다.) 금융주선기관은 이렇듯 다양한 생태계의 금융기관을 대상으로 하여, 적기에 적절한 비용으로 금융모집을 진행하는 책임을 지게 됩니다. 딜이 우량한 경우에는 오히려 참여기관이 초과되는 경우가 많지만, 일반적인 부동산개발사업의 경우 금융모집이 그리 만만치 않은 경우가 더 많습니다. 모집금액 절대액이 거액인 경우에는 일반적으로 금융주선을 어느 한 기관이 하지 않고 공동주선의 형태로 진행되는 것이 일반적입니다.

부동산개발금융과 부동산금융

부동산금융이라는 표현은 언제 쓰는 것일까

참고로, 부동산개발금융과 비슷한 용어로 '부동산금융'이라는 표현도 있습니다. 본래 부동산금융은 부동산이라는 실물을 담보로 하여 조달되는 금융을 포괄적으로 일컫는[4] 말입니다. 이는 크게 주택금융과 비주택금융(상업용 부동산금융) 두 가지로 구분되며, 이 책에서 중점적으로 설명드리고 있는 부동산PF와 같은 프로젝트 파이낸스와 구별되는 자산금융(asset finance) 중 하나로서의 '전통적인 부동산담보대출'을 일컬을 때 사용되는 용어라고 할 수 있습니다.

하지만 이론적인 구분과 별개로 현재 금융시장에서는 '부동산금융'이라는 표현이 부동산개발금융을 비롯하여 전통적인 주택 및 상업용 부동산담보대출을 광범위하게 가리키는 말로서 사용되고 있습니다. 따라서 단순히 '부동산금융'이라는 말을 들었을 때에는 이것이 개인의 부동산담보대출을 의미하는 것인지, 아니면 기업이 임대를 목적으로 매입하는 영리형 실물 부동산의 매입을 지원하는 금융이라는 것인지, 이도 아니면 아예 토지를 매입하고 건축을 해서 시장에 공급하는 부동산개발금융과 관련된 것인지를 구분하기 쉽지 않습니다. 그 외, 부동산과 관련된 각종 금융상품이나 조달기법을 의미하는 경우도 있는데 용어 자체가 상당히 포괄적이고 불분명해서 정확히 어떤 것을 가리키는지 애매한 경우가 적지 않습니다.

따라서 부동산금융이라고 표현할 때에는 이것이 앞서 설명드린 전통적인 의미의 부동산금융인지, 아니면 부동산개발금융이나 집합투자기구를 활용한 실물자산의 매매를 비롯하여 개인 주택담보대출에 이르는 리테일(retail) 부문의 금융까지 아우르는 최상위의 포괄적인 개념으로서의 부동산금융인지 정도는 이를 사용하는 화자가 정확히 인식을 하고 사용하는 것이 바람직합니다. 참고로, 이 책에서도 부동산개발금융을 포괄하는 의미로 부동산금융을 사용하고 있습니다. 다만, 개인적으로는 별다른 배경설명 없이 '부동산개발금융'을 염두에 두고 사용하면서, 공식적으로 '부동산금융'이라고 포괄적으로 표현하는 것은 바람직하지 않다고 생각합니다.

한편, 금융시장에서는 부동산개발금융 등을 줄여서 '개발금융'이라고 호칭하는 경우도 적지 않습니다. 하지만 개발금융이라는 용어는 일반적으로 개발도상국에 지원하는 차관(development credit, development finance)을 의미하는 경우가 많기 때문에 부동산개발금융을 의미하는 용어로 편하게 '개발금융'이라고 호칭할 때에는 그 의미가 제3자에게 전달될 때 혼동되지 않도록 주의하실 필요가 있습니다.

물론 일반적인 의미의 개발금융이라고 할 때의 '개발'에도 부동산개발이라는 의미가 포함[26]되는 경우가 많습니다. 예를 들어, 어느 국가가 신도시를 개발하면서 선진국이나 기타 국제 금융기관으로부터 차관을 공여받는 경우의 개발금융은 부동산개발금융 성격을 갖는다는 점에서 완전히 별개의 의미라고 하기는 힘든 점이 있습니다. 다만 유사한 공통분모를 가지고 있다 하더라도 '개발금융'이라는 명칭은 선진국 또는 원조기관으로부터 개발도상국과 같은 피원조국으로의 '자금의 이동(flow)'이라는 성격에 초점을 맞추고 있다는 점에서 순수하게 부동산의 개발과 관련된 금융을 보통명사로 지칭하는 '부동산개발금융'과는 의미하는 바가 다르다고 할 수 있습니다.

26 개발도상국의 특정 제도나 시스템 향상을 목적으로 하는 경우에는 부동산개발금융의 성격을 갖지 않습니다.

2. 부동산개발 지원금융으로서의 부동산PF

프로젝트 파이낸스(PF)의 유래와 개념

앞서 부동산PF는 부동산개발을 지원하기 위한 대출을 가리키며 일종의 부동산 지원금융에 포함되고, 금융실무상 부동산개발 지원금융과 동의어로 사용해도 무방하다고 설명드린 바 있습니다. 이제 PF의 일반적인 특징은 어떤 것인지, 그리고 부동산PF는 일반적인 PF와 어떤 점에서 차이가 있는지에 대해 자세히 말씀드리고자 합니다.

PF는 '프로젝트 파이낸스(Project Finace)'[27]의 약자입니다. 주로 도로나 발전소 등 장기의 대규모 SOC(Socail Overhaed Capital: 사회간접자본) 개발 프로젝트와 같은 그린필드(greenfield)[28] 분야에서 보편적으로 활용되어 온 금융기법으로서 아마 이 책에서 가장 많이 접하시게 될 용어가 아닐까 싶습니다.

현대적 의미의 PF는 1930년경 미국 오클라호마주와 텍사스주에서 은행이 소규모 유전회사에 지하자원을 담보로 여신을 제공하고, 해당 유전회사가 진행하는 프로젝트에

---

27 PF의 표기와 관련하여 프로젝트 파이낸스(Project Finance)가 올바른 것인지, 아니면 프로젝트 파이낸싱(Project Financing)으로 표기해야 하는지에 대해 궁금해하시는 분들이 있습니다. 결론적으로는 모두 올바른 표현이라고 할 수 있으며 금융시장에서는 공식·비공식적으로 두 가지 용어를 모두 사용하고 있는 등 구별의 실익은 전혀 없다고 보셔도 무방합니다. 앞으로 용어 설명에서 소개해 드릴 인가와 허가가 이론적으로는 엄연히 별개의 개념임에도 불구하고 법적으로도 그리고 실무현장에서도 그 개념이 혼용되어 쓰이고 있는 것과 비슷하다고 보시면 됩니다.
한편, 그럼에도 불구하고 영어의 문법적 특성을 감안하여 '정지태' 상태의 '파이낸스(finance)'라는 표현보다는 뭔가 행위가 이루어지고 있는 이미지의 역동적인 '파이낸싱(financing)'이라는 표기가 더 올바르다는 의견도 있으며 이를 선호하는 금융실무진들도 많습니다. 현대적 의미의 PF가 최초로 사용되고 발전되어 온 미국 등 선진국에서는 'Project Finance'라는 용어를 공식용어로서 'Project Financing'보다 훨씬 더 많이 사용하고 있습니다만, 저도 현업에서는 주로 프로젝트 파이낸싱(Project Financing)이라는 표기를 더 많이 사용해 왔습니다.
참고로, 이 책에서 PF의 정식 명칭은 IPFA(International Project Finance Association: 국제 PF 협회)의 명칭 및 선진국의 논문 등을 참고하여 모두 프로젝트 파이낸스(Project Finance)로 통일하였음을 알려드립니다.
마지막으로 재미있는 사항 한 가지만 더 소개해 드리겠습니다. 한국 「법인세법」상의 프로젝트금융투자회사가 영어로 표기될 때에는 거의 대부분 예외 없이 'Prjoect Financing Vehicle'로 번역되어 사용되고 있습니다. 이는 프로젝트 파이낸스(Project Finance)가 단독으로 사용되지 않고 꾸밈말로서 기능하고 있기 때문이라는 추정도 있고, 단순히 프로젝트금융을 'Project Financing'으로 번역한 것에 불과한 것이라는 추측도 있다는 점 참고하시기 바랍니다.

28 미개발된 대상을 개발하는 것을 그린필드(greenfield) 프로젝트라고 합니다. 부동산PF의 경우 토지를 개발하고 건물을 신축하는 일 등이 진행되는데, 그린필드 프로젝트의 전형적인 요소를 가지고 있다고 할 수 있습니다. 이와 반대되는 개념은 브라운필드(brownfield) 프로젝트라고 합니다. 기존 시설에 투자하거나 기존에 운용되던 사업을 인수하는 데 투자하는 것 등이 포함됩니다.

서 창출되는 자원 등으로 상환을 받는 구조가 최초[5]인 것으로 알려져 있습니다. 이러한 PF는 이론적으로는 다양하게 정의되고 있는데 주요한 정의는 다음 표와 같습니다.

표 1.8 프로젝트 파이낸스의 정의 예시

항 목	내 용
Peter K. Neville & Frank Fabozzi 외[6]	• 광의의 PF는 특정 프로젝트의 소요자금을 조달하기 위한 일체의 금융방식을 가리킴 • 협의의 PF는 프로젝트의 사업성과에서 창출되는 현금흐름을 대출금 상환재원으로 하고 프로젝트 자체를 담보로 제공하는 금융기법을 지칭함
IPFA(국제 PF 협회)[7]	• "프로젝트에 자금을 제공하는 프로젝트의 부채(project debt)와 자본(equity)은 프로젝트에 의하여 생성되는 현금흐름(cash flow)으로 상환한다는 상환재원소급금지(non-recourse) 또는 상환재원소급제한(limited recourse) 금융구조(financial structure)를 기반으로 한 장기 사회간접자본(long-term infrastructure), 산업 프로젝트(industrial projects), 그리고 공공재(public services)에 대한 금융"

위 내용 중 IPFA의 정의는 문언만으로는 어떤 것을 프로젝트 파이낸스라고 하는지 쉽게 파악하기 어렵습니다. 여기서 'non-recourse'라는 것은 대출의 상환의무를 원칙적으로 실사업주에게 요청하지 못하는 것을 가리키며 우리말로는 '비소구' 또는 '상환재원소급금지'라는 다소 어려운 말로 번역되어 사용되고 있습니다. (recourse에 대해서는 곧 자세히 설명드리겠습니다.)

위 표의 내용과 금융시장에서 일반적으로 인정되는 정의를 종합하여 프로젝트 파이낸스를 말씀드리자면,

① 해당 사업의 현금흐름을 주된 담보로 하며,
② 해당 사업을 영위하기 위해 설립된 특수목적회사[29]에게
③ '비소구(非訴求, non-recourse)' 또는 '제한소구(limited recourse)' 방식으로 지원되는 금융방식을 말한다고 할 수 있습니다.

여기서 의외로 간과하기 쉬운 점은, 프로젝트 파이낸스의 대상은 개발을 전제로 하는 특정 '프로젝트'이지 현재 완성되어 있는 '실물자산'이 아니라는 점입니다. 이미 존재하는 오피스 빌딩 등 부동산 실물자산을 매입하여 향후 매각차익과 임대료 수익 향유를 목

29 특수목적회사(SPC)는 특정 단일 사업을 영위할 목적으로 설립된 회사를 일컫습니다. 이와 동일한 뜻으로 SPV(Special Purpose Vehicle)라고 표현하기도 합니다.

적으로 하는 경우에 해당 부동산의 매입을 위해 지원되는 대출은 프로젝트 파이낸스라고 할 수 없으며 금융시장에서는 일반적으로 부동산 실물자산 매입을 위한 금융이라는 뜻에서 흔히 '(부동산) 실물자산 금융'이나 상업용 부동산 매입용도의 대출이라는 의미로 'CRE(commercial real estate) 론' 등으로 호칭하고 있습니다. 실물자산 관련 금융에는 오브젝트 파이낸스(object finance)도 포함됩니다. 이는 선박이나 항공기 등의 실물자산, 즉 준부동산(準不動産)의 매입을 자금용도로 하고, 해당 자산을 담보로 취득하여 실행되는 선박금융, 항공기금융 등을 가리키며 본질적인 상환재원이 해당 선박이나 항공기로부터 발생하는 용선료, 항공운임 등 향후 유입될 현금흐름을 바탕으로 하는 특징을 가지고 있습니다. 오브젝트 파이낸스의 경우에도 대출 원리금의 상환재원이 향후 유입될 미래현금흐름이라는 점에서 PF와 일부 유사한 성격을 가지나, 프로젝트 파이낸스가 물리적으로 대형 시설 등의 '개발 프로젝트'를 전제로 하는 데 반해 앞서 말씀드린 부동산 실물자산 금융이나 오브젝트 파이낸스의 경우 모두 그 대상이 이미 건설이나 제작이 완료된 실물자산을 그 대상으로 한다는 점에서 본질적인 차이를 보인다고 할 수 있습니다.

한편, PF를 전통적인 기업금융과 비교하여 주요한 차이가 어떤 것인지 살펴보면 다음 표와 같습니다.

표 1.9 PF와 일반 기업금융의 주요 차이점[8]

항 목	프로젝트 파이낸스	전통적인 기업금융
차주	• 특수목적회사(SPC)	• 사업주
담보	• 프로젝트의 현금흐름 및 자산	• 사업주의 신용 및 자산 전체 • 모기업의 보증 등
소구권행사	• 사업주 또는 차주 모회사 등에 대한 소구권행사가 제한	• 사업주 또는 모기업에 소구권 행사 가능
채무수용 능력	• 사업주는 별도 SPC를 통해 차입하는 부외금융(off-balance sheet financing)[30]으로서 부채비율의 증가 회피	• 차입으로서 부채비율에 직접적 영향이 있음
위험배분	• 프로젝트 참여자 간 위험을 배분	• 전적으로 차주가 부담
자금관리	• 대주 금융기관이 별도 계좌로서 관리 • 자금관리 목적으로 별도의 E/A(escrowed account)를 개설하고 동 계좌를 통해 분양대금의 입금 및 사업비 지출 등을 엄격하게 관리 • E/A는 용도에 따라 복수 개설이 가능하며, 대출 원리금 및 사업비 간 세부 지급순위(waterfall)는 약정으로 상세하게 지정하는 것이 일반적	• 특별한 제한이 없음

30 사업주의 재무상태표에 부채로 기록되지 않고 자금을 조달하는 금융을 가리킵니다. 대표적으로 PF, 그리고 앞으로 살펴볼 자산유동화증권을 통한 금융조달 역시 대표적인 부외금융기법에 해당됩니다.

그런데 위와 같은 이론적인 정의만으로는 현업 경험이 없는 독자분이라면 PF가 어떤 것인지 직관적으로 떠올리기가 결코 쉽지 않습니다. 지금부터 그 핵심 개념에 대해서 하나씩 설명드리도록 하겠습니다.

PF와 특수목적회사(SPC), 그리고 실차주(実借主)와 스폰서(Sponsor)

PF의 차주 겸 사업시행자는 '특수목적회사(SPC)'일 것이 요구됩니다. 이는 차주가 다른 사업을 영위함으로써 발생할 수 있는 재무적 영향을 원천적으로 차단하는 데 그 목적이 있습니다. 다만 이러한 특수목적회사가 반드시 주식회사여야 할 필요는 없습니다. 즉, 회사의 형태와 관계가 있다기보다는, 그 회사가 어떤 특정 사업을 영위하기 위한 목적을 가지고 설립된 법인의 성격을 가진다면 이를 SPC로 인정하는 것이 일반적입니다. (물론, 관련 법령이나 감독기관의 유권해석에 따라 특수목적회사의 정의가 별도로 엄격한 경우도 있습니다. 「자산유동화법」에서 등록유동화를 위한 특수목적회사는 반드시 유한회사 형태여야 한다고 제한한 것이 대표적인 예입니다.)

이때 특정 회사를 SPC로 인정할 수 있느냐의 여부는 각 금융기관의 판단에 따라 달라질 수 있습니다. 예를 들어, 어떤 부동산개발사업을 영위하기 위해 회사[31]를 새로 설립했고, 정관이나 약정에 의거 해당 사업 외에 다른 사업을 영위하는 것이 제한되어 있다면 이 시행사를 SPC로 인정하는 데 특별한 이견은 없을 것이라고 추정할 수 있습니다.

한편, 어느 시행사가 새로이 부동산개발사업을 추진하려고 하는데, 다른 사업을 이미 영위하고 있는 계속기업으로서 기존에 영위하고 있는 사업의 재무적인 영향이 객관적으로 봤을 때 상당한 수준일 경우에는 해당 시행사를 SPC로 인정하지 않는 것이 일반적입니다. 즉, 사업시행자가 계속기업으로서 기존 사업으로 인한 매출이나 부채 등 전반적인 재무현황을 고려해 봤을 때, 도저히 새로운 프로젝트와 기존 재무현황을 분리할 수 없다고 판단되면 SPC로 인정받지 못할 가능성이 높다고 할 수 있습니다. 금융기관에 따라 차이는 있지만 이러한 경우에는 일반적으로 부동산개발금융의 차주(借主, borrower) 적격

31 일반적으로 이런 회사를 '시행사'로 지칭합니다. 시행사 또한 별도의 정의가 관련 법령에 명시돼 있기도 합니다만, 시장에서는 해당 법령에 의한 자격요건 구비 여부와 별개로, 일단 부동산개발 관련 업무를 주로 하는 회사가 있으면 '시행사'로 통칭하는 것이 보편적입니다.

이 인정되지 않는다고 봐야 합니다. 이는 지금 추진하고 있는 부동산개발사업 외 기존에 다른 사업을 진행하고 있는 경우이거나 또는 장래에 다른 사업을 진행하려고 하는 경우로서, 그 사업으로 인하여 지금 추진하는 부동산개발사업에 부정적인 영향이 미칠 리스크가 상존하기 때문입니다.

지금 설명드린 부분은 교과서적으로 PF에서 차주가 SPC여야 하는 이유와 정확히 일치한다고 볼 수 있습니다. 하지만 부동산PF 현업에서는 특정 회사가 SPC로서 적격법인이냐를 판별하고 인정하는 것이 간단하지 않은 경우도 있습니다. 교과서적인 PF 관점에서는 있을 수 없는 일이지만, 금융시장에서는 다른 사업을 영위하는 계속기업임에도 불구하고 이를 SPC로 인정해 줄 수 있는지에 대한 문의가 적지 않은 것이 현실입니다. 단순한 문의가 아니라 사실상 클라이언트나 시공사 등 주요 당사자들의 요청인 경우에는 고민이 더 깊어지기도 합니다.

이런 경우에는 우발채무의 위험성 때문에라도 가능하면 해당 계속기업을 SPC, 즉 차주로 인정하지 않는 것이 바람직하며, 해당 딜의 금융주선도 가능하다면 과감히 포기하는 것이 좋습니다. 하지만 다양한 사유로 이미 딜 주선을 맡은 상황이라면, 기존 계속기업으로서의 영업현황 등을 면밀히 살펴서 현실적으로 해당 기업이 단일목적 회사로서 기능할 수 있을지, 우발채무 가능성을 포함해서 다른 사업으로 인한 영향이 어느 정도일지를 검토하고, 단일 목적회사 대비 계속기업으로서 가지는 리스크를 헤지(hedge)할 수 있는 채권보전방안[32]을 다각도로 강구해 놓아야 합니다.

한편, 시행사와 관련하여 참고로 알아두셔야 하는 용어를 간단히 소개해 드리고자 합니다. 차주와 관련하여 금융실무에서 자주 접하시게 될 개념으로서 '실차주(実借主)'라는 용어가 있습니다. 실차주는 의사결정권한을 가지고 실제로 사업을 시행하면서 여신지원의 혜택을 궁극적으로 받는 자를 일컫는 용어입니다. 마케팅 분야로 비유하자면 재화와 서비스를 최종적으로 향유하는 소비자를 일컫는 엔드 유저(end user)와 유사한 개념이라고 보시면 이해가 쉬울 것 같습니다.

---

32 개인적으로는 계속기업임에도 불구하고 다음의 경우에는 부동산PF의 차주로서 인정할 여지가 있다고 생각합니다. (1) 부동산개발사업의 규모가 크지 않을 것, (2) 계속기업이긴 하나 적어도 현재 시점에서는 SPC의 성격을 보유하고 있을 것(예: 과거에 다른 사업을 영위했으나 현재는 해당 사업의 영업이 중단된 상황으로서 과거 사업 관련 자산, 부채, 손익 규모 등이 크지 않을 것), (3) 우발채무 관련 가능성을 면밀히 검토하고 만일 우발채무가 추후 발견되는 경우를 대비하여 추가 인적 또는 물적담보가 보강될 수 있는 경우.

예를 들어, 어떤 기업이 부동산개발사업을 진행하기 위해 단독으로 100% 출자를 해서 SPC를 설립하고 이 회사를 통해 개발사업을 진행한다고 가정해 보겠습니다. 이때 SPC는 시행사가 되지만 해당 시행사는 특수목적회사로서 실질적인 의사결정은 모기업이 좌우하고 해당 프로젝트의 과실도 결과적으로는 모두 그 모기업으로 귀속됩니다. 이때 일반적으로 금융시장에서는 프로젝트의 실질적인 진행자가 누구인가 하는 관점에서 해당 모기업을 '실차주' 또는 '스폰서(sponsor)'로 호칭하고 있습니다.

물론 실제 금융시장에서는 예시에서 말씀드렸던 경우와 같이 실차주와 SPC의 출자관계가 간단명료하지 않은 경우가 훨씬 더 많습니다. 복수의 출자자가 있거나 출자자 간 이해관계에 따라 사업진행 관련 의사결정도 형식적으로 복잡한 절차를 거쳐야 하는 경우도 적지 않습니다. 이런 관점에서 출자자를 실차주 또는 스폰서와 동의어로 사용하는 것은 지나친 일반화가 될 수 있습니다.

실차주 또는 스폰서가 누구인지는 개별 프로젝트의 특성과 금융구조, 그리고 자본구조 등을 면밀히 살펴서 판단하는 것이 바람직하며, 개인적으로는 대주주 지위를 보유한 출자자인 경우 실차주 또는 스폰서로 간주해도 무방하다고 생각합니다.

PF와 비소구 또는 제한소구

차주를 특수목적회사(SPC)로 하는 것 외에, PF를 여타의 일반금융과 다르게 하는 주된 특징으로서 앞서 설명드린 '비소구(非訴求, non-recourse)' 및 '주된 상환재원이 미래현금흐름'이라는 점이 있습니다. 여기서는 우선 앞서 간단히 말씀드린 비소구에 대해 설명드리겠습니다.

전통적인 금융에서는 대출을 받는 사업주이자 차주에게 원리금을 상환해 줄 것을 요구(recourse)하고 또 사업주도 그러한 의무를 무제한으로 부담하는 것이 지극히 일반적입니다. 이런 차원에서 전통적인 대출은 'recourse finance(소구금융 또는 상환재원 소급금융)'의 한 종류라고 할 수 있습니다.

하지만 PF는 이와 달리 사업주와 차주가 분리되는 구조입니다. PF는 사업주의 부도위험 등이 프로젝트에 미치는 부정적인 영향을 차단하기 위해 대개 별도로 설립된 특수목적회사(SPC)를 차주로 하여 대출이 실행되고, 프로젝트의 담보도 1차적으로는 해당 프로젝트로부터 창출되는 현금흐름인 특징을 갖습니다. 따라서 설혹 프로젝트의 실패로 대출원리금 상환재원이 부족하게 되는 경우에도 실질 사업주가 차주가 아니므로 무제한으로 상환을 요구하는 것이 곤란한 특성을 갖습니다. PF의 주요 속성 중 하나인 이러한 특징을 'non-recourse', 즉 비소구 또는 상환재원소급금지라고 하며 앞서 전통적인 대출이 소구금융인 점과 대비하여 PF는 'non-recourse finance(비소구금융 또는 상환재원소급금지 금융)'로 분류되고 있습니다.

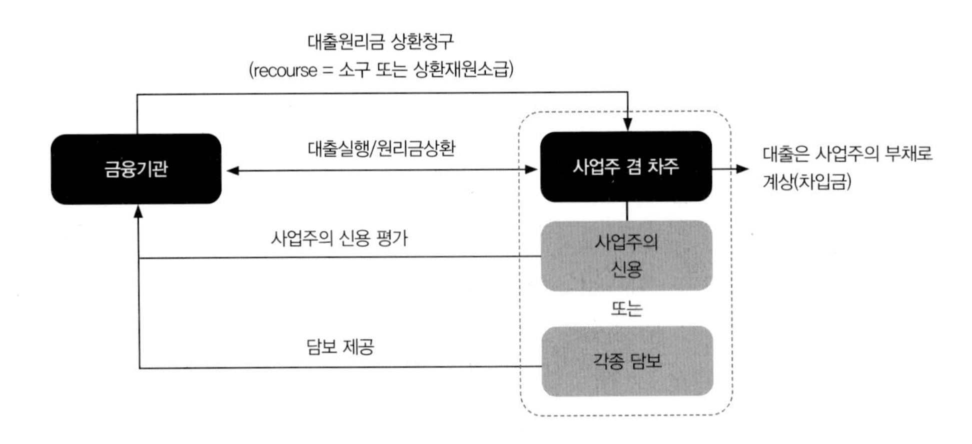

그림 1.5 전통적인 소구금융의 기본 구조

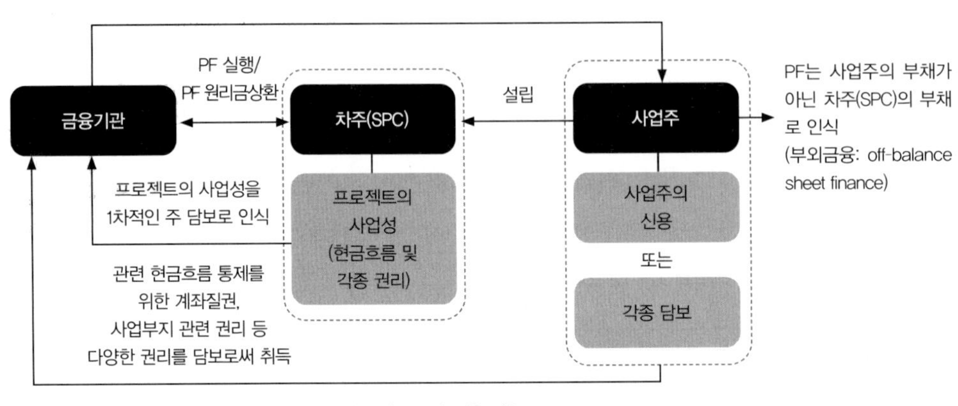

* 원칙적으로 사업주에게 대출원리금 상환청구 불가(non-recourse = 비소구 또는 상환재원소급금지)
* 사업주가 제공하는 보증이나 담보가 있을 경우, 해당 범위 내에서만 제한적으로 상환청구 가능
(limited recourse = 제한소구, 상환재원소급제한)

그림 1.6 비소구금융 또는 제한소구금융의 기본 구조

물론 이는 전통적인 대출과 비교한 PF의 특징을 이론적으로 정리하는 과정에서 도출된 속성입니다. 현실의 금융시장에서는 프로젝트의 실질 사업주가 직간접적으로 담보를 제공하거나 일정 수준의 보증을 제공하는 등 사업위험을 보완하기 위한 다양한 장치가 강구되고 있으므로 대부분의 PF는 'limited recourse', 즉 제한소구 또는 상환재원소급제한의 성격을 가진다고 할 수 있습니다.

전통적인 기업금융과 프로젝트 파이낸스의 차이점을 '소구(recourse)' 여부를 기준으로 하여 비교한 그림은 그림 1.5 및 그림 1.6과 같습니다.

PF와 미래현금흐름

이번에는 PF가 미래현금흐름을 주된 상환재원으로 한다는 것은 예를 들어 설명드리겠습니다. 부동산개발금융 중 아파트의 경우, 어느 곳에 아파트를 건축하여 분양하는 데 1,000억원이 필요하고, 이 중 500억원을 PF 방식으로 조달했다고 치면, 이때 500억원의 상환재원은 나중에 아파트를 판매한(분양한) 자금이 됩니다. 따라서 PF를 지원해 준 금융기관은 분양대금이 제대로 지정된 계좌로 잘 들어오고 있는지를 예의 주시하게 되고, 법적으로도 분양대금이 들어오는 계좌에 질권을 설정하고 관리하는 등의 대비책을 세우게 됩니다. 이와 같이, 나중에(미래에) 들어오게 될 자금(현금흐름)을 주된 상환재원으로 하는 것이 PF의 가장 큰 특징이라고 할 수 있습니다.

그런데 사실 어떤 것을 담보가치가 있는 미래의 현금흐름으로 인정할지는 금융기관마다 기준이 다를 수 있습니다. 다음은 가상의 금융기관에서 부동산PF 여부를 구분하는 예시입니다.

- 예1) 아파트 분양대금으로써 준공 후 비교적 단기간 내 부동산PF 자금 상환 → 부동산PF로 인정
- 예2) 물류센터 개발사업으로서 준공 후 일정 기간 내 매각이 확정된 경우 → 부동산PF로 인정
- 예3) 물류센터 개발사업이나, 준공 후 임차를 통한 현금흐름으로 장기간에 걸쳐 상환 → 부동산PF가 아닌 일반 기업시설대출로 간주

위 사례는 모두 가상의 예입니다만, 다소 무리인 듯 보이는 예를 보여드린 것은 우리가 부동산PF를 구별할 때 금과옥조처럼 여기는 '미래현금흐름'이라는 것이 상당히 포괄적인 개념으로서 구체적으로 정의하기가 까다롭다는 것을 보여드리기 위함입니다. 사실 어떤 프로젝트라도 그 프로젝트를 검토할 때의 수익성은 모두 미래에 창출되는 현금흐름을 바탕으로 할 수밖에 없습니다. 이런 맥락에서, 미래현금흐름을 담보로 하는 부동산개발금융을 모두 부동산PF로 볼 수 있느냐에 대해서는 과거부터 현재에 이르기까지 금융시장에서 다양한 의견이 제기돼 왔습니다.

간단하게 구분하기 힘들어 논란의 여지가 있는 영역이기는 하나, 금융시장에서는 일반적으로 해당 개발사업의 준공을 기점으로 하여 준공 이후 비교적 단기간 내에 해당 사업에서 창출되는 현금흐름으로써 상환이 가능한 구조일 때, 그리고 그러한 현금흐름이 현실적으로 충분히 '관리 가능한' 금융구조일 때 부동산PF로 보는 경향이 높습니다.

부동산PF는 PF라고 할 수 있을까

일반적으로 부동산개발금융이 PF방식으로 이루어지는 경우라 할지라도, 분양대금 등 나중에 유입될 자금만을 담보로 하여 대출이 실행되는 것은 물론 아닙니다. 보통은 미래에 들어올 자금(현금흐름)에 더하여 기존의 일반대출처럼, 사업을 수행하는 공식적인 주체인 시행사 대표이사의 연대보증이나 공사를 담당하는 시공사(건설사) 또는 사업의 성격에 따라서는 사실상 정부 또는 공적기관의 보증을 받는 등 교과서적으로 PF의 대표적인 특성으로 거론되는 '비소구'성이 현저히 결여되는 경우가 많습니다.

따라서 국내의 부동산개발금융이 PF가 맞느냐에 대한 비판이 끊임없이 계속되어 왔습니다. 정확하게 해당 프로젝트의 사업성을 평가해서 지원해 줄 만한 양호한 사업성이 있다고 판단되면 비소구 방식의 PF를 해주면 되고 아니면 말면 되지, 겉으로는 PF라고 하고 사실상 일반대출처럼 차주에게 대출상환의 무한책임을 똑같이 지운다는 비판이 계속해서 나오게 되는 것이죠. 이런 맥락에서, 국내 부동산개발금융에 적용되는 방식을 PF라고 호칭하는 데 대하여 이해당사자들이 내심 강한 거부감을 가지고 있는 경우를 많이 보게 됩니다. 이러한 비판과 거부감 이면에는 PF가 당초의 비소구 대출로서의 특징을 상실한 채, 일종의 변형된 거액 부동산담보 및/또는 보증, 신용대출로 전락한 것이 아니냐는 비판적 시각이 전제되어 있습니다.

PF 도입 초기, 담보나 보증을 통해서만 대출이 이루어지던 기존의 금융관행을 탈피해서, 담보가 부족하더라도 사업성을 보고 대출을 해줄 뿐만 아니라, 혹시 사업이 잘못되더라도 제공한 담보범위 내에서만 시행사의 책임을 묻는다는 PF의 개념은 기존 금융관행을 뒤엎을 만한 혁신적인 아이디어였고, 이러한 개념은 금융기관 종사자들뿐만 아니라 차주에게도 대단히 신선하고 매력적인 개념으로 다가갔습니다. 이렇듯 금융권이나 차주 모두에게 매력적이고 선진적인 기법으로 각인된 PF라는 금융방식이, 부동산개발금융에 있어서는 PF라는 타이틀하에서 일종의 변형된 담보대출이나 보증대출부로 실행되는 데에 대한 시장의 실망이 컸음도 부정할 수 없습니다.

대한민국 부동산PF의 독특한 발전형태

PF의 자금용도 측면에서도 서구권 선진국과는 다른 두드러진 특징이 관찰됩니다. 한국의 경우 선분양시스템[33]이 신축건물의 보편적인 매매기법으로 활용되면서 필요한 사업비의 상당 부분을 구매자와의 계약을 통해서 조달할 수 있게 되었습니다. 이에 따라 필요한 사업비 중 조달해야 하는 타인자본, 즉 부동산PF의 만기도 '분양대금 잔금완납 시까지'로 만기를 제한하여 지원하는 구조가 일반적으로 활용되어 왔습니다. 인프라시설에 대한 PF와 비교하여 사업비의 상당 부분을 구매자로부터 상대적으로 단기간에 조달하는 구조이기 때문에, 장기적인 미래현금흐름을 주된 상환재원으로 한다는 PF의 정의에 부합하지 않는다는 비판을 자주 받아왔습니다.

교과서적인 PF의 모습이 현재 한국 현실에서 구현되지 못하고 단순한 자산담보대출의 하나가 아니냐고 비판받는 것은 당위의 차원에서 겸허히 돌아보고 개선책을 강구할 필요가 있음을 시사합니다. 그러나 이론적으로 이상적인 PF의 모습이 100% 구현되고 있지는 않더라도, PF가 도입됨으로써 기존의 담보나 시공사에 의존하는 인적담보 위주로만 사업을 평가하던 관점에서 사업성까지 포함해서 대출 의사결정을 하게 되는 계기가 되고 현재도 계속 이러한 시스템이 발전하고 있는 것은 그 나름의 큰 의미를 지니고 있

33 선분양시스템에 대해서는 이 책 핵심용어의 정리 부분이나 한국의 부동산개발금융 연혁을 설명하는 자리에서 별도로 자세히 설명드리겠습니다.

다고 봅니다. 바로 이런 측면에서, 한국의 부동산개발금융에 있어서의 PF는 아직도 현재 진행형으로 발전 중에 있다고 이해하는 것이 보다 적절한 인식이 아닐까 합니다.[34]

참고로, 선분양 시스템 관련 시행착오를 겪으면서 대한민국은 세계 어느 국가보다 정밀하고 체계적인 법적 관리체계를 가지게 됐습니다. 뿐만 아니라, 비록 제한적이긴 하나 주택도시보증공사, 한국주택금융공사 등 공적기관에 의한 PF보증 등의 금융 지원체계까지 보유하여 명실상부한 선도국으로 자리매김하고 있습니다.

---

34 교과서적인 PF는 사업환경이 상당히 안정적인 경우에만 적용될 수 있고, 실제로 그러한 토대 위에서 발전된 개념입니다. 미래에 받게 될 현금흐름을 담보로 잡기 위해서는 무엇보다도 해당 사업이 잘 진행돼서, 예를 들어 무언가를 건축해야 하는 사업이라면 문제없이 예정된 일정 내에 준공이 돼야 하고, 준공이 된 이후에도 그 건물이나 시설을 사용해서 매출이 안정적으로 발생하도록 하는 장치를 마련해야 합니다. 불과 몇 개월 앞도 제대로 예측하지 못하는 것이 현실일진대, 장기간의 미래에도 해당 사업에서 현금이 잘 창출된다고 자신할 수 있을까요? 결국, 예측과 추정은 일종의 기대치일 뿐, 실제로 예측과 추정이 빗나갔을 때를 대비하거나, 빗나가지 않도록 사전에 여러 가지 장치를 마련하는 것이 오히려 합리적이라고 할 수 있습니다.

예를 들어 발전소의 경우 그 발전소에서 생산되는 전력이 장기간 안정적으로 팔리도록 PF가 실행되기 전에 장기 구매계약을 체결하는 경우가 많은데 이러한 것이 대표적인 사례라고 할 수 있습니다. 이렇듯, 우리가 소위 '진짜 PF'라고 알고 있는 경우에도 차주에 대한 비소구는 구비되어 있으나, 비소구 구조로 인해 필연적으로 증가하는 신용리스크(credit risk)를 보전하기 위하여 다양한 채권강화조치가 수반되는 경우가 대부분입니다. 형식적으로는 차주에 대한 비소구 및 일반 담보대출에서는 찾아보기 힘든 다양한 채권강화조치가 수반되는 것이 PF의 특성으로 보여지기도 하나, 실질 면에서는 차주에 대한 비소구만 일방적으로 부여된, 결코 차주 측에 일방적으로 유리한 금융기법으로 볼 수 없는 이유가 바로 여기에 있습니다. 이는 인프라부문에서의 전통적인 PF에서는 비소구성이 완전히 구현될 것이라는 것이 PF에 대한 대표적인 오해 중 하나로 인정되는 것과도 연결된다고 할 수 있습니다.

지금은 사라졌지만, 과거 국내 SOC 사업에 지원된 PF의 경우, 비교적 향후 사업성 예측이 부동산개발금융에 비하여 수월했음에도 불구하고 대부분 해당 지자체나 국가의 실질 지급보증을 전제로 추진된 바가 많았습니다. MRG(Minimum Revenue Guarantee)라고 하여, 예를 들어 도로 통행예상량과 실제 통행량 간에 차이가 발생하고, 이로 인하여 예상 요금 징수액 대비 실제 징수액이 모자랄 경우, 그 모자란 금액을 해당 지자체나 국가가 PF를 실행한 금융기관에 보전해 주는 것이 대표적입니다. MRG를 바탕으로 글로벌 투자회사들이 국내의 SOC 사업에 투자 또는 인수 후 매각하는 등의 방식으로 막대한 이익을 창출하여 사회문제가 되기도 했습니다.

이와 같이, PF의 특성이 제대로 구현될 것으로 기대되는 SOC 사업에서조차도, 우리가 머릿속에서 떠올리는 PF의 비소구성이 구현된 것으로 봐야 하느냐에 대해서는 의문이 제기되곤 합니다. 하물며 SOC 사업과 비교가 안 될 정도로 다양한, 단기적인 경제적·사업적 변수 및 위험에 노출돼 있는 부동산개발금융의 경우에는 어떠할지 독자 여러분께서 스스로 고민해 보실 필요가 있다 하겠습니다.

참고문헌

[1] 안용운 · 최민섭(2021). 부동산 개발금융 리스크 관리방안에 관한 연구 – PFV를 중심으로 –. **주거환경**, 19(3), 97–115.

[2] 이현오 · 민규식(2010). 부동산개발업법에 관한 소고. **대한부동산학회지**, 28(1), 9–32.

[3] 김현도(2010). 부동산개발 자금조달 방안으로서의 개발형 REIT's 활성화 방안. 홍익대학교 건축도시대학원 석사학위논문(개발주체에 따른 분류는 동 논문에서 다음 자료인용으로 표시: 이태호 외 9인, 부동산개발금융 개선을 위한 연구용역보고서, 건설교통부, 2003).

[4] 최성만(2005). 부동산 구조화 금융에 관한 연구. 건국대학교 부동산학과 석사학위논문.

[5] 진홍기(2012). 프로젝트 파이낸스와 구조화금융. **비교사법**, 19(2), 459–498.

[6] 조재영(2010). 부동산개발 금융에 관한 법적 고찰 – 프로젝트 파이낸스의 금융구조를 중심으로 –. **부동산학보**, 40(0), 106–119.

[7] 진홍기(2012). 프로젝트 파이낸스와 구조화금융. **비교사법**, 19(2), 459–498.

[8] 신용섭(2008). 不動産 開發 事業에 있어 프로젝트 파이낸스 活用方案에 관한 研究: 국내 은행 審査 事例를 中心으로. 한양대 경영대학원 석사학위논문. p12 및 안용운 · 최민섭(2021). 부동산 개발금융 리스크 관리방안에 관한 연구 - PFV를 중심으로 –. **주거환경**, 19(3), 97–115.

CHAPTER 2

부동산개발금융 핵심용어, 이것만은 알아두자

CHAPTER 2

부동산개발금융 핵심용어, 이것만은 알아두자

부동산개발금융을 담당하다 보면 마치 숨쉬는 공기처럼 너무나 자연스럽게 그리고 널리 사용되는 핵심용어들이 있게 마련입니다. 그런데 한꺼풀 벗겨서 살펴보면 금융시장에 있는 사람들이 일상용어처럼 사용하고 있지만 정작 그 깊은 맥락이나 정확한 의미를 모르고 사용하는 경우도 적지 않습니다. 그렇다고 바쁜 현업 중에 별도로 깊게 공부하거나 주위의 동료나 선배, 상사 등에게 도움을 요청하는 것도 사정이 여의치 않습니다. 결국, 대략적인 의미만 이해한 채 안다고 생각하고 그냥 넘어가는 경우가 생기게 마련입니다.

1장에서는 가장 기본이 되는 부동산개발과 부동산개발금융, 부동산PF 등이 무엇인지에 대해 알아보면서 기본을 다졌습니다. 이번 장에서는 부동산개발금융 또는 투자금융과 관련된 핵심용어로서 평소에 마음 한구석에서 늘 궁금한 면이 있었지만 깊은 맥락과 의미를 모르고 사용하고 있는 것들을 살펴볼까 합니다.

물론 지금 소개해 드리는 용어 이외에도 공부하셔야 할 용어나 개념이 말 그대로 바닷물처럼 많습니다만, 제가 현업을 하면서 후배님이나 주위 분들로부터 가장 많이 질문을 받았던 용어를 엄선하여 설명드리고자 합니다. 그 외 다른 핵심용어나 개념들도 기회될 때마다 이 책에서 추가로 설명드리도록 하겠습니다.

1. 신디케이티드 론 및 관련 용어

신디케이티드 론의 개념

부동산PF와 관련하여 가장 많이 사용하게 되는 용어 가운데 하나인 신디케이티드 론(syndicated loan)에 대해서 간단히 살펴보고자 합니다. 신디케이션(syndication)은 부동산개발금융 및 투자은행 부문에서 가장 중요한 금융모집 도구(tool)로서 엄연한 금융기법 중 하나입니다. 신디케이티드 론의 사전적 정의가 어려운 개념은 아니나, 투자은행 분야에서 차지하는 신디케이티드 론의 중요도 및 전문성을 고려하면 간단한 설명만으로는 실무에 활용할 수 있는 지식을 체득하기가 결코 쉽지 않은 면이 있습니다.

신디케이션 및 신디케이티드 론에 대한 보다 전문적이고 자세한 내용은 7장에서 그 맥락과 의미, 모집방식과 절차, 관련된 전문용어 등을 별도로 설명드리도록 하겠습니다. 여기에서는 낯선 용어를 익힌다는 차원에서 신디케이티드 론의 일반론적 개념과 그 밖에 투자금융 관련 핵심개념 및 주요 용어를 요약해서 소개해 드리고자 합니다. 부동산개발금융, 그리고 IB라는 더 넓은 바다로 본격적으로 나아가기에 앞서 준비를 하신다는 차원에서 가볍게 읽어주시기를 권해 드립니다.

부동산개발금융의 경우 규모가 100억원 이하로 비교적 소규모인 경우도 있지만, 대형사업의 경우에는 조 단위가 넘어가는 금액이 투입되기도 하는 등 대출규모 측면에서 그 편차가 매우 심한 편입니다. 총 대출규모(loan size)가 크지 않을 경우에는 금융기관 어느 한 곳에서 단독으로도 지원이 가능하겠지만, 규모가 큰 경우에는 한곳에서 하기보다는 여러 금융기관이 힘을 합치고 리스크를 분담하여 대출지원을 하는 경우가 보다 일반적입니다.

이렇듯 여러 금융기관이 어떤 특정한 사업의 지원이라는 같은 목적을 위해서 같은 조건으로 대출 등 여신을 지원하는 경우를 전문용어로 '신디케이티드 론'이라고 하며 한국어로는 '차관단(借款團) 여신'이라고 표현합니다. 이때 신디케이티드 론의 'loan'이라는 것은 일반적인 대출뿐만 아니라 지급보증을 포함하여 금융기관을 채권자로, 차주를 채무자로 하는 모든 신용공여행위인 여신(與信)[1]을 가리킵니다. 이러한 신디케이티드 론은 시

1 '여신'에 대해서는 이번 장에서 별도로 추가 설명드리겠습니다.

중 상업은행의 전통적인 여신기능(lending)과 투자은행의 인수기능(underwriting)이 결합된 금융수단[1]이라고 할 수 있습니다. 신디케이트(syndicate)는 신디케이티드 론에 참여하는 금융기관의 집합인 대주단(채권단) 그 자체를 일컫고, 그러한 대주단(채권단)을 구성하는 행위는 신디케이션(syndication)이라고 하여 신디케이티드 론과 구분[2]하고 있습니다. 하지만 금융실무에서는 신디케이티드 론은 흔히 신디케이션 또는 신디 론(syndi loan) 등과 동의어로서 통용되고 있으며, 단순히 '신디(syndi)'라고 표현되는 경우도 적지 않습니다.

비록 정확한 표현은 아니나 신디케이션이나 신디 론 등의 표현이 금융기관의 공식 문서에서도 신디케이티드 론을 지칭하는 의미로 자주 사용되는 경향이 있는 데 비해, '신디'라는 용어는 공식적인 자료에는 상대적으로 자주 사용되지 않고 구두상으로만 언급되는 경우가 많습니다. 신디케이션과 신디케이티드 론에 대해서는 앞서 말씀드린 것처럼 이 책의 별도 장에서 보다 자세히 설명드리도록 하겠습니다.

금융주선기관과 금융참여기관

해당 신디케이티드 론의 대출(금융)조건을 설계하고 대출을 공동으로 취급할 기관들을 섭외하는 등 중심이 돼서 활동을 하는 금융기관을 'arranger'라고 하며, 우리말로는 금융주선기관, 금융주간사, 금융주관사, 금융주선사, 주선기관, 주선사 등으로 부르고 있습니다. 금융주간사의 초대에 의해 해당 신디케이티드 론에 참여하는 금융기관은 참여기관(participant)이라고 일컫습니다. 비공식적인 문서나 실무자 사이의 대화나 미팅에서는 사실상 동의어로 사용됩니다만, 공식문서로 표현할 때에는 일반적으로 '주관'이나 '주관사'라는 표현보다는 상대적으로 '주선'이나 '주간'을 사용합니다.

뒤에서 설명드리겠습니다만, '채권단(債權團)'과 '대주단(貸主團)'이 다르게 쓰이는 경우와 같이 금융용어 중에서는 사전적인 의미와는 다르게 나름의 맥락과 관행에 의해 발전하고 사용되고 있는 용어가 꽤 있습니다.

사전적인 의미를 기준으로 한다면 '주관사'라고 해서 틀린 용어라고 볼 수는 없습니

---

2 참고로, 신디케이티드 론은 국내 전문서적에서도 "신디케이트 론"으로 표현되는 등 신디케이션과 신디케이트 등은 생각보다 광범위하게 신디케이티드 론의 실질적인 동의어로서 사용되고 있습니다[이미현·고훈(2004). 연재: 국제금융법의 현상과 과제3: 국제대출계약의 특징과 구조 – 신디케이티드 론을 중심으로. BFL, 5(0), 107–120].

다. 다만 상대적으로 금융이 아닌 일반 프로젝트와 대비해서 금융 쪽에서는 '주관'이라는 표현을 쓰지 않는다는 것이며, 이에 대한 특별한 제한은 없다고 보시면 됩니다. 부동산개발금융에 PF가 도입되면서 주로 외국의 SOC 사업에서 쓰이던 용어가 차용되어 왔고, 초기에 해당 용어를 사용하던 금융기관 사이에서 관례적으로 쓰이던 전문용어가 지금에 이른 것이기 때문에 금융주선 관련 용어의 혼용은 관행으로 이해하시고 넘어가셔도 크게 무리가 없습니다.[3]

금융주선기관의 역할과 총액인수, Sell-down

금융주간사와 금융참여기관은 이론적으로 완전히 별개의 개념이나, 대부분의 경우 금융주간사가 당연히 신디케이티드 론의 대출 중 상당 부분을 책임지고 제공하는 게 일반적입니다. 하지만 경우에 따라서는 금융주간사가 금융모집의 중추적인 역할을 수행함에도 불구하고 막상 관련 대출에는 참여를 하지 않는(즉, 정작 대출지원은 하지 않게 되는) 경우도 있습니다. 이런 일이 있을까 하고 갸우뚱하실 수도 있지만, 시장에서 서로의 이해관계가 워낙 복잡하게 얽혀 있다 보니 생각보다 꽤 자주 발생하곤 합니다.

다만, 현실적으로는 실제로 주선기관이 해당 프로젝트의 신디케이티드 론에 참여하지 않는다면 다른 참여 기관들이 금융참여와 관련하여 적극적으로 접근하기 쉽지 않은 것이 사실입니다. 따라서 주선기관의 참여는 그 자체가 프로젝트의 사업성이 우수하고 리스크가 작다는 사실을 가장 직접적이고 직관적으로 알리는 확실한 방법 중 하나가 됩니다. 또한 추후 해당 신디케이티드 론에 문제가 발생할 경우 주선기관이 다른 참여기관과 운명공동체로서 적극적으로 대응방안을 취할 것이라는 인식도 참여기관 입장에서는 참여 여부를 결정할 때 중요하게 생각하는 요인으로 작용하기도 합니다. 이런 이유로, 주선기관이 전문 투자은행 또는 증권회사로서 총액인수 후 해당 신디케이티드 론 채권전액을 매각, 즉 셀 다운(sell-down)하는 방식이 아닌 한, 일반적으로 주선기관은 해당 신디케이티드 론 중 가장 많은 대출금액을 지원하고 장기간 보유하게

3 가끔 경제신문에서 "○○사업장의 금융주선은 □□□은행이 담당했다"라는 기사나, 부동산개발사업의 광고에서 "금융주선기관: △△은행"이라는 내용을 접하실 수 있는데, 이때의 금융주선이 바로 신디케이티드 론의 모집, 실행을 총괄하는 arranger를 가리킨다고 보시면 됩니다.

되는 경우가 많습니다.

총액인수(firm-commitment underwriting)[4]와 관련된 개념은 이 책의 국제 표준 금융계약 부분과 7장에서 보다 자세히 설명드리도록 하겠습니다.

공동 금융주선과 리드 어레인저

사업의 규모가 너무 커서 어느 한 금융기관이 주선을 하기 벅차서, 여러 금융기관이 금융주선을 같이 수행하는 경우, '공동 금융주선'이라는 표현을 쓰기도 합니다. 공동 금융주선사 중 어느 한 금융기관이 주도적으로 업무를 진행해 나갈 때, 이 기관을 어레인저(arranger) 중에서도 업무를 선도적으로 진행해 나가는 어레인저라고 해서 리드 어레인저(lead arranger)라고 표현하는 것도 알아두시면 좋겠습니다.

사실 최근에는 '공동 금융주선'이라는 타이틀이 기존 개념과는 다르게 사용되는 경우도 흔해졌습니다. 실제로 금융주선의 역할을 수행하지 않았음에도 불구하고, 특정 신디케이티드 론에 참여하는 조건으로 금융주선사라는 타이틀을 획득하는 경우가 있는데 이럴 경우의 '공동 금융주선'이라는 것은 객관적인 공식 주간실적에 집계된다는 점을 제외하면, 사실상 명예 타이틀과 비슷한 개념이라고 보시면 됩니다.

이러한 모습에 대하여 다소 비판적인 시각을 가지고 계신 분도 있지만, 개인적으로는 이러한 관행을 무조건 백안시할 필요는 없다고 생각합니다. 실제로 신디케이티드 론에 참여를 안 했다면 모를까, 대출에 참여하는 기관이 시장에서 어느 정도 지배력을 가지고 '공동 금융주선'이라는 타이틀에 부끄럽지 않을 정도의 규모를 갖추고 있다면, '공동 금융주선'이라는 타이틀을 수여하는 것이 시장질서에 반하거나 차주를 기망하는 것으로 볼 수 없기 때문입니다. 물론, 이는 차주 및 리드 어레인저가 양해를 해준다는 것을 전제로 합니다. (그러나 '공동 금융주선'이라는 타이틀에 더하여 그에 따르는 주선수수료의 총량이 유의미하게 증가하는 등 비용 상승과 관련된다면, 차주 입장에서는 선뜻 수긍하기 어렵지 않을까 생각합니다.)[5]

---

4 총액인수와 셀 다운은 프라이머리 마켓(primary market) 및 세컨더리 마켓(secondary market) 등과 관련이 깊은 용어입니다. 이에 대해서는 4장 국제 금융계약 부분에서 보충설명드리도록 하겠습니다.

5 금융주선기관, 즉 arranger를 포함한 신디케이티드 론의 다양한 용어에 대해서는 7장 신디케이션 부분에서 보다 자세히 설명드리도록 하겠습니다.

금융주선이라는 표현에 주의하자

한편, '공동 금융주선'이라는 타이틀이 어떤 의미인지 잘 모르는 경우에는 공신력 있는 ○○은행 및 □□은행이 공동 금융주선사라고 생각하고 자칫 잘못된 투자의사결정을 할 수도 있습니다.

현실적으로는 '공동 금융주선'에 참여한 기관이 어떤 역할을 수행했는지는 공동 금융주선사들만 아는 내용이므로 이에 대하여 제3자가 알 방법은 없습니다. 만약 지분투자자 입장에서 지분참여 관련 판단을 해야 하는 경우라면, 가급적 다양한 채널을 통해 단순히 '명예'로서의 공동 금융주선인지 아니면 실제로 주선 역할을 수행한 것인지를 알아보는 것이 좋습니다. 이것이 불가능하다면 리드 어레인저가 어디인지를 보고 이를 기준으로 하여 공신력 있는 금융기관이 얼마나 참여했는지를 투자판단의 근거 중 하나로 삼아야 합니다. 다만 공신력 있는 금융기관이 대출지원을 했다는 것이 해당 사업 투자의 안전성 및 성공을 보장하지는 않고, 결국 최종 투자 책임은 투자자가 스스로 져야 되는 것임을 결코 잊어서는 안 되겠습니다.

기관이 지분투자에 참여하는 경우 거의 그런 일이 없습니다만, 중소형 프로젝트의 경우 개인이 특정 부동산 프로젝트에 지분투자를 한다던가, 분양을 받는 경우에는 더욱 주의를 기울이셔야 합니다. 금융주선사로 홍보되는 금융기관이 단순히 비교적 소액의 부동산PF를 제공하고 이에 부수하는 한정적인 자금관리를 하는 것에 불과한 경우에도 과도하게 해당 금융주선기관의 공신력을 거론하면서 프로젝트의 안전성을 과장하는 경우가 적지 않기 때문입니다.

2. 대주단과 대리금융기관

헷갈리는 차주(借主)와 대주(貸主), 그리고 대주단(貸主團)과 차관단(借款團)

돈을 빌려가는 사람을 금융권에서는 차주(借主, borrower)라고 표현하고, 돈을 빌려주는 사람을 대주(貸主, lender)라고 부릅니다.[6] 쉽게 말해서 차주는 차용인으로서 금전대차관계에 있어서의 채무자, 즉 자금을 빌려가는 측을 가리키고, 대주는 대여자, 즉 채권자로서 자금을 대여해 주는 측을 가리키는 말입니다.

앞서 말씀드린 신디케이티드 론에서는 해당 대출에 참여하는 금융기관을 모두 합하여 흔히 대주단(貸主團)이라고 표현합니다. 앞서 핵심용어 부분에서 설명드렸습니다만, 교과서적으로는 신디케이티드 론을 '차관단(借款團) 여신'이라고 표현합니다. 국제 신디케이티드 론의 경우 차관단(借款團) 여신이라는 표현이 직관적으로 이해하는 데 더 편리하나, 부동산개발금융의 경우에는 대주단을 일반적으로 차관단으로는 부르지 않고 있으니 참고하시기 바랍니다.[7]

이때 대주단은 부동산개발금융의 경우 흔히 'PF대주단'과 동의어로 사용됩니다. 즉, 'PF대주단'은 부동산개발금융에 참여한 금융기관을 포괄적으로 아우르는 말이라고 할 수 있습니다. 이렇듯 대주단은 신디케이티드 론과 밀접한 관련이 있지만, 현업에서는 비록 신디케이티드 론이 아니더라도 해당 프로젝트에 대출을 지원하는 금융기관을 통칭하는 의미로 'PF대주단'으로 부르는 경우도 있습니다.[8] 한편, 신디케이티드 론에 참여하는 금융기관을 개별적으로 호칭할 때에는 '대주' 또는 '대주 금융기관'이라고 표현합니다.

---

6 일본식 법률용어로서 보다 쉬운 용어로 교체하려는 움직임이 이미 법령에 반영돼 있기도 합니다. 예를 들어, 2020년 3월 31일에 개정되어 시행된 「공공차관의 도입 및 관리에 관한 법률」(약칭: 공공차관법) 제2조에서는 과거의 차주(借主)를 '차용인(借用人)'으로 바꿔서 기재하고 있습니다. 하지만 개인적으로는 차용인이 과연 차주보다 직관적으로 더 이해하기 쉬운지에 대해서는 부정적인 생각을 가지고 있습니다. 해당 용어가 헷갈리시는 분들은 이미 사회에서 보편적으로 사용되고 있는 임차인이나 임대인을 생각하시면서 누가 자금을 빌려가는 측이고 빌려주는 측인지 생각하시면 이해에 도움이 될 것입니다.

7 한국에서 부동산PF의 대주단을 차관단(借款團)으로 호칭하지 않는 데는 여러 이유가 있겠지만, 대한민국이 과거 원조를 받았을 때 선진국으로부터 제공받았던 '차관(借款)'이라는 용어가 널리 사용되어 왔고 이런 맥락에서 '차관'이라는 용어가 부동산개발금융의 '대주단'을 일컫기에는 알맞지 않다고 인식된 것이 원인 중 하나가 아닐까 생각합니다.

8 부동산 실물자산 관련 부동산금융에서는 신디케이티드 론 방식이 아님에도 불구하고 각각 독립적으로 복수의 금융기관에 의해 대출이 이루어지는 경우가 자주 있습니다. 대형 부동산개발금융 분야에서는 일반적이진 않으나, 중소규모의 부동산개발금융으로서 금융구조를 정밀하게 설계하지 않고 금융모집이 이루어지는 경우에도 산견되곤 합니다. 부동산개발금융시장은 프로젝트의 규모에 따라 다양한 층위의 금융 참여기관(player)들이 있는 복잡한 곳으로서, 각자의 경험과 이해도에 따라 신디케이티드 론 관련 시장표준이 준수되지 않는 경우도 있습니다. 따라서 정확한 자료가 없는 상태에서 상대가 PF대주단이라는 표현을 사용할 때, 신디케이티드 론 약정에 정식으로 구속되는 경우인지, 그렇지 않은 관행적인 의미로서의 PF대주단으로 호칭하는 것인지에 대해서는 다소 주의할 필요가 있습니다.

대리금융기관

대출계약이 차주와 체결되고 부동산개발금융 관련 대출이 실행되면, 그다음부터는 사후관리단계로 진입하게 됩니다. 짧게는 6개월에서 길게는 5년 이상 소요되는 대출기간을 감안할 때, 그동안 신디케이티드 론에 참여하는 금융기관을 대표하여 대출 관련 각종 업무를 수행하고, 금융기관 간 의견을 조정하고 중재할 금융기관이 필요하게 됩니다. 어떤 사안이 발생하면, 누군가 중심을 잡고 다른 금융기관이나 차주과 협의를 해야 하니까요.

법적인 책임과 의무에서 단순히 비교하긴 힘들지만 단순하게 비유하자면, 우리 주위에서 흔히 보는 동창회의 총무 역할과 비슷한 역할을 해줄 금융기관이 필요하게 된다고 할 수 있습니다. 동창회의 총무가 회비를 걷고, 비용을 집행하고, 동창들 간의 연락을 도맡는 등 중심적인 역할을 하는 것처럼, 신디케이티드 론에 참여하는 금융기관 중 다른 금융기관에게 연락을 취하고 어떤 일이 발생했을 때 다른 금융기관을 대리 및 대표하여 목소리를 낼 금융기관을 정하게 되는데, 이를 대리금융기관이라고 합니다.

대리금융기관이 꼭 시중은행일 필요는 없지만, 통상적으로는 은행이 대규모 부동산개발금융이나 PF에 참여해서 대리금융기관 역할을 많이 해왔기 때문에, 업계에서는 일반적으로 대리금융기관보다는 대리은행(agent bank)이라는 표현을 관행적으로 더 많이 쓰고 있습니다.[9]

대리금융기관은 수행하는 역할에 따라 일반 대리금융기관과 담보 대리금융기관으로 구분할 수 있습니다. 국내 부동산개발금융에 있어서는 특별한 사유가 없는 한 대리금융기관이 담보권의 설정 및 관리와 관련하여 대주를 대리하여 업무를 처리하고 권한을 행사하는 역할, 즉 담보대리기관(security agent)의 역할을 겸임하고 있으며, 약정에서도 굳이 '담보대리금융기관'의 명칭을 구분하여 표기하지 않고 대리은행의 업무범위 중에 담보대리기관의 역할을 포함하는 방식으로 표현하는 것이 일반적입니다. 물론 프로젝트에 따

---

9 현재는 주거용 부문에서의 PF보증서 담보부 대출을 제외하고는 더 이상 시중은행들이 개발금융의 중추적인 역할을 담당하지 않고 과거 대비 상대적으로 증권부문으로 주선의 축이 이동한 상황입니다. 다만, 이런 상황에서도 실제로 시중은행이 참여기관의 일원으로서 대리금융기관 역할을 하는 경우도 있습니다. 하지만 실무상 시중은행이 대리금융기관 역할을 수행하지 않는다 하더라도 대리금융기관을 대리은행으로 부르는 경우가 많습니다. 물론 대리금융기관이 은행이 아닌 경우에는, 문서나 공식적인 표현에서는 대리은행이 아닌 대리금융기관이라고 기재하는 것이 올바른 표현입니다.

라서는 금융주선기관이 차주 및 참여 금융기관과 협의하여 대리은행과 담보대리은행을 구분하여 별개의 금융기관이 역할을 담당하는 경우도 있습니다.

대리은행에 대해서는 이 책의 표준 금융계약, 그리고 신디케이션 부문 등에서 기회가 있을 때마다 보충설명드리겠습니다.

대주단과 채권단

앞서 대주단이 어떤 개념인지 살펴봤습니다. 이때 경제신문에서 자주 볼 수 있는 채권단(債權團)과는 같은 개념이냐는 질문이 자연스럽게 나올 수 있습니다. 대주단이 차주에 대하여 대출채권을 보유하고 있으므로, 채권단이라고 해도 크게 틀린 말은 아닙니다만, 보통 부동산개발금융이나 PF와 관련되어 신디케이티드 론에 참여한 금융기관을 부를 때에는 신문이나 방송 등 미디어를 제외하고는 일반적으로 관련 업계에서는 채권단이라는 표현을 잘 쓰지 않습니다. 즉, ○○프로젝트의 신디케이션에 참여한 대주단이 어디냐고 묻는 경우는 흔해도, '채권단'이 어디냐고 하지는 않는다는 것이죠. 언뜻 보면, 대주단이면 어떻고 채권단이면 어떻겠냐고 하실 수도 있지만, 실무적인 면에서는 관점이 조금 다르다고 할 수 있습니다.

단순히 혼용해서 쓸 수 있는 용어라고 하기에는 용례가 다른 것이 확고하게 굳어진 상황이므로, 실무자로서 조금 더 세밀한 부분에까지 신경을 쓰고 싶은 분들은 용어사용에 주의할 필요가 있습니다. 즉, 틀리지는 않지만 부동산개발금융 실무 담당자들 간에 대화나 미팅을 할 때, 대주단이 아닌 '채권단'으로 표현을 하게 되면 상당히 거슬리는 느낌을 받게 됩니다. 따라서 금융기관 실무 담당자와 기업체의 재무 담당자 간 어떤 사업에 대해서 회의를 할 때 자세히 보면, 금융기관 외의 기관에서는 대주단이나 채권단이라는 표현을 비교적 자유롭게 혼용하는 데 비하여, 금융기관 실무 담당자는 일관되게 대주단이라는 표현을 사용하는 재미있는 현상이 관찰되기도 합니다.

한편, 채권단과 대주단이라는 표현의 차이가 단순히 관례적인 데에서만 기인하는 것은 아닙니다. 우리나라의 경우, 원활하고 신속한 기업구조조정을 위해서 일몰 법령인 「기업구조조정 촉진법」[10]을 제정하여 운영하고 있습니다. 우리가 흔히 워크아웃(work-out, W/

10 기업구조조정을 신속하게 추진하기 위한 일종의 비상성격의 법령으로서 한시적인 성격을 지닙니다. 지난 2018년 10

O으로 보통 표현)이라고 부르는 기업구조조정제도의 근거가 되는 법령으로서, 해당 법 조항 중 '채권금융기관'이라고 해서 「기업구조조정 촉진법」의 적용을 받는 금융기관[11]이 어디인지 그 범위를 정하고 있습니다.

이때의 채권금융기관을 흔히 시중에서 '채권단'이라고 표현합니다. 부동산개발사업과 관련하여 워크아웃에 들어가게 되는 기업도 있기 때문에 이럴 경우에는 '대주단(貸主團)'이 곧 '채권단'을 의미하는 것이라고 해도 무방합니다. 하지만 일반적으로 워크아웃에 들어가는 기업 대다수는 부동산개발사업을 주력으로 영위하는 기업이 아니기 때문에, 이와 구별 짓기 위해서 '채권단'과 '대주단'의 개념이 달리 쓰이게 된 것으로 보는 것이 보다 타당할 것이라는 것이 개인적인 생각입니다.

3. 차주와 의뢰인

차주(借主)의 기본 의미

금융권에서는 돈을 빌려가는 사람 또는 기업을 차주(借主)라고 한다는 것을 앞서 말씀드린 바 있습니다. 부동산개발금융에 참여하는 금융기관의 경우 한 개의 기관 또는 대주단을 구성하여 복수로 참여하는 데 반하여, 일반적으로 어떤 부동산개발사업과 관련하여 돈을 빌리는 사람 또는 기관은 한 사람 또는 한 곳인 경우가 대부분[12]입니다. 따라서 대주단이라는 표현은 있어도 차주단이라는 표현은 사용하지 않으니 이 점 참고하시기 바랍니다.

월, 5년의 기한으로 일몰시기가 연장되었습니다.

11 은행, 증권사, 보험사, 상호저축은행 및 그 중앙회, 신용협동조합 및 그 중앙회, 농협은행 및 수협은행, 신탁회사, 예금보험공사, 자산관리공사, 종금사, 신용보증기금, 기술신용보증기금 등이 있습니다.

12 사업구조 또는 금융구조상 단일 프로젝트임에도 불구하고 돈을 빌리는 기관이 사실상 두 곳 이상인 경우도 있습니다만, 예외적인 경우인 데다가 금융구조 면에서도 그다지 바람직한 모델은 아니므로 이 책에서 전문적인 설명은 생략합니다.

차주(借主)와 대주(貸主), 다른 표현은 없을까

'차주'라는 표현과 관련하여 우리가 생각해 볼 부분은 따로 있습니다. 바로 차주와 대주라는 표현 자체가 기계적이고 차가운 느낌을 주는 법률용어라는 것입니다. 부동산개발금융의 경우, 금융권의 일반적인 대출과는 달리 대출이 이루어지는 과정도 상당히 복잡하고 오랜 기간이 소요되는 경우가 많습니다. 대출이 이루어진 후에도 사업을 시행하는 측과 금융기관 간에 긴밀하게 협의해 나가면서 해당 프로젝트를 같이 '만들어간다는' 개념에 가깝다고 할 수 있는 것이죠.

이런 측면에서 보면, 대출계약이나 약정을 할 때 공식 용어인 '대주'나 '차주'라는 표현을 쓰는 것은 어쩔 수 없다 치더라도, 일상적인 표현에서까지 차주나 대주라고 표현하는 것은 다소 문제가 있다는 생각을 지울 수 없습니다. 특히, '차주'라는 용어의 경우 금융 관련 의뢰인이나 고객이라는 이미지 또는 금융구조 설계의 대등한 파트너로서의 개념이라기보다는, 자금을 빌리는 자의 지위로만 지나치게 좁게 한정돼서 인식되는 경향이 있습니다. 따라서 가능하다면 앞으로 '대주'나 '차주'라는 용어를 대치할 새로운 표현을 고민해 보는 것도 부동산개발금융에 있어 의미 있는 작업이 되지 않을까 싶습니다.

개인적으로는 법률적인 논의가 이루어지는 딱딱한 자리가 아닌 경우에 차주를 3인칭으로 호칭해야 하는 상황에서 가급적 클라이언트(client)라는 표현을 쓰는 것을 선호합니다. 물론, 약정서 미팅이나 금융조건 미팅 등 정확한 용어의 사용이 전제되는 경우에는 저 역시 차주나 대주라는 표현을 사용[13]하고 있습니다. [차주와 관련하여 실차주(実借主)와 스폰서(sponsor)[14]의 뜻도 같이 설명드린 바 있습니다. 이와 관련해서는 앞서 프로젝트 파이낸스(Project Finance)와 특수목적회사(SPC) 부분을 참고하시길 바랍니다.]

---

13 이 책에서는 기본적으로 '차주'라는 표현을 주로 하고, 부동산개발금융의 '파트너'라는 의미를 강조하기 위해 이해에 혼동을 주지 않는 범위에서 차주의 뜻으로서 '고객'을 적절히 혼용하였습니다. 부동산개발금융은 그 어느 분야보다 클라이언트 측과 금융기관 간 정보비대칭이 심한 곳입니다. 반대로, 클라이언트 측에서도 금융주선기관에 대해서 해당 프로젝트만을 위한 일회성 인연으로만 바라보고 파트너십 구축의 대상으로서 인정하는 문화가 부족한 것이 사실입니다. 부동산개발금융은 그 결과가 사회에 미치는 영향이 결코 적지 않습니다. 쉽지는 않으나, 부동산개발금융 당사자분들이 서로를 장기적인 파트너로 인정하고 관련 업무를 함께 해나가는 문화가 정착되기를 희망해 봅니다.

14 스폰서 개념은 PFV(Project Financing Vehicle: 프로젝트투자회사)에서도 등장합니다. 이에 대해서는 5장 PFV 부분에서 추가설명드리겠습니다.

4. 약정

약정의 기본 의미

부동산개발금융과 관련하여 대출을 실행하기 위해 차주와 대출을 실행하려는 금융기관 간에 체결되는 계약을 대출약정이라고 합니다. 대출약정은 대출계약과 같은 뜻으로서 실무에서 자주 혼용되고 있으며 현업에서는 줄임말로 간단히 '약정'으로 부릅니다. PF 약정 또는 PF 대출약정[15]이라는 말도 모두 같은 뜻입니다. 기본적인 용어의 개념을 익히는 자리이므로 여기서는 간단히 의의 및 종류 등에 대해서만 언급하고, 약정서에 어떤 내용이 포함되고 그 기준은 어떻게 되는지에 대해서는 4장 약정서 부분에서 보다 상세히 말씀드리겠습니다.

참고로, 부동산개발금융이나 투자금융 부분에서 대출계약, 대출약정이라고 할 때의 계약, 약정 등은 국제금융계약에서 계약을 일컫는 표준적인 용어인 'agreement'[16]를 우리말로 번역한 것입니다. 국제금융계약은 미국 및 서유럽 등 금융선진국에서 그 구성이나 내용 관련 표준이 이미 오래전에 제정되어 국제적으로 광범위하게 사용되고 있습니다. (이러한 국제표준의 의미를 비롯해서 표준금융계약의 구성, 내용에 대해서는 이 책의 부동산개발금융 절차, 약정서 편에서 자세히 설명드립니다.) 이러한 표준금융계약은 계약을 의미하는 용어로서 영미권에서는 보편적으로 'agreement'라는 표현을 사용하고 있습니다. 이와 비슷한 개념으로서 'contract'가 있습니다만, 'agreement'는 권리의무에 대한 상호이해를 의미하는 포괄적인 개념으로서, 법에 의해 인식되고 강제될 수 있는 의무 발생에 관한 상호합의를 가리키는 'contract'보다 더 넓은 개념[2]이라고 할 수 있습니다.

---

15 PF라는 뜻에 이미 금융(financing)이라는 표현이 포함돼 있으므로 PF 대출약정이라고 하면 동어반복이라고 할 수 있겠습니다만 실무적으로는 관행적으로 자주 사용되고 있습니다.

16 국제금융에서는 최종적인 계약, 약정을 가리킬 때 'definitive agreement'라고 일반적으로 호칭합니다. 최종적으로 구속력 있는 계약을 체결하기 전에 주요 금융조건합의서를 비롯하여 각종 예비적인 성격의 문서가 교환될 수 있습니다. 구속력이 없거나 있더라도 그 정도가 약한 성격의 문서와 대비되는 최종적으로 구속력이 발생하는 계약을 가리킵니다.

약정의 주요 종류

여기서 잠깐 부동산개발금융의 약정체계에 대하여 간단히 짚고 넘어가도록 하겠습니다. 약정은 다양한 기준으로 분류할 수 있지만 크게 네 가지로 구분할 수 있습니다.

① **대출약정:** PF 대출금의 규모, 금리, 기간, 담보 등 대출금을 중심으로 한 약정입니다. 참고로, 국내 신디케이티드 론일 경우에는 이에 참여하는 금융기관들의 참여계약서(participation agreement)는 별도의 참여계약서를 두는 대신 단일한 대출약정에 금융주선기관 및 대리금융기관, 참여기관 등이 공동으로 날인하는 형식으로 체결되는 경우가 대부분입니다.

② **사업약정:** 부동산개발금융 또는 해당 프로젝트의 다양한 당사자 간 역할 및 업무범위, 상호 간 권리관계 등을 명확히 하기 위하여 체결되는 약정입니다. 대출약정과 사업약정을 따로 체결할 수도 있고, 대출약정 안에 사업약정 내용을 추가하여 대출약정을 체결하는 것도 가능합니다. 국제금융계약에서 자주 접할 수 있는 'Intercreditor Agreement(채권자 간 계약)'[17]도 넓은 의미의 사업약정에 해당된다고 할 수 있습니다.

③ **각종 담보약정:** 각종 인적·물적담보[18]와 관련된 약정입니다. 물적담보와 관련된 약정으로는 대표적으로 부동산근저당권 설정계약서, 부동산신탁수익권 또는 해당 수익권에 대한 근질권설정계약서, 예금채권 근질권설정계약서, 주식 근질권설정계약서 및 다양한 보증 또는 보험기관에 의한 이행보증보험·분양보증보험·화재보험 등 각종 보험금에 대한 보험청구권 질권설정계약서, 공사 중인 건축물에 대한 양도담보계약서, 그 외 공사도급계약권리질권계약서 등이 있습니다. 인적담보와 관련된 약정으로는 연대보증약정, 지급보증약정 및 주택도시보증공사(HUG)의 PF보증[19] 및 한국주택금융공사(HF)의 PF

---

17 'intercreditor agreement'는 국내에서는 주로 '대주간 약정'으로 번역되어 사용되고 있습니다. 이에 대해서는 4장 약정서 설명의 국제 표준금융계약 부분에서 보다 자세히 설명드리도록 하겠습니다.

18 인적·물적담보와 관련해서는 이 책의 핵심용어 설명 '채권보전' 부분에서 자세히 설명드리겠습니다.

19 본질적으로 제3자의 지급보증이라는 속성을 가지고 있으므로 보는 관점에 따라서는 물적담보가 아닌 인적담보로 분류하는 것도 가능합니다. 현업에서는 일반적으로 제3자가 명시적으로 '보증약정'의 형식으로 직접적으로 인적보증을 구현할 때 이를 인적담보로 분류하고, 지급보증서나 각종 보험에 대한 청구권 질권설정 등 인적보증이 간접적으로 실현되거나 증권의 형태로 교부될 때에는 물적담보로 분류하고 있습니다만 큰 구별의 실익은 없다고 할 수 있습니다.

보증, 자금보충약정 등을 꼽을 수 있습니다.

④ **그 외의 약정:** 위 약정에 해당되지는 않으나, 해당 프로젝트나 딜(deal)에 특화된 별도의 기타 약정서 등을 일컫습니다. 사업시행대행계약서, 각종 합의서 등이 이에 해당됩니다.

물론, 위 약정 외에도 금융구조나 금융조건에 따라 다양한 약정이 있습니다. 예를 들어, 자산유동화 방식을 이용한 경우에는 유동화 관련 약정과 금융기관의 한도대출약정(credit line 약정)이, 물적담보 외에 연대보증 등 인적담보가 결합되는 경우에는 이와 관련된 약정서가, 그리고 자금관리나 딜의 수수료와 관련해서 별도의 약정서가 체결될 수 있는 등 프로젝트나 딜의 특성에 따라 다양한 종류의 약정서가 존재합니다.

하지만 결국 제반 약정의 중심이 되는 것은 자본조달과 관련된 약정과 이러한 자본조달의 채권보전과 관련된 약정이라고 할 수 있습니다. 이런 차원에서 자본조달과 직접적으로 연관되는 대출약정과 담보약정이 부동산개발 지원금융 관련 큰 줄기라는 데에는 이견이 없을 듯합니다. 여기에 더해 사업약정은 대출약정에 포함되는 경우도 많지만 전통적으로는 대출약정과 별개로 적지 않은 의미를 가지는 주요 약정으로 인식된다는 점에서 개인적으로는 사업약정 및 그 외의 기타 약정의 크게 네 가지로 분류하는 것이 합리적이라고 생각합니다.

부동산 실물자산 금융인 경우에는 해당되지 않습니다만, 부동산PF 등 부동산개발을 지원하는 금융의 경우, 그 속성상 사업당사자 간 역할분담과 이해관계 조정이 핵심으로 대두되는 경우가 대단히 많습니다. 따라서 프로젝트의 진행 및 자본조달과 관련하여 각 사업당사자의 역할을 명시하고 책임과 의무를 분명히 함으로써 해당 프로젝트의 진행을 원활히 하는 것을 목적으로 하는 사업약정의 의미는 앞서 언급한 바와 같이 적어도 부동산개발 지원금융에 있어서는 그 의미가 작지 않습니다.

주요 약정이 체결되면 비로소 금융기관은 특별한 사유가 없는 한 차주에게 대출을 실행할 의무가 발생하고, 차주는 대출금을 지원받아 사업을 제대로 진행할 수 있게 됩니다. 이런 차원에서, 약정이 완료되어야 금융기관이나 차주의 입장에서나 비로소 대출을 실행하고 사업을 제대로 영위할 수 있는 기반이 마련되는 것이라고 볼 수 있습니다.

이른바 '개별약정 방식'을 활용한 준(準)신디케이션

최근 금융시장에서 개별약정이라는 말을 종종 듣곤 합니다. 주로 부동산 실물자산 관련 금융의 신디케이티드 론과 관련하여, 대주단이 공통의 조건으로 체결하는 약정과 대비되는 별도의 약정이라는 의미로 사용되고 있습니다. 쉽게 이해가 되지 않으실 텐데 예를 들어 설명드리겠습니다.

신디케이티드 론의 경우, 대주단은 공통된 대출조건을 가지고 차주에게 특정한 규모의 금액을 지원하겠다는 약정을 하게 됩니다. 약정 당사자로서 어느 한 계약서에 일단 차주가 날인을 하고, 대주단을 구성하는 금융기관들이 각각 공동으로 날인을 하게 됩니다. 즉 극히 일부의 조건을 제외[20]하고는, 사실 거의 대부분의 금융조건 면에서 동일한 권리와 의무를 대주단이 적용받게 됩니다. (이 부분은 별도 금융구조의 설계 부분에서 좀 더 자세히 다루겠습니다.)

이에 반해, 개별약정이라고 하는 것은 공통된 신디케이티드 론 약정서에 약정 당사자로서 금융기관이 날인하는 것이 아니라, 전혀 다른 계약서에 차주와 어느 한 금융기관이 별도의 약정을 체결하는 것을 의미합니다. 이때 다른 계약서는 해당 금융기관의 표준약정에 특약을 추가한 형식이 될 수도 있고, 아예 표준약정과 별개로 해당 금융기관만을 위한 비정형 계약서 형식으로 만드는 경우도 있습니다. 이때 독특한 점은 신디케이티드

20 예를 들면 적용 금리가 있습니다. 기관에 따라 고정금리를 선호하기도 하고 변동금리를 선호하기도 합니다. 따라서 참여하는 금융기관은 고정금리 또는 변동금리 중 하나를 선택하게 되는데, 이럴 경우 금리를 제외한 거의 모든 금융조건은 모든 금융기관에 공통적으로 같은 내용으로 적용됩니다.
한편, '개별약정'이라는 용어는 크게 두 가지로 해석될 수 있습니다. 여기서는 신디케이티드 론 방식으로 금융이 지원되고, 대주단이 해당 론에 공통의 조건으로 체결한 약정과 대비되는 별도의 약정이라는 개념으로 '개별약정'을 사용했습니다만, 일반적으로 금융기관이 사용하는 정형화된 표준 약정과 대비되는 '비정형 개별약정'을 뜻하는 것으로 사용되는 경우도 있습니다.
시중은행을 예로 들면, 개인의 부동산담보대출이나 기업의 운전자금 대출 약정 시에 일반적으로 창구에서 사용하고 있는 양식이 표준약정이라고 할 수 있고, 이와 달리 해당 프로젝트나 차주의 특징을 반영하여 별도의 양식으로 작성하여 체결되는 비정형 약정(신디케이티드 론에 참여하여 체결한 약정도 포함)을 포괄적으로 '개별약정'이라고 하는 경우도 있습니다. 이는 '개별약정'을 어떤 의미로 사용하느냐에 따라 달라질 수 있으므로 맥락을 잘 살펴서 어떤 의미로 사용되는 것인지를 파악할 필요가 있습니다.
또한 개별약정이라는 말과 대비되는 용어는 '집단약정'이 아니냐고 문의하시는 분이 가끔 계시는데, 실무적으로 '집단약정'이라는 용어는 금융시장에서 사용되지 않고 있습니다. 굳이 개별약정과 대비되는 측면에서 표현을 하자면, 신디케이티드 론의 약정은 '공통 약정'이라고 하는 것이 더 올바르다 하겠습니다.

론 약정의 주요 금융조건을 상당 부분 따르면서도 해당 약정에 참여하지 않고 형식상 별도의 약정으로 체결한다는 점입니다.

부동산개발금융의 예를 들어 보겠습니다. A라는 부동산개발사업이 있다고 하고 이 사업을 위해서는 총 1,000억원의 대출이 필요하다고 가정해 봅니다. 이때 B사를 금융주선기관으로 하는 신디케이티드 론이 구성되어 총 900억원의 모집은 완료된 상황입니다.(물론, 관련 약정도 체결된 상황입니다.) 그러나 아직 100억원이 더 필요합니다. 대출은 지금으로부터 당장 일주일 안에 실행되어야 하는데, 아직 부족한 금액이 모집되지 않아서 차주와 주선사는 애가 타고 있습니다. 이때 부족한 100억원에 대해서 C라는 금융기관이 대출을 해줄 의사가 있다는 전갈이 왔습니다. 문제는 시간입니다.

신디케이티드 론 방식으로 진행해서는 C사는 도저히 일주일이라는 시간을 맞출 수 없다는 입장입니다. 관련 약정서 검토도 해야 하고, 내부 승인도 신디케이티드 론 형식에 맞춰서 진행[21]을 해야 합니다. 대신, 신디케이티드 론이 아닌 차주와 C라는 금융기관 간에 체결되는 개별 대출약정으로서 해당 금융기관에서 사용하고 있는 일반적인 표준 대출계약서를 사용하면 절차적으로 훨씬 빠르게 업무를 진행할 수 있는 상황입니다. 차주는 주선사인 B금융기관과 협의하여, C사의 표준 대출계약서 양식에 일부 특약을 추가하여 주요 금융조건에 대해서 신디케이티드 론의 조건과 상당히 유사한 조건으로 100억원 지원 대출계약을 체결하기로 최종 결정을 합니다.

결국 B사를 금융주선기관으로 한 대주단과 차주 간에 체결되는 신디케이티드 론 약정이 하나 있고, 이와는 별도로 차주와 C사 간에 C사의 내부 양식으로 체결되는 표준 대출계약서가 하나 더 있게 됩니다. 앞서 말씀드렸지만 해당 금융기관의 자체 양식, 즉 표준계약서를 썼느냐 아니면 별도로 비정형 계약서를 작성하느냐 여부가 중요한 것은 아닙니다. 주목해야 할 부분은 실질 내용은 신디케이티드 론의 약정과 대동소이함에도 불구하고 이와 다른 '별개'의 약정이 존재하게 된다는 점입니다.

한편, 담보나 채권보전과 관련해서는 신디케이티드 론 참여 대주단과 C사 간에 차별이 있어서는 안 되므로(차별이 있다면 C사 및 신디케이티드 론에 참여하는 금융기관 상호 간 이해상충이 발생할 수 있습니다), 담보 또는 채권보전에 대해서는 신디케이티드 론 관련 약정과 동일

---

21 일반적으로 신디케이티드 론 방식인 경우 관련 여신의 승인절차나 요건이 비(非)신디케이티드 론과 비교하여 엄격하고 물리적으로 시간도 더 소요되는 경우가 많습니다.

한 내용이 차주와 C사 간 체결되는 별도 약정에 포함되게 됩니다.[22] 이와 같이, 신디케이티드 론과 별개로 차주와 어느 금융기관 간에 약정이 체결되는 경우, 이를 '개별약정'이 체결됐다고 표현하기도 합니다.

이 책의 부동산개발금융 절차 중 '약정' 부분에서 깊이 있게 설명드리겠습니다만, 적어도 약정서의 구성이나 내용 면에서는 이러한 '개별약정'[23]은 매우 불완전한 속성을 가지게 됩니다. 원래대로라면 당연히 신디케이티드 론의 약정에 참여해야 하나, 여러 가지 사유로 불가피하게 별도의 약정을 체결하게 되는 셈이므로 신디케이티드 론의 공동약정에 참여한 대주단과 별도의 약정을 체결한 대주 사이의 지위나 대출 원리금의 분배, 채무불이행사유 발생 시 치유방안이나 담보권의 행사 등에서 근본적으로 분쟁이 발생할 가능성이 상존합니다. 따라서 이러한 이른바 '개별약정' 방식을 활용하여 신디케이티드 론에 참여하는 것은 당연히 전혀 권장되지 않을뿐더러, 금융실무 면에서도 이러한 개별약정 체결에 의한 금융참여가 혹시 공론화되는 경우 신디케이티드 론 약정을 체결하는 다른 대주들이 압도적으로 반대하는 경우가 절대적으로 많습니다. 하지만 이론적으로나 금융실무 측면에서도 전혀 바람직하지 않음에도 불구하고, 개별약정이 신디케이티드 론 형식만으로는 모집이 어려운 경우에 이를 보완할 대안 중 하나로서 실제로 활용되고 있다는 시각도 안타깝지만 금융시장에는 일부 존재하는 것이 사실입니다.

그 당위와 별개로, 차주 입장에서는 개별약정을 통해 급한 불을 끄게 되는 경우 필요한 자금 전체를 신디케이티드 론으로 조달한 경우와 비교하여 관리해야 하는 금융기관이 하나 더 늘어난 셈이 됩니다. (기존에는 일단 금융주선사인 B사를 중심으로 협의를 하면 되었으나, 이제는 B사뿐만 아니라 C사도 어떤 사안이 발생할 때마다 같이 협의를 해야 합니다.) 뿐만 아니라, 앞서 말씀드린 담보나 채권보전을 신디케이티드 론 대주단이 체결한 동일한 수준으로 별도로 C사와 체결하는 것도, 말로는 쉬워 보이지만 그리 만만한 작업이 아닌 경우가 많습니다.

---

22 이 또한 실무적으로는 일반화해서 말씀드리기 힘든 면이 있습니다. 특약형식으로 신디케이티드 론의 취지, 즉 담보권의 행사 등에 있어 신디케이티드 론 약정에 참여하는 다른 대주와 같은 권리와 제약을 받는 것으로 만들 수도 있으나, 이를 과감히 생략하고 해당 금융기관의 표준 대출계약서로만 약정을 맺는 경우도 있습니다.

23 금융실무에서 사용되는 사례를 소개해 드리기 위해 부득이하게 소개해 드렸습니다. 법리적으로 또 학술적으로 모든 국제 금융계약은 근본적으로 비정형 개별약정의 속성을 지니고 있습니다. 따라서 개인적으로는 신디케이티드 론의 공동약정과 대비되는 개념인 별도의 약정이라는 개념이라는 뜻으로서 '개별약정'이라는 용어를 사용하는 것은 바람직하지 않다고 생각합니다.

자칫 대주단에 적용되는 물적담보 관련 조건보다 느슨하게 개별약정에 특약이 추가되는 경우, 향후 개별약정으로 참여하는 기관에 담보의 배분 등에 있어서 기존 대주단보다 유리하게 또는 불리하게 작용할 가능성도 배제할 수 없습니다. 이렇듯 구조적으로 내용상 신디케이티드 론 대주단과 개별약정으로 참여하는 금융기관 사이에는 이해상충의 가능성이 있으므로 미묘한 신경전이 펼쳐지는 경우가 많습니다.

어렵게 대출이 실행됐다고 해도, 해당 프로젝트가 잘 진행이 되지 않고, 안타깝게도 관련 여신이 향후에 대출회수를 걱정해야 하는 소위 NPL(non-performing loan: 부실여신)이 되었을 때 이러한 이해상충이나 갈등이 현실화될 가능성을 배제할 수 없습니다. 부실여신을 정상화하거나 자산을 경매 또는 공매하는 과정에서 이해관계가 금융기관과 차주 간 첨예하게 충돌하게 되고, 경우에 따라서는 대주단에 참여한 금융기관끼리도 갈등을 겪는 경우가 종종 있습니다.

상황이 이렇게 좋지 않은 가운데, 신디케이티드 론에 참여한 대주단과 개별약정을 체결한 C사 간에 이해관계가 일치할 가능성은 그리 높지 않습니다. 서로 남남으로 인식하면서 대주단의 경우 C사에 갈 몫이 줄어들수록 대주단으로 오는 몫이 커지는 제로섬 게임이 될 가능성도 적지 않습니다. 따라서 대주단이 구성되어 진행되는 부동산개발금융의 경우에는, 이른바 개별약정방식을 이용한 참여는 원천적으로 배제하는 것이 맞습니다. 그러나 현실에서는 극히 예외적이긴 하나 개별약정을 통한 참여 금융기관 추가 모집방식도 회자되고 있다는 점 참고하시기 바랍니다.[24]

5. 클로징

부동산개발금융에 있어 목표했던 어느 금융기관에 의한 단독 대출 또는 신디케이티드 론 모집이 완료되는 것을 흔히 시장에서 '클로징(closing)'이라고 표현합니다. '닫다'라는

24 비교적 대출규모가 크지 않고 참여 금융기관이 2~3개 정도로 적은 수의 부동산 실물자산 매입용도일 경우, 아예 신디케이티드 론 형식을 취하지 않고 참여하는 각 금융기관이 모두 자체 표준 대출계약에 의거하여 대출을 실행하는 경우도 종종 있습니다. 금융구조가 복잡하지 않고 단순하고 정형화되어 있어 굳이 금융주선기관이 필요하지 않거나, 고객(차주)의 금융시장 경험이 풍부한 경우 비용절감의 목적으로 선호되기도 합니다.

본래의 의미에서 파생하여 어떤 사업이나 중요한 사안을 마감 또는 마무리했다는 뜻으로 쓰이는 용어입니다. 신디케이티드 론이나 PF의 경우 관련 대출약정 등이 체결되고 이를 기준으로 하여 자금지원까지 실제로 마무리된 경우에 '클로징됐다'고 표현하는 것이 일반적입니다.

한편, 실제 자금지원까지 가진 않았더라도 금융시장에서는 약정체결 여부를 기준으로 하여 클로징 여부의 기준으로 삼는 경우도 있습니다. 신디케이티드 론에 참여하겠다는 금융기관들이 아무리 많아도, 정작 약정이 체결되지 않으면 절차적으로 대출을 지원할 방법이 없게 됩니다. 물론 약정체결이 대출실행을 100% 보증해 주지는 않습니다만, 일반적으로는 약정이 체결되면 실제 자금지원으로 연결되는 데 큰 무리가 없다고 가정하고, '해당 약정체결을 마무리(signing)'한 것을 클로징됐다고 표현하는 것이 대표적인 사례이며, 실제로 국제 금융계약에서는 약정의 체결 그 자체를 'closing'이라고 보고, 최초 인출과 별개로 인식하는 것이 일반적입니다. (이때의 'closing'은 약정취지상 엄격하게는 contract closing을 의미합니다.)

그러나 이렇듯 약정상 공식적이고 엄격한 의미와는 별개로, 일반적으로 어떤 딜이 '클로징'됐다라는 것은 앞서 말씀드린 것처럼 신디케이티드 론 또는 대출약정이 체결(signing)되고, 이를 바탕으로 최초 인출선행조건이 충족되어 해당 여신이 실행되었거나 또는 실행되기 전이라도 제3자에게 자유롭게 양도가능한 수준에 이를 정도로 실질적인 여신 실행가능성에 대한 객관성이 담보되었을 때 이를 '클로징'이라고 표현하는 것이 보다 합리적이라고 할 수 있습니다. 이런 맥락에서, 이 책에서도 '클로징'은 약정체결의 완료 자체를 지칭하는 것이 아닌, 약정체결 후에 이를 근거로 실제로 부동산PF가 취급(최초 인출 완료)된 것을 의미하는 용어로 사용했음을 알려드립니다.

6. 기채의뢰서

자금을 모으는 것을 영어로는 'fundraising'이라고 표현합니다. 우리말에도 '모금(募金)'이라는 표현이 있습니다만, 어떤 특정한 사업을 위해서 돈을 빌리거나 출자를 한다는 뜻하고는 거리가 먼 용어입니다. 한자로는 이럴 때 기채(起債)라는 표현을 쓸 수 있습니다. 일상에서는 거의 들어볼 일이 없는 말입니다만, 풀이하면 '채권을 일으키다, 발행하다', 즉 '돈을 모으다'라는 표현으로 볼 수 있습니다. 따라서 기채의뢰서(맨데이트, mandate)라는 말은 문언적으로는 차주가 어떤 사업을 위해서 자금이 필요할 때, 어느 금융기관에게 돈을 모아달라고 하면서 자금을 모집하는 것과 관련된 일을 일임하는 것을 주 내용으로 하는 서류(공문)를 가리킵니다.

참고로 부동산개발금융의 경우 위에서 살펴본 기채의뢰서를 차주가 정식으로 교부해서 이에 근거하여 신디케이티드 론 모집 업무를 수행하는 경우는 대한민국에서 부동산금융이 태동한 20년 전과 비교하면 최근에는 비교적 보기 쉽지 않습니다.

금융기관 입장에서는 정식으로 기채의뢰서를 받거나, 아니면 이에 준하는 금융자문 관련 계약을 차주와 체결하고 독점적으로 업무를 수행하고 싶어 합니다. 그러나 차주 입장에서는 추진하는 사업이 충분히 사업성이 있거나 시장에서 신디케이티드 론을 모집하는 데 큰 어려움이 없을 것이라고 판단하게 되면, 굳이 자신이 구속되는 기채의뢰서를 발급하거나 금융자문 관련 계약을 체결하고 싶어 하지는 않을 것입니다.

그 밖에, 상호 신뢰를 바탕으로 별도의 계약서를 작성하지 않고 상호 구두 약속에 의하여 금융주간사 업무를 의뢰하는 경우 등 실제 금융시장에서는 다양한 방식의 '기채의뢰'[25] 방식이 혼재하고 있습니다. 현실적으로는 사실상 금융주간사의 역할을 구두 약속만을 믿고 장기간 수행하다가, 프로젝트 막바지에 엉뚱한 제3의 금융기관이 주간사로 선정되는 일도 종종 일어나곤 합니다. 막대한 시간과 비용, 그리고 인원을 투입해서 금융주선 업무를 수행하는 근거가 상대의 선의뿐이라면 그다지 바람직하다고는 할 수 없을 것입니다. 하지만 금융시장에서는 고객(차주)의 약속을 믿는 것 외에, 다른 방안이 없는 경우가 많습니다.

반대로 차주 입장에서도 금융주간사를 선정할 때 신중해야 합니다. 하지만 일단 선정이 되면 해당 대출의 성사와 관련하여 주간사에 믿고 맡길 필요가 있습니다. 당장의 이익에만 연연해서 그다지 시장에서 거래 실적이 없는 금융기관을 고르거나, 일을 맡겼다가 명확한 사유 없이 불안하다는 이유만으로 다시 다른 곳에 중복해서 기채의뢰를 하는 것은 지양해야 합니다. 주간사를 신뢰하지 않고 신디케이티드 론이 모집되어 가는 와

25 금융실무에서는 금융주선권을 가지고 있다라는 뜻으로 흔히 "맨데이트(mandate)를 받았다"라고 표현합니다.

중에 끊임없이 노심초사하면서 주간사 대신 다른 금융기관의 조언을 더 신뢰함으로써 결국 해당 사업이 산으로 가고, 종국에는 큰 손해를 보고 사업이 중단되는 안타까운 경우를 직접 목격한 경우도 있습니다. 이모저모 사전에 충분히 따져보되, 일단 금융주간사가 결정되면 해당 금융기관이 원활하게 업무를 진행할 수 있도록 힘을 실어주는 것이 차주의 입장에서도 반드시 필요하다 하겠습니다.

내용이 다소 중복되는 면이 있지만, 설명드린 기채의뢰서와 관련해서는 4장 부동산개발금융 절차 부분에서 조금 더 설명드리도록 하겠습니다.

7. 금융자문계약

금융자문계약은 차주와 금융주간사 간에 체결됩니다. 보통은 일정 기간 동안 특정 금융기관이 금융주선을 목표로 차주에게 최적의 금융구조를 설계 및 자문을 제공하며, 금융기관은 그 대가로서 별도의 금융자문수수료를 수취하거나 금융주선에 대한 우선권한을 보유하는 내용으로 작성되는 것이 일반적입니다.[26]

금융자문기관은 향후 금융주선도 같이 겸하는 것이 대부분이며, 금융자문에 대하여 과거에는 금융자문수수료의 명목으로 차주로부터 수수료를 수취하였습니다. (만일, 금융자문기관이 금융주선에 실패하게 되는 경우에도 통상적으로 해당 수수료는 반환하지 않도록 하는 것이 일반적입니다.)

하지만 기채의뢰서를 설명드리면서 잠깐 말씀드렸습니다만, 부동산금융이 완연한 수요자시장으로 전환되는 과정을 거쳐오면서 수요자 입장에서 번거로울 수밖에 없는 정식 기채의뢰나 금융자문계약의 체결 등은 유명무실해진 면이 있습니다. 정식 기채의뢰를 하거나 금융자문계약을 체결하는 것이 올드 스쿨(old school) 방식이라고 할 수 있지만 프로젝트별 클라이언트와의 신뢰관계나 특성에 따라 적용이 가능한 도구의 하나로 참고하시고 적절히 활용하시는 게 어떨까 싶습니다.

---

26 당초에는 SOC 사업에서 주로 활용되던 것이었습니다만, 이를 부동산개발금융에 차용한 것이라고 할 수 있습니다.

8. 기표, 인출, 캐피털 콜

차주와 대주단 간에 약정이 체결된 후 다음 과제는 대출금을 실제로 발생시키는 일입니다. 예를 들어 1,000억원 대출에 대해서 약정이 완료되었다면, 해당 금융기관은 차주에게 1,000억원을 대출해 줄 의무를 부담하게 되고, 차주는 정해진 용도대로 해당 대출금을 사용하고 관리할 의무를 부담하게 됩니다.

이때 1,000억원의 대출이 한꺼번에 집행되는 경우도 있지만 부동산개발금융의 경우 대부분은 사업이 진행됨에 따라 분할해서 대출이 일어나는 경우가 훨씬 더 많습니다.[27] 부동산개발금융의 경우, 공사가 계속 진행됨에 따라 건설 공사비 등 필요한 금액이 순차적으로 발생하게 되는데, 한꺼번에 대출약정액[28] 전액에 해당하는 금액을 인출하면 자칫 쓰지도 않으면서 차주가 대출이자만 지불하게 될 경우[29]가 있기 때문입니다.

이와 관련하여, 금융기관 담당자 간에 실무적으로 "이번 건은 언제 최초로 기표(인출) 되나요?"라는 대화를 하는 경우가 많이 있습니다. 지금은 은행거래가 대부분 전산을 통해 자동으로 회계처리가 되지만, 과거에는 거래가 일어날 때마다 전표에 직접 은행원이 일일이 기재를 해서 해당 거래를 기록하고 분개했습니다.

원칙적으로는 이렇게 전표를 작성해서 거래를 기록하는 것을 모두 '기표(記標)'라고 하지만, 관행상 금융권에서는 대출거래가 발생할 때 전표를 기록하는 것을 주로 '기표'라고 호칭해 왔습니다. 앞으로 '기표일자'라는 표현을 들으신다면, 이는 대출약정 후 실제로 대출이 실행되는 날이 언제인지를 묻는 금융용어라고 보시면 되겠습니다.

비슷한 용어로, 인출(引出)[30]이라는 용어도 자주 쓰입니다. 의미는 기표와 동일하며, 실

---

27 물론 부동산실물자산을 매입하는 용도의 부동산금융인 경우 관련 대출은 1회에 한꺼번에 집행되는 것이 일반적입니다.

28 '약정'이라는 것은 말 그대로 대출금과 관련하여 금융기관 입장에서는 대출을 실행하겠다라고 약속을 하고, 차주 입장에서는 그 대가로 이자를 어떻게 지급하고, 언제 어떻게 갚을 것인지, 사업은 어떻게 진행할 것인지를 상호 협의해서 계약을 체결하는 것이지, '약정'과 대출금이 실제로 발생하는 것은 엄연히 별개의 개념입니다.

29 당장 필요하지 않은데도 불구하고 취급되어 계좌에 그대로 있는 대출금을 금융실무에서는 흔히 '아이들머니(idle money)'로 분류하고 그렇게 부르고 있습니다.

30 이 책의 부동산개발금융의 절차 부분에서 국제 표준금융계약과 주요 용어를 설명드리고 있습니다만, 먼저 안내드리자면 이러한 '인출'에 해당하는 영문 표준금융계약 용어는 'utilisation' 또는 'drawdown'입니다.

무적인 대화에서도 기표와 더불어 흔히 쓰이지만, 주로 대출계약이나 약정체결 시 대출이 취급됨을 가리키는 공식적인 용어로 사용된다는 점에서 기표와 다르다고 할 수 있습니다. 만일 총 대출금액이 1,000억원인데, 우선 100억원을 인출하고 그다음에 매 분기마다 100억원씩 대출이 발생하는 구조라고 가정하겠습니다. 이때 최초로 인출되는 100억원을 '최초 인출'되었다고 표현하고, 그 대출금을 '최초 인출금'이라고 부릅니다. 최초 인출 이후에 분할해서 일어나는 대출방식을 '분할 인출'이라고 표현합니다. 실무적인 대화나 공식적인 용어로 인출이 두루 쓰이는 데 비하여, 기표라는 표현은 공식적인 계약이나 문서에서는 거의 쓰이지 않습니다.

기표 및 인출과 관련하여 또 자주 접할 수 있는 용어 중 캐피털 콜(capital call)이라는 것이 있습니다. 여기서 'capital'은 대출금 또는 약정된 투자금을 가리키고, 'call'은 대출금의 인출을 요청하는 것입니다. 즉, 캐피털 콜(캐피탈 콜 또는 캐피털 콜 등으로 표기되고 있습니다.) 방식이라는 것은, 차주가 원할 때 대리은행에 대출금 또는 펀드투자금 등의 인출을 요청하면 그때 비로소 대출 또는 투자금 집행이 이루어지는 방식입니다.

대출금이 분할 인출되는 경우로 가장 흔한 방법은 약정에 아예 대출금이 발생하는 일정을 미리 확정해 놓고 그 일정대로 대출을 나눠서 실행하는 방식이고, 또 하나는 대출금이 인출되는 일정을 미리 정해 놓지 않고 차주가 필요해서 통지하면 그때마다 대출금을 발생시키는 방식입니다. 여기서 캐피털 콜은 후자의 방법을 의미[31]합니다. 참고로, 캐피털 콜은 대출뿐만 아니라 펀드가 설정된 후 사전에 약정된 내용에 따라 위탁운용사가 요청하면 펀드투자기관이 최초로 또는 그 이후 추가로 펀드투자금을 집행하는 것을 가리키는 데에도 널리 사용되고 있습니다. 일정을 미리 정해 놓고 대출금을 인출하는 방식과 비교하여 캐피털 콜의 가장 큰 장점은 아무래도 차주가 필요할 때 대출을 일으키기 때문에 필요하지도 않은 대출이 먼저 발생하고 이에 따라 부담해야 할 이자비용을 절약할 수 있다는 점입니다. 반대로 얘기하면, 대주단 입장에서는 그만큼 이자비용 수취가 원천적으로 불가하니 적어도 수취하는 이자의 규모 면에서는 불리하다고 할 수 있겠

---

31 정기적으로 확정된 일정에 따라 인출이 일어나는 경우에도 시장에서 캐피털 콜이라고 호칭하는 경우를 가끔 보는데, 이론적으로나 실무적으로도 잘못된 경우입니다. 투자금의 경우 수시납으로 표현되는 캐피털 콜은 그 본래적 성격상 정기 인출의 개념을 가지고 있지 않습니다. 따라서 정기적으로 대출금이 기표되는 경우에는 거래 당사자 간 혼동을 피하기 위하여 가급적 캐피털 콜이라는 용어를 쓰지 않는 것이 좋습니다.

습니다.[32] 금리를 비롯해서, 대출기간이나 대출이 일어나는 방식, 담보 등 수많은 대출조건(금융조건)은 각 사업의 고유한 특징에 맞게 숙고하여 결정되어야 하며(이를 '금융구조를 설계'한다고 표현합니다) 대출금을 인출하는 방식도 예외가 아닙니다.

따라서 캐피털 콜 방식이 실제로 얼마만큼 유리하고 불리하냐는 대출금의 전체 규모나 기간, 사업의 안전성 및 담보, 전체적인 금융비용 수준 등 여러 가지를 종합적으로 봐야 합니다. 일반적으로 캐피털 콜이 클라이언트에게 유리한 것은 맞습니다만, 모든 경우에 '캐피털 콜 = 차주에게 유리'라거나 '캐피털 콜 = 대주단에게 불리'라는 절대적인 등식이 성립하는 것은 아니니 참고하시기 바랍니다.

9. 부동산개발금융의 상환방식

모든 일에는 시작이 있으면 끝이 있는 법입니다. 대출금이 일어나면, 상환하는 것도 고려해야 합니다. 대출금을 언제 어떻게 갚아나갈 것인지를 분류하면 크게 만기일시상환과 분할상환으로 구분할 수 있습니다.

만기일시상환은 만기에 한꺼번에 대출금을 갚는 방식을 말하고, 분할상환은 대출기간 동안에 나눠서 갚아나가는 방식을 가리킵니다. 분할상환은 일반 아파트담보대출에서도 많이 볼 수 있는 구조입니다. 분할상환은 다시 균등 분할상환과 불균등 분할상환으로 나뉘는데, 전자가 정기적으로 같은 금액을 상환하는 개념인 데 비하여, 불균등 분할상환은 나눠서 갚기는 하되, 상환되는 금액이 매번 같지 않은 경우를 말합니다.

예를 들어 해당 프로젝트에 들어오는 현금을 예측해 보았더니, 사업 중반부에는 현금이 더 많이 들어오고 사업이 완료되는 시점에서는 상대적으로 들어오는 현금이 줄어든다고 가정하겠습니다. 이럴 경우, 사업 중반부에는 대출을 더 많이 상환하도록 하고, 반대로 사업 후반부에는 상환되는 대출금을 적게 미리 정할 수가 있습니다. 이처럼 나눠서

32 대출을 사용하지 않으면 이자를 지불하지 않는 것이 당연합니다. 다만 부동산개발금융의 경우, 일반 부동산담보대출과 비교하여 높은 수준의 리스크를 금융기관이 부담하게 되므로 이에 대한 경제적 보전책으로서 금리, 수수료 등 부대비용이 일반 대출 대비 상당히 높은 경우가 많습니다. 단순히 대출을 사용하고 안 하고의 선택권을 당연히 차주에게 부여해야 한다는 시각만으로는 비용과 편익의 균형이 제대로 이루어진 것인지 판단하기 힘든 면이 있습니다.

갚되 그 금액이 일정치 않은 경우를 불균등 분할상환이라고 합니다. 참고로 말씀드리면, 가계대출의 경우 주택담보대출 등에서 흔히 접할 수 있는 원리금 또는 원금균등 분할상환이라는 개념은 부동산개발금융에서는 거의 사용되지 않습니다.

그 원인을 간단히 설명드리기는 쉽지 않습니다만, 최대한 요약해서 말씀드리자면, 이는 한국의 부동산개발금융이 과거 대부분 선분양이라는 독특한 제도를 전제로 지원되는 경우가 많았기 때문입니다. 선분양은 해당 건물이 완공되기 전에 구매자[33]에게 미리 판매를 하는 것으로서, 경제적으로는 구매자와 판매자 간 실질 동업에 가까운 효과를 가지게 됩니다. 이렇게 선분양을 전제로 한 미래현금흐름을 바탕으로 부동산개발금융이 지원된다고 하더라도, 아무래도 건설이 진행되는 시기 동안의 기간별 판매량 및 현금흐름을 정밀히 예측하는 것은 결코 쉽지 않습니다. 따라서 이때의 현금흐름은 대출 전 기간 동안의 누적(stcok)적인 현금흐름의 합이라는 개념이 상대적으로 강하고, 금융구조 설계 시에도 건설이 완료되는 준공시점 또는 준공시점으로부터 일정 시기에 판매(분양)가 대부분 완료된다고 가정하는 것이 일반적입니다.

이런 측면에서, 원리금을 지불하기에 충분한 고정적인 가계수입이 있다는 것을 전제로 이루어지는 대부분의 가계 부동산담보대출에 비해, 부동산개발금융의 경우 현금흐름의 안정적인 유지 차원에서 훨씬 복잡하고 다양한 변수가 존재하므로, 기간 내에 정기적인 원금상환이 이루어지는 구조보다는 만기일시상환이 선호되는 편입니다.[34]

최근에는 프로젝트의 특성이나 사업당사자의 요구에 따라 선분양 없이 건설을 진행

---

33 일반적으로 분양을 받는 사람이라는 뜻의 '수분양자(受分讓子)'라고 표현하고 있습니다.

34 일반론인 경우를 말씀드린 것이며, 개별 프로젝트의 특성에 따라 건설기간 동안 원금이 정기적으로 상환되게 하는 것도 물론 가능합니다. 단, 이런 경우에도 매월 상환이라는 개념보다는 매 3개월 또는 6개월 등 일정한 간격으로 상환하도록 하는 것이 일반적입니다. 또한 프로젝트에 따라서는 당초 예정됐던 만기에 해당 사업의 현금흐름만으로는 원천적으로 상환이 불가능한 경우도 있습니다. 이런 경우에는, 만기에 다시 금융을 일으켜서(refinancing) 해당 금융으로써 상환하도록 하는 구조도 활용됩니다.
한편, IB(Investment Banking 또는 Investment Bank) 분야에서 자주 접할 수 있는 용어 중 하나로, 벌룬 페이먼트(balloon payment)가 있습니다. 보통, 초장기대출인 주택담보대출(mortgage) 대비 상대적으로 짧은 기간 동안을 대상으로 하며, 그 기간 동안 매년 대출원금을 대출기간 동안 나눠서 균등산출한 금액보다 훨씬 적은 소량의 원금만을 상환하다가, 대출만기 시 나머지 잔여 대출원금 전체를 상환하는 구조를 일컫습니다. 주로 미국의 상업용 부동산담보대출에서 자주 볼 수 있는 상환구조입니다. 투자금융 분야에서는 실무적으로 엄격히 개념을 적용하기보다는, 만기가 다가옴에 따라 원금 상환금액이 점증하는 경우를 포함하여 만기시점에 상환일정이 몰려 있는 경우를 편하게 가리키기 위한 용어로 널리 사용되고 있습니다.

하는 방식도 자주 활용되고 있습니다. 하지만 이 경우에도 초기 토지매입자금 대출 및 건설기간 동안에 필요한 건설자금대출의 경우, 건설기간 동안 유입되는 현금흐름이 극히 제한적이므로 대부분 분할상환보다는 만기일시상환 방식으로 설계되고 있습니다.

참고로 워낙 대중적으로 널리 알려진 용어이긴 합니다만, 거치기간은 대출금을 갚지 않고 이자만 내는 기간을 의미합니다.

10. 부동산개발금융의 비용 체계

부동산개발금융을 포함하여 모든 금융에는 클라이언트 입장에서 비용(cost)이 발생합니다. 비용은 현업에서 채권의 쿠폰(coupon)에 빗대어 쿠폰금리로 표현되곤 하는 금리, 즉 대고객 이자율과 그 외의 비용, 크게 두 가지로 구분할 수 있습니다. 금리 이외의 금융 관련 비용으로서 가장 대표적인 것은 금융주선수수료(arrangement fee), 금융참여수수료(participation fee) 및 대리금융기관수수료(agent fee), 자금관리수수료 등의 각종 수수료와 금융을 위해 지출되는 관련 용역비와 경비 등을 꼽을 수 있습니다. 대출을 실행하는 금융기관 입장에서는 이자나 수수료가 곧 매출이자 수익이 되지만 클라이언트 관점에서는 금리나 각종 수수료 등이 모두 비용으로 인식됩니다. 따라서 제안서에 금리나 수수료 등을 표기하고 이를 그룹화하여 표시할 때에는 가급적 클라이언트를 기준으로 비용 항목으로 분류하고 표시하는 것이 좋습니다. 이를 표로 간단히 정리하면 아래와 같습니다.

표 2.1 부동산개발금융의 비용 구성

<table>
<tr><th colspan="2">분류</th><th colspan="2">내용</th></tr>
<tr><td rowspan="2">금융 비용
(Cost)</td><td>금리 비용
(Interest Rate Cost)</td><td colspan="2">• 채권의 쿠폰금리에 해당
• 당사자 간 합의에 따라 매 1개월, 3개월 등의 주기로 이자지급(국제 금융계약 및 국내 신디케이티드 론에서는 3개월 단위가 일반적임)
• 선취와 후취, 변동금리·고정금리 여부 등은 당사자 간 합의에 따름</td></tr>
<tr><td>비금리 비용
(Non-Interest Rate Cost)</td><td>수수료
(Fee)</td><td>• 금융주선수수료(Arrangement Fee)
• 금융참여수수료(Participation Fee)
• 대리기관수수료(Agent Fee)
• 자금관리수수료(Management Fee)
• 총액인수수수료(Underwriting Fee)
• 금융자문수수료(Advisor Fee)
• 약정수수료(Commitment Fee)
• 대출취급수수료</td></tr>
</table>

〈계속〉

표 2.1 (계속)

분류			내용
금융 비용 (Cost)	비금리 비용 (Non-Interest Rate Cost)	용역비	• 법률자문수수료 • 감정평가수수료 • 사업타당성검토·대출원리금상환가능성 검토용역 수수료 • 회계업무 관련 수수료
		기타	• 여신취급 및 회수를 위해 지출되는 제반 비용(인지세, 각종 인쇄비, 법적 조치 관련 비용 외) • 파생상품 활용 시 관련 비용(통화스왑, 금리스왑 등)

이자율의 경우 수수료를 포함한 연간 총 비용률(all-in cost rate)과의 혼동을 피하기 위해 현업에서는 흔히 '대고객 금리' 또는 '대고객 이자율', '쿠폰금리' 등으로 부르고 있습니다.

대고객 금리의 경우, 변동금리와 고정금리 여부와 관계없이 공통적으로 모두 '기준금리 + 스프레드(spread)'의 구성을 가지게 됩니다. 여기서 기준금리는 ① 금융시장에서 객관적으로 공시되는 각종 금리를 기준금리로 하는 경우와 ② 해당 금융기관이 시장의 금리지표를 기준으로 하고 다시 이 값에 기간별 리스크값과 자체적인 여신운용정책을 반영한 보정값을 더해서 산출한 금리를 기준금리로 하는 경우가 있습니다. 신디케이티드론의 경우에는 객관적으로 시장에서 공시되는 금리 중 하나를 기준금리로 하는 것, 즉 ①번 방식이 일반적입니다. 스프레드란 해당 프로젝트나 딜의 특징, 그리고 차주의 신용도와 담보력, 금융기관의 특성 등을 종합적으로 반영하여 산정되는 일종의 위험 프리미엄(risk premium)이라고 할 수 있습니다. 주로 차주의 신용등급(credit rating)에 따라 결정되며 딜의 비용체계에 큰 영향을 미칩니다.

베이시스 포인트 활용사례

금리나 수수료 등에 대해서 추가로 설명드리기 앞서 비용을 계산하기 위해서 꼭 알아두어야 할 기초적인 부분을 설명해 드리겠습니다.

금리는 대출금에 대한 이자율(interest rate)을 가리킵니다. bps(basis points)라고 하는 것은 주로 이자율이나 수익률을 계산할 때 사용하는 용어로서, (1/100)%를 가리킵니다. 대출금액이 소규모일 경우에는 상대적으로 덜하지만, 대출금이나 채권발행 등의 규모가 큰 경우에는 단 0.01% 또는 0.001%라고 해도 절대액 측면에서 그 규모가 적지 않은 의미를 갖습니다.

예를 들어, 100만원의 0.1%, 0.01%, 0.001%라고 하면 각각 1,000원, 100원, 10원이 되지만, 규모를 넓혀서 1,000억원이라고 하면 각각 1억원, 1,000만원, 100만원으로 그 규모가 커지게 됩니다. 이렇듯, 이자율을 계산할 때 흔히 얘기하는 %의 개념보다 더 세밀하게 인식할 필요가 있을 때, 이를 보다 정밀하게 표현하기 위해서 등장한 개념이 bps라고 할 수 있습니다. 실제 금융기관 담당자들의 대화 사례로 설명드리겠습니다.

ㅇㅇ자산운용 A 과장: "이번에 그 프로젝트 금리는 어떤가요? 듣기로는 3년만기에 연 3.8%로 논의되고 있다고 하는데요."
ㅁㅁ은행 B 과장: "아닙니다. 처음에는 3.8%로 시작했는데, 차주사가 30bp[35]만 낮춰달라고 해서 지금 주간사하고 협의 중인 것으로 알고 있습니다."

여기서, 30bp라고 하면 0.30%를 얘기합니다. 즉, 기존 3.80%에서 3.50%로 낮추자는 협상이 진행되고 있다는 뜻이죠. 알고 보면 너무도 간단한 개념이라고 할 수 있습니다.

간단한 예 하나만 더 살펴보겠습니다.

▶ *"2bp만 깎자고 합니다."* → 0.02%
▶ *"이번에 신디 규모가 1조 원이랍니다. 엄청나죠? 그런데 fee는 거의 없는 조건이랍니다. 수수료는 상징적으로 2bp밖에 안 된다고 하네요."* → 0.02%(금액으로는 2억원이 됩니다.)

이번엔 거꾸로 가보겠습니다. 현실에서는 이렇게 표현하는 경우도 가끔 있으니까요.

▶ *"100bp가 훨씬 넘는 수준으로 수수료 얘기가 오고가는 것 같아요."* → 1.0%

1bp = (1/100)%이므로, 1.00%=100bp가 됩니다. 따라서 25bp는 0.25%, 70bp는 0.70%, 5bp는 0.05%, 0.5bp는 0.005% 등이 됩니다.

금융수수료의 종류와 의미

금융수수료는 그 종류가 많은 편인데, 이를 간략히 보충해서 설명드리면 다음과 같습니다.

---

35 금융관행상 공식·비공식적으로 bps는 대부분 bp로 표기하고 '비피'로 부르고 있습니다.

- 금융주선수수료(Arrangement Fee): 금융주선기관의 주선활동의 대가로 수취하는 수수료
- 금융참여수수료(Participation Fee): 신디케이티드 론에 참여하는 금융기관이 참여금액에 비례하여 지급받는 수수료
- 대리기관수수료(Agent Fee): 대리은행 역할수행에 대해 지급되는 수수료
- 자금관리수수료(Management Fee): 부동산PF의 경우 프로젝트로부터 창출되는 현금의 유입과 지출을 엄격히 통제하고 관리하는 것이 필요한데, 이에 대한 수수료를 일컫습니다. 그러나 대리기관이 자금관리를 같이 수행하는 경우에는 대리기관수수료에 통합해서 지급받는 경우도 많습니다.
- 총액인수수수료(Underwriting Fee): 증권사 등의 주간사가 해당 딜에 필요한 타인자본 조달액 전액을 일단 본인이 인수하여 차주에게 지급하고 추후 인수한 대출채권 등을 금융시장에 배분하게 되는 경우가 있습니다. 이때 증권사 등이 총액인수의 대가로 수취하는 수수료를 가리킵니다. 일반적으로 총액인수를 하는 증권사가 금융주간사인 경우가 많으므로 총액인수수수료가 사실상 금융주선수수료의 성격을 갖는 경우가 많습니다.
- 금융자문수수료(Advisor Fee): 별도의 금융자문계약을 체결하고 금융구조설계 등 금융자문에 대한 반대급부로 수취하는 수수료입니다.
- 약정수수료(Commitment Fee): 총 약정 대출금 중 미인출된 대출금이 인출되기 전까지는 금융기관은 항상 대출인출에 대비하여 자금을 준비해 놓을 의무(commitment)를 부담하게 됩니다. 이러한 부담에 대한 금융기관의 수수료를 가리키며, 일반적으로 매 이자지급주기에 직전 이자기일부터 금회 이자지급일까지 일할 계산된 기간 및 미인출된 대출금을 대상으로 하여 미리 정해진 일정률을 곱하여 산정됩니다.
- 대출취급수수료: 일반적으로 신디케이티드 론 방식이 아닌 경우 대출취급에 대하여 차주의 신용조사·신용평가를 포함한 금융기관의 대출 관련 내부 절차 실행 및 노력에 대한 대가 등을 명목으로 수취하는 수수료를 일컫습니다.

금융수수료는 그 지급주기에 따라서도 구분이 가능합니다. 대출약정시기 또는 대출약정이 체결된 후 최초 인출시기에 한꺼번에 지급받는 수수료가 있고, 대출기간 동안 주기적으로 지급받는 방식의 수수료 등 두 가지로 구분할 수 있습니다. 최초에 한꺼번에

지급받는 것을 금융실무에서는 보통 '일식(一式)지급'이라고 표현[36]합니다. 금융수수료와 기타 비용을 한 번에 지급하느냐 아니면 대출기간 동안 분할해서 정기적으로 지급하느냐 하는 것은 연간 총비용률의 산정과도 밀접한 관련이 있습니다.

연간 총비용률

신디케이티드 론과 관련하여, 금융주간사가 금융주선을 하고, 또 대주 금융기관이 해당 신디케이티드 론에 참여하는 데에는 다양한 수수료가 발생합니다. 이 수수료는 이자와 별도로 금융주간사나 참여 금융기관들이 수취하는 것이며, 차주 입장에서는 이 수수료까지 포함해서 연간 발생되는 금융비용이 얼마인지, 총약정금액을 기준으로 산정해서 그 수준의 적정 여부를 판단하게 됩니다.

예를 들어, 총대출금액이 1,000억원이고 평균 대출기간은 5년, 금리는 연 3.80%라고 가정하겠습니다. 이때 금융주선수수료가 총 50bp 해당액이고 해당 수수료는 up-front성[37]으로서 대출금 최초 인출시기에 한꺼번에 수취한다고 가정합니다. 1,000억원의 0.50%이므로 5억원이고, 이때 차주가 부담하는 금융비용을 연(年)율로 환산하면 4.30%(금리 3.80% + 수수료 0.50%)가 됩니다.

하지만 이 계산에는 오류가 있습니다. 금리는 연간 개념으로 3.8%이지만, 수수료 0.50%는 대출기간 5년치에 해당하는 금액이기 때문에, 이를 연율로 환산[38]하면 0.10%(0.50% ÷ 5)가 됩니다. 따라서 차주가 부담하는 연간 비용률은 4.30%가 아닌 3.90%(금리 3.80% + 연 수수료율 0.10%)가 됩니다.

---

36 일식(一式)이란 본래 가구 등의 온전한 한 세트를 가리키는 용어입니다. 일상용어라고 할 수는 없으며 주로 건축 분야에서 비용산정을 할 때 자재비를 포함한 총견적 등의 개념으로 사용되고 있습니다. 금융수수료와 관련해서는 대출금의 최초인출일에 대출기간 동안의 수수료 전액을 1회에 한꺼번에 지급하는 것을 가리킵니다. 최근에는 잘 사용되지 않는 경향이 있으며 개인적으로는 우리말답지 않다는 생각이 있어서 그다지 좋게 생각하지 않는 용어 중 하나입니다. 보다 쉬운 용어로 대체하여 사용하는 것이 바람직하다고 생각합니다만 이 책에서는 일단 '일식 지급'이라는 용어를 그대로 사용하였습니다.

37 '미리' 또는 '앞서'라는 뜻입니다. 금융시장에서는 보통 'up-front fee'라고 해서, 비정형 여신 취급시점에서 한꺼번에 수취하는 각종 수수료 또는 비용을 일컫는 용도로 쓰이고 있습니다.

38 특별한 경우가 아니라면, 원칙적으로는 비록 지금 비용이나 수익이 발생하더라도, 발생한 비용이나 수익은 관련 거래기간 동안 균등하게 발생한 것으로 회계적으로 인식하게 되며, 이를 '이연'이라고 합니다.

다시 한번 정리하자면, 수수료는 0.50% 해당액인 5억원을 대출금 최초 인출 시 미리 한꺼번에 수취하지만, 회계적으로 이 수수료는 대출기간 전체에 걸쳐서 발생한 것을 앞당겨서 받은 것으로 보게 됩니다. 중요한 것은 금융비용의 연율 수준이므로, 0.50%가 아닌 0.10%를 3.80%에 더해서 총 연간 금융비용률은 연 3.90%로 산정됩니다.[39]

이렇게 차주가 연간 부담해야 하는 금융비용을 최종적으로 계산해서 도출된 연율을 연간 총비용률(all-in cost율 또는 all-in rate)이라 하고, 금융시장에서는 %에 해당하는 '율'을 생략하고 흔히 'all-in cost'라고 표기해서 사용하고 있습니다. 이러한 연간 총비용률이 중요한 이유는, 금융기관들이 제시하는 서로 다른 금리 및 수수료 조건을 비교하는 데 매우 유용하기 때문입니다.

예를 들어, A사는 현재 부동산개발사업을 계획하고 있고, 이를 위하여 ○○자산운용 및 □□증권 두 곳에 금융비용을 제안해 달라고 요청한 상황입니다. 이에 대하여, ○○자산운용은 연 금리 3.70%에 up-front성 주선수수료율 0.90%를 제시했고, □□증권은 연 금리 3.50%에 up-front성 수수료율 1.80%를 제시했습니다. (기간은 3년 만기일시상환으로 가정합니다.)

A사의 대표는 자수성가한 입지전적인 인물로서, 내심 수수료야 바깥으로 잘 드러나지 않는 경향이 있으니 본인이 생각하는 예산범위를 다소 초과하더라도 용인할 의향이 있지만, 금리는 상대적으로 대외적으로 공표되어 다음 프로젝트의 금리산정 시 기준으로 작용할 가능성이 있기 때문에, 연간 총비용률이 같거나 다소 높더라도 금리를 보다 낮게 제시해 주는 곳에 업무를 의뢰하는 것이 어떨까 고민 중입니다.

이 상태에서 A사 대표는 어떤 결정을 해야 옳은 걸까요? 일단 기간이 같다는 것을 전제로 양 사의 연간 총비용률을 계산해 보겠습니다. ○○자산운용이 제안한 연간 총비용률은 연 4.00%이고, □□증권의 경우는 4.10%로 10bp가 더 높습니다. 비록 □□증권의

---

39 all-in cost 산정은 엄격하게는 각종 비용에 할인율을 적용하여 산정하여야 하나, 국내 부동산개발금융 및 실물자산 시장에서는 상대적으로 단기인 자본투하기간(3~5년)을 고려하여 할인율 적용에 엄격하지 않은 경우가 많습니다. 이 책에서도 총비용률의 산정 시 시간경과에 따른 할인요인은 없는 것으로 가정하였습니다. 금리와 수수료 외에 딜에도 기본적인 거래비용, 즉 감정평가, 법률자문비용 및 기타 SPC 설립비용, 수탁 및 신탁수수료 등이 수반되나 이는 예를 단순하게 하기 위해 포함하지 않았습니다. 보다 정밀한 연간 총비용률 산정을 위해서는 금리, 수수료에 기타 거래비용을 연율로 환산한 값을 더하여 산정하시면 됩니다. 한편, 금융주선수수료 등의 이연, 비이연 여부는 관리회계적으로 중요한 의미를 갖는데, 이러한 이연 여부는 금융기관의 관리회계 기준이나 국가에 따라 다를 수 있습니다(비이연: 해당 딜의 금융주선수수료 전액을 수취 시점에서 전액 인식, 이연: 금융주선수수료를 PF기간 동안 안분하여 인식).

연간 총비용률이 더 높지만 A사 대표는 고민 끝에 대고객 금리, 즉 연 금리를 3.50%로 더 낮게 제시한 ㅁㅁ증권에 금융주선을 맡기기로 결정했습니다.

이러한 A사 대표의 결정은 과연 올바른 선택이었을까요? 일단 경제적 관점에서는 그다지 합리적으로 보이지는 않습니다.[40] 다만 언뜻 비합리적으로 보이는 이러한 결정에는 연간 총비용률보다 명목금리를 더 중시하는 측면이 있었고, 이것이 A사의 미래 프로젝트에 적용될 금리를 낮추기 위한 전략적인 판단이라고 하면 얘기는 충분히 달라질 수 있다고 봅니다.

한편, 연간 총비용률을 기준으로 주간사를 결정할 때에는 해당 금융기관의 주선능력이 같거나 비슷하다는 것이 전제되어 있다는 것을 유념하셔야 합니다. 부동산개발금융의 금융주선 시장은 금융기관의 성격이나 종류, 그리고 해당 업무를 담당하는 실무 담당팀의 주선능력이 어떠하냐에 따라 주선 성공가능성이 좌우됩니다.

따라서 단순히 경제적인 기준만을 절대지표로 하여 금융주선기관을 선택하는 우를 범해서는 안 됩니다. 투자금융 시장의 일반적인 경향이기도 하지만, 특히 부동산개발금융 시장에서는 금융주선기관이 실제로 충분한 주선능력이 있는지에 대해서 차주 측과 금융기관 간 정보의 비대칭성이 극심한 편입니다. 현실적으로 쉽지 않고 객관적인 검증이 어려운 측면이 있습니다만, 금융주선기관을 선정할 때에는 해당 금융기관의 시장에서의 명망과 더불어 실제로 업무를 담당하면서 동고동락할 해당 팀의 금융주선 이력 등 전반적인 주선능력을 면밀히 살펴본 후 신중하게 결정하실 것을 권유드립니다.

금융기관은 내부 수익성분석을 어떻게 할까

실제로 금융기관에서 내부 여신승인을 위해 작성되는 자료 중 수익분석 관련 표를 예시로 소개해 드립니다. 이 자료는 클라이언트의 관점이 아닌, 금융주선을 담당하는 금융기관의 관점에서 수익과 비용을 표기한 것으로서, 금융기관 내부적으로는 수익성 분석을 이렇게 할 수도 있겠구나 정도의 참고자료로 보시면 되겠습니다. 단, 기재된 수치는 이해

40 집합투자기구의 경우 A사 대표와 동일한 의사결정을 선호할 가능성이 높습니다. 투자기간 중의 IRR(내부수익률) 산정 시 일반적으로는 대고객 명목금리를 기준으로 하므로 펀드의 경우 up-front성 비용을 지급할 재원이 충분하다면 기준이 달라질 수 있으니 참고하시기 바랍니다.

표 2.2 금융기관 내부 수익성 분석표 사례

구 분		내용(연율기준)	비 고
수익	대고객 금리	5.00%	대출만기 3년 고정금리 구조(기준금리 + Spread 구조)
	수수료	0.30%	금융주선수수료 (일식지급, 총 0.90%)
		0.20%	금융참여수수료 (일식지급, 총 0.60%)
		0.10%	대리은행수수료 (연간 2회 수취: 0.05% x 2)
	수익 소계 (①)	5.60%	
비용	내부조달금리[1]	4.00%	본지점 간에 지급되는 조달비용
	업무원가	0.30%	담보 유무, 대출금 등에 따라 차등적용
	예상손실[2]	0.30%	차주의 신용등급, 담보력에 따라 차등적용
	비용 소계 (②)	4.60%	= BEP(Break-even Point)
순 마진율 (①-②)		1.00%	제반 비용은 차주가 별도로 부담

1) 금융기관의 조달금리를 뜻하며, 금리 측면에서는 조달원가라고 할 수 있습니다. 이러한 내부 조달금리는 금융기관에 따라 MOR(Matched Opportunity Rate) 등으로도 불리는데, 기간별 시중의 공시 금리를 기준으로 하고, 여기에 해당 금융기관 등의 여신 축소 또는 확대 기조와 같은 정책적 요인, 기간별 위험 프리미엄 등을 고려하여 보정한 금리를 뜻합니다. 금융기관의 내부금리 또는 조달금리라고 하면 바로 이 MOR에 해당하는 개념을 일컫습니다.

2) 예상손실은 관리회계적으로 차주의 신용등급에 따라 객관적인 부도가능성 등을 고려하여 산출한 손실예상값입니다. expected loss로서 흔히 은행 등 금융기관에서는 '이엘(E.L.)'이라고 부르고 있습니다.

를 돕기 위해 저자가 임의로 기재한 것이므로 실제 사례로 혼동하지 않으시기 바랍니다.

타인자본 조달 지원을 담당하는 금융기관 입장에서는 실무적으로 표의 마지막에 있는 순 마진율의 수준이 중요한 경우가 많은데, 각 금융기관별로 내부조달금리에 편차가 있는 것이 사실이고, 순 마진율과 관련해서도 일정 수준 이상이 확보되도록 내부 가이드라인을 운용하는 것이 일반적이기 때문입니다.

한편, 앞서 설명드렸지만 약정시기나 약정 후 최초 인출시기에 한꺼번에 지급되는 방식을 일식지급이라고 합니다. 그런데 금융실무에서 이러한 '일식지급'이라는 용어는 그 표현 자체가 낯설기도 하거니와 up-front성으로 한 번에 지급된다는 이미지를 직관적으로 주지 않기 때문에 비용 관련 의사소통에서 자주 오해가 생기는 원인이 되고 있습니다. 이를 방지하기 위해 단순히 비고란에 '일식지급'이라는 표현이나 'up-front 수수료'라고만 기재할 것이 아니라 실제로 정확히 언제 얼마가 지급된다는 사실을 적어도 서면자료에서라도 명확히 기재하는 것이 바람직하다고 생각합니다. 아울러 위 표에는 교육세나 신용보증출연료와 같은 조세성격의 비용은 포함되어 있지 않음을 알려드립니다.

고정금리와 확정금리의 차이

금융시장에서는 고정금리와 확정금리가 동의어로 혼용되는 경향이 있습니다만 양자는 서로 다른 개념입니다. 고정금리와 변동금리 모두 기준금리에 스프레드를 가산하여 산정된다는 점에서는 동일하나, 변동금리는 적용 기준금리가 단기간의 일정 주기로 변동되는 데 반해 고정금리는 이러한 기준금리의 대출 최초실행당일의 값이 특별한 경제적 충격이 없는 한 비교적 일정 수준에서 고정되는 구조를 갖습니다. 차주의 신용도 및 담보력 등을 종합적으로 반영한 스프레드는 특별한 사유가 없는 한 변동되지 않으므로 사실상 대출기간 동안 금리의 변동이 제한되는 효과를 기대할 수 있습니다.

따라서 고정금리는 현재의 금리수준을 대출기간 동안 사실상 확정함으로써 프로젝트의 전체 금융비용의 수준을 예측 가능한 수준에서 동결하는 효과를 가져오며, 수요자 우위의 금융시장, 양질의 자산을 담보로 하는 부동산 실물자산 담보대출 및 장기 기반시설 관련 안정적인 성격의 인프라금융, 투자수익률의 일정 수준 이상 확보가 지상과제인 부동산펀드가 실물자산을 매입하는 경우 등에서 주로 선호되고 있습니다.

물론 고정금리 구조에서도 약정에 의거 차주의 신용도 등에 현저한 변동요인이 생기거나, 또는 급격한 경제환경 변화로 기존의 기준금리를 적용하는 것이 객관적으로 곤란해지는 경우 등에는 기준금리 또는 가산금리(스프레드)의 변경이 가능한 경우도 있으나, 현실적으로는 일반적이지 않습니다.

이런 차원에서, 특별한 경제적 충격이 없는 한 금융시장에서 고정금리는 확정금리와 실질적인 동의어로 사용되는 경향이 있습니다. 참고로, 시중은행에서는 대개 각 기간에 대응하는 무보증 금융채 AAA의 채권시가평가기준수익률을 고정금리의 기준금리로 활용하고 있습니다. (채권시가평가기준수익률은 금융투자협회 채권정보센터 홈페이지에서 확인 가능합니다.)

확정금리는 은행 등 금융기관에 따라 다르기는 합니다만, 특정 대출상품에 말 그대로 확정적으로 적용되어 금리변동의 가능성이 원천적으로 불가능한 구조의 금리를 일컫습니다. 매우 소수의 일부 대출상품에 제한적으로 적용되는 금리체계로서 금융기관의 일반적인 대고객 금리로서는 거의 활용되지 않고 있습니다. 특별한 사정이 없는 한 일단 대출이 실행되면 고정금리가 변동되는 경우는 흔치 않다는 측면에서 그 실질은 고정금리와 확정금리가 유사한 측면이 있다고 할 수 있습니다. 다만, 경제적 충격이 있는 상황에서는 고정금리의 기준금리 자체가 크게 변동할 가능성이 상존합니다. 따라서 고정금리가 대출기간 동안 큰 변동 없이 마치 확정금리처럼 기능할 것이라고 예단하는 것은 위험할 수 있습니다.

11. 금리스왑

파생상품으로서 비교적 대중적으로 잘 알려진 상품 중 하나로 금리스왑이 있습니다. 한국 금리시장의 대표상품이라고도 할 수 있는 금리스왑은 이자율 스왑이라고도 하며 보통은 금융시장 참가자들 사이에서는 약어인 'IRS'(아이알에스, Interest Rate Swap)로 불립니다.

한국의 기업금융에서 보편적으로 활용되고 있는 원화 IRS는 금리변동위험을 헤지할 목적으로 동일한 원금에 대해 변동금리와 고정금리를 교환하는 거래를 일컫습니다. 보다 구체적으로 살펴보면, 동일한 원금을 대상으로 하므로 원화 IRS 거래에서는 원금의 교환은 일어나지 않습니다. 대신 변동금리와 고정금리의 교환이 발생하는데, 이때의 변동금리는 3개월물(91일물) CD금리에 Spread(가산금리)를 더한 금리를 의미하며, 고정금리란 그러한 91일물 CD금리에 대응하는 IRS 스왑 시장금리에 역시 Spread(가산금리)를 더한 금리를 가리킵니다. 이를 그림으로 나타내면 그림 2.1과 같습니다.

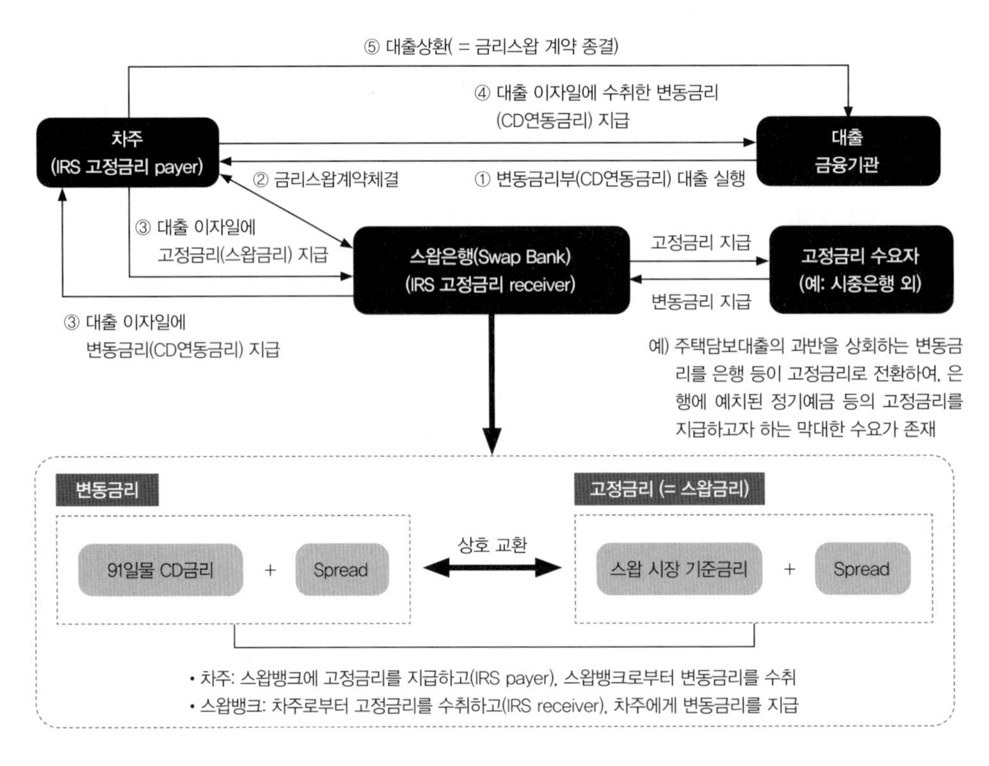

그림 2.1 원화 IRS 거래의 기본 구조

이러한 금리스왑은 상품 종류에 따라 다르기는 하나 국내 파생금융시장에서는 대부분 시장에서 실제 스왑거래가 가능한 91일물 CD 금리를 기준금리로 하는 변동금리를 고정금리로 교환해 주는 거래구조를 가지고 있습니다. 이는 모든 변동금리에 대해 IRS가 가능한 것은 아니고 차주의 대출금리가 CD 연동금리일 때에만 IRS가 가능하다는 것을 뜻합니다. 이때 고객이 변동금리를 지급하고 고정금리를 수취하는 반대방향 거래도 가능하며, 실제로 금융시장에서 많은 거래가 이루어지고 있습니다(예: 변동금리부 자산을 보유하고 있는 여신전문금융회사가 시장금리 하락을 예상할 경우, 변동금리를 지급하고 고정금리를 수취하는 계약을 체결하는 것 등).

IRS를 수행하는 금융기관을 스왑뱅크(swap bank)라고 하며, 일반적으로 파생금융시장에서 IRS의 최소 거래 단위는 100억원[41], 만기는 1년에서 5년이 주로 거래되고 있으나 경우에 따라서는 만기 10년의 장기 거래도 가능합니다. IRS는 차주가 금리 변동위험에 대비하고자 하는 경우, 또는 금융구조에 따라 차주는 고정금리 지급을 선호하고 대출 금융기관은 변동금리 수취를 희망하는 등 선호하는 금리체계가 서로 다를 때, 그리고 차주가 자금조달 비용을 절감하려고 할 때 유용하게 활용될 수 있습니다.

예를 들어 보겠습니다. 현재 금리상승기이고 차주는 은행에 300억원의 대출을 신청하여 관련 업무가 진행 중이라고 가정하겠습니다. 금리가 계속 상승 중이므로 차주는 당연히 변동금리보다는 고정금리로 대출이 이루어지기를 희망하고 있습니다. 변동금리로 대출을 받으면 기준금리 상승으로 인해 차주가 부담해야 하는 절대 이자액이 증가할 가능성이 매우 높기 때문입니다. 반대로, 대주 입장에서는 금리리스크 헤지(hedge)를 위해 반드시 변동금리 체계를 적용하는 것을 전제로 내부 여신승인이 완료된 상황입니다. 이렇듯 차주는 대주에게 변동금리를 지급해야 하지만, 정작 차주는 고정금리 지급조건을 원하고 있어 서로 간 접점을 찾기가 쉽지 않은 상황이라면, 금리스왑 거래를 통해 대주는 원하는 대로 변동금리를 지급받고, 차주는 고정금리를 지급하는 구조로 전환되어 차주와 대주 모두 만족스러운 금리체계를 유지할 수 있게 됩니다.

IRS 구조에서는 스왑뱅크가 핵심적인 역할을 담당합니다. 스왑뱅크란 변동금리와 고정금리를 거래 당사자 간에 교환해 주는 역할을 수행하는 금융기관을 가리킵니다. 스왑

---

41 국내 시중은행에서는 그보다 작은 규모의 영업점 대출인 경우에도 IRS 거래를 허용하는 경우가 있습니다.

금리, 즉 고정금리를 기준으로 스왑뱅크를 'IRS receiver'라고 하며, 차주와 같이 고정금리를 지급하는 거래 상대방을 'IRS payer'라고 합니다. 금융시장에는 다양한 시장참여자가 존재합니다. 이러한 시장참여자들은 모두 나름의 이해관계와 금융시장에 대한 다른 관점을 가지고 각자 고정금리 또는 변동금리를 필요로 하게 됩니다. 스왑뱅크는 고정금리와 변동금리에 대한 시장참여자의 상반된 수요를 중개하는 역할을 담당한다고 할 수 있습니다.

스왑금리는 국제 금융환경, 현재 변동·고정금리의 수준 및 향후 고정금리에 대한 국가별 특징을 반영한 수요 등이 복잡하게 작용하여 결정됩니다. 이론적으로 스왑 스프레드는 이자율 스왑률에서 해당 만기의 무위험수익률인 국채수익률을 차감하여 계산됩니다.[3] 즉, 스왑금리 = 국고채 수익률 + 스왑 스프레드의 구조를 갖습니다. 따라서 일반적으로 금리가 상승하는 것으로 전망될 때에는 고정금리 지급에 대한 수요증가로 스왑 스프레드도 증가하는 경향이 있습니다.

하지만 한국의 경우 상당 기간 동안 스왑 스프레드 역전현상이 지속된 바 있어 이 역시 이론적인 기준으로 간단히 일반화하기는 힘든 면이 존재합니다. 앞서 언급해 드린 대로 스왑금리는 해당 만기별 국고채 수익률에 스왑 스프레드를 가산하여 산정되는 구조를 갖습니다. 하지만 한국에서는 2000년대 중반부터 만기에 따라서는 무위험 수익률인 국고채 수익률보다 오히려 스왑금리가 낮은, 스왑 스프레드가 오히려 (-)인 스왑 스프레드 역전현상이 지속적으로 관찰[4]되고 있습니다.

국고채 수익률은 무위험 수익률이므로 스왑금리는 당연히 국고채 수익률보다 높은 것이 합리적입니다. 하지만 국내에서는 대량의 변동금리부 주택담보대출이 존재하고 은행이 보유한 주택담보대출의 변동금리를 고정금리로 수취한 후 이를 은행 등의 예수금 이자지급에 충당하려는 막대한 수요가 있어서 스왑금리(고정금리)가 국고채 수익률보다 낮아지는 기현상이 지속적으로 발생해 왔습니다. 이와 더불어 채권시장에서는 단기 자금조달을 통해 국고채를 매입하는 것이 금리 스왑거래에서 고정금리를 지급하는 것보다 더 높은 수익을 향유할 가능성이 있기 때문에 고정금리 지급(IRS pay)의 공급을 제한해 온 측면[5]도 상당하다고 할 수 있습니다.

한편, 금융환경이 급변하는 상황이 아니라면 대개 변동금리를 스왑한 고정금리(스왑금리)가 일반적인 만기별 고정금리보다 낮은 수준인 경우가 많아서 조달비용 절감의 수단으로 활용되기도 합니다.

IRS 거래는 차주에게 일정 수준의 담보력 또는 신용등급이 있는 것을 전제로 하고, 대출규모가 일정 수준 이상이 되어야 하는 등 사전에 고려해야 할 부분이 적지 않습니다. 아울러, 대출기간 중에 부득이한 사유로 금리스왑을 중도해지하는 경우 별도의 해지비용이 발생할 수 있다는 점도 고려해야 할 부분 중 하나입니다.

부동산PF의 경우 부동산 실물자산을 담보로 하는 대출과 비교하여 훨씬 더 많은 변수가 존재하고 현금흐름이 확정되지 않는 특성을 가지고 있기 때문에, 비록 중도상환이 가능하다고는 해도 확정된 원리금 납입 스케줄을 전제로 하는 IRS의 적용이 구조적으로 쉽지 않은 경우가 많습니다. 또한 고위험·고수익을 전제로 하는 PF에서 조달비용 절감효과가 제한적인 IRS 활용에 대한 유인이 크지 않다는 점도 부동산PF에서 IRS가 잘 활용되지 않고 있는 이유 중 하나라고 할 수 있습니다.

그럼에도 불구하고 금리스왑은 금융기관 담당자가 이러한 기법에 익숙한 경우 금융주선 시 금융구조 설계와 관련하여 유용한 전략적 도구가 될 가능성이 있는 금융상품입니다. 부동산PF에 적용할 수 있는지와 같은 현실적인 제약과 별개로, 금리스왑의 적용가능성과 기본 개념에 대해 시행사 등 금융소비자가 문의를 하는 경우도 있으므로 IRS에 대한 관심의 끈을 놓지 않으시길 권유드립니다.

지금까지 한국 파생금융시장의 가장 대표적인 상품 중 하나인 IRS에 대해서 간단히 설명드렸습니다. 하지만 지금 설명드린 부분만으로는 IRS의 주요 사항을 이해하기에는 턱없이 부족하기 때문에, 이 책의 설명을 바탕으로 기본 개념을 익히시고 난 후 다른 참고자료를 바탕으로 이해의 폭을 넓혀 나가시는 것이 좋습니다. 그 후 실무에서 필요한 경우 시중 대형은행의 파생거래 전담부서와 같은 전문 스왑뱅크의 조언을 받으시면 관련 업무 수행에 큰 도움을 받으실 수 있습니다.

12. 통화스왑

해외가 아닌 국내 부동산PF 분야에서는 활용할 기회가 거의 없는 파생금융상품 중 하나가 바로 통화스왑입니다. 해외 부동산PF에서도 활용하지 못하는 것은 아니나, PF와

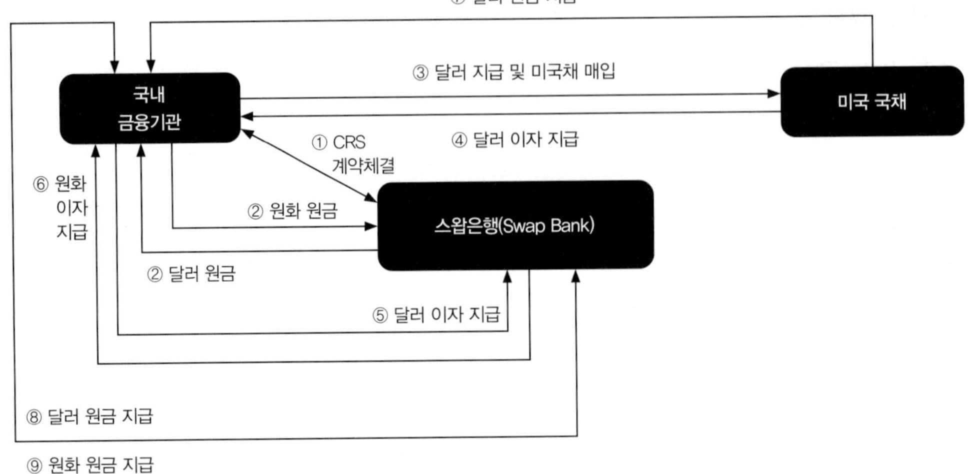

그림 2.2 CRS의 대표적인 사례 ①

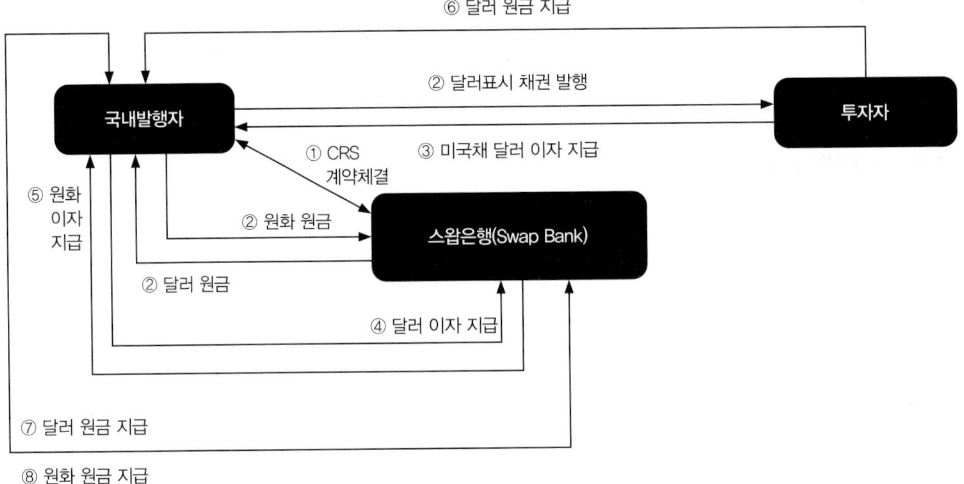

그림 2.3 CRS의 대표적인 사례 ②

같은 그린필드 프로젝트가 아닌 부동산 실물자산 매입 시 외화조달 방식과 연계하여 주로 활용되고 있는 파생금융상품입니다. 이 책에서는 금리스왑(IRS)과 비교하여 상대적으로 간단히 CRS의 기본적인 개념과 그 구조만 살펴보도록 하겠습니다.

통화스왑은 금융시장에서 대개 'CRS'(씨알에스: Currency Swap) 또는 'CCS'(씨씨에스: Cross Currency Swap)로 불리고 있습니다. 기본 개념은 서로 다른 두 통화를 보유한 거래당사자가 약정된 환율에 따라 그 원금을 서로 교환하고, 통화스왑 계약기간 중에는 각 통화로 이자를 교환하는 것입니다. 국내 IRS 거래의 경우, 원화만을 대상으로 하여 원화 변동금리를 원화 고정금리로 전환(swap)하는 것임에 반해, CRS는 상이한 두 통화, 즉 원화와 달러, 달러와 엔 등 서로 다른 통화를 그 대상으로 한다는 점에서 근본적인 차이가 있다고 할 수 있습니다. 이러한 CRS의 대표적인 사례를 그림으로 표시하면 위 그림과 같습니다.

CRS는 금리스왑에 비해 거래구조 및 회계처리 이슈 등이 상대적으로 복잡한 편입니다. 이러한 통화스왑은 그 대상을 차주 지분투자금(equity)으로 하는지, 아니면 대출금까지 하는지, 또는 지분투자금 전액을 대상으로 대출 전 기간에 대하여 약정을 하는지, 일부 기간에 대해서만 매칭(matching)시켜서 하는지 등에 대해서 심도 있는 고민이 필요합니다.

한편, 환(換) 리스크 헤지를 위해 통화스왑 거래를 하였으나, 스왑 대상 통화 간 정산 시점의 환율변동으로 오히려 대출이나 투자기간 동안 정산금을 차주가 지급해야 하는 경우도 생길 수 있습니다. 이럴 경우 지분 투자자 등에게 정산금을 추가로 수령하여 스왑뱅크에게 지급해야 하는 상황이 발생할 수도 있다는 점, 참고하시기 바랍니다.

13. 차주 신용등급

차주 신용등급의 의미와 분류체계

신용등급은 말 그대로 차주의 신용도를 종합적으로 판단하여 수치로 계량화한 등급을 말합니다. 개인 신용대출을 신청할 때에도 신용등급이 높다 또는 낮다라는 말을 자주 들을 수 있을 정도로 대중적으로 널리 알려진 개념이기도 합니다. 보다 구체적으로는, 정의하기에 따라 다를 수는 있으나 일반적으로는 차주의 예상 부도율이나 과거의 재무현황 및 추이, 차주가 속한 산업현황 및 경영진의 능력 등을 종합적으로 판단하여 실제로 그 차주에게 여신이 지원되는 경우의 부실화가능성을 최종적으로 계량화한 것을 신용등급이라고 합니다.

특수목적회사(SPC)가 차주인 경우에는 과거의 재무자료가 아예 없기 때문에 금융기관에서 신용등급을 산정하는 평가모형이 원천적으로 일반 여신의 차주와 다른 경우가 많습니다. 하지만 그런 경우에도, 과거의 재무자료를 기준으로 하지 못할 뿐 그 이외의 평가기준은 일반 차주와 유사하게 또는 평가모형에 따라 보정하여 적용하여 최종 신용등급이 산출된다는 것은 동일합니다.

신용등급이 양호한(높은) 기업의 경우, 신용등급이 낮은 기업과 비교하여 더 저렴한 금리가 적용될 뿐만 아니라, 대출한도 측면에서도 유리한 경우가 많습니다. 반대로, 신용등급이 낮은 기업의 경우에는 해당 프로젝트가 아무리 우수한 사업성을 가지고 있다고 하더라도 부동산개발금융에 있어서는 좋은 평가를 받기가 어렵습니다.

다만, 부동산개발금융에 있어 차주인 사업시행사들의 규모나 재무여력 등이 일반적인 금융기관이 정하는 기준에 미달하는 경우가 많기 때문에, 시행사의 신용등급만 가지고 부동산개발금융의 가능 여부를 판단하지는 않습니다. 만약 시행사의 신용등급을 부동산개발금융 지원 여부의 주요 근거로 하는 경우에는 아예 부동산개발금융을 취급할 수가 없는 경우가 대부분일 것입니다. 물론 소규모 부동산개발금융의 경우에는 사업 시행사의 신용등급이 주요 기준이 되는 경우도 많습니다만, 일반적으로 대규모 부동산개발금융의 경우에는 부족한 시행사의 신용도를 보완할 다양한 채권보전방안 및 신용강화구조가 뒷받침되는 경우가 많습니다. 시행사의 신용등급이 열위한 경우 또는 부족한 담보 등을 보완할 방안은 곧이어 설명드릴 '채권보전'이나 '신용강화구조'를 설명드리면서 자세히 말씀드리겠습니다.

한편, 차주는 계속기업인 시행사가 될 수도 있고 특수목적회사가 될 수도 있습니다. 대규모 부동산개발금융의 경우에는 구조화금융방식을 통해 특수목적회사를 차주로 하는 경우가 대부분입니다. 이러한 시행사나 특수목적회사의 신용등급은 프로젝트의 성격이나 물적담보의 종류, 시공사 등 사업참여자에 의해 뒷받침되는 것을 포함한 다양한 신용강화구조, 그리고 근본적으로는 해당 프로젝트의 장·단기 리스크 등을 종합적으로 판단하여 결정됩니다.

이때 차주의 신용등급은, 금융기관에 따라 차이가 있을 수는 있지만 일반적으로는 해당 금융기관의 내규에 의한 투자적격 등급 이상[42]이 요구되는 것이 보통입니다. 하지만

---

42 시중은행 기준 시 투자적격 마지노선은 최소 BBB− 이상이며 가능한 한 BBB 이상이 선호됩니다. (BBB는 실수로 BBB+, BBB− 등을 오기한 것이 아니라는 것을 명확히 하기 위해 BBB^0이라고 표기하고 '트리플비 플랫'이라고 호칭하는 것이 일반적입니다.) 등급체계는 국제 금융에서 부르는 표준방식으로 부르는 것이 바람직합니다. BBB는 트리플비로, AAA는 트

표 2.3 차주의 신용등급 체계 예시

대분류	등급	내용
정상상태	최고 AAA ~ 최저 BB−	• 가장 우수한 신용상태를 나타내는 AAA에서부터, 정상등급이긴 하나 차주의 신용상태가 악화상태에 있는 BB− 등을 망라함 • 금융기관에 따라 다르나, 일반적으로 AAA, AA, A, BBB, BB 등으로 다시 중분류되고, 각각의 중분류 등급에 필요시 '+'나 '−'를 부여하여 세분화하는 방식으로 운용됨 • 투자적격이라고 할 때의 기준은 일반적으로 BBB[9] 등급임
요주의 상태	최고 B+ ~ 최저 C	• 차주의 신용상태가 악화되어 부실화가능성이 엿보이는 등급 • 모든 신규여신은 이 단계에서는 취급되지 못하는 것이 일반적
부도상태	D	• 이미 차주의 여신이 연체가 시작되어 지급불능상태에 이른 때

이는 최소한의 적격 가이드라인이며 개발 대상이나 산업 트렌드, 정부정책 등의 요소, 국내 프로젝트 파이낸스인지 아니면 해외 프로젝트 파이낸스인지 등의 다양한 기준에 따라 그보다 훨씬 높은 신용등급이 요구되는 경우도 적지 않습니다.

금융기관에 따라 신용등급 분류기준 및 등급체계가 상이하므로 정형화해서 설명드리기 어려운 면이 있습니다만, 시중은행을 기준으로 일반적인 신용등급 분류기준의 예를 보여드리자면 위 표와 같은 모습이 됩니다.

차주 신용등급과 부동산개발금융의 상관관계

신용평가에 따라 산출된 신용등급이 중요한 이유는 신용등급이 높고 낮음에 따라 금리를 비롯한 프로젝트 전반의 연간 총비용률에 직접적인 영향을 주기 때문입니다. 따라서 금융제안을 준비하는 실무자 입장에서는 해당 프로젝트의 사업구조에 대한 이해를 바탕으로 객관적인 해당 사업의 리스크값을 파악하고 이를 반영한 적정한 연간 총비용률을 제시하는 것이 초기 제안 및 금융구조 설계단계에서 무엇보다 중요한 과제로 떠오르게 됩니다.

설명을 들으시면 당연한 논리라고 생각하실 수도 있습니다. 하지만 차주의 정확한 신

리플에이로, BB−는 더블비마이너스, BB+는 더블비플러스 등으로 부르는 것이 좋습니다. BBB의 경우, 습관적으로 '비비비', AA는 '에이에이' 등으로 호칭하는 경우가 많은데, 편한 자리에서는 큰 허물이 되지 않으나 공식석상에서 그렇게 부르는 것은 전문적이지 않아 보이므로 피하는 것이 좋습니다. 한편, 신용등급의 단계를 지칭하는 용어로서 'notch'(노치)가 있습니다. 노치는 등급이나 급수 등을 뜻하는 용어로서 주로 신용등급의 상향과 관련해서 사용되고 있습니다. 예를 들어, 잠정적인 신용등급은 BBB+가 나왔는데 '한 노치' 올리기가 정말 힘들다라고 표현하는 것은 BBB+보다 한 단계 위인 직상위 등급 A−로 신용등급을 부여하기가 곤란하다는 뜻입니다.

용등급을 예상하는 것은 결코 쉬운 일이 아닙니다. 대부분 부동산개발금융의 금융제안을 담당하는 부서는 프론트 부문에 속하는 팀인 경우인 데 반해, 정작 신용등급을 결정하고 부여하는 권한은 프론트 사이드가 아닌 각 금융기관에서 해당 프로젝트의 리스크 및 사업성을 분석하고 심사하는 부서로 이원화되어 있는 경우가 많습니다.

실무경험이 쌓이면서 예측범위를 크게 벗어나지 않는 수준으로 차주의 신용등급을 추정할 수는 있겠지만, 예측이 항상 리스크값을 가늠하는 심사부서의 시각과 일치하지는 않기 때문에 문제가 발생합니다. 프론트에서 아무리 경험을 쌓고 연륜이 있다고 해도 심사부서의 시각과 프론트에서 바라보는 시각은 근본적으로 차이가 있게 마련입니다. 프론트 분야뿐 아니라 심사부서에서 근무한 경험이 있는 인력이더라도 이러한 차이를 완벽하게 해소할 수는 없습니다. 여건이 허락한다면 금융제안이나 검토 초기단계에서부터 신뢰할 수 있는 심사부서의 인력과 허심탄회하게 의견을 나누는 것이 바람직한 이유가 여기에 있습니다.

경쟁이 치열한 경우에는 백지장 같은 비용 차이로 주선기관이 결정되는 경우도 있습니다. 이런 환경에서 자칫 차주의 신용등급이나 프로젝트의 리스크 수준을 잘못 예단하여 금리를 제안했다가, 막상 주선기관으로 선정되는 경우 문제가 심각해질 수 있습니다. 이미 상당한 기간이 경과한 후이기 때문에, 새로 주선기관을 선정해서 처음부터 관련 업무를 시작하기가 물리적으로 곤란한 경우도 생깁니다. 이렇게 되면 단순히 해당 주선기관의 주선실패로만 끝나지 않게 됩니다. 차주 입장에서도 예상했던 예산범위를 초과해서 대출을 받는 것으로 귀결될 수도 있고, 투자자 수익률에도 부정적인 영향을 끼치기 때문에 프로젝트 전체가 막대한 피해를 입을 수도 있습니다.

드문 일이기는 하지만 금융주선기관으로 선정되기 위해 낮은 금리 등을 제시해서 업무를 진행하다가 해당 주선기관의 여신 심사부서의 요구 또는 신디케이티드 론 참여 금융기관의 요구 등을 이유로 연간 총비용률의 대폭 인상을 요구하는 악의적인 경우도 없지 않아 있습니다.

프로젝트 초기에 당초 제시했던 비용수준을 맞추기 어렵다고 인지하고 차주와 협의하면 그나마 다행입니다. 하지만 한창 프로젝트가 진행되는 도중에 비용상승이 논의되면 차주 입장에서는 이를 거절하기가 현실적으로 쉽지 않습니다.

앞서 간단히 언급해 드렸습니다만, 이런 경우를 피하기 위해서라도 금융주선기관을 선정하는 데에는 신중을 기해야 합니다. 해당 금융기관뿐만 아니라 실제로 그 금융기관에서 업무를 담당할 팀이나 임원 등의 명망(reputation)이나 실력, 주선 실적 등을 가능한 한 폭넓게 살펴보는 것이 중요하다고 하겠습니다.

참고로, 신용등급과 관련하여 금융기관에서 수행하는 신용평가, 신용조사[43] 등의 용어를 자주 접하실 수 있습니다. 신용조사는 신용평가를 하기 위한 사전조사의 성격을 갖습니다. 즉, 차주의 재무자료를 취합하고, 전반적인 영업현황 등의 기초적인 부분을 파악하는 것이 신용조사라고 할 수 있습니다. 이러한 신용조사를 바탕으로, 차주의 영업역량, 산업적 영향, 재무현황 등을 종합적으로 판단하여 계량화함으로써 최종적으로 신용등급을 산출하는 행위를 신용평가라고 합니다. 시중은행을 기준으로 하는 경우 신용조사와 신용평가는 다른 의미를 가지나, 전문 신용평가기관을 비롯하여 일반적인 금융시장에서는 이 둘이 엄격하게 구분되지 않고 동의어로도 자주 사용되고 있습니다. 이를 표로 간단히 나타내면 다음과 같습니다.

표 2.4 신용조사와 신용평가(시중은행 기준)

항 목	내 용
신용조사	• 신용평가를 수행하기 위한 기초조사의 성격 • 과거 재무현황, 영업현황 등의 자료 취합 및 파악
신용평가	• 신용조사를 바탕으로 차주의 예상 부도율을 산출하고, 산업 트렌드와 함께 정성적인 평가요인을 고려하여 최종적으로 차주의 신용등급을 산출하는 행위

14. 시행사

시행사란 부동산개발사업을 시행하는 주체를 일컫습니다. 시행사란 용어가 낯설기 때문에 부동산개발에 있어 어떤 역할을 하는 곳이냐고 궁금해하시는 분들이 많습니다. 하지

43 시중은행을 기준으로 한 용어의 구분입니다. 금융시장에는 개인이나 기업의 신용도를 전문적으로 계량화하여 평가하는 전문 신용평가업체가 있습니다. 이러한 신용평가업체를 포함하여 일반적으로 금융시장에서 '신용평가'라고 하면 대부분 '신용조사'의 개념을 아우르는 용어입니다. 유독 은행 등에서 신용조사와 신용평가를 따로 구분해 놓은 것은 절차적인 측면에서 신용조사는 일차적으로 실무진이 담당하는 비교적 정형화된 operating의 영역이고, 이를 바탕으로 한 신용평가는 평가자의 주관이 포함된 판단의 영역이 일부 포함되어 있고 등급결정권이 점포장 또는 본점 심사부서에 부여되는 최종적인 절차의 성격을 지니고 있어 이를 구분하기 위한 것입니다.

만 조금만 생각해 보면 '시행'이라는 개념이 우리 일상생활에서도 자주 등장한다는 것을 알 수 있습니다. 예를 들어, "사업 시행기간이 얼마냐", "사업을 시행하는 데 있어서" 등과 같이 기업 업무에서 일상적으로 쓰이는 단어인 것이죠. 따라서 시행사[44]는 그 용어가 어떻게 불리든 간에, 어떤 특정 프로젝트를 기획하고 진행해 나가는 주체를 가리키는 것이라고 보시면 됩니다.

다만, 실무상 편하게 사용하는 용어와 달리 법적으로는 별도로 정의되기도 합니다. 2007년에 제정되어 같은 해 11월부터 시행된 「부동산개발업의 관리 및 육성에 관한 법률」(이하 「부동산개발업법」) 제2조(정의)에 의하면, "2. 부동산개발업이란 타인에게 공급할 목적으로 부동산개발을 수행하는 업을 말한다"라고 되어 있고, "3. 부동산개발업자란 부동산개발업을 수행하는 자를 말한다"라고 정의되어 있습니다. 결국 「부동산개발업법」에 따르면 시행사란 법적으로는 부동산개발업자라고 정의[45]된다는 것을 알 수 있습니다.

그러나 「부동산개발업법」에 시행사가 부동산개발업자로 정의되어 있음에도 불구하고, 실무상이나 실제 PF 계약, 약정에 있어 시행사를 부동산개발업자로 표기하는 경우는 거의 찾아보기 힘듭니다. 법적인 의미와 별개로 '업자'라는 용어[46] 자체가 일상에서는 과히 듣기 좋은 말이 아닐뿐더러, 워낙 시행사라는 용어가 부동산개발금융에 있어 확고히 자리를 잡았기 때문에 시행사라는 표기를 부동산개발업자로 통일해서 사용하라는 강제적인 조치가 있지 않는 한, 시행사라는 용어는 계속 쓰이게 될 것으로 예상됩니다.

참고로, 법적으로 또 한 가지 살펴봐야 할 것은 바로 「사회기반시설에 대한 민간투자법」(이하 「민간투자법」)입니다. 이는 도로나 교량, 발전소 등 사회기반시설을 건립할 때 민간자본의 투자를 촉진하기 위해 제정된 법령입니다. 이 법에 의하면 "사업시행자란 공공부

---

44 시행자, 시행회사, 사업시행자, 사업추진자 등 다양하게 불리기도 하지만, 실무적으로는 시행사라는 용어가 가장 널리 쓰이며(예: 금융기관 내부 보고서, 신문광고 등), 보다 격식을 차린 경우로는 (준)공공기관 또는 이에 준하는 기관을 상대방으로 하는 거래에 있어서 '사업시행자'라고 표기하는 경우도 있습니다.

45 「부동산개발업법」에서는 부동산개발업자의 최소 자본금 규모(일반적인 경우 3억원)와 전문인력의 범위와 교육 등을 정의하고 있습니다. 자세한 사항은 해당 법령을 참고하시기 바랍니다. 이 밖에 「국토의 계획 및 이용에 관한 법률」이나 「주택법」, 「도시개발법」 외 다양한 법령에서 사업주체의 개념을 정의하고 있습니다.

46 우리 사회에서 '업자'라고 칭할 때는 보통 부정적 이미지와 연결되는 것과 달리, 법적인 시각에서의 업자는 순수하게 말 그대로 해당 업을 영위하는 자라는 뜻입니다. 적어도 법적으로는 대단히 무미건조하고 기계적인 용어라고 할 수 있습니다. 예를 들어, 의사나 한의사 등도 법적으로는 '의료업자'에 속하는 것으로 정의되어 있습니다.

문 외의 자로서 이 법에 따라 사업시행자의 지정을 받아 민간투자사업을 시행하는 법인을 말한다"라고 되어 있습니다. 비록 사회기반시설임을 전제로 하고 있지만, 이 법에 의한 사업을 기획하고 진행하는 주체의 명칭이 '사업시행자'라고 비교적 우리가 흔히 쓰는 '시행사'와 유사하게 되어 있음은 시사하는 바가 있다고 봅니다.

중복된 용어를 피하기 위해 「부동산개발업법」에서 별도로 사업주체의 정의를 부동산개발업자라고 했을 수도 있겠으나, 개인적으로는 부동산개발사업에 있어서 사업주체를 가리킬 때 '시행사' 또는 '사업시행자'라고 부르는 것이 사회통념이나 금융관행에 보다 부합한다고 생각합니다.[47]

15. 건설사와 시공사

시공사는 해당 프로젝트의 공사를 담당하는 건설사를 지칭하며 일반적으로는 한 개의 기업이 담당하는 것이 보통이지만, 경우에 따라서는 복수의 시공사가 함께 공사를 담당하기도 합니다. 시행사와 비교하여 시공사의 경우 직관적으로도 파악하기 쉬운 개념으로서 특별히 설명드릴 부분은 없습니다. 단, 건설사와 시공사의 의미는 미묘하게 차이가 있는데, 건설사가 공사를 담당하는 보통명사로서의 의미가 강한 반면에, 시공사라고 하면 특정 프로젝트를 위하여 공사를 진행한다는 이미지가 강한 것으로 보시면 되겠습니다.

참고로, 시행사와 시공사는 같은 회사일 수도 있습니다. 즉, 시공사가 어떤 프로젝트를 발굴하여 해당 시공사의 명의로 사업을 직접 시행할 수도 있고, 아니면 자회사를 설립하여 그 회사를 통하여 시행을 하는 경우도 있습니다. 이럴 경우에는, 법률상 시행주체는 그 자회사가 되지만 실질적인 사업진행이나 운영주체는 시공사가 되기 때문에 이런 경우에는 흔히 "시공사가 SPC를 세워서 시행·시공을 같이 한다"라고 표현하곤 합니다.

47 「민간투자법」에 의해 해당 프로젝트의 인허가가 완료된다고 해도 사업 내용은 부동산개발사업의 일반적인 절차와 유사하게 진행되는 경우도 많습니다.

16. 평균 만기와 평균 대출금, 듀레이션

대출금의 만기란 일반적으로는 해당 대출금을 상환해야 하는 최종 만기를 일컫습니다. 만약 해당 대출이 만기일시상환방식이라면, 평균 만기는 해당 만기와 동일합니다. 즉, 500억원의 대출이 오늘 실행되고, 상환은 만기에 한꺼번에 이루어진다고 가정해 보겠습니다. 이때의 만기는,

① PF(명목) 최종 만기 = 30개월

② PF 평균 만기 = 30개월 → (500억원 × 30개월) / 500억원

이런 경우는 직관적으로 이해하기가 매우 쉽습니다. 지금 받는 대출이 만기까지 끝까지 유지되므로 만기와 평균 만기가 동일하고, 대출기간 동안 유지되는 대출 잔액이 어느 정도인지를 나타내는 평균 잔액도 당연히 처음 대출받은 500억원과 같게 됩니다. 이는 만기까지 이자(쿠폰)를 지급하지 않는 무이표채 채권의 경우 채권의 명목 만기와 듀레이션(duration)이 일치하는 것과 같다고 할 수 있습니다.

문제는 중간에 상환이 될 때입니다. 상황을 바꿔서, 똑같은 500억원의 대출인데 (명목) 최종 만기는 30개월이고, 중간에 조금씩 상환이 돼서 30개월 후의 잔액은 제로(0)라고 가정해 보겠습니다. 22개월 차 말일에 100억원, 25개월 차 말일에 100억원 및 최종 30개월 차 말일에 남은 대출금 300억원 전액을 상환하는 불균등 분할상환 구조입니다. 이때의 만기는,

① PF (명목) 최종 만기 = 30개월

② PF 가중평균만기(weighted average maturity) = 27.4개월

③ PF 평균 대출금 = 456.7억원

그런데 평균이라는 개념은 사실 상당히 혼동하기 쉬운 개념입니다. 비즈니스 세계에서는 평균값만을 단순히 구하는 경우는 많지 않습니다. 평균에도 의외로 많은 종류가 있습니다만, 금융시장에서 만기와 관련하여 평균의 개념을 활용할 때에는 가중평균값을

구해서 참고하는 경우가 대부분입니다.

부동산개발금융에서도 마찬가지입니다. 실물자산 부동산금융에서는 일반적으로 만기일시상환 방식이 활용되므로 별도로 계산할 필요가 없지만, 부동산개발금융의 경우 브릿지론이 아닌 경우에는 금융구조 설계에 따라 중도상환구조가 활용되는 경우가 있습니다. 이럴 경우 채권기간을 계산하는 듀레이션 개념과 유사하게 평균의 개념을 활용하여 직관적으로 대출기간 동안 유지되는 대출금의 규모나 대출기간을 파악할 필요가 있습니다. 위 사례를 표를 보면서 추가설명드리겠습니다.

표는 다음의 개념을 바탕으로 작성되었습니다.

(22개월 × 100/500) + (25개월 × 100/500) + (30개월 × 300/500) = 27.4개월

(단위: 억원, 개월)

개 월	상환 원금	대출금 누계액
1		
2		
3		
~ (중간 생략)		
21		
22	100	2,200
23		
24		
25	100	2,500
26		
27		
28		
29		
30	300	9,000
합계	500 (A)	13,700 (B)
가중평균만기(= B/A)		27.4
평균 대출금(= B/30개월)		456.7

구하려고 하는 것이 평균 만기인데, 중도상환이 있으므로 산술평균은 불가하고 가중평균 개념을 활용해야 합니다. 원금이 유지되는 기간을 해당 원금을 총 대출금 500억원을 기준으로 하여 가중한 값으로 환산한 후, 그 값을 모두 더하면 우리가 알려고 하는 값, 즉 가중평균만기를 구할 수 있습니다. 이 가중평균만기는 명목 대출금액 500억원을 기준으로 중도상환일정을 반영했을 때, 실제 대출기간은 어느 정도인지를 환산해 보는 의미라고 할 수 있습니다.

또한 대출금액이 아니라 당초 약정된 30개월이라는 기간을 기준으로, 30개월 동안 과연 얼마만큼의 대출금이 유지되는지도 알 수 있습니다. 위 표의 평균 대출금이 그것인데, 누적 유지원금을 모두 더하고 이를 30개월로 나누면 대출 전 기간 동안 1개월당 유지되는 평균 대출금 잔액을 구할 수 있습니다.

이와 같이 가중평균만기와 평균 대출금의 개념을 이용함으로써 ① 만기까지 유지되는 대출잔액의 실제 수준(평균 대출금)과 ② 전체 명목 대출금을 기준으로 해서 실제로 대출이 유지되는 기간이 어떠한지(가중평균만기)를 파악할 수 있습니다. 간단한 내용이지만 실무에 자주 사용되므로 기본 개념을 잘 익혀두시길 권해 드립니다.

참고로, 설명드린 대출금의 가중평균만기와 채권의 듀레이션은 유사하기는 하나 다른 점이 있습니다. 일반적으로 대한민국의 부동산개발금융에서는 달리 명시하지 않는 한 어느 대출금의 가중평균만기를 구할 때에는 최종 만기 내에서 각 원금이 상환되는 기간만을 고려할 뿐, 대출이자는 고려하지 않습니다. 하지만 채권의 듀레이션은 채권만기까지 유입되는 이자(쿠폰)와 원금 등 관련 현금흐름 모두를 대상으로 하여, 그 값들을 현가하여 합한 금액을 기준으로 하여 실제로 초기 채권투자에 소요된 투자금을 회수하는 데 걸리는 기간을 산정하는 것이므로 대출금의 가중평균만기 개념과 유사하기는 하나 동일한 것이라고 할 수는 없습니다.[48]

48 엄격하게는 다른 개념이지만 금융실무상 대출금의 가중평균만기는 '평균만기' 또는 '듀레이션'과 사실상 동의어로 광범위하게 사용되고 있습니다. 이는 대출의 대고객 금리를 채권에 빗대어 흔히 금융실무자들이 쿠폰금리라고 지칭하는 것과 유사합니다.

17. 채권보전

담보로서의 채권보전, 인적담보와 물적담보

부동산개발금융에 있어 채권보전이란 넓게는 대출채권이 무사히 상환될 수 있도록 하는 금융장치 일반(대출채권보전 장치)을 뜻하나, 좁게는 보통 담보를 가리키는 경우[49]가 많습니다.

담보라고 하면 우리는 흔히 부동산담보만 떠올리는 경우가 많습니다. 하지만 담보는 민법상 크게 물적담보와 인적담보 두 가지로 구분할 수 있으며, 은행 등 금융기관에서도 여신을 신청할 때 인적담보가 있는지, 있다면 어떤 것인지, 그리고 물적담보는 어떤 것인지 등을 민법상 구분을 근거로 구분해서 실무상 자주 활용하고 있습니다.

앞서 이 책의 핵심용어 설명 중 약정 부분에서 간단히 언급해 드렸습니다만, 물적담보라는 것은 부동산에 대한 저당권 취득이나 담보신탁수익권 증서 취득[50], 각종 계좌에 대한 질권설정 및 각종 보험청구권에 대한 질권설정 등 담보의 대상이 각종 권리나 실물자산인 부동산 및 동산 등을 가리킵니다. 이론적으로는 특정한 채권의 담보로 제공되는 재산을 가리키며 금융시장에서 보편적으로 접할 수 있는 저당권, 질권, 유치권, 양도담보 등이 모두 물적담보에 해당합니다. (양도담보는 이 책의 1장에서 부동산PF의 개념을 설명드리면서 말씀드린 바 있는 비전형담보물권입니다.) 이에 반하여, 인적담보라는 것은 해당 대출에 대하여 어떤 기업이나 개인이 연대보증을 선다든가, 대출채무를 인수하기로 미리 약정을 한다든가, 또는 사업이 진행되는 와중에 자금이 부족할 경우 해당 자금을 지원[51]해 주기로 하는 등 물건이 아닌 권리와 의무의 주체인 어느 기업이나 개인이 그 대출금이나 프로젝트와 관련하여 일정 부분 책임을 지도록 하는 것을 가리킵니다. 법리적으로는 채무자의 채무

---

49 대출채권보전 장치를 줄여서 흔히 '채권보전'이라고 표기합니다. 가장 대표적인 예로는, 토지나 건축되고 있는 건물 등을 담보로 취득하는 것이 있습니다.

50 담보권 취득을 목적으로 하는 담보신탁 등과 관련해서는 용어 설명 부분에서 자세히 설명드리도록 하겠습니다.

51 직접적으로 차주(借主)와 동일한 지위를 질 위험부담이 있는 연대보증이나 채무인수 등 이에 준하는 지원방안이 아닌 경우, 예를 들어 보조적인 자금지원은 제3자의 재산이 투하되는 효과가 있으므로 넓은 의미의 인적담보로 볼 수 있으나, 근본적으로 여신 전체에 대한 책임을 부담하지 않고 제한적인 항목과 금액에 대해서만 경제적 부담을 진다는 점에서 엄격한 의미에서의 인적담보라고 할 수는 없습니다.

불이행에 대비하여 채무자 이외의 제3자의 '신용'을 담보로 제공함으로써 해당 제3자의 재산이 간접적으로 담보로 제공되는 효과가 있습니다. 일반적으로 물적담보의 경우 절차가 복잡한 대신 담보로서의 확실성이 강한 반면, 인적담보는 담보설정을 위한 절차는 상대적으로 간단하나 담보로서의 효용은 불확실한 특징[6]이 있습니다. 이를 간단히 요약하면, 인적담보란 특정 권리주체의 신용을 바탕으로 하는 담보라고 할 수 있습니다.

인적담보의 대표적인 예로는, 부동산개발금융에 있어 시공사가 시행사의 대출에 대하여 보증이나 채무인수 약정(채무인수와 보증의 차이는 회계 및 법령상 따져봐야 할 부분이 있습니다.)을 제공하는 경우를 들 수 있습니다. 또한 은행과 같은 1금융권으로 제한되기는 하지만 주택도시보증공사의 표준 PF 및 유동화 관련 PF 보증, 한국주택금융공사의 선분양 PF 보증, 후분양 PF 보증 등도 역시 대표적인 인적담보라고 할 수 있습니다(인적담보와 신용강화구조는 별개의 개념입니다만, 신용강화구조와 실무상 동의어로 혼용되고 있습니다).

참고로, 부동산개발금융의 대출심사를 위한 각 금융기간의 내부 여신승인신청서 양식의 채권보전이나 담보를 설명하고 기재하는 란에 이러한 물적담보 및 인적담보를 엄격히 구분하여 기재하기도 합니다. 자세히 설명드리기 앞서 우선 채권보전, 담보의 개념과 선후관계를 간단히 그림으로 정리·요약해 드리고자 합니다.

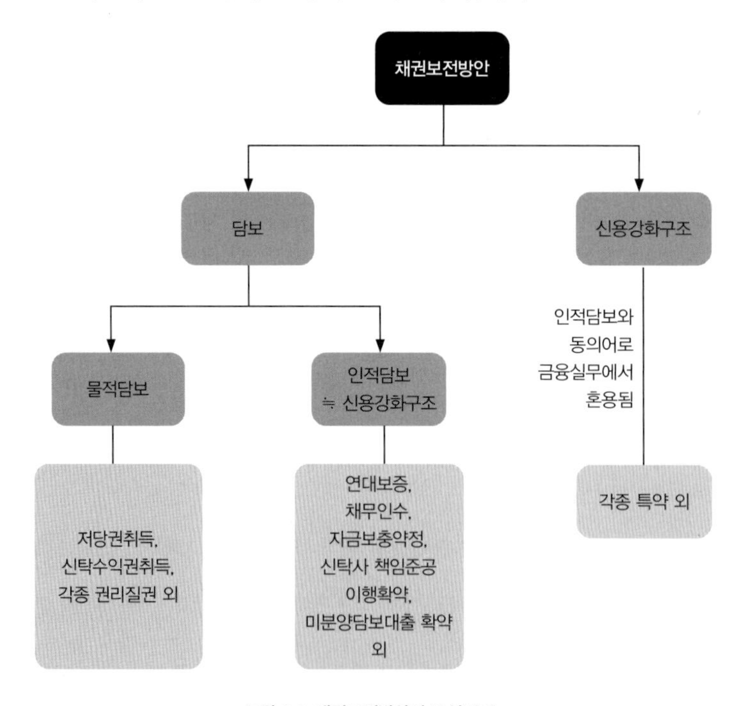

그림 2.4 채권보전방안의 구성 요소

인적담보로서의 신용강화(신용보강) 구조

투자금융 분야에서 신용강화구조(creidt enhancement)라는 것은 차주의 신용을 보완하기 위한 각종 장치를 뜻하며 신용보강구조와 동의어로 사용되고 있습니다. 이러한 신용강화구조는 금융구조에 의해 충족될 수도 있고 차주 외의 제3자에 의한 보강에 의해 이루어지기도 합니다. 대표적으로 선·후순위 대출로 여신의 층위(tranche[52], class)를 나누는 것도 신용강화구조의 하나라고 할 수 있습니다. 하지만 금융실무에서 신용강화구조라고 하면 대개는 차주의 신용을 보완해 줄 다른 기업 또는 개인에 의한 인적담보를 지칭하는 경우가 많습니다.

차주의 신용(도)을 보충한다는 의미로 보면, 신용강화 구조에는 인적담보뿐만 아니라 정식담보로 인정될 수 있는지 여부와 관계없이 물적담보를 모두 아우르는 광의의 개념이라고 보는 것이 맞습니다만, 금융관행상 신용강화구조라고 하면 일반적으로 인적담보를 지칭하는 것으로 이해[53]하셔도 큰 무리가 없습니다.

다시 한번 정리하자면, 물적담보 및 인적담보는 민법상 담보의 구분 개념을 원용한 것으로서 부동산개발금융에 있어 채권보전방안이라는 측면에서 구분하는 다소 정형화된 기준이라고 보시면 되고, 신용강화구조는 그러한 인적담보를 관례적으로 별도로 지칭하는 용어로 보시면 되겠습니다. 대표적인 신용강화구조로는 연대보증, 채무인수, 자금보충약정(대주에 대한 직접 약정 외) 등을 꼽을 수 있습니다.[54] (물적담보 및 금융기관에서 담보 관련 사용하는 여러 용어들, 즉 정식담보·견질담보, 공동담보 및 첨담보, 양도담보 등에 대해서는 이 책의 부동산개발금융 절차의 실사 부분에서 보다 상세히 설명드리도록 하겠습니다.)

52 트렌치 또는 트랜치로 표기됩니다. 대출금의 구분에 쓰이는 용어로서 예를 들어 Tranche A, Tanche B 또는 대출 A, 대출 B 등으로 대출을 나누고 이를 지칭할 때 사용됩니다. 보다 상세한 내용은 이 책의 영문 표준 금융계약 부분에서 보충설명드리겠습니다.

53 인적담보와 신용강화구조는 별개의 개념입니다. 엄격히 얘기하자면 '신용강화구조란 인적담보 중 직접적인 보증이나 채무인수 등을 제외한 인적담보를 지칭하는 것으로 보는 것이 바람직하다' 정도로 그 개념을 정리할 수 있습니다만, 이 책에서는 금융관행을 고려하여 인적담보와 신용강화구조를 동의어로 보고 설명드립니다.

54 적어도 현재의 대한민국 부동산개발금융에서는 더 이상 널리 활용되는 방식은 아니지만, 과거의 부동산개발금융에서 신용강화구조가 어떤 방식을 차용했는지 살펴보는 것이 적지 않은 의의가 있을 뿐만 아니라, 활용 여부와 별개로 적어도 '제도'나 '기법'의 측면에서는 알아두실 필요가 있다고 판단하여 설명드립니다.

대표적인 신용강화구조 ① 연대보증

차주의 대출에 대해서 금융기관 앞으로 연대하여 보증을 하는 것을 말합니다. 지금은 1금융권에서는 사라진 지 오래이지만 불과 2013년까지만 해도 은행에서 일반 개인대출을 받을 때 친구나 가족, 지인들이 연대보증을 서는 것이 낯설지 않았습니다. 이렇듯 익숙한 연대보증이라는 제도는 부동산개발금융에도 활용되어 왔습니다.

부동산개발금융의 경우에는 시행사의 부족한 신용이나 상환능력을 보충하기 위해서 시공사가 연대보증을 서는 경우가 많았습니다. 한편, 시행사의 대표이사가 해당 시행사의 대주주이자 실질 사업주라면, 해당 대표이사를 연대보증인으로 하여 프로젝트 진행에 사실상 무한책임을 지는 경우 역시 적지 않았습니다. 말 그대로 차주의 채무(대출)에 대하여 연대하여 보증을 서는 것을 연대보증이라고 하며 실무적으로는 흔히 연대입보(連帶立保)라고 표현합니다.

법리적으로 보증과 연대보증 간에는 엄연히 차이가 있습니다만, 일반적으로 부동산개발금융에 있어 보증이라고 하면 거의 100% 연대보증을 뜻하는 경우가 많습니다. 연대보증은 연대보증을 선 자가 차주와 동일한 지위가 되는 것입니다. 즉, 갚아야 할 때가 되었을 때, 어떤 사정으로 차주가 대출금을 상환하지 못하게 되는 상황이 발생하면, 금융기관은 차주나 연대보증을 선 자 또는 둘 모두에게 대출금 상환을 요청할 수 있습니다. 이때 연대보증인은 차주한테 먼저 청구하지 않고 왜 자신에게 먼저 청구하냐며 항변할 수 없습니다. 왜냐하면 연대보증을 선 순간, 연대보증인의 지위가 법적으로는 차주와 동일한 지위를 가지게 되기 때문입니다. 이를 법적으로는 '항변권이 없다'고 표현합니다.

이렇듯 연대보증은 연대보증인에게 차주와 동일한 책임을 지우기 때문에, 금융기관 입장에서는 더할 나위 없이 강력한 신용강화구조가 되지만, 반대로 연대보증인의 입장에서는 자신의 잘잘못과 관계없이 차주가 어떻게 행동하느냐에 따라 본인의 연대보증의무가 대출원리금 전체 상환으로 이어질 수도 있는 문제이기 때문에 상당한 부담으로 작용합니다.

과거를 살펴보면 2000년대 중반까지만 해도 국내 부동산개발경기는 비교적 활황이었습니다. 당시에는 일단 어느 프로젝트를 시작해서 분양을 하면 큰 어려움 없이 완료되는 경우가 많았습니다. 따라서 해당 프로젝트의 시공사가 비교적 큰 부담 없이 차주에게 연대보증을 서주고 일감을 따는 경우가 많았습니다. 경기가 비교적 좋았기 때문에, 어느 정도의 리스크는 감수하고서라도 수주를 하려는 분위기가 팽배했던 시기였습니다.

그러나 2008년 글로벌 금융위기 이후 국내 부동산경기도 된서리를 맞았습니다. 기존에 분양을 했던 수많은 사업장들이 분양완료에 불구하고 잔금이 들어오지 않는 경우가 속출하기 시작했습니다. 해당 프로젝트가 어려움을 겪고, 결국 PF 등 관련 대출금이 제대로 상환되지 못하면 연대보증을 섰던 시공사들도 재무적으로 큰 어려움을 겪을 수밖에 없었습니다. 어려운 시기를 슬기롭게 헤쳐온 시공사들은 소수에 불과했고, 쟁쟁한 중견 건설사들도 그 파고를 건너지 못하고 기업구조조정이나 기업회생절차에 들어가게 되는 아픔을 겪었습니다. 아직까지도 부동산개발시장이 그 후유증에서 완벽히 벗어나지 못하고 있다고 하는 것이 과언이 아닐 정도의 큰 충격이었습니다.

이런 배경에서, 2008년을 기점으로 시공사들도 더 이상 묻지 마 식으로 일감수주를 위해서 연대보증을 서줄 여력이 없어지고 연대입보 자체에 대해서도 상당히 거부감을 가지게 되었습니다. 그 결과, 현재 대한민국의 부동산개발금융에 있어서는 시공사 또는 관계된 제3자에 의한 연대보증방식은 몇몇 특수한 경우를 제외하고는 거의 찾아볼 수가 없게 되었습니다. 적어도 부동산PF에 있어 시공사에 의한 연대보증 제공은 토지매입 목적의 브릿지론을 위한 시공사의 한시적인 연대보증 제공이나 곧 설명드리게 될 주택도시보증공사(HUG)나 한국주택금융공사(HF)의 PF보증서 발급을 위한 시공사의 연대보증 제공 등을 제외하면 보편적이고 일반적인 인적담보로는 더 이상 활용되지 않고 있다고 해도 과언이 아닙니다. 하지만 시공사에 의한 연대보증이 완전히 자취를 감춘 것은 아닌데, 앞서 말씀드린 부동산PF 보증서 관련 연대보증 및 시행사와의 파트너십이나 이해관계에 따라서는 지분참여를 포함하여 일부 반대급부를 목적으로 전략적으로 연대보증을 제공하는 경우도 없지 않습니다.

보증신용장이란?

부동산개발금융 실무에서 보증신용장, 즉 stand-by LC(letter of credit)를 접하기는 쉽지 않습니다만, 해외 PF의 금융구조를 설계하거나 특히 국제 여신거래에서는 자주 접할 수 있는 보증방식이기도 합니다.

이름에 'LC'가 포함되어 있어 무역거래에서 활용되는 화환 신용장과 혼동하실 수 있지만 보증신용장은 무역거래와는 관계가 없는 완전히 별개의 개념으로서 지급보증을 신용장 방식으로 발급하는 것을 가리킵니다. 구체적으로 살펴보면, 만약 거래 당사자 간 계약 내용에 대한 채무불이행이 발생하는 경우 보증신용장의 수익자에게 발행은행이 지급을 확약하는 방식으로서 신용장 기능에 보증의 기능을 추가한 형태[7]라고 할 수 있습니다.

국내기업 A의 해외지사 B가 대출이 필요한 경우, 국내기업의 주거래 은행 국내지점 C에서 보증신용장을 해당 은행의 해외지점 D에 발급하고, 그 해외지점 D는 보증신용장을 담보로 취득하여 B에게 대출을 실행하는 것이 대표적인 활용 구조 중 하나입니다. (물론 이 구조에서 국내지점 C는 A가 제공하는 담보나 신용을 바탕으로 보증신용장을 발행하게 됩니다.)

그런데 국제 여신거래에서는 출처나 신용도가 의심스러운 해외 금융기관의 보증신용장 발급을 전제로 여신을 제안하거나 상담하는 경우가 간혹 있습니다. 국경을 넘어 해외 금융기관 간 교환되는 보증신용장의 경우 진위확인에 비교적 시간이 소요될 것으로 어림짐작하고, 국제 신디케이티드 론의 사전 검토를 요청하는 경우를 포함하여 보증신용장을 둘러싼 웃지 못할 해프닝은 금융현업에서 자주 일어나는 일 중 하나입니다.

보증신용장은 1998년 ICC가 승인한 보증신용장통일규칙(International Standby Practices 1998, ISP98)을 준거규정으로 하여 사용되고 있으며 그 내용과 형식도 신용장의 형식을 준용하여 매우 정형화되어 있습니다. 이러한 표준화, 정형화 덕분에 일일이 지급보증서의 내용을 작성하지 않고 거래 당사자 간 의사의 합치만 있으면 신속하게 업무에 활용할 수 있으며, 실제 보증청구 시에도 신용장의 특성상 지체 없이 상환이 되는 '즉시지급보증'의 성격을 가지고 있어 일반 지급보증서 대비 상대적으로 실무에서 활용하기 편한 제도라고 할 수 있습니다.

대표적인 신용강화구조 ② 채무인수

채무인수 방식은 2008년 글로벌 금융위기 이전 2000년대 중반까지 연대보증 방식과 함께 부동산개발금융에 있어 광범위하게 활용된 신용강화구조입니다. 채무인수라고 하는 것은, 어떠한 사항이 발생하였을 때 차주의 PF 채무 등을 시공사가 떠안아서 대신 갚아주는 것을 말하며 이러한 내용으로 사전에 차주와 시공사, 그리고 금융기관 등 당사자가 약정을 하는 것을 채무인수약정이라고 합니다.

법률적으로 연대보증과 채무인수는 큰 차이가 있습니다. 앞서 간단히 설명드린 것처럼 일단 대출이 실행되면 연대보증인은 차주와 동일한 지위를 갖게 됩니다. 즉, 대주 입장에서는 '차주 = 연대보증인'이라는 인식을 갖게 되고, 연대보증인도 동일한 심적 부담을 지고 프로젝트에 임하게 됩니다. 이렇듯 연대보증은 매우 강력한 의무인 데 반하여, 채무인수라는 것은 대출금 상환에 어떤 문제가 발생하였을 경우를 전제로 하고, 그러한 사항이 발생했을 경우 일정한 '절차를 거쳐서' 차주의 채무를 '떠안아서', 즉 '인수'하여 대신 상환할 의무를 부담하게 되는 것을 가리킵니다. 연대보증인이 항변권이 없는 것과 달리 채무인수인은 채무인수를 해야 하는 상황이 실제로 발생한 것인지에 대한 약정 내용의 해석 관련 다툼부터 시작해서, 실제로 채무인수에 이르기까지 절차적인 문제 등에 대하여 연대보증인과 비교할 수 없을 정도로 많은 의견을 개진하고 대주 측과 다툼을 벌이는 경우가 많습니다. 그렇다고 연대보증인이 대출상환에 문제가 생겼을 때 법적인 '연대보증인'으로서의 부담을 대주 측이 원하는 대로 실제로 원활하게 이행했다는 것은 아니지만, 항변권이 없는 연대보증과 비교하여 상대적으로 채무인수는 법리적으로나 심리적으로 부동산개발금융에 있어 상당히 부담이 덜한 방식으로 인식됐던 것이 사실입니다.

양자 간의 법리적인 차이[55]와 별개로, 현실적으로 부동산개발금융시장 당사자들이 연대보증보다는 채무인수를 더 선호하게 된 것은 사실 회계적인 부분과 관련이 깊습니다. 2011년부터 한국채택국제기준회계(IFRS)가 본격적으로 유가증권시장 상장사나 코스닥 상장사에 적용되기 시작했습니다. 그러나 2010년까지는 기업회계기준이라고 해서 한국이 자체적으로 기준을 작성한 회계기준을 여전히 사용하고 있었습니다. (비상장기업의 경우는 현시점에도 IFRS가 아닌 일반기업회계기준 또는 중소기업회계기준을 사용하는 경우가 많습니다.)

기존의 기업회계기준하에서는 연대보증이 직접적으로 재무상태표에 부채로 표기되는 데 반하여, 채무인수의 경우 우발채무로 간주되어 주석으로 표시할 수 있고 해당 시공사의 부채로 직접적으로 표기되지는 않았습니다. 따라서 많은 시공사들은 부채로 직접 표시되지 않는 채무인수 방식을 선호했고, 금융기관 입장에서도 채무인수라는 것이 법률적 성질만 다소 다를 뿐이지, 실질 내용은 연대보증에 준하게 구속하는 내용으로 약정을 하는 경우가 많았으므로 굳이 사업당사자들이 꺼리는 연대보증을 요구할 필요가 없었습니다. 결과적으로 부동산개발금융시장에서는 자연스럽게 연대보증보다는 채무인수방식에 의한 신용강화구조가 대세를 이루게 됩니다.

---

55 연대보증과 채무인수는 해당 프로젝트의 시행사가 기업파산에 들어갈 경우 연대보증인이냐 채무인수인이냐에 따라 종국적으로 부담해야 하는 부분에 큰 차이가 발생할 수도 있습니다.

채무인수가 사전에 어떤 내용으로 약정되고 실제로 어떻게 이행되는지 살펴보겠습니다. 해당 프로젝트가 원활히 진행되는 데 근본적으로 중요한 사항을 미리 정해 놓고, 이렇게 정한 사항이 유지되지 못하거나 그에 반하는 상황이 발생하면 더 이상 해당 프로젝트의 원활한 진행이 어렵다고 보고, 채무인수인이 채무를 인수하여 대신 갚아주도록 약정을 체결하게 됩니다. 이러한 사항에는 가령 인허가가 유지되지 못한다거나, 정해진 기일에 차주가 PF 등을 상환하지 못하게 되는 경우, 또는 차주가 「기업구조조정 촉진법」에 의한 기업구조조정(이하 '워크아웃')이나 「채무자 회생 및 파산에 관한 법률」에 의한 기업회생을 신청하게 되는 경우를 비롯하여 다양한 경우가 포함됩니다. 예정했던 공기에 현저하게 미달하게 되는 경우도 해당 사유에 포함되는 경우가 있습니다. 해당 프로젝트가 제대로 진행되지 못하고 공기가 늦어진다는 것은, 결국 예정됐던 PF 상환일에 제대로 원리금이 상환되지 못할 가능성이 높아진다고 볼 수 있기 때문에, 이러한 상황을 방지하고 실제로 그러한 공기지연 등이 현실화가 된 경우에는 PF상환에 문제가 없도록 책임을 묻기 위해서 다소 과하다 싶을 정도로 조건을 강력하게 부여하는 경우도 자주 있었습니다.

예를 들어, 2016년 1월 1일에 A 아파트 프로젝트와 관련하여 PF 500억원이 실행됐습니다. 최종 만기는 4년이고, 2018년 1월부터 매 분기 3개월마다 총 8번에 걸쳐 각각 62.5억원씩 균등하게 상환되는 구조입니다. 이때 시공사는 PF 500억원에 대하여 채무인수를 제공한 상태입니다. 거치기간이 끝나 어느덧 2018년 1월 1일이 목전인데, 분양실적이 좋지 않아서 상환금액이 부족하게 되었고 결국 1월 1일 자에 예정됐던 62.5억원은 상환되지 못하고 그만 1월 2일 자로 연체처리가 되었습니다. 연체가 됨에 따라 이 PF는 역시 1월 2일 자로 기한의 이익이 상실되었고, 채무인수약정에 따라 2018년 1월 2일 자로 시공사는 차주의 채무 500억원에 대하여 법적으로 채무인수를 하게 됩니다.

물론 일반적으로는 이런 상황에 이르기 전에, 금융기관 및 시공사, 그리고 차주는 사전에 상환일정과 관련하여 협의를 하기 마련입니다. 프로젝트 자체에 본질적인 문제는 없음에도 불구하고, 여러 가지 사유로 단순히 사업이 늦어지고 있다거나 일시적으로 자금이 부족한 상황일 뿐 전체적으로는 상환에 문제가 없다고 판단되면 당사자 간 합의하에 약정을 변경하여 상환일정을 조정하는 등 대안을 찾는 것이 보통입니다. 이와 같이 대출이 실행된 후 당초에 약정된 금융조건을 변경하는 것을 '조건변경'이라고 합니다. 단, 여기서는 예를 위하여 이러한 조건변경이 이루어지지 않았다고 가정하였습니다.

한편 채무인수는 보통 중첩적으로 이루어지게 되는데, 여기서 '중첩적'이라는 것은 차주도 PF 상환의무를 지고 시공사도 상환책임을 진다는 뜻이며, 이와 대비하여 면책적 채무인수라고 하면 시공사는 채무를 떠안아서 상환책임을 지게 되는 데 반하여, 원래 차주였던 차주는 더 이상 PF 상환의무를 부담하지 않게 되는 것을 가리킵니다. 하지만 현실적으로 면책적 채무인수 방식이 활용되는 경우는 없고, 거의 대부분 중첩적 채무인수 방식으로 약정을 하게 됩니다. 이는 사업진행이 원활할 때 차주가 그 과실을 당연히 향유하는 것과 마찬가지로, 해당 사업이 원활히 진행되지 않는 경우의 책임도 당연히 차주인 시행사가 부담해야 하며, 합당한 이유 없이 사업의 시행자이자 주체로서 차주의 상환의무가 면제된다는 것은 합리적이지 않기 때문입니다.

채무인수가 연대보증과 다른 법률적 성격을 가지고 있음은 간단히 설명드린 바 있습니다. 만약 이 사례에서 시공사가 채무인수가 아닌 연대보증인일 경우에는, 2018년 1월 2일 자로 자동적으로 시공사의 연대보증의무가 발생하게 될 가능성이 높습니다. 약정을 어떻게 하느냐에 따라 다소 달라질 수는 있지만, 기한의 이익이 상실되면 그 즉시 연대보증 이행의 의무가 발생하는 것으로 계약내용을 정하는 것이 일반적이기 때문입니다.

이에 반하여, 채무인수의 경우에는 기한의 이익이 상실되고 이를 채무인수인에게 서면으로 통지하여야 채무인수의 의무가 발생하는 것으로 약정하는 것이 일반적입니다. 물론 이 부분은 당사자 간에 약정내용을 정하기 나름이므로 정형화해서 말씀드리기는 힘듭니다만, 연대보증과 비교하여 채무인수의 이행절차는 금융기관 담당자들이 채무인수를 연대보증과 비교하여 '가벼운' 신용강화구조라고 인식하고 상대적으로 깊은 고민없이 다소 느슨하게 정하는 경우가 많다는 점은 부인할 수 없습니다. 의도적으로 느슨하게 정한다기보다는 차주와 동일한 지위를 갖는 연대보증의 속성과 채무인수의 차이가 자연스럽게 반영됐다는 것이 보다 합리적입니다.

한편, 채무인수가 연대보증과 달리 다소 느슨하게 되어 있다는 것은 형식상 그 의무의 발생절차 측면에서 연대보증과 비교했을 때 그런 측면이 강하다는 것일 뿐, 채무인수의 본질인 차주의 대출을 채무인수인이 인수하여 대신 상환해야 한다는 그 내용까지 채무인수인의 입장에서 약정상 부담이 적다고는 할 수 없습니다. 일단 채무인수의 의무가 확정되면 채무인수인은 본질적으로 연대보증인과 동일한 수준으로 대출을 변제해야 할 의무를 부담하게 되므로 채무인수약정을 부담해야 하는 입장에서는 회계적인 이슈나 절차적인 관점을 기준으로 하여 채무인수를 결코 '가볍게' 보는 일이 없도록 조심해야 합니다.

참고로, 2011년부터 유가증권시장 상장사 및 코스닥 상장사들에게 IFRS(한국채택국제회계기준)가 적용됨에 따라, IFRS가 적용되는 시공사의 경우 기존 기업회계기준과 같이 채무인수를 주석사항으로 표시하는 것이 불가능해졌습니다. 연대보증과 마찬가지로 재무상태표의 부채항목에 표시를 하게 된 것입니다. 따라서 IFRS가 적용되는 시공사의 경우 적어도 회계적인 측면에서 부채를 줄이기 위해 채무인수를 선호하는 현상은 사라졌습니다.

또한 2010년대 중반부터는 부동산PF에 일반적으로 제공되는 시공사의 책임준공의무 이행이 불가능한 경우, 그다음 수순으로 약정상 시공사의 채무인수의무를 명문화하면서 신탁사가 책임준공에 대한 이행확약을 하는 구조가 보편적으로 활용되고 있습니다. 이에 대해서는 곧 별도로 설명드리도록 하겠습니다.

대표적인 신용강화구조 ③ 자금보충

연대보증인이나 채무인수인 모두 해당 채무에 있어 법적 지위와 별개로 내용상 실질적으로는 차주와 사실상 동일한 지위를 가집니다. 이에 비해, 자금보충은 차주는 그대로 채무 상환의무를 부담하고, 해당 프로젝트의 사업비가 부족하거나 관련 PF 등의 상환자금이 부족할 경우에 국한하여 이를 자금보충인이 대신 지급(보충)하는 것을 가리키고, 이러한 내용을 담은 계약을 자금보충 약정이라고 합니다.

연대보증이나 채무인수는 그 부담 정도가 상당히 무거워서 현재는 매우 선별적으로만 사용되고 있지만, 자금보충은 아직도 보충적인 신용강화구조로서 널리 활용되고 있습니다. 자금보충인의 관점에서 자금보충은 일종의 변형된 신용공여(信用供與)라고 할 수 있습니다. 또한 자금보충은 그 법적 성질이 대출과 같은 금전소비대차계약은 아니지만 그에 준하는 역할, 즉 실무상 보증의 기능을 담당[8]하고 있는 방식이라고도 할 수 있습니다. 이러한 자금보충은 그 형식과 내용에 따라 다음 표와 같이 분류할 수 있습니다.

표 2.5 자금보충의 분류

항목	내용
자금보충형식에 따른 분류	• 자금을 보충해 달라고 요청하는 주체가 차주인 경우 • 자금보충 요청의 주체가 금융기관인 경우 • 원칙적으로는 자금보충요청의 주체가 차주이나, 이를 금융기관이 대리할 수 있는 경우
자금보충의 내용에 따른 분류	• 모든 사업비(금융비용 포함)에 대하여, 부족 시 이를 보충하는 경우 • 해당 프로젝트의 금융비용이 부족한 경우 금융비용에 한해서만 보충하는 경우

자금보충 내용은 개별 프로젝트의 상황에 맞추어 정해지는 경우가 많습니다. 따라서 딱히 그 내용과 형식을 정형화하기 힘든 점이 있습니다만, 자금보충 요청을 누가 하느냐를 기준으로 할 경우 과거에는 그 주체가 차주인 경우가 보다 일반적이었습니다.

보름 후에 PF 이자기일이 도래하는데, 현재 추세를 보건대 이자금액을 마련하는 것이 부족할 것 같다고 차주가 판단하고, 이를 자금보충인에게 통지 및 부족한 금액의 보충을 요청하면 자금보충인이 이자기일 며칠 전까지 지정된 계좌에 부족할 것으로 예상되는 금액을 입금하는 것이 대표적인 예입니다.

이런 경우, 해당 자금보충액은 일반적으로는 자금보충인이 차주에게 빌려주는(대여) 것으로 회계처리를 하게 됩니다. 물론, 이때 자금보충인이 차주에게 가지게 되는 대여금채권은 금융기관의 PF채권에 대항하지 못하도록 미리 약정을 하게 됩니다. 즉, 자금이 부족하여 대신 입금해 주기는 하였으나, 해당 금액은 금융기관의 PF가 모두 상환되기 전에 먼저 차주로부터 상환을 받을 수 없게 하는 것입니다. (이런 경우 자금보충액은 금융기관의 PF와 비교하여 상환순위가 밀리기 때문에 대출금의 상환순위를 기준으로 할 경우 후순위대출의 성격을 가지며, 실무상으로는 흔히 후순위대출방식에 의한 자금보충이라고 표현하곤 합니다.)

참고로, 자금보충을 차주가 요청하는 방식의 경우에는 금융기관이 요청하는 경우와 비교하여 향후 기업회생절차에 있어 금융기관에 불리하게 작용할 수 있으므로, 사전에 금융조건을 설계할 때 이 부분을 충분히 검토하는 것이 바람직합니다. 예를 들어, 자금보충을 차주가 요청하도록 약정되어 있고, 자금보충인은 시공사이며 이 시공사가 추후 어떤 사유로 인해 기업회생절차에 들어가게 되었다고 가정하겠습니다. 이 경우, 해당 시공사에 대하여 자금보충약정 의무이행을 요청할 권한은 법적으로는 차주만이 가지고 있을 뿐, 이에 대하여 금융기관은 일체 관여를 할 수 없게 됩니다.

따라서 금융기관은 시공사에 대하여 자금보충약정을 근거로 하여 자금보충약정의 대상이 되는 이자 및 원금상환을 포함한 자금보충대상액에 대하여 회생채권을 주장하기 어려워질 수 있습니다. 이에 반하여, 금융기관이 자금보충 요청의 직접 주체인 경우, 시공사의 자금보충실행 대상액에 대하여 회생채권을 신고하고 시인될 가능성이 높아지게 됩니다.[56]

2011년 IFRS 도입 이전에는 채무인수 방식이 직접 부채로 포함되지 않았기 때문에 채무인수가 연대보증의 대체재로서 폭넓게 활용되었으나, IFRS 도입 후에는 채무인수의 효용이 없어졌음은 앞서 설명드린 바 있습니다. 상대적으로 IFRS 도입 이후에는 자금보충의 효용이 높아졌는데, 이는 자금보충의 경우 해당 기업의 판단에 의거 부채로 포함시키지 않고 주석에 우발채무로 표시할 수 있어 연대보증 또는 채무인수와 비교하여 회계적으로는 자금보충인에게 훨씬 유리하기 때문입니다.

주석이 재무상태표, 손익계산서, 자본변동표, 현금흐름표와 함께 엄연히 재무제표를 구성하는 중요한 요소임에도 불구하고, 아무래도 재무상태표에 직접적으로 부채로 포함되는 것과는 근본적으로 부채의 규모나 각종 재무지표 산정에서 많은 차이가 있음은 부인하기 어렵습니다.

일반적으로 자금보충인은 차주의 대주주, 스폰서이거나 시공사인 경우가 많습니다. 따라서 수주산업인 건설업을 영위하는 시공사의 경우는 이러한 점을 고려하여 재무제표 분석 시 우발채무 관련 주석을 꼼꼼히 살펴볼 필요가 있습니다. 자칫 우발채무 부분을 소홀히 볼 경우, 해당 시공사의 실질적인 부채규모가 오판될 수 있기 때문입니다.

그렇다고 주석사항에 기재된 모든 우발채무가 곧 실질적인 부채라는 등식이 성립하는 것은 아닙니다. 우발채무는 말 그대로 현재 확정되지 않은 채무로서 향후에 현실화될 가능성이 있는 채무일 뿐 당장 확정된 채무는 아닙니다. 따라서 해당 프로젝트의 사업성 및 특성, 이를 둘러싼 대내외적인 경기상황 등을 종합적으로 살펴서 우발채무의 실제 현실화 가능성을 판단하는 것이 중요한 과제로 대두되는데, 이는 자금보충인이 시공사인 경우 해당 시공사의 투자자에게도 마찬가지[57]라고 할 수 있습니다. 참고로, 이 책

---

56 자금보충 요청을 금융기관이 청구하지 못하여 자금보충인에게 직접적인 자금보충 이행청구가 불가한 사례는 신창건설[수원지방법원 2009회합19], 웅진홀딩스[서울중앙지방법원 2012회합185] 및 KT ENS[서울중앙지방원 2014회합55] 건 등을 참고하시기 바랍니다.

57 그러나 해당 프로젝트의 사업성을 제대로 분석하고 얼마만큼의 위험이 있는지를 아는 것은 사실 전문가에게도 쉽지 않

4장 약정서 부분에서 설명드리는 후순위약정 또는 후순위대출은 자금보충과 실질적으로 동일한 효력을 목적으로 활용되기도 합니다. 후순위약정의 개요와 법적 효력에 대해서는 별도로 4장에서 안내해 드리겠습니다.

계약이행보증이란?

건설산업의 도급계약과 관련하여 보편적으로 목격할 수 있는 것 중 하나가 계약이행보증(performance bond: 채권으로서의 bond가 아닌, 이행보증 '증권'으로서의 'bond')입니다. 흔히 영문 약어인 'P-Bond'로 불리는데, 보증대상에 따라 다르기는 하나 부동산개발금융 실무에서는 완공리스크 헤지를 위하여 주로 건설보증 중 계약이행단계에서의 각종 계약보증, 공사이행보증을 중시하는 경우가 많습니다.

여기서 건설보증이란 업종별로 건설공제조합, 전문건설공제조합, 설비공제조합 및 SGI서울보증과 같은 건설보증기관이 수급인이 건설책임을 다하지 못할 경우 발주자에게 보상을 하는 것[9]을 가리킵니다. 건설보증이라고 포괄적으로 말씀드렸습니다만 그 안에서도 이행단계에 따라 세분하면 입찰보증, 계약이행단계에서의 보증 및 계약종료 이후 하자보수보증 등으로 구분되며 다양한 분야로 세분하여 그 이행을 보증[10]하는 것으로 구성되어 있습니다. (건설산업기본법상 하도급대금지급보증 등 금전채권 관련 보증 관련 내용은 생략합니다.)

참고로, 계약이행보증은 전업 보증공급자들에 의한 정형화된 보증상품으로만 제공되는 것이 아니라 사인 간 약정에 의해서도 제공될 수 있으며 이 또한 금융실무에서는 'P-Bond'로 통칭되고 있습니다.

예를 들어, 국내기업 A의 물품 공급 관련 그 이행을 국내은행 B가 보증하는 것을 주 내용으로 하는 지급보증서를 해외은행 C에게 제출하는 경우, 이 또한 그 형식에 상관없이 금융시장에서는 'P-Bond'라고 지칭합니다.

대표적인 신용강화구조 ④ 신용강화구조의 변주: 신탁회사의 책임준공이행확약, 미분양담보대출 확약

부동산PF에서 보편적으로 접할 수 있는 책임준공확약[58]은 천재지변, 내란, 전쟁 등의 불

은 어려운 과제입니다. 다만, 어렵다고 지레 포기하지 말고 수집가능한 정보를 최대한 취합해서 투자자 나름대로 사업의 장단점을 파악하여 우발채무의 현실화 가능성을 판단하는 것이 바람직하다고 할 수 있습니다. 어렵다고 지레 그 판단 자체를 포기하는 것은 피해야 합니다.

58 금융시장에서는 책임준공을 '책준', 책임준공확약을 '책준확약' 등으로 축약하여 부르고 있습니다.

가항력적인 경우를 제외하고는 부동산PF 차주가 공사비 지급의무를 이행하지 않는 경우에도 시공사의 책임으로 정해진 공기 내에 공사를 완료하여 사용승인을 받도록 하는 약정을 일컫습니다. 금융시장에서는 책임준공확약 또는 책임준공약정 등으로 부르고 있으며 그 실질은 부동산PF 차주를 위한 실질적인 담보제공과 등가의 성격을 갖는다고 할 수 있습니다.[11]

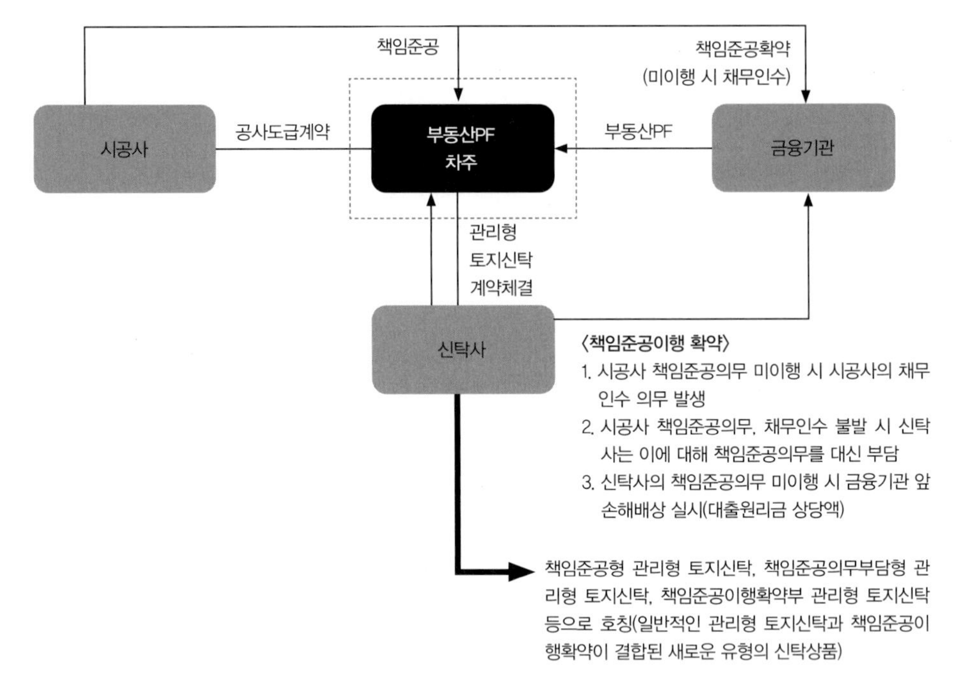

그림 2.5 신탁사의 책임준공이행확약 금융구조

「신탁법」에 의한 신탁업자, 즉 신탁회사의 책임준공이행확약은 비교적 최근에 시장에 선보인 금융서비스입니다. 원래 시공사가 제공하던 책임준공확약에 더하여 신탁사에서 시공사의 책임준공에 대해 중첩적으로 확약하여 사업진행의 불확실성을 줄이도록 고안된 장치라고 할 수 있습니다. 신탁사의 책임준공이행확약은 일반적으로 다음 그림과 같은 구조를 갖습니다.

신탁사의 책임준공이행확약은 그 자체만 단독으로 제공되는 경우는 없는데, 이는 신탁사가 기존에 제공하던 관리형 토지신탁 서비스에 신용보강을 지원함으로써 프로젝트의 안정성과 금융기관의 부동산PF 원리금 상환 불확실성을 보완하기 위한 목적으로 도입된 서비스이기 때문입니다. 이때 신탁사가 본인의 신용을 제공하여 이러한 책임준공이행확약을 제공하는 것은 치열한 부동산개발금융 신탁시장에서 경쟁우위를 점하고 비교적 높은 수준의 수수료를 수취하기 위함이며 주로 책임준공이행확약의 실제 수행능력이 있을 것으로 인정되는 국내 금융지주사 계열의 대형 부동산신탁사 및 일부 전문 부동산신탁사 등에 의해 취급되고 있습니다.

책임준공이행확약이 결합된 관리형 토지신탁은 프로젝트의 성격에 따라 대형 시공사가 참여하지 않는 중소 프로젝트에서 활용되는 경우와 함께, 대형 프로젝트인 경우에도 금융기관의 요청 등 시장상황에 따라 시공사의 신용도가 양호한 경우에 한하여 활용되는 것이 보통입니다.

금융시장에서 책임준공이행확부 관리형 토지신탁은 시공사가 당초 약속한 책임준공의무를 이행하지 못하고 채무인수도 불가능하게 되는 최악의 경우, 신탁사가 대체 시공사를 섭외하여 준공을 대신 완료하거나 이것이 불가능한 경우 PF 원리금 상당액을 부동산PF 대주 금융기관에게 손해배상액으로 제공하는 구조이므로 단순한 시공사의 책임준공확약에 비해 매우 강력한 신용강화구조로서 인식되고 있습니다.

그림에 기재된 일반적인 책임준공이행확약 의무이행 순서를 표로 정리하면 다음과 같습니다.

표 2.6 신탁사의 책임준공이행확약 의무이행 순서

번호	내용
①	시공사의 책임준공 미이행 또는 이행불가능 상태 발생
②	시공사의 부동산PF 채무인수 미이행
③	신탁사는 당초 준공기한에 일정 기간을 더한 기간 내에 책임준공의무 부담
④	위 ③이 불가한 경우, 신탁사는 부동산PF 대주에게 손해배상(대출원리금 상당액)

현재 부동산개발금융에서 널리 활용되고 있는 책임준공이행확약부 관리형 토지신탁은 '신탁'이라는 큰 테두리 안에서 취급되고 있을 뿐, 기본적인 관리형 토지신탁의 수탁자로서의 신탁사의 역할과 신탁사가 추가로 제공하는 책임준공이행확약 의무와 관련하여 명확한 법적 규율의 근거가 부족[12]한 상황입니다. 이 부분은 단순히 신탁사의 책임준공이행확약에만 국한된 것은 아니며 관리형 토지신탁, 담보신탁 등을 비롯한 부동산

신탁 전반에서 명확한 상품구분이 법으로 명문화되지 않고 있는 상황과도 연결되어 있다는 점에서 향후 주의 깊게 지켜볼 필요가 있습니다.

미분양담보대출 확약과 그 의의

금융시장에서 흔히 '미담확약'이라는 약어로 통용되는 '미분양담보대출 확약'에 대해서 간단히 설명드리고자 합니다. 미분양담보대출 확약이란 부동산PF 시장에서 주로 대형 증권사가 확약의 대가로 수수료를 수취하고 반대급부로 준공 후 미분양 물건에 대해 해당 증권사가 직접 또는 확약인인 증권사가 별도로 지정하는 제3자를 통해 담보대출을 실행할 것을 확약하는 채권보전장치[13]를 말합니다.

금융시장에서는 보조적인 채권보조장치의 하나로 인식되고 활용되는 경향이 있는데, 이는 실제로 미분양담보대출 확약이 실행될 상황이 도래하는 경우 일반적인 담보대출 금리 대비 매우 고율의 금리부과 등 실질적으로 징벌적 성격의 금융조건을 포함하는 미담확약의 실행보다는 리파이낸싱 등 다른 방법을 통해 PF 원리금 상환이 이루어지는 것이 보다 일반적이었기 때문[14]입니다.

미분양담보대출 확약은 부동산PF 시장에서 일종의 신용위험에 대한 보험의 성격을 가지며 실무적으로는 일정 분양률에 미달하는 경우 사전에 약정된 LTV를 적용하여 미분양물건에 대한 담보대출을 실행하고, 이를 재원으로 대주단의 PF 원리금을 상환하는 구조로 취급되고 있습니다.

신용위험에 대한 보험의 성격을 지니므로 실제로 미분양담보대출 확약은 해당 확약을 제공하는 증권사 등 확약인 입장에서는 우발채무로 인식되지만 분양이 성공하여 미분양담보대출 확약이 실행되지 않는 경우를 가정한다면 초기에 적지 않은 수준의 수수료 수익을 향유할 수 있고, 시행사 입장에서는 대형 금융기관의 신용보강장치로 기능함으로써 부동산PF 대주단 모집이 보다 용이해진다는 점에서 고비용에도 불구하고 부동산개발금융시장에서는 널리 활용되어 왔습니다.

그러나 미분양담보대출 확약과 관련된 구조적인 문제 또한 금융시장에서는 지속적으로 제기되고 있는 것 또한 사실입니다. 예를 들어, 상대적으로 사업성이 우수한 사업장을 선별하여 제공되고 있음에도 불구하고 경기침체기에 이를 제공한 확약인, 즉 금융기관의 우발채무 현실화 가능성을 완전히 배제할 수 없다는 점, 실제로 이를 신용보강장치로 인정하고 부동산PF를 실행하는 대주단 내에조차도 사업성 및 담보력을 보완할 신용보강장치로서의 효용에 대한 논란이 지속되어 온 점, 사업시행자 입장에서는 PF 성사를 위하여 미분양담보대출 확약이 그 실질적인 효용과 관계없이 '비자발적이며 불가피한 선택'으로 작용하는 경향이 있다는 점, 그리고 일반적으로 높은 수준인 확약비용으로 인한 사업비 상승요인 등이 그것입니다. 여러 논란에도 불구하고 선분양이 보편적인 한국 부동산시장에서 미분양담보대출 확약의 순기능은 인정하지 않을 수 없는 면이 존재합니다.

관점에 따라서는 민간 부동산PF 시장에서 공공기관의 PF 보증서비스가 제공되지 않는 경우에, 신용위험의 분산이라는 기능을 미분양담보대출 확약 및 이를 제공하는 금융기관이 제공한다는 시각도 분명히 있습니다. 다만, 단순히 민간영역에서의 거래라고만 보기에는 미분양담보대출 확약과 같은 우발채무의 현실화 시 그 피해가 국가 금융시스템에 전이될 가능성을 배제할 수 없으므로 이에 대한 면밀한 모니터링과 미분양담보대출 확약 제도 자체 및 그 영향과 관련된 연구가 더 필요하다 하겠습니다.

대표적인 신용강화구조 ⑤ 1금융권을 대상으로 하는 HUG, HF의 PF보증

앞서 인적담보 중 대표적인 예시로 말씀드린 바 있습니다만, 금융시장에서 시중은행이 PF 대주인 경우에 국한하여 공공기관인 주택도시보증공사(HUG)와 한국주택금융공사(HF)에서 제공하는 PF보증이 있습니다. 양 기관에서 제공하는 PF보증은 일정 규모 이상의 공동주택 사업장만을 대상으로 하고, 보증채권자를 시중의 1금융권에 국한하여 제공하는 특징을 가집니다. 부동산개발금융시장 전체 관점에서는 주택시장 및 은행으로 제한하여 선별적으로 지원되는 공공 보증의 성격을 가지므로 범용성이 있는 인적담보로 보기는 어려운 면이 있습니다. 그러나 요건이 되는 경우 사실상 국가의 금융보증을 담보로 프로젝트가 원활히 진행되는 데 큰 도움이 되고, 이미 보편적으로 금융시장에서 이를 널리 활용하고 있으므로 이에 대해서 간단히 설명드리고자 합니다.

⑤-1. 주택도시보증공사 HUG PF보증

주택도시보증공사는 「주택도시기금법」 제16조에 근거하여 설립된 공공기관으로서, "주거복지 증진과 도시재생 활성화를 지원하기 위한 각종 보증업무 및 정책사업 수행과 주택도시기금을 효율적으로 운용·관리함으로써 국민의 삶의 질 향상에 이바지함"[59]을 목적으로 하고 있습니다. 공식 영문 표기는 'Korea Housing & Urban Guarantee Corporation'이며 주요 앞글자를 따서 보통 금융시장에서는 'HUG'[60]로 불리고 있습니다.

59 주택도시보증공사 홈페이지 인용(2022년 11월 현재, 내용은 HUG 내부사정에 따라 추후 수정될 가능성이 있음)

60 표기는 'HUG'로 하고 '허그'라고 호칭하고 있습니다.

정관의 제·개정을 위해서는 국토교통부 장관의 인가를 받아야 하고 지분의 과반 이상을 국토교통부가 보유하고 있는 등 국토교통부 산하 공공기관으로 분류됩니다. 주택도시보증공사는 주택에 대한 분양보증과 임대보증금보증, 전세보증금반환보증, 모기지보증 등 정부정책 지원을 위한 보증업무 등 다양한 개인 및 기업 관련 보증서비스를 제공하고 있는데, 이 중에는 부동산개발금융과 직접적으로 관련되는 주택사업금융보증, 즉 PF보증도 포함되어 있습니다. 이때의 PF보증은 비교적 저리의 대출금리와 수수료면제를 전제로 주택도시보증공사의 100% 보증서가 담보로 제공되는 것을 가리킵니다. 주택도시보증공사에서는 보증의 조건으로서 PF의 조건을 표준화하여 운영하고 이를 주관할 금융기관을 2년마다 공개 경쟁입찰을 통해 선정하고 있는데, 이러한 표준PF는 일반적인 선분양을 전제로 하는 '표준PF'와 후분양을 전제로 하는 '후분양 표준PF'로 구분됩니다. 일반적으로 표준PF라고 하면 선분양을 전제로 하는 민간의 주거용 부동산 관련 부동산개발금융과 관련된 '표준PF'를 가리키는 경우가 많습니다. PF보증은 앞서 말씀드린 것처럼 대출주관기관이 업무협약이 체결된 '표준PF' 주관 금융기관이 금융주선을 하는 경우에만 제한적으로 제공되는데 PF보증의 다수를 차지하는 선분양을 전제로 하는 일반적인 'PF보증'의 주요 개요는 다음 표[61]와 같습니다.

표 2.7 PF보증의 개요

항 목	내 용
보증 대상	• 주택건설사업계획승인(건축허가 포함)을 획득한 경우로서 분양보증 또는 임대보증금보증의 대상이 되는 주택사업 → 분양사업, 임대사업 모두 보증 대상 ※ 단, 다음의 경우 보증제외 대상임(공통사항) 1. 「도시 및 주거환경정비법」 제2조제2호나목의 주택재개발사업인 경우 2. 사업규모 중 건축연면적이 다음에 해당되는 경우 1) 분양사업: 수도권·광역시 5천㎡ 미만, 기타지역 1만㎡ 미만 2) 임대사업: 지역에 관계없이 5천㎡ 미만
보증 책임	• 주 채무자가 주택사업금융의 원리금을 상환기일에 상환하지 못하는 경우 보증약관에서 정한 바에 따라 원리금의 상환책임 부담
보증 채권자	• HUG PF보증서를 담보로 대출을 실행하는 금융기관 – 국민은행, 부산은행, 수협은행, 우리은행, 하나은행 → '표준 PF' 주관 금융기관('22.7. 선정현황 기준, 2년 단위로 공개 경쟁입찰을 통해 주관 금융기관을 선정) ※ 상기 금융기관을 주관 금융기관으로 은행, 보험사, 증권사, 새마을금고, 농협, 수협, 신협, 펀드(집합투자기구) 등과 함께 대출 실행 가능 – 유동화금융으로 사업비 조달 시 SPC(유동화회사)도 가능(산업은행, 기업은행, 「은행법」에 의하여 인가를 받아 설립된 금융기관, 보험회사, 증권금융회사, 새마을금고중앙회 등으로부터 주택사업금융 대출채권을 양수한 자 포함)

61 주택도시보증공사 홈페이지 인용(2022년 11월 말 현재 기준이며 공사 기준에 의거 변동 가능함)

표 2.7 (계속)

항 목	내 용
주 채무자	• PF대출을 받는 차주(시행사 겸 보증신청인)
보증 금액	• 분양보증의 대상이 되는 주택사업의 경우 – 총사업비(토지비, 공사비, 제 비용 등)의 50% 이내에서 보증채권자가 실행하는 대출원금 • 임대보증금보증의 대상이 되는 주택사업의 경우 – 총사업비의 70% 이내에서 보증채권자가 실행하는 대출원금
보증 기간	• 보증서 발급일(사업약정체결일)부터 대출원금의 최종상환기일까지
보증 필수요건	• 자기자금 선투입 요건 – 분양사업: 토지비의 10%와 총사업비의 2% 중 큰 금액 이상을 당해 단위사업에 선투입(단, 우량 시공사의 대형 사업장의 경우에는 100억원, 토지비의 5%, 총사업비의 1% 중 큰 금액을 선투입) – 임대사업: 총사업비의 5% • 시공자 요건(모두 충족) – 주택도시보증공사 신용평가등급이 BB+등급 이상인 자 – 시공능력평가순위 700위 이내 또는 최근 5년간 주택건설실적 300세대 이상 업체 – 책임준공의무 • 사업부지 신탁요건 – 사업부지 확보 후, 공사 또는 공사가 지정하는 부동산신탁회사에 신탁하여야 함
기타	• 보증이용 시 우대사항 – 분양보증료할인: 기본 보증료의 최대 10% 할인 – 사업부지 신탁 할인: 일정 요건 충족 시 분양보증 기본보증료의 3% 추가

앞서 잠시 언급했습니다만, 위 표에서 표준PF란 2014년 6월 국토교통부가 일정 규모 이상의 부동산(주택) 개발사업의 원활한 자금지원을 위해 금리, 금융기관 수수료 면제, 대출금의 상환 방식 등 주요 PF 대출 조건을 표준화한 부동산PF를 가리킵니다. 실무적으로는 사업시행자, PF 금융기관, 시공사 및 주택도시보증공사, 기타 연대보증인 및 자금관리기관 등이 연서하여 약정하는 '표준사업약정서'를 근간으로 합니다. (표준사업약정서에는 프로젝트의 목적과 사업내용, 각 당사자의 역할과 업무범위, 대출조건 및 PF보증 내용, 인허가와 분양 등 공급 관련 내용, 자금관리 등의 내용이 포함되어 있습니다.)

금융실무에서는 표준PF인 경우 PF 대출원금이 위 표의 보증금액 범위 이내로 결정되므로 실질적으로 주택도시보증공사의 PF보증은 PF대주단 입장에서는 원리금 전액을 보장받는 100% 보증부 대출로 인식되고 있으며, 회계적으로도 자산의 위험가중치는 제로(0)로 인정됩니다.

주택도시보증공사는 비록 대중적으로는 잘 알려져 있지 않지만 표준PF 보증 외에도 준공 후 미분양아파트 등을 담보로 은행으로부터 대출을 받을 때 이에 대한 보증을 제공하는 '모기지보증'을 주택사업자 등에게 제공함으로써 준공 후 일시적으로 미분양 상태인 사업장에 대한 자금 미스매칭을 해소하는 역할을 제공하고, 각종 조합이 주체로서 진행하는 정비사업자금 대출보증 등의 보증을 은행에 제공하는 등 안정적인 부동산개발 금융의 공급자로서의 역할을 수행하고 있습니다.

⑤-2. 한국주택금융공사 HF PF보증

한국주택금융공사는 「한국주택금융공사법」을 근거법령으로 하여 2004년 3월 1일 설립된 주택금융 전문 공공기관으로서 "주택저당채권 등의 유동화와 주택금융 신용보증 업무를 수행함으로써 주택금융 등의 안정적 공급을 촉진하여 국민의 복지증진과 국민경제의 발전에 이바지함"[62]을 설립목적으로 하고 있습니다. 금융시장에서는 영문 공식 공사명인 'Korea Housing Finance Corporation'의 주요 머리글자를 따서 'HF'[63]로 부르고 있습니다. 한국주택금융공사도 주택사업자보증 상품 중 하나로서 선분양 PF보증 및 후분양 협약 PF 보증을 제공하고 있는데, 역시 PF보증의 다수를 차지하는 선분양 PF보증

표 2.8 선분양 PF보증의 주요 취급 기준

구분	요건
보증대상 사업장	• 「주택법」 제2조에 의한 주택(상가, 오피스텔, 실버타운 등 취급불가)
최소 세대 수	• 공공택지는 100세대, 서울시는 200세대, 경기도·광역시는 300세대, 기타 지역은 400세대 이상[전용면적 85㎡ 이하 세대 수가 총 건설세대 수의 30% 이상(단, 공공택지 예외 가능)]
대지비	• 사업부지 전체(국공유지 제외)에 대해 매매계약을 체결하고 시공능력순위 100위 이내인 경우 매매대금의 5%, 100위 초과 200위 이내인 경우 10% 이상 납부
시행사 (피보증인)	• 「주택법」 제9조에 의한 주택건설사업자로 등록한 자(관리형토지신탁의 위탁자 포함) • 당해사업 수행목적으로 설립된 단일목적 회사(SPC 등) 또는 본건 이외 다른 사업을 수행하고 있지 않은 주택건설사업자(단, 사업지가 공공택지인 경우는 예외 가능)
시공사 시공능력	• 대한건설협회의 당해 연도 토목·건축 시공능력 평가순위 200위 이내
시공사 신용등급 (연대보증 제공)	• 신용평가사의 신용등급 BBB- 이상 – 신용평가사: 「자본시장과 금융투자업에 관한 법률」 제335조의 3에 따라 인가받은 신용평가회사 또는 「신용정보의 이용 및 보호에 관한 법률」 제4조에 따라 허가를 받은 신용정보회사
대출기관	• 공사와 기본업무협약 체결된 금융기관(경남, 광주, 국민, 기업, 대구, 부산, 신한, 우리, 전북, SC은행, KEB하나, 산업, 제주, 농협은행, 수협은행, 한국씨티은행 등 협약체결된 은행)

62 한국주택금융공사 홈페이지 인용

63 표기는 'HF'로 하고 '에이치에프'로 호칭합니다.

표 2.8 (계속)

구분	요건
보증신청시기	• 사업장 대지 보증요건을 충족하고 사업계획승인을 얻은 경우
대출한도 및 보증한도	• 대출한도 = 총사업비 × 대출비율 – 총사업비에는 대지매입비, 공사비, 기타사업비가 포함됨(주택 외의 부분 제외) / 대출비율: 70% – 보증한도 = 대출한도 × 부분보증비율(90%). 단, 동일기업당 보증한도
보증 결정	• 프로젝트의 사업성과 시공사의 사업수행능력 등을 심사하여 결정
보증서 발급	• 토지대금 및 공정률 등에 따른 대출금 분할지급 시 분할보증서 발급
대출금액 산정	• 공사는 분양시점까지의 사업비 대출에 보증지원, 분양개시 이후에는 분양수입금으로 사업비 충당 및 원리금 상환 – 사업비: 대지비 잔금, 공사비 및 기타사업비 • 현금 흐름표 등을 기초로 사업약정 당사자 간 소요금액을 협의하여 대출금액 결정
보증금액 산정	• 보증금액 = 대출금액 × 부분보증비율(90%)

을 전제로 주요 취급 기준을 정리하면 다음 표[64]와 같습니다.

HF의 PF보증은 부분보증비율에 의거 90%로 발급되며, 역시 매우 공신력 있고 안전한 인적담보로 인정되고 있습니다. (보증비율이 90%임에 따라 위험가중치는 원금기준 10%로 산정됩니다.) 기본적으로 HUG의 PF보증과 HF의 PF보증은 부동산개발금융에 공적 보증을 제공한다는 측면에서 본질적으로 유사한 성격을 가진다고 할 수 있습니다. 다만, HF의 PF보증의 경우 자금관리를 공사가 아닌 대출기관인 은행이 수행할 수 있는 등 다소의 차이를 보인다는 점, 참고하시기 바랍니다.

18. 신용공여와 여신, 크레딧 라인

은행 등 금융권에서는 대출을 '줄 여(與)'에 '믿을 신(信)'을 써서 흔히 여신(與信)이라고 합니다. 말 그대로 풀이하면, '신용을 주다'라는 뜻입니다. 신용을 지원해 준다는 것에는 우리가 흔히 아는 대출도 포함되고, 지급보증이나 무역과 관련하여 신용장을 발급해 주는 것 등이 모두 포함됩니다. 즉, 직접적으로 이자를 받고 대출을 해주는 것뿐만 아니라, 형식과 내용은 다를 수 있지만 금융기관을 채권자로 하고 차주를 채무자로 하는 모든 신

64 한국주택금융공사 홈페이지 자료 정리(2022년 11월 현재기준, 내용은 HF 내부사정 및 판단에 따라 추후 변경될 수 있음)

용공여 행위를 은행 등 금융기관 입장에서는 '여신'이라고 표기합니다.

여신은 당초 대출이나 지급보증만을 가리키는 의미에서 현재는 은행이 금융거래상 상대방과 신용위험이 있는 모든 거래를 지칭하는 은행법상 신용공여(信用供與)와 동일한 의미로 확장되어 사용되고 있습니다. 「은행법」 제2조(정의)에 의하면 "신용공여란 대출, 지급보증 및 유가증권의 매입(자금지원적 성격인 것만 해당한다), 그 밖에 금융거래상의 신용위험이 따르는 은행의 직접적·간접적 거래를 말한다"라고 되어 있습니다. 이렇듯 여신은 신용공여와 동일한 의미로 사용되고 있고, 「은행법」에서 별도로 규정한 용어(신용공여)가 있음에도 불구하고 금융기관에서는 아직 여신이라는 용어가 더 널리 사용되고 있습니다.

그리고 금융실무에서 흔히 '크레딧 라인(credit line)'[65]으로 지칭되는 것은 '신용의 공급'을 포괄적으로 뜻하는 용어로서 외환이나 무역금융 분야에서의 '여신'과 동일한 개념으로 사용되기도 합니다. 하지만 이러한 포괄적인 개념과 더불어 투자금융 부문에서는 이 책의 자산유동화 부분에서 설명드릴 유동화대상 기초자산과 자산유동화증권의 현금흐름이 일시적으로 불일치할 때 이를 해결하기 위해 은행 등이 제공하는 여신을 뜻하는 용어로 보다 널리 사용되고 있습니다.

한편, 부동산개발금융도 당연히 여신에 포함되고, 이러한 여신을 심사하는 부서나 방식이 각 금융기관별로 모두 별도로 존재합니다. 대부분의 금융기관에서는 부동산개발금융을 취급하는 부서와 심사하는 부서를 별도로 분리해서 운영합니다. 이는 영업을 해야 하는 부서와 리스크를 검토하고 분석하는 부서(또는 본부)를 분리함으로써 서로 다른 관점을 바탕으로 보다 객관적이고 깊이 있게 리스크를 검토하기 위함입니다. 예를 들어 부서는 다르지만 같은 본부 내에 소속돼 있거나, 부서 및 본부가 모두 각각 다른 경우도 있는데 이러한 분리는 절대불변의 영속적인 것은 아닙니다. 부동산경기 활황 시에는 적극적인 영업을 위하여 부서는 다르지만 해당 영업부서 및 심사부서가 같은 본부에 속하게 되는 경우도 있고, 그 반대의 경우도 성립[66]할 수 있습니다.

---

65 영미권에서 사용되는 'line of credit'은 여신을 대분류할 때 분류 기준의 하나로서 쓰이는 경향이 있으며, 국내 부동산개발금융에서 주로 자산유동화와 관련되어 쓰이는 크레딧 라인을 포함하는 보다 포괄적인 개념입니다. 이는 이 책의 약정부분, 국제 표준금융계약 부분에서 보충설명드리겠습니다.

66 영업부서와 심사부서의 실질적인 분리는 민감한 주제로서 금융기관 각자의 자율적인 판단과 결정으로만 결정된다고 볼 수 없습니다. 서로 다른 부서로 존재하지만 그 운용이나 소속 면에서 사실상 동일 본부소속인 경우, 해당 딜의 리스크값 파악을 본연의 임무로 하는 심사부서의 기능이 훼손될 수 있습니다. 따라서 대부분의 금융기관에서는 형식과 내

19. 투자와 투자금융, 투자은행

국내 금융시장에서 투자금융은 여신까지 아우르는 포괄적인 용어이다

금융기관에서 '투자'라는 명칭이 들어간 부서명에 대해서 궁금해하시는 분들이 많아 잠깐 살펴보고자 합니다. 앞서 여신을 설명드리면서 다양한 영업과 심사부서가 기관별로 존재한다고 말씀드렸는데, 많은 금융기관들이 조직명을 정할 때 투자금융부서나 대체투자부서 등에서 볼 수 있듯이 '투자금융' 또는 '투자'라는 용어를 보편적으로 사용하고 있습니다.

부동산개발금융을 포함한 투자금융 분야에서 일반적으로 사용되는 '투자'라는 용어는 사전적인 의미로는 자본을 투하하거나 매각차익이나 배당, 이자 등을 목적으로 주식, 채권 등을 매입하는 것을 가리킵니다. 하지만 국내의 투자금융 분야에서는 이러한 지분투자나 채권 매입뿐 아니라 대출이나 지급보증과 같은 여신지원 등 비정형 특수금융 전반을 모두 아우르는 폭넓은 의미로 사용되고 있습니다.

예를 들어, 금융기관 A의 자본금이 총 5,000억원이고, 이 중 B프로젝트를 위하여 해당 B프로젝트를 추진하고 있는 시행사 C를 설립할 때, 금융기관 A가 보유한 자본금 중 5억원을 C사의 자본금으로 투하할[67] 경우, 이를 좁게는 '투자'라고 표현합니다.

따라서 거래 상대방과 얘기를 나눌 때, 상대방이 '투자'라고 얘기하면, 그 의미가 대출을 포함하는 광의의 투자를 뜻하는 것인지, 아니면 지분투자와 같이 좁은 의미의 투자를 지칭하는 것인지는 관련 맥락을 살펴볼 필요가 있다 하겠습니다.

한편, 보통 'IB'라고 표현되는 'Investment Banking' 또는 'Investment Bank'는 우리말로 '투자은행'으로 번역하는 것이 올바른 개념입니다. 다만, 국내에서는 'IB'를 일반 여신(loan)이 아닌 비정형 특수금융 전반(투자금융 포함)을 아우르는 포괄적인 용어로 인식하여 '투자은행' 또는 '투자금융' 등과 동의어로 번역·사용되는 경향이 있습니다. (별도로 표기하지 않는 한, 이 책에서도 'IB'는 투자은행 또는 투자금융 등과 동의어로 혼용하였습니다.)

또한 번역된 용어를 사용하지 않고 'IB' 자체를 마치 보통명사처럼 사용하는 경우도

용 면에서 영업부서와 심사부서가 완전히 분리된 조직구조를 가지는 것이 일반적입니다.

67 「은행법」 제37조에서는 은행이 다른 회사에 출자를 하는 경우 은행의 자기자본을 기준으로 원칙적으로 15/100를 초과하는 의결권 있는 주식을 취득할 수 없게 되어 있습니다. 이 외, 동일차주 기준 은행 자기자본의 25/100를 초과하는 신용공여가 금지(제35조)되어 있으니 참고하시기 바랍니다.

많습니다. 예를 들어 국내 대부분의 1금융권에서는 투자은행 부문을 담당하는 별도 조직이 존재하지만 해당 최상위 본부나 그룹의 명칭에 우리말로 번역된 '투자은행'이라는 명칭을 사용하지 않고 일종의 보통명사처럼 조직명을 'IB' 그대로 표기하는 경우가 많은데, 이런 것이 대표적인 사례라고 할 수 있습니다. 이 밖에도 투자은행 부문의 영업이 활발한 국내 대형 증권사를 금융시장에서 '대형 IB기관'이라고 부르는 것도 같은 맥락이라고 할 수 있습니다.

글로벌 금융시장에서 투자은행(investment bank)은 일반 상업은행(commercial bank)과 대비되는 개념으로서 인식되는 것이 일반적입니다. 즉, 상업은행(commercial bank)이 리스크를 회피하는 데 초점을 두고 상품화되어 있는 일종의 기성 금융을 제공하는 측면이 강한 데 비해, 투자은행은 리스크를 적극적으로 수용하고 이를 상품화하며 고위험 수용이 가능한 전문 투자기관에 제공하는 성격이 강한 금융기관이라고 할 수 있습니다. 우리가 흔히 금융시장에서 접하는 골드만삭스(Goldman Sachs)나 모건스탠리(Morgan Stanley) 등이 가장 대표적인 투자은행이며, 앞서 말씀드린 것처럼 대형 M&A나 대체투자업무를 전문적으로 수행하고 있는 국내 증권사도 모두 투자은행이라고 할 수 있습니다.

이때 투자은행이라는 개념은 물리적인 현실의 전업 투자은행을 통칭하기도 하거니와 투자은행 부문이나 속성을 가리킬 때에도 쓰이는 용어라고 할 수 있습니다. 상업은행과 투자은행의 개념은 보다 전문적으로는 표 2.9와 같이 분류할 수 있습니다. [투자은행의 협의 및 광의의 정의에 대해서는 이 책의 5장 부동산개발금융의 자금조달방식중 자기자본 직접투자(PI) 부분

표 2.9 투자은행과 상업은행 등의 상세 구분 기준[15]

항 목	내 용
상업은행(CB: Commercial Bank)	• 대출과 예금, 즉 여신과 수신업무를 핵심으로 하는 전통적인 개념의 은행
투자은행(IB: Investment Bank)	• 기업과 자본시장을 연결하는 전문서비스를 제공하면서 고수익을 추구하는 금융기관 • 금융현업에서는 부동산개발금융, M&A, IPO 및 기타 금융주선 분야에서 금융자문 및 총액 인수를 본령으로 하는 금융기관을 통칭함
투자금융은행 (CIB: Commercial Investment Bank)	• 일반적으로는 금융지주 산하에 CB를 담당하는 은행과 IB를 담당하는 증권사를 별도로 운영하면서 시너지창출을 목적으로 하는 모델을 지칭하나, CIB는 이 정의 외에, Corporate & Investment Business 또는 Corporate & Investment Bank 등의 뜻으로도 널리 활용되고 있으며 금융기관에 따라 동일 은행 내에 해당 조직을 두는 등 유연한 운영이 가능 • 국내에서는 동일 금융기관 또는 그룹 산하에 해외부문 IB 및 국내 IB를 아우르는 조직을 GIB(Global Investment Bank)라고도 하는 등 니즈에 따라 다양하게 불림
종합금융은행 (UB: Universal Bank)	• 유럽에서 발전되어 온 형태로서 상업은행이 투자은행 업무를 수행하는 금융기관을 지칭 • 위 기준에 의하면 IB 조직을 상업은행 내의 자체 조직으로 운영 중인 국내 대부분의 은행은 UB에 해당됨

에서 한 번 더 추가설명드리겠습니다.]

한편, 글로벌 투자은행의 경우 보통 ECM(equity capital market)에서 equity financing을 담당하는 부문과 DCM(debt capital market)에서 채권(bond)과 여신 등을 아우르는 크게 두 개의 축을 중심으로 구성되는 것이 일반적이며, 이와 관련해서는 곧 설명드리게 될 PE(private equity) 및 PEF(private equity fund) 용어설명 부분에서 보다 자세히 설명드리겠습니다.

20. 자본환원율

자본환원율의 기본 의미

캡레이트는 '부동산매입가 대비 순영업소득의 수익률'의 개념이다

주로 실물자산으로서의 부동산가치 평가나 관련 부동산금융에서 광범위하게 활용되고 있는 수익 및 자산가치 지표가 있는데, 자본환원율(Capitalization Rate, Cap Rate)이 바로 그것입니다. 캡레이트는 실물자산으로서의 부동산투자와 관련하여 널리 활용되고 있는 중요한 지표이며, 부동산개발금융의 투자 또는 여신지원 시 의사결정과도 밀접한 관련이 있으므로 자세히 설명드리고자 합니다.

자본환원율은 상업용 부동산의 수익률을 구할 때 쓰는 지표로서, 산정방식에 따라 다소 다르게 정의될 수 있습니다만 일반적으로 미국을 비롯한 글로벌 부동산시장 및 국내에서는 '매입시점의 초년도 예상 순영업소득(Net Operating Income, NOI)[68]을 부동산 매입가격으로 나눈 비율'의 의미로 보편적으로 활용되고 있습니다. 이러한 자본환원율은 단순히 순영업소득과 부동산가치의 비율을 넘어서 부동산시장과 자본시장을 연결시키는 매개의 역할[16]을 하는 것으로 평가받고 있습니다. 또한 손쉬운 계산방식으로 인해 '유사

68 학계에서는 순영업소득 또는 순영업이익이라고 표기하고 있으며, 양자를 동일한 의미로 사용합니다. 개인적으로는 순영업이익보다는 순영업소득이라는 표현을 선호합니다. 이는 순영업이익이 회계적인 일반 용어의 성격이 강한 데 반해, 순영업소득이라는 용어는 상업용 부동산의 특성상 임대료 등의 매출을 직관적으로 떠올리는 데 보다 용이하기 때문입니다.

부동산 간의 상대적 투자가치를 개략적으로 평가하는 데 유용'[17]한 기준으로 인식되고 있는 중요한 지표이기도 합니다. 여기서 순영업소득은 해당 부동산에서 발생하는 임대료에서 그 부동산을 관리하기 위한 관리비용 및 세금을 포함한 일체의 모든 비용을 공제한 것을 지칭하되, 해당 부동산을 매입하기 위한 금융비용(이자 및 원금)은 포함하지 않는 것이 원칙입니다. 이러한 자본환원율, 즉 캡레이트를 식으로 나타내면 다음과 같이 표기할 수 있습니다.

$$\text{자본환원율} = \frac{\text{초년도의 순영업소득(NOI)}}{\text{해당 부동산의 매입가격(P)}}$$

이 식은 다음과 같이 변환되어 자주 사용됩니다.

$$\text{해당 부동산의 매입가격(P)} = \frac{\text{초년도의 순영업소득(NOI)}}{\text{자본환원율}}$$

이 식에서 보시는 것처럼 자본환원율은 해당 부동산을 매입하면 어느 정도의 순수익을 거둘 수 있는지를 살펴보는 간이 수익률 산정지표입니다. 부동산을 매입하려는 입장에서 해당 부동산의 임대수익을 가늠해 보고 매입가격 대비 적절한 수익률을 얻을 수 있는지 가늠할 때 주로 사용됩니다.

자본환원율은 간이지표로서 활용도가 무척 높습니다. 매입하려는 부동산에 대해서 정보가 다소 부족하더라도, 인근 부동산의 사례를 근거로 대략적인 가치산정을 하는 데에도 유용합니다. 예를 들어, 인근 부동산의 평균 자본환원율 정보가 공개돼 있다면 이를 바탕으로 내가 매입하려는 부동산의 순영업소득이 어느 정도 수준이 되어야 하는지 쉽게 가늠해 볼 수 있습니다. 매도자가 희망하는 매매가를 인근의 평균 자본환원율로 나눴을 때의 순영업소득이 실제 해당 부동산에서 산출되는 수준보다 낮다면, 이는 매매가 자체가 높거나 임대로 수익이 낮다는 얘기가 되므로 의사결정에 참고할 수 있습니다.

자본환원율은 관점에 따라 다양한 해석이 가능합니다. 예를 들어 1,000억원의 부동산을 매입하는 데 초년도 순영업소득이 100억원이라고 하면 자본환원율은 10%가 됩니다.

$$\text{자본환원율} = \frac{\text{초년도의 순영업소득(NOI) 100억원}}{\text{매매대금 1,000억원}} = 10\%$$

계산편의를 위해 초년도의 순영업소득이 상승하지 않고 보유기간 동안 같은 수준으로 유지된다고 가정하면, 금융비용을 고려하지 않았을 때 초기 매입대금 1,000억원의 투자금을 회수하는 데 총 10년이 걸릴 것으로 추정할 수 있습니다. 만약 Cap Rate가 10%가 아닌 5%라면 투자금을 회수하기까지 20년이 소요될 것으로 계산해 볼 수 있습니다. 이렇듯 자본환원율의 개념을 응용하여 간단한 계산만으로도 초기 투자금의 회수기간을 대략적으로 개산(槪算)할 수 있습니다.

개별 부동산의 수익성뿐만 아니라, Cap Rate는 부동산군(群)의 비교나 추세분석에도 요긴하게 활용됩니다. 특정 부동산의 수익성 및 적정 가격을 산정하는 차원을 넘어, 국가별 상업용 부동산의 평균 Cap Rate나 같은 국가 내 도시별, 지역별 Cap Rate의 동향을 분석하는 데에도 중요한 근거지표로 사용될 수 있습니다. 예를 들어, 인구가 천만 명 이상인 글로벌 도시의 연면적 33,000m^2 이상의 대형 상업용부동산을 대상으로 Cap Rate를 비교함으로써 부동산경기 과열 여부나 해당 국가의 경제 성숙도 관련 시사점을 고민해 볼 수 있는 자료를 생산할 수도 있습니다. 단일 국가 내에서도 특정 도시의 Cap Rate의 장기 추세를 분석함으로써 현재 시점이 부동산경기 과열국면인지 여부를 추산할 수도 있습니다.

한편, 초년도의 순영업소득을 구하는 학계에서 인정된 표준적인 산정방식은 다음과 같습니다.

표 2.10 Cap Rate의 기본 효용

<table>
<tr><th colspan="2">항 목</th><th>내 용</th></tr>
<tr><td rowspan="3">개별 부동산 차원</td><td>수익률 파악</td><td>• 부동산 매입가격을 기준한 순소득률의 직관적인 파악</td></tr>
<tr><td>매매가격 적정성 판단</td><td>• Cap Rate가 낮을 경우 임대수익의 절대 규모가 작거나 매입가액이 과다한 것으로 해석할 수 있음
• Cap Rate가 높을 경우 임대수익의 절대 규모가 크거나 매입가액이 낮은 것으로 해석할 수 있음</td></tr>
<tr><td>투자금 회수기간</td><td>• Cap Rate 산정 시 초년도 순영업소득(NOI)을 매입가액으로 나누면 매입가액 회수기간 산정 가능</td></tr>
<tr><td rowspan="2">부동산군 차원</td><td>단일 국가</td><td>• 도시 내 특정 지역별 시계열 추세 산정 및 비교 가능</td></tr>
<tr><td>글로벌</td><td>• 국가별 또는 국가별 주요 도시 등 다양한 기준으로 시계열 추세 산정 및 비교 가능</td></tr>
</table>

① 공실이 없는 완전 임대상태에서의 총소득을 가정하고, 여기서 공실 또는 임대료 미납 관련 예상 손실을 선반영한 유효조총소득(Effective Gross Income, EGI)을 산출한 후,

② 여기서 세금과 유지관리비 등 제반 비용을 공제하여 산출[18][단, 금융비용(대출원리금 등)은 비용에 포함되지 않습니다. 즉, 실제로 차입금이 있더라도 이론적으로는 무차입상태와 동일한 경제적 실질을 전제로 캡레이트를 산정하게 됩니다.]

표현이 좀 어렵습니다만 쉽게 말씀드리자면, 우선 완전 임대를 가정한 상태에서의 임대료 및 관리비 수입 등 총소득을 먼저 구하고, 여기서 공실 등으로 인한 미납상태를 추정해서 실제 예상 수입을 구합니다. 미납상태 추정은 보수적으로 인근 유사 부동산의 평균 공실률을 차용하거나 해당 부동산의 과거 일반적인 공실률 등을 적정하게 대입하면 이론적으로나 실무상 무리가 없습니다. 관련 정보가 부족하다면 나름의 근거로 임의로 추정한 공실률을 사용해도 무방합니다. 이렇게 구해진 '보수적인' 임대료 수입예상치에서 해당 부동산을 운용하기 위한 모든 경비, 즉 관리비 및 각종 제세공과금을 공제하면 실제 순수입을 구할 수 있는데, 이러한 순수입이 바로 순영업소득이라고 할 수 있습니다.

주의할 점은 일반적으로 순영업소득을 산출할 때의 비용에는 해당 부동산을 매입하기 위한 타인자본비용은 포함되지 않는다는 점입니다. 만약 대출 관련 비용까지 공제하게 되면 개별 부동산마다 천차만별인 레버리지(leverage) 비용에 따라 Cap Rate가 크게 좌우될 수 있습니다. 이는 해당 부동산의 '매입가 대비 수익력'을 간이 계산하고 유사 부동산 또는 경쟁 타 지역 부동산과의 비교를 쉽게 하자는 Cap Rate의 근본 취지에 어긋난다고 할 수 있습니다. Cap Rate를 산정하실 때에는 대출 이자는 비용으로서 공제되지 않으며, 보유기간 중 대출 원금상환이 발생하는 경우 해당 원금상환액도 역시 지출되는 비용에 포함되지 않는다는 점 참고하시기 바랍니다.

Cap Rate는 현직에서 부동산개발금융이나 상업용 부동산 투자현업에서는 기초적인 개념만 가지고 피상적으로 사용되는 경우가 적지 않습니다. Cap Rate 자체가 상업용 부동산의 수익 및 가치를 간이 계산하기 위한 용도로 미국에서 정착된 후 글로벌 시장에서 광범위하게 사용하게 된 개념인지라 이를 탓할 수만은 없습니다. 하지만 Cap Rate는 여러 가지 단점이나 한계에도 불구하고 단순한 '간이지표'로만 활용되기에는 아까운 속성을 가지고 있습니다. 그 도출배경이나 이론적 함의를 아신다면 현업에서 보다 다양하

고 깊이 있는 투자분석이 가능하며 제3자를 설득하는 데 있어서도 도움이 되는 좋은 도구로 활용될 수 있습니다.

한편, 안타깝게도 현업에서는 Cap Rate의 함의는 고사하고 기본적인 그 개념조차 제대로 이해하지 못하고 오남용되는 경우가 심심치 않게 발생[69]하고 있습니다. 이렇듯 비교적 대중적이고 보편적인 용어치고는 부동산개발 또는 실물자산을 다루는 부동산금융 현업에서 의외로 제대로 알려지지 않은 측면이 있는 Cap Rate, 즉 자본환원율에 대해서 조금 더 심층적으로 살펴보겠습니다.

Cap Rate가 간이지표로서의 속성이 강한 이유

정밀함과 개산의 Trade-Off

앞서 일반적인 순영업소득을 계산하는 표준적인 방식에 대해서 소개해 드렸습니다. 개념적으로는 충분한 당위를 가집니다만, 실제로 이를 현업에서 구현하여 정밀하게 계산하는 것이 마냥 쉬운 것은 아닙니다.

영업소득만 하더라도 주된 매출인 임대료 수입뿐만 아니라 경우에 따라 주차료 수입이나 관리비 관련 임차인으로부터 징구하는 수입이 있는 경우도 있습니다. 일반적으로는 항목에 관계없이 매출이 되는 것은 모두 영업소득으로 간주합니다만, 대형 오피스의 경우 부동산 소유주가 계열사를 통해 부동산관리를 하면서 지출되는 비용은 사실상 매출의 이전으로 볼 여지도 있습니다. 이런 경우, 만일 관리비의 절대 규모가 작지 않을 경우 해당 관리비를 비용으로 처리해야 하는 것인지, 아니면 결국은 소유주의 수익으로 인식해야 하는 것인지 보는 관점에 따라 달라지 수 있는 여지가 있는 것이죠.

임대보증금도 순영업소득에 영향을 미치는 요인입니다. 금융기관이나 투자기관, 회계법인의 재무모델[70]에 임대보증금에서 발생하는 수익을 계산할 수 있는 항목이 포함되는

69 이는 Cap Rate의 종주국이라고 할 수 있는 미국에서도 마찬가지입니다. 구글에서 Cap Rate 검색 시 그 의미를 설명하면서 정확한 의미를 모르고 오남용되고 있는 용어 중 하나라는 의견들을 어렵지 않게 발견할 수 있습니다.

70 현업에서 대단히 많이 접하게 되는 용어 중 하나가 바로 이 '재무모델'입니다. 부동산개발 지원금융이나 부동산 실물자산 관련 금융시장이 성숙해지고 다양한 전문가들이 시장에 참여하면서 과거와 달리 이제는 상당히 친숙하고 대중적인 용어로 자리 잡은 경우라고 할 수 있습니다. 과거에는 재무모델이라는 표현보다는 자금수지표 또는 현금흐름표 등으로 더 많이 불리곤 했습니다. 간단히 설명드리자면, 재무모델은 어떤 프로젝트의 개요 및 기본 자금수지표(매출과 비용 및

것이 보통이나, 그 규모가 크지 않은 경우 해당 임대보증금으로 인한 수익(금융기관 예치수익 및 재투자 수익 등)은 재무모델에서 굳이 산정의 대상으로 고려되지 않는 경우도 적지 않습니다. 물론, 정밀한 데이터를 중시하는 조사기관이나 학계에서는 임대보증금에서 발생하는 수익까지 고려함으로써 실제 순영업소득과의 괴리를 최소화하기 위해 노력하고 있습니다.

대형 수익형 부동산에서 흔히 볼 수 있는 렌트 프리(rent free)도 유효한 Cap Rate를 구하는 데 변수가 되곤 합니다. 장기투자 및 보유를 전제로 하는 관점에서 렌트 프리(rent free)는 일회성 비용으로 간주하고 임대수입에서 차감시키지 않을 가능성이 높습니다. 하지만 최장 5년이 넘지 않는 중단기 내 임대수익 및 자본차익(capital gain)을 목적으로 하는 입장에서는 초년도의 렌트 프리는 초년도 및 보유기간 내 평균적인 임대소득을 산정하고 결과적으로 투자수익률을 결정하는 데에도 적지 않은 영향을 미칠 수 있습니다.

세금도 문제입니다. 순영업소득을 산정할 때 세금을 비용으로 공제하는 것이 정석으로 인정되고 있으나, 사실 세금은 투자주체나 국가에 따라 편차가 큰 항목이라고 할 수 있습니다. 따라서 세금을 비용으로 고려한 Cap Rate는 단일 국가 내에서는 큰 이슈가 안 될 수도 있으나, 국가별 Cap Rate를 비교할 때에는 유의미하게 영향을 미칠 가능성을 배제할 수 없습니다. 이 부분은 Cap Rate의 한계와 활용 시 주의할 점에서 다시 설명드리겠습니다.

순이익을 항목별로 자세히 풀어서 전체 사업의 손익부문을 한눈에 알 수 있게 작성된 표)를 기초 자료로 하고, 기간별 현금흐름을 예측해 놓은 자료라고 할 수 있습니다. 실무적으로는 복잡한 가정과 산식을 바탕으로 한 엑셀파일 등의 스프레드 시트 프로그램으로 작성되는 경우가 대부분입니다. 이러한 자료를 바탕으로 다양하게 매출이나 비용부문, 필요한 타인자본, 즉 대출의 규모 및 관련된 금융비용 등을 시뮬레이션할 수 있고, 사용 목적에 따라 세금이나 지분소유자(equity holder)의 수익률 계산, 실제 이자지급 능력 등을 추정하는 용도로 다양하게 작성되어 활용되고 있으며, 거칠게 표현하자면 미래 예측을 수학적으로 구현한 것이 재무모델이라고 할 수 있습니다.

이러한 재무모델은 부동산개발금융 시장이 성숙되면서 초기의 비교적 단순했던 모델에서 벗어나 재무모델의 작성과 활용에 특화된 서비스가 별도로 제공되는 시장이 있을 정도로 진화를 거듭하고 있습니다. 다만, 과거의 재무모델이 비교적 단순하고 직관적으로 이해하기 쉬웠던 점에 비하면 최근의 일부 재무모델은 과도하게 복잡하여 이를 직접 작성한 기관에서만 수정과 해석이 가능할 정도인 점은 고민이 필요한 지점이라고 봅니다. 부동산PF가 도입되던 초기에 사용되었던 재무모델은 정밀함이나 정합성 측면에서 다소 부족한 점이 있고 세련미도 일부 부족했던 것이 사실이나, 프로젝트 참여 당사자 누구라도 해당 재무모델의 변수나 가정을 수정하여 예측(projection)이 가능했기 때문에 당사자 간 자유로운 협의가 원활히 진행될 수 있는 분명한 장점이 있었습니다. 정밀함과 효율성의 trade-off라고까지 할 수는 없으나, 최근 IB 분야 재무모델이 과도하게 복잡하여 오히려 사업의 효율과 원활한 의사소통에 저해요인이 되고 있는 것은 아닌지 한 번쯤 돌아볼 필요가 있다 하겠습니다.

이렇듯 Cap Rate는 이론적으로는 그 개념이 분명하나 실제 투자실무에서 어떻게 계산하고 적용할 것인지에 대해서는 적용주체나 기준에 따라 달라질 수 있고, 산정방식에 대해서도 그 표준을 정립하기가 매우 까다로운 지표 중 하나입니다. 또한 투자실무에서 흔히 활용되는 Cap Rate의 개념은 조금 깊게 들어가면 단순히 초년도의 순영업소득만을 고려하지 않고 매년 창출되는 순영업소득을 구하고 이를 적절히 현가하여 해당 부동산의 적정 가치를 창출하는 수익환원법의 주요한 도구[71]가 되는 등 그 이론적 깊이가 결코 얕지 않은 개념이기도 합니다.

하지만 현업에서 이렇듯 복잡하고 다양한 제약조건을 모두 고려한다면 간이지표로서 활용되는 Cap Rate의 의미가 퇴색될 수밖에 없습니다. 따라서 투자실무에서는 해당 부동산으로부터 창출되는 총소득을 계산할 때 평균 공실률 등을 가정한 '보수적인' 의미의 예상 임대료수입을 구하거나 앞서 말씀드린 제약사항을 모두 일일이 반영해서 산정하는 경우는 의외로 많지 않습니다. 즉, 실제 현업에서 순영업소득의 산정은 초년도에 책임임대차에서 산출되는 완전 임대를 가정한 총 예상 임대료 및 관리비, 주차수입 등을 포함한 총소득에서 초년도의 예상 제반 비용(금융비용 제외)을 차감하는 단순한 방식으로 이루어지는 경우가 더 많다고 할 수 있습니다. (물론 임대차방식이 책임임대차방식이 아니거나 해당 부동산의 공실이 어느 정도 있어왔다면 당연히 이를 반영해야 합니다. 더불어, 완전 임대조건이 아닌 경우에는 번거롭더라도 인근 평균 공실률을 반영해서 최대한 실제 임대료 수입과 차이가 최소화될 수 있도록 하는 것이 좋습니다.)

정리하자면, 금융실무에서 Cap Rate 산정 시 간이 계산방식이 널리 활용되고 있는 것은 Cap Rate 자체가 "해당 투자가 소득 대비 적정한 가격인지를 판단"[19]하는 간이지표로서의 성격을 가지고 있기 때문입니다. 현업이나 실무상 대단히 간단한 계산만으로도 산출되는 지표로서 그 효용을 인정받고 있기 때문에, 굳이 강학적인 의미의 엄격한 순영업소득 산출방식을 활용할 필요성은 상대적으로 낮다고 할 수 있겠습니다.

참고로, 대출을 공여하는 금융기관 입장에서나 자본을 투하하는 투자기관에게 Cap Rate는 내부수익률(Internal Rate of Return, IRR) 등 별도의 수익률 기준 대비 엄격하고 정밀한 기준지표가 아닌, 상대적으로 일종의 참고지표로 인식되는 경향이 있습니다. 이는 내

71 곧 설명드리겠습니다만, 실무상 자본환원율과 감정평가 관련 수익환원법상의 자본환원율은 그 명칭은 동일하고 성격도 유사하기는 하나 그 목적 및 산정방식은 엄격한 의미에서 보면 다른 개념입니다.

부수익률이 이미 Cap Rate를 포함하고 있는 개념인 데다가, Cap Rate가 대출 원리금 등 금융비용, 즉 차입금을 활용한 레버리지를 전혀 고려하지 않은 개념으로서 현실에서 대부분 차입금을 활용한 자본조달이 이루어지는 측면을 간과하고 있다는 근본적인 한계를 가지고 있기 때문입니다. 내부수익률과 Cap Rate와의 관계는 잠시 후에 자세히 설명드리겠습니다.

자본환원율의 '자본환원'은 어떤 의미일까

영미권에서도 어려워하는 'Capitalization'의 의미

우선, 자본환원율에 대해 보다 깊이 있게 알아보기 전에, '자본환원'이라는 것이 과연 무엇을 뜻하는 것인지부터 살펴보도록 하겠습니다. 자본환원은 영어 'Capitalization'을 우리말로 번역한 것입니다. 영어 'Capitalization'은 금융 측면에서 상당히 다의적인 의미를 가지고 있고 영미권에서도 학자에 따라 달리 정의됩니다. 그리고 쓰이는 분야가 회계 부문인지, 자금조달 부문인지에 따라 각각 다른 의미를 갖는 전문용어이기도 합니다. 이러한 다의성 때문에 Cap Rate라는 개념이 탄생한 미국에서도 Capitalization Rate에서의 'Capitalization'이 도대체 무엇을 뜻하는 것인지, 이러한 'Capitalization'이 접목된 'Capitalization Rate'는 또 무엇인지에 대한 대중적인 문의가 끊이질 않습니다. 어려운 개념은 아닙니다만 영미권에서도 직관적으로 그 의미가 쉽사리 와 닿지 않는 용어라고 볼 수 있는 것이죠. Cap Rate의 종주국이라고 할 수 있는 미국에서도 'Capitalization'이 무엇인지에 대해서 대중들이 직관적인 이해에 어려움을 겪고 있다는 점을 감안하면, 이를 들여와 활용하고 있는 입장에서 생소한 '자본환원'이라는 번역이 직관적으로 와 닿지 않는 것은 어쩌면 당연하다고 할 수 있겠습니다.

'Capitalization'은 금융 관점에서 일반적으로 구미권에서 자기자본 및 타인자본 모두를 포괄하는 용어로 사용되고 있고, 자금조달의 측면에서는 적정한 양의 자본을 조달한다는 의미도 아울러 가지고 있기도[20] 합니다. 이런 시각에서 부동산투자 관점에서의 '자본환원', 즉 'Capitalization'이란 특정 부동산 자산을 취득하기 위해 투입된 총자금 대비 발생하는 순수익(return)이 이익잉여금으로서 '자기자본화'된다는 개념을 기본적으로 가지고 있는 용어라고 할 수 있습니다. 참고로, 여기서의 '총자금'에는 해당 자금이 자

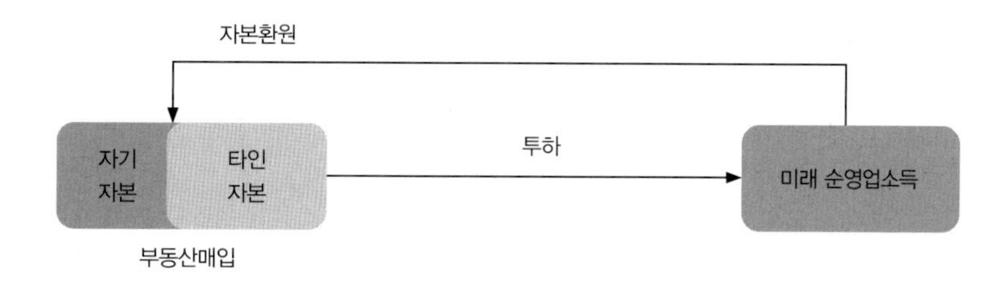

그림 2.6 자본환원의 개념

기자본이냐 아니면 타인자본(대출)이냐의 여부는 고려하지 않습니다.

결과적으로는 투자수익의 크기를 나타내지만 해당 순수익이 이익잉여금으로서 자본화되고, 더 나아가 재투자재원으로 사용될 수 있다는 맥락에서 'Capitalization'이라는 표현이 쓰이기 시작했다고 유추해 볼 수 있습니다. 한편, 가까운 일본에서는 이러한 Cap Rate를 한국과 같이 자본환원율 또는 환원수익률로 번역해서 사용하고 있습니다. 자본환원율은 그 맥락을 이해하면 전문용어로서 함축적인 의미를 효율적으로 전달할 수 있다는 장점이 있습니다. 하지만 개인적으로는 처음 접했을 때 직관적으로 그 뜻을 떠올리기 힘들고, 감정평가에서 사용되는 자본환원율과 실무에서 사용되는 자본환원율이 다른 의미를 가지는 등 혼동의 여지가 있기 때문에 '부동산매입가 대비 수익률' 또는 '매입가기준 순소득률' 등 보다 쉬운 용어로 바꿔서 사용하는 것도 고려할 필요가 있다고 생각합니다.

Cap Rate 심층분석

감정평가 방식 중 수익환원법, 내부수익률(IRR)과의 관계

부동산투자나 감정평가에 기본 지식이 있으신 분이라면 이쯤에서 감정평가의 방식 중 하나인 '수익환원법'과의 관계를 떠올리시는 경우도 많을 것 같습니다. 사실 실무에서 간단히 계산되고 있는 자본환원율은 근본적으로 그 의미가 수익환원법에서 사용되는 할인율의 개념과 매우 유사합니다. 한국의 「감정평가에 관한 규칙」에서는 자본환원율을 적용하여 자산의 가치를 평가하는 방식을 "수익환원법"이라고 명시하고 있습니다. 이에 따르면, "대상 물건이 장래 산출할 것으로 기대되는 순수익을 환원이율로 환원하여 가격시점에 있어서의 평가가격을 산정하는 방법"이라고 명명[21]하고 있습니다.

표 2.11 투자실무상 자본환원율과 수익환원법상 자본환원율 비교

구분		내용	비고
현업에서의 일반적인 의미	자본환원율	• 매입가액과 초년도 순영업소득의 비율로 손쉽게 산정	• 실거래가와 실제 임대료 수익 등을 반영한 지표 • 해당 부동산에 특정된 주관적 지표의 성격
감정평가방식(수익환원법 기준)	자본환원율	• 수익환원법의 도구로서 기능하는 할인율 • 감정 목적의 객관적인 '가치'를 산정하기 위해 감정평가사가 별도의 기준과 산식을 통해 도출 • 분기별 또는 마지막 기의 순영업소득 현가로 부동산의 가치를 산정	• 제3자적 관점에서 '가치'를 산정하기 위한 객관적 지표의 성격 • 순영업소득의 산정 시 소득과 비용 관련 매우 정밀하고 엄격하게 계산 • 평가자의 주관에 따라 현가할인율로서의 자본환원율 수준에 편차가 존재

이와 같이 감정평가와 관련하여 수익환원법에서도 '자본환원율'이 사용되고 있습니다. 여기서의 자본환원율은 우리가 현업에서 흔히 사용하는 '자본환원율'과 같은 의미일까요?

우리가 흔히 실무에서 사용하며 Cap Rate라고 부르고 있는 자본환원율은 사실 학계에서는 두 가지로 구분해서 사용되고 있습니다. 투자실무에서 가장 보편적으로 사용되는 실제 매입가액과 초년도 순영업소득을 기준으로 하는 자본환원율이 있고, 앞서 말씀드린 수익환원법으로 부동산의 객관적인 '감정가치'를 산정하기 위해 복잡한 가정과 산식을 통해 별도로 도출해야 하는 할인율 개념으로서의 자본환원율이 있는 것[22]이죠. 앞서 설명드린 '자본'이 '환원'된다는 개념은 동일하나, 양자의 산정방식이나 산정목적은 엄격히 얘기하자면 서로 다른 개념이라고 할 수 있습니다.

그런데 할인율 개념의 자본환원율 추정방법도 세분하자면 학계에서는 거래 가격 대비 순영업소득을 기준으로 하는 시장추출법, 대상 부동산의 위험을 구성요소로 분해하여 할증률을 반영하는 조성법, 대상 부동산의 건물과 토지의 구성 비율을 결합하여 자본환원율을 산출하는 투자결합법 등 매우 다양한 방식을 활용[23]하고 있습니다.

참고로, 앞서 말씀드린 자본환원율을 구하는 방식 외에, 감정평가와 관련된 자본환원율은 한국 감정평가에 관한 규칙에 의거 다시 세분할 수 있습니다. 직접환원법과 할인현금수지분석법이 그것인데, 이 두 가지 방식을 통틀어 '수익환원법(income capitalization approach)'으로 지칭하고 있습니다. '직접환원법(direct capitalization)'은 순영업소득을 자본환원하여 시장가치를 평가하는 방법이고, 레버리지 전 현금흐름을 할인하여 시장가치를 평가하는 방법이 '할인현금수지분석법(Discounted Cash Flow analysis, DCF)'입니다. 이때 직

접환원법 및 할인현금수지분석법에 적용되는 할인율도 모두 자본환원율[24]이라고 할 수 있습니다.

계산의 복잡성과 데이터 수집의 어려움 등으로 감정평가에서도 보통은 부동산의 거래가격 대비 순영업소득을 기준하는 직접환원법이 더 많이 사용되고 있습니다만, 사실 이러한 자본환원율을 정확하게 구한다는 것은 전문가인 감정평가사들에게도 결코 쉽지 않으며, 이와 관련된 논문이 현재에도 꾸준히 발표되고 있는 실정입니다.

정리하자면, 현업에서 간이 계산지표로 활용되는 Cap Rate는 크게 두 가지 요소, 즉 거래가격이나 해당 부동산의 실제 초년도 순영업소득만 알면 손쉽게 산출이 가능합니다. 하지만 객관적인 자산의 가치산정을 목표로 하는 감정평가에서는 해당 부동산이 창출 가능한 미래의 순영업소득과 이러한 미래가치를 적절한 할인율로 현가하여 가치를 산정하는 데 초점을 맞추고 있다고 할 수 있습니다.

이렇듯 장황하게 자본환원율의 이론적인 의미를 설명드리는 것은 우리가 현업에서 사용하는 Cap Rate를 결코 이론적인 의미의 자본환원율과 동떨어진 개념으로만 볼 수 없기 때문입니다. Cap Rate 자체가 간이 계산지표로서 태생적으로 여러 가지 결함을 가지고 있기 때문에, 여건이 허락된다면 당연히 이론적인 개념에 가깝게 산정하는 것이 바람직하다고 할 수 있습니다. 또한 Cap Rate의 구조적인 한계를 이해하는 데에도 자본환원율의 개념과 속성을 알고 있는 것이 큰 도움이 되며 부동산투자 및 여신지원 의사결정에 있어 자칫 일어날 수 있는 오판을 방지하는 도구가 될 수 있습니다.

금융실무에서 지나치게 이론적인 부분을 깊게 파고들 필요는 없지만 자본환원율을 구성하는 요소는 눈에 익혀두시는 것이 좋다고 생각합니다. 이론적으로 자본환원율은 결과적으로 다음과 같이 산정[72]할 수 있습니다.[25]

자본환원율 = 내부수익률(IRR) − 순영업소득의 상승률

= (명목 무위험이자율 + 위험 프리미엄) − 순영업소득의 상승률

72 자본환원율이 결국 내부수익률과 순영업소득의 성장률이라는 요소에 의해 결정된다는 것은 수학적으로나 경영학의 투자이론 관점에서 박성식, 문홍식 박사 및 조주현 교수를 비롯한 여러 학자에 의해 검증되었습니다. 이 책에서는 소개해 드린 산정방식 외의 깊이 있는 산출방식이나 이론적 배경에 대해서는 설명을 생략합니다. 보다 자세한 산정방식 및 맥락에 대해서는 이 장 참고문헌 [25]와 손재영·윤민선(2007). 서울시 오피스 건물의 자본환원율 결정요인. 국토계획, 42(2), 163-178 등을 참고하실 수 있습니다.

이는 다음의 산식에 의해 도출되었습니다.

Cap Rate = 초년도 순영업소득(NOI)/매매가격(Price): 식(1)

이때 약간의 변형을 거치면 다음과 같다고 볼 수 있습니다.

부동산가치(Value) = NOI/Cap Rate : 식(2)

[이때의 NOI = 유효조총소득(EGI) × (1−vacancy) − Expense]

한편, 시장이 동태적 균형을 잃지 않는다는 자본시장 균형조건하에서 내부수익률(IRR)과 요구수익률이 수렴한다고 보면, 모든 기의 할인율(i)은 곧 내부수익률이 됩니다. 그리고 초년도 순영업소득이 매년 일정하게 g의 비율로 영구상승하며, 해당 부동산의 가치는 그 부동산에서 발생하는 NOI의 현재가치의 합이라고 가정한다면, 이론적인 부동산의 가치는 다음과 같다고 할 수 있습니다.

부동산가치(Value) = NOI/(i − g): 식(3)

위 식 (1), (2), (3)을 종합하면 다음과 같습니다.

Cap Rate = i − g

한편, 내부수익률[73]은 자본의 기회비용으로서 다시 명목 무위험이자율(nominal risk free

73 내부수익률, 즉 IRR(Internal Rate of Return)은 특정 프로젝트 자체(내부)가 창출하는 수익률이라는 의미입니다. 즉, 말 그대로 '프로젝트 수익률'이라고 보시면 전혀 무리가 없습니다. 하지만 이를 프로젝트 수익률처럼 직관적으로 쉽게 이해할 수 있는 용어 대신 내부수익률이라는 어려운 말을 쓰는 것은 경영학의 투자의사결정이론에서 별도로 정의된 바를 그대로 원용하여 사용하고 있기 때문입니다. 내부수익률은 'Internal Rate of Return'을 번역한 것이며, 일반적으로는 특정 프로젝트에서 만들어지는 현금유입의 현재가치의 합이 역시 해당 프로젝트를 진행함으로써 발생하는 현금유출에 대한 현재가치의 합과 동일하게 하는 할인율을 가리키는 것으로 정의됩니다. 경제학이나 경영학의 투자의사결정이론 측면에서는 내부수익률과 기대수익률을 비교하여 투자안을 기각할지 채택할지를 결정할 때 사용하고 있습니다. 하지만 이처럼 교과서적인 정의를 가지고 직관적으로 단번에 IRR이 어떤 것인지 이해하는 것은 정말 쉽지 않은데, 할인율이라

rate)과 위험 프리미엄(risk premium)을 합한 것으로 볼 수 있으므로 최종적으로는 다음과 같습니다.

자본환원율 = (명목 무위험[74]이자율 + 위험 프리미엄) – 순영업소득의 상승률

이론적인 인수분해를 통해서 결국 Cap Rate는 순영업소득의 상승률에 큰 편차가 없다면 결국 해당 부동산의 위험 프리미엄에 종속되는 변수라는 점과 "자본환원율과 내부수익률은 부동산시장의 성장률을 매개로 서로 연결된 수익률"[26]이라는 점을 알 수 있습니다. 자본환원율의 이러한 속성은 다양하게 해석되고 활용될 수 있는데, 특히 익숙하지 않은 지역이나 부동산에 대한 적정 가치나 수익률을 추산할 때 요긴한 근거로 사용될 수 있습니다.

예를 들어, 만일 실무에서 익숙한 지역이 아닌 해외 낯선 도시의 실물자산을 매입하거나 또는 부동산을 개발해야 한다고 가정해 보겠습니다. 이때 매입시점의 Cap Rate나 완공 후 수익이 창출되는 상태에서의 미래 예상 수익률을 가늠해 봐야 합니다. 하지만 매매 사례도 많지 않아 적정한 매매가격의 수준을 판단하기 쉽지 않은 상황이라고 가정해 보겠습니다.

이때는 현지의 부동산매매 관련 에이전트나 객관적인 평가기관 등으로부터 Cap Rate를 비롯한 시장정보와 대략적인 매매가액의 수준을 알아볼 수 있습니다. 그런데 이렇게

는 개념 자체가 투자에 대한 수익률의 직관적인 이해와 정반대의 방향을 보이기 때문입니다. 할인율은 미래의 특정 값을 현가(present value)할 때 사용되는 것이고, 수익률은 지금 투자한 것에 대한 미래의 값을 비교할 때 사용되므로 시간적인 전개방향이 반대라는 점을 고려하면 직관적인 이해가 쉽지 않은 것이 당연하며 지극히 정상적인 일이라고 할 수 있습니다.

다행스럽게도, 이론적으로는 이미 프로젝트 수익률 개념과 IRR의 할인율 개념이 정확히 동일한 의미라는 것이 이미 입증되었습니다. 이자의 개념은 아닙니다만, 어렵게 느껴지신다면 해당 프로젝트로부터 연간 발생하는 이자율이 바로 IRR이라고 이해하셔도 무방합니다. 참고로, '내부'라는 표현이 첨가된 것은 해당 프로젝트로부터 창출되는 수익이 그 사업의 외부로 유출되어 다른 사업에 투자되는 것이 아니라 그 사업에 재투자된다는 것을 가정하고 있기 때문입니다. 내부수익률에 대한 자세한 내용은 김진욱·이현주·차동수(2001). 내부수익률에 대한 이해. 대한산업공학회 추계학술대회 논문집, 691–694를 참고하실 수 있습니다.

74 "재무이론에서는 투자에 따른 수익을 국채(treasury bills)와 같이 무위험자산에서 나오는 수익과 이를 초과하는 수익(excess return)으로 나누고, 이러한 초과수익을 리스크를 감내하는 보상으로 정의하여 리스크프리미엄이라 한다"[문흥식, 조주현(2012). 오피스 자본환원율 분석을 통한 리스크프리미엄 연구. 국토계획, 47(3), p. 349].

취합된 Cap Rate와 시장가격을 봤을 때 이상한 점이 눈에 띕니다. 해당 국가가 선진국이라 무위험수익률은 매우 낮은 수준인데, Cap Rate 자체가 평균 GDP성장률의 3~4배에 달하게 산정되어 있습니다.

실제로 유사 부동산의 매매가액이 매우 낮은 수준이라 Cap Rate가 높게 산정될 수도 있고, 순영업소득이나 그 성장률을 과대평가하거나, 해당 부동산의 속성을 잘 알지 못하는 전문성의 부족 등 다양한 사유로 지나치게 높은 Cap Rate를 적용하여 적정 매매가격 수준을 과소산정하는 오류가 발생할 수도 있습니다. (물론 이때의 Cap Rate는 부동산가치 산정을 위한 할인율의 개념입니다.)

현업에서는 선진국이나 개발도상국 등을 가리지 않고 이런 광경은 언제든 일어날 수 있습니다. 해외 투자를 고려할 때 자주 발생하는 오류 중 하나가 해외에서도 부동산투자나 평가와 관련하여 한국과 같은 정밀한 시스템이 작동하고 있을 것이란 암묵적인 믿음입니다. 이론적인 평가방식이야 대동소이하지만 실제로 그러한 평가가 객관적으로 잘 구현되고 있느냐는 실제 현업에서는 전혀 별개의 문제라고 할 수 있습니다.

특히 Cap Rate를 가치산정을 위한 할인율의 개념으로 사용할 때, 이러한 할인율이 과연 적정하게 도출된 것인지 현지 사정에 익숙하지 않은 입장에서는 판단하기 쉽지 않은 것이 사실입니다. 그러나 Cap Rate의 기본 속성, 즉 자본환원율이 결국 해당 부동산의 위험 프리미엄에 정비례한다는 사실을 알고 계신다면, 아무리 낯선 지역이나 국가라도 경제성장률이나 해당 부동산의 수익성 정도 등에 대한 최소한의 정보만 가지고도 제시된 Cap Rate나 매매가액의 수준이 과소하거나 과대한 것인지 직관적으로 판단할 수 있게 됩니다.

한편, Cap Rate를 할인율로 하여 적정 부동산가치를 산정할 때에는 마지막 해의 순영업소득을 추정하고, 이를 산정된 적정한 할인율로 나누는 방식을 활용할 수 있으며, 이러한 방식을 감정평가에서는 직접환원법으로 구분하고 있습니다. 참고로, 이때의 Cap Rate는 경영학의 투자의사결정이론 중 상호배타적(mutually exclusive) 투자[75]일 경우의 자

75 투자의사결정이론상 투자안을 분류하는 기준은 다양합니다만, 투자안들 사이의 관계를 기준할 경우 크게 보면 상호배타적 투자, 독립적(independent) 투자, 종속적(subordinated) 투자, 보완적(complimentary) 투자 등으로 분류할 수 있습니다. 이 중 상호배타적 투자란 어느 하나의 투자안을 선택하면 그 외 다른 투자안은 자동 폐기되는 경우를 가리킵니다. 일반적으로 어느 기업이 신규 투자를 고려한다고 할 때에는 이러한 상호배타적 투자인 경우가 많습니다. 이와 대비되는 것으로는 독립적인 투자안이 있습니다. 이는 여러 개의 투자안 중 하나를 선택하는 것이 아니라 유일한 하나의 투자안을 선택지로 하여 과연 이 투자를 해야 하느냐 여부를 결정하는 경우를 말합니다. 모기업이 자회사 증자를 하려는 경우

본회수기간과 그 내용에서 상당 부분 유사한 개념입니다. 초기비용, 즉 투자비용을 회수하기 위한 기간을 자본회수기간(payback period)이라고 합니다. 투자비용과 산출되는 누적이익이 동일하게 되는 기간, 다시 말해 손익분기점(break-even point)이 되는 기간을 가리키는데, 이때 연간 균등 이익률에 대응하는 것이 바로 Cap Rate라고 볼 수 있습니다.

Cap Rate와 투자수익률(ROI)은 같은 개념일까

부동산투자에 있어서는 이미 수익률과 부동산가치를 간이 계산할 수 있는 Cap Rate라는 지표와 투자 기간 및 모든 비용을 고려한 정밀한 투자의사결정지표인 내부수익률이 널리 활용되고 있습니다. 따라서 굳이 ROI라는 개념을 다시 투자의사결정이나 성과측정지표로 사용해야 할 필요는 개인적으로는 낮다고 생각합니다. 하지만 현업에서는 Cap Rate가 ROI(Return on Investment)와 어떻게 다른지, 만약 ROI를 부동산투자 부문에 활용한다면 그 산식은 어떻게 되는지 종종 질문받곤 합니다. 간단히 Cap Rate와 이러한 ROI의 관계에 대해서 짚어보도록 하겠습니다.

투자수익률은 일반적으로 경영학에서 기업의 순이익을 총투자액 또는 총자산으로 나눠서 산출하는 경영성과 지표이며, 개념적으로는 다음과 같이 간단한 산식으로 정의됩니다.

투자수익률(ROI) = [투자수익(Investment Gain) – 투자비용(Investment Cost)]/투자비용

간단한 개념이지만, 실제로 부동산금융에서는 국내의 논문을 포함하여 그 산식에 대한 통일된 표준을 찾기가 쉽지 않은 실정입니다. 일부 관련 논문[27]을 참고하고 금융시장의 관행을 감안하면 부동산투자 부문에 있어서의 투자수익률, 즉 ROI는 일반적으로 다음과 같이 산정할 수 있을 듯합니다.

투자수익률(ROI) = (Cap Rate 산정 시의 순영업소득 – 금융비용)/매매관련 총투입대금(매매대금

증자 후 자본수익률을 감안할 때 목표하는 회수기간과 원금회수기간을 고려하여 원금회수기간이 목표회수기간 이내이면 투자안을 선택하는 것이 대표적인 예라고 할 수 있습니다.

+ 관련 세금 + 매매 및 타인자본조달 관련 각종 수수료)

위 식은 해당 투자액의 자본조달 구조를 기준으로 다음과 같이 표현할 수도 있습니다.

투자수익률(ROI) = (Cap Rate 산정 시의 순영업소득 - 금융비용)/(매매관련 자기·타인자본조달액 + 매매 및 타인자본조달 관련 각종 비용 및 수수료)

일반적으로 순영업소득을 산출할 때 세금이 비용으로 차감되므로 결국 부동산 부문에 있어서의 투자수익률은 Cap Rate의 순영업소득에서 금융비용만을 추가로 차감하고, 총투자비용은 매매대금에 취득 관련 세금과 매매를 위한 중개수수료, 타인자본조달과 관련되어 지출된 수수료 등을 합하여 계산된 수익률 지표라고 할 수 있습니다.

결과적인 개념의 유사성에도 불구하고 ROI 지표는 경영성과를 측정하는 지표로서 일반적으로 후행적인 성격을 갖는 반면에, Cap Rate는 투자의사결정을 위한 선행적인 성격을 가지면서 해당 부동산의 가치산정을 직접적인 목적으로 한다는 점에서 근본적으로 큰 차이가 있다고 할 수 있습니다. 하지만 ROI를 단일 부동산에 대한 투자라고 가정하면 관점에 따라서는 위의 식에 의해 산정된 ROI는 일종의 변형된 Cap Rate라고 볼 수도 있으며, 단일 부동산뿐만 아니라 이미 복수의 부동산을 보유하고 있는 경우, 그 부동산 전체에 대한 평균적인 수익률 개념의 간이 계산지표로도 활용될 수 있습니다. 이렇듯 ROI와 Cap Rate의 차이와 각각의 의미를 충분히 이해하고 ROI를 사용한다면 ROI도 투자 의사결정에 도움을 주는, Cap Rate의 보완지표로서 활용될 수 있다는 점 참고하시기 바랍니다.

Cap Rate의 장단점과 세금 이슈

초년도 순영업소득을 기준으로 하는, 현업에서 가장 보편적으로 활용되는 Cap Rate의 장단점을 정리하면 다음과 같습니다.

표 2.12 Cap Rate 장단점 분석

구분	내용
장점	• 초년도 순영업소득과 실매매금액이라는 매우 제한적인 정보만으로도 간편하게 산정 가능 • 투자의사결정지표 중 하나로 기능함 • 내부수익률(IRR) 및 투자수익률(ROI)의 대용지표로서 활용 가능 • 투자금 회수기간의 직관적인 이해가 가능 • 평균 Cap Rate 정보를 바탕으로 적정 부동산가치 추산 가능 • 국채 수익률, 지역별·국가별 부동산집합(군)의 수익률 및 가치의 상호비교에 용이
단점	• 초년도의 순영업소득만을 기준으로 하므로 보유기간 동안의 영업소득 변화 등을 반영하지 못함 • 순영업이익 산정을 위한 비용항목별 통일되고 표준적인 기준이 없음 • 향후 해당 부동산 매각 시 자본이득을 고려하지 않음 • 자본조달구조를 고려하지 않음. 즉, 차입 레버리지로 인한 영향이 고려되지 않음[28] • 해당 부동산의 향후 가치상승가능성이나 선호도 등이 고려되지 않음 • 일반적인 Cap Rate와 객관적인 가치 산정 시 사용되는 Cap Rate가 동의어임에도 불구하고 서로 다른 계산방식과 의미를 가짐으로써 사용자에게 혼동을 유발할 가능성이 있음 • 초년도 렌트 프리의 규모에 따라 실제 보유기간 중 순영업소득과 초년도 순영업소득의 괴리가 크게 발생할 가능성이 있으며, 이 경우 실제 보유기간 중의 평균 수익률이 왜곡될 가능성이 있음 • 정밀한 가치산정을 위해서는 별도로 복잡한 산정기법을 활용해야 하고 평가자에 따라 편차가 발생할 여지가 있음

표에는 포함시키지 않았습니다만, 개인적으로 생각하는 Cap Rate를 고려할 때 큰 이슈 중 하나는 세금 부문입니다.

상업용 부동산의 수익을 고려할 때 세금을 차감하면 순영업이익은 당연히 더 작아지게 됩니다. 그러나 세금은 보유주체나 국가에 따라 그 편차가 클 수 있으므로 세금까지 차감해서 순영업소득을 구하는 것이 올바른 것인지는 보다 심도 있는 고민이 필요한 부분이라고 생각합니다.

같은 임대료와 관리비용이라 하더라도 국가별로 또 같은 국가에서도 매입주체가 누구인지, 보유세율이 어떻게 되는지에 따라 실제 세후 수익률에 큰 영향을 미칠 수 있습니다. 물론 세금을 차감하지 않는다면, 반대로 Cap Rate 산출 후 세금효과까지 별도로 계산해야 하는 번거로움이 있습니다. 이는 단일 부동산에 대한 가치나 수익성을 가늠코자 하는 Cap Rate의 성격을 감안할 때 적지 않은 반론이 있을 수 있다고 생각합니다. 그럼에도 불구하고, 세금은 해당 부동산이 임대료 수익을 얼마나 창출할 수 있느냐 하는 본질적인 측면과는 상대적으로 관계가 없는 부분으로서 향후 학계에서도 관심을 가지고 추가 연구가 필요한 분야라고 생각합니다.

한편, Cap Rate를 산정할 때 세금을 고려하지 않는다면 이는 'EBT(Earnings Before Tax)'와 유사한 측면이 있다고 할 수 있습니다. 즉, 다국적기업에서 국가나 프로젝트별로 다른 세금제도를 일일이 반영할 수가 없어서, 본업에서 세금을 고려하지 않았을 때 얼마를 벌었나를 성과지표로 삼은 것과 비슷[29]한 취지라고 할 수 있겠습니다.

Cap Rate의 실제 사례 분석

Cap Rate는 결국 얼마에 부동산을 샀는데, 실제 내 호주머니에 들어오는 돈은 매년 얼마일까를 비율로 환산한 지표라고 할 수 있습니다. 아파트 등의 주거용 부동산의 경우 거래 사례가 일반적으로 풍부한 경우가 많고, 거래 사례가 많지 않은 경우에도 감정평가를 해서 적정가격을 산출하는 것이 그다지 어렵지 않은 경우가 많습니다. 이에 반해, 상업용 부동산의 경우 비교할 사례 자체가 충분하지 않은 경우가 많고, 사례가 있더라도 그 규모나 건물구조, 임대구성 등에서 모두 다른 특성을 가지기 때문에 단순 비교가 어려운 경우가 적지 않습니다.

이렇듯 적정가격의 직관적인 비교가 상대적으로 쉽지 않은 상업용 수익형 부동산 가치를 판단할 때 Cap Rate는 매우 간단하면서 유용한 지표가 됩니다. 어떤 부동산을 사기 위해 들어가는 자금(매입가격)과 일단 매입을 한 이후에 그 부동산에서 나오는 임대료 등의 연간 순수익이 얼마인지만 추정된다면, 이를 바탕으로 산출된 Cap Rate를 기준으로 하여 매입 후 수익률이 적정한지, 매입가격의 수준은 합리적인지 등을 직관적으로 파악할 수 있게 됩니다.

따라서 Cap Rate가 높을수록, 매입하기 위해 투자한 자금 대비 높은 수익률이 창출된다고 해석할 수 있습니다. 예를 들어, 서울 시내에 있는 어느 빌딩을 1,000억원에 매입했는데 초년도 순영업이익이 50억원이라고 하면 이때의 Cap Rate는 5%[76]가 됩니다.

반면, 일산에 있는 어느 빌딩의 경우에는 매입가격은 300억원으로 앞의 서울 소재 빌딩가격의 1/3에도 미치지 못하지만, 초년도 순영업이익(NOI)은 30억원이라고 한다면, 절대액으로는 일산 빌딩 순영업이익이 서울 빌딩보다 20억원이 적지만 Cap Rate는 오히려

76 참고로 Cap Rate의 경우 실무적으로는 대체로 '연(year)'이라는 표현을 붙여서 쓰지는 않고 있습니다. 즉, 금리가 '연 5%'라는 표현은 수수료나 기타 비율과 의미상 혼동되는 것을 막기 위해 금융기관의 공식 문서나 구두 대화에서도 자주 쓰이지만, Cap Rate가 '연 5%'라는 표현은 거의 사용되지 않습니다. 이는 Cap Rate 자체가 연간 순영업이익을 기준으로 한다는 의미를 이미 포함하고 있기 때문에 다른 % 비율이나 금리 등과 혼동될 염려가 없기 때문입니다.

월등히 높은 10%로 계산됩니다[77](일산 빌딩 Cap Rate: 10%, 서울빌딩 Cap Rate: 5%).

Cap Rate가 높을수록 매입원금을 회수하는 기간은 단축된다고 할 수 있습니다. 해당 부동산을 계속 보유하면서, 즉 매각차익이 없고 초년도 NOI가 매년 NOI와 동일하다고 가정해 보겠습니다. 이때 시간가치를 고려하지 않는다면, Cap Rate가 10%면 매년 창출되는 순영업이익으로 초기에 투하된 매입원금 1,000억원을 충당하기까지 10년이 소요됩니다. 하지만 같은 경우 Cap Rate가 5%라면 원금 모두를 회수하기까지 20년이 소요됩니다. 앞서 설명드렸습니다만, 이렇듯 Cap Rate는 해당 부동산으로부터 산출되는 수익률뿐만 아니라, 해당 부동산을 영구보유 시 원금회수까지의 대략적인 기간까지 직관적으로 파악할 수 있게 해주는 지표라고 할 수 있습니다.

Cap Rate가 유용한 지표인 것은 사실이나, 투자대상 부동산을 선택할 때 기준으로서 Cap Rate의 해석은 주의해야 할 점이 몇 가지 있습니다. 즉, 어느 부동산의 Cap Rate가 몇 %라는 정보를 얻게 되었을 때, 이를 단순하게 현 시점에서 경쟁재 간 우열을 비교하는 지표로서 과도하게 의존하는 것은 적절하지 않습니다.

Cap Rate가 투입된 매입자금과 임대료 등 연간 순영업이익이라는 산출물 간의 함수관계라는 점은 앞서 말씀드린 바 있습니다. 이렇듯 Cap Rate는 현재 시점에서의 매입가격과 산출 수익과의 관계만을 기계적으로 보여주는 지표일 뿐이므로, 산출된 Cap Rate는 반드시 과거 자료나 향후 해당 부동산의 가치 상승가능성, 지역 또는 국가별 특징 등을 함께 고려하여 투자의 적정 여부를 판단해야 합니다.

예를 들어, 앞서 설명드린 일산지역 빌딩의 경우 Cap Rate가 10%라고 해서 '아, 이 지역은 서울과 비교해서 굉장히 임대수익률이 좋구나, 여기에 꼭 투자해야겠다.'라고 두 투자대상을 두고 단순비교할 때의 유일한 기준점으로 삼는 것은 상당히 부정확하고 단편적인 해석이 될 가능성이 높습니다. Cap Rate가 높다면, 임대료 수준자체가 높아서 그런 것일 수도 있지만, 반대로 매입자금의 규모가 작아서, 즉 해당 부동산의 매입가격이 낮아서 그런 것일 수도 있습니다.

서울의 경우, 향후 해당 부동산의 가치 상승 가능성(NOI 상승률 포함)을 고려했을 때, 충분한 투자가치가 있다고 인정되어 매입 수요가 풍부해질 수 있습니다. 이 경우, 수요-

---

77 물론, 일산도 수도권에 속한다는 점에서 서울과 일산소재 빌딩 간 Cap Rate가 예시처럼 2배 이상 차이가 나는 경우는 일반적으로는 불가능에 가깝습니다.

공급의 법칙에 의해 당연히 해당 빌딩의 가치는 상승하게 되고, 높아진 매입가격으로 인해서 현 시점에서의 NOI를 반영한 Cap Rate는 낮은 것처럼 보일 수도 있습니다.

이와 반대로 절대적인 임대료 창출 능력이 전반적으로 좋지 않아서 Cap Rate가 낮은 수준을 보이는 경우도 있습니다. 경제성장이 정체되고 빌딩 등 상업용 부동산에 대한 수요가 급감하는 상황이라고 하면 당연히 연간 순영업이익이 예전과 같거나 오히려 낮은 수준으로 유지될 수밖에 없습니다. 과거 거액을 들여 매입한 빌딩의 수익창출능력이 현 시점에서 저하되거나 저하된 상태 그대로 장기간 유지되고 있는 것이라면, 현재 빌딩 소유자의 입장에서는 매입가격은 높은 데 반해 연간 순영업이익은 실질 감소하였으므로, 과거와 대비하여 현재의 Cap Rate가 당연히 낮게 산출될 수밖에 없게 됩니다.

이 상황을 해당 빌딩을 매입하려는 사람 입장에서 생각해 보겠습니다. 국내 A 빌딩의 매입시기는 5년 전이고 당시 매입가격은 1,000억원이었다고 가정해 보겠습니다. 매입 첫해만 해도 연간 100억원의 순영업이익이 창출되는 Cap Rate 10%인 알짜 자산이었습니다만, 현재는 경기침체가 장기화되면서 공실률이 늘어나서 현재 연간 순영업이익은 50억원 수준으로 급감한 상황입니다. 따라서 현재를 기준으로 한 Cap Rate는 5% 수준이지만, A 빌딩 인근에 소재한 비슷한 규모와 입지의 B, C, D 빌딩의 평균 Cap Rate도 5% 수준으로 거의 비슷한 상황입니다. 이때 A 빌딩을 매입하려는 사람이 있다고 하면, 매수자 입장에서는 Cap Rate를 이용하여 A 빌딩의 매입가액이 적정한지 어떻게 판단할 수 있을까요?

우선 가장 중요한 것은 매입하려는 입장에서의 목표수익률입니다. 현시점에서의 시장 평균 기대수익률이 5% 수준이고 매수자의 요구수익률도 이와 같다면, 과거 5년 전 보다 Cap Rate는 비교가 안 될 정도로 낮아졌음에도 불구하고 매입가격은 과거와 동일한 1,000억원에 수렴하게 됩니다(=50억원/5%). 하지만 매수자의 요구수익률이 시장 평균치를 상회하는 10%를 고수한다면 얘기는 달라집니다. Cap Rate 10%가 되려면 매입가격은 500억원이 되어야 하는데(=50억원/10%) 매도자 입장에서는 특별한 사유가 없는 한 큰 손해를 감수하고 500억원에 낮춰서 매각하기는 곤란하므로 거래가 성사되지 않을 가능성이 높습니다.

한편, 매수자 입장에서는 아무리 시장 평균 수익률이 5%라고 하지만 그렇다고 Cap Rate 5% 수준을 적정하다고 판단하고 덜컥 1,000억원에 매입을 결정하는 것도 탐탁친 않을 것 같습니다. 수익률은 반토막이 났는데 예전 매매가격 그대로 주고 산다는 것이 심리적으로 내키지 않는 것이죠. 매수자입장에서는 채권으로 치면 쿠폰(coupon)에 해당하는 순영업이익도 중요하지만, 미래 일정 시점에 매각을 해서 매각차익(capital gain) 향유를 목적으로 하는 경우가 대부분입니다. 이런 관점에서 과거의 매매가격보다 높게 매수하는 것에는 오히려 심리적 저항감이 덜한 데 반해, 과거보다 특별한 사유 없이 낮은 가격에 매물이 나올 경우에는 경계하고 반기지 않는 경우가 많습니다. 추세상 매매가액이 하락하고 있다면 앞으로도 추가 하락할 가능성이 많고, 상승할 가능성은 상대적으로 희박하다고 판단되기 때문입니다.

한편, 매수자 입장에서 현재는 비록 Cap Rate가 5% 수준이지만 장래에는 지역호재로 인해 임대료 수준이 상승하고 이에 따라 Cap Rate도 상승할 것이라고 생각할 수도 있습니다. 시장은 다양한 의견과 관점을 가진 매도자와 매수인이 존재하므로, 매수자는 나름의 근거를 가지고 매입을 결정할 수도 있습니다.

그러나 향후 임대료 상승가능성은 거시적인 경제환경과도 밀접한 관련을 가지고 있고, A 빌딩의 주위에 있는 경쟁재(기존 유사 빌딩이나 신축 빌딩의 가능성) 및 A 빌딩이 위치해 있는 입지, 빌딩시설의 노후 정도, 그리고 리모델링 개선가능성도 살펴야 되는 등 다양하고 복잡한 변수가 관련되어 있습니다.

장래에 불확실한 변수가 많이 존재하는 반면에, 공실률이 점차 증가하고 있다면 보수적인 관점에서는 향후에도 공실률이 증가하는 추세가 유지되거나 적어도 현재의 공실률이 유지될 것이라고 보는 것이 보다 합리적이라고 할 수 있습니다. 따라서 매수자가 A 빌딩을 매도자가 과거 5년 전에 매입한 가격인 1,000억원에 현재의 Cap Rate인 5%가 본인의 요구수익률에 부합한다고 투자결정을 하는 것이 최선일지는 A 빌딩을 인수한 후에 빌딩 가치 및 연간 순영업이익을 증대시킬 방안에 대하여 명확한 전략을 갖고 있지 않는 한, 상당한 고민이 필요한 부분이라고 할 수 있습니다. 물론 다른 조건이 동일하다면 당연히 Cap Rate가 높을 것으로 기대되는 자산을 투자대상으로 고려하는 것이 당연하다고 할 수 있습니다.

이렇듯, 현실에서는 단순히 Cap Rate가 높을 것으로 기대된다는 사유만으로 투자처를 결정하는 경우는 많지 않습니다. 일반적으로 경제성장률이 높은 개발도상국의 경우 Cap Rate가 그에 비례하여 높은 경향이 있지만, 예를 들어 같은 베트남이라도 지역적으로 편차가 있고 또 개발도상국이라는 국가 리스크가 있기 때문에 실제 투자 시에는 다양한 변수를 같이 고려하여 결정을 하게 되는 것이 일반적입니다.

또한 Cap Rate가 투자자의 관점에서 상업용부동산의 수익성 비교를 쉽게 해주고 직관적으로 이해가 빠른 장점이 있습니다만, 앞서 Cap Rate의 특성을 설명드리면서 언급해 드린 것처럼 실제로 순영업이익을 제대로 구하는 것도 깊게 파고 들어가면 그다지 쉬운 일은 아닙니다.

예를 들어, 어느 빌딩의 임차인으로부터 받는 모든 임대료가 매해 계속 일정하다면 추산하기가 편하겠지만, 실제로는 임차인이나 면적에 따라서 할인 등 혜택이 다르게 주어지는 경우가 많아서 정확한 추정에 애를 먹는 경우도 많습니다. 또한 임대료도 물가상승률 등을 감안하여 일정 부분 상승하는 경우가 많은데 계약하기에 따라 내용이 달라지므로 이 부분도 확인해야 합니다. 임차인이 다수인 경우 해당 임차인들 전체의 계약에 대하여 각각 특징을 파악하고 장·단기 임대차 기간에 따른 시간가치까지 계산하여 객관적인 적정가치를 최종적으로 계산하는 것은 결코 만만치 않은 작업입니다.

결국 적정가치를 계산하기 위해서는 가능하면 해당 부동산의 소유주만이 알 수 있는 정확한 정보를 전제로 정밀하고 복잡한 작업이 수반되어야 하는데, 이것은 사실 정보를 보유한 소유주라 하더라도 부동산의 규모가 큰 경우에는 별도 전문 기관의 도움을 받지 않으면 간단하게 수행될 수 있는 작업이 아닙니다. 물론 정확한 정보가 아니고 대략적인 임대율 및 임대료 현황 정도의 정보만 가지고도 큰 오차 없이 산정할 수 있습니다만, 자칫 정보가 충분하지 않은 상황에서 거액이 소요되는 부동산 매입 관련 투자결정을 하는 것은 매입 후 실제 수익률에 큰 영향을 끼칠 수 있다는 점을 간과[78]해서는 안 되겠습니다.

Cap Rate의 실무적인 활용과 관련하여 예를 한 가지 더 들어보겠습니다. 앞서 말씀드린 신흥 개발도상국의 경우, 경제성장률이 비교적 안정적인 선진국과 비교하여 높은 수준의 경제성장률이 지속되는 경우가 많습니다. 이럴 경우, 경제가 활성화되고 발전하면

---

78 전문 회계법인에 의한 임대차계약현황 실사, 법무법인에 의한 해당 부동산에 대한 소유권 및 제한물권 등에 대한 법률 실사, 시설 운영현황 및 건축구조 및 부동산 상태를 종합한 감정평가 등을 거쳤음에도 실제 매입 후 실사결과와 다른 수선비의 발생, 임차인과의 갈등 등 예기치 못한 리스크가 현실화할 가능성은 상존합니다. 단일 책임임차(master lease) 방식인 경우 그 정도가 훨씬 덜하고, 매매 관련 매도인의 사후 담보책임 등이 약정으로 강제되는 등 다양한 안전장치가 있긴 하지만 해당 부동산에 대한 정확한 '정보'를 가능한 한 완벽하게 수집하는 것이 바람직합니다.

서 상업용 부동산에 대한 임대수요가 지속적으로 증가하여 절대적인 임대료 수준도 그에 따라 상승하는 경우가 많습니다. 이럴 경우, 상업용 부동산의 공급이 함께 증가함에도 불구하고 공급은 비탄력적이라 중·단기적으로는 해당 상업용부동산(빌딩 등)의 가격이 상승하는 속도보다 임대료 상승속도가 더 빠른 경우도 생길 수 있습니다.

따라서 개도국의 경우 평균적인 상업용 부동산의 Cap Rate는 아무래도 선진국보다는 높게 형성되는 경우가 많습니다. 만약 한국에서 투자처를 구하는 것이 아니라, 글로벌 시각에서 투자처를 구하는 경우라면 상대적으로 선진국 대비 높은 수준의 Cap Rate 향유를 목적으로 신흥국 상업용 부동산 매입에 관심을 보일 수도 있는 것이죠.

이와 관련하여 A 빌딩의 사례가 이번에는 인도네시아의 수도인 자카르타에서 발생한다고 가정해 보겠습니다. 현재 소유자는 5년 전에 한화기준(이하 모두 한화기준 환산액) 약 1,000억원으로 매입했다고 가정해 보겠습니다. 매입당시 초년도 순영업이익은 50억원, 당시 Cap Rate는 5%였습니다. 하지만 5년이 지난 현재 연간 순영업이익은 100억원으로 증가한 상황이고, 현재 Cap Rate는 10% 수준입니다. 글로벌 투자자 입장에서 A 빌딩의 적정 매입가격 수준을 추정할 때, Cap Rate를 어떻게 활용할 수 있을까요?

연간 순영업이익 100억원을 Cap Rate인 10%로 나누게 되면, 매입가격은 1,000억원으로 산정됩니다. 매수자가 1,000억원에 매입을 하게 되면 적정한 투자의사결정이라고 할 수 있을까요? 매도자 입장에서는 또 어떨까요? 적정한 가격을 받고 잘 팔았다고 할 수 있을까요?

이 역시 매수자의 요구수익률이 어느 정도냐에 따라 의사결정이 달라질 수 있습니다. 매수인의 목표수익률이 연 10% 수준이라면 1,000억원을 투자해서 목표하는 바를 이룰 수 있으니 적어도 대단히 잘못된 의사결정이라고 보기는 힘듭니다. 매도인 입장에서는 5년 전에 1,000억원을 주고 매입했는데 이번에 1,000억원을 받고 매도를 한다면 비록 자본차익은 발생하지 않아 속은 쓰리겠지만, 세금이나 기회비용을 감안하지 않는다면 그간 임대수익을 수취하고 원금 100%를 받고 판매하는 것이니 적어도 원금회수 관점에서는 큰 손해라고 할 수는 없을 것 같습니다.

하지만 매수자의 요구수익률이 신흥국의 리스크를 감안하여 10%보다는 최소한 더 높은 수준, 예를 들어 15%라고 가정해 보겠습니다. 매수자가 요구수익률 15%를 얻으려면 결국 매입가격이 낮아져야만 가능하게 됩니다. 당장의 연간 순영업이익이 매매계약을 앞두고 유의미한 수준으로 급격히 증가할 가능성[79]은 높지 않기 때문입니다. 따라서 100억원을 15%로 나눈 한화기준 약 667억원 수준에 매입을 해야만 매수자의 입장에서는 적정가격에 매입을 했다고 할 수 있게 됩니다.

Cap Rate의 활용 관련 다른 참고사례를 하나 더 소개해 드리고자 합니다. 예를 들어 NPL(Non-Performing Loan: 부실여신, 부실채권) 시장에서 NPL 투자기관 실무자 사이에 이뤄지는 대화에서 종종 이런 표현을 들을 수 있습니다. "Cap Rate가 너무 낮아서 이번 건은 입찰하기 힘들겠다." 또는 "이번 건은 Cap Rate가 안 맞아서 들어가기 힘들겠다." 이는 요구수익률 대비 실제 수익률이 낮아서 해당 부실여신 입찰에 참여를 하지 못하겠다거나 또는 매입가격이 적정하지 않다, 즉 입찰가액이 비싼 수준이라는 뜻을 포괄적으로 표현한 것이라고 볼 수 있습니다. 현재의 Cap Rate 대비 본인들이 목표로 하는 수익률을 맞추려면 그만큼 할인하여 매입해야 하는데, 그 가격으로는 입찰받기 힘들 것으로 예상되므로 아예 입찰에 참여를 하지 않겠다라는 뜻으로 해석될 수 있는 것이지요.

지금까지 길게 설명드렸습니다만, 어떤 부동산의 가치를 판단하는 데 있어 현재 상태에서의 Cap Rate만을 절대적인 지표로 삼아 투자의사결정을 하는 것은 바람직하지 않습니다. 해당 부동산의 입지나 향후 발전 가능성, 그 부동산의 특성과 임대료 수준의 변동 추이 등을 고려하지 않고 단순하게 요구수익률에 부합하는지만을 보거나 적정가치가 얼마인지를 추정하는 것은 잘못된 의사결정으로 이어질 가능성이 높다는 것을 다시 한번 강조하고 싶습니다.

결국 투자시점에서의 해당 부동산과 그 외의 다른 투자상품(금융상품, 지분인수 등)과의 수익률 비교 또는 전반적인 상업용 부동산 시장의 투자타당성 추이 분석을 위해서는 Cap Rate가 직관적인 이해라는 면에서 매우 유용한 도구가 될 수 있지만, 실무에 활용할 때에는 Cap Rate의 한계와 해석에 있어 개념을 정확히 이해하고 IRR 등 다른 주

---

79 대형 오피스빌딩을 기준으로 할 경우, 매매시점에서 매수인은 기존 임대차계약을 전수 조사하고 잔여 임대차기간을 고려하여 임대료 상승 가능성을 판단하게 됩니다. 이를 바탕으로 임대차계약의 만기가 매매시점과 근접한 경우 매도인의 협조를 얻어 임차인과 사전 협의를 하거나 적어도 임대료 상승 가능성 등에 대해 고지를 하는 것이 일반적입니다. 잔여 임대차계약이 꽤 남아 있는 경우에도 주변 임대료 시세나 관행 등을 감안해서 매수 후 재계약 시기가 돌아오는 임대차계약에서 임대료를 인상시킬 가능성 또는 임차기업의 현실적인 교체가능성을 여러모로 고민해서 이를 자금수지에 반영하게 됩니다. 따라서 일반적으로 임대인의 교체는 임차인의 입장에서 그다지 호재가 아닌 경우가 많으며, 실제로 소유주가 바뀜에 따라 순영업이익이 증가하는 경우도 드물지 않습니다.

요 투자의사결정 지표도 반드시 함께 고려하여 잘못 판단하지 않도록 해야 합니다. 그러나 활용에 있어 정확한 개념을 숙지하고 잘못된 의사결정이 되지 않도록 주의를 기울인다면, 국내 상업용 부동산 비교뿐만 아니라, 글로벌 상업용 부동산시장에서 투자대상 자산을 고르고 비교하는 데에도 매우 요긴하게 활용할 수 있다 하겠습니다.

앞에서 언급해 드렸지만 Cap Rate의 개념이 매우 단순한 데 비해 투자금융 분야 현직에 종사하는 금융기관 담당자들도 내용을 잘못 이해하는 사례를 적지 않게 봐왔습니다. 간단한 개념이고 널리 알려진 용어라고 깊게 알아보지 않고 투자금융 시장에서 잘못 사용되는 용어가 Cap Rate를 비롯하여 실은 적지 않습니다. 부동산개발금융을 비롯한 투자금융 분야에 널리 활용되는 'EBITDA'라는 용어만 해도, 회계를 조금만 접한 경험이 있거나 투자금융 분야에 몸을 담고 있으면 가장 먼저 배우게 되는 개념 중의 하나입니다만, 이렇게 간단하다고 생각하고 광범위하게 사용되고 있는 EBITDA의 연원과 한계, 위험성 및 오용 사례 등에 대해서 서울대 최종학 교수가 《숫자로 경영하라》 시리즈를 통해 문제를 제기하기 전에는 한국 기업 및 투자금융 시장에 거의 알려지지 않았다는 사실[30]만 봐도, 투자금융 분야에 사용되는 용어의 정확한 숙지와 업계 참여자 간 공동의 인식을 바탕으로 한 올바른 사용이 얼마나 중요한지 새삼 느끼게 됩니다. 아무쪼록 현재 부동산개발금융을 비롯한 투자금융 분야에 널리 사용되는 Cap Rate의 정확한 개념이 이 책을 통해서 조금이나마 더 알려졌으면 하는 바람입니다.

서울 오피스 임대시장의 네 가지 권역

일반적으로 서울의 오피스 임대시장은 크게 네 가지 권역[31]으로 분류할 수 있습니다.

① CBD(Central Business District): 광화문, 남대문, 동대문, 명동, 시청, 을지로, 종로 및 충무로 일대 권역
② YBD(Yeouido Business District): 여의도, 공덕역, 영등포역 일대 권역
③ GBD(Gangnam Business District): 강남대로, 교대역, 남부터미널, 논현역, 도산대로, 서초, 신사역, 테헤란로 일대
④ ETC(기타 권역): 위 지역 외의 권역으로 목동, 사당, 용산역, 잠실 및 송파, 천호, 홍대, 합정, 숙명여대 등

21. 부동산 면적

3,300m²와 33,000m²는 어느 정도의 크기일까

대한민국은 「국가표준기본법」 및 「계량에 관한 법률」 등으로 면적개념의 기초가 되는 길이를 비롯하여 시간이나 온도, 질량 등을 측정하는 기본 단위를 세세하게 규정하고 있습니다. 동법에 의하면 길이를 측정하는 기본 단위는 미터(m)이며 면적개념으로는 제곱미터(m²)가 사용되고 있습니다.

제곱미터(m²)는 가로세로 각 1m의 면적을 가리키며 실무상 '평방미터'[80]로도 많이 부르고 있습니다. 한편, 공식 계량단위인 미터(m)와 별개로 평(坪)이라는 단위도 여전히 사용되고 있습니다. 평은 (400/121)m²에 해당하는 면적[81]입니다. 평이라는 단위는 일제 강점기에 도입된 계량단위로서 1961년 「계량에 관한 법률」 제정으로 적어도 공식단위로서의 지위는 상실한 바 있습니다. 그러나 그 이후에도 국민생활에 광범위하게 사용되던 중, 2007년부터는 기존에 관행적으로 사용되던 비법정단위를 신문광고나 계약서 등에 사용 시 과태료 부과대상[82]이 되었습니다. 아직 충분하진 않지만 정부의 강력한 의지와 캠페인으로 상당 부분 평 대신 제곱미터라는 면적단위가 정착되어 가고 있는 중이라고 할 수

---

80 평방미터가 부정적 의미로서 배격해야 할 일본식 표현인가에 대해서 다소 이견이 있습니다만, 제곱미터라는 표준어가 있으므로 일본식 표현으로 보고 가급적 사용을 자제하는 것을 권유드립니다. 현행 대한민국 공식 법령에서는 ㎡를 모두 '제곱미터'로 표기하고 있습니다. 한편, 제곱미터(㎡)는 건설사나 인테리어 등 범건축 관련 업계에서 흔히 "헤베" 또는 "훼베"로 불립니다. 이는 평방미터를 뜻하는 일본어 '평미(平米)'의 발음 'へいべい(헤–베–)'를 그대로 차용한 것입니다. 한 가지 재미있는 점으로, 일본어에서 평방미터를 뜻할 때 쓰는 한자는 한국에서 사용되는 '坪'과 함께 평평하다는 뜻의 '平'도 함께 사용되고 있다는 점을 들 수 있습니다.

81 m²(제곱미터)와 평의 환산 시 여전히 많은 분들이 법에 친절히 명기된 (400/121) 비율 대신 m²를 평으로 환산하는 값과 평을 m²로 환산하는 값을 따로 암기해서 적용하는 모습을 보곤 합니다. m²를 평으로 환산하는 경우는 m²에 (121/400)을 곱해 주시면 되고, 평을 m²로 환산하는 경우 역으로 m²에 (400/121)을 곱해 주시면 됩니다. 참고로 (121/400)=0.3025이고, (400/121)=3.3058입니다.

82 2006년 10월 당시 산업자원부 주도로 대대적인 법정 단위 사용 캠페인('법정 계량단위 사용 정착방안 실시')이 시작됐습니다. 대한민국의 경제적 위상과 규모를 고려하여 당연히 국제표준 단위를 사용해야 한다는 당위가 강조되었습니다. 하지만 제곱미터(m²)와 평(坪) 환산 시 소수점 단위로 계산이 되어 반올림 등에 따라 각종 계약이나 공식 면적측정이 필요한 경우 분쟁이 끊이지 않았고, 같은 평이라는 용어가 주택이나 토지면적을 계측할 때와 건설공사의 특정 부문에서 사용될 때에는 전혀 다른 개념으로 사용되는 등 국민 실생활 측면의 불편과 혼란이 끊이지 않았습니다. 정부에서 더 이상 이를 방치해선 안 된다는 강력한 공감대가 형성되어 그 후에도 지속적으로 법정 계량 단위 정착을 위해 강력한 행정지도를 실시하고 있습니다.

있습니다. 그러나 한번 정착된 비법정 단위개념은 완전히 사라지지 않고 있으며, 평은 아직 우리 일상생활에서 자주 접하는 용어이기도 합니다.

기초적인 내용임에도 불구하고 새삼스럽게 설명드리는 이유는 바로 부동산의 크기, 즉 면적개념의 중요성에 대해서 주의를 환기해 드리기 위함입니다. 부동산개발금융에 있어 면적 관련 개념을 머릿속에 담아두는 것은 상당한 의미가 있습니다. 일반적으로 부동산개발금융의 대상이 되는 프로젝트는 그 규모가 우리가 일상에서 접하는 아파트나 기타 주택 등의 규모를 훌쩍 뛰어넘는 매머드급인 경우가 많습니다. 이때 부동산의 크기에 대한 개념이 제대로 잡혀 있지 않으면 제곱미터나 평으로 해당 부동산이 어느 정도로 크다는 얘기를 아무리 들어도 전혀 실감이 나지 않게 됩니다.

면적에 대한 감이 없더라도 업무가 불가능하지는 않습니다만, 아무래도 연면적 등 규모에 대한 감이 부족하면 업무에 불편을 느낄 수밖에 없습니다. 대형 부동산의 경우 연면적에 비례하여 가치가 결정되는 경우가 많기 때문에, 부동산의 규모에 대한 감이 있다면 정확한 자료가 없는 경우에도 현장에서 목측으로 연면적과 적정 가치 등에 대한 추산이 가능한 경우도 있을 정도입니다. 그러나 면적에 대한 감은 별도로 훈련을 하지 않으면 부동산개발금융에 아무리 오래 종사를 했더라도 절대로 저절로 터득되지 않습니다. 따라서 부동산개발 분야에 종사하거나 관심이 있는 분들은 먼저 자신의 머릿속에 자기 나름대로 면적에 대한 기준점을 정하는 것이 좋습니다. 적절히 훈련만 하신다면 누구나 그 감을 익히실 수 있고, 대한민국뿐 아니라 국외 부동산을 처음 접하시더라도 해당 국가의 경제수준에 대한 사전지식만 있으면 면적을 기준으로 비교적 정확한 수준의 예상 매매가격을 추산할 수 있는 수준까지 오를 수도 있습니다.

우선 본인이 근무하고 있는 곳이 오피스빌딩이라면 여기서부터 시작하는 것이 좋습니다. 예를 들어, 본인이 현재 근무하고 있는 빌딩의 바닥면적이 약 3,306m^2(약 1,000평)[83]이고, 그 빌딩이 30층 건물일 경우 지하층을 제외한 연면적은 대략 계산하면 약 99,180m^2(약 30,000평)가 될 것으로 추정이 가능[84]합니다. 그렇다면 이 개념을 자신의 면적

83 민간 조사기관에서 서울 주요 오피스빌딩의 거래 사례를 조사할 때, 대상이 되는 오피스빌딩의 최소 연면적 기준은 일반적으로 3,306m^2, 즉 1,000평이며 흔히 3,300m^{2}로 표기되곤 합니다. 사정이 여의치 않을 경우 우선 가장 기본단위에 해당되는 3,300m^2(1,000평)에 대한 감을 익혀나가시는 것이 좋습니다.

84 연면적은 바닥면적의 합계로서 용적률과 직접적인 관계가 있습니다. 참고로 용적률을 산정할 때에는 용적률 개념 자체

기준으로 삼아서 다른 부동산의 면적과 비교하여 이미지화할 수 있게 됩니다. 굳이 하나의 면적기준을 가지고 있을 필요는 없습니다. 자신의 주위에 랜드마크라고 할 만한 부동산들이 있다면 등기부등본을 열람해서 토지면적과 바닥면적, 그리고 연면적 등이 얼마인지 살펴보고 면적에 대한 개념과 감을 잡는 것도 좋은 훈련이 될 수 있습니다.

부동산개발의 경우 아직 실물자산이 없는 상태이므로, 우선 개발 예정부지의 면적이 실제로 임장해서 확인 가능한 자산이 됩니다. 현장을 방문해서 해당 토지가 어느 정도 크기인지, 나만의 기준점을 근거로 예상한 크기와 실제로 확인한 면적이 어느 정도 괴리가 있는지 맞춰보는 것도 좋습니다. 이렇듯 자신만의 기준점을 가지고 실무에서 접하게 되는 토지나 건물의 바닥면적이나 연면적 등과 비교하는 작업을 꾸준히 하다 보면 봄비에 풀 자라듯이 어느덧 매머드급 면적에 대한 목측 능력이 놀랄 정도로 발전한 것을 실감하실 수 있게 됩니다.

부동산개발이 아닌 부동산 실물자산 금융인 경우에도 면적에 대한 개념은 유용하게 활용될 수 있습니다. 실물자산인 경우 필연적으로 입지 및 종류별로 인근 경쟁물건들과 비교하여 가격 및 수익성의 적정 정도를 분석하는 절차를 거치게 됩니다. 이때 해당 부동산이 오피스빌딩인 경우 임장을 통해 원래 가지고 있던 본인의 면적기준을 근거로 빌딩의 크기에 대해서 느껴보시고, 이 정도 연면적이면 이 지역 건폐율과 용적률을 기준으로 건축면적과 층수 및 건물 전체의 높이가 이 정도가 되는구나 하고 머릿속에 잘 담아두시는 것이 좋습니다. 이렇게 되면 인근 유사 물건들의 연면적이나 층수 등의 비교자료를 보실 때, 비록 방문해 보지는 않았더라도 머릿속에서 훨씬 입체적으로 이미지화하는 것이 가능하고 기억하기도 쉬워지는 것을 경험[85]하실 수 있습니다. 주변에 따로 기준을 삼을 만한 건물이 부족하다면 수도권이나 기타 전국적으로 유명한 건물에 대한 면적 개념을 활용하시는 것도 추천할 만한 방법입니다. 예시로서 서울의 랜드마크 약 세 곳의 면적을 소개해 드리겠습니다.

○ 광화문광장: 2022년 하반기에 확장공사 후 재개장되었습니다. 재개장 후에는 기존 면적

가 지상면적에 대한 기준이므로 당연히 지하층 바닥면적은 산정 시 포함되지 않습니다.

85 나중에 익숙해지시면 제곱미터당 임대료 수준이나 연면적 중 임대면적의 비율 등 부동산 실물자산 관련 주요 수익 관련 지표에 대해서도 자신만의 기준점을 가지고 꾸준히 다른 자산들과 비교하는 작업을 하는 것을 권유드립니다.

의 약 2배에 달하는 총면적 약 40,300m²(12,190평)로 확장되었습니다. [참고: 기존 총면적 18,840m²(5,699평) → 대략 20,000m²(약 6,000평)]

○ 63빌딩 연면적: 238,429m²(72,125평) → 대략 240,000만m²(72,000평), 높이 249.6m

○ 여의도 파크원(지하층 기재 생략)

- 타워 1: 연면적 213,958m²(64,722평), 지상 69층, 높이 318m
- 타워 2(NH금융타워): 연면적 162,047m²(49,019평), 지상 53층, 높이 256m
- 백화점 건물: 연면적 193,935m²(58,665평), 지상 8층, 높이 50m
- 호텔 건물: 연면적 58,933m²(17,827평), 지상 30층, 높이 104m

전용률은 어떻게 계산할까

아파트와 오피스텔 전용률 구하는 법, 베이와 RLDK

전용률은 부동산개발금융 실무 중 아파트와 오피스텔 관련해서 알아두시면 좋을 내용입니다.

먼저 오피스텔부터 설명드리겠습니다. 오피스텔은 한국에서 만들어진 용어이며 영미권에서는 사용되지 않는 표현입니다. 「건축법 시행령」의 별표 1의 업무시설을 규정하는 부분에서는 오피스텔을 다음과 같이 정의하고 있습니다. "업무를 주로 하며, 분양하거나 임대하는 구획 중 일부 구획에서 숙식을 할 수 있도록 한 건축물로서 국토교통부장관이 고시하는 기준에 적합한 것을 말한다." 오피스텔은 SOHO 기업[86] 및 중소기업의 사무실로 활용되는 경우도 물론 있으나, 도시 내 주거시설의 공급에 상당한 제약이 있는 한국의 특징과 상대적으로 대단위 아파트에 비해 저렴한 가격적 장점 등을 바탕으로 사실상 소규모 주거전용시설로 활용되는 경향이 높은 상품입니다.

근본적으로는 업무시설로 분류되고 있으며 취득세 등도 특별한 사유가 없는 한 업무시설로 간주하고 부과되는 것이 일반적입니다. 하지만 구조적으로 주거시설과 업무용시설의 성격을 동시에 가지고 있어 세법상 취득세 및 보유세 관련 이슈가 될 소지가 항상 있으며, 주거시설로서 좁은 면적과 소음과 환기의 어려움, 주거 전용지역이 아닌 곳에 소

86 Small Office Home Office의 약자입니다. 소규모 사무실 또는 가내에서 소규모 영업을 영위하는 기업으로서 한국의 금융실무에서는 자영업자를 일컫는 경우가 많습니다.

재하여 주변 환경이 주거지역으로서 적합하지 않은 등의 단점 등도 적지 않습니다.

금융실무에서는 오피스텔의 전용률이 주요 심사포인트로서 민감하게 거론되는데, 주거전용시설로 사용되는 경우 전용률의 차이가 곧 마케팅의 성공 여부와 직결되는 경우가 많기 때문입니다. 아파트 또는 오피스텔에서 사용되는 '전용률'이라는 것은 거주자 또는 사용자가 자신의 거주 및 업무 등을 위해 자신이 온전히 독립적으로 사용할 수 있는 면적을 가리키며, 오피스텔의 전용면적은 평균적으로 아파트보다 매우 낮은 경우가 대부분입니다. 아파트의 경우 일반적으로 분양면적의 80% 내외의 전용률을 보이는 데 반해, 오피스텔의 경우 계약면적 대비 적게는 40%에서 평균 50% 정도의 전용률에 그치는 경우가 많습니다. 따라서 오피스텔의 경우 단 몇 %의 전용률 차이라도 체감상 상당히 크게 느껴지는 경우가 많으며, 시행사와 시공사 등도 수익률을 다소 희생해서라도 분양 성공을 위해 전용률을 제고하려 노력하는 경우가 산견[87]되고 있습니다.

오피스텔의 전용률은 다음과 같이 계산됩니다.

$$\text{오피스텔 전용률} = (\text{전용면적}/\text{계약면적}) \times 100$$

단, 이때의 계약면적은 전용면적과 공용면적의 합이므로 위 식은 다음과 같이 풀어 쓸 수 있습니다.

$$\text{오피스텔 전용률} = [\text{전용면적}/(\text{전용면적} + \text{공용면적})] \times 100$$

이때 공용면적에는 엘리베이터, 복도와 비상계단, 주차장 면적 등 실제로 오피스텔 해당 호실의 현관에서부터 시작되는 전용면적을 제외한 모든 면적이 포함[32]됩니다. 대부분 매출 극대화를 위해 일반적으로 코어형 복도식 구조를 취하는 오피스텔의 속성상 복도와 주차장의 면적 등 공용면적의 비중이 작지 않으며 결과적으로 오피스텔의 전용률은 구조적으로 높아지기 힘든 모습을 보이게 됩니다.

87 전용률을 제고하는 방법 중 하나로서 건물구조에 아파트와 같은 계단식을 적용하는 경우가 있습니다만, 대량의 오피스텔 배치가 가능한 코어형식의 복도식 건물구조와 대비하여 상대적으로 사업시행자의 수익률 저하가 불가피합니다.

한편, 아파트의 전용률은 다음과 같이 계산됩니다.

아파트 전용률 = (전용면적/공급면적) × 100

이때의 공급면적은 전용면적과 주거공용면적의 합이며, 이를 일반적으로 분양면적이라고 합니다. 위 식은 다음과 같이 치환됩니다.

아파트 전용률 = [전용면적/(전용면적 + 주거공용면적)] × 100

아파트 전용률 = (전용면적/분양면적) × 100

오피스텔과 달리 '공급면적'이라는 표현은 주택법상 아파트와 같은 주택을 판매하는 것을 일관되게 '주택의 공급'이라고 표현하는 취지에서 비롯되었습니다. 아파트의 주거공용면적에는 오피스텔과 마찬가지로 엘리베이터, 복도, 계단 등 주거와 1차적, 직접적으로 관련되는 면적은 포함되나 주차장이나 노인정, 관리실 등은 집합주택의 속성상 필수적인 그 밖의 공용면적이라고 별도로 분류되며 주거공용면적에 포함되지 않습니다. 따라서 구조적으로 오피스텔과 비교하여 아파트의 전용률은 대부분 높은 특징이 있습니다.

아파트의 공급면적 체계를 시중에서 흔히 접할 수 있는 공급계약서를 기준으로 간단히 정리하면 다음과 같습니다. 오피스텔의 경우 계약면적은 전용면적과 공용면적을 합한 단순한 개념인 데 비해 아파트의 계약면적은 그 체계가 다소 복잡합니다.

표 2.13 아파트 공급면적 구성 예시

세대별 주택공급면적 (㎡)						세대별 대지면적 (㎡)	분양건설 세대 수
공급면적 (A)			그 밖의 공용면적 (B)		계약면적 (A + B)		
계	주거전용	주거공용	기타공용	지하주차장			

※ 위 표에서 아파트의 공급면적 (A) = 분양면적
※ 미디어에서 '84㎡ 형' 등으로 표기되는 것은 주거전용 면적을 기준으로 한 것임

마지막으로 아파트나 주택의 구조를 묘사할 때 자주 사용되는 용어를 간단히 소개해 드리고자 합니다. 아파트의 분양마케팅에서 자주 접하게 되는 '베이(bay)'라는 표현이 있

습니다. 베이는 건축용어로서 "전면을 기준으로 기둥과 기둥 사이의 구획"을 의미[33]합니다. 실무적으로는 전면 발코니를 기준으로 해당 발코니 쪽에 배치된 거실과 방의 개수를 표현하는 용어로 널리 쓰이고 있습니다. 예를 들어, 포베이(4 bay)라고 하면 전면 발코니 쪽으로 거실과 방 3개가 나란히 연접한 구조가 됩니다. 일반적으로 베이 수가 증가하면 개방감에 따른 소비자 만족도와 선호도가 높아져서 마케팅에 용이한 것으로 알려져 있으며, 2005년 발코니 확장공사를 통한 방 또는 거실로의 공간전용이 합법화되고, 소비자의 경제력 향상과 채광문제 등의 요인이 복합적으로 맞물려서 베이 수가 많은 구조가 보편화[34]되고 있습니다.[88]

22. 인허가

다른 듯 같은 인가와 허가

현업에서 인가와 허가는 같은 뜻으로 사용된다

인허가는 인가와 허가를 합쳐서 부르는 말[89]입니다. 실무적으로는 승인, 특허 등과 함께 포괄적으로 어떤 법률행위에 대한 허용의 의미로서 행정관청의 처분행위를 뜻하는 용어로서 사용되고 있습니다. 이러한 허용의 처분행위는 법 이론이나 실무상 그 분류기준이나 법적 성질이 너무나 다양하기 때문에 이 책에서 전문적으로 다루기에는 그 취지나

88 참고로 일본에서는 'RLDK'라는 표현이 널리 사용되고 있는데, 다른 국가에서는 주거시설의 구조를 가리킬 때 어떤 개념과 용어를 사용하는지의 관점에서 보시면 흥미로운 부분이 될 것 같습니다. 여기서 R은 room을, L은 living room(거실)을, D는 dining(식사공간)을, K는 kitchen(주방)을 가리킵니다. 예를 들어 1LDK구조는 방이 하나, 거실이 하나, 그리고 식사를 할 수 있는 공간과 주방으로 구성된 형태를 가리킵니다. 2LDK라고 하면 방이 2개, 거실과 주방, 식사가 가능한 공간 등이 각각 하나씩 있는 구조입니다. (방을 표시하는 R은 따로 표기하지 않고 앞의 숫자로만 나타내는 것이 일반적입니다.) 개인적으로는 주거시설의 경우 대부분 주거 전용면적에 따라 어느 정도 예측이 가능한 구조의 유사성을 보이는 한국과 비교하여, 일본의 경우 우리와 같은 아파트에 대응하는 맨션 외에도 단독주택이나 저층형 맨션 등 보다 다양한 거주구조가 있어서 단순히 면적을 기준으로 그 주거시설의 구조를 예측하기가 곤란한 측면이 있다고 봅니다. 이에 따라 콕 집어서 방이 몇 개이고 거실이나 부엌, 식사를 할 수 있는 공간이 어떻게 구성되어 있는지를 구체적으로 표기하는 것이 일반화되지 않았나 추정됩니다.

89 '인·허가' 또는 '인허가' 등으로 흔히 표기되며 이 책에서도 인허가와 인·허가를 같은 의미로 기재하였습니다.

표 2.14 허가, 특허와 인가 비교

구분	허가	특허	인가
공통점	• 법률행위적 행정행위 • 실정법상 허가·특허·인가·면허·인허 등으로 혼용 • 쌍방적 행정행위(단, 허가는 예외. 예: 통행금지 해제 등 출원 없이 가능 행위) • 불요식 행위 • 수익적 행정행위(허가는 반사적 이익, 특허는 법률상 이익) • 원칙적으로 부관 가능(단, 인가는 제한되는 경우 있음) • 취소·철회가 가능하나, 조리법상 제약을 받음 • 국가에 의한 감독		
의의	• 법규에 의하여 일반적·상대적 금지를 특정한 경우에 해제하여 자연적 자유를 회복시켜 주는 행위	• 특정 상대방을 위하여 권리·능력·법적 지위 등을 새로이 설정하여 주는 행위	• 제3자(타자)의 법률행위를 보충하여 그 법률적 효력을 완성시켜 주는 행위
성질	• 명령적 행정행위(상대방 및 불특정) • 기속행위(허가의 거부도 동일) • 쌍방적 행정행위(단, 출원 없이 가능 행위 있음)	• 형성적 행정행위(직접 상대방) • 재량행위(특허의 거부도 동일) • 쌍방적 행정행위(필요적 출원)	• 형성적 행정행위(타자를 위한 행위) • 재량행위(인가의 거부도 동일) • 쌍방적 행정행위(필요적 출원)
수정 여부	• 수정허가 가능	• 수정특허 불가	• 수정인가 불가
상대방	• 특정인: 출원이 있는 경우 • 불특정다수: 신청이 없는 경우	• 언제나 특정인	• 언제나 특정인
대상	• 사실행위(원칙) • 법률행위(공법행위)	• 사실행위 • 법률행위(공권적 행위+사권적 행위)	• 사실행위는 제외 • 법률행위(공법행위+사법행위)
효과	• 자연적 자유의 회복(금지 해제) – 반사적 이익 – 이익침해 시 행정쟁송 불가	• 법률상 이익(보호이익) – 권리(공권 및 사권) 발생 – 이익침해 시 행정쟁송 불능	• 타인의 법률행위 효력을 보충 및 완성 – 보충적 효력(권리설정 아님)
이전성	• 일신전속이 아닌 한 이전 가능(대물적 허가의 경우)	• 일신전속이 아닌 한 이전 가능(대물적 특허의 경우)	• 이전 불가
형식	• 언제나 허가처분 • 법규허가(X)	• 법규특허(O)「한국도로공사법」 • 특허처분(O)	• 언제나 인가처분 • 법규인가(X)
적법/유효 요건	• 무허가 행위 – 행위 자체는 유효(허가는 적법요건) – 단, 처벌대상(행정강제·행정벌)	• 무특허 행위 – 행위 자체는 무효(특허는 효력요건) – 단, 처벌대상은 아님	• 무인가 행위 – 행위 자체는 무효(인가는 효력요건) – 단, 처벌대상은 아님
국가의 감독	• 질서유지를 위한 최소한의 소극적 감독: 사기업(사인) 관계	• 공익사업 조성을 위한 특별한 적극적 감독: 공기업 관계	
구체적 사례	• 건축허가 • 운전면허 • 의사면허 • 영업허가 • 통금해제 • 수출입허가 • 택시미터검사 • 자동차검사(합격처준) • 총포·도검·화약류 영업허가 • 폐기물중간처리업허가 • 전당포영업허가 • 연초소매업지정 • 보도관제해제 • 학원설립인가	• 토지수용의 사업인정 • 광업허가 • 어업허가 • 귀화허가 • 공기업특허 • 공물사용권특허 • 도로·하천점용허가 • 공유수면매립면허 • 자동차운수사업면허 • 개인택시운송사업면허 • 공무원임명 • 도시개발조합 설립인가 • 도시및주거환경정비법상 도시정비조합 설립인가 • 공용수용권설정	• 토지거래허가 • 공유수면매립준공인가 • 공법인설립인가 • 사립대학설립인가 • 공공조합 정관승인 • 행안부장관의 지방채기채승인 • 공기업양도인가 • 학교법인 임원에 대한 감독청의 취임승인 • 수도공급규정인가 • 하천사용권 양도인가 • 특허기업의 운임·요금인가 • 외국인 토지취득허가 • (재개발·재건축)관리처분계획인가 • 화학류양도·양수에 관한 경찰서장허가

〈계속〉

표 2.14 (계속)

구분	허가	특허	인가
예외적 승인 사례	• 「학교보건법」 학교환경정화구역 내 유흥음식점 허가 • 개발제한구역 내 건축허가 • 「자연공원법」이 적용되는 지역 내 단란주점 허가 • 도시계획구역 내 건물의 용도변경허가, 지목형질변경허가 • 학술연구(치료)를 위한 향정신성의약품(마약)의 소지·섭취 승인 • 마약류 취급자 허가 • 카지노 영업허가		

분량상 어려운 점이 있습니다. 부동산공법[90]을 접하신 분들은 기본적으로 아시는 개념이긴 합니다만, 간단히 법 이론적인 면에서의 인허가 개념을 살펴보고, 실무상 가장 많이 접하게 되는 주택법상 사업계획승인이나 실시설계, 실시협약 등에 대해 조금 더 자세히 알아보겠습니다.

인가와 허가란 넓게 보면 행정청으로부터 어떤 법률행위를 하는 것에 대한 허락을 받는 것을 뜻합니다. 구체적으로 살펴보면, 허가는 금지되어 있는 법률행위에 대해 행정관청이 그 금지를 해제하고 적법하게 행위할 수 있도록 해주는 행정처분을 뜻하며, 인가는 이보다 약한 개념으로서 어떤 법률행위를 보충하여 그 효력을 완성시키는 행위를 말합니다. 참고로 어떤 사실이나 법률행위를 행정청에 알리는 것을 '신고'라고 합니다. 대표적으로 집회신고나 각종 세금신고 등이 있습니다.

구체적인 이미지가 잘 떠오르지 않으실 수 있습니다만, 허가의 대표적인 예로는 건축허가와 운전면허, 학원설립인가, 각종 영업허가 등이 있습니다. 의사면허도 역시 허가에 해당됩니다. 명칭이 어떻든 간에 자세히 살펴보시면 모두 뭔가 금지되어 있는 법률행위를 허락해 주는 것임을 알 수 있습니다.

이에 비해 흔히 접하게 되는 토지거래허가는 그 명칭이 비록 허가라는 용어를 사용하고 있지만, 양자 간의 거래를 관할 행정관청이 후속적으로 인정하여 매매의 효력을 완성해 주는 성질이므로 행정법상으로는 허가라 아니라 인가로 분류됩니다. 인가의 대표적

---

90 부동산개발금융에 있어서는 인허가 및 사업계획승인 등이 무엇을 뜻하는지는 부동산공법을 모르고는 논하기 힘든 면이 있습니다. 부동산의 이용·관리 및 규제에 관한 공법을 부동산공법이라고 하는데, 국민의 어떤 행위를 제한한다는 관점에서 보면, 크게 「국토기본법」과 「수도권정비계획법」 및 「국토의 계획 및 이용에 관한 법률」을 중심으로 하여 주로 공공성에 초점을 둔 「도시개발법」, 「도시 및 주거환경정비법」, 「도시재정비 촉진을 위한 특별법」과 사적인 제한을 중심으로 하는 「건축법」, 「주택법」, 「산지관리법」, 「건축물의 분양에 관한 법률」 이외의 다양한 법으로 구성되어 있습니다.

인 예로는 말씀드린 토지거래허가를 비롯하여 재개발, 재건축의 관리처분계획 인가 등이 있습니다.

인허가의 사촌 격인 특허와 승인

허가와 인가 외에 어떤 것을 허락해 준다는 의미에서는 특허나 승인이라는 개념도 있습니다. 승인은 상대방의 의사표명에 대해 인정과 긍정을 표명하는 것으로서, 일상적으로 사용되는 뜻과 법률적 의미가 가장 유사한 용어라고 할 수 있습니다. 다만, 「건축법」에 의한 건축물사용승인이나 주택법상 사업계획승인이라고 할 때의 승인처럼 명칭은 승인이나 그 내용상 허가에 포함되는 경우도 물론 있습니다.

특허라고 하면 흔히 떠올릴 수 있는 기술특허가 있습니다만, 각종 광업이나 어업허가 등도 특허에 포함됩니다. 특허는 허가와 유사한 개념이지만 특정 상대에 대한 법률적 지위나 권리를 인정해 준다는 점에서, 일반적으로는 금지되어 있는 상황에서 요건이 구비되면 특별한 사유가 없는 한 인정해 주는 것을 기본 개념으로 하는 허가와는 다르다고 할 수 있습니다. 즉, 허가에 비해 특허는 그 대상이 좁고(특정되고) 단순히 당초 제한된 일반적인 법률행위의 회복이라는 차원의 행정행위인 허가에 비해 상대적으로 적극적인 행정행위라고 할 수 있습니다.

기본적인 인허가 관련 법령은 숙지해 놓자

사업주체에게만 맡겨 놓을 수 없는 인허가 가능성 검토

지금까지 인가와 허가, 특허, 승인 등의 기본 개념에 대해서 간략히 설명드렸습니다. 이들 개념은 모두 행정관청의 허용을 뜻하는 행정행위라는 점에서 공통점을 찾을 수 있습니다만, 사실 법적으로나 일상에서 너무나 그 개념이 혼용되고 있어 크게 구분의 실익은 없는 편입니다.

간단하게 말씀드렸습니다만, 깊게 들어가면 사실 그 개념이나 법적성질, 위반 시의 법적 효력 등이 모두 다르고, 관련된 법령도 한두 개가 아닌지라 족히 논문 한 권이나 책 한 권 분량으로 다룰 수 있을 정도로 어렵습니다. 예를 들어, 기본적으로 건축허가라는 것이 행정관청의 재량행위이기 때문에 건축허가를 받아 그 건축이 완료된 건축물에 대한 사용승인의 거부나 목적물에 대한 원상회복 명령(멸실)을 어떻게 해석하고 받아들여야 하는지 등 단순히 이론적인 부분을 떠나 실무적으로도 고민하고 논의해야 할 사항이 많습니다.

인·허가 등의 개념은 각종 법령에서도 달리 정의되는 경우가 많은 것이 사실입니다. 따라서 개인적으로는 적어도 개념상 정의와 관련해서는 일반적인 법 이론상 어떻게 구분되는지 정도만 아시면 충분하다고 생각합니다. 그보다 중요한 것은 부동산개발금융에 있어 해당 프로젝트와 가장 밀접하게 관련되는 개별 법령에 대한 기본적인 지식을 갖추는 것이라고 생각하며, 가장 기본이 되는 「건축법」이나 「주택법」의 기본 내용은 숙지하실 것을 권해드립니다. 그 외, 숙박이나 레저시설과 관련된 「관광진흥법」이나 골프장 등과 관련된 「체육시설의 설치·이용에 관한 법률」(약칭: 체육시설법), 산업단지나 지식산업센터의 경우 「산업기술단지지원에 관한 특례법」, 「산업입지 및 개발에 관한 법률」 또는 「산업집적활성화 및 공장설립에 관한 법률」 등과 같이 해당 프로젝트에 직접적으로 영향을 미치는 법령을 숙독하고 업무상 주의해야 할 점이나 프로젝트 기간을 추산하는 데 활용하시는 것이 필요하다 하겠습니다.

실무적으로는 대부분의 부동산개발금융은 전문 법무법인이 법률자문과 약정서 작성 등을 조력해 주기 때문에 부동산개발금융 담당자가 전문성을 가지고 일일이 인허가에 신경 쓰는 일은 거의 발생하지 않습니다. 대출금의 인출선행조건[91]으로서 인허가의 완료나 이에 준하는 상황을 전제[92]하는 경우가 대부분이고 이 또한 법무법인이 그 충족 여부를 검증하는 것이 일반적입니다.

인허가는 대출금 인출선행조건의 하나로서 전문 법무법인의 검증을 받고, 그 대부분을 사업시행자가 담당하며, 금융 실무자의 입장에서도 당연히 인허가의 충족을 전제로 하여 금융구조를 설계하는 경우가 일반적입니다. 하지만 인허가는 부동산개발에 있어 너무나 중요한 단계이기 때문에 단순히 수동적으로 사업시행자가 담당하는 일이라고만 인식하는 것은 그다지 바람직하지 않습니다. 아무리 인허가의 완료를 전제로 한다고 하더라도, 실질적인 완료 가능성을 도외시하고 무작정 금융구조를 설계하는 것은 현실적

---

91 대출금이 인출되기 위한 선행조건(conditions precedent)을 말하며, 현업에서는 흔히 "씨피(C.P.)"로 부르고 있습니다.

92 사업초기에 토지대금 충당을 목적으로 하는 '브릿지론'의 경우는 논외로 합니다.

이지도 않을뿐더러 자칫 잘못 판단하면 큰 곤욕을 치를 가능성이 있기 때문입니다.

금융기관의 입장에서도 기회비용이 분명히 존재합니다. 면밀한 사전검토를 거쳐 어느 딜의 금융주선을 담당하고 있는데, 당초 예정됐던 것과 달리 인허가 기간이 장기간 순연되는 경우도 생길 수[93] 있습니다. 따라서 비록 완벽히 그 가능성을 파악하는 것은 곤란하겠지만, 적어도 해당 프로젝트와 관련된 중요한 인허가가 어떤 것이고 그 완료 가능성 및 시기 등은 어떻게 되는지 객관적으로 금융기관 입장에서도 나름대로 사전 검증을 하는 절차가 반드시 필요하다 하겠습니다.

부동산개발금융의 인허가 바이블, 사업계획승인

지금까지 인허가의 일반적인 개념을 설명드렸습니다. 이제 사업계획승인을 설명드리겠습니다. 사업계획승인은 줄여서 '사업승인'이라고도 자주 표현됩니다. (구두뿐만 아니라 공식 문서에서도 금융기관에서 자주 사용되고 있습니다.)

사업계획승인은 말 그대로 사업주체(부동산개발사업의 경우에는 시행사)가 구상하고 있는 사업계획을 승인해 주는 것을 가리키며, 인가와 허가의 개념을 모두 포함하며 그 자체로 최종 인허가의 성격을 가지고 있습니다. 앞으로 사업계획승인이라는 말을 들으시면 복잡하게 생각하지 마시고 반사적으로 '아하, 건축허가와 유사한 최종 인허가의 하나구나.'라고 생각하시면 됩니다.

사업계획승인이 일반 건축 인허가와 다른 점은, 기준을 어디에 두느냐에 따라 내용이 달라질 수 있습니다. 「주택법」처럼 건축의 규모에 따라 건축허가와 사업계획승인대상을

---

93 이렇게 될 경우, 현실적으로 인허가 순연을 사유로 금융기관이 그 주선을 칼로 무 베듯이 중도에 포기하는 것은 결코 쉬운 일이 아닙니다. 부동산개발은 다양한 이해관계자와 인적·물적 자본이 투하되고 매우 복잡하게 진행되는 프로젝트이므로, 당초 예상됐던 바와 다른 변수들이 무수히 발생하는 것이 일반적입니다. 어떻게 보면, 그러한 상황을 미리 가정하고 주요한 사항들이 적기에 진행되도록 사업의 이해관계자들이 지혜를 모으고 어렵지만 한 발씩 전진해 나가는 지난한 작업이라고 할 수 있습니다. 따라서 인허가의 순연도 말씀드린 무수히 발생하는 변수 또는 극복 가능한 장애물의 하나로 인식되는 것이 일반적이며, 객관적으로 인허가 완료의 가능성이 현저히 낮아진 상황에서 단순히 이를 이유로 중도에 금융주선을 포기하는 경우 많은 반발에 부딪히게 됩니다. 특정 프로젝트의 금융주선을 고려할 경우 앞서 말씀드린 브릿지론이 아닌 다음에는 이 점을 반드시 면밀히 고민하고 검토하셔야 합니다. 때로는 금융주선기관이 인허가 순연에 불구하고 자금을 투입해서 프로젝트를 소위 말하는 '하드캐리(hard carry)'하는 상황도 배제할 수 없습니다.

구분하고 있는 경우도 있지만,[94] 건축규모와 상관없이 「관광진흥법」에 의거하여 사업을 구상하는 자가 수립한 계획 자체를 사업계획이라고 하고, 그 승인 역시 사업계획승인[95]이라고 지칭하기도 합니다. 즉, 사업계획승인이란 인허가의 일종이되, 일반 건축 인허가와 대비하여 대규모이거나 또는 대규모가 아니더라도 단순 건축허가로는 채워지지 않는 사항이 있을 때, 동 사항을 포함하여 계획을 세우고 승인을 하는 다소 포괄적인 개념이라고 보시면 됩니다. 중요한 것은 사업계획승인이 어떤 프로젝트를 시행함에 있어 최종 인허가에 해당된다고 인식하는 것입니다.

실무적으로는 부동산개발사업에 있어 사업계획승인이 완료되면 해당 프로젝트의 인허가가 완료된 것으로 간주하는 것이 일반적입니다. 프로젝트 및 관련 법령에 따라 물론 절차적으로 밟아야 하는 추가 후속조치들이 있을 수는 있지만, 크게 보면 해당 프로젝트에 대하여 사업 시행주체가 계획한 바가 승인되었다는 점에서 관련 인허가가 완결된 것으로 보게 됩니다.

앞서 잠깐 언급드렸습니다만, 부동산개발금융에서는 PF 등이 인출되기 위하여 필요한 선결조건, 즉 인출선행조건 중 하나로 해당 프로젝트의 관련 인허가 완료를 꼽는 경우가 대부분입니다. 이때 건축허가 또는 사업계획승인의 완료 등 제반 인허가의 완료를 양보할 수 없는 절대적 선행조건으로 하고, 해당 프로젝트의 특징별 절차에 따라 추가로 취해야 할 부분이 있으면 그러한 사항은 PF 인출 후 일정 시기까지 추가로 완료[96]될 수 있도록 하는 것이 일반적[97]입니다.

94 공동주택 기준 29세대 이하일 경우는 건축허가, 30세대 이상일 경우에는 사업계획승인 대상입니다.

95 예를 들어, 이러한 사업계획승인이 아파트 등의 주택에 적용되면 주택사업계획승인이 되고, 호텔을 짓는 등 숙박업과 관련이 있는 경우에는 관광숙박업 사업계획승인이 되는 등 다양하게 지칭됩니다.

96 대출금의 기표, 즉 인출이 이루어진 후 언제까지 착공신고를 해야 한다든지, 화재보험 이외의 보험, 예를 들면 임대료보증에 대한 보증보험부보가 완료된다든지 하는 것들이 있을 수 있습니다. 이렇듯, 대출금의 인출 이전에 물리적으로 만족시킬 수 없는 조건의 경우, 인출 이후 비교적 특정 단기간 내 그 이행을 강제하는 조건을 두는 경우가 일반적인데, 이를 인출후행조건(conditons subsequent)이라고 합니다.

97 곧 설명드릴 지구단위계획에서 자세히 말씀드리겠습니다만, 소위 '브릿지론'의 경우에 인허가의 완료는 그 속성상 인출선행조건에 일반적으로는 포함되지 않습니다.

한번 알아두면 실무에 평생 도움 되는
실시협약과 실시설계, 실시계획 승인의 기본 개념

마지막으로, 실시협약과 실시설계, 실시계획 승인에 대하여 알아보겠습니다. 일반적으로 건축설계라고 하면 직관적으로 이해되는 데 비해, 민관공동사업 개념을 포함한 부동산 개발금융에 있어 실시설계 또는 실시협약이라고 하면 정확한 의미가 머리에 떠오르지 않는 경우가 많습니다. 차근차근 설명드리도록 하겠습니다.

① 실시협약의 의미: 실시협약은 민관 사이에 체결되는 기본약정이자 종합약정

실시협약은 국내의 경우 「사회기반시설에 대한 민간투자법」에서 그 정의[98]를 찾아볼 수 있습니다. 간단히 말씀드리자면, 행정관청과 민간이 공동으로 사업을 추진할 때, 해당 사업을 어떻게 추진할 것인가 하는 계약이 실시협약입니다. 여기서 중요한 것은 단순히 민간이 주도해서 진행되는 사업이 아니라 반드시 행정관청, 즉 공공부문과 함께 진행한다는 것입니다. 따라서 일반적으로 실시협약은 영문으로는 흔히 'PPP Contract(Public-Private Partnership Contract)'라고 표기됩니다. 하지만 민관이 함께 진행한다고 모두 실시협약의 대상이 되는 것은 아닙니다. 명확히 정해진 것은 아닙니다만 통상 공공 자산이나 공공 서비스를 제공하는 사업을 대상으로 할 때의 계약을 '실시협약'이라고 하는 것이 일반적[35]입니다.

실시협약은 기본적으로 상당히 포괄적인 성격의 계약입니다. 예를 들어 대출계약은 대출의 규모를 포함하여 제반 금융조건에 대한 상호 약정을 주 내용으로 합니다. 즉, 차주와 대주가 누구인지를 비롯해서 대출의 규모와 금리, 만기 및 상환방식, 그리고 채권보전을 포함하여 대출기간 동안 어떤 사항을 유지해야 하는지, 계약해지 시 어떤 불이익이 있는지 등 제반 금융조건에 특화되어 전문화된 약정이라고 할 수 있습니다.

이에 비해 실시협약은 행정관청과 민간 사이에 해당 실시협약을 체결하는 목적부터 시작해서 사업시행자를 어떻게 지정하고 유지하는지, 관리운영권은 얼마나 설정되고 누구에게 귀속되는지, 그리고 해당 프로젝트를 위한 총사업비의 규모와 이를 위한 재원조

---

98 「사회기반시설에 대한 민간투자법」 제2조(정의) 7항에는 다음과 같이 정의되어 있습니다. "실시협약이란 이 법에 따라 주무관청과 민간투자사업을 시행하려는 자 간에 사업시행의 조건 등에 관하여 체결하는 계약을 말한다."

달은 어떻게 할 것인지 등을 모두 포함하는 종합약정이라고 할 수 있습니다.

② 실시협약에 담기는 내용

실시협약에는 앞서 말씀드린 사항뿐만 아니라 건축과 관련된 설계와 인허가, 공사기간, 공사비의 규모, 준공조건에 관련된 사항도 보다 상세히 기술됩니다. 또한 행정관청과 민간 사이의 위험부담, 계약불이행 시 조치사항, 그리고 채권보전 등도 포함되는 것이 일반적입니다.

물론 실시협약이 타인자본, 즉 대출을 조달하는 대출약정의 세세한 내용까지 포함하고 있는 것은 아닙니다. 하지만 위에 말씀드린 내용을 포함해서 결과적으로 사업시행자의 자금조달계획에 의거한 대출금의 규모 및 투입시기, 기타 담보 관련 사항까지 규정하고 있어 실제로 금융기관과 체결되는 대출계약의 근간이 되는 내용을 상당 부분 포함하고 있습니다.

따라서 실시협약은 민관 사이에 총사업비, 자기자본 및 타인자본(대출)의 조달규모, 사업시행자와 주무관청이 어떤 역할을 하는지에 대한 부문, 설계와 시공 그리고 유지보수 및 준공 후 운영, 기타 사업당사자 간 위험분담 및 협약의 종료와 분쟁해결 등의 내용을 모두 포함하는 일종의 기본서와 같은 성격을 가지며, 금융 부문(대출약정)과 사업약정(당사자 사이의 역할분담), 그리고 기타 특약 등을 모두 아우른다는 점에서는 종합약정의 성격을 가진다고 할 수 있습니다. 이 책에서는 부록으로 대표적인 민간투자사업 중 하나인 '임대형 민간투자사업(BTL, Build-Transfer-Lease)'의 표준실시협약(안)의 '목차'를 수록하였습니다. 당초 전체 협약내용을 실으려고 하였으나 분량문제로 결국 개정취지가 기술된 전문 및 목차만 싣게 된 점, 양해[99]를 구합니다.

해당 목차는 국가 싱크탱크이자 종합정책연구소인 KDI(한국개발연구원)에서 약 10년 만에 수정하여 2021년 9월에 발표한 표준실시협약(안) 개정본을 기준으로 하고 있습니다. 해당 개정본에는 최저임금 관련 운영비 조항 반영을 포함한 사업비 내용 일부 수정을 비롯하여, 자금 재조달과 관련된 주무관청의 관리·개입 권한을 명시하는 등 그간 개선의

---

99 KDI(한국개발연구원) 홈페이지의 공공투자관리센터에서 '표준실시협약'을 키워드로 검색하시면 BTL뿐 아니라 BTO-a(Build-Transfer-Operat Adjusted, 수익형 민간투자사업-손익공유형) 방식의 표준실시협약(안) 전체 내용을 다운로드 받으실 수 있습니다. 전체 내용을 이 책에서 보여드리지 못하는 점, 저자로서 다시 한번 아쉽고 독자분들께 양해를 구합니다.

필요성이 요구되던 사항이 상당 부분 반영되었으며, 비록 전체 내용이 아닌 개정취지를 설명한 전문 및 목차에 불과하지만 실시협약의 일반적인 얼개와 내용을 파악하는 데에는 도움이 될 것으로 생각합니다.

③ 개발사업 진행에서 변곡점으로 인정되는 실시협약의 체결

일단 실시협약이 체결됐다고 하면 프로젝트의 진행에 있어 매우 중요한 변곡점으로 인정되는 것이 일반적입니다. 물론 실시협약 체결에 따른 실시설계 및 실시계획 인가 등의 절차가 남아 있기는 합니다만, 사업의 주요 내용에 대해서 민관이 공동의 인식을 이루고 함께 나아가기로 했다는 점에서 민간자본이 투하된 사업시행자 입장에서는 일종의 배타적 권리를 인정받고, 행정관청의 관점에서는 목적하던 공공 프로젝트의 원활한 진행을 위한 파트너를 확정하고 진행방향의 얼개를 잡았다는 점에서 큰 의미를 갖게 됩니다.

실시설계나 실시계획은 실시협약에서 정한 바를 기준으로 하여 작성되고 인가되는 것이므로, 실시협약과 실시설계 등이 100% 별개로 진행된다고 할 수는 없습니다. 실무적으로는 실시설계도 실시협약 논의과정에서 상당 부분 미리 논의되고 준비하는 것이 일반적입니다. 항상 그런 것은 아니나, 특별한 사정이 없는 한 사업시행자가 굳이 장기간 논의되고 공동의 인식을 갖게 된 실시협약의 구도와 배치되게 건축설계를 하거나 사업을 진행하지는 않기 때문에 비록 후속절차가 남아 있음에도 불구하고 프로젝트 진행의 인허가에 있어 큰 발걸음을 뗀 것으로 평가받는 것이 일반적이라고 보시면 되겠습니다.

④ 실시설계는 상세 건축설계, 실시계획은 실시설계를 바탕으로 하는 상세 건축 실행계획

실시설계는 기본적으로 건축공사와 관련됩니다. 즉, 실시협약의 사업개요를 바탕으로, 실제 착공을 하기 위한 세부적인 건축설계를 의미합니다. 보통은 사업초기 구상단계의 설계와 비교하여 매우 구체적이고 세부적인 사항을 담고 있고, 실시설계를 바탕으로 도면을 작성해서 착공을 하게 됩니다. 실시계획은 이러한 실시설계를 바탕으로 구체적으로 건축과 토지확보를 어떻게 할 것인지, 다른 법령상 요구되는 사항의 충족방식 등을 기재한 실행계획[100]을 일컫습니다.

프로젝트의 일반적인 진행과정을 중심으로 말씀드리자면, 실시협약은 프로젝트의 진행에 있어 공식적이고 구속력 있는 첫 기준점으로 작용한다고 할 수 있습니다. 그리고 이를 바탕으로 한 상세 건축설계를 실시설계, 실시설계를 바탕으로 구체적으로 어떻게 공사와 사업을 진행해 나갈 것인가 하는 최종 계획을 담은 것을 실시계획[101]이라고 할 수 있습니다.

---

100 「사회기반시설에 대한 민간투자법 시행령」 제16조(실시계획의 승인)에는 다음과 같이 명기되어 있습니다.

① 사업시행자는 법 제15조제1항 본문에 따라 실시계획의 승인 또는 변경승인을 받으려면 다음 각 호의 사항을 적은 실시계획 승인신청서를 주무관청에 제출하여야 한다.

1. 사업을 시행하려는 위치 및 면적
2. 공사의 시행방법 및 기술 관련 사항
3. 공정별 공사시행계획(공구별·단계별로 분할시공하려는 경우에는 분할실시계획을 말한다)
4. 필요토지의 확보 및 이용 계획
5. 부대사업이 수반되는 경우 그 사업내용 및 실시계획
6. 그 밖에 주무관청이 필요하다고 인정하는 사항

② 제1항에 따른 실시계획 승인신청서에는 다음 각 호의 서류 및 도면을 첨부해야 한다. 〈개정 2012. 7. 20., 2016. 1. 22., 2021. 1. 5.〉

1. 위치도
2. 지적도에 따라 작성한 용지도(토지의 용도를 기록한 지도를 말한다)
3. 계획평면도 및 실시설계도서(공구별·단계별로 분할시공하려는 경우에는 분할설계도서를 말한다)
4. 공사 설명서와 공사비 산출근거 및 자금조달계획에 관한 서류
5. 사업시행지역의 토지·건물 또는 권리 등의 매수·보상 및 주민이주대책에 관한 서류
6. 공공시설물 및 토지 등의 무상 사용 등에 관한 계획서
7. 수용하거나 사용할 토지·건물 또는 권리 등의 소유자와 「공익사업을 위한 토지 등의 취득 및 보상에 관한 법률」 제2조제5호에 따른 관계인의 성명 및 주소에 관한 서류
8. 수용하거나 사용할 토지 또는 건물의 소재지·지번·지목·면적 및 소유권 외의 권리 명세에 관한 서류
9. 환경영향평가서(「환경영향평가법 시행령」 제31조제2항 및 별표 3에 따른 환경영향평가대상사업인 경우만 해당한다)
10. 교통영향평가서 및 그 개선필요사항 등(「도시교통정비 촉진법 시행령」 제13조의2제3항 및 별표 1에 따른 교통영향평가 대상사업인 경우만 해당한다)
11. 에너지사용계획서(「에너지이용 합리화법 시행령」 제20조 및 별표 1에 따른 에너지사용계획의 협의대상사업인 경우만 해당한다)
12. 그 밖에 주무관청이 필요하다고 인정하는 서류

③ 주무관청은 특별한 사정이 있는 경우를 제외하고는 제1항에 따라 실시계획 승인신청을 받은 날부터 3개월 이내에 실시계획의 승인 여부를 사업시행자에게 서면으로 통지하여야 하며, 그 기간에 승인 여부를 결정하기 어려운 경우에는 그 사유와 승인 예정일을 사업시행자에게 서면으로 통지하여야 한다.

[전문개정 2011. 11. 4.]

101 실시협약은 사회기반시설에 대한 민간투자법에 의거하여 체결되는 것이 일반적이나, 법상 일반적인 형식으로 체결된 실시협약이라고 해서 반드시 그것이 사회기반시설에 대한 민간투자법의 적용을 받는 것이라고 단정 지어 말할 수 없는 경우도 있습니다.

한편, 사업추진 초기 단계에서 자주 접하게 되는 것 중 하나로서 사업추진양해각서(Memorandum of Understanding, MOU)가 있습니다. MOU는 사업당사자 사이에 프로젝트의 목적을 밝히고 상호 협력의 의지를 표명하기 위해 자주 활용되곤 합니다. 보는 시각에 따라서는 이러한 MOU가 지난한 과정을 거쳐 내용적으로 보완되고 완결된 것[102]이 '실시협약'이라는 주장도 있습니다.

참고로, 실시협약을 비롯해서 실시설계나 실시계획에서 보이는 '실시'라는 말은 우리가 일상에서 쓰는 '실시'라는 말과 실질 면에서 동일한 뜻을 가지고 있습니다. 예를 들어 "인천광역시 ○○구에서 '실시'되는 A사업"이라는 표현에서 쓰이는 '실시'라는 말과 같은 것으로 보시면 되겠습니다.

⑤ 실시계획 승인(인가)은 인허가 관련 최종적인 행정행위 중 하나

실시계획이 해당 행정기관으로부터 승인을 받게 되면 이를 '실시계획 승인' 또는 '실시계획 인가'라고 표현합니다. 해당 프로젝트가 어느 법령을 기준으로 하여 진행되는가에 따라 용어가 달라지기도 하지만, 실무상으로는 실시계획 승인이나 실시계획 인가 모두 같은 의미로 사용되는 것이 일반적입니다. 예를 들어 「경제자유구역의 지정 및 운영에 관한 특별법」에 의하면 "실시계획"은 "승인"되는 것으로 기재되어 있으나, 「사회기반시설에 대한 민간투자법」에서는 "실시계획 승인"으로, 「국토의 계획 및 이용에 관한 법률」에 의하면 "실시계획"은 "인가"되는 것으로 표현되어 있는 것을 볼 수 있습니다.

따라서 엄밀히 구분하면 「경제자유구역의 지정 및 운영에 관한 특별법」을 중심으로 진행되는 부동산개발사업의 경우에는 공식적으로는 실시계획 승인으로 표현해야지, 실시계획 인가라는 표현을 쓰는 것은 올바르지 않습니다. 그러나 제반 법령상에서 혼용되고 있는 용어에 대해 굳이 민간 금융기관에서 '승인'과 '인가'의 차이를 엄격하게 구분하여 사용할 필요는 없다고 봅니다. 여유가 된다면 대외적인 공식문서에는 가급적 해당 법령에 의거하여 올바른 용어를 사용하는 것이 바람직하겠습니다만, 실제로는 실시계획

102 당연한 이야기지만, 체결 목적도 다르고 내용적으로도 빈약할 수밖에 없는 사업추진양해각서가 앞서 설명드린 민관 사이에 체결되는 기본약정이자 종합약정으로서의 법적 지위를 가지는 실시협약과 등가의 효력을 가지는 것은 절대 아닙니다. 절차적인 측면에서 실시협약의 체결은 MOU 체결의 연장선상에 있다는 시각을 소개해 드린 것이니 참고하시기 바랍니다.

승인 또는 실시계획 인가라는 용어가 금융권에서는 광범위하게 혼용되고 있다는 점, 참고하시기 바랍니다.

결국 중요한 것은 최종 인허가에 해당하는 '실시계획'이 행정관청으로부터 그 실행 관련 최종적인 허용의 행정처분을 받았는지의 여부라고 할 수 있습니다.

한편, 사업계획승인이 「건축법」을 비롯하여 해당 프로젝트의 진행을 위해 필요한 각종 관련 법령상의 인허가가 완료된 것으로 의제되는 것과 마찬가지로, 실시계획승인이 이루어진 경우에도 다른 법령들에 의한 검토나 인허가가 완료된 것으로 의제되는 경우가 많다는 점도 알아두시면 좋을 것 같습니다.

사업계획승인으로 의제되는 인허가 둘러보기

각주로 따로 설명드리는 것보다는 한 번쯤 개별 법령에 의한 인허가 의제사례를 찬찬히 살펴보는 것도 의미가 있을 것 같습니다. 내용이 다소 많습니다만, 사업계획승인 시 「주택법」 그리고 앞서 잠깐 언급해 드린 「경제자유구역의 지정 및 운영에 관한 특별법」에서는 어떤 인허가가 의제되는지 참고 삼아 살펴보겠습니다.

○ 사업계획승인 시 「주택법」에 의한 의제사항

제19조(다른 법률에 따른 인가·허가의 의제 등) ① 사업계획승인권자가 제15조에 따라 사업계획을 승인 또는 변경 승인할 때 다음 각 호의 허가·인가·결정·승인 또는 신고 등(이하 "인·허가등"이라 한다)에 관하여 제3항에 따른 관계 행정기관의 장과 협의한 사항에 대하여는 해당 인·허가등을 받은 것으로 보며, 사업계획의 승인고시가 있은 때에는 다음 각 호의 관계 법률에 따른 고시가 있은 것으로 본다. 〈개정 2016. 1. 19., 2016. 12. 27., 2021. 7. 20.〉

1. 「건축법」 제11조에 따른 건축허가, 같은 법 제14조에 따른 건축신고, 같은 법 제16조에 따른 허가·신고사항의 변경 및 같은 법 제20조에 따른 가설건축물의 건축허가 또는 신고
2. 「공간정보의 구축 및 관리 등에 관한 법률」 제15조제3항에 따른 지도등의 간행 심사
3. 「공유수면 관리 및 매립에 관한 법률」 제8조에 따른 공유수면의 점용·사용허가, 같은 법 제10조에 따른 협의 또는 승인, 같은 법 제17조에 따른 점용·사용 실시계획의 승인 또는

신고, 같은 법 제28조에 따른 공유수면의 매립면허, 같은 법 제35조에 따른 국가 등이 시행하는 매립의 협의 또는 승인 및 같은 법 제38조에 따른 공유수면매립실시계획의 승인

4. 「광업법」 제42조에 따른 채굴계획의 인가
5. 「국토의 계획 및 이용에 관한 법률」 제30조에 따른 도시·군관리계획(같은 법 제2조제4호다목의 계획 및 같은 호 마목의 계획 중 같은 법 제51조제1항에 따른 지구단위계획구역 및 지구단위계획만 해당한다)의 결정, 같은 법 제56조에 따른 개발행위의 허가, 같은 법 제86조에 따른 도시·군계획시설사업시행자의 지정, 같은 법 제88조에 따른 실시계획의 인가 및 같은 법 제130조제2항에 따른 타인의 토지에의 출입허가
6. 「농어촌정비법」 제23조에 따른 농업생산기반시설의 사용허가
7. 「농지법」 제34조에 따른 농지전용(農地轉用)의 허가 또는 협의
8. 「도로법」 제36조에 따른 도로공사 시행의 허가, 같은 법 제61조에 따른 도로점용의 허가
9. 「도시개발법」 제3조에 따른 도시개발구역의 지정, 같은 법 제11조에 따른 시행자의 지정, 같은 법 제17조에 따른 실시계획의 인가 및 같은 법 제64조제2항에 따른 타인의 토지에의 출입허가
10. 「사도법」 제4조에 따른 사도(私道)의 개설허가
11. 「사방사업법」 제14조에 따른 토지의 형질변경 등의 허가, 같은 법 제20조에 따른 사방지(砂防地) 지정의 해제
12. 「산림보호법」 제9조제1항 및 같은 조 제2항제1호·제2호에 따른 산림보호구역에서의 행위의 허가·신고. 다만, 「산림자원의 조성 및 관리에 관한 법률」에 따른 채종림 및 시험림과 「산림보호법」에 따른 산림유전자원보호구역의 경우는 제외한다.
13. 「산림자원의 조성 및 관리에 관한 법률」 제36조제1항·제4항에 따른 입목벌채등의 허가·신고. 다만, 같은 법에 따른 채종림 및 시험림과 「산림보호법」에 따른 산림유전자원보호구역의 경우는 제외한다.
14. 「산지관리법」 제14조·제15조에 따른 산지전용허가 및 산지전용신고, 같은 법 제15조의2에 따른 산지일시사용허가·신고
15. 「소하천정비법」 제10조에 따른 소하천공사 시행의 허가, 같은 법 제14조에 따른 소하천점용 등의 허가 또는 신고

16. 「수도법」 제17조 또는 제49조에 따른 수도사업의 인가, 같은 법 제52조에 따른 전용상수도 설치의 인가
17. 「연안관리법」 제25조에 따른 연안정비사업실시계획의 승인
18. 「유통산업발전법」 제8조에 따른 대규모점포의 등록
19. 「장사 등에 관한 법률」 제27조제1항에 따른 무연분묘의 개장허가
20. 「지하수법」 제7조 또는 제8조에 따른 지하수 개발·이용의 허가 또는 신고
21. 「초지법」 제23조에 따른 초지전용의 허가
22. 「택지개발촉진법」 제6조에 따른 행위의 허가
23. 「하수도법」 제16조에 따른 공공하수도에 관한 공사 시행의 허가, 같은 법 제34조제2항에 따른 개인하수처리시설의 설치신고
24. 「하천법」 제30조에 따른 하천공사 시행의 허가 및 하천공사실시계획의 인가, 같은 법 제33조에 따른 하천의 점용허가 및 같은 법 제50조에 따른 하천수의 사용허가
25. 「부동산 거래신고 등에 관한 법률」 제11조에 따른 토지거래계약에 관한 허가

② 인·허가등의 의제를 받으려는 자는 제15조에 따른 사업계획승인을 신청할 때에 해당 법률에서 정하는 관계 서류를 함께 제출하여야 한다.

③ 사업계획승인권자는 제15조에 따라 사업계획을 승인하려는 경우 그 사업계획에 제1항 각 호의 어느 하나에 해당하는 사항이 포함되어 있는 경우에는 해당 법률에서 정하는 관계 서류를 미리 관계 행정기관의 장에게 제출한 후 협의하여야 한다. 이 경우 협의 요청을 받은 관계 행정기관의 장은 사업계획승인권자의 협의 요청을 받은 날부터 20일 이내에 의견을 제출하여야 하며, 그 기간 내에 의견을 제출하지 아니한 경우에는 협의가 완료된 것으로 본다.

④ 제3항에 따라 사업계획승인권자의 협의 요청을 받은 관계 행정기관의 장은 해당 법률에서 규정한 인·허가등의 기준을 위반하여 협의에 응하여서는 아니 된다.

⑤ 대통령령으로 정하는 비율 이상의 국민주택을 건설하는 사업주체가 제1항에 따라 다른 법률에 따른 인·허가등을 받은 것으로 보는 경우에는 관계 법률에 따라 부과되는 수수료 등을 면제한다.

○ 사업계획승인 시 「경제자유구역의 지정 및 운영에 관한 특별법」에 의한 의제사항

제11조(인가·허가 등의 의제) ① 개발사업시행자가 제9조에 따라 실시계획의 승인 또는 변경승인을 받은 경우에는 다음 각 호의 허가·인가·지정·승인·협의 및 신고 등(이하 "허가등"이라 한다)을 받은 것으로 보며, 제10조에 따라 실시계획의 승인이 고시된 때에는 다음 각 호의 관계 법률에 따른 허가등의 고시 또는 공고가 있은 것으로 본다. 〈개정 2009. 1. 30., 2009. 6. 9., 2010. 4. 15., 2010. 5. 31., 2011. 4. 4., 2011. 4. 14., 2014. 1. 14., 2014. 6. 3., 2014. 12. 30., 2015. 7. 24., 2016. 1. 19., 2016. 1. 27., 2016. 12. 27., 2017. 2. 8., 2019. 8. 20., 2020. 1. 29., 2020. 3. 31., 2021. 7. 20.〉

1. 「초지법」 제21조의2에 따른 토지의 형질변경 등의 허가, 같은 법 제23조에 따른 초지전용의 허가
2. 「산지관리법」 제14조·제15조에 따른 산지전용허가 및 산지전용신고, 같은 법 제15조의2에 따른 산지일시사용허가·신고, 같은 법 제25조에 따른 토석채취허가, 「산림자원의 조성 및 관리에 관한 법률」 제36조제1항·제4항에 따른 입목벌채등의 허가·신고, 「산림보호법」 제9조제1항 및 제2항제1호·제2호에 따른 산림보호구역(산림유전자원보호구역은 제외한다)에서의 행위의 허가·신고와 같은 법 제11조제1항제1호에 따른 산림보호구역의 지정해제
3. 「농지법」 제31조에 따른 농업진흥지역 등의 변경·해제, 같은 법 제34조에 따른 농지전용의 허가 또는 협의
4. 「농어촌정비법」 제23조에 따른 농업생산기반시설의 사용허가, 같은 법 제82조제2항에 따른 농어촌 관광휴양단지 개발사업계획의 승인
5. 「산업집적활성화 및 공장설립에 관한 법률」 제13조제1항 또는 제20조제2항에 따른 공장설립 등의 승인
6. 「하천법」 제6조에 따른 하천관리청과의 협의 또는 승인, 같은 법 제30조에 따른 하천공사 시행의 허가, 같은 법 제33조에 따른 하천 점용 등의 허가
7. 「공유수면 관리 및 매립에 관한 법률」 제8조에 따른 공유수면의 점용·사용허가, 같은 법 제17조에 따른 점용·사용 실시계획의 승인(매립면허를 받은 매립예정지는 제외한다), 같은 법 제28조에 따른 공유수면의 매립면허, 같은 법 제33조에 따른 고시, 같은 법 제35조에 따른 국가 등이 시행하는 매립의 협의 또는 승인 및 같은 법 제38조에 따른 공유수면매립

실시계획의 승인·고시

8. 「하수도법」 제11조에 따른 공공하수도(분뇨처리시설만을 말한다) 설치의 인가
9. 「폐기물관리법」 제29조에 따른 폐기물처리시설 설치의 승인 또는 신고
10. 「수도법」 제17조 및 제49조에 따른 일반수도사업 및 공업용수도사업의 인가, 같은 법 제52조 및 제54조에 따른 전용상수도 및 전용공업용수도 설치의 인가
11. 「전기사업법」 제7조에 따른 발전사업·송전사업·배전사업 또는 전기판매사업의 허가, 「전기안전관리법」 제8조에 따른 자가용전기설비 공사계획의 인가 또는 신고
12. 「체육시설의 설치·이용에 관한 법률」 제12조에 따른 사업계획의 승인
13. 「관광진흥법」 제15조에 따른 사업계획의 승인, 같은 법 제54조에 따른 관광지·관광단지 조성계획의 승인
14. 삭제 〈2010. 4. 15.〉
15. 「도로법」 제36조에 따른 도로관리청이 아닌 자에 대한 도로공사 시행의 허가, 같은 법 제61조에 따른 도로의 점용 허가 및 같은 법 제107조에 따른 도로관리청과의 협의 또는 승인
16. 「국토의 계획 및 이용에 관한 법률」 제30조에 따른 도시·군관리계획의 결정, 같은 법 제32조에 따른 지형도면 고시, 같은 법 제56조에 따른 토지의 분할·형질변경 허가, 같은 법 제86조에 따른 도시·군계획시설사업시행자의 지정, 같은 법 제88조에 따른 실시계획의 인가
17. 「하수도법」 제16조에 따른 공공하수도 공사허가, 같은 법 제24조에 따른 공공하수도 점용 허가
18. 「장사 등에 관한 법률」 제27조에 따른 분묘의 개장 허가
19. 「항만법」 제9조제2항에 따른 항만개발사업 시행의 허가 및 같은 법 제10조제2항에 따른 항만개발사업실시계획의 승인

19의2. 「항만공사법」 제22조에 따른 실시계획의 승인

20. 「도시개발법」 제11조에 따른 도시개발사업시행자의 지정, 같은 법 제13조에 따른 조합설립의 인가, 같은 법 제17조 및 제18조에 따른 실시계획의 인가·고시 등
21. 「택지개발촉진법」 제9조에 따른 택지개발사업실시계획의 승인
22. 「도시 및 주거환경정비법」 제50조 및 「빈집 및 소규모주택 정비에 관한 특례법」 제29조에 따른 사업시행계획인가

23. 「사도법」 제4조에 따른 사도(私道) 개설허가

24. 「사방사업법」 제14조에 따른 벌채 등의 허가, 같은 법 제20조에 따른 사방지(砂防地) 지정의 해제

25. 「소하천정비법」 제6조에 따른 소하천정비종합계획의 승인, 같은 법 제10조에 따른 소하천 공사허가, 같은 법 제14조에 따른 소하천 점용허가

26. 「골재채취법」 제22조에 따른 골재채취 허가

27. 「국유재산법」 제30조에 따른 행정재산의 사용허가

28. 「공유재산 및 물품 관리법」 제20조에 따른 사용·수익허가

29. 「집단에너지사업법」 제4조에 따른 집단에너지의 공급타당성에 관한 협의

30. 「에너지이용 합리화법」 제10조에 따른 에너지사용계획의 협의

31. 「도시교통정비 촉진법」 제16조에 따른 교통영향평가서의 검토

32. 「물류시설의 개발 및 운영에 관한 법률」 제28조에 따른 물류단지개발실시계획의 승인

33. 「산업입지 및 개발에 관한 법률」 제16조에 따른 산업단지개발사업시행자의 지정, 같은 법 제17조·제18조·제18조의2에 따른 국가산업단지개발·일반산업단지개발·도시첨단산업단지개발 실시계획의 승인

34. 「공간정보의 구축 및 관리 등에 관한 법률」 제15조제3항에 따른 지도등의 간행 심사

35. 「공간정보의 구축 및 관리 등에 관한 법률」 제86조제1항에 따른 사업의 착수·변경 또는 완료의 신고

36. 「건축법」 제4조에 따른 건축위원회의 심의, 같은 법 제11조에 따른 건축허가, 같은 법 제20조에 따른 가설건축물의 건축허가·축조신고, 같은 법 제29조에 따른 건축협의

37. 「유통산업발전법」 제8조에 따른 대규모점포의 개설등록

38. 삭제 〈2014. 6. 3.〉

39. 「주택법」 제15조에 따른 사업계획의 승인

② 시·도지사는 제9조에 따라 실시계획을 승인하거나 변경승인하는 경우 그 실시계획에 제1항 각 호의 어느 하나에 해당하는 사항이 포함되어 있으면 미리 관계 행정기관의 장과 협의하여야 하며, 협의를 요청받은 행정기관의 장은 대통령령으로 정하는 기간 내에 의견을 제출하여야 한다. 이 경우 관계 행정기관의 장이 그 기간 내에 의견을 제출하지 아

니하면 의견이 없는 것으로 본다. 〈개정 2011. 4. 4.〉

③ 제1항 각 호의 어느 하나에 해당하는 사항을 관장하는 관계 행정기관의 장은 그 처리기준을 산업통상자원부장관에게 통보하여야 한다. 이를 변경한 경우에도 또한 같다. 〈개정 2013. 3. 23.〉

④ 산업통상자원부장관은 제3항에 따라 처리기준을 통보받으면 이를 통합하여 고시하여야 한다. 〈개정 2013. 3. 23.〉

⑤ 제1항에 따라 다른 법률에 따른 허가등을 받은 것으로 보는 경우에는 관계 법률에 따라 부과되는 수수료를 면제한다. [전문개정 2009. 1. 30.]

사업계획의 승인이 최종 인허가로서 어떤 의의와 효력을 지니는지 아시는 데 도움이 될 거라 생각해서 고민 끝에 관련 인허가 의제 조항 사례를 길게 인용했습니다. 아무쪼록 최종 인허가로서의 사업계획승인의 취지를 이해하시는 데 도움이 되시길 바랍니다.

여담이지만 개인적으로는 인허가와 관련된 부분(용어의 정의, 절차 등)은 부동산공법 및 관련 법령체계를 국가차원에서 장기적인 과제로 삼아 정비할 필요가 있다고 생각합니다. 지금까지 설명드린 용어들은 모두 어떠한 법률행위에 대한 허용이라는 차원에서 그 본질적인 의미는 같다고 할 수 있습니다. 그럼에도 불구하고, 개별 법령에 따라 같은 용어라도 다른 의미로 쓰이는 경우가 적지 않고 그 체계가 통일되지 않아 여러 가지 불편을 초래하는 부분이 분명히 있다고 생각합니다. 당장 시급한 사항은 아니지만 용어의 정비, 그리고 부동산공법체계의 단순화 필요성에 대한 인식이 보다 널리 공유되고 개선책이 논의된다면 언제가는 조금 더 편리하고 통일된 용어의 사용이 가능해지지 않을까 기대해 봅니다.

23. 지구단위계획

부동산개발 지원금융 담당자로서 지구단위계획을 이해한다는 것의 의미

지구단위계획(地區單位計劃)은 그 구역지정부터 결정까지 크게 보면 인허가의 일종으로서 최종 인허가 단계 중 하나라고 할 수 있습니다. 부동산개발금융 현업을 담당하시는 금융기관 실무자분들이라면 대부분 기본적인 사항은 알고 계시지만 그 함의는 잘 모르시는 경우가 많은 용어이기도 합니다.

솔직히 말씀드리자면 그 의미를 모른다고 현업에 큰 지장을 초래하는 경우는 생각보다 많지는 않습니다. 부동산개발금융은 건축전문가인 시공사 및 설계사무소, 법률자문기관인 법무법인 및 그 외 회계법인, 그리고 감정평가법인 등 전문가 집단과 함께 초기부터 사업을 검토하고 금융구조를 설계하는 경우가 일반적입니다. 따라서 금융기관 담당자로서 지구단위계획의 함의에 대해 정통하지 않더라도 전문가 집단의 조력을 통해 부족한 부분을 채우고 업무를 진행하는 것이 가능합니다. 설령 전문가 집단이 함께하지 않는다고 해도, '지구단위계획 = 인허가의 일종'으로 인식하고 업무를 진행하는 것도 불가능하지는 않습니다.

하지만 담당자가 인허가 절차나 각 단계에서의 주요한 맥락을 충분히 이해하고 있다면 단순히 금융에 참여하고 전문가의 조력을 바탕으로 금융구조를 설계하는 차원을 벗어나 업무의 범위를 한층 넓힐 수 있는 자산이 될 수 있습니다. 시행사나 시공사 담당자들이 사업 소개를 할 때 지구단위계획에 대해 열띤 설명을 하면서 향후 예상 절차나 각종 인센티브가 어떻게 적용될 수 있을지를 논의할 때, 금융기관 담당자들이 지구단위계획 자체가 어떤 내용이고 그 맥락은 어떠한 것인지에 대해 무지하다면 깊은 논의에는 한계가 있을 수밖에 없습니다.

부동산개발금융의 담당자는 단순히 주어진 조건을 바탕으로 금융수요를 충족시키는 수동적인 이해당사자라기보다는, 사업시행자 및 여타 이해관계자(player)들과 함께 해당 프로젝트를 만들어가는(making) 적극적인 주체로서의 성격이 강하며, 금융기관 담당자들도 이런 인식을 가지고 업무에 임하시는 것이 바람직합니다.

이런 맥락에서 보면, 주요 부동산개발 대부분이 도시계획의 범위 안에서 이루어지는 법체계를 고려하면, 각종 용적률 및 건폐율, 고밀도 개발가능 여부를 포함한 인허가 차원의 제반 인센티브에 대해 규정된 지구단위계획에 대한 이해 없이 부동산개발금융을 취급하는 것은 사실 논리적으로는 완벽한 난센스에 가깝다고 할 수 있습니다.

담당하시는 프로젝트나 딜의 지구단위계획에 대해 샅샅이 조사하고 파악할 필요가 있다는 것은 아닙니다. 이미 지구단위계획구역 결정이 완료된 상태에서 딜을 검토하게 되는 경우도 많고, 그렇지 않다고 하더라도 지구단위계획의 구역지정 및 결정이 단기간에 이루어지는 것은 아니므로 당장 그 자세한 내용이 파악되지 않는다고 하더라도 딜 검토에 큰 지장을 받는 것도 아닙니다.

다만 이미 지구단위계획구역이 지정되고 결정되었다면 한 번쯤 그 기본적인 내용은 살펴볼 필요가 있습니다. 아직 지정되기 전인 경우에도, 해당 지역의 특성이 반영돼서 어떻게 상세계획이 도출될 것인지 궁금증을 가지고 지켜보는 자세가 필요합니다. 상세도시계획의 일종인 지구단위계획의 확정은 그 자체로 해당 프로젝트의 사업성에 지대한 영향을 끼치는 변수로 작용하기 때문입니다. 그리고 앞서 말씀드린 것처럼 지구단위계획이 무엇인지를 제대로 이해하신다면 다양한 시장 참가자들과의 협의에서 한층 자신감을 가지고 업무에 임하실 수 있을 것[103]으로 믿습니다.

지구단위계획의 '지구'는 용도지구와는 전혀 다른 개념

본격적으로 지구단위계획을 설명드리기에 앞서 우선, 지역과 지구의 차이에 대해 간략히 말씀드리겠습니다. 지역과 지구는 일상적으로 매우 많이 쓰이는 보통명사로서의 의미를 가지지만 부동산개발금융에 있어서는 국토계획법상 용도지역, 용도지구(用途地區) 및 용도구역[104]을 일컫는 경우가 많습니다.

---

103 부동산개발금융 시장에서 경쟁이 치열해지면서, 시행사와 시공사, 시행사와 주선기관 간, 또는 시공사와 주선기관 상호 간 상도의상 있을 수 없는 일이 자주 발생하고 그 정도가 위험한 수준에 이르렀다는 의견이 많습니다. 이는 한국의 부동산개발금융이나 부동산금융 시장참가자들이 다양해지고, 상대적으로 우량한 딜은 희소해지면서 수반되는 어쩔 수 없는 현상으로 보이기도 합니다. 하지만 적어도 부동산금융이나 부동산개발의 기본적인 사항은 익히고 업무에 임해야 하는데, 안타깝게도 현재 한국의 부동산금융시장에는 기본적인 지식이 결여된 채 업무에 임하는 경우가 결코 적다고 할 수 없는 상황이 지속되고 있습니다.
몇 번의 딜 경험만을 토대로 기존에 활용했던 금융구조를 금과옥조처럼 여기고 시행사 등 사업당사자에게 강권하는 경우도 심심치 않게 들립니다. 이렇게 되면 마치 공장에서 기성품을 대량생산하는 것과 큰 차이가 없다고 할 수 있습니다. 해당 프로젝트의 특성을 어렵지만 최대한 반영하고자 하는 인식과 의지가 중요한데 아예 이런 인식 자체가 결여된 채, 단순히 금융주선이나 대출취급 시 반대급부(각종 수수료 외)만 생각하고 어떻게든 하루빨리 금융주선을 마무리하려는 태도는 지양해야 합니다. 더불어, 사업시행자나 시공사로부터 어엿하게 거래 상대방으로 인정받고 장기적인 파트너십의 기반을 만들기 위해서는 최소한의 기본지식 함양이나 직원육성에도 관심을 가질 필요가 있다 하겠습니다.

104 용도지역, 용도지구 및 용도구역은 「국토계획법」의 가장 기본적인 내용 중 하나이기 때문에 이 책에서 그 상세한 의미에 대한 설명은 생략합니다. 다만, 「국토계획법」의 취지를 중심으로 간략히 말씀드리자면 용도지역이란 도시계획을 중

하지만 다른 법령이나 또는 국토계획법 안에서도 용도지역, 용도지구 및 용도구역과는 다른 의미로 '지역', '지구', '구역' 등의 용어를 혼용하고 있기 때문에 단순히 같은 단어가 쓰인다고 용도지역은 곧 지역이고, 용도지구는 곧 지구라는 의미로 해석해서는 안 됩니다. 지구단위계획만 하더라도, 앞자리의 "지구"라는 단어가 국토계획법상 '용도지구'와는 다른 개념입니다. 「국토의 계획 및 이용에 관한 법률」(약칭: 국토계획법) 제2조 정의에서는 다음과 같이 지구단위계획을 정의하고 있습니다.

> 5. "지구단위계획"이란 도시·군계획 수립 대상지역의 일부에 대하여 토지 이용을 합리화하고 그 기능을 증진시키며 미관을 개선하고 양호한 환경을 확보하며, 그 지역을 체계적·계획적으로 관리하기 위하여 수립하는 도시·군관리계획을 말한다.

지구단위계획은 맞춤형 상세 도시계획이다

도시계획의 특수부대로서 기능하는 지구단위계획

한편 동법 제51조(지구단위계획구역의 지정 등)에 의하면,[105] 지구단위계획구역은 그 나름의 목

심으로 어떤 큰 가이드라인(해당지역의 용도, 건축물의 높이, 기본적인 건폐율 및 용적률 등)을 도시계획 등으로 미리 결정해 놓은 지역을 일컫습니다.
드로잉으로 비유하자면, '용도지역'은 그림을 그리기 전의 일종의 밑그림에 해당한다고 할 수 있습니다. 이 밑그림을 바탕으로 해당 지역의 특성을 바탕으로 규제나 완화를 더 자세하게 결정해 놓은 지역을 '용도지구'라고 합니다. 마지막으로, 용도지역이나 용도지구에 대한 규제를 조금 더 상세하게 규정해 놓은 지역을 '용도구역'이라고 합니다. 즉, 용도지역, 용도지구 및 용도구역은 모두 어떤 '지역'이라는 공통점을 갖습니다. 분류를 기준으로 하자면, 용도지역은 가장 큰 대분류이고 용도지구 및 용도구역은 용도지역을 기준으로 하는 하위분류라고 할 수 있습니다. 「국토계획법」의 정의를 기준으로 하자면 용도지구는 중분류, 용도구역은 마지막 소분류라고 볼 수도 있으나, 용도지구와 용도구역은 중복지정이 가능하기 때문에 상호 배타적으로 용도지구가 상위개념이고 용도구역은 하위개념이라고 할 수는 없습니다.
이러한 용도지역은 크게 도시지역과 비도시지역으로, 비도시지역은 다시 관리·농지·자연환경보전지역 등으로 구성되어 있으며 전 국토에 모두 적용됩니다. 용도지구는 이러한 용도지역을 각 지역의 특성을 반영하여 미관·경관·고도·방화지구 외 다수의 지구로 구분하고 있으며, 그 목적은 주로 해당 지역의 기능증진으로 그 미관과 경관, 안전 등의 목적을 충족하기 위한 것으로 되어 있습니다.
마지막으로 용도구역은 개발제한구역, 도시자연공원구역, 시가화조정구역, 수산자원보호구역 및 입지규제 최소구역 등으로 분류할 수 있습니다. 용도구역은 도시의 무분별한 확산을 방지하고 도시의 보다 체계적인 토지이용을 그 목적으로 하고 있습니다.

105 ① 국토교통부장관, 시·도지사, 시장 또는 군수는 다음 각 호의 어느 하나에 해당하는 지역의 전부 또는 일부에 대하여 지구단위계획구역을 지정할 수 있다. 〈개정 2011. 4. 14., 2011. 5. 30., 2011. 8. 4., 2013. 3. 23., 2013. 7. 16.,

적을 위해서 이미 지정된 용도지역 및 용도지구, 용도구역과는 별도로 지정되는 것이라고 할 수 있습니다.

그런데 앞서 인용한 「국토계획법」상 지구단위계획의 정의를 보고 지구단위계획이 어떤 것인지 머릿속에 이미지를 그리실 수 있는 분은 많지 않을 것 같습니다. 지구단위계획은 연원적으로는 지금은 폐지된 「도시계획법」[106]에 근거하여 운용되던 상세계획과 과거 「건축법」에서 다루고 있던 도시설계의 개념이 융합된 것입니다.

즉, 기존의 용도지역, 용도지구 및 용도구역이나 그리고 건축계획만으로는 어떤 지역

2016. 1. 19., 2017. 2. 8.〉

1. 제37조에 따라 지정된 용도지구
2. 「도시개발법」 제3조에 따라 지정된 도시개발구역
3. 「도시 및 주거환경정비법」 제8조에 따라 지정된 정비구역
4. 「택지개발촉진법」 제3조에 따라 지정된 택지개발지구
5. 「주택법」 제15조에 따른 대지조성사업지구
6. 「산업입지 및 개발에 관한 법률」 제2조제8호의 산업단지와 같은 조 제12호의 준산업단지
7. 「관광진흥법」 제52조에 따라 지정된 관광단지와 같은 법 제70조에 따라 지정된 관광특구
8. 개발제한구역·도시자연공원구역·시가화조정구역 또는 공원에서 해제되는 구역, 녹지지역에서 주거·상업·공업지역으로 변경되는 구역과 새로 도시지역으로 편입되는 구역 중 계획적인 개발 또는 관리가 필요한 지역

8의2. 도시지역 내 주거·상업·업무 등의 기능을 결합하는 등 복합적인 토지 이용을 증진시킬 필요가 있는 지역으로서 대통령령으로 정하는 요건에 해당하는 지역

8의3. 도시지역 내 유휴토지를 효율적으로 개발하거나 교정시설, 군사시설, 그 밖에 대통령령으로 정하는 시설을 이전 또는 재배치하여 토지 이용을 합리화하고, 그 기능을 증진시키기 위하여 집중적으로 정비가 필요한 지역으로서 대통령령으로 정하는 요건에 해당하는 지역

9. 도시지역의 체계적·계획적인 관리 또는 개발이 필요한 지역
10. 그 밖에 양호한 환경의 확보나 기능 및 미관의 증진 등을 위하여 필요한 지역으로서 대통령령으로 정하는 지역

② 국토교통부장관, 시·도지사, 시장 또는 군수는 다음 각 호의 어느 하나에 해당하는 지역은 지구단위계획구역으로 지정하여야 한다. 다만, 관계 법률에 따라 그 지역에 토지 이용과 건축에 관한 계획이 수립되어 있는 경우에는 그러하지 아니하다. 〈개정 2011. 4. 14., 2013. 3. 23., 2013. 7. 16.〉

1. 제1항제3호 및 제4호의 지역에서 시행되는 사업이 끝난 후 10년이 지난 지역
2. 제1항 각 호 중 체계적·계획적인 개발 또는 관리가 필요한 지역으로서 대통령령으로 정하는 지역

③ 도시지역 외의 지역을 지구단위계획구역으로 지정하려는 경우 다음 각 호의 어느 하나에 해당하여야 한다. 〈개정 2011. 4. 14.〉

1. 지정하려는 구역 면적의 100분의 50 이상이 제36조에 따라 지정된 계획관리지역으로서 대통령령으로 정하는 요건에 해당하는 지역
2. 제37조에 따라 지정된 개발진흥지구로서 대통령령으로 정하는 요건에 해당하는 지역
3. 제37조에 따라 지정된 용도지구를 폐지하고 그 용도지구에서의 행위 제한 등을 지구단위계획으로 대체하려는 지역

④ 삭제 〈2011. 4. 14.〉

[전문개정 2009. 2. 6.]

106 「국토계획법」의 시행에 따라 도시계획법은 2003년 1월 1일 자로 폐지되었습니다.

의 특성을 온전히 반영한 개발이나 관리가 곤란하다는 점을 인정하고, 해당 지역의 특성을 반영하여 건폐율이나 용적률 등 각종 인센티브를 조정하고 그 지역이 장기적으로 나아가야 할 방향을 제시하는 계획이라고 할 수 있습니다. 이렇듯 지구단위계획은 공공시설의 설치 및 활용을 포함한 토지이용과 도로의 배치, 그리고 건축물의 용도 및 건축 전반을 아우르는 통합계획이라고 할 수 있습니다.

법적으로는 지구단위계획은 도시계획[107]의 하위개념으로서 도시계획에 있어 일종의 상세계획이자 특수계획이라고 할 수 있습니다. 용도지역, 용도지구 및 용도구역 등은 도시계획에 있어 토지의 이용과 관련한 큰 분류의 기준을 제공하는 것을 그 의의로 합니다. 물론 해당 지역 내 건물에 대해서도 기본적으로 다양한 규제나 기준이 제공되기도 합니다만, 큰 틀의 기준일 뿐 그 지역 안의 '건물들'이 집합으로서 이루는 특징이나 주민들이 원하는 세세한 발전방향에 대한 개별적인 고민은 당연히 반영되어 있지 않습니다.

지구단위계획의 이론적 배경

지구단위계획을 인센티브 조정 관점에서만 봐서는 안 되는 이유

지구단위계획의 이론적 배경을 잘 설명하고 있는 논문이 있어 간략히 그 내용을 소개해 드릴까 합니다. 지구단위계획은 "평면적 토지이용계획과 입체적 시설계획이 서로 조화를 이루는 것을 목표로 하는 것으로서, 도시계획적 사항에서부터 건축적 사항에 이르기까지 여러 수단을 가지고 있어 지구환경에 대한 포괄적이고 종합적인 환경조성이 가능하다. 즉, 도시계획에서 정하는 건축용도, 용적률, 건폐율 등을 보다 상세하게 정하는 것만이 아니라 건축계획에서 정하게 되는 건물과 대지와의 관계를 개방성, 조경의 위치과 면적, 도로와 건물과의 관계, 가로변의 분위기 등을 도시계획적 사항과 연계하여 종합적으로 계획하여 건축계획의 방향을 제시할 수 있다."[36]

107 지구단위계획이 도시지역을 주요 대상으로 하는 것은 부정할 수 없으나, 비도시지역에 대한 지정이 금지돼 있는 것은 아닙니다. 과거 비도시지역에의 지정이 필요한 경우 제2종 지구단위계획으로 지정하여 관리했던 것이 대표적인 사례입니다. 한편, 2021년 10월 8일 자로 「국토계획법」이 일부 개정되면서 과거와 같은 1종·2종 지구단위계획 구분은 폐지되고 모두 "지구단위계획"으로 명칭되도록 통합되었습니다. 다만, 이는 개정 후의 지구단위계획 구역지정에 적용되며 과거 이미 1종이나 2종으로 구분되어 고시된 경우에는 개정법에 의해 통합된 지구단위계획으로 인정받고 그 구분이나 호칭이 강제로 사라지는 것은 아니니 참고하시기 바랍니다.

지구단위계획은 한국에서만 운용되는 특별한 제도가 아닙니다. 한국은 「국토계획법」에 기존의 「도시계획법」이 편입되면서 진정한 의미의 지구단위계획 개념이 정립됐다고 할 수 있습니다만, 미국이나 일본 같은 도시계획 분야에 풍부한 경험을 가지고 있는 국가들은 모두 한국의 지구단위계획에 대응하는 제도를 오랫동안 운영해 왔습니다. 미국의 경우 'District Units Planning'이라고 표현하고, 일본의 경우 한국과 비슷하게 '지구계획'이라는 용어를 사용하고 있습니다. 이들 모두 표현은 다르지만 큰 틀의 도시계획이 담지 못하는 해당 지역(unit)의 건물과 도로, 각종 공공시설의 조화로운 구성을 상세하게 규정함으로써, 종국적으로는 보다 나은 생활환경과 도시시설을 구성하는 데 그 목표[37]를 두고 있습니다. 뿐만 아니라 기본적인 도시계획을 상위개념으로, 지구단위계획을 도시계획의 하위개념으로서 인식하고, 개별 건축주에 의한 건물이나 토지이용 같은 가장 기초적인 부분을 규제하는 제도와 비교하여 중위수준의 도시계획으로 분류하고 있는 점은[38] 현행 한국의 도시계획 체계와 정확히 일치한다고 할 수 있습니다.

이렇듯 실무적으로 지구단위계획이라고 하면 반사적으로 흔히 용적률 상향과 같은 인센티브[108]만을 떠올리는 경우가 많지만, 지구단위계획이 단순히 「국토계획법」에서 규정하고 있는 다양한 지역, 지구 등에서 정하는 인센티브를 조정하기 위한 대용품으로만 도입된 것이 아닌, 도시계획의 상세 실행 계획이라는 점은 기억하실 필요가 있다 하겠습니다.

요약하자면, 지구단위계획은 도시계획 중의 하나로서 기존 도시계획으로 충족하지 못하는 맞춤형 상세 도시계획이라는 이미지를 가지시면 큰 무리는 없을 것 같습니다. 지금까지 설명드린 부분을 바탕으로 실제로 지방자치단체의 지구단위계획을 열람하시고 어떤 내용을 담고 있는지 확인해 보신다면 부동산개발금융을 담당하시는 데 충분한 지식을 확보하실 수 있으리라 생각합니다.

108 지구단위계획은 해당 지역의 특성을 세세하게 반영되어 수립되고 결정되므로 오히려 경우에 따라서는 인센티브 면에서 후퇴하는 경우도 있습니다. 따라서 인센티브 측면에서 일률적으로 '지구단위계획=긍정적인 것이고 좋은 것'이라는 등식은 성립하지 않습니다. 참고로, 서울시의 경우 서울도시계획 포털사이트에서 지구단위계획구역을 조회하실 수 있습니다.

지구단위계획 수립만으로는 인허가 완료로 인정되지 않는다

마지막으로 노파심에서 한 가지 말씀드리고 싶은 것이 있습니다. 모든 인허가가 그렇지만, 때에 따라서는 그 내용이나 맥락을 모르면 단순히 불편하다는 차원을 넘어 사업당사자 중 일부가 해당 인허가의 성격이나 완료 가능성에 대해 왜곡된 설명이나 주장을 하는 경우 제대로 응대하지 못할 가능성이 있으므로 항상 주의하셔야 합니다.

달리 볼 수도 있으나, 특히 사업시행자의 경우 인허가의 완료가능성에 대해 일반적으로 어느 정도 확증편향(confirmation bias)을 가지고 업무에 임하는 경우가 많습니다. 이는 토지매입부터 인허가까지 프로젝트의 굵직한 사항을 담당하는 시행자의 속성상 당연한 것이라고 할 수 있고 마냥 부정적인 것으로만 볼 사항도 아니라고 할 수 있습니다. 하지만 이러한 '확증편향'이 객관적인 사실과 의식적이든 무의식적이든 교묘히 결합되어 제시되는 경우 사업당사자들이 중요한 프로젝트의 정보에 대해 잘못된 인식을 가질 수 있으므로 문제가 심각해질 수 있습니다.

특히 지구단위계획은 사업계획 승인이나 건축허가와 같이 인허가의 완료라는 차원에서 그 완료 여부를 직관적으로 파악하기 쉬운 용어들과는 다른 성격을 갖습니다. 상대적으로 연원이나 의미, 내포하고 있는 맥락과 절차 등에 대해 처음 접하는 분들은 한 번에 이해하기 쉽지 않은 면이 있으므로 면밀한 주의가 필요합니다.

예를 들어, 지구단위계획은 구역의 지정 및 그 계획의 결정이 동시에 이루어지는 경우도 있습니다. 하지만 대부분은 구역의 결정부터 지구단위계획이 도시계획의 일종으로서 확정되어 결정고시가 나기까지 주민의견을 충분히 수렴하고 행정관청 내부의 의견을 조율하는 과정을 거치기 때문에 물리적으로 적지 않은 기간이 소요됩니다. 심지어 지구단위계획 결정고시가 이루어진 후에도 장기간 사업지연을 이유로 지구단위계획구역 지정이 해제되는 경우도 있습니다. 따라서 일반적으로는 단순히 지구단위계획구역이 지정되었다거나 계획(안)이 수립되었다는 사실만으로는 부동산개발금융에 있어 인허가의 완료로 간주되지 않으며,[109] 일반적으로 대출금의 인출선행조건에도 포함되지 않는다는 점을

109 물론 브릿지론인 경우에는 인허가나 착공 전에 지원되는 속성상 인허가의 완료가 인출선행조건에 포함되지 않습니다. 즉, 지구단위계획 결정고시를 포함한 제반 인허가의 완료는 일반적으로는 브릿지론의 경우, 인출되기 위한 선행조건으로 활용되지는 않고 있습니다. 지구단위계획 구역지정 및 유지가 브릿지론의 선행조건이나 준수사항이 될 수는

유념하시기 바랍니다.

24. 사모자본시장, PE, PEF

사모자본시장

펀드 방식의 자본조달시장을 포괄적으로 일컫는 개념

현업에서 PE(Private Equity)와 PEF(Private Equity Fund)는 매우 흔하게 접하는 용어입니다. 비단 금융시장에서뿐만 아니라 각종 경제신문이나 미디어 등에서도 사모펀드 또는 기업인수합병과 관련하여 PEF와 PE가 기사로 자주 언급되는 편이라 일반인들에게도 어느 정도 익숙한 용어라고 할 수 있습니다. 그러나 '사모펀드'와 동의어로 사용되는 경향이 있는 PEF는 알려져 있는 정도에 비해 그 정확한 의미를 아는 사람은 많지 않은 듯합니다. 지금부터 관련 용어를 차근차근 설명드리겠습니다.

한국에서 주로 '사모자본시장'으로 번역되어 쓰이는 'Private Capital Market'은 사실 그 정의가 그리 간단치 않은 개념입니다. '사모'라는 표현이 포함돼 있으므로 펀드를 모집하는 방식 중 하나인 '공모' 방식과 반대되는 개념으로 사용된 것으로 생각하시는 분들도 있고 그렇게 설명하는 자료도 일부 있습니다만, 여기서 '사모'라는 것은 일반적으로 한국 「자본시장과 금융투자업에 관한 법률」(약칭: 자본시장법)에서 규정된 공모·사모 기준의 개념이 아닌, 매매가능성이 원천적으로 차단되어 있거나 가능하더라도 주식시장 등에서의 유통가능성이 매우 낮은 성격의 사적 투자를 지칭하는 뜻으로 사용된 것입니다.

따라서 엄밀히 말해 'Private Capital Market'은 '사적자본시장'이 보다 정확한 번역이라고 할 수 있습니다. 기업투자 측면에 초점을 맞추어 "비공개(unregistered), 즉 비상장 신성장기업을 대상으로 하는 투자자보호 필요성이 낮은 시장으로서, 유동성이 극히 낮

있습니다만, 인허가의 어느 단계를 인출선행조건으로 할 것인가는 본질적으로 프로젝트의 시행단계나 금융의 목적 등에 따라 편차가 심하므로 일반화하는 것은 큰 의미는 없다고 생각합니다. 더불어 법리적으로 인허가는 행정기관의 재량행위에 해당됩니다. 따라서 원칙적으로 인허가 완료가 곧 해당 인허가의 영속적인 유지를 보장하는 것은 아니라는 점도 알고 계실 필요가 있습니다.

은 제한적 공개주식도 사적으로 거래할 수 있는 자본시장을 망라하는 개념"[39]으로 정의되기도 하고, 펀드방식을 활용한 사적자본시장 전체를 포괄적으로 일컫는 것으로 규정되기도 합니다.

앞서 말했듯이 한국의 경우, '사모자본시장'으로 번역되어 광범위하게 사용되고 있으며, 기업투자에 초점을 맞추어 주로 기업인수합병을 목적으로 하는 펀드 및 이와 관련된 사적자본조달 시장을 가리키는 것으로 사용되고 있습니다.

이러한 사모자본시장의 정확한 의미와 이론적 배경에 대해서는 국제금융시장이 어떻게 구성되어 있는지를 포함하여 보다 전문적인 고찰이 필요한 분야이므로 이 책에서 추가적인 설명은 생략하도록 하겠습니다. 관심 있는 분들은 각주에 기재된 관련 자료를 참고해 주시길 부탁드리며, 금융실무상으로는 '사모자본시장'이라고 하면 펀드조달방식의 사적자본시장을 가리키되, 한국에서는 주로 기업투자 및 인수합병 등과 관련하여 사용되는 경향이 있는 용어라고 이해하시면 충분하다고 생각합니다.[110]

---

110 기업이 자금을 조달하는 방식은 크게 자기자본조달과 타인자본조달의 두 가지 방식으로 구별할 수 있습니다. 자기자본조달을 위한 금융을 equity financing이라 하고, 차입을 통한 타인자본조달 방식을 debt financing이라고 합니다. 신디케이티드 론은 대표적인 debt financing 방식 중 하나입니다. equity financing은 기본적으로 지분을 판매(selling equity)한다는 속성을 가지고 있으므로 지분현황이나 경영권 보유에 민감한 관점에서는 쉽사리 결정하기 어려운 면이 있는 등 각 방식별로 장단점이 있습니다. 여기서 debt financing 등에 대해 설명드리는 이유는 사모자본시장과 자금조달방식을 기준으로 한 구분을 간혹 혼동하시는 경우가 있기 때문입니다. 사모자본시장의 속성상 차입(debt)이 아닌 자기자본(equity) 분야에서 지원되는 경향이 농후한 것은 사실이나, 사모자본시장 내에서 이루어지는 자본조달이 차입 방식을 배제하고 이루어지는 것은 아닙니다. 실제로 사모자본시장에서는 일반적인 PE와 비교하여 상대적으로 비중이 크다고 할 수는 없지만 조달된 펀드자금으로서 기업에 대출(loan) 공급을 목적으로 하는 이른바 '사모부채(private debt)' 시장이 존재하기도 합니다. 이렇듯, 자금조달방식을 기준으로 기계적으로 구분되는 debt financing, equtiy financing과 사모자본시장은 개념 자체가 다르다는 점, 참고하시기 바랍니다.

참고로, 프로젝트 파이낸스는 차입이라는 점에서는 debt financing에 속하나, 미래의 현금흐름을 포함한 차변의 자산을 바탕으로 한 차입이라는 점에서 자산유동화방식과 함께 자산금융(asset financing)의 하나로 인정되기도 합니다[김현도(2010), 부동산개발 자금조달 방안으로서의 개발형 REIT's 활성화 방안, 홍익대학교 건축도시대학원 석사학위논문, p. 23]. 한편 기업이 자본을 조달하는 방식을 기준으로 하여 equtiy financing, debt financing을 설명드렸습니다만, 그 연장선상에서 자본시장을 ECM(Equity Capital Market) 및 DCM(Debt Capital Market)으로도 구분할 수 있습니다. DCM은 Fixed-income Market이라고도 하며, 일반적으로는 채권이나 대출과 같이 확정적이고 비교적 안정적인 수익창출을 목적으로 채권(bond)의 발행 및 거래, 대출(loan)의 발생 및 거래 등이 일어나는 자본시장을 일컫습니다. ECM은 채권이나 대출이 아닌 기업의 지분(equity) 출자, 매매, 주식의 공개(IPO) 등이 발생하는 자본시장을 가리킵니다. 다만, 일반적으로 글로벌 투자은행을 비롯하여 국내에서도 DCM이라 하면 실제로는 여신보다는 채권(bond) 분야에 특화되어 이의 발행과 유통 등을 가리키는 경우가 많습니다. 그 외 M&A에 수반되는 인수금융이나 부실채권 거래 등은 별도 부문으로 분류하여 운용하는 것이 일반적입니다. 참고로 골드만삭스나 모건스탠리 등 유수의 글로벌 투자은행 조직에서 흔히 접할 수 있는 SSG는 'special situation group'의 약자입니다. 주로 파산, 회생 등의 일반적이지 않은 상태('stressed')의 기업 지분이나 관련 채권, 보유 실물자산 등에 투자하는 조직을 가리킵니다.

PE

기업의 탄생, 성장 및 인수합병 등 기업투자와 관련된 사모펀드를 포괄적으로 일컫는 개념

사모자본시장은 다시 그 투자목적 및 투자대상에 따라 PE(Private Equity), 헤지펀드, 부동산펀드, 인프라펀드, 사모사채펀드 및 원자재펀드 등으로 구분할 수 있습니다. 이 중 현업에서나 경제지 등에서 흔히 접할 수 있는 PE[111]는 어떤 계속기업의 탄생과 성장, 인수합병 등 사람으로 치면 마치 생로병사와 유사한 주기를 겪는 기업 자체에 투자하는 사모펀드라고 할 수 있습니다. 보다 구체적으로는 기업의 성장단계 및 필요한 자금의 성격을 기준으로 하여 벤처캐피털(VC), 성장자본(growth capital), 바이아웃(buyout), 메자닌(mezzanine), 부실채권(distress debt) 등에 투자하는 사모펀드로 분류[40]할 수 있습니다.

자주 혼동되는 PE와 PEF

PEF는 PE 중 하나로서 기업인수합병 사모펀드를 일컫는다

금융시장에서 자주 혼동되는 용어가 바로 PE와 PEF입니다. PE는 기업의 인수합병뿐만 아니라 성장 및 관리와도 관련된 사모펀드를 일컫는 포괄적인 개념이라고 말씀드렸습니다. PEF(Private Equity Fund)는 이러한 PE 중 바이아웃(buyout)에 베팅하는 펀드를 가리킵니다. 바이아웃 펀드는 기업의 지분을 인수하여 구조조정 혹은 타 기업과의 합병 등을 통해 기업가치를 높인 뒤 지분이나 회사를 매도하여 수익을 얻는 것을 목적[41]으로 하며, 메자닌(Mezzanine)은 주체에 따라 비교적 다양하게 정의할 수 있지만 일반적으로 타인자본인 대출과 자기자본 투자의 성격을 동시에 갖는 자본, 즉 투자대상회사가 발행하는 전환사채(CB), 신주인수권부사채(BW), 교환사채(EB) 등 주식의 성격을 가진 증권에 투자하는 유형[42] 또는 대출에만 국한해서 보자면 중순위대출을 일컫는다고 할 수 있습니다.

---

111 PE와 다른 개념으로서 PI(Principal Investment)라는 용어도 있습니다. 금융권이나 민간 기업에서 자기자본을 투하하는 경우 내부적으로 이를 PI로 지칭하는 경우가 많습니다. 이 부분은 이 책의 자기자본 투자 부분에서 보다 자세히 설명드리도록 하겠습니다.

메자닌이란?

공식적으로는 '메자닌(mezzanine)'으로 표기되나 금융시장에서는 주로 '메짜닌'이라고 부르는 경우가 많으며 '중간'의 성격을 가지는 금융상품을 포괄적으로 가리키는 금융용어입니다. 증권시장에서는 주식과 사채의 성격을 모두 보유한 하이브리드 채권인 전환사채(CB), 신주인수권부사채(BW), 배당 및 자산분배우선권을 가지나 경영참여가 제한되는 우선주 등을 포괄하여 메자닌 금융상품으로 분류하고 있습니다. 부동산금융시장에서는 원리금상환 및 담보순위를 기준하여 선순위(1순위)와 후순위(3순위) 대출 사이에 자리한 중순위(2순위) 대출 또는 후순위 대출을 가리키는 용어로 사용되는 경우가 많습니다.

메자닌은 엄격한 학문적 정의를 기준하여 사용되는 용어는 아니며, 금융시장 참가자들이 금융관행과 각자의 기준에 따라 편하게 사용하는 경향이 있습니다(공식용어로도 사용됩니다.) 예를 들어, 선 · 후순위 대출 구조에서 후순위 대출을 메자닌 대출과 동의어로 사용하는 경우가 많은데, 이는 자본구조상 후순위 대출이 대출 측면에서는 중간순위가 아닌 최후순위이지만 차주의 자본보다는 차주의 파산 시 상환 선순위이므로 전체 자본구조에서는 중간에 위치한다는 의미를 바탕으로 합니다.

단순히 부동산PF에 참여하는 금융기관 간의 순위를 기준하기도 하나, 부동산개발금융에서는 실질적인 사업주체(sponsor)가 SPC에 출자하면서 동시에 자금보충 등을 목적으로 최후순위 대출을 SPC에게 지원하는 경우가 있습니다. 이때 최후순위 대출은 회계적으로는 대출로 분류되나, 내용상으로는 사업이 실패할 경우 사실상 회수가 곤란한다는 측면에서 일종의 자기자본(equity)으로서의 속성도 가지게 됩니다. 금융시장에서는 이런 경우, 사업주가 메자닌 자금을 지원했다라고 표현하기도 합니다. 개인적으로는 공식적으로 메자닌 대출 등에 대해 당사자 간 따로 정의하지 않는 한, 명확히 하기 위해 메자닌이라는 표현 대신 정확한 순위와 자본의 종류를 표현하여 의사소통을 하는 것이 바람직하다고 생각합니다(예: 중순위 대출, 최후순위 대출, 3순위 대출 등). 메자닌에 대해서는 사모펀드를 설명드리면서 다시 보충 안내드리도록 하겠습니다.

PE가 상위개념이라는 데에는 이론의 여지가 없으나, PEF가 기업의 인수합병을 목적으로 하듯이, PE도 기업투자와 관련된 사모펀드를 일컫는 용어로서 그 투자대상이 '기업'이라는 공통분모를 가지고 있다는 데에서 구별의 실익이 크지 않다는 의견도 만만치 않습니다. 개인적으로는 한국 자본시장의 발전을 위해서 영향력이 큰 미디어에서는 가급적 정확한 용어를 사용하는 것이 바람직하다고 생각합니다만, 많은 유사한 개념의 용어들이 그러하듯이 이 두 용어가 아직도 한국 금융시장에서는 동의어로서 사용되는 경향이 있다는 점을 부인하기 어렵습니다.

따라서 신문기사나 각종 자료에서 언급되는 PE가 실은 PEF를 뜻하는 경우가 많다는[112] 사실과 함께, PE는 상위의 개념으로서 현업에서는 PE가 실은 PE를 운용하는 자산운용기관을 통칭하는 때가 많다는 점을 참고하시면 관련 정보의 이해에 도움이 되실 것으로 생각됩니다.

25. 펀드와 GP, LP

펀드는 집합투자기구이다

기관전용 사모집합투자기구 vs. 일반 사모집합투자기구

현업을 하면서 몰라서는 안 되는 용어 중 하나가 바로 GP(General Partner, 무한책임사원, 위탁운용사)와 LP(Limited Partner, 유한책임사원, 펀드투자자)가 아닐까 싶습니다. 이러한 GP와 LP가 무엇인지를 정확히 이해하기 위해서는 먼저 펀드에 대한 이해가 선행되어야 합니다.

우리가 흔히 펀드라고 부르는 것은 「자본시장과 금융투자업에 관한 법률」에 의하면 집합투자기구에 해당됩니다. 집합투자기구는 다시 경영참여형 사모집합투자기구와 그 외의 집합투자기구인 전문집합투자기구 두 가지로 분류할 수 있습니다. 현재는 자본시장법이 2021년 말 하반기에 개정시행되면서[113] 기존에 운용목적을 기준으로 분류하던 방식을 폐지하고 투자자 유형을 새로운 분류 기준으로 하여 집합투자기구를 기관전용 사모집합투자기구와 그 외의 일반 사모집합투자기구로 분류하고 있습니다. 하지만 법 개정에도 불구하고 금융시장에서는 과도기적으로 여전히 경영참여형 사모집합투자기구라는 표현

---

112 최근에는 각종 미디어에서 기업인수합병을 목적으로 하는 펀드를 지칭할 때, 포괄적인 개념의 PE라고 지칭하는 대신 PEF를 사용하는 사례가 늘고 있습니다. 참고로, PEF를 운용하는 글로벌 자산운용기관을 금융시장에서는 '글로벌 PEF'로 부르는 등 PE 또는 PEF가 원래 가리키는 개념에 더해 이를 운용하는 자산운용기관을 지칭하는 뜻으로도 자주 사용되고 있습니다.

113 2021년 3월 26일 자 《법률신문》에 실린 사모펀드 규제 개편 관련 「자본시장법」 개정 내용 중 일부는 다음과 같습니다. "사모집합투자기구(이하 "사모펀드")의 자산운용을 통합하여 일원화하면서 펀드 투자자에 따라 규제의 틀을 구분하는 내용의 '자본시장과 금융투자업에 관한 법률'("자본시장법") 개정안이 2021. 2. 25. 국회 정무위원회에서 의결되었고, 2021. 3. 16. 법사위 체계자구심사를 거쳐 2021. 3. 24. 국회 본회의에서 최종 의결되었습니다. 개정법은 공포 후 6개월 이후부터 시행될 예정입니다." (저자 주: 실제 시행일은 2021. 10. 21.입니다.)

이 관행적으로 사용되고 있습니다.

이러한 경영참여형 사모집합투자기구, 즉 PEF는 현재의 「자본시장법」의 전신인 「간접투자자산 운용업법」에서 2004년 10월에 명문화되면서 그 설립근거를 갖게 됩니다. 도입 당시에는 해외에서 보편적인 방식인 기업인수금융 바이아웃 펀드를 모델로 하였고, 원활한 기업조조정을 위한 종합적인 자금조성 및 투자 등을 목적으로 하였습니다. 한국의 PEF가 실질적으로 기업인수와 관련된 사모펀드로 인식되고 있는 것에는 이러한 배경이 있다고 할 수 있습니다.[43]

그리고 이와 같은 경영참여형 사모집합투자기구를 제외한 것이 '그 외의 일반집합투자기구'로서 우리가 현업에서 흔히 접하는 '부동산펀드'나 기타 주식이나 채권을 편입자산으로 하여 운용되는 친숙한 각종 '펀드'들이 이에 해당합니다.

한편, 기존의 경영참여형 사모집합투자기구는 2021년 10월 개정시행된 「자본시장법」에서 기관전용 사모집합투자기구로 그 명칭이 계승·변경됩니다. 기존에는 경영참여형 사모집합투자기구의 존속 목적을 '경영참여 목적'으로만 엄격히 제한하였으나, 개정된 「자본시장법」에서는 '경영참여 목적'뿐만 아니라 과거 일반 집합투자기구의 투자대상이었던 경영참여의 목적이 배제된 각종 지분증권이나 부동산 등도 제한 없이 투자할 수 있도록 허용[44]되었습니다.

이러한 개정은 근본적으로 한국의 PE 시장이 글로벌 PE 시장과 경쟁할 수 있도록 하는 데 그 취지가 있었습니다. 즉, 현재 한국 PEF가 지극히 제한적인 투자 목적(경영참여에 한정)의 규제를 받고 있고, 이로 인해 상기석으로 경쟁력 있는 PE 생태계가 조성되는 데 많은 걸림돌이 되고 있다는 인식에 바탕을 두고 있습니다. 참고로 한국에서 PEF의 설정 규모를 비롯한 관련 정보는 절대적으로 부족[45]한 편이라 관련 데이터를 수집하고 활용하는 데 어려움을 겪고 있습니다.

GP와 LP

① 금융관행상 분류: GP는 자산운용기관, LP는 투자자

부동산개발금융이나 투자금융 분야에서 GP나 LP는 매우 흔하게 접하는 용어입니다. 부동산개발금융의 많은 용어가 그러하듯이 이 용어들도 법적인 뜻과 무관하게 금융시장에서는 상당히 폭넓은 의미로 사용되고 있습니다. 이 부분은 관행적인 측면이 있으므로 일정 부분 감안하시고 활용하시는 것이 좋겠습니다. 우선 금융시장에서 통용되는 뜻을 먼저 설명드리고 그다음에 법적인 정의를 기준으로 한 정확한 의미를 설명드리고자 합니다.

한국 금융시장에서는 펀드나 리츠(REITs) 등 금융투자기구의 종류와 목적, 그리고 펀드에 참여하는 기관이 어디인지와 관계없이 LP는 펀드 등 금융투자기구에 참여(출자)하는 자, 즉 연기금 및 은행, 보험사, 캐피털사 등의 각종 금융기관, 그 밖의 다양한 법인출자자와 개인출자자, 그리고 GP는 해당 금융투자기구를 기획하고 운영하는 위탁운영기관인 자산운용기관을 가리키며 금융시장에서는 보통 위탁운용사 또는 업무집행사원으로 부르는 경우가 많습니다. 따라서 이런 용어를 들으시면 우선 대화의 내용이 '펀드' 등과 관련된 것이라는 것을 떠올리시고 운용기관이 어디인지, 그리고 펀드설정 등에 참여(출자)하는 기관이 어디인지를 얘기하는 것으로 이해하시면 실무상으로는 큰 불편함이 없습니다.

비교적 간단한 개념인데도 불구하고, 금융기관 회의에서 이러한 GP 등의 용어가 등장하면 실제로 금융기관의 주니어들은 내심 당황하는 경우가 많습니다. 선배나 동료로부터 GP, LP가 어떤 의미인지는 배워서 알고 있지만, 어떤 근거에서 구분하는 것인지 정확한 개념을 듣기란 쉽지 않습니다. 회사형 펀드가 아닌 일반적인 부동산펀드를 논의하는 자리에서 도대체 왜 합명회사[114]나 합자회사에서 나오는 LP나 GP 개념이 거론되는지부터 해서 자산운용사가 GP라면 해당 자산운용기관이 펀드의 차입에 대해 무한책임을 진다는 것으로 해석을 해야 하는지 등 의문이 꼬리에 꼬리를 무는 경우가 적지 않습니다.

몸담고 있는 금융기관의 분위기가 궁금한 점을 자유롭게 물어볼 수 있는 것이 아닌 경우도 많고, 무한책임사원 등의 뜻이 어려운 것이 아니므로 너무 기초적인 것이 아닌가 싶어 질문을 망설이면서 미루어 짐작만 하는 경우도 있을 수 있습니다. 불가피하게 본래의 뜻과 다르게 활용이 되고 있다면 그 자체로 시장의 관행으로 볼 수 있기 때문에 무조건 도외시할 사항은 아닙니다만, 법적인 뜻과 무관하게 관행적으로 사용되는 부분이 있다면 주니어분들에게는 그런 측면을 상세하게 설명해 주는 문화가 필요합니다.

---

114 합명회사처럼 모든 사원이 GP로 구성된 경우는 상호 간에 강한 신뢰관계를 전제로 하고 있습니다. 일반적으로 가족공동체가 설립하여 운영하는 경우가 많고, 한국에서는 보기 드문 회사 형태라고 할 수 있습니다.

더불어, 전문분야라는 이유만으로 관련 용어나 개념을 원래의 뜻과 다르게 사용하고 상대방이 알아서 해석하길 바라는 일부의 태도도 문제가 있습니다. 단순한 해프닝을 넘어 의사소통 관련 오해가 업무에 영향을 줄 소지가 있기 때문입니다. 상대방이 혹시라도 전문용어를 맥락에 맞지 않게 사용한다는 생각이 드실 때에는 부끄러워하거나 주저하지 마시고 어떤 뜻으로 사용하는 것인지, 그리고 본인이 이해하고 있는 맥락으로 사용한 것인지 확인해 보실 것을 권유드립니다.

GP나 LP가 우리가 흔히 '펀드'라고 부르는 집합투자기구와 직접적인 연관이 되는 경우도 물론 있지만, 현업에서는 그렇지 않은 경우가 훨씬 더 많습니다. 개인적으로는 가급적 회사형 펀드가 아닌 일반 부동산펀드에서는 이런 용어 사용을 자제하고 단순하게 운용기관이 어디냐, 투자자는 누구냐라고 단순명료하게 표현하는 것이 보다 바람직하다고 생각합니다.

② 현행 법령상 분류: 합자회사 형태로 설립되는 PEF의 GP vs. LP

PEF에 대해서는 앞서 설명드렸습니다. 이러한 PEF에 참여하는 자는 다시 GP와 LP로 구분할 수 있습니다. GP는 한국의 법체계에서 실질적으로 업무집행사원과 동일한 뜻으로 사용되고 있으며 해당 사모펀드의 기획 및 투자자유치, 그리고 운용을 통할하는 자를 가리킵니다. 국내에서는 대부분이라고 할 수는 없지만 많은 경우 전문 자산운용사[46]가 이러한 GP 역할을 담당[115]하고 있으며, LP의 경우 주로 각종 연기금 및 대형 금융기관 등이 참여(투자)하며 그 역할을 담당하고 있습니다.

한편, 「자본시장법」에서 PEF는 위에서 말씀드린 GP와 LP가 각각 출자하여 설립되는 투자합자회사 형태로 구성됩니다. 즉, 1인 이상의 GP와 1인 이상의 LP가 각각 출자하여

---

115 물론 자산운용사만 GP가 되는 것은 아닙니다. 다양한 GP가 있을 수 있습니다. 예를 들어 자산운용사 외에 시중 상업은행, 저축은행 및 증권사 등 금융기관도 GP 등록이 가능합니다. 실제로 대한민국 최대 규모의 PEF의 GP는 한국산업은행[2009년 설립된 케이디비밸류제육호로 GP는 한국산업은행이고 출자약정액은 2.75조 원입니다. 배기범, 이준서(2020). 경영참여형 사모펀드(PEF)의 성과분석. 한국증권학회지, 49(2), p. 168]이며, 대한민국에서 정책금융을 담당하는 산업은행과 기업은행은 기관전용 사모집합투자기구에 출자하는 근거를 「자본시장법」에서 별도로 마련하고 있기도 합니다.

한편, 최근 한국 자본시장이 성숙하면서 객관적으로 운용능력이 다소 의심되는 기관이나 법인이 GP로 등록하는 사례도 증가하고 있어 이 점은 다소 우려되는 부분입니다. 「자본시장법」에서도 이러한 점을 감안하여 GP의 자격요건을 정해 놓고 있기는 하나, GP의 파산 시 펀드청산과 관련해서는 매우 복잡한 법적 이슈가 있고 사회적 여파도 큰 만큼 앞으로 대한민국 자본시장의 발전과정에서 GP 적격에 대해서는 추가 논의가 필요하지 않을까 싶습니다.

구성되는 '합자회사'의 형태를 가지게 됩니다. (PEF뿐만 아니라 벤처기업 투자 등 다양한 분야에서도 투자의 성격 등에 따라 이러한 GP는 주가 되는 GP외에도 자격요건을 갖춘 다른 GP가 함께 공동 업무집행사원이 되는 경우가 있는데 이때 추가되는 GP를 보통 "Co-GP"라고 합니다.) 간혹 PEF가 기업인수 관련 사모펀드의 대표사례로 인식되면서 마치 회사형태가 아닌 일반 펀드의 형태로 알고 계시는 분도 있지만 실은 상법상 합명회사 및 합자회사 구조를 준용하여 도입된 회사형 펀드의 일종이라는 점은 오해가 없으셨으면 합니다.

최근 몇 년간 펀드설정 및 모집 시 여러 가지 사회적 이슈가 있었습니다. 그 여파로 펀드, 즉 집합투자기구 설정 시 시중은행 등이 수탁사로 나서는 데 제약요인이 생기면서 소위 '회사형 펀드', 즉 회사형 집합투자기구가 증가하는 추세에 있습니다. 따라서 부동산펀드에 있어서도 GP나 LP의 구분이 더 이상 낯설지 않게 된 측면이 분명히 있습니다. 하지만 아직도 부동산자산 관련 설정된 펀드 상당수가 투자신탁형(비회사형) 펀드이며, 수탁기관을 쉽게 섭외할 수 없는 어려움에도 불구하고 많은 자산운용사들이 복잡한 절차와 관리의 어려움을 이유로 가능하면 비회사형 펀드를 선호하고 있음은 부인할 수 없습니다.

③ GP는 실제로 무한책임을 질까

참고로 PEF는 2021년 10월 21일 자로 개정시행된 「자본시장법」에 의거 순자산의 400%까지 직접 차입을 할 수[47] 있게 변경되었습니다. 개정 전 과거 「자본시장법」에서는 PEF가 직접 차입을 하는 것은 특수한 경우에만 허용되는 등 사실상 금지[48]되었습니다. 따라서 일반적으로는 합자투자회사 형태인 PEF가 다시 별도의 투자목적회사, 즉 SPC에 모집된 PEF 자금을 지분으로 출자하면서 해당 SPC를 신규 설립하고, 다시 SPC가 자기자본의 최대 300% 이내 범위에서 금융기관으로부터 차입[49]을 받아 레버리지를 일으키는 기법이 보편적으로 활용돼 왔습니다.

이와 관련하여 살펴봐야 할 한 가지 흥미로운 사실이 있습니다. 바로 PEF GP의 책임범위에 관한 것입니다. GP는 기본적으로 해당 PEF의 채무변제에 대하여 무한책임을 지며, 이는 상법상 합자회사·합명회사의 GP의 책임과 정확히 일치한다고 할 수 있습니다. 그러나 금융실무에서 실제로 GP가 기업인수금융과 관련하여 연대보증을 서는 등 실제로 PEF의 채무에 대하여 '무한책임'을 지는 일은 극히 드물며, 적어도 채무의 변제 측면만 고려한다면 한국의 GP는 무한책임이 아닌 LP와 마찬가지로 출자액을 한도로 하는 유한책임을 지는 것과 동일한 지위를 갖는 경우가 대부분입니다.

앞서 설명드렸습니다만, 개정된 「자본시장법」 이전에 PEF의 기업인수를 위한 차입은 PEF 명의로는 허용되지 않았습니다. 따라서 대부분의 PEF는 해당 PEF의 출자금을 바탕으로 다시 별도의 SPC에 출자를 하여 「자본시장법」상의 투자목적회사로 기능하게 하고, 해당 SPC가 차입을 하는 방식으로 타인자본을 조달하는 구조가 보편적이었습니다.

현업 경험이 있는 분들은 눈치채셨겠지만, 이러한 구조에서는 PEF가 직접 차입의 주체, 즉 차주가 아니기 때문에 GP가 무한책임을 질 직접적인 채무 자체가 존재하지 않게 됩니다. 물론 간접적으로 SPC가 차입한 대출은 그 결과가 PEF에 귀속되므로 당연히 관련이 있다고 봐야 하겠지만, 적어도 명목상으로는 GP 등이 '직접' 출자한 PEF의 채무는 아닌 것이 분명하므로 상법상 무한책임사원의 채무변제 관련 무한책임이라는 취지는 구현되기 힘들다고 할 수 있습니다. 물론 SPC의 채무를 곧 PEF의 채무라고 간주하고 대주측에서 GP측의 무한책임, 즉 채무보증 등을 요구할 수도 있습니다만, 이러한 경우는 일반적으로는 금융시장에서 쉽게 보기 힘든 광경이라고 할 수 있습니다.

PEF 대부분이 기업인수와 관련되어 있기 때문에, 이러한 기업인수를 위한 부족자금의 충당 목적의 인수금융[116]이 한국에서도 이미 보편적으로 활용되고 있습니다. 이때 인수금융은 피인수 기업의 기업가치 자체를 담보로 하여 일어나는 경우가 대부분입니다. 즉, 기업인수를 위한 GP나 LP의 보증 등 별도의 인적담보를 요청하지 않는 것이 일반적인데, 이는 PEF의 기업인수가 우량한 기업에 집중되는 경우가 대부분으로서 해당 기업이 보유한 각종 자산을 포함한 기업가치 자체가 충분한 담보로서 기능한다는 암묵적인 인식이 금융시장에서 공유되고 있기 때문입니다. 이런 측면에서 저자는 2021년 10월에 개정시행된 「자본시장법」에 근거하여 집합투자기구의 직접 차입이 모두 허용되었지만, 기업인수와 관련해서는 기존과 같이 GP가 무한책임을 질 필요가 없는 SPC 구조가 계속 활용될 것으로 예상하고 있습니다.

내용이 다소 어려웠지만 지금까지 GP 등 용어의 금융관행상 의미와 더불어 법적으로 또 이론적으로 정확한 의미가 무엇인지도 함께 살펴봤습니다. 관례상 지칭하는 의미

116 인수금융은 그 성격상 대규모의 타인자본이 장기간에 걸쳐 소요되는 경우가 많으므로 주로 시중은행에서 주로 담당하고 있습니다.

는 부동산개발금융을 담당하는 실무자 입장에서는 원활한 업무진행을 위해 반드시 알고 계셔야 하지만, 관행을 떠나 각각의 용어가 의미하는 바가 무엇인지 정확한 근거법령이나 이론적 맥락을 알고 있는 것도 그에 못지않게 중요한 일이라고 생각합니다. 아무쪼록 「자본시장법」의 투자구조 중 주요 부분을 차지하는 투자합자회사 형태 및 PEF, GP 및 LP의 개념에 대해서 이 책을 통해 이해의 폭이 넓어지셨기를 희망합니다.

26. 재무적 투자자(FI)와 전략적 투자자(SI)

한편, PEF와 관련하여 또 하나 살펴볼 용어가 있습니다. 바로 재무적 투자자와 전략적 투자자로 금융시장에서는 각각 '에프아이(FI)' 및 '에스아이(SI)'로 부르고 있습니다. 이러한 FI와 SI는 M&A 및 지분투자 분야뿐만 아니라 부동산실물자산 매입, 부동산개발금융 등 다양한 분야에서 각기 다소 다른 기준으로 정의되어 사용되고 있습니다. 우선 금융시장에서 가장 보편적으로 인식하고 있는 개념을 기준으로 알아보도록 하겠습니다.

재무적 투자자(Financial Investor, FI)는 기업이 M&A를 할 때 또는 대형 개발사업 등을 할 때 부족한 자금을 조달해 주는 투자자로, 경영에 참여하지 않고 배당금 또는 원리금의 형태로 수익을 취하며, 전략적 투자자(Strategic Investor, SI)는 기업의 경영에 직접 참여하거나 개발사업 등을 같이 진행함으로써 해당 투자자의 전략적이고 장기적인 이득을 추구합니다. 재무적 투자자는 전략적 투자자와는 달리 일정 수익만 얻으면 목적을 달성하기 때문에 기업의 장래에는 관심을 보이지 않습니다.[50] 따라서 기업인수합병 후 비교적 단기간 내 매각하여 자본차익을 목적으로 하는 경향이 짙은 한국의 PEF는 해당 PEF 내의 GP와 LP의 성향이 어떠한지의 구분과 관계없이 PEF 그 자체로서는 SI보다는 FI에 보다 가까운 모습을 보인다[51]고 할 수 있습니다.

한편, 해당 PEF가 지향하는 투자목적을 기준으로 하여 PEF 자체가 어떤 투자자의 모습을 가지느냐를 구분할 수도 있지만 PEF 내의 GP와 LP의 참여목적에 따라서도 투자자 유형을 구분할 수 있습니다. 예를 들어, PEF에 참여하는 대부분의 LP는 일반적으로 FI의 성격을 가지지만 경우에 따라서는 해당 PEF에 참여하는 LP가 전략적 투자자, 즉 SI의 성격을 가지는 경우도 있습니다. 기업의 매각은 단순히 매각대금만을 단일 변수로 해서 결정되는 게임은 아닙니다. 다른 조건이 동일하다면 당연히 매각가액이 높은 곳이 우선협상대상자로 지정되겠지만, 기업인수합병에는 매각대금 외에도 다양한 변수와 고려사항이 있는 경우가 대부분입니다. 업력이 오래된 기업인 경우 해당 기업을 인수한 후에도 제대로 성장하고 운영해 줄 잠재매수자를 우선순위로 고려하는 경우도 적지 않습니다. 이런 경우에는 경영전문성이 부족한 일반적인 PEF만으로는 입찰에서 우선협상대상자로 지정되기 쉽지 않습니다. 따라서 이때 PEF는 인수 관련 지분참여와 함께 실제로 경영을 이끌 수 있는 투자자를 찾게 되는데 이때의 투자자가 바로 전략적 투자자라고 할 수 있습니다.

한국 금융시장에서 PEF 자체가 FI의 성향이 강하므로 대부분의 LP를 FI로 보는 것에 큰 무리는 없습니다. 한국의 연기금 및 투자금융기관은 대표적인 재무적 투자자라고 볼 수 있는데, 투자목적 자체가 기업을 실제로 운영한다기보다는 중·단기적 경제적 수익의 극대화라는 목표를 가지고 LP로서 출자하는 경향이 농후하기 때문입니다. 하지만 앞서 말씀드린 예시와 같이 동일한 PEF에 출자하는 LP라 할지라도, 그 투자목적이 기업인수 후 실제로 경영을 하면서 기업을 이끌어가는 것이라면 이때는 당연히 SI에 해당한다고 봐야 합니다.

한편, 부동산개발금융에 있어서도 FI와 SI 등의 출자자 분류가 널리 활용되고 있습니다. 금융기관과 시공사 등 사업당사자가 함께 출자하는 구조인 PFV[117] 방식에서는 대개 출자자인 스폰서와 시공사 등을 함께 아울러서 전략적 투자자로, 그 외 금융기관 등의 출자자는 재무적 투자자로 구분하고 있습니다. 부동산PF를 포함한 프로젝트 파이낸스에 있어서의 출자자 유형은 다음 표를 참고하시기 바랍니다.

표 2.15 출자자의 분류[52]

항 목	명 칭	비 고
전략적 투자자	SI (Strategic Investor)	• 공모사업 시 발주기관·시행사, 외국자본 및 일반투자자로서 순수 투자목적으로 출자 • 임차 예정자 및 자산투자자로서 추후 부동산을 사용할 목적으로 선점하기 위하여 출자에 참여
재무적 투자자	FI (Financial Investor)	• 단독 또는 신디케이트를 형성한 금융기관들로서 추후 PF대출을 선점할 목적으로 출자
건설 출자자	CI (Constrution Investor)	• 단독 또는 컨소시엄을 형성한 시공사들로서 추후 프로젝트 시공권을 목적으로 출자

117 PFV(Project Financing Vehicle: 프로젝트투자회사)에 대해서는 5장 PFV 부분에서 자세히 설명드립니다. 부동산금융 관련 FI, SI 등의 구분은 비단 PFV를 활용한 구조뿐만 아니라 여타 투자기구(vehicle)를 활용한 부동산개발금융 등에서도 광범위하게 사용되고 있습니다.

참고로 전략적 투자의 경우 위 표에서 기술된 내용 외에도 금융시장에서는 기업의 해외 현지법인 지분출자, 정부정책에 따른 민관 공동출자, 그리고 업무제휴 또는 거래관계를 고려한 지분출자 등 투자수익 외에도 장기적인 전략을 바탕으로 출자를 실행하는 투자자를 모두 전략적 투자자로 분류하고 있습니다.

지금까지 부동산개발금융과 투자금융 분야에서 자주 접하는 자본시장 관련 용어에 대해서 금융시장에서 널리 활용되는 의미와 더불어 「자본시장법」을 중심으로 한 정확한 의미와 도입배경, 활용 맥락 등을 설명드렸습니다. 부동산개발금융과 직접적인 연관성이 적음에도 불구하고 사모자본시장 구조와 관련 용어를 집중적으로 설명드린 이유는 부동산개발금융이 한국의 사모자본시장을 이루는 중요한 분야 중 하나이기 때문입니다. 개인적으로는 설명드린 PEF가 한국 자본시장에서 차지하는 중요도를 생각하면 이 책에서 단순히 관련 용어나 핵심개념만을 소개해 드리는 것으로는 부족하다고 생각합니다. 이 책에서 접하신 설명을 바탕으로 「자본시장법」과 함께 관련 자료를 찾아보시면서 한국의 사모자본시장에 대한 이해의 폭을 넓혀 나가시기[118]를 권해 드립니다.

27. 부동산신탁

신탁의 기본 개념과 신탁재산의 종류

부동산개발금융시장에서 담보신탁, 개발신탁, 관리형 토지신탁 등의 용어는 매우 익숙한 용어로서 부동산 또는 부동산과 관련된 제반 권리를 대상으로 하는 신탁을 포괄하여 흔히 부동산신탁으로 분류하고 있습니다.

하지만 놀랍게도 담보신탁, 개발신탁 등의 명칭은 정작 신탁 관련 가장 기본이 되는 「신탁법」에는 명확하게 구분하여 기재돼 있지는 않습니다. 현재의 다양한 부동산신탁상

---

118 GP의 법적 지위 및 기능에 대해 궁금하신 분들은 한밭대학교 김성호 교수의 2017년 논문 '사모투자펀드(PEF)의 비교법적 고찰 – 합자회사인가 합자조합인가' 및 유석호, 윤영균(2013). 사모투자전문회사의 실무상 쟁점과 과제. 증권법연구, 14(2), 423-458, 이인영(2012). 금융서비스산업에서의 RM 성과에 미치는 영향요인에 관한 연구: PEF의 GP와 LP간 파트너십 관계를 중심으로, 상명대학교 대학원 박사학위 논문 등을 참고하시기를 권해드립니다.

품은 「신탁법」 제2조(신탁의 정의)를 기준으로 부동산신탁시장에서 수요자의 니즈에 따라 자연스럽게 구분되고 상품화된 것입니다. 여기에 「자본시장법」 제103조(신탁재산의 제한 등)의 내용이 반영되면서 다양한 부동산신탁 관련 상품의 등장에 영향을 미치고 있습니다.

자산유동화도 그렇지만 신탁도 그 법적인 성격과 지위, 「자본시장법」이나 「자산유동화에 관한 법률」(약칭: 자산유동화법)과의 연관성, 신탁이 다른 금융기법과 결합될 때 신탁사의 지위와 권리관계의 충돌, 그리고 신탁과 관련된 세금문제 등 결코 간단히 설명할 수 없는 사항이 많은 분야 중 하나입니다. 지면 관계상, 여기서는 법제도상 한국에서의 신탁제도의 연혁과 신탁의 가장 기본적인 개념, 그리고 부동산 관련 주요 신탁상품만을 간단히 설명드리도록 하겠습니다.

먼저 「신탁법」에는 신탁이 어떻게 정의되어 있는지, 그리고 「자본시장법」에는 신탁이 가능한 신탁재산을 어떻게 구분하고 있는지 관련 조항을 발췌하여 살펴보겠습니다.

○ 「신탁법」 제2조(신탁의 정의)

이 법에서 "신탁"이란 신탁을 설정하는 자(이하 "위탁자"라 한다)와 신탁을 인수하는 자(이하 "수탁자"라 한다) 간의 신임관계에 기하여 위탁자가 수탁자에게 특정의 재산(영업이나 저작재산권의 일부를 포함한다)을 이전하거나 담보권의 설정 또는 그 밖의 처분을 하고 수탁자로 하여금 일정한 자(이하 "수익자"라 한다)의 이익 또는 특정의 목적을 위하여 그 재산의 관리, 처분, 운용, 개발, 그 밖에 신탁 목적의 달성을 위하여 필요한 행위를 하게 하는 법률관계를 말한다.

○ 「자본시장법」 제103조(신탁재산의 제한 등)

① 신탁업자는 다음 각 호의 재산 외의 재산을 수탁할 수 없다. 〈개정 2011. 5. 19.〉

1. 금전
2. 증권
3. 금전채권
4. 동산
5. 부동산
6. 지상권, 전세권, 부동산임차권, 부동산소유권 이전등기청구권, 그 밖의 부동산 관련

권리

7. 무체재산권(지식재산권을 포함한다)

② 신탁업자는 하나의 신탁계약에 의하여 위탁자로부터 제1항 각 호의 재산 중 둘 이상의 재산을 종합하여 수탁할 수 있다.

③ 제1항 각 호의 재산의 신탁 및 제2항의 종합재산신탁의 수탁과 관련한 신탁의 종류, 손실의 보전 또는 이익의 보장, 그 밖의 신탁거래조건 등에 관하여 필요한 사항은 대통령령으로 정한다.

④ 신탁업자는 부동산개발사업을 목적으로 하는 신탁계약을 체결한 경우에는 그 신탁계약에 의한 부동산개발사업별로 제1항제1호의 재산을 대통령령으로 정하는 사업비의 100분의 15 이내에서 수탁할 수 있다.

신탁은 그 목적과 수익자가 누구인지, 인가받은 기관에 의한 영업신탁인지 사인 간의 관리위임에 가까운 비영업신탁인지 여부, 그리고 신탁재산의 종류 등에 따라 매우 다양하게 분류[119]할 수 있습니다. 그러나 종류를 불문하고 직관적인 이해를 돕기 위해 핵심요소만 간단히 말씀드리자면 신탁은 재산의 이전과 해당 재산의 관리위임이 결합된 구조라고 할 수 있습니다. 신탁의 가장 기본적인 구조를 영업신탁을 기준으로 하여 그림으로 표시하면 다음과 같습니다.

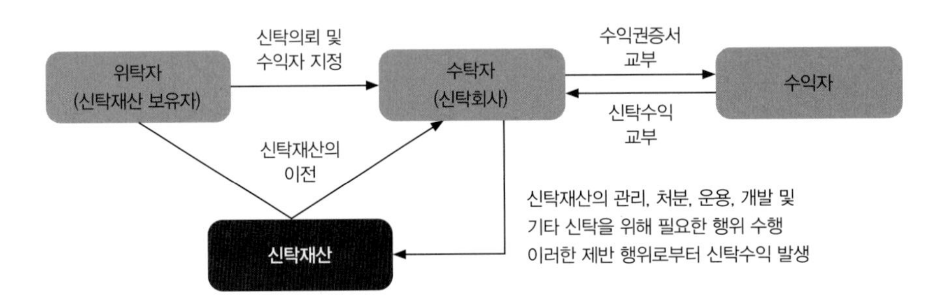

그림 2.7 신탁의 기본 구조

119 이론적인 신탁 분류에 대한 자세한 소개는 생략합니다. 대신 부동산개발금융 관련 주요 부동산신탁상품을 종류별로 설명드리도록 하겠습니다.

이 그림에서 '위탁자'는 신탁재산 보유자로서 신탁회사 등의 수탁자에게 신탁재산을 이전하고 수익자를 지정하는 자를 가리킵니다. '수탁자'는 신탁재산을 이전받아 해당 재산의 관리, 처분, 운용, 개발 및 그 외 필요한 법률행위를 하는 자를 일컫습니다. 수탁자의 신탁재산 관리, 처분 등의 행위에 따라 발생한 신탁이익을 받는 자를 '수익자'라고 하며. 이때 신탁의 수익자가 수탁자로부터 신탁행위에서 정한 목적에 따라 이익을 받을 권리를 수익권[53], 이러한 수익권의 내용과 순위를 표시한 증권을 수익권증서라고 합니다.

한편, 한국의 신탁 관련 법령의 주요 연혁을 살펴보면 다음 표와 같습니다.

표 2.16 한국의 신탁 관련 주요 법령 연혁

연 도	내 용
1961년	「신탁법」 및 「신탁업법」 제정
1991년	전업 부동산신탁회사 설립인가 – 한국부동산신탁(주) [당시 한국감정원(현 한국부동산원) 전액 출자] – 대한부동산신탁(주) (당시 성업공사 전액 출자) – 초기에는 대부분 관리신탁 및 처분신탁이 주력 상품 – 토지공개념 도입 및 1991년 부동산투기억제정책의 일환으로 도입
1992년	전업 부동산신탁회사의 업무범위 확대 인가(토지신탁)
1993년	전업 부동산신탁회사의 업무범위 확대 인가(담보신탁)
1996년	한국토지신탁(주), 주은부동산신탁(주) 등 영업인가 및 영업개시
2007년	「자본시장과 금융투자업에 관한 법률」(약칭: 자본시장법) 제정 및 동법상 투자매매업, 투자중개업, 집합투자업, 신탁업 등이 '금융투자업'으로 통합분류
2009년	「자본시장법」 시행 및 「신탁업법」 폐지

부동산신탁의 주요 상품

부동산개발이나 부동산 실물자산 분야에서는 다양한 신탁상품이 활용되고 있습니다. 부동산개발시장에서는 주로 관리형 토지신탁이나 차입형 토지신탁이 활용되고 있습니다만, 최근에는 앞서 신용강화구조를 설명드리면서 소개해 드린 책임준공이행확약부 관리형 토지신탁도 널리 활용되고 있습니다. 가장 대표적인 부동산 관련 신탁상품을 정리하면 다음 표와 같이 정리할 수 있습니다.

표 2.17 부동산 및 부동산 관련 권리를 신탁재산으로 하는 주요 신탁상품[54]

항목	내용
관리신탁	• 부동산소유자가 신탁계약을 통해 부동산의 소유권을 신탁회사에 이전하고, 신탁회사는 신탁계약에서 정한 바에 따라 부동산에 대한 소유권 관리, 세무관리 등의 총체적인 관리업무를 수행 및 그로부터 발생하는 신탁수익을 수익자로 지정된 자에게 교부하는 상품 – 갑종 관리신탁: 소유권, 임대차, 시설유지, 법무·세무관리 등 종합관리(통상의 건물관리 개념) – 을종 관리신탁: 신탁재산의 소유권만 관리. 예기치 못한 분쟁을 방어할 목적으로 부동산PF에서도 간혹 사용되나 일반적이지는 않음
처분신탁	• 부동산 소유자가 처분절차에 어려움이 있는 부동산, 대규모 부동산으로서 매수자가 제한되어 있는 부동산, 잔금정산까지 장기간이 소요되는 부동산 등의 안정적인 처분을 위하여 이용하는 상품으로서 신탁회사가 신탁재산의 처분과 처분완료 시까지의 관리업무를 담당(부동산 소유권은 여타 부동산신탁 상품과 동일하게 신탁회사에 이전됨) – 갑종 처분신탁: 처분가격 및 처분방법과 관련하여 수익자와 협의 진행 – 을종 처분신탁: 사실상 처분행위는 위탁자 또는 수익자가 진행
담보신탁	• 소유권을 신탁회사에 이전하고 신탁회사로부터 수익권증서를 교부받아 금융기관에 담보로 제공하여 대출을 받는 데 이용되는 상품 – 관리신탁과 처분신탁의 중간적 성격을 보유 – 신탁회사가 담보물의 일반 관리 및 채무불이행 사유 발생 시 담보물 처분 및 배분업무를 담당
토지신탁 ① (차입형 토지신탁)	• 통상적으로 '개발신탁'으로 호칭되고 있음 • 건축자금이나 개발 노하우가 부족한 고객으로부터 토지를 수탁받아 개발계획의 수립, 건설자금의 조달, 공사관리, 건축물의 분양 및 임대 등 개발사업의 전 과정을 수행하고 이로 인하여 발생한 수익을 토지소유자 또는 그가 지정하는 자에게 교부[55]하는 상품 – 신탁사에서 시행사를 대신하여 자금조달을 포함한 전 과정을 수행 – 자금차입이 필요한 경우 시행사와 협의하여 시행사가 차입을 받을 수 있도록 주선하고, 부족자금 발생 시 신탁사 고유자금을 투입하여 프로젝트를 진행 – 신탁구조에 따라 다를 수 있으나, 일반적으로 신탁수익권에 기재된 내용에도 불구하고 신탁사가 투입한 고유자금의 원리금이 상환 최선순위이며, PF 채권은 후순위 성격을 보유 – 자금차입 및 시행 노하우가 부족한 시행사가 주로 이용 – 토지신탁수익권이 상속되는 경우 과세가격 산정 시 일부 채무인정이 가능
토지신탁 ② (관리형 토지신탁)	• 부동산개발금융시장에서 '관리신탁'이라 하면 일반적인 의미의 관리신탁이 아닌, '관리형 토지신탁'을 지칭하는 경우가 적지 않음 – 일반 관리신탁도 PF에 활용되므로 용어사용 시 혼동이 없도록 주의 필요 • 부동산개발 분야의 토지신탁 중 가장 보편적으로 활용되는 상품 • 차입형 토지신탁(개발신탁)과 달리, 수탁자는 사업시행자로서 분양계약 및 자금입출금 등의 관리업무를 수행하고, 위탁자가 사업비 조달, 인·허가, 분양 등 자금조달 및 전반적인 사업진행을 책임지는 구조 – 신탁사가 공식적인 사업시행사 명의로 등재되나, 실질적인 인허가 수행 및 사업진행은 시행사 주도로 진행됨 – 단, 공사비 지급 등 당초 약정된 바에 따라 지급하는 사업비 관리 의무는 신탁사가 부담하나, 공사비 미지급에 따른 민사상 책임은 부담하지 않음(관리형 토지신탁계약에서 공사도급계약의 주체는 시행사와 시공사) • 신탁기관이 사업시행사가 됨으로써, 위탁자(시행사)의 채무자로부터의 권리침해 등이 원천적으로 차단되는 효과 발생

표 2.17 (계속)

항 목	내 용
분양 관리신탁	• 「건축물의 분양에 관한 법률」에 의거 분양사업자가 건축물의 선분양을 위하여 신탁회사에게 부동산소유권 및 분양대금을 보전 관리하게 함으로써 피분양자를 보호하고 채무불이행 시 신탁된 부동산을 환가 처분하여 정산하는 상품 – 「건축물의 분양에 관한 법률」상 후분양이 원칙 – 동법에 의해 선분양을 위한 일정 조건이 명시되어 있는바, 분양관리신탁이 선분양을 위해 보편적으로 활용됨 – 단순 분양관리신탁계약만으로는 소기의 목적 달성이 곤란하여, 실무적으로는 대리사무계약, 그리고 시행사, 시공사 및 PF대주단과 사업약정 등을 추가로 체결하여 사업을 관리하는 것이 일반적임
책임준공이행확약부 관리형 토지신탁	• 시공사가 제공하던 책임준공확약에 더하여 신탁사에서 시공사의 책임준공에 대해 중첩적으로 확약하여 사업진행의 불확실성을 줄이도록 고안된 장치로서 관리형 토지신탁과 결합하여 활용되고 있음 – 상세 내용은 이 책의 핵심용어 중 '대표적인 신용강화구조' 부분 참고
기타 (신탁사의 대리사무)	• 광의적으로는 「자본시장법」에 흡수·폐지된 기존 「신탁업법」의 취지를 기준 시 대리사무의 법적인 개념은 신탁업에 부수하는 모든 업무를 포괄함(채무의 보증, 신탁부동산 관련 유언의 집행, 재산의 취득·처분 또는 대차에 관련된 사무, 채권추심 및 채무이행관련 모든 사무 등) – 그러나 부동산PF에 있어 대리사무라 함은 신탁사와 시행사, 시공사 및 PF 대주 사이에 체결된 대리사무계약 및 관련된 부동산PF 사업·대출약정에 근거하여, 신탁회사가 분양대금 및 사업비의 집행 관리(대출금상환 관리 등 포함)를 수행하는 것을 일컬음 – 일반적으로 대리사무계약만을 단독으로 체결하는 경우는 드물며, 대리사무계약이 제공되는 경우에는 별도의 신탁상품과 결합하여 제공되는 경우가 대부분임 – 단, 기업개선과 같은 기업구조조정 분양에서는 단독으로 대리사무계약만 취급되는 경우도 있음

앞서 부동산신탁의 기본 구조를 그림으로 설명드렸습니다만, 저당제도와 경쟁하는 부동산신탁의 가장 대중적인 상품 중 하나인 담보신탁의 구조를 간단히 살펴보겠습니다.

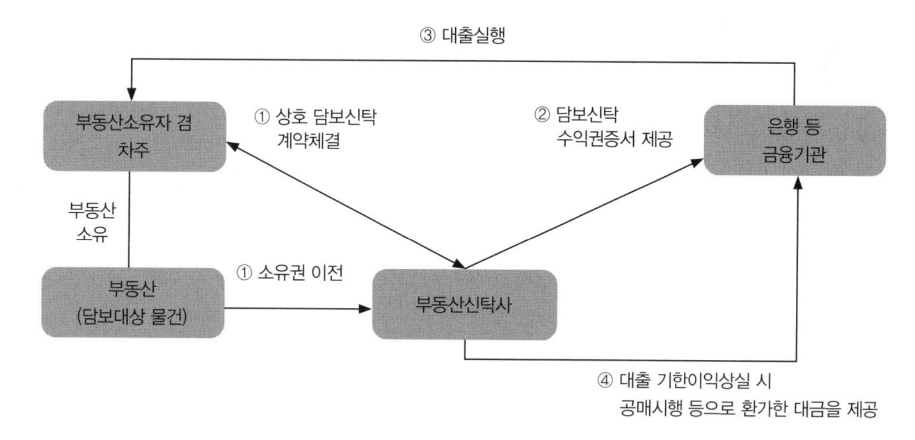

그림 2.8 부동산담보신탁의 기본 구조

한편, 저당제도의 경우 후순위 저당권자의 임의경매 신청 등이 특약으로 금지되지 않는 한 대개 선순위 저당권자의 의지와 별개로 진행이 가능하나, 위에서 설명드린 신탁상품은 모두 별도의 특약을 통해 후순위 수익권자가 선순위 수익권자의 동의 없이 공매신청을 하지 못하도록 제한하는 것이 가능하다는 특징을 가집니다. 그 외, 가장 보편적인 담보물권 중 하나인 저당권을 근거로 하는 담보와 부동산신탁의 주요 차이점을 정리하면 다음 표와 같습니다.

표 2.18 부동산신탁 제도의 특징(저당제도와 비교)

항 목	저당제도	부동산신탁
실행 방식	(근)저당권 설정	신탁등기 및 수익권증서 발행
담보자산 관리	해당 채권금융기관	신탁사
여신취급 후 선순위임대차 발생가능 여부	가능	불가능
담보취득 후 우선채권 발생가능 여부	조세채권(당해세 등) 및 임금채권 우선권 인정	불인정
환가 방식	법원경매	신탁사 공매
환가 기간	비교적 장기	상대적으로 단기
물상대위권 행사	사전에 압류 등 필요	불요
화의·법정관리 시 보전처분대상 재산 여부	대상에 포함됨	배제

그 밖에 신탁재산이 부동산신탁사에게 합법적으로 이전(소유권 이전)됨에 따른 위탁자(차주)로부터의 도산절연 기능도 부동산신탁 상품의 특징 중 하나라고 할 수 있습니다. 일반적으로 신탁재산은 「신탁법」에 의해 채무자의 재산이나 개인회생재단을 구성하지 않는 것으로 보장됨(「신탁법」 제24조)으로써 차주로부터의 도산절연 효과를 충분히 누릴 수 있는 것으로 인정[120]되고 있습니다.

한편, 앞서 설명드린 부동산 신탁의 주요 상품들은 법령에 그 구분이 명확하게 되어 있지 않은 상황으로서, 금융감독당국의 인가를 받아 시장에서 판매되는 관행적인 상품

120 신탁에 따른 위탁자로부터의 도산절연이 절대적으로 인정되는 것이냐에는 법리적으로 복잡한 경우의 수를 가정해야 하는 경우도 있습니다. 예를 들어, 위탁자의 채권자이면서 동시에 신탁 수익권자인데, 위탁자에게 회생절차 등이 개시되는 경우를 가정해 보겠습니다. 이때 위탁자의 채권자가 가지는 도산철자에서의 회생담보권자로서의 지위 인정 여부는 신탁 및 신탁재산의 종류에 따라 달라질 수 있습니다. 이 책에서는 이와 관련된 자세한 논의는 생략하겠습니다.

이름을 금융시장이나 학계에서 보편적으로 인정하여 사용되고 있습니다. 따라서 부동산신탁상품의 명칭은 절대적인 것이 아니며 그 내용, 즉 실질이 보다 중요하다는 것을 유념할 필요가 있습니다. 예를 들어, 금융실무에서는 담보신탁의 목적임에도 불구하고 신탁사의 내부 사정에 따라 그 계약이 '관리신탁'으로 명명되고, 특약 부분에 담보신탁의 구체적인 내용이 포함되는 경우도 있습니다.

기본적으로 부동산신탁은 그 상품 종류에 불구하고, 신탁계약서는 ① 상품별 금감원 인가 표준계약서 및 ② 본표준계약서에 부속하는 특약으로 구성되는 경우가 대부분이므로, 금융실무자 입장에서는 신탁계약서를 검토할 때 정형화되어 있는 표준계약서의 내용보다는 상대적으로 '특약'에 중점을 두고 검토하는 것이 바람직합니다. 예를 들어, 부동산PF 관련 신탁계약과 관련하여 특약에 후순위 수익권자의 공매신청 권한과 관련하여 명확한 기준이 없는 경우가 간혹 있습니다. 해당 프로젝트의 사업약정 및 대출약정에서 선·후순위 수익권자의 권리행사와 관련하여 기준이 마련된 경우가 대부분이라 큰 문제는 되지 않습니다만, 사업구도에 따라서는 신탁계약서에 그와 관련된 명확한 기준이 누락되는 경우 분쟁을 일으킬 소지가 있다는 점도 참고로 말씀드립니다.

관리형 토지신탁은 어떻게 발전되어 왔을까?

현재와 같은 관리형 토지신탁과 유사한 구도의 신탁상품은 2000년대 초반 당시의 부동산신탁회사들에 의해 최초로 활용되기 시작하였습니다. 기존에는 토지신탁이라고 하면 신탁사가 사실상 프로젝트 진행에 대하여 무한책임을 지는 개발신탁이 주종이었습니다. 그러나 신탁사의 과도한 차입으로 인한 재무부담이 IMF의 파고를 넘지 못하고 한국 최초의 전업 부동산신탁사인 한국부동산신탁과 대한부동산신탁의 파산으로까지 이어지면서 기존의 개발신탁 구도를 탈피한 새로운 토지신탁 상품이 도입되었습니다. 2008년 초에는 토지신탁 업무를 하지 못하던 신탁사들에게도 관리형 토지신탁 영위가 가능하도록 금융위원회 등에서 변경인가를 해줌에 따라 관리형 토지신탁이 차입형 토지신탁(개발신탁)과 함께 토지신탁의 주요 상품으로 자리매김[56]하게 되었습니다.

참고문헌

[1] 편집위원 윤범 · 수정위원 홍성욱(1997). **신디케이티드 론(Syndicated Loan).** 한국금융연수원, p. 10. 및 노경(2011). 신디케이트 기업금융의 구조가 부채만기에 미치는 영향: 미국 금융기관 국제신디케이트금융의 실증적 분석. 이화여자대학교 경영대학원 석사학위논문, p. 1.

[2] 임철현(2013). 주요 국제금융계약 조항의 의미와 국내법적 해석방안 – 타인자본 방식의 자금조달에 한정하여–. 고려대학교 법무대학원 금융법학과 석사학위논문, p. 5.

[3] 강병진(2009). 원화 이자율 스왑 스프레드 및 기간구조의 결정요인. **금융공학연구**, 8(2), 1–33. p. 4.

[4] 원승연 · 한상범(2009). 스왑 스프레드 역전 현상과 채권시장의 효율성 – 현물 매수 차익거래의 역할을 중심으로–. **보험금융연구**, 58(0), 97–124.

[5] 상게서, p. 121.

[6] 한국감정평가협회(2006). **부동산용어대사전**, 부연사, p. 1397.

[7] 김동윤 · 신학승(2021). 보증신용장거래에서 지급 청구를 위한 서류요건 강화방안에 대한 연구. **무역연구**, 17(1), 293–303. 10.16980/jitc.17.1.202102.293, p. 294.

[8] 윤지훈 · 김제완(2020). 자금보충약정 불이행에 대한 구제수단으로서 손해배상 법리의 문제점. **은행법연구**, 13(2), 119–146.

[9] 박병한(2012). 하도급 계약이행보증의 문제점 및 개선방안 연구. 한양대학교 공학대학원 석사논문, p. 3.

[10] 전현철(2009). 건설보증의 종류와 법률관계. **법학논총**, 제22집, 213–249.

[11] 정기열(2018). 부동산 프로젝트파이낸싱의 고도화 – 부동산신탁회사의 신용보강을 통하여–. **부동산 분석**, 4(1), 129–142.

[12] 구정진(2020). 토지신탁의 유형에 따른 법적 성격 비교 – 관리형토지신탁과 차입형토지신탁을 중심으로–. **법학연구**, 30(4), 221–255.

[13] 정복희(2016). 부동산 프로젝트 파이낸싱의 채권보전 및 리스크 개선 방안에 대한 연구, 고려대학교 법무대학원 석사학위 청구논문, p. 27.

[14] 상게논문, p. 27 내용 일부 수정인용

[15] 배성욱(2021). 지방은행의 투자은행 전환 전략에 관한 연구, 동아대학교 대학원 석사학위논문, pp. 4–6.

[16] 우남교 · 정문오 · 김동원(2017). 감정평가가격 기반 상업용부동산 매매가격지수 및 Cap Rate 지표 연구, **한국부동산학회 정기학술대회**, p. 175.

[17] 손재영 · 윤민선(2007). 서울시 오피스 건물의 자본환원율 결정요인. **국토계획**, 42(2), 163–178.

[18] 배상열 · 이창무 · 류강민(2020). 대형할인점의 임대차기간과 자본환원율 관계애 관한 연구, **부동산학연구**, 26(4), 111–125.

[19] 김형근 · 신종칠(2017). 중소형 빌딩의 자본환원율 스프레드 결정요인에 관한 연구. **주거환경**(한국주거환경학회지) 15(2)(통권 제36호), 13-25. (단, 간이지표라는 해석은 저자의 개인적인 의견임)

[20] https://www.mbaknol.com/financial-management/capital-and-capitalization/, https://www.bankrate.com/glossary/c/capitalization/, https://strategiccfo.com/capitalization/

[21] 배상열 · 이창무 · 류강민(2020). 대형할인점의 임대차기간과 자본환원율 관계에 관한 연구. **부동산학연구**, 26(4), 111-125.

[22] 이경근 · 전재범. 자본환원율을 활용한 서울시 오피스 임대시장의 비체계적 위험-수익률 관계. **부동산정책연구**, 22(3), p. 90.

[23] 배상열 · 이창무 · 류강민(2020). 대형할인점의 임대차기간과 자본환원율 관계에 관한 연구. **부동산학연구**, 26(4), 111-125.

[24] 박성식(2015). **공간의 가치**. 유룩출판. p. 336.

[25] 박성식, 전게서, p. 322 및 문흥식 · 조주현(2012). 오피스 자본환원율 분석을 통한 리스크프리미엄 연구. **국토계획**, 47(3), p. 349.

[26] 박성식, 전게서, p. 320.

[27] 김영일(2016). **부동산경매의 투자수익률 결정요인에 관한 연구**. 건국대학교 부동산대학원 석사학위 청구논문

[28] 엄성호(2015). 상업용 부동산 시장에서의 Cap Rate의 활용, **Deloitte Anjin Review**, September 2015, No.5, p. 34.

[29] 최종학(2014). **숫자로 경영하라 2**. 원앤원북스. p. 318.

[30] 최종학(2009). **숫자로 경영하라 1**. 원앤원북스. p. 282.

[31] 이경근 · 전재범(2021). 자본환원율을 활용한 서울시 오피스 임대시장의 비체계적 위험-수익률 관계, **부동산정책연구**, 22(3), p. 2.

[32] 박선희(2011). 주거용 오피스텔 평면유형의 개선방안에 관한 연구. 건국대학교 산업대학원 건축공학과 석사학위 청구논문

[33] 고현림 · 송선주 · 신종칠(2018). 아파트 분양계약률에 영향을 미치는 특성요인들에 관한 분석. **주거환경**, 16(4), 159-177.

[34] 상게논문. p. 169.

[35] 황성현(2018). 실시협약(PPP Contract) 중도해지시 대주의 이익보호방안 - 해지시지급금(Termination Payment) 산정 기준 비교 및 이에 대한 대주의 직접적 권리확보방법을 중심으로-. **국제거래법연구**, 27(2), 79-113.

[36] 루판(2012). 한국의 지구단위계획 사례분석 연구: 광주광역시 주택재개발사업 중심. 호남대학교 대학원 석사학위논문, 5-6.

[37] "Urban Planning System in Japan" 2nd Edition, Japan International Coorperation Agency, p. 23.

[38] 상게논문. p. 169.

[39] 강형철 · 엄경식 · 이지혜 · 이진호(2017). 성장형 중소기업 발전을 위한 "사적 자본시장" 도입 가능성. **한국증권학회지**, 46(3), 649-685.

[40] 배기범 · 이준서(2020). 경영참여형 사모펀드(PEF)의 성과분석. **한국증권학회지**, 49(2), p. 165.

[41] 상게논문

[42] 강병구(2013). 사모투자전문회사(PEF)에 대한 투자자의 의사결정에 관한 연구, 건국대학교, p. 19.

[43] 배기범 · 이준서. 전게논문

[44] 주성훈 · 선바로(2021). [자본시장법] 개정 사모펀드 제도의 주요 내용 [2] 기관전용 사모집합투자기구의 주요 개정 내용(2), **법무법인 시헌 뉴스레터**, 2021. 7. 28., p. 2.

[45] 배기범 · 이준서. 전게서, p. 166.

[46] 이준서(2019). 국내 자본시장에서 PEF의 역할과 발전방향, **KIF Working Paper**, p. 20.

[47] 자본시장법 제249조의12(기관전용 사모집합투자기구 집합투자재산의 운용방법) ①

[48] 개정 전 2021년 4월 6일 자로 시행된 자본시장법 제249조의12(경영참여형 사모집합투자기구 집합투자재산의 운용방법 등) ⑦

[49] 자본시장법 시행령 제271조의19(투자목적회사) ③

[50] 네이버 지식백과. 재무적투자자. https://terms.naver.com/entry.naver?docId=1346248&cid=40942&categoryId=31819

[51] 이준서. 전게서, p. 76.

[52] 박상원(2013). 프로젝트파이낸싱의 문제점과 개선방안: PFV를 중심으로. 중앙대학교 사회개발대학원 석사학위논문, p. 44[동 논문 p. 44의 표는 김진(2007). PFV의 발전동향과 사례분석. 한국부동산분석학회, 하반기 세미나 발표논문 요약 자료 인용]

[53] 황성수(2021). **대한민국 신탁설명서**. 지식과 감성, p. 24.

[54] 진경아(2010). 신탁제도를 활용한 부동산개발금융의 발전방안 연구: 부동산신탁사의 역할을 중심으로, 명지대학교 부동산 · 유통경영대학원 석사학위논문. 금융감독원 관리형 토지신탁상품 관련 규정개정 지도 문서('11.9.)

[55] 구정진(2020). 토지신탁의 유형에 따른 법적 성격 비교 – 관리형토지신탁과 차입형토지신탁을 중심으로–. **법학연구**, 30(4), 221–255, p. 228.

[56] 상게서, p. 230.

CHAPTER 3

대한민국 부동산개발금융의 역사

CHAPTER 3

대한민국 부동산개발금융의 역사

1. 한국 부동산개발금융 역사탐구의 의미

사람이 습득하는 지식치고 종국적으로 인간을 이해하는 데 도움이 되지 않는 학문이 없다는 점에서, 모든 학문은 광의의 차원에서 인문학이고 그와 동시에 인간학이라고 할 수 있습니다.[1]

지식과 학문에는 수많은 분야가 있지만, 어떤 지식이나 학문을 연구할 때 가장 기본이 되는 것 중 하나는 시간의 흐름과 함께 지리적인 특징도 고려해야 한다는 점[2]이 아닐까 싶습니다. 아무리 특정 분야의 전문지식이 많다고 하더라도, 그 지식이 어떤 역사적 흐름과 지리적인 특성을 발판으로 발전해 왔고, 또 앞으로는 어떤 역할과 사명을 요구받게 될 것인가에 대한 성찰은, 지식과 학문 통섭의 시대에 해당 지식과 학문이 오랫동안 생명력을 잃지 않는 기반이 되리라 믿기 때문입니다.

여기서 '지리적인 특징'은 반드시 물리적인 지리로서의 특징만을 일컫는다고 할 수는 없다고 봅니다. 사회경제적인 환경을 비롯하여 특정 지식이 어떤 배경에서 탄생하고 발전되어 왔는지를 포함하는 개념이며, 이런 점에서 '지리적인 특징'이란 결국 광의로는 '사회경제적인 맥락(context)'을 의미하는 것으로 보아도 틀리지 않다고 생각합니다.

가령 핵심이 되는 지식을 '물'이라고 가정하겠습니다. 이 물을 얻기 위해 사람들은 우물을 파서 관리하기를 원합니다. 물이 절실하게 필요한 지역인데 어렵게 우물을 파서 물을 구했다면 이제 당면과제는 우물을 관리하는 것이 될 것입니다. 이때 원활한 관리를 위해서는 기존에는 우물을 어떻게 개발하고 관리해 왔는지, 그 방법은 어떠한지 과거의 내용을 잘 살펴보고, 더 나은 미래를 위해 추가적인 개선방안은 없는지를 살필 필요가 있습니다.

이렇듯 특정 지식이나 제도가 생겨난 근본적인 배경과 함께, 그것들이 지금까지 어떻게 발전을 거듭해 왔는지를 살펴보고 개선방안을 고민하는 것, 즉 시간적인 흐름에 따른 해당 지식이나 제도, 그리고 학문의 탄생과 발전과정을 살펴보는 것은 그러한 지식이나 제도 등의 본령을 더 깊게 이해하고, 앞으로의 발전가능성에 대한 진지한 고민의 토대가 된다는 점에서 의미 있는 작업이라고 할 수 있습니다.

이런 차원에서, 그 연혁에 비해 제대로 조명되지 않아왔던 대한민국 부동산개발금융이 어떻게 시작이 됐고 어느 정도 단계까지 이르렀는지를 살펴보는 것 또한 비록 짧은 역사이지만 의미 있는 작업이 되리라 믿습니다.

2. 한국 부동산개발금융의 시작

사실 어느 금융기관에서 어떤 부동산개발사업을 일반대출과 달리 현재의 부동산PF의 개념을 차용하여 최초로 취급을 했느냐에 대해서는 정확한 자료가 나와 있지는 않습니다. 과거에도 그랬지만 현재에도 대한민국 전체 차원에서 부동산개발금융의 규모를 비롯하여 그 종류와 기간 등 주요 정보를 취합하는 것은 여전히 그리 쉽기만 한 작업은 아닙니다. 더구나 과거 은행권에서 주도했던 부동산PF시장과 달리, 제2금융권에 속하는 매우 다양한 비은행권 금융기관들이 부동산개발금융을 주도하는 시장환경에서 정확한 부동산개발금융 관련 데이터의 취합 및 통계자료의 작성은 쉽지 않은 측면이 분명히 있습니다.

자료 요청기관의 세밀한 지도(guideline)가 부족한 상태에서 단순히 관행적인 용어로서의 'PF'에 해당하는 금융의 자료를 요청하는 경우, 자칫 각 금융기관 자체의 자의적 판단에 따라 관련 데이터의 정합성이 감소할 가능성도 완전히 배제할 수는 없습니다.

이렇듯 현재에도 부동산PF 관련 데이터의 수집이 쉽지 않은 것이 사실인데, 과거에 실제로 PF를 취급했음에도 불구하고 여러 가지 사유로 금융시장에 알려지지 않았을 가능성까지 고려한다면, 사실상 한국에서 부동산PF의 첫 사례가 정확히 어떤 것이었는지를 밝히는 것은 현실적으로 쉽지 않다는 것이 개인적인 생각입니다. 일부 관련 참고서 등에 부동산PF의 최초 사례라고 등장하는 경우가 없는 것은 아니지만, 앞서 말씀드린 한계를 고려한다면, 엄밀히 말해 저자가 생각한 나름대로의 정황과 자료에 근거하는 한 최초 사례로 '추정'되는 것이지, 학문적으로 '공인'되는 수준으로 인정받기는 곤란할 것으로 예상됩니다.

그럼에도 불구하고, 대한민국에서 최초의 부동산개발금융으로 분류할 만한 거래가 어떤 것이었는지를 살펴보는 것은, 전통적인 담보대출을 탈피하여 그 나름의 독자적인 영역을 확고히 구축한 대한민국 부동산개발금융이 언제, 어떤 맥락에서 시작됐는지를 살핀다는 점에서 적지 않은 의미를 갖는다고 생각합니다. 자료를 확보하고 정합성을 파악하는 데 현실적인 제약이 있습니다만, 제가 경험한 내용을 기준으로 하면 대한민국 부동산PF의 첫 사례라고 할 만한 케이스는 우리은행과 KB국민은행에서 1990년대 말~2000년대 초반 취급했던 지식산업센터 개발 PF였을 것으로 추정[1]됩니다. 여기서 중요한 것은 우리은행이나 국민은행 중 어느 은행이 최초로 부동산개발금융을 시작했느냐보다는 약 2000년 전후를 기점으로 부동산개발금융이 태동했다는 사실 자체가 아닐까 합니다.

거듭 말씀드립니다만, 국내 SOC(사회간접자본)와 관련하여, 당시만 해도 낯선 PF라는

1 일부 참고서에서는 KB국민은행 취급 건이 최초의 부동산PF 사례로 인용된 경우도 있습니다만, 당시 제가 우리은행의 IB 부문에서 근무하면서 KB국민은행 해당 취급 건과 유사한 시기에 취급됐던 건을 담당했던 기억이 있습니다. 이 책을 기획하면서 대한민국의 부동산개발금융 연혁에 대하여 다시금 고민하게 되었지만, 사실 당시 부동산PF의 시초라고 할 만한 지식산업센터 관련 업무를 담당했을 때만 해도 정말 흥미로운 금융상품이라는 인식과 이를 담당한다는 자부심이 있었을 뿐, 향후 어떤 의미를 가지게 될지를 생각하고 관련 자료를 보관하거나 기록하지는 않았습니다. 개인적인 기억에 의존한다는 점에서 제가 틀렸을 가능성도 물론 배제할 수 없습니다. 당시 인프라금융 부문에서 프로젝트 파이낸스 개념을 선도적으로 도입한 KDB산업은행이 민간 부문에서도 최초로 해당 개념을 도입하여 딜(deal) 클로징을 했을 가능성도 다분히 있습니다. 하지만 적어도 '1990년대 말~2000년대 초반'이라는 시간적인 공통분모를 가지고 국책은행 또는 시중의 주요 상업은행 중 한 곳에서 유사한 금융상품이 취급됐다는 점은 확실하며, 이것만으로도 한국 부동산개발금융 역사를 복기하는 데 큰 의미를 가진다고 생각합니다.

이름으로 관련 금융지원이 실행된 것이 90년대 중반[2]부터였고, 이때 도입되어 사용된 PF가 시중은행에서 어느 정도 대중화된 이후에 부동산개발 분야에까지 접목되어 2000년 전후에 실행된 것이 바로 지금 접하게 되는 부동산PF의 최초 사례라고 볼 수 있습니다. 2000년 전후에 부동산개발사업 및 금융에 PF가 접목된 이후, 최근까지 부동산개발금융은 양적으로나 질적으로 괄목할 만한 성장[3]을 이루어 왔습니다.

3. 시기별 한국의 부동산개발금융 발전사

태동기와 초기 발전기, 조정기와 회복 및 성장기

한국의 부동산개발금융에 대해 그 연원과 발전과정을 논할 정도로 충분히 성숙한 것이냐는 의문이 있을 수 있으나 개인적으로는 다음과 같이 그 시기를 나눌 수 있지 않을까 생각합니다. 즉, ① SOC 관련 PF가 최초로 실행된 것으로 알려진 1995년부터 기존의 담보대출과는 다른, PF방식의 부동산개발금융이 최초로 실행된 2000년대 초반까지를 그 태동기라고 할 수 있고, ② 2000년대 초반에서 리먼 브라더스의 파산[4]으로 촉발된 글로벌 금융위기가 본격화된 2008년 9월 이전까지는 초기 발전기, ③ 2008년 9월부터 글로벌 금융위기의 여파로 수많은 PF가 부실화되고 이를 정리하는 기간의 성격이 강했던 2012년[5]까지는 조정기, ④ 2013년 이후 현재까지는 회복 및 성장기였다고 할 수 있지 않

2 일반적으로 금융시장에서는 한국산업은행의 인천국제공항고속도로 프로젝트에서 PF 기법이 최초로 사용된 것으로 알려져 있습니다.

3 초기 성장의 이면에는 장래의 현금흐름이라는 PF의 본질보다는 시공사의 신용보강에만 기대어 손쉽게 실행된 부동산PF가 2008년 금융위기를 겪으면서 상당수가 부실여신화되었다는 점은 가슴 아픈 일입니다.

4 리먼 브라더스는 천문학적인 서브프라임 모기지 부실을 감당하지 못하고 결국 2008년 9월 15일에 파산을 신청했습니다. 세계경제의 중심인 미국 경제가 사실상 붕괴됐다고 평가될 정도의 단초가 되었습니다. 서브프라임 관련 파생상품이 미국뿐만 아니라 한국을 비롯한 글로벌 시장에서도 대량으로 판매됐기 때문에 그 여파가 더욱 컸습니다. 참고로, 서브프라임 모기지사태로 인한 금융위기를 흔히 GFC, 즉 global financial crisis라고 합니다.

5 유럽 재정위기가 발생한 2011년을 기점으로 할 수도 있습니다만, 2012년으로 한 이유는 은행을 비롯한 금융기관에서 부실화된 PF가 오랜 기간의 사후관리 노력으로 채권매각되거나 또는 대손상각 등을 통해 그 부실화된 채권의 정리 여부가 어느 정도 종결돼 가던 시기였기 때문입니다. 감독기관의 각종 검사나 감사 등도 2011년까지는 비교적 꾸준하게 진행되었고 이를 바탕으로 2012년경에는 비록 완전하진 않지만 잔존 부실 PF 채권에 대해서 각 금융기관의 장기적인 사후관리

을까 싶습니다(다만, 2022년 하반기 현재 글로벌 금융위기 상황에서 한국의 부동산PF는 또 어떤 부침을 겪게 될지 앞으로 예의주시할 필요가 있을 것 같습니다).

4. 부동산PF가 변형된 담보대출일 뿐이라고 과소평가할 수 없는 이유

어떤 분야든지 기존의 관행과 다르게 새로운 무언가를 한다는 것은 결코 쉬운 일은 아니라고 생각합니다. 더구나 보수적인 업무관행이 일반적인 은행 등 대형 금융기관에서 기존의 담보대출과 전혀 다른 성격의 부동산PF를 실행했다는 것은 의미가 큰 일종의 사건이라고 봐도 무방하다는 것이 제 개인적인 생각입니다.

물론 여기에도 반론은 존재합니다. 2000년 전후 처음 국내 부동산개발금융에 도입된 PF가 교과서적인 의미의 프로젝트 파이낸스가 아니라, 사실상 '담보대출 + 보증대출'의 변형된 형태에 불과하다는 것이 대표적인 의견입니다. 이에 대해서는 전반부의 부동산개발금융의 정의 부분에서 언급해 드린 적이 있습니다만, 그러한 의견은 결론적으로 반은 맞고 반은 틀린 지적이라고 할 수 있습니다. 실제로, LTV 범위 내에서 대출을 실행하는 전액 담보대출이 아닌 관계로, 부족한 담보 부분을 초기에는 시공사의 연대보증이나 채무인수 등의 신용보강에 기대어 취급한 경우가 대부분이었습니다. 따라서 이런 점에서는 '담보대출 + 보증대출'의 변형된 형태라는 지적이 틀린 것은 아닙니다.

그러나 형식적인 면에서는 그렇다고 하더라도 내용적으로는 기존의 기업대출과는 전혀 다른 면을 내포하고 있었습니다. 우선, PF의 경우 그 규모가 작게는 몇십억원에서 크게는 조 단위에 이르기까지 일반적인 기업대출과 비교하여 그 규모가 큰 경우가 대부분입니다. 따라서 예를 들어 몇백억원에 달하는 PF에 대해서 시공사가 연대보증 등을 제공했다고 하더라도, 실제로 그 시공사의 보증 실행이 현실적으로 가능한 것이냐에는 검증된 사례가 없었고 개별 프로젝트별로 판단할 수밖에 없는 어려움이 있었습니다.

예를 들어 PF가 실행되고 해당 부동산개발사업이 중간에 어떤 이유로 좌초되었다고

방안에 대해 어느 정도 방향수립이 완료됐다고 할 수 있습니다. 다만, 이러한 구분은 제 개인적인 현업에서의 경험을 기준으로 한 것으로서 공식적인 자료에 근거한 것은 아님을 밝힙니다.

가정해 보겠습니다. 분양이 예상대로 이루어지지 않아 현금이 잘 유입되지 않는 경우가 가장 일반적인 좌초 사유이겠지만, 사업이 지지부진해지는 이유는 그 외에도 실제로 상당히 다양한 편입니다. 어쨌든 해당 사업이 잘 진행되지 않고 있고, 설상가상으로 이로 인해 대출금의 분할상환일이 다가왔는데 상환할 재원이 부족하다고 하면, 은행 등 금융기관은 보통 이런 경우 약정에 근거해서 해당 시공사에게 대신 갚아줄 것을 요청하게 됩니다. (대신 갚아주는 근거는 약정에 따라 연대보증일 수도 있고 자금보충의 형식이 될 수도 있습니다.) 이 경우, 금액이 그 시공사가 감내할 수 있는 수준인 경우에는 대신 상환해 주는 것이 가능합니다. 그러나 금액이 시공사가 감당하기 힘들 정도로 클 경우에는 결국 시공사는 연대보증이나 자금보충 등의 미리 약속한 의무를 이행하지 못하게 됩니다.

핵심은 바로 여기에 있습니다. 대부분의 경우, 분할상환되는 금액이건, 만기에 한꺼번에 상환되는 금액이건 간에 일단 대신 상환하는 시공사 입장에서는 예기치 않았던 거액의 지출은 엄청난 자금부담으로 작용하기 마련입니다. 시공사가 은행 등 금융기관과 사전에 협상을 해서 단순히 상환일자를 늦춘다든지, 아니면 시행사의 사업을 아예 시공사가 인수를 하고 PF도 같이 떠안게 되는 경우도 생길 수 있습니다. 이럴 경우에는 일반적으로 시공사가 시행사를 배제하고 사업을 떠안으면서 부채에 해당하는 PF의 상환일정을 전반적으로 다시 조정을 하는 과정을 거치게 되는데, 이러한 조정 자체는 시공사의 보증 등 인적담보만을 기준으로 하지 않고 실질적으로 해당 프로젝트의 사업성에 대한 믿음이 뒷받침되지 않으면 이루어지기 힘든 구조를 가지고 있습니다. 즉, 해당 사업에 문제가 생기고 잘 진행되지 않으면, 시공사나 또는 제3자의 채무인수나 자금보충약정이 있더라도, 종국적으로는 금융기관의 관점에서는 해당 프로젝트에서 기본적으로 안정적이고 정상적인 현금흐름이 창출될 수 있느냐의 여부를 은행 등 금융기관이 상당한 주의를 기울여서 검증을 하고 고민하던 메커니즘을 가지고 있었던 것입니다.

PF가 부동산개발금융의 주요 방식으로서 도입된 초기에는 시공사의 연대보증, 채무인수 조건이 100% 실행되리라고 믿고 취급해 준 사례가 많았습니다. 하지만 그 후 사업이 제대로 진행되지 않는 프로젝트가 실제로 발생하고, 약정과 달리 실제로 약속된 시공사의 연대보증이나 채무인수 등이 제대로 이행되지 않거나 주요 금융조건이 변경되는 것을 경험한 후에는 사정이 달라졌습니다. 즉, 시공사의 신용공여 약정에 100% 의지해서 PF가 안전하다고 생각하는 주장이 힘을 잃었습니다.

따라서 은행 등 금융기관 입장에서는 해당 프로젝트가 정말로 잘 진행될 것인지, 향후 경기에 따라서 분양이 성공하지 못할 리스크는 얼마나 되는 것인지, 우려했던 사항이 발생하는 경우 약정에 의거해서 시공사 등의 신용보강이 얼마나 제대로 작동할 것인지 등을 면밀하게 따지지 않을 수 없게 되었습니다. 반대로 얘기하자면, 아무리 담보가 충분하고 시공사도 우량한 업체로서 연대보증을 제공하는 프로젝트라고 하더라도, 해당 프로젝트가 사업성이 부족하거나 위험하다고 판단되면, 은행 등 금융기관의 PF 취급은 위험할 수 있다는 인식이 형성되었다고 할 수 있습니다.

바로 이런 측면에서, 기존의 담보대출이나 보증부 대출과는 차별화된 부동산개발금융에 있어서 PF의 특징이 잘 드러난다고 할 수 있습니다. 결과적으로는 PF를 취급할 때 해당 프로젝트의 사업성, 즉 미래 현금흐름에 초점을 맞추고 검토 후 그 지원 여부를 결정하게 되었다는 점에서 일반 '담보대출 + 보증대출'의 단순한 변형된 형태로만 평가하고 그 의미를 평가 절하하는 것은 지나치게 단순화해서 과소평가된 측면이 있다고 할 수 있습니다. (참고로, 후분양이라 하면 한국에서는 분양가상한제로 인해 분양시기가 늦어짐으로써 발생하는 실질적인 후분양 효과를 포함하는 경우도 적지 않습니다만, 이 책에서는 관련된 상세 내용은 논외로 하였습니다.)

5. 선분양시스템 관련 단상

대한민국의 부동산개발금융 연혁을 논하면서 선분양시스템을 언급하지 않을 수 없을 것 같습니다. 미국이나 아시아권 선진국에서도 소위 'Presale'이라고 해서 한국의 선분양과 유사한 제도가 있기는 하나 아무래도 보편적인 현상이라고 하기에는 무리가 있는 것이 사실입니다. 선분양시스템은 구매자와 사전계약을 통해 자금을 모집하여 사업비를 조달하고, 구매자의 경우 미리 확정된 가격에 매매를 사실상 종결시킴으로써 추후 자산가격 상승의 혜택을 받는 장점이 있어 한국에서 가장 보편적인 판매방식 중 하나로 활용되어 왔습니다. 완제품을 확인하지 않는 사전 매입약정이라는 한계 때문에 준공 후 아파트 등 주택의 하자 관련 사회적 이슈가 끊임없이 제기되어 왔고, 과도한 시세차익 발생으로 사회구성원들에게 상대적 박탈감을 준다는 측면에서도 근본적으로 선분양시스템의 유지에 대한 의문제기가 있어온 것 또한 사실입니다.

하지만 대량의 주택공급이 일관되게 정책기조가 되어온 대한민국의 현실을 고려할 때, 여러 가지 부작용이나 단점에 불구하고 선분양시스템이 사회의 경제적 자원과 제도가 미비한 상태에서 대량의 주택을 공급하는 데 일조해 온 것은 부인하기 힘듭니다. 또한 기존에 제기되어 온 부작용을 완화할 각종 공적 제도, 즉 분양보증 및 주택사업금융보증이 정립되면서 한국만의 독특한 금융방식으로 어엿하게 자리매김하게 되었고, 이제는 적어도 대규모 주택의 공급에 관한 한, 대한민국의 선분양시스템은 해외 수출을 진지하게 고민하는 상황에까지 이르게[3] 되었습니다.

개인적으로 선분양시스템은 한국사회에서 일종의 필요악으로 기능해 왔다고 생각하며, 장기적으로는 반드시 개선이 필요한 사안이라고 생각합니다. 선분양제도를 유지·발전시켜 온 내용 자체는 한국의 사회적 자산으로서 아직도 그 효용이 다하지 않았다고 생각합니다만, 개인의 주거와 삶의 질에 결정적 영향을 미치는 주택의 구매가 선구매에 의존함으로써 발생하는 여러 가지 문제는 더 이상 간과하기 힘든 상황에 이른 것도 사실입니다.

기본적으로 선분양제도를 바탕으로 2000년 전후에 첫 PF가 부동산개발금융에 도입된 이래 어느덧 20여 년이 훌쩍 지났습니다. 그 시기에, 2008년 글로벌 금융위기와 부동산 침체기도 겪었고, 수많은 건설사들이 파고를 이기지 못하고 쓰러져 가는 것을 목격하기도 했습니다. 글로벌 금융위기나 유럽 재정위기 등 경제적으로 큰 변곡점을 겪으면서 부동산개발사업에 어떤 리스크가 잠재돼 있고 어떻게 헤지를 해야 하는지 등을 비싼 수업료를 치르면서 배우기도 한 소중한 시간이었다고 할 수 있습니다.

그러나 2022년 말 현재 글로벌 경제는 다시 한번 한 치 앞을 내다볼 수 없이 출렁이고 있으며 국내 부동산시장도 수요 감소 및 부동산PF 차환리스크 등 많은 어려움을 겪고 있습니다. 어려운 시기이지만 국내 부동산개발금융이 부디 과거와 같은 아픔을 반복하지 않고 파고를 헤쳐나갈 수 있기를 희망합니다.

참고문헌

[1] 김경집(2014). **인문학은 밥이다.** 알에이치코리아.

[2] 김승호(2020). **생각의 비밀.** 황금사자.

[3] 이상영 · 손진수(2015). 주택 선분양시스템의 활용방안에 관한 연구. **한국부동산학회 부동산학보**, 63(0), 268-282.

CHAPTER 4

부동산개발금융의 일반 절차

CHAPTER 4

부동산개발금융의 일반 절차

앞서 핵심용어의 설명이나 한국의 부동산PF 발생연원을 설명드리면서 언급해 드렸습니다만, 다시 한번 강조하자면 한국의 부동산개발 지원금융은 프로젝트 파이낸스의 개념을 전적으로 차용하여 발전해 왔다고 할 수 있습니다. 따라서 부동산개발 지원금융 절차 역시 본질적으로 프로젝트 파이낸스와 상당히 유사한 형태를 띠고 있다고 할 수 있습니다.

하지만 우리가 부동산개발금융이라고 뭉뚱그려서 지칭하고 있는 부동산개발과 관련된 금융은 사실 그 대상 프로젝트가 어떤 분야인지에 따라 일반화된 절차만으로는 모두 포괄할 수 없는 개별적인 특징 또한 많은 것이 사실입니다. 예를 들어, 개발분야가 상업용 시설인지, 주거용 시설인지 또는 체육문화시설인지에 따라 인허가부터 그에 알맞은 시공사의 선정, 인허가 등이 제각각 다른 특징을 가지게 됩니다. 그 외, 개발방식이 순수 민간주체에 의한 것인지 또는 민관 합동 개발방식인지 등 개발주체에 따라서도 확연히 다른 성격을 가지게 됩니다. 이뿐 아니라, 해당 지원금융이 단순히 대출뿐만 아니라 지분 투자 및 유치까지 포함하는 패키지 딜(package deal)인지 여부에 따라서도 당연히 그 절차와 금융지원을 위한 접근방식은 달라지게 됩니다.

물론 이러한 다양한 특징을 일일이 개별적으로 열거하여 설명드리는 것도 무척 의미 있는 일이고 반드시 필요한 작업이긴 합니다만, 이 책을 통해 부동산개발 지원금융의 전반적인 숲을 먼저 보시려는 분들에게는 큰 틀에서의 일반 절차를 소개해 드리는 것이 더 필요하지 않을까 싶습니다.

이런 취지에서 우선은 핵심이 되는 공통절차를 먼저 안내해 드리고 이와 별도로, 부동산개발 지원금융에서 가장 중요한 금융모집 방식인 신디케이티드 론을 기준으로 한 절차에 대해서는 별도의 장을 할애해서 설명드리도록 하겠습니다.

앞서 살펴봤던 부동산개발금융의 절차 관련 그림을 토대로 하나하나 자세히 살펴보도록 하겠습니다.

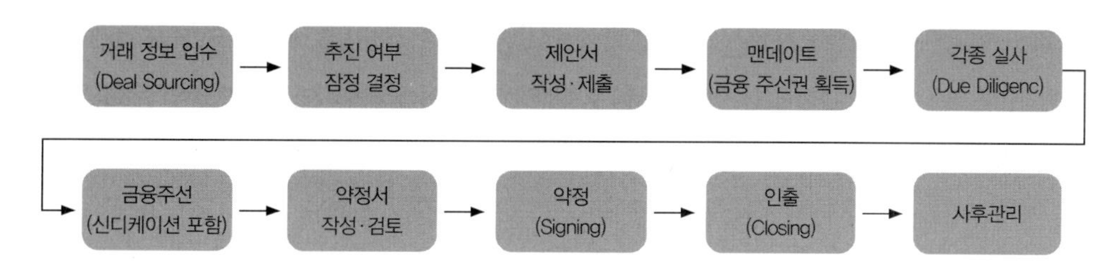

그림 4.1 부동산개발금융의 일반절차

1. 거래 정보 입수

해당 프로젝트에 대한 정보를 입수[1]하는 단계입니다. 해당 정보는 다양한 경로로 입수할 수 있는데, 지점망이 있는 금융기관의 경우 자체 네트워크를 통해서도 정보 입수가 가능하고, 이 외에 시공사와의 친분관계, 금융시장에서의 인적 네트워크 등을 통해서 특정 프로젝트에 대한 정보를 입수하게 됩니다.

물론 사업추진자가 공개 입찰경쟁으로 금융주간사를 선정하는 경우도 있습니다. SOC 프로젝트나 공정한 절차가 매우 중요한 금융기관 부실채권 매각, 그 밖에 관계 법령 등에서 지정된 경우에는 일반적으로 공개 입찰경쟁이 표준입니다. 이때의 금융 또는 매수 제안, 관련 용역의 범위나 비용 등의 제안은 해당 제안서에 포함되어야 하는 내용이 세밀하게 지정되며, 아울러 제안 양식도 지정되는 것이 일반적입니다. 클라이언트 측의 이

1 이를 금융시장에서는 일반적으로 '딜 소싱(deal sourcing)'이라고 합니다.

러한 제안요청을 금융주선을 위한 금융조건제안요청, 즉 'RFP(Request For Porposal)'[2]라고 하며 금융의 경우 대출규모 및 금리, 대출기간, 예상 채권보전 방안 등의 주요 금융조건이 포함됩니다. 이러한 RFP는 일반적으로 공개경쟁입찰방식을 전제로 하는 경우가 많으며, 참고로 단순한 금리수준의 탐문(tapping) 및 약식 제안을 교환하는 때에는 'RFP를 요청받았다'는 표현을 사용하지는 않습니다.

RFP를 포함하여 금융시장에서 흔히 '딜 소싱'이라고 표현하는 거래 정보 입수는 무척 중요한 단계입니다. 부동산개발금융이 과거처럼 일방적인 공급자 우위시장을 벗어나고 어느 정도 거래연혁이 쌓이면서 금융기관 간 금융주선능력의 편차는 크게 줄어든 상태입니다. 따라서 경쟁자에 앞서 관련 거래 정보를 미리 입수하고 클라이언트가 만족할 만한 수준으로 기민하게 금융조건을 설계해서 제안하는 능력이 어느 때보다도 중요해졌다고 할 수 있습니다. (물론 이는 일반적인 금융환경을 전제로 합니다. 금융위기를 비롯하여 경제적 충격이 있는 특수상황에서는 부동산개발금융은 빠르게 공급자 우위시장으로 전환됩니다.)

기관과 기관 간 경쟁도 치열하지만, 같은 금융기관 안에서도 내부 팀이나 사업부제 간 경쟁도 그에 못지않게 치열하며, 양질의 금융시장 네트워크를 바탕으로 거래 정보를 입수하는 것이 능력의 척도로 대두됩니다. 거래 정보는 과거 금융주선과정이 만족스러웠을 경우 클라이언트가 다시 금융주선을 의뢰하거나 다른 거래를 소개해 주는 경우가 가장 일반적입니다. 따라서 클라이언트와 거래과정에서 신뢰를 주고 장기적인 파트너로 삼기에 손색이 없다는 믿음을 주는 것이 매우 중요합니다. 이러한 신뢰관계를 만들기 위해서는 금융주선기관의 부단한 노력과 정성이 뒷받침되어야 함은 물론입니다. 부동산개발금융 관련 시장 참여기관(player)이 다양해지면서 클라이언트와 상호 이익을 주고받는 관계가 아닌, 한탕주의로 무장하고 주선 그 자체에만 매몰되는 경우가 심심치 않게 보이는 일은 이런 측면에서 매우 안타깝습니다.

비즈니스 관계에서 매번 이상적인 거래관계나 조건이 형성되기는 말처럼 쉽지만은 않

---

2 현업에서는 영어 발음 그대로 '알에프피'라고 부르고 있으며, '기채제안요청서' 또는 '기채공고' 등으로 번역되어 사용되기도 하나 금융실무에서는 보통 '금융주선 제안요청' 또는 간단히 '금융조건 제안요청' 등으로 사용되고 있습니다. 이 책에서는 특별히 달리 표시하지 않는 한 RFP를 '금융조건 제안요청' 또는 '사업계획 제안요청' 등으로 표기하였습니다. RFP는 비단 금융주선을 위한 금융조건관련 제안 요청뿐만 아니라 제안의 대상이 어떤 것인지에 따라 다양하게 활용되고 있습니다. 예를 들어 특정 프로젝트에 대한 사업계획이 그 제출대상일 경우에 RFP는 '사업계획 제안요청'을 의미하고, 그 대상이 각종 실사 등 용역일 경우에는 '용역내용 제안요청'을 의미합니다.

습니다. 금융주선기관이 희생을 하거나 억울한 일이 있어도 묵묵히 클라이언트의 금융주선 성공을 위해서 조력해야 하는 경우도 자주 생깁니다. 그럼에도 불구하고, 개인적인 바람으로는 여러분께서 현재 어느 금융기관에서 근무하고 계시든지, 프론트(front)에 계시건, 심사부문에 계시건 간에, 그리고 현실적으로 구현이 가능한지 여부와 별개로 적어도 딜(deal)을 대하는 태도만은 클라이언트의 성공을 위한 것이라는 진심을 잃지 않으셨으면 합니다. 솔직히 말씀드리자면, 그러한 진심이 치열한 경쟁시장에서 언젠가 빛을 발하리라는 보장은 없는 것이 현실입니다. 하지만 그러한 진심은 금융주선이나 금융참여 관련 업무를 하시면서 흔들리지 않는 내적 버팀목이 되어주고 최종적으로 여러분을 보호해 줄 방패가 될 가능성이 높습니다.

부동산개발금융은 금융주선의 진정한 성공 여부가 해당 프로젝트의 종결 이후에도 사후적으로 평가되면서 가려지는 경우도 드물지 않습니다. 실패했다고 평가되던 프로젝트가 일정 기간이 경과한 후에 화려하게 부활하기도 하고, 반대로 이해관계자 간 정산까지 완료돼서 기억 속에서 잊힌 딜이 사회적으로 여러 가지 이슈에 휘말리면서 다른 평가를 받는 경우도 종종 있습니다.

따라서 당장의 금융주선 완료에만 매몰되서 사회전체의 복리를 우선하는 시각에서의 맥락이나 의미를 도외시하는 것은 바람직하지 않습니다. 개별 딜 한 건만 하고 다시는 클라이언트를 보지 않을 것처럼 금융구조를 설계하는 경우도 없지 않은 게 현실이니 너무 이상론적인 얘기가 아닌가 생각하실 수도 있습니다. 하지만 달리 보면 가장 실용적인 선택이 될 수도 있습니다. 가장 직접적으로는 해당 프로젝트의 금융주선을 맡아야 하는지부터, 재직하고 있는 기관을 떠나야 하는지에 대한 고민에 이르기까지 그러한 고민이 근본적으로 다양한 사안에 직간접적으로 크게 영향을 미칠 수 있다는 점은 한 번쯤 생각하실 기회를 갖는 것도 좋을 것 같습니다.

2. 추진 여부 잠정 결정

해당 프로젝트의 사업성 등을 1차 검토하고 금융기관 내부적으로 금융주선 또는 참여를 포함한 금융지원을 추진하겠다고 잠정 결정을 하는 단계입니다. 금융지원을 위해서는 해당 금융기관 내부적으로 승인절차를 거쳐야 하는데, 아직 승인절차 완료까지는 이르지 못한 상태이며, 부동산개발금융을 담당하는 현업 부서차원에서 금융지원 여부에 대한 의견을 모으는 단계라고 할 수 있습니다. 비록 정식으로 내부 승인절차가 완료되지는 않았더라도, 향후에 거치게 될 승인절차를 고려하여 승인 담당부서와 사전 교감은 거치는 것이 일반적입니다.

추진 여부에 대한 잠정결정은 빠르면 빠를수록 좋습니다. 프로젝트 검토에 물리적으로 제한된 시간만 부여되는 것이 보통이며, 다른 금융기관과도 경쟁을 해야 하므로 신속하고 정확하게 추진 여부를 가늠해서 클라이언트에게 통보를 하는 것이 바람직합니다.

현업을 하면서 이미 다른 딜의 금융주선을 숨 가쁘게 진행하고 있는데 신규 프로젝트에 대한 검토를 병행해야 하는 경우도 자주 있습니다. 바쁠수록 잠시 숨을 돌리고 잠깐 해당 딜의 주선가능 여부를 가늠해 보는 것을 권해 드립니다.

신속하고 정성 어린 검토의견은 클라이언트에게 작지만 강한 인상을 주게 되고, 장기적으로는 딜 정보 입수와 직접적으로 연결될 수 있는 발판이 될 수 있습니다. 여러 가지 이유로 주선이 힘들 것으로 판단되는 경우에는, 가능한 한 최대한 빨리 클라이언트에게 해당 사유를 통보하고 양해를 구하는 것이 좋습니다.

눈앞의 실무에 매몰돼서 자칫 검토기한을 넘기거나 부정적인 의견전달에 대한 부담으로 차일피일 통지를 미루려는 유혹이 있습니다만, 여기서도 금융주선기관 담당자의 사명은 당장의 수익창출보다는 클라이언트의 성공이라는 인식을 기준으로 하여 업무를 처리하신다면 큰 실수는 피하실 수 있을 것으로 생각합니다.

3. 제안서 작성 및 제출

잠정 제안과 확정 제안

금융지원을 추진하겠다고 1차로 의견이 모아진 경우, 해당 금융기관에서 제안서를 제출하게 됩니다. 어떤 제안서든 조건이 붙지 않는 경우는 없습니다만, 예비적 성격으로서 협의에 따라 상당한 정도로 변경이 가능한 수준의 개략적인 제안서를 'indicative offer'[3]라 하고, 이에 비해 몇 가지 조건이 붙기는 하나 대부분의 주요 금융조건(금리, 기간, 금액 등)에 대해서 변경될 가능성이 적은 경우로서 암묵적으로 사실상 확정된 조건을 바탕으로 하는 경우를 'firm offer'라고 지칭합니다.

우리말로 하면 전자를 예비 제안서 또는 잠정 제안서, 후자를 확정 제안서 정도로 해석할 수 있습니다만, 실제로 'firm offer'도 사안에 따라 신디케이션 과정 중에 LOC(Letter of Commitment: 금융기관 내부 승인절차가 완료된 후 대출실행을 확약하는 내용으로 작성된 문서)를 의미하는 것으로 통용[4]되기도 합니다.

이 외에 일단 'indicative offer'를 제출한 상태에서 사업추진자와 협상을 해나가면서 금융주선권을 취득하면, 이때에는 기존에 제출한 'indicative offer'가 버전을 달리하면서 계속 변경제안되면서 자연스레 'firm offer'의 성격을 가지게 됩니다. 따라서 엄격하게 'indicative offer' 성격의 제안서 양식과 'firm offer' 성격의 제안서 양식이 반드시 다르다고만 할 수는 없습니다.

실무에서 자주 활용되는 금융제안서 양식을 부록으로 첨부하였습니다. 해당 양식을 참고하시어 적절하게 사용하신다면 업무에 도움이 되지 않을까 싶습니다. 제안서를 제출하실 때에는 그 내용뿐만 아니라 형식과 구성에도 매우 신중을 기하셔야 합니다. 클라이언트 입장에서는 금융기관이 제출하는 제안서의 양식과 내용을 보고 해당 기관의 실력과 내공을 가늠하는 경우도 적지 않기 때문입니다.

---

3 'indicative'에는 다양한 뜻이 있습니다. 기본적으로는 'showing something' 또는 'indicating something'이라는 뜻(Merriam-Webster's Learner's Dictionary 인용)입니다만, 파생되어서 현재 시점에서 불확실한 정보를 전제로 하는 잠정적인 또는 예비적인 무언가라는 뜻도 가지고 있습니다.

4 대출확약 이전의 사업초기 단계에 대출지원의 의사를 밝히는 문서를 여신의향서(Letter of Intent)라고 하며 금융실무에서는 보통 'LOI'(엘오아이)라고 부르고 있습니다. LOI는 비단 부동산PF뿐만 아니라 M&A 시장에서의 입찰참여의향서 등 분야에 따라 다양한 '의향'을 표하는 문서를 통칭하는 용어이기도 합니다. 부동산PF의 경우 본질적으로 의향서일 뿐이기 때문에 대출 관련 금융기관의 어떠한 확약으로도 간주될 수 없다는 취지의 문언이 함께 기재되는 것이 보통입니다. 이렇듯 확정되지 않은 의무에 대해서 명시적으로 부인을 하거나 주의사항을 담은 문언을 통칭하여 'disclaimer(디스클레이머)'라고 합니다. 의향서일지라도 경우에 따라서는 금융시장에서 해당 금융기관의 실제 대출확약 등으로 오인되거나 악용되는 사례도 있으므로 대형 금융기관의 경우 의향서 발급요건과 발급 후 보고 등이 체계적으로 관리될 수 있도록 많은 주의를 기울이고 있습니다.

금융제안서 내용은 꼼꼼하게

금융제안서의 양식은 간결하되, 내용은 핵심적인 예상 조건이 모두 포함돼 있는 것이 바람직합니다. 제안서 작성 및 제출은 클라이언트와 거래가 시작되는 첫 단추에 해당되므로 아무리 예상 조건이라고 하더라도 함부로 짐작하여 임의로 작성해서는 안 됩니다. 초기 단계에서 제한된 정보만 가지고 있는 경우가 대부분이지만, 프로젝트의 특성과 테마, 금융관행 및 장래 금리추이 등을 모두 고려하여 가급적 최대한 현실적으로 적용가능한 조건을 고민하고 제시할 수 있도록 해야 합니다.

금융제안서의 양식은 주요 금융조건합의서(Terms & Conditions)[5]를 별도로 붙임 또는 첨부의 형식으로 하거나 또는 term sheet 내용을 아예 제안서 내에 포함하는 형식으로 하는 것이 원칙이며, 법령에 정해진 절차에 의해 금융제안이 이루어지거나 클라이언트 측에서 제안서의 양식을 지정하는 등 정식 금융조건제안요청(RFP)의 형식으로 이루어지는 경우에는 그에 따르면 됩니다. 하지만 금융실무에서는 사업 초기 단계에서의 금융제안은 별도의 제안서 형식을 클라이언트가 지정해 주지 않는 한 비교적 자유로운 형

---

5 금융실무에서 흔히 'term sheet(텀싯)'이라고 부르는 것이 바로 이 주요 금융조건합의서입니다. 여신금액이나 금리, 수수료, 대출만기, 조기상환조건 및 주요 채권보전, 신용강화구조 등 주요 금융조건을 간단히 요약해서 차주와 대주 또는 대주와 대주 간 상호 합의를 위한 목적으로 작성되는 문서를 일컫습니다. 우리말로는 '주요 금융조건합의서' 또는 '주요 금융조건' 등으로 번역하여 사용되고 있는데, 계약상대방 간에 서로 주요 용어를 정의하고 해당 용어를 바탕으로 각종 계약관계의 주요한 조건을 명시한 것이라고 할 수 있습니다.
현업에서는 보편적으로 'term sheet'이라고 표현하는 경우가 가장 많습니다. 보편적으로 편하게 호칭하다 보니 약어나 공식적인 성격이 약한 것으로 보시는 경우도 있습니다만, 사실 'term sheet'이라는 용어는 단순한 약어가 아니라 국제적으로도 공인된 용어입니다. (참고로 term sheet을 표기할 때 한글 발음인 '텀싯'만 단독으로 공적 문서에 표기하는 경우는 흔치 않습니다. 그리고 terms & conditons을 용어 그대로 인수분해하여 해석하면 'terms'는 주요 용어를, 그리고 'conditions'는 금융조건을 비롯한 주요 계약조건을 가리킨다고 할 수 있습니다만, 일반적으로는 마친 한 몸처럼 주요 계약조건, 금융조건을 지칭하는 뜻으로 널리 사용되고 있습니다.) 이 책의 약정서 부분에서 자세히 설명드리겠습니다만, 국제 금융계약의 표준으로 통용되는 LMA(Loan Market Association)에서 규정하는 신디케이티드 론의 문서체계에서도 사업 초기에 최종 약정서의 기초가 되는 금융조건을 요약해 놓은 문서를 'term sheet'이라고 명시하고 있으며 향후 대출약정서의 기초가 된다고 설명하고 있습니다.
한국의 부동산개발금융에 프로젝트 파이낸스 및 신디케이티드 론 등이 접목된 초기에는 term sheet에 클라이언트 및 시공사, 그리고 금융주선기관 등이 내용에 대해 합의한다는 내용이 기재되고 정식으로 법인인감이 날인되는 경우가 많았습니다. 하지만 최근에는 그러한 정식 날인절차가 생략되고 실무적으로 편하게 교환되는 말 그대로 '주요 금융조건을 나열하여 기재된' 문서를 일컫는 경우가 대부분입니다. 이 책에서는 실제 형식상 합의절차가 생략됨에도 불구하고 주요 금융조건이 기재된 term sheet은 근본적으로 상호합의를 전제로 한다는 취지에서 우리말로는 '주요 금융조건합의서'로 표기했음을 알려드립니다.

식으로 작성 및 제출되는데, 이때 주요 금융조건합의서의 내용을 축약하여 작성한다는 생각으로 작성하는 것이 좋습니다. 초기 단계에서 제안서를 이메일의 파일형식으로 제출하는 경우에는, 프로젝트의 이름과 제출하는 기관명과 날짜, 그리고 가급적 버전까지도 파일이름에 포함하여 제출하는 것이 바람직합니다. (예: ○○○프로젝트 금융제안_□□은행_20XX.00.00_v1, ○○○프로젝트 여신운용제안_□□증권_XX.00.00_v1 등)

딜 초기 단계에서 의외로 이 제안서 작성 및 제출, 상세한 의견교환을 생략하는 경우가 상당히 많습니다. 물론 '제안서'라는 양식으로 제출하지는 않지만 당연히 금융기관과 클라이언트 간에 금리나 기간, 대출 가능금액 등에 대해서 의견교환은 일어납니다. 다만, 간단한 메일이나 심지어 구두상으로만 의견을 교환하고 나머지는 상대가 알아서 하겠지, 또는 이런 기본적인 사항에 대해서 상대가 설마 모를까라는 생각으로 접근하다가는 낭패를 볼 수 있으므로 매우 주의해야 합니다. 현업에서는 정작 딜 검토가 상당한 단계까지 이르렀는데도 불구하고 세세한 부분까지 의견일치가 이루어지지 않은 것을 발견하고 화들짝 놀라는 불상사는 생각보다 자주 일어납니다. 이러한 불상사를 피하기 위해서는 아무리 사소하고 관행적으로 인정되는 금융조건이라 하더라도 주요 부분에 대해서는 빠짐없이 미리 제안서에 그 내용을 명시하고 서로 면밀한 검토와 확인을 거치는 것이 좋습니다.

부동산개발금융을 오랫동안 담당해 온 저도, 잠깐 방심했다가 이자지급 주기문제로 곤욕을 치른 적이 있습니다. 금융시장 관행상 당연히 매 3개월마다 대출이자를 지급하는 조건으로 생각하고 클라이언트와 충분히 협의하지 않은 적이 있습니다. 그런데 나중에 알고보니 클라이언트는 내부 사정상 가급적 매 1개월 단위로 이자를 지급하는 것을 선호했는데, 어떻게 된 일인지 금융제안서 제출 당시나 주요 금융조건합의서를 논의하는 과정에서 이러한 이자지급주기가 명확히 기재되지 않았고 구두로도 협의되지 않은 상태로 다른 조건들에 대한 협의가 진행되었습니다. 서로 간에 다른 조건을 머릿속에 그리고 있었다는 사실이 나중에 밝혀졌을 때에는, 이미 각자의 내부 공식보고가 나름대로 끝난 상황이었습니다. 본질적으로 주요한 이슈는 아니기 때문에 우여곡절 끝에 협의를 해서 접점을 찾기는 했습니다만, 이러한 오해를 해결해 나가는 과정에서 불필요한 시간과 노력이 추가로 투입될 수밖에 없었다는 점은 지금 생각해도 얼굴이 화끈거릴 정도로 초보적인 실수였다고 생각합니다.

간단한 사례로 설명드렸습니다만, 이렇듯 제안서 작성 단계에서부터 제안서에 담기는 주요 금융조건은 가급적 꼼꼼히 기재해서 클라이언트와 협의 시 나중에 이견의 소지가 없도록 하는 것이 중요합니다. 파일럿이 비행 전의 사전점검을 정해진 체크리스트에 의존해서 실행하듯이, 제안서의 내용도 추후 보다 상세하게 논의될 주요 금융조건합의서의 뼈대가 되고 근간이 된다는 생각으로 미리 정형화해 놓을 필요가 있습니다. 이렇게 되면, 나중에 적어도 금융조건과 관련된 오해로 서로 얼굴을 붉히는 일은 피할 수 있습니다.

변형과 변칙은 OK, 하지만 표준적인 절차는 알고 있어야

신디케이션이 부동산개발금융에 있어 보편적인 방식으로 활용되고 있습니다만, 국제채 발행이나 국제 대출 모집 시 볼 수 있는 정통적인 신디케이션 절차와는 다르게 활용되고 있으니 이 점은 참고하시면 좋을 것 같습니다.

대표적으로 제안서만 하더라도 일반적으로 부동산개발금융에서는 'indicativ offer'냐 'firm offer'냐를 굳이 구분해서 제안하지 않는 경우가 많습니다. 또한 곧 설명드릴 금융주선권 획득절차도 실제 금융시장에서는 생략되거나 유명무실한 경우가 적지 않은 것이 사실입니다. 다만 대형 프로젝트일수록, 그리고 참여하거나 주선하는 금융기관이 대형일수록 가급적 국제채권이나 국제 신디케이티드 론에서 적용되는 절차를 기준점으로 하려는 경향이 있습니다. 이는 단순히 구미 선진국의 사례를 생각 없이 모방하려는 것이 아닙니다. 이미 프로젝트 파이낸스나 국제 신디케이티드 론에 있어 경험이 풍부한 선진 금융기관들이 시행착오를 거쳐 정립한 절차가 표준으로서 그 효용이 너무나 충분하다는 걸 경험으로 잘 알고 있기 때문입니다.

모든 일이 그렇지만 전체 얼개를 알고 취사선택하는 것과, 숲이 어떻게 구성돼 있는지 모르고 계속해서 눈앞의 개별적인 나무만 보는 것은 큰 차이가 있습니다. 이 책을 참고하시는 분들이 표준적인 절차를 숙지하시고 적절히 활용하신다면 향후 업무에 많은 도움이 되리라 믿습니다.

4. 금융주선권 획득

그림 4.1에서는 금융자문계약체결 또는 맨데이트(mandate)[6] 획득이라고 표시되어 있습니다만, 간단히 말씀드리면 금융주선권을 받은 단계라고 할 수 있습니다. 신디케이션을 모집할 때 금융참여를 고민하는 참여기관은 금융주간사가 사업추진자로부터 금융주선의뢰를 정식으로 받은 것으로 전제하고 후속 검토를 진행하게 됩니다. (금융주선권의 획득과 관련해서는 2장 핵심용어 정리 부분을 참고하시기 바랍니다.)

일단 금융주선권을 획득한 금융기관은 금융주간사로서 사업추진자 등과 협의하여 최적의 금융구조를 설계하고 이를 주요 금융조건 합의서 등으로 문서화하는 작업을 수행하게 됩니다.

금융주선권의 바람직한 행사

한편 금융주선권의 부여와 취득은 공식적이고 명시적이어야 하며, 무엇보다도 배타적인 독점권이라는 본질을 가져야 합니다. 금융주선권을 받는 형태에는 여러 가지 방법이 있습니다. 클라이언트가 금융주선기관에 공문을 발송함으로써 금융주선을 의뢰하는 경우도 있고, 사업추진자와 금융주선기관 간에 별도의 금융자문계약을 체결함으로써 해당 계약에 의거하여 금융주선 업무를 수행하는 경우도 있습니다. 절차와 형식은 다를 수 있지만 중요한 것은 클라이언트와 금융주선기관 간에 상호 신뢰를 바탕으로 일정 기간 동안은 독점적으로 금융주선에 매진할 수 있는 기회를 금융주선기관에게 부여해야 한다는 점입니다.

금융주선권의 취득은 당연히 공식 서면으로 클라이언트와 금융주선기관을 함께 구속하는 성격을 가지는 것이 가장 바람직합니다. 하지만 현실의 금융시장에서는 이러한 금융주선권의 부여와 취득이 서면형식이 아닌 구두합의에 의해서만 진행되는 경우도 적

6 옥스포드 사전에서 mandate는 다음과 같이 설명되어 있습니다: the authority to do something, given to a government or other organization by the people who vote for it in an election. 신디케이션에서는 금융주선권을 획득한 것을 흔히 '맨데이트(mandate)'를 받았다고 표현합니다.

지 않습니다. 특히 부동산개발 지원금융[7]의 경우 과거 초창기와 달리 완연히 수요자우위 시장으로 재편되는 과정에서 수요자, 즉 클라이언트 입장에서 불리한 독점적인 금융주선권의 부여가 기피되는 현상이 뚜렷해지고 있습니다. 경제적 충격이 없는 일반적인 상황이라면 공급자는 많고 우량 딜은 한정적인 상황에서 시장논리상 독점적인 금융주선권의 부여가 기피되는 현상은 불가피한 점이 있는 것은 사실입니다.

배타적 금융주선권을 인정하지 않는 경쟁 금융주선의뢰[8]의 폐해

하지만 클라이언트에게 편하고 유리한 것이 시장 전체에 반드시 좋은 영향만을 끼친다고는 할 수 없습니다. 실제로 금융주선권으로 인한 잡음은 현업에서 끊이지 않고 있는 실정입니다. 클라이언트가 구두합의와는 달리 이면으로 복수의 금융주선기관을 선택해서 동시에 금융주선을 진행하는 경우[9]도 있고, 사실은 금융주선권을 가지지 않고 있음에도 불구하고 이를 명확히 밝히지 않고 금융시장에서 참여기관을 모집하는 경우도 있습니다.

부동산개발금융을 포함한 비정형여신의 경우, 금융참여기관 입장에서는 프로젝트 검토와 여신 승인까지 비교적 오랜 시간과 많은 인적자원이 투입됩니다. 따라서 참여기관 입장에서 애써 여신승인을 완료했는데도 불구하고 금융주선기관이 사실은 확고한 금융주선권이 없는 상태에서 업무를 진행한 것으로 밝혀져 실제로 금융참여가 좌절되는 경우, 그 피해는 결코 적지 않습니다.

금융참여기관 입장에서는 막대한 기회비용이 발생한 셈이고, 조직 내부적으로도 특히 딜을 주도적으로 진행한 프론트 사이드에서 큰 타격을 받을 수 있습니다. 수많은 난

---

7 실물자산으로서의 부동산매매와 관련된 금융은 사실 그 태동부터 수요자우위 시장의 성격이 강했습니다.

8 이 책의 용어설명 '금융주선' 부분에서 공동 금융주선과 리드 어레인저(lead arranger)에 대해서 설명드린 바 있습니다. 사실 국내뿐만 아니라 국제 신디케이티드 론에 있어서도 금융주선기관이 복수인 경우 즉, 멀티플 어레인저(multiple arranger)는 자주 접할 수 있습니다. 다만, 여기서 말씀드리는 '경쟁 금융주선의뢰(multiple mandate)'라는 표현은 클라이언트가 시장의 우월적 지위를 바탕으로 금융모집을 독립적인 복수의 주선기관에게 의뢰하여, 실질적으로 경쟁방식으로 진행하는 경우를 일컫는 의미로 사용되었습니다.

9 실제로 이러한 '경쟁 금융주선의뢰(multiple mandate)'는 그 표현 자체가 'mandate'의 속성과 배치되는 모순적인 성격을 가지지만 현업에서는 적지 않게 발생하고 있습니다.

관을 헤치고 심사부서를 설득하여 여신 또는 투자승인을 받았음에도 불구하고 실제 금융참여로 이어지지 못하는 경우, 비록 그 귀책사유가 참여기관의 프론트 측에 없다고 하더라도 프론트 부문과 심사부문 사이에 기본적인 신뢰관계 훼손으로 이어질 가능성도 배제할 수 없습니다. 금융시장에서 여신승인 완료에 불구하고 실제 대출취급으로 이어지지 못하는 경우가 종종 있기 때문에 근본적으로 양해가 어려운 것은 아닙니다. 하지만 그 사유가 사실은 금융주선기관이 공식적인 맨데이트가 없었기 때문이라고 하면 듣는 입장에서는 맥이 빠질 수밖에 없습니다.

물론 금융주선 의뢰와 관련하여 정형화되고 법적으로 구속되는 기준이 있는 것은 아닙니다. 때로는 금융주선기관이 공식적으로는 주선권이 없다는 것을 알면서도 금융참여를 논의해야 하는 경우도 생각보다는 자주 발생합니다. 하지만 적어도 금융주선기관 입장에서는 금융참여기관들에게 본인들이 공식적인 금융주선권을 보유하고 있는지를 반드시 명확하게 밝힐 필요가 있습니다.

금융주선권 관련 여러 가지 잡음은 그것이 시장논리에 의한 구조적인 부분이 있으므로 일정 부분 불가피한 면이 있다는 점은 설명드렸습니다. 하지만 '불가피함'과 이를 명분으로 다분히 미필적으로 금융주선권 관련 정보공개에 인색한 것은 엄연히 다른 문제입니다. 대형 우량 딜의 경우 대한민국 자본시장에서는 금융주선이 몇몇 대형 금융주선기관(player)들에게 집중되는 경향이 있습니다. 금융시장의 장기적인 발전을 위해서는 대형 금융주선기관들이 딜 관련 가장 기본적인 정보는 투명하게 금융참여기관들과 공유해야 한다는 확고한 인식[10]을 갖는 것이 필요하다 하겠습니다.

10 금융기관 내부에서도 팀 간 또는 부문 간 무한경쟁이 일어나는 상황을 고려하면, 프론트 부문의 자체적인 인식 및 실행을 기대하는 것은 현실적이지 않아 보입니다. 금융참여기관이 금융주선기관이 되기도 하고, 오늘의 경쟁상대가 내일의 신디케이티드 론 파트너가 되는 등 이합집산이 수시로 발생하므로 어느 정도의 갈등이나 이슈는 금융기관 간 자연스럽게 조정되는 경향이 있습니다.
하지만 최악의 경우 맨데이트가 없음에도 불구하고 이를 공개하지 않고 금융주선 업무를 진행하는 경우, 사안에 따라서는 법적인 이슈로 비화될 소지도 배제할 수 없습니다. 따라서 프론트 부문의 내부통제 측면에서 장기적으로는 이러한 금융주선권의 명확한 공개 여부를 점검하는 것을 고려할 필요가 있습니다.

5. 각종 실사

실사의 여왕, 법률실사

부동산개발금융을 포함하여 투자금융 시장에서 실사와 관련하여 자주 들을 수 있는 말이 있습니다. 흔히 편하게 '디디(D.D.)' 또는 '듀딜(Due Dil)'이라고 부르는 각종 실사가 그것입니다. 듀딜은 듀 딜리전스(Due Diligence)를 편하게 줄여서 부르는 말입니다. 듀딜은 PF, 신디케이티드 론 또는 M&A 등과 관련하여, 차주나 스폰서, 그리고 해당 프로젝트나 기업에 대하여 재무상태와 경제적 가치, 법률행위 능력의 유무 및 각종 인허가를 포함한 법률적 측면의 검토, 그리고 자산의 물리적·기술적 측면에서의 검토를 모두 아우르는 매우 포괄적인 용어라고 할 수[11] 있습니다. 보다 구체적으로 살펴보면, 기업인수합병 시장에서는 특정 기업의 인적·물적 자산과 재무현황, 각종 보유 권리 및 기타 기업가치에 영향을 미칠 수 있는 소송과 같은 부정적 요인의 유무 및 만약 그러한 요인이 있다면 그 현황까지 아울러서 조사함으로써 적정 기업가치 산정을 목적으로 이루어지는 광범위한 실사[1]를 뜻하며 금융실무에서는 흔히 '기업실사'라고 간단히 호칭되는 경우가 많습니다.

한편 부동산개발금융이나 기타 부동산 실물자산 관련 금융에서는 그 목적에 따라 현업에서는 본래의 뜻과 별개로 주로 법률적인 관점에서 사용되는 경우가 더 많습니다. 즉, 금융구조 및 금융조건을 비롯하여 각종 인허가 관련 사항 등이 해당 프로젝트에 적용되는 법체계와 부합하는지, 법적으로 이슈가 될 만한 사항에 대한 사전검토까지를 아울러서 흔히 듀 딜리전스라고 부르는 경우가 많은 것이죠. 이런 측면에서 다소 거칠게 표현하자면 부동산개발금융시장에서 듀 딜리전스라고 하면 '법률실사'와 동의어로 사용되는 경우가 많았고 그러한 경향은 현재도 일정 부분 유효하다고 할 수 있습니다.

법률실사를 포함해서 듀 딜리전스, 즉 각종 실사에 대해서 그 종류와 의미를 자세히 곧 설명드리겠습니다만, 다양한 측면에서 수행되는 실사는 부동산개발 지원금융의 모집 및 금융기관 내부 여신승인절차에 필요한 법률적인 측면의 검토와 사업성에 대한 심도 있는 검토, 그리고 자산가치 등에 대한 사전검토 결과를 이해당사자에게 제공하는 것을

11 저자의 경험을 바탕으로 금융시장에서 통용되는 일반적인 의미를 기술

목적으로 한다고 할 수 있습니다. 결국 각종 실사는 부동산PF가 성사되는 데 핵심적인 역할을 하는 지원업무의 하나로서 법률, 회계, 시장조사, 그리고 감정평가 및 원리금 상환검토 등 다양한 측면에서의 사전조사 및 점검업무라고 할 수 있습니다.

실사분야의 전문화

한국의 부동산개발금융 연혁도 결코 짧지 않은 수준에 이르렀고, 특히 여러 가지 부침을 겪으면서 부동산개발금융 관련 NPL(Non Performing Loan: 부실여신) 시장의 규모가 급성장하게 됐습니다. 이에 따라 단순히 듀 딜리전스를 법률적 측면에서의 '법률실사'와 동의어로 인식되는 경우도 점차 사라지고 있습니다.

예를 들어, 부동산 관련 NPL을 매입하려는 기관 입장에서는 해당 부동산이 지하부터 지상까지 어떤 용도로 어떻게 사용되고 있는지 등 건물 자체의 가장 기본적인 물리적 현황에서부터, 노후화 정도 및 향후 개보수의 필요성이나 추가 비용의 투입필요 여부, 그리고 수익형 부동산인 경우 현재 기준의 임대차현황, 그리고 해당 대출채권이 제대로 존재하는지, 채권에 존재하는 담보권은 무엇이 있고 권리행사에 문제가 없는지 등을 포함하여 각종 권리관계를 일목요연하게 정리함으로써 종합적으로 해당 NPL 또는 궁극적으로 해당 부동산의 적정 가치를 산정할 필요가 생기게 됩니다. 이렇게 NPL 거래와 관련해서는 단순히 전통적인 의미의 법률실사 외에도 세분화된 목적에 따라 다양한 실사가 필수적으로 요구됩니다.

단순히 법률실사를 듀 딜리전스와 동의어로 취급하고 실무에서 사용하는 경우, 실제 금융시장에서 필요한 다양한 실사의 내용을 제대로 가리키지 못한다는 인식하에 과거처럼 일률적으로 듀 딜리전스를 법률실사라는 뜻으로만 사용하지 않고 분야별로 세분하여 호칭하는 경우가 많아졌다고 보시면 이해가 쉬울 것 같습니다.

주요 부문별 실사로는, 해당 부동산에 대한 대출채권의 실제 존재 여부를 포함하여 각종 제한물권 및 기타 관련 채권을 조사하여 리포트하는 '권리실사', 건물의 물리적 기본현황이나 특징, 그리고 손상 여부 등에 대하여 조사 후 보고하는 '물리적 실사'[12], 법률

12 부동산개발금융은 건물이 완공된 상태가 아니므로 준공된 상태로서 수익형부동산으로 운영되는 부동산자산을 전제로 하는 일반적인 물리적 실사는 해당사항이 없습니다.

적 관점에서 차주와 대주의 적정 자격 확인에서부터 각종 금융조건이나 구조의 근본적인 위법 여부 등을 사전검토하고 법률적 조언을 제공하는 전통적으로 듀 딜리전스라고 할 때의 의미로서의 '법률실사'[13] 및 수익형 부동산인 경우 일반적으로 임대차를 전제로 하는 경우가 많기 때문에 해당 임대차 계약현황 및 실제 운영현황 등을 조사하는 '임대차 실사' 등을 꼽을 수 있습니다(참고로, 자연스럽게 수행되고 있어 미처 인식하지 못하는 경우도 많지만, 사업시행자의 계속기업으로서의 실체를 파악하기 위한 본사 방문 등도 엄연히 중요한 '실사' 업무 중 하나입니다).

동전의 양면, 사업타당성 검토와 대출원리금상환가능성 검토

위에서 설명드린 다양한 분야의 실사는 모두 상식적인 차원에서도 '실사'로 받아들이는데 거부감이 없는 것들입니다. 이에 반해, 국내 투자금융시장에서는 일반적으로 넓은 의미의 실사로 인정되지만 직관적인 측면에서는 '실사'로 와 닿지 않는 것들도 있습니다. 대표적으로 사업성 검토 및 감정평가가 그에 해당합니다.

한정된 인적자원으로 개별 프로젝트의 특성을 전문적으로 파악하고 그 사업성이나 재무적인 측면에서의 성공가능성을 시뮬레이션하여 결론을 도출하는 것은 부동산개발 지원금융을 담당하는 금융기관 자체의 힘만으로는 역부족인 경우가 많습니다. 따라서 비용발생을 감수[14]하고 보통은 전문 사업성 평가기관이나 회계법인 등에게 그 역할을 요구하는 경우가 일반적입니다. 이론적으로는 PF의 사업성 검토는 원리금상환검토를 포함하여 프로젝트의 현금수지 분석과 예상수익률 등을 분석하고 검토하는 재무적 타당성 검토(financial fesibility study), 국민경제적 차원에서 사회적 비용과 편익, 산업분석 등을 실시하는 경제적 타당성 검토(economic fesibility study) 및 프로젝트의 생산기술과 공정, 관련 비용의 타당성 등을 분석하는 기술적 타당성 검토(engineering feasibility study)의 크게 세

---

13 해외 프로젝트인 경우 해당 국가의 관련 법령 및 투자나 여신지원 관련 법제도 등에 대한 현지 법무법인(local law firm)의 검토의견도 당연히 포함됩니다.

14 이때의 비용은 약정에 따라 달라질 수 있으나, 일반적으로는 차주가 부담하는 경우가 시장표준입니다. 단, 비용부담을 차주가 하는 경우, 사업성검토 등을 진행하는 전문 용역기관이 차주의 이해에 편향될 가능성을 배제할 수 없습니다. 따라서 비용부담은 차주가 하되, 그 검토보고서를 제출받고 내용에 대해 협의할 수 있는 주 권한은 해당 부동산개발 지원금융을 제공하는 금융기관으로 한정하는 내용으로 전문 용역기관과 차주 간 계약을 체결하는 것이 바람직합니다.

가지로 구분[2]됩니다.

부동산개발금융의 사업성 검토의 경우에도, 위 내용을 반영하여 프로젝트의 재무적 타당성과 관련 산업 및 시장분석, 그리고 PF원리금의 상환가능성 검토를 주 내용으로 하여 작성되는 것이 일반적입니다. (기술적 타당성 검토는 일반적인 전통 PF에서의 경우와 비교하여 상대적으로 큰 비중을 차지하지 않는 경향이 있습니다.) 사업성 검토 기관에 따라 그 내용이 다소 다르기는 하나, 부동산개발금융 시장에서의 사업성 검토라 하면 시장조사와 프로젝트의 재무적인 추정 및 분석을 중심으로 하는 협의의 '사업타당성 검토'와 금융을 중심으로 하여 과연 지원되는 해당 금융이 상환되는 데 문제가 없을지를 다양한 조건으로 스트레스 테스트(stress test) 및 시뮬레이션을 통해 검토하는 '여신(대출)원리금상환가능성 검토' 두 가지로 구분할 수 있습니다. 굳이 분류하자면 크게 두 분야로 나눌 수 있지만, 현업에서는 양자를 엄격히 구분하지 않고 혼용해서 활용하는 경우가 많습니다. 관련 법률에 따라 엄격한 재무적·경제적, 그리고 기술적 사업타당성 검토를 거쳐야 하는 경우도 물론 있습니다. 하지만 보통의 경우 앞서 말씀드린 협의의 '사업타당성 검토'와 대출의 상환가능성은 마치 동전의 양면처럼 깊은 관련을 맺고 있기 때문에 그 타이틀에도 불구하고 실질 내용은 해당 프로젝트의 사업성 및 여신(대출)원리금상환가능성 검토가 같이 포함되는 경우도 많습니다. 이 때문에 현업에서는 양자를 엄격히 구분하지 않고 포괄적으로 'feasibility study'[15]라고 부릅니다.

이러한 사업타당성 검토는 차주와 금융기관, 시공사 등 주요 이해당사자가 협의하여 검토대상이 되는 용역의 범위를 좁게도 또는 넓게도 비교적 자유롭게 조정[16]할 수 있습니다. 사안에 따라서는 해당 프로젝트의 사업수지 및 추정 현금흐름을 주 내용으로 하는 재무모델 작성 및 가벼운 수준의 시나리오 분석의견을 포함한 약식 검토로 진행하는 경

---

15 발음대로 '피지빌러티 스터디'라고 풀네임으로 부르는 대신, 실무에서는 흔히 에프에스(F.S.)라고 줄여서 부르는 것이 일반적입니다.

16 흔하진 않지만 사안에 따라 해당 프로젝트의 시공을 맡는 건설사의 재무현황 및 시공능력 등에 대한 객관적인 검증이 용역의 범위에 포함되는 경우도 있습니다. 이 경우, 근본적으로 수주산업에 속하는 건설업의 특성상 충분한 일감이 확보되어 있는지, 기존에 수주해서 건설 중인 사업들은 미수금 없이 제대로 공사가 진행되고 있는지를 주로 하여 다양한 측면을 조사하게 됩니다. 물론 대형 건설사의 경우 공신력이 인정되는 신용평가기관에 의한 회사채 등급이 해당 회사의 재무안정성이나 수주 현황을 종합적으로 판단하는 바로미터가 될 수 있고, 관련 평가보고서를 원용하여 판단하는 경우도 많습니다.

우도 있습니다.

한편 프로젝트나 여신의 규모가 크지 않을 경우, 또는 해당 프로젝트의 사업성이 기본적으로 공적 기관에 의해 1차 검증을 받고 보증서가 발급되는 경우, 그 밖에 개발대상이 너무나 보편적이어서 굳이 전문기관에 의한 사업타당성 검토 등이 불필요한 경우, 그리고 관련 비용이 결과적으로 초기 사업비의 증가요인으로 작용한다는 점 등 다양한 사유로 인해 아예 검토 자체가 생략되기도 합니다. 따라서 부동산개발 지원금융을 위해서는 사업타당성 검토와 여신(대출)원리금상환가능성 검토가 필수적인 것이라고 일반화하기에는 다소 어려운 측면이 있습니다.

다만, 설사 강제성이 없거나 의무적인 사항이 아니라 하더라도 이러한 사업타당성 검토 등은 여건이 허락한다면 가급적 실시할 것을 권유드리는데, 이는 다음의 몇 가지 이유 때문입니다.

첫째, 프로젝트의 규모 또는 관련 대출금액이 적지 않거나 신디케이티드 론 방식인 경우 거의 예외 없이 여신(대출)원리금상환가능성 검토를 포함하여 사업타당성 검토가 진행되는 등 금융시장에서 일종의 '표준절차' 중 하나로서 인식되고 널리 활용되고 있음.

둘째, 프론트 사이드에서 영업적 관점에 매몰되어 보지 못하는 맹점이나 리스크를 객관적인 시각에서 톺아보는 중요한 계기가 될 수 있음.

셋째, 대출원리금상환 관련 시뮬레이션 등의 자료를 바탕으로 보다 정밀한 금융구조나 금융조건 설계가 가능함.

빠트릴 수 없는 필수 사전조사, 감정평가

사안에 따라 비교적 융통성 있게 실시 여부를 선택할 수 있는 사업타당성 검토 등에 비해, 감정평가는 선택사항이 아닌 필수적으로 매번 요구됩니다. 부동산 실물자산 관련 금융이나 부동산개발 지원금융을 모두 아우르는 개념이라고 할 때의 부동산금융에서 예외적으로 감정평가가 생략되는 경우도 물론 있습니다. 예를 들어, 건물이 노후되어 감정평가 시 건물의 가치가 극히 낮은 것으로 객관적으로 인정되고 부동산 가치 대부분이 토지에서 비롯되면서 해당 토지의 공시지가만으로도 담보여력이 충분한 경우 등은 감정평가를 생략할 수도 있습니다. 그 외, 직전 연도에 이미 실시한 감정평가가 존재하고 가격변동 요인이 크지 않은 것으로 객관적으로 인정되는 경우도 있습니다다만, 이러한 극히 예외적인 경우 등을 제외하고는 대부분의 부동산 실물자산 관련 금융은 해당 부동산을 담보로 대출이 실행되는 경우 반드시 감정평가를 별도로 진행[17]하게 됩니다.

현업에서 감정평가가 생략되는 경우는 사실 매우 예외적인 경우이며 일반적인 사항이라고 볼 수는 없습니다. 또한 금융실무에서는 실제로 그러한 경우에 부합하더라도 비용을 들여서 별도의 감정평가를 진행하는 경우가 월등히 더 많습니다. 이는 '감정평가'가 확고히 표준절차로 인식되고 있기 때문에, 이를 생략하기 위한 이유에 대해 별도의 소명을 준비하는 것이 상당한 부담으로 작용하기 때문입니다.

단, 부동산개발금융의 경우 아직 프로젝트가 완결되지 않고 미래에 해당 건물이 준공되어 현금흐름이 창출되는 부동산으로서 기능하는 것을 전제로 합니다. 따라서 필연적으로 준공후 추정되는 수익을 바탕으로 그 잠재가치를 평가할 수밖에 없다는 속성을 가지게 됩니다. 이런 이유로, 일반적으로 금융기관에서는 준공 후 담보가치를 추정하기 위해서 이러한 감정평가서를 참고할 뿐 정식 담보감정평가서로 인정하지는 않고 있으며, 비록 법령이나 감정평가 이론상 공식용어는 아니지만, 금융시장에서는 부동산개발 관련 이러한 감정평가를 흔히 '개발감정'이라고 부르며 정식담보를 취득하기 위한 중요한 근거자료인 정식 담보감정평가와 구분하고 있습니다. 정식 담보감정평가는 주로 완공된 상태의 부동산 실물자산의 가치를 평가하기 위한 것으로서 흔히 '개발감정'과 구분되는 의미에서 '담보감정'으로 표현되고 있습니다. 즉, 개발감정과 담보감정은 그 대상이 실물자산이냐 개발예정인 자산이냐에 따라 구분된다고 보시면 됩니다.

최근에는 이러한 개발감정의 경우 평가를 진행하는 감정평가기관에서 가급적 '감정평가'라는 표현을 쓰는 것을 꺼리는 경향이 많고, 대신 '준공 후 가치산정'이라고 표현하는 경우가 늘고 있습니다. 이는 준공된 상태의 부동산 실물자산을 대상으로 하는 감정평가 대비 실물이 아예 없는 상태이므로 준공을 전제 시 상당한 가정 및 추정이 바탕이 된다는 개발감정의 속성에 기인합니다. 보수적으로 생각하는 경향이 있는 감정평가기관 입장

---

17 아파트와 같이 공신력 있는 민간기관이나 행정당국이 발표하는 시세나 기준가격을 바탕으로 하는 리테일 금융은 논외로 합니다.

에서는 어쩌면 당연[18]하다고 할 수 있습니다.

비록 정식 담보감정평가로 인정되지는 않지만 부동산개발금융에 있어 이러한 소위 개발감정으로서의 감정평가는 적지 않은 의미를 가지며, 실제로도 금융기관 내부 여신 의사결정에 있어 매우 중요한 근거 중 하나로 취급됩니다. 이는 비록 다양한 전제와 가정을 바탕으로 함에도 불구하고, 이미 '토지'라는 실물이 존재하고 있다는 점, 이러한 토지가 공적 당국의 법률행위와 결합하여 인허가 완료상태일 경우 발생하는 잠재가치가 객관적으로 인정된다는 점, 그리고 무엇보다도 예정대로 준공되고 분양 및 임대 등이 원활히 진행될 경우의 가치를 객관적으로 추정해 봄으로써 부동산PF가 예정대로 잘 상환(exit)[19]될 수 있는지 여부를 가늠해 볼 수 있다는 점에서 결코 적지 않은 효용을 가지기 때문입니다.

참고로, 잘 작성된 부동산개발 관련 감정평가서는 그 내용 면에서 웬만한 사업타당성 검토보고서를 능가하는 양질의 의견과 검토내용을 담고 있기도 합니다. 수익 시뮬레이션의 경우 감정평가나 사업타당성 검토 등의 근거가 되는 원천 자료(raw data)가 동일하기 때문에 감정평가기관이나 사업타당성 검토를 수행하는 전문기관의 관점이 유사해지는 경향이 많습니다만, 경험이 풍분한 감정평가사가 담당하는 경우 전문적인 식견과 경험을 바탕으로 사업성과 관련하여 유용한 조언을 주는 경우도 적지 않습니다. 절차의 하나인 요식행위로만 인식하지 마시고 가급적 감정평가기관이나 회계법인, 전문 사업성검토 기관, 시장조사기관의 의견을 경청하는 태도를 가지는 것이 바람직하다고 하겠습니다.

정식담보와 견질담보

감정평가와 직접적으로 관련된 용어는 아니지만 금융기관에서 담보를 구분하는 몇몇 대표적인 용어들이 있어서 잠시 소개해 드릴까 합니다.

금융기관에서는 담보의 성격에 따라 크게 정식담보와 견질담보, 공동담보 및 첨담보 등으로 구분해서 활용하고 있습니다. 정식담보란 어느 금융기관의 내규에 의해서 정식으

18 하지만 준공 후 가치산정에 해당하는 개발감정도 근본적으로 실물자산의 엄연한 한 구성요소인 토지가 그 평가대상이 된다는 점에서 완전히 '가상의 자산'을 전제로 평가한다고만 볼 수는 없습니다.

19 대출의 경우 대출원리금의 최종 상환, 지분출자의 경우 출자금의 정상 회수 등 투하된 각종 자본의 회수를 일컫습니다.

로 그 담보의 대상으로 인정되는 자산을 가리키며 부동산뿐만 아니라 주식이나 채권과 같은 유가증권, 신탁수익권 및 기타 각종 권리 등을 포괄적으로 일컫는 말입니다. 흔히 담보대출이라고 할 때의 '담보'의 목적물을 가리킨다고 보시면 됩니다.

대부분의 금융기관은 정식담보로 취득할 수 있는 대상과 요건을 내규로써 자세히 그리고 엄격하게 규정하고 있습니다. 당연한 이야기지만, 정식담보는 별도로 금융기관이 취득하는 자산이 있는 상태이므로 이를 담보로 실행되는 대출은 물적담보가 없는 신용대출이나 보증부대출과 비교하여 상대적으로 대출 취급 관련 리스크가 적고 상대적으로 낮은 금리를 적용하여 운용되고 있습니다.

이러한 정식담보와 대비되는 용어가 '견질(見質)담보'입니다. 견질담보는 금융시장에서 자주 사용되는 용어이지만 정작 현행 대한민국 법령에서는 공식적으로는 규정되어 있지 않은 표현이기도 합니다. 다만, 법원의 판결을 기준으로 하여 일반화하자면 견질담보는 '어느 기관의 내규에 따라서 담보가치가 없거나 부족하다는 등의 사유로 정식담보로 인정될 수는 없으나, 부족한 담보를 보완하기 위하여 보조적으로 취득하는 담보'[20]라고 정의할 수 있습니다. 이러한 '견질담보'라는 표현은 과거 일본의 영향을 받은 법률용어라고 보는 것이 타당한데, '견질'이라는 표현이 일반 금융시장이나 무역금융 부문을 제외하고는 우리말에서는 전혀 사용되지 않는 상당히 이질적인 표현으로서 현재 어느 국어사전에서도 '견질' 자체가 어떤 뜻인지 등재돼 있지 않다[21]는 점, 그리고 무엇보다도 일본에서 공신력을 인정받는 일본어사전에서 이러한 '견질'이 무엇인지 그 유래와 용례 등이 설명되고 있음에서 그 근거를 유추[22]할 수 있습니다. 개인적으로는 직관적으로 그 뜻을 유

---

20 서울동부지방법원 2005. 1. 28. 선고 2004고합352 판결 참고.

21 견질어음이나 견질신용장 등 다른 용어와 결합하여 설명되어 있기는 하나, '견질' 자체의 뜻에 대해서는 명확히 설명돼 있지 않습니다.

22 "精選版 日本語國語大辭典"(https://kotobank.jp/word/%E8%A6%8B%E8%B3%AA%E3%83%BB%E7%8F%BE%E8%B3%AA-2034836)에서는, 견질(見質)이 무엇인가에 대해 다음과 같이 설명하고 있습니다. "〘名〙 現存する確実な質物を担保とした普通の質契約のこと。また、その質物。主として室町時代に、所領の将来の収穫米や債権のような、不確定、未見の質物を担保とした貸借が行なわれたため、これに対する語として生まれたもの。⇔入質(いれじち)" 의역하자면 "명사. 현존하는 확실한 질물을 담보로 한 보통의 담보계약이나 그 대상이 되는 담보를 가리키는 말. 주로 무로마치 시대에 장래에 수확할 쌀이나 채권 등과 같이 현재 시점에서는 확정되어 있지 않은, 직접적으로 확인할 수 없는 자산을 담보로 한 대출이나 대차 등이 많이 이루어졌으므로, 이것을 가리키는 말로서 만들어진 것. ⇔ 입질" 정도로 해석할 수 있습니다.

추하기 힘든 견질이라는 용어 대신, 예를 들어 '보조적 담보' 또는 '잠재적 담보'와 같이 보다 의미가 뚜렷하고 사용하기에도 쉬운 표현을 고민해서 대체하는 것이 바람직하다고 생각합니다.

실무적으로는 견질담보가 단순하게 '정식담보'의 반대개념이라고만 알고 계셔도 충분합니다. 즉, 자산이나 권리를 담보로서 취득하기는 하지만 유효담보가액은 인정받지 못하는 담보, 즉 정식담보로 인정받지 못하는 경우를 가리킨다고 보시면 됩니다. 그런데 은행 등 금융기관에서 정식담보로 인정받지는 못함에도 불구하고 번거로움을 감수하고 이러한 견질담보를 취득하는 것은 그 나름의 효용이 있기 때문입니다.

예를 들어, 어떤 기업이 부동산자산을 가지고 있지만 이미 은행 여러 곳에 담보제공을 한 상태라 추가로 정식담보로서 제공될 가치가 충분치 않은 경우를 가정해 보겠습니다. 이때 신규로 운전자금대출을 검토하는 은행에서는 기업의 신용등급이나 영업현황 등을 종합적으로 검토해 보고 신용대출이나 보증부대출로 취급하기는 어렵다고 판단할 수 있습니다. 이런 경우, 공식적으로는 신용대출로 여신을 취급하되, 비록 정식으로 인정되는 담보가치는 부족하지만 별도로 후순위 근저당권을 설정함으로써 경제적 실질 면에서 그나마 조금이라도 담보력을 보강하려고 할 수 있습니다.

이 외에, 객관적인 시장가치 산정이 어려운 비상장주식을 금융기관이 담보로 취득하거나 특히 부동산개발금융의 경우 일반적으로 취득하게 되는 건축 중인 건물에 대한 양도담보 등도 모두 일종의 견질담보라고 할 수 있습니다. 이와 같이 정식담보는 아니지만 나름의 이유로 별도로 담보력을 보강해야 되는 상황에서 유용한 것이 바로 견질담보[23]입니다.

여기서 입질(入質)이란 담보를 취득한다는 기본 뜻을 가지고 있으며 현재의 '점유'와 비슷한 의미를 갖습니다. 사전에 나와 있는 뜻이 언뜻 보면 모순적이기는 하나, 일본 내 사용되는 용례 등을 참고하여 실제 뜻을 종합적으로 생각해 보면 "견질이란 일반적으로 담보를 가리키는 말이긴 하나, 그중에서도 현재에 확정돼 있지 않은 자산이나 권리에 대한 담보"를 가리키는 것이라고 재해석할 수 있습니다.

23 견질담보와 관련된 용어로서 참고하셔야 할 다른 용어로는 견질어음이 있습니다. 견질어음은 기업대출 시 관행적으로 징구하는 백지어음을 가리킵니다. 어음이되 금액이나 만기 등이 백지로 되어 있어 추후 담보로 가지고 있는 금융기관이 임의로 기재하여 대출채권과 별도로 유가증권으로서의 지위에서 채권을 청구할 수 있는 강력한 도구입니다.
지금도 금융시장이나 사인 간 거래에서 그 적정성이나 실효성 여부와 별개로 아직도 공식·비공식적으로 사용되고 있습니다. 하지만 은행권의 경우 이미 2000년대 초반부터 금융감독원의 권고로 주요 은행들은 이러한 백지어음 징구를 폐지했고, 2003년 3월부터는 모든 시중은행들에 백지어음 신규 징구가 금지되어 현재는 적어도 1금융권에서는 찾아보기 힘든, 먼 과거의 얘기가 되었습니다. 이 외, 견질이라는 용어를 차용하여 내국신용장의 개념으로서 무역금융 시장에서 사용되고 있는 '견질신용장'이라는 용어도 있습니다만, 이 책의 성격상 이 부분에 대한 자세한 설명은 생략합니다.

한편, 견질담보는 정식담보가 아닌 담보를 포괄적으로 일컫는 말이지만, 그 취득절차도 정형화되어 있지 않다는 점에서 일반적인 정식담보와 다른 모습을 보입니다. 예를 들어, 건축 중인 자산에 대해서 부동산PF를 지원하는 금융기관에서는 일반적으로 매번 공사기성 대금이 청구될 때마다 청구시점을 기준으로 하여 건축된 자산에 대해서 양도담보의 형식으로 담보를 취득하는 것을 전제로 기성에 대한 비용집행을 승인하는 경우가 많습니다. 물론 이러한 양도담보는 사전에 시행사와 시공사, 자금관리기관 및 대주단, 그리고 기타 신탁기관(있을 경우) 등이 모두 합의하여 그 절차를 약정으로 명문화해 놓는 것이 보통입니다. 따라서 법에 의해 그 취득절차와 대상이 명시적으로 정해져 있는 근저당권 등과 달리 이러한 양도담보 설정계약이나 이를 위한 절차 관련 약정 등은 모두 사인 간의 별도 계약에 의한 것으로서 상대적으로 비표준화되고 비정형화된 약정모습을 가지게 된다는 점도 참고로 알아두시면 좋을 것 같습니다.

참고로, 실제로 시중은행에서 정식 담보가액을 산정하는 사례를 표로 간단히 소개해 드리고자 합니다.

표 4.1 담보가액 산정표 사례

구 분	내 용	비 고
실제 매매가액	1,000억원	임차보증금은 50억원으로 가정, 대상은 서울소재 오피스빌딩
담보감정평가액	1,050억원	
사정기준가액	1,000억원	Min(매매가액, 담보감정평가액)
담보사정가액	986억원	감정가액의 적정성을 자체적으로 심사하여 보정한, 금융기관이 인정하는 실질적인 경제적 가치 평가액
담보인정비율	70%	담보물의 소재지, 종류에 따라 차등적용
담보인정가액	690억원	사정가액 × 담보인정비율
임대차공제	115억원	Max(실임차보증금, 담보인정가액/6)*
유효담보가액	575억원	정식담보대출 가능가액
실제 대출금액	575억원	
근저당권 채권최고액	690억원	대출금액의 120%
담보가용가액	690억원	Min(사정가액−선순위채권·임차보증금, 근저당권설정채권최고액)

* 「상가건물 임대차보호법」(약칭: 상가임대차법)에 의하면 임대건물가액, 즉 실무적으로는 금융기관의 담보인정가액의 최대 1/2을 공제하여야 하나, 시중은행의 경우 일반적으로 채권보전에 문제가 없을 것으로 예상되는 경우에는 1/6만 공제할 수 있도록 운용 중임.

금융실무 관점에서 가장 중요한 것은 담보인정비율과 유효담보가액이라고 할 수 있습니다. 담보인정비율은 담보물이 어떤 부동산인지, 어디에 소재하는지 등에 따라 주기적으로 업데이트되는 것이 일반적입니다. 유효담보가액이 중요한 이유는 정식 담보로 인정받을 수 있는 담보대출금액의 사실상 상한선 역할을 하기 때문입니다. 물론 프로젝트 파이낸스처럼 상품 자체가 일반적인 담보대출의 제약을 받지 않는 경우에는 유효담보가액의 의미가 상대적으로 크지 않습니다. 하지만 부동산 실물자산 관련 금융이나 보통의 기업여신으로서 담보력이 중요한 경우에는 해당 유효담보가액이 대출한도 산정을 위한 일종의 '기준선' 역할을 하기 때문에 그 의미가 결코 적지 않습니다.

한편, 금융실무에서 간혹 접할 수 있는 '담보가용가액'은 사실 그 의미가 금융시장이나 법원, 부동산 시장 등에서 비교적 다의적으로 사용되고 있어 정형화해서 말씀드리기 어려운 부분이 있습니다. 시중은행을 기준으로 부동산에 국한하여 말씀드리자면, 일반적으로 담보사정가액(査定價額)에서 선순위채권이나 선순위 임차보증금 등을 공제한 금액과, 근저당권설정채권최고액 중 적은 금액을 가리키는 뜻으로 사용되고 있습니다.

담보가용가액은 유효담보가액과 같이 정식담보를 전제로 하는 산정액과는 다른 의미에서 담보물의 경제적 가치에 대한 기준을 제공합니다. 예를 들어 유효담보가액을 산출하기 위한 담보인정비율은 지역이나 부동산의 종류를 기준으로 하여 과거 경매낙찰가액이나 낙찰률 등을 종합적으로 고려하여 산정됩니다. 따라서 담보인정비율은 안전성의 관점에서 담보가액을 보수적으로 평가하고 설혹 경매절차가 진행되더라도 이 정도는 회수할 수 있을 것이라는 예상을 전제로 하는 개념이라고 할 수 있습니다. 이에 비해 부동산 담보가용가액은 담보인정비율의 개념을 개입시키지 않고, 해당 담보물의 사정가액에서 이미 존재하는 선순위 근저당권이나 법적으로 인정되는 선순위 임차보증금 등을 공제한 금액(금융실무에서는 해당 금액이나 또는 이에 준하는 개념의 금액, 즉 근저당권설정 채권최고액 중 적은 금액을 '부동산담보 가용가액'으로 하는 것이 일반적임)만을 기준으로 함으로써, 선순위채권을 공제했을 때의 해당 담보물이 지니는 경제적 최대가치를 직관적으로 가늠하는 데 유용한 지표가 될 수 있습니다.

현실적으로는 보편적인 경우라고 하기는 어렵지만, 금융실무에서는 유효담보가액을 일부 초과하여 '일부 담보대출 및 일부 신용대출'의 형태로 여신이 제공되는 경우를 상정하고 이때 담보가용가액이 어떻게 활용되는지를 살펴보겠습니다. 예를 들어 이미 대출이 취급된 상황에서 추가 대출신청이 접수되었는데, 실제로 유효담보가액만큼 이미 대출이 실행되어 해당 부동산이 정식담보로 인정받고 대출이 추가로 실행되기는 어려운 상황이라고 가정해 보겠습니다. 이때 차주의 신용도 및 재산보유 현황, 상환의지 등을 종합적으로 판단하여 추가로 제공될 정식담보로서의 가치는 없으나 그래도 '담보가용가액' 범위 내에서는 추가로 대출을 지원하자라는 식의 의사결정이 논의될 수 있습니다. 이렇듯 담보가용가액은 정식담보로서의 가치와는 별개로, 각종 선순위채권 등을 차감한 후의 실제 경제적 가치는 최대 어느 정도인가를 가늠하는 일종의 참고지표라고 할 수 있습니다.

한편, 위에서 말씀드린 유효담보가액을 초과하여 추가로 실행되는 대출은 앞서 말씀드렸듯이 일반적인 사례라고 할 수는 없습니다. 금융현업에서는 유효담보가액을 초과하는 신용대출의 형태로 담보가용가액까지 '일부 담보대출 및 일부 신용대출'의 형태로 여신이 실행되는 것은 상당한 제약이 따르는 예외적인 경우로서 담보가용가액의 활용사례를 설명드리기 위한 예외적인 사례라는 점, 참고하시기 바랍니다.

공동담보

지금까지 정식담보와 견질담보의 개념에 대해서 말씀드렸습니다. 정식담보와 견질담보는 그 구분기준이 공식적으로 금융기관에서 '담보'로서 인정되느냐의 여부라고 할 수 있습니다. 하지만 지금 설명드릴 공동담보와 주담보, 첨담보는 그러한 정식담보의 기준과는 비슷하지만 다소 다른 개념의 구분입니다.

'공동담보'는 하나의 채권을 담보하기 위해 복수의 자산에 설정되는 담보를 가리킵니다. 은행 등 금융기관에서 널리 활용되고 있는 공동저당이 공동담보의 대표적인 예라고 할 수 있습니다. 예를 들어, 기업시설자금대출이 실행되면서 개인사업자의 대표가 보유한 아파트와 역시 대표가 보유한 인근의 나대지가 동시에 담보로 제공된다면 이때의 담보를 '공동담보'라고 할 수 있습니다.

이와 같은 경우는 아파트 하나로만으로는 담보가치가 부족해서 별도의 토지를 추가해서 동시에 담보권을 설정한 경우라고 할 수 있습니다. 실제 근저당권 설정등기를 신청하는 경우에 공동담보는 신청서상에 근저당권 설정의 대상이 되는 채권을 기재하고, 담보가 되는 복수의 부동산을 한 페이지에 같이 순서대로 나열해서 기재하게 되는데 이를 '공동담보목록'이라고 하며, 금융기관 전산에서도 공동담보로 코드를 부여해서 별도로 관리하는 것이 일반적입니다.

공동담보는 단순히 공동으로 담보가 제공된다는 의미일 뿐, 그 자체로 정식담보나 견질담보 여부를 구분해 주는 기준이 되지는 않습니다. 다만, 일반화해서 말씀드리기 힘든 점이 있습니다만, 금융기관 실무에서는 공동담보는 보통 견질담보가 아닌 정식담보로서 취득할 때 주로 활용되는 경향[24]이 있습니다.

주담보와 첨담보

첨담보는 주담보를 보조하는 의미의 담보를 가리킵니다. 앞서 채권보전이나 실사 부분에서 담보는 크게 물적담보와 인적담보로 구분된다고 말씀드린 적이 있습니다만, 물적담보를 다시 주된 담보이냐 주된 담보에 종속된 보조적인 담보로서의 성격을 가지느냐를 기준하여 다시 주담보와 첨담보로 구분하기도 합니다.

주담보와 첨담보의 구분 및 사용은 명시적으로 현행 법률에 의한 것은 아닙니다. 금융기관에 따라 첨담보의 대상을 달리 구분하는 경우도 있지만, 일반적으로 금융실무에서는 주된 담보물에 물리적으로 부속되거나 또는 주된 담보물의 효용에 실제로 종속되는 권리 등을 담보로 취득하는 경우, 이를 첨담보라고 하는 경우가 많습니다. 담보물에 물리적으로 연접하여 그 효용이 종속된다고 할 수 있는 창고나 수도시설 등을 첨담보로 취득하는 것이 대표적인 사례입니다. 첨담보는 물리적으로 주담보에 부속되거나 주담보를 보조하는 성격을 갖지만, 이론적으로는 주담보의 담보력을 견질담보의 일종으로서 보조한다는 의미[3]를 가지며, 실제 금융시장에서도 첨담보를 견질담보와 같은 의미로 사용하는 경우가 적지 않습니다.

---

24 예를 들어 공동담보 목록에 올릴 수는 있지만, 등재되는 목록 중 A부동산은 정식담보이고 B부동산은 견질담보인 경우 이를 동시에 금융기관 전산으로 구별해서 등재하는 것이 현실적으로 쉽지 않습니다. 전산문제뿐만 아니라, 추후 해당 대출채권에 문제가 생겨서 사후관리가 본격화되는 경우, 자산건전성 분류에서도 공동담보임에도 불구하고 담보물건별로 회수액을 구분해서 판단해야 하는 등 크진 않지만 실무적으로 다소 복잡한 이슈가 발생할 가능성이 있습니다. 이런 경우를 사전에 모두 고려해서 의도적으로 그런 것은 아니나, 암묵적으로 공동담보는 정식담보인 경우에 주로 활용되는 경향이 있는 것은 사실입니다.

예를 들어, 공장과 기계설비를 담보로 대출이 실행된 상황을 가정해 보겠습니다. 차주는 공장에서 제조하는 상품과 관련하여 별도로 특허를 추가로 보유하게 됐고 이러한 특허 등 지식재산권을 담보로 제공해서 추가 대출을 신청할 계획을 가지고 있습니다. 이때 만약 해당 특허가 금융기관에서 정한 담보기준에 미달해서 정식담보로 인정받지 못한다면, 결국은 추가대출은 신용대출로 취급이 되면서 해당 특허를 동산담보에 준해서 견질담보로 취득할 수 있습니다. 이 특허는 견질담보이면서 주된 담보, 즉 기존에 근저당권이 설정된 공장 등에 부속되는 성격을 갖기 때문에 첨담보라고 할 수 있습니다. 이런 측면에서 일반화해서 본다면, 단순히 독립된 별개의 부동산으로서 견질담보일 뿐인데 이러한 경우에도 해당 견질담보물을 첨담보라고 하는 것은 무리가 있습니다. 하지만 첨담보와 견질담보가 분명히 구분됨에도 불구하고 첨담보가 사실상 견질담보와 동의어로 사용되는 경우가 많은 것은 근본적으로 금융실무에서 양자 간 구별의 실익이 그리 크지 않기 때문이라고 할 수 있습니다.

한편, 견질담보나 첨담보는 실제 기한이익상실 사유가 발생하여 법적 절차 등 채권회수 절차가 본격화되는 경우 일부가 환가되어 채권회수에 실질적으로 도움이 될 수도 있습니다. 정식담보 여부와 환가 시 실제 회수가능성은 별개의 이슈이기 때문에, 금융기관에서는 비록 정식담보로 인정받지는 못하지만 그 관리에 있어서는 견질담보나 첨담보 모두 정식담보의 관리에 준해서 엄격히 관리하는 것이 원칙이라는 점도 알아두시면 좋을 것 같습니다.

이면담보

마지막으로 이면담보(裏面擔保)에 대해서 간단히 살펴보겠습니다. 이면담보 역시 첨담보나 견질담보와 마찬가지로 법적인 공식 용어는 아닙니다. 첨담보나 견질담보 등이 어엿하게 나름의 의미로 시장에서 사용되고 있는 데 반해, 이면담보는 주로 이해당사자들이 많은 거래에서 전체 당사자들에게 공개되지 않고 소수의 당사자들 사이에서만 은밀하게 주고받는 담보나 채권보전책을 일컫는 뜻으로 쓰이고 있으며 일반적으로는 부정적인 뉘앙스로 사용되는 용어라고 할 수 있습니다.

특히 신디케이티드 론에서 이면담보는 예민한 주제이기도 합니다. 투명하고 동등한 금융조건의 적용을 근간으로 하는 신디케이션에서 일부 대주와 차주 등이 은밀하게 다른 대주에게 공개되지 않는 채권보전책을 주고받는 일은 비록 자주는 아니라 할지라도 잊을 만하면 금융시장에서 산견되고 있는 문제 중 하나입니다. 특히 신디케이션에 참여한 금융기관들의 절대 수가 많고 그 종류가 다양한 경우, 통일된 의사결정이 쉽지 않은 경우가 많아 이러한 이면담보 제공의 유혹이 항상 도사리고 있다고 할 수 있습니다.

이면담보가 상징적인 수준의 경미한 것일 경우 신디케이션 모집을 위해 일종의 필요악으로 인정해야 한다는 현실론적인 의견도 없지 않은 것이 사실입니다. 하지만 장기적인 신뢰가 가장 중요한 신디케이티드 론에서 이면담보의 제공은 결국 시장 당사자들의 신뢰를 훼손하는 행위라는 점에서 결코 정당화될 수 없습니다. 비단 도의적인 측면에서 바람직하지 않다는 당위의 차원을 떠나, 이면담보를 주고받는 이해당사자들의 법적인 책임도 결코 가볍지 않다는 점을 유념하실 필요가 있습니다.

참고로, 이면담보는 그 본래의 의미와 관계없이 금융시장에서는 견질담보 및 첨담보와 동의어로도 자주 사용됩니다. 견질담보, 첨담보 및 이면담보라는 용어 자체가 법적으로 공식적인 지위를 획득하지 못한 용어입니다. 금융시장에서 통용되는 표준적인 의미는 있으나, 사용하는 당사자나 금융기관에 따라 조금씩 다르게 정의하고 활용하는 경우도 적지 않습니다. 따라서 이면담보라는 표현을 들으시면 맥락을 유추하시어 원래의 부정적인 뉘앙스로서의 이면담보를 뜻하는 것인지, 아니면 단순히 견질담보나 첨담보의 의미로 사용되고 있는 것인지 적절하게 판단하시어 실무에 활용하시면 됩니다.

6. 금융주선 및 금융기관 내부 여신승인

앞선 절차를 마친 후, 금융주간사가 금융시장에서 해당 프로젝트의 금융에 참여할 기관을 모집하는 단계입니다. 물론 신디케이션 방식이 아닌 어느 금융기관의 단독 지원인 경우는 해당 금융기관의 내부 여신승인절차가 마무리됨에 따라 금융모집도 완료됩니다. 신디케이션 및 신디케이티드 론 등에 대해서는 앞서 2장 핵심용어 정리 부분에서 간단히 그 개념을 설명드린 바 있습니다.

우선은 부동산개발금융의 일반적인 절차 중 하나로서 해당 프로젝트를 위한 타인자본 조달과 관련하여 이에 참여할 금융기관 모집의 단계라는 정도로 이해하시면 충분하며, 신디케이티드 론은 그 중요도를 고려할 때 간단히 설명드릴 주제는 아닌지라 별도의 장을 할애하여 설명드리도록 하겠습니다(7장 참고). 물론 신디케이티드 론 방식이 아닌 단일 금융기관에서 타인자본 조달을 지원하는 경우는 해당 금융기관의 대출 지원결정으로 갈음되는 단계라고 보시면 됩니다.

한편, 신디케이션 방식이건 어느 금융기관의 단독 여신지원이건 앞서의 제반 실사를 바탕으로 각 금융기관 내부적으로 여신승인을 위한 절차를 밟게 됩니다. 이와 관련하여 금융기관마다 다소의 차이는 있지만 '크레딧(credit) 부문'으로 통칭되는 내부 심사부서의 여신심사를 통해 최종 여신승인을 득하는 것이 일반적이라고 할 수 있습니다.

여신심사는 해당 프로젝트의 장점과 단점, 담보력과 궁극적으로 여신 원리금상환 리스크, 즉 크레딧 리스크(credit risk)를 종합적으로 판단하여 승인 여부를 결정하는 과정입니다. 이를 위해서는 프로젝트의 사업성에 대한 검토와 함께 관련 리스크에 대한 면밀한 평가가 수행되어야 합니다. 보다 구체적으로는, 가장 기본적인 인허가를 포함한 부동산 공법적인 측면에서부터 차주 또는 실차주의 신용도 및 현실적인 사업수행 능력, 시공사의 신용등급 및 시공능력, 분양제품의 시장성 및 향후 프로젝트의 추정 현금 시뮬레이션, 자본구조 및 금융구조, 그리고 채권보전 방안에 이르기까지 매우 다양하고 종합적인 사안들이 검토대상이 됩니다.

이러한 항목에 대한 기계적인 나열과 소개는 얼마든지 가능합니다만, 현실적으로는 '무엇을' 검토해야 하는지는 그다지 중요하지 않은 경우가 많습니다. 그보다는 실제의 미래 사업성과 리스크값을 어떻게 평가하고 판단해야 하는지가 훨씬 더 중요하다고 할 수 있습니다. 안타깝지만 이러한 판단은 기본적으로는 객관적인 데이터와 자료를 바탕으로 함에도 불구하고 궁극적으로는 결국 '주관적인 판단'의 영역이라는 점에서 정형화하고 일반화해서 기술하기에는 어려운 점이 많으며 깊이 있는 분석이 필요한 부분이기도 합니다.

입문서를 지향하는 이 책의 취지상 아쉽지만 이 책에서는 사업성평가와 리스크값의 평가 항목이 어떤 것인지에 대한 자세한 내용은 생략하겠습니다. 이에 대해서는 시중의 프로젝트 파이낸스 관련 서적이나 관련 논문 등을 참고하시길 권유드립니다. 기본서에 해당하는 이 책과 별도로, 기회가 된다면 가장 중요한 영역인 프로젝트의 사업성과 리스크값을 평가하는 방법에 대해서도 별도의 책으로 설명드릴 수 있도록 하겠습니다.

7. 약정서 작성 및 검토

법무법인의 제반 약정서 초안 작성

대출약정서, 사업약정서, 담보약정서

주요 금융조건(안)을 바탕으로 각종 약정서 초안을 작성하고 그 체결을 준비하는 단계입니다. 원칙적으로는 금융주선기관의 내부 여신승인이 완료되고 참여기관 모집까지 완료된 후 시작하는 것이 바람직하나, 넉넉지 않은 딜 일정을 감안하면 실무상으로는 내부 여신승인절차가 진행 중이거나 신디케이티드 론 모집이 완료되지 않았더라도 미리 법무법인을 통해 준비하는 것이 일반적입니다.

주요 금융조건(안)이 뼈대라면 약정서는 그 뼈대에 살을 붙인 것이라고 할 수 있습니다. 약정서 초안 작성은 금융주선기관 내부의 법무부서에서 담당하는 경우[25]도 없지 않으나 일반적이진 않습니다. 사내 법무부서는 해당 기관에서 발생하는 업무 전반에 대한 법률이슈를 포괄적으로 다루는 속성을 지니고 있으며 인력이나 시간상 제약을 받는 경우가 많습니다. 따라서 보통은 부동산PF나 대체투자 관련 분야와 관련하여 개별 딜에 대한 법률자문 및 약정서 작성 등은 비용이 발생하더라도 이를 전문적으로 다루는 외부 법무법인에 의뢰하는 것이 시장표준으로 자리 잡고 있습니다.

참고로, 약정서는 그 목적에 따라 다양하게 구분할 수 있지만 크게 대출약정서과 사업약정서, 담보약정서 등 세 가지 및 그 외의 기타 약정으로 분류할 수 있습니다. 각각이 어떤 의미인지는 2장 핵심용어 설명 부분을 참고하시기 바랍니다.

---

25 금융기관에 따라 외부 전문 법무법인에서 법률자문 및 약정서 작성서비스를 제공하는 경우라도 사내 법무부서에서 약정내용을 최종적으로 다시 한번 검수하도록 하는 경우도 있습니다. 이는 해당 약정서의 내용이 당초의 주요 금융조건(안)에 부합하게 작성되었는지, 그리고 약정내용이 해당 여신 외에 금융기관이 별도로 부담을 지는 독소조항 등이 있는지 여부를 내부통제 차원에서 한 번 더 체크하는 것을 주목적으로 합니다.

약정서 내용 검토는 법무법인 몫이 아니다

금융기관의 세밀한 검토가 꼭 필요한 이유

주요 금융조건에 핵심 내용이 기재돼 있기는 하나, 이를 약정서로 제대로 문언화하는 것은 고도의 전문성과 많은 경험이 필요한 일입니다. 법무법인과 금융주간사 간에 의사소통이 원활하지 않은 경우, 금융조건의 취지를 잘못 해석해서 원래 의도했던 내용과 다르게 약정에 반영되는 경우도 심심치 않게 발생합니다.

부동산PF 관련 약정은 상당히 정형화되어 있는지라 몇몇 특약을 제외하고는 프로젝트별 약정서의 형식과 내용이 상당히 유사한 면이 많습니다. 이러다 보니 법무법인에서도 당연히 기존에 사용하던 A 프로젝트의 약정서를 지금 진행하는 B 프로젝트에 가져다 초안으로 사용하는 일이 일반적입니다. 예를 들어, 아파트 PF인 경우에는 기존에 사용하던 약정서들을 일종의 템플릿으로서 다른 아파트 PF 약정 시 활용하고, 물류센터 개발 PF에 사용한 약정서는 다시 다른 물류센터 개발 PF의 약정서 작성 시 사용하는 일이 자주 일어납니다.

하지만 모든 부동산개발사업은 비슷한 것 같지만 나름의 특징을 가지고 있기 마련입니다. 그래서는 안 되겠지만 법무법인에서도 시간적 여유가 없이 여러 프로젝트에 대한 법률자문이나 약정서 작업을 동시에 하는 경우가 많은지라 자칫 잘못하면 기존 프로젝트에만 국한되어 적용된 금융조건이나 문언이 다른 프로젝트의 약정서 작업 시 그대로 포함되는 경우가 발생할 수 있습니다. 최악의 경우 금융주선기관의 실무 담당자가 꼼꼼히 미리 검토하지 않으면 그렇게 잘못 포함된 내용들이 버젓이 약정서 최종안에 포함되고, 심지어 약정체결로까지 이어지는 경우도 드물지만 없지는 않습니다. 이런 경우는 거의 사고에 가깝다고 할 수 있지만, 이 정도까지는 아니라고 하더라도 앞서 말씀드린 기존에 당사자 간 합의된 주요 금융조건이 취지대로 정확히 약정서 문언으로 구체화되었는지를 꼼꼼히 살피는 일은 매우 중요합니다.

금융기관 실무자들이 자주 오해하는 일 중 하나가 바로 법무법인에서 약정서 작업을 '알아서' 완벽하게 문언화하고 준비해 줄 것이라는 믿음입니다. 모든 법무법인은 그러한 믿음에 부응하기 위해 최선을 다하고 있습니다. 하지만 약정서 내용의 최종 검수는 결국 해당 딜을 누구보다도 잘 알고, 앞으로의 사후관리에도 직간접적으로 큰 연관을 맺게 될 최종 소비자 중 하나이자 대주인 금융주선기관의 과제로 귀결될 수밖에 없습니다.

법무법인에서 딜과 관련하여 제공하는 법률서비스 중 약정서 초안작성은 금융주선기관이 제공한 금융조건과 설명을 기반으로 하고, 그 외의 사항은 '금융시장 관행'을 기준으로 하여 표준적으로 작성된다는 점을 잊어서는 안 됩니다. 따라서 해당 프로젝트에 특화되거나 다른 딜과 다른 측면이 있는 경우, 그러한 사항들이 법무법인의 제반 약정서 초안들에 완벽히 반영돼 있으리라고 기대하는 것은 위험할 수 있습니다. 해당 법무법인과 금융주선기관이 오랫동안 호흡을 맞춰온 경우에는 예외로 할 수 있겠지만, 그렇지 않은 경우 개별 법무법인의 명망에 매몰되거나 또는 법률전문가로서의 존중을 바탕으로 한 막연한 믿음에만 의존해서 금융주선기관 실무자가 약정서 검토를 게을리해서는 안 됩니다.

현업에서는 금융기관 내부 심사가 일단 통과되면, 사실상 마지막 관문을 통과했다는 성취감에 금융기관 담당자뿐 아니라 사업추진자 및 시공사 담당자도 제반 약정서 검토에 상대적으로 소홀해지는 경향이 있습니다. 해당 프로젝트가 원활히 진행된다면 별 문제가 없습니다. 하지만 혹시라도 해당 부동산개발사업의 진행과정에서 약정 당사자 간 분쟁이나 갈등이 발생한다면, 실제로 어떻게 약정이 되어 있는가가 갈등해결에 있어 매우 중요한 기준으로 작용하게 됩니다. 물론 각 이해당사자 내부의 법무팀 등에서 전반적으로 다시 한번 약정내용을 검토하는 경우도 많습니다만, 여전히 현업의 1차 최전선에의 프론트 실무 담당자만큼 딜에 대한 깊은 이해를 바탕으로 진행되는 것이 아니라는 점은 간과해서는 안 됩니다.

특히 신디케이티드 론의 경우 대부분의 참여기관들이 금융주선기관의 약정서 검토내용을 전적으로 신뢰하고 제반 약정서 초안검토에 상대적으로 느슨한 태도를 보이는 경향이 강합니다. 이런 점에서, 대주로서 금융주선기관 담당자의 책임감과 약정서 초안에 대한 세밀한 검토는 아무리 강조해도 지나치지 않다고 할 수 있습니다.

약정서 미팅

기성품인 약정서 초안을 맞춤형 제품으로 수정하고 확정하는 단계

제반 약정서 초안은 법무법인에서 약정서 초안을 작성해서 약정 당사자에게 송부하고,

이를 바탕으로 검토 후 필요하면 2차, 3차 수정이 이루어지는 경우가 대부분입니다. 원활한 다큐멘테이션(documentation) 작업을 위하여 보통 1차 초안에 대한 검토가 끝나면 법무법인 사무실에서 약정 당사자가 모여서 최종적으로 문언을 손질하는 경우가 많은데, 금융시장에서는 이를 '다큐멘테이션 미팅(documentation meeting)'이라고 하며 실무에서는 줄임말로서 흔히 '닥스 미팅(docs meeting)'이라는 표현을 사용[26]하고 있습니다.

부동산 실물자산 금융의 경우 금융구조가 상당히 정형화되어 있는 편이라 굳이 닥스 미팅을 거치지 않고도 전화통화나 이메일 등을 통해 약정서 관련 의견수렴이 비교적 신속하고 효율적으로 이루어지는 편입니다. 하지만 부동산개발 대형 프로젝트의 경우 사업당사자가 다양하고 금융구조도 복잡한 경우가 많습니다. 따라서 당사자의 입장을 이메일이나 유선통화를 통해 개별적으로 매번 취합하고 또 그에 대한 다른 당사자들의 의견을 다시 구하는 것은 업무효율 면에서 비효율적인 경우가 많습니다. 이 때문에 한곳에 당사자들이 모여서 협의하는 것이 번거롭긴 하지만 닥스 미팅이 약정서 내용을 최종 점검하고 확정하는 도구로 선호됩니다.

주요 금융조건이 이미 공유되고 해당 조건으로 금융기관 내부 심사가 무리 없이 이루어지고 있거나 혹은 완료되었을 텐데, 왜 이러한 약정서 미팅이 필요한지 의아해하시는 분도 있을 것 같습니다. 법무법인에서 작성된 초안은 제공된 정보, 즉 주요 금융조건을 바탕으로 금융관행에 의거한 표준적인 내용을 덧붙인 것이라고 말씀드린 바 있습니다. 따라서 법무법인에서 작성된 제반 약정서 초안은 한마디로 표준적인 기성품에 가깝습니다. 개별 딜의 특징이나 주의할 점을 꼼꼼하게 반영해서 기성품을 맞춤형 제품으로 탈바꿈시키는 게 바로 약정서 미팅의 목적이라고 할 수 있습니다.

코로나(COVID) 19로 인한 대면 미팅이 어려워지면서 약정서 관련 미팅이 대면으로 이루어지지 못하는 경우도 자주 일어나고 있습니다. 하지만 핵심은 대면 미팅 여부가 아니라 협의가 이루어지는 방식이라고 할 수 있습니다. 즉, 비록 비대면이라고 하더라도 화상회의방식을 통해 약정 당사자들이 동시에 협의를 하는 자리를 갖는다면 이 또한 당연히 닥스 미팅의 범주에 들어간다고 할 수 있습니다.

닥스 미팅은 한 차례로 끝나는 경우도 있지만 사안에 따라서는 여러 차례 열리기도

---

26 개인적으로는 줄임말로서 닥스 미팅이라는 표현을 쓰는 것을 선호하진 않습니다만, 금융시장 관행을 존중하여 이 책에서도 약정서 미팅은 별도로 명기하지 않는 한 닥스 미팅으로 호칭하도록 하겠습니다.

합니다. 시간이 촉박하고 이견이 많은 경우에는 마라톤 회의로 이어지는 경우도 적지 않습니다. 그렇다고 무턱대고 닥스 미팅을 통해서만 의견조율이 이루어지는 것은 아닙니다. 보통은 닥스 미팅 전에 상당 부분 의견을 취합해서 약정서 초안에 반영이 되거나 적어도 약정 당사자들 사이에 어떤 점이 이슈가 되고 주로 협의를 해야 하는지에 대한 윤곽이 드러나는 경우가 많습니다.

이때 만일 약정 당사자 간 아직 합의되지 못한 사안이 많다면 닥스 미팅을 통해 의견을 교환하고 합의점을 찾아야 한다는 압박감 때문에 미팅 분위기가 상당히 공식적이고 경직되는 경우가 많습니다. 이견이 많지 않은 경우에도 딜 마무리를 위한 시간적 제한을 감안하면 닥스 미팅은 가급적 적게 여는 것이 바람직하다는 암묵적인 인식이 생기게 마련입니다. 따라서 닥스 미팅은 약정서 내용 확정을 위해 협의가 진행되는 중간적인 성격을 가지면서도 실제로는 해당 닥스 미팅을 가급적 최종 미팅으로 하려는 다소 모순적인 인식이 공존하는 자리가 되는 경향이 있습니다. 결국 이래저래 닥스 미팅은 주로 공식적인 분위기에서 진행되기 마련입니다.

특히 신디케이티드 론인 경우, 금융주선기관 담당자는 이러한 닥스 미팅의 성격을 충분히 이해하고 관련 업무를 준비해야 합니다. 즉, 닥스 미팅에 앞서 참여 금융기관을 포함한 이해당사자의 의견을 최대한 취합해서 사전에 조율해 놓는 것이 요구됩니다. 닥스 미팅에서도 약정 당사자들 간 이견이 원만히 합의에 이르지 못한다거나, 기본적으로 금융주선기관으로서 검토했어야 할 사항이 누락된 것이 닥스 미팅에서 뒤늦게 발견되면, 자칫 금융주선기관으로서의 기본적인 업무능력을 의심받게 될 수도 있기 때문입니다.

반면 아예 닥스 미팅이 생략되고 이메일 등으로 의견을 취합하여 단 한 번 만에 최종 문언이 작성되는 경우도 없지 않아 있습니다만 일반적이지는 않습니다. 현업에서는 시간적 여유가 많지 않은 경우가 대부분입니다. 실무적으로는 약정서 관련 의견일치를 보는 시간까지 감안해서 약정서 초안 작성을 서두르는 것을 권유해 드립니다. 아울러, 약정서 검토 및 내용 확정을 단순히 기계적으로 거쳐야 하는 비교적 가벼운 사안으로 보시지 않기를 당부드리고 싶습니다.

약정서 구조 파악하기

약정서의 형식과 내용에도 공식이 있다(국제 표준 금융계약의 의의)

프로젝트 고유의 금융조건이 포함된 약정서는 대개 기본적으로 그 내용과 얼개가 유사합니다. 금리나 대출금액을 포함한 주요 금융조건이 빠짐없이 약정에 포함되어야 하기 때문에 내용상으로는 사실 약정서 형식이 구조적으로 비슷해질 수밖에 없는 것이지요. 따라서 약정서들의 공통분모를 알고 있으면 약정서에 어떤 내용이 어떤 순서로 담기는지를 비교적 수월하게 파악할 수 있습니다. 아울러 해당 약정서를 보다 신속하고 효율적으로 검토하는 데에도 도움이 될 수 있습니다.

이런 차원에서 국제적으로는 이미 오래전에 표준 금융계약을 제정하여 금융실무에 활용하고 있습니다. 이러한 표준 금융계약은 단순히 템플릿으로서 기능한다는 사실 외에도 반드시 들어가야 할 내용을 누락시키지 않고 포함한다는 측면에서 계약체결 당사자들에게 신뢰와 안정감을 제공합니다. 표준 금융계약을 활용한다면, 프로젝트 고유의 특약이나 내용이 추가될 수는 있겠지만 적어도 금융계약을 하면서 자칫하면 빠트릴 수 있는 가장 기본적인 부분에 대해서는 걱정하지 않을 수 있습니다. 이는 마치 경영학에서 널리 알려져 있는 'MECE(Mutually Exclusive & Collectively Exhaustive)'[27]가 약정서에 구현된 것이라고 볼 수 있습니다.

이러한 국제 표준 금융계약은 국내에서는 투자금융(IB) 부문 법률자문분야의 개척자인 이미현 변호사, 고훈 변호사께서 2004년에 BFL에 기고한 '국제대출계약의 특징과 구조'[4]라는 논문에 신디케이티드 론을 중심으로 한 국제 표준 금융계약의 얼개와 특징, 주의할 점 등이 일목요연하게 소개되어 이후 국내의 투자금융 관련 약정에도 참고자료

---

27 맥킨지와 같은 전략 컨설팅 전문기업에서 논리적 분석에 자주 사용되는 도구입니다. 맥킨지 최초의 여성 컨설턴트였던 Barbara Minto가 비즈니스 전략과 논리적 사고를 위해 개발한 일종의 논리 기술이라고 할 수 있습니다. 참고로, 영미권에서는 흔히 '미씨(Mesee)' 또는 '미쓰(Meese)'로 발음됩니다. 'Mutually Exclusive & Collectively Exhaustive'를 우리말로 의역하면 '어떤 것을 분류할 때, 서로 겹치지 않으면서도 전체적으로는 누락되지 않은 분류' 정도로 해석할 수 있습니다. 예를 들어 대한민국 국민을 분류할 때, 성별이나 나이, 직업의 종류와 유무, 소득수준, 가족의 수, 거주자 및 비거주자 여부, 종교의 유무 및 종류 등 매우 다양한 기준으로 나눌 수 있습니다. 이때 서로 겹치지는 않으면서 분류의 기준이 무엇인가 빠진 것이 없이 분류되었을 때, 이를 'MECE'가 구현된 것이라고 할 수 있습니다.
Barbara Minto의 대표저서는 한국에서도 '논리의 기술'이라는 제목으로 오래전에 출간되어 현재도 스테디셀러의 자리를 굳히고 있으니 관심 있는 분은 일독해 보실 것을 권해 드립니다.

로서 널리 활용된 바 있습니다.

그런데 부동산개발금융이나 투자금융 분야 현업에서 오래 종사하신 분들 중 비정형 금융계약에도 국제 표준이 있다는 사실을 잘 모르시는 분들이 의외로 많습니다. 저 또한 그랬습니다. 주니어를 벗어나 왕성하게 현업에서 금융주선 주 담당자로서 IB 관련 업무를 볼 때였습니다. 수없이 많은 약정서를 검토했습니만 금융조건이라는 것이 이미 정해져 있는 항목들이기 때문에 당연히 약정서도 유사한 형식과 내용을 가지고 있겠거니 하고 막연히 짐작하고 있을 뿐이었습니다. 그런 사실을 모른다고 해서 딱히 실무에 지장을 받지 않았던 것도 사실입니다. 그동안 금융연수원이나 각종 전문 연수를 받았음에도 불구하고, 부끄럽지만 국제 금융계약 관련 약정서에 표준이 있다는 사실을 전혀 알지 못했습니다. 현업을 시작하고 한창 금융주선업무를 하던 중 당시 법률자문을 수행하던 법무법인을 통해 투자금융 부문의 약정서 형식과 내용에도 국제 표준이 있다는 사실을 처음 알았을 때의 그 충격은 아직도 생생합니다. 돌이켜 보면 좀 더 일찍 국제 금융계약 관련 표준약정에 대해서 알았더라면 조금이나마 업무가 더 쉬워지지 않았을까 하는 아쉬움[28]과 함께, 관련 표준이 있다는 사실 자체도 모르고 현업에 임했다는 부끄러움이 컸던 기억이 납니다.

국내에서도 투자금융 부문에 사용되는 약정서의 형식과 내용이 사실상 거의 표준화되어 있어 국제대출계약의 표준형식과 내용에 정통하지 않더라도 업무에 큰 지장이 있는 것은 아닙니다. 하지만 단순히 법무법인에서 사용하는 양식이나 기존에 사용하던 양식을 기준으로 하는 것보다는, 금융계약 관련 약정서의 국제 표준은 어떻게 정립되어 있는지를 아신다면 한 차원 더 시야가 넓어지는 경험을 할 수 있습니다.

더불어 한국의 경제력 향상에 따라 이미 국내뿐만 아니라 국제금융계약도 검토하는 경우가 실무적으로도 적지 않은 현실에서, 국제적으로 인정되고 표준으로 통용되는 금

28 다양한 국내 PF를 주선하고 해외 PF를 검토하면서 많은 금융계약을 검토하고 체결했던 시기였습니다만, 부끄럽게도 당장의 업무에 함몰돼서 계약 관련 표준이 정립돼 있으리라는 생각을 아예 하지 못했습니다. 당시에는 부동산개발금융을 비롯하여 대체투자, IB 관련 업무 관련 트레이닝 체계가 정립돼 가던 과도기적인 시기였기 때문에 주로 도제식으로 그리고 개인의 의지에 의존하여 관련 지식을 습득하는 경우가 많았습니다. 국제 금융계약서를 접하면서 생소한 영문 금융용어와 법률용어를 붙잡고 씨름하면서 검토하던 기억이 납니다. 지금은 체계가 많이 잡혀서 그러지 않으리라고 봅니다만, 혹시 이 책을 보시고 국제금융계약의 표준을 처음 접하시는 분들께는 조금이나마 도움이 됐으면 하는 바람을 가져봅니다.

융약정의 형식과 구조를 파악하는 것은 수사적 차원을 넘어 업무에도 실질적으로 도움이 될 수 있습니다.

국내 부동산개발금융 및 SOC 프로젝트, 그리고 지분투자 등 국내 투자금융 분야 현업에서 수많은 금융약정들을 찬찬히 살펴보신 분들은 아시겠지만, 가만히 보면 그 구성이나 내용이 매우 유사하고 대동소이하다는 것을 느낄 수 있습니다. 언뜻 생각하면 국내에서 초기에 사용되던 약정서 양식이나 내용이 발전을 거듭해서 현재에 이른 것이라고 볼 수도 있고, 국내 법무법인들이 서로 양식을 참고해서 사용하다 보니 비슷해진 것으로 볼 수도 있습니다. 모두 일리가 있습니다만, 보다 근본적으로는 금융약정 관련 국제 표준이 국내에 도입돼서 발전됨에 따라 필연적으로 서로 유사해진 측면이 강합니다. 보다 구체적으로는 막강한 경제력을 바탕으로 영미계 금융기관들이 사용하던 국제금융계약이 1997년 IMF 구제금융을 계기로 기업 인수금융 및 부실금융 처리과정에서 영미법체계에 기반한 국제 금융계약내용이 소개되고 광범위하게 활용되기 시작되는 등 국내에 이식되어 지금에 이른 것으로 볼 수[5] 있습니다.

물론 여기서 말씀드리는 약정은 국내의 시중 금융기관들이 일반적인 개인대출이나 기업대출에 사용하는 방식, 즉 여신거래기본약관을 계약내용의 일부로 편입시키고 이를 바탕으로 한 별도의 표준약정을 작성하여 지점 창구에서 사용하고 있는 소위 '정형 금융계약'을 이야기하는 것이 아닙니다. 이러한 '정형 계약'이 아닌, 개별 프로젝트나 차주의 니즈에 특화하여 별도의 법무법인이나 또는 금융기관 내부의 전문 법률적 조력 등을 바탕으로 개별적으로 작성되는 '비정형 개별약정'을 뜻하는 것입니다.

약정서를 검토할 때 주의해서 봐야 하는 항목에 대해서는 책 한 권 분량이 나올 정도로 그 내용이 매우 방대하고 전문적입니다. 실무에서 약정서 검토를 오랫동안 경험한 관점에서 이 부분을 집중적으로 설명드리고 싶은 생각이 큽니다만, 입문서인 이 책의 취지상 해당 내용을 역시 깊게 다루기에는 한계가 있는 점이 아쉽습니다. 이 책에서는 금융약정의 조항이나 맥락 등을 일일이 설명드리는 것은 생략하고, 국제 표준금융계약의 주요 얼개와 내용이 어떻게 구성되는지에 대한 안내 역할에 충실하고자 합니다. 시중의 국제채권이나 신디케이티드 론을 전문적으로 다룬 서적과 함께 이 책에서 소개해 드리는 표준 금융계약의 구성을 참고하신다면, 현업에서 약정서 내용을 검토하실 때 최소한의 길라잡이가 될 수 있을 것으로 기대합니다.

국제 표준 금융계약의 종류

국제적으로 인정되는 표준 금융계약은 다음의 세 가지 방식으로 구분할 수 있습니다.

표 4.2 국제 표준 금융계약

구분	내용
LSTA(Loan Syndications and Trading Association)	• 1995년 미국 뉴욕에서 설립된 협회 • 금융시장 관행을 표준화하고 관련 정보를 공유하는 데 그 설립목적이 있음 • 주요한 기능 중 하나는 신디케이션 관련 표준계약을 제공하는 것
LMA(Loan Market Association)	• 1996년 결성되었으며 런던에 본사를 두고 있는 협회 • 국제적으로 가장 보편적으로 사용되는 금융계약 양식 제공
APLMA[6](Asia Pacific Loan Market Association)	• 1998년 설립된 아시아태평양지역의 신디케이티드 론 관련 비영리 협회 • 이사회에는 Bank of China, 일본 대형금융그룹인 MUF, 호주계 ANZ, HSBC, JP Morgan 등이 망라되어 있음 • 약정서 위원회 및 우수 금융기관 선정위원회 등의 분과를 두고 있음. 아시아태평양지역의 신디케이티드 론 및 회사채 시장 관련 통계 집계 등 • 금융계약 관련 표준계약서를 제공하고 금융계약의 발전방향을 연구하고 기준을 제공하는 역할을 하는 곳

위 세 가지 구분은 표준금융계약의 명칭이 아닌 모두 별도의 '협회'를 지칭하는 것입니다만, 금융실무에서는 흔히 각각의 고유한 표준금융계약을 일컫는 뜻으로도 사용되고 있습니다.

한국은 참고로 성문법을 기반으로 하는 대륙법체계, 그중에서도 주로 독일법체계를 근간으로 하고 있습니다만, 국내 비정형 금융계약서에는 막강한 경제적 지위와 앞서 말씀드린 1997년 한국의 IMF 구제금융을 계기로 위와 같은 영미법계 표준 금융계약서가 일종의 템플릿으로서 지대한 영향을 미쳤다고 할 수 있습니다.

국제적으로 인정되고 통용되는 표준 금융계약[29]의 형식과 내용을 활용하는 경우, 금융

29 시대적 변화 및 금융트렌드 등을 반영하여 표준 국제금융계약은 주요 종류별로 업데이트하거나 새로운 계약이나 가이드라인이 제공되고 있습니다. 최근 사례로는 2022년 3월 LMA, APLMA, LSTA 등이 공동으로 발표한 ESG(Environmental, Social, Governance의 약자로 투자 의사결정 및 기업경영과 관련하여 환경, 사회적책임경영, 지배구조 개선 등을 주요 가치기준으로 하는 것) 여신 약정 관련 가이드라인을 들 수 있습니다. 참고로, ESG는 단순한 선언적 수사가 아니라 기업생존의 기본으로 인식되고 있습니다. 국내의 경우, 주요 시중은행들이 Equator Principles에 가입하여 부동산개발금융 및 투자금융 부문에서 여신 및 투자의사결정에 중요한 기준으로 활용하고 있는 것이 ESG경영의 한 예라고 할 수 있겠습니다. 'Equator Principles'는 우리말로는 '적도원칙'이나 '적도협약' 등으로 번역되는데, 대규모 인프라사업이나 개발사업 등에서 환경 및 인권에 미치는 부정적 영향을 최소화하고 사회적 책임을 다하기 위해 국제적으로 금융기관들이 정한 자발적 협약입니다. 이 협약에서는 대규모 인프라금융에 주로 활용되는 특정 방식, 예컨대 프로젝트 파이낸스 방식의 금융 등을 그 적용대상으로 하고 일정 규모 이상의 금융지원 시에는 반드시 적도협약 부합 여부

약정서의 작성과 관련하여 투입되는 시간과 에너지를 절약할 수 있고, 결과적으로 해당 약정서의 검토와 관련하여 당사자들이 보다 신속하게 검토할 수 있는 토대가 되는 등의 장점이 있습니다.

그러나 표준 국제금융계약이 국내 자본시장에서 금융계약의 기준점이자 일종의 템플릿으로 기능하고 있지만 반드시 순기능만 있다고 할 수는 없으며, 무조건적으로 이를 따라야 할 의무가 있는 것도 아닙니다. 실제로 표준 국제금융계약을 국내에 이식하고 사용하던 중 외국사례를 차용한 데에서 오는 구조적인 한계는 단점 중 하나로 계속 지적되고 있습니다. 구체적으로는 주요한 계약조항들이 "그 법적 의미에 관한 정확한 규명 없이[7]" 차용되다 보니 진의나 맥락이 제대로 파악되지 못한 상태에서 무분별하게 사용될 위험이 있다는 점, 극단적으로는 표준 금융계약의 조항을 차용함으로써 겪지 않아도 될 분쟁이 촉발될 가능성을 배제할 수 없다는 점 등이 꼽히고 있습니다. 물론 이러한 단점보다 장점이 훨씬 더 많다고 할 수 있으며, 국제 표준금융계약을 국내 금융실무에서 사용하면서 생기는 문제점과 개선방안에 대해서는 국내 학계나 법조계에서 꾸준히 연구되고 공유되고 있는 점은 다행이라고 하겠습니다.

한편, 위 표의 세 가지 표준 금융계약은 형식은 다르지만 유사한 내용을 다루고 있다는 점에서 본질적으로 포함하고 있는 항목 면에서는 유사하다고 할 수 있습니다. 하지만 사용하는 표준 용어나 신디케이티드 론에 있어서의 대주단 간 균등분배 이슈, 세컨더리 론(secondary loan)[30]의 양도양수 관련 양식이나 프라이싱(pricing) 등에서는 분명한 차이를 보이고 있는 부분도 있습니다. 특히 어느 양식을 쓰느냐에 따라 근거법(governing law)까지 아울러 결정되는 경향이 있으므로 지나치게 간단하게만 생각할 이슈는 아니라고 할 수 있습니다. 하지만 금융실무에서는 이와 관련하여 전문 법무법인의 조력

를 확인하도록 하고 있습니다.

30 세컨더리 론(secondary loan)은 어느 대주가 보유하고 있는 대출채권을 매수하여 새로운 대주가 보유하게 되는 대출을 일컫습니다. 보통은 금융주선기관이 총액인수하여 보유하고 있는 대출채권을 매각(sell-down)할 때 이에 참여하여 해당 대출채권을 매수하는 경우를 가리킵니다. 이러한 세컨더리 론이나 기타 채권 등이 거래되는 금융시장을 세컨더리 마켓(secondary market)이라고 합니다. 세컨더리 마켓과 대비되는 용어로 프라이머리 마켓(primary market)이 있습니다. 이는 차주와 대주 간에 최초로 대출약정이 이루어지고 해당 대출채권이 발생되거나 채권(bond) 등이 발행되는 시장을 일컫습니다. 국제 신디케이티드 론에서는 세컨더리 마켓에서 대출채권을 매수함으로써 대주단의 일원이 될 수 있는 기회가 되기도 하며, 우량 자산을 보유하는 방식으로서도 보편적으로 활용되고 있습니다.

을 바탕으로 업무가 진행되는 경우가 거의 대부분입니다. 더불어 국내 금융시장에서도 LSTA, LMA 및 APLMA의 주요 차이점이 이미 공유되고 이를 고려하여 주요한 부분에 대해서는 거의 대부분 한국 실정에 맞게 차용하여 활용되고 있으므로 금융기관 실무자로서 표준 금융계약의 유사성과 차이점, 그 효과에 대해 전문적인 부분까지 신경 쓸 필요는 없다고 봅니다.

국제적으로 인정되는 주요 표준 금융계약서에 대해서는 그 형식과 내용, 맥락, 주요한 차이점과 유사점 등을 이 책에서 모두 소개하기에는 벅찬 면이 있음은 말씀드린 바 있습니다. 우선은 국내에서 활용되는 비정형 개별 금융계약의 원조격인 국제 표준이 존재한다는 것과 그러한 국제 표준 금융계약은 어떻게 구분되는지 정도만 알아두셔도 충분하며, 이어서 가장 보편적으로 사용되는 표준 금융계약의 구조에 대해 간략히 살펴보겠습니다.

LMA 표준 금융계약서의 구조와 필수 영문 법률용어

참고로 신디케이티드 론 표준계약의 경우 단일 'Loan Agreement'와 다른 점이 일부 있으나 전반적으로 대동소이하며, LMA 표준 금융계약이라고 하면 대표적으로 이 'Loan Agreement'를 의미하는 경우가 많습니다. 국제적으로 가장 보편적으로 활용되고 있는 LMA 기준 표준 금융계약서(Loan Agreement)[31]의 일반적인 구성을 표로 정리해서 소개해 드리고자 합니다.

생소한 용어가 많이 나오므로 해당 표의 전문 용어 중 필수적인 부분은 각주로 상세히 설명드렸습니다. 표를 읽으시면서 각주를 참고하셔도 되지만, 우선 각주를 찬찬히 먼저 살펴보시고 전반적인 표의 내용을 검토하실 것을 권유드립니다.

31 APLMA 기준 금융계약도 국내에서 보편적으로 활용되고 있습니다만, 이 책에서는 LMA를 기준한 표준 금융계약의 2014년 12월 자 Single Currency Term Facility Agreement에 대해 설명드립니다.

표 4.3 LMA 표준계약의 구성 예시

대분류	항 목	주요 내용
INTERPRETATION	1. Definitions and Interpretation	• 각종 용어의 정의와 해석
THE FACILITY	2. The Facility[32]	• 여신의 종류와 여신금액 • 대주의 권리와 의무
	3. Purpose	• 대출의 목적
	4. Conditions of Utilisation[33]	• 대출인출(기표) 인출선행조건 및 후행조건 포함
UTILISATION	5. Utilisation	• 인출요청 • 인출통화 및 금액 • 대주 간 인출금액의 분배 • 인출기한 및 제한사항
REPAYMENT, PREPAYMENT AND CANCELLATION	6. Repayment	• 상환조건, 상환금액 • 상환 후 재인출(기표) 금지 등 • 상환금 수령인
	7. Prepayment and Cancellation	• 조기상환조건, 상환전 통보, 최소 상환금액, • 조기상환 후 해당액 재인출(기표) 금지 등 • 조기상환금 수령인 지정 • 조기상환금의 대주 간 분배 및 조기상환수수료
COSTS OF UTILISATION	8. Interest	• 기준금리 및 스프레드 • 이자지급일 및 지급주기 • 연체이율 계산 • 지급이자의 대주단 통보
	9. Interest Periods	• 이자기간 계산 • 공휴일인 경우의 이자계산 • Multi Tranche[34]인 경우의 이자기간 통일
	10. Changes to the Calculation of Interest	• 기준금리 변경 • 금융시장 붕괴(교란) 시 대체기준금리 제정
	11. Fees	• 금융주선수수료, 대리은행수수료, 금융참여수수료 등 관련 수수료
ADDITIONAL PAYMENT OBLIGATIONS[35]	12. Taxes	• tax gross-up[36] 및 tax indemnity[37], 인지세, indirect tax(간접세)[38] 등 세금 관련 대주향 보상 외(FATCA[39] 포함)
	13. Increased Costs	• 대주가 약정상 의무를 이행함으로써 증가하거나 법제도 규정 등으로 증가한 대주의 비용 보상
	14. Other Indemnities	• 대주의 환차손, 채무불이행사유 발생 시 그 조사 및 치유를 위해 대주가 지출한 비용 보상
	15. Mitigation by the Lenders	• Yield Protection(대주의 수익률 보장)을 위한 대주의 적극적 행위 독려조항[40]
	16. Costs and Expenses	• 각종 용역비용 및 문서인쇄비용, 약정 이행 시 필수적으로 발생하는 기타 비용 등의 기본 거래비용과 약정변경 관련 비용 등

〈계속〉

표 4.3 (계속)

대분류	항 목	주요 내용
GUARANTEE	17. Gurarantee[41]	• 지급보증의 대상, 지급보증인의 의무와 구체적인 실행방법 등
REPRESENTATIONS, UNDERTAKINGS AND EVENTS OF DEFAULT	18. Representations	• 계약체결 시점에 주요 사항에 대한 차주의 진술과 보장사항
	19. Information Undertakings	• 약정기간 내 차주가 대주에게 제공해야 하는 주요 정보의 종류와 의무, 방법 등(예: 재무 관련 주요 자료, 차주 및 스폰서 등의 주요 진행사업 및 현황, 기타 대주가 요청하는 자료 등)
	20. Financial Covenants	• 재무약정[42](예: 약정기간 내 준수해야 하는 DSCR[43]의 수준, 부채비율 유지 의무 등)
	21. General Undertakings	• 약정기간 동안 관련 법령 및 회계기준, 환경기준 준수의무, 인수합병 제한, 신의성실원칙에 기한 계속기업으로서의 entity 및 자산 보존 의무 등 각종 소극적 준수사항과 적극적 준수사항[44]
	22. Events of Default[45]	• 채무불이행사유의 요건과 채무불이행 사유 발생 시 그 결과와 치유방법 등을 상세히 기술
CHANGES TO PARTIES	23. Changes to the Lenders	• 대주의 대출채권 양도 및 이에 따른 담보, 각종 약정 변경 관련 내용
	24. Changes to the Borrower	• 차주 및 지급보증인의 의무 양도제한 등
THE FINANCE PARTIES	25. Role of the Agent and the Arranger	• 대리금융기관의 지정, 역할 및 권리와 의무 • 주선기관의 역할, 의무와 권리, 면책사항
	26. Conduct of Business by the Finance Parties	• 대주의 내부 사무처리 정보 관련 당사자 간 공개의무에 대한 기준(내부 회계처리, 세금계산 근거, 기타 사무 관련 정보 등 일반적으로 공개하지 않을 권리를 보장)
	27. Sharing among the Finance Parties	• 대주단 사이의 원리금의 분배, 담보실행대금 및 기타 차주로부터 수취하는 금원의 분배를 규정
ADMINISTRATION	28. Payment Mechanics	• 대출상환 원리금의 수령 계좌개설과 통화, 분배방법 등
	29. Set-off	• 상계
	30. Notices	• 통지의 방법 및 통지처(주소 및 담당자, 이메일 주소 등), 통지의 효력 외
	31. Calculations and Certificates	• 이자, 수수료 계산[46]을 위한 연 일수 규정 • 대주의 금리계산 자료 인정
	32. Partial Invalidity	• 부분 무효: (법개정 등 다양한 사유에 의거) 약정 일부 조항이 불법 또는 무효, 집행이 불가능하게 되는 경우에도 그 이외의 나머지 조항의 효력은 그대로 유지
	33. Remedies and Waivers	• 대주의 권리(채무불이행사유 관련 치유방안의 행사 포함) 행사의 일부 지연이나 미행사 등이 해당 권리나 치유방안의 포기로 간주되지 않는다는 내용
	34. Amendments and Waivers[47]	• 약정조건의 변경 관련 절차(전체 대주의 동의가 필요한 사항 및 그 외 조건)
	35. Confidentail Information	• 미리 규정되지 않는 한 차주 및 보증인, 주주, 약정 등과 관련된 정보의 공개를 금지하되, 공개가능한 경우를 기술
ADMINISTRATION	36. Confidentiality of Funding Rates[48]	금리, 수수료 등 정보의 공개 금지

표 4.3 (계속)

대분류	항 목	주요 내용
ADMINISTRATION	37. Counterparts	• 동일한 복수의 약정서(copies)에 당사자들이 각각 날인(서명)한 약정서는 그 합으로서 하나의 단일한 약정에 날인(서명)한 효과발생
REPRESENTATIONS, UNDERTAKINGS AND EVENTS OF DEFAULT	38. Governing Law	• 준거법
	39. Enforcement	• 관할법원(Jurisdiction) 지정
	40. Waiver of Immunity	• 소송 포함 법적 분쟁이나 관할권, 송달, 압류 관련 약정 당사자가 개별적으로 보유한 면책권이 있는 경우, 그 행사를 포기
THE SCHEDULES	–	• 당사자 및 상세 인출선행조건, 인출요청서 양식, 대출채권 양도양수계약 견양, 법률의견서, 상환일정표 등을 첨부[49]

※ 표의 항목 1~40은 관련자료[8]를 참고했으며, 항목의 대분류 및 주요 내용은 금융관례와 경험을 바탕으로 저자가 기술한 것임을 밝힙니다.

---

32 Facility는 금융시장에서는 흔히 우리말의 '대출'과 동의어로 사용되는 경향이 있습니다만, 엄격히 보면 '대출'을 포함하는 상위개념인 '여신'과 유사한 개념입니다. 학술적인 공신력은 부족하지만 투자금융 관련 쉬운 설명으로 널리 참고되는 투자용어 검색 사이트인 인베스토피디아(Investopedia)에서는 'facility'를 다음과 같이 정의하고 있습니다. "A facility is a formal financial assistance program offered by a lending institution to help a company that requires operating capital. Types of facilities include overdraft services, deferred payment plans, lines of credit(LOC), revolving credit, term loans, letters of credit, and swingline loans. A facility is essentially another name for a loan taken out by a company."

이를 참고해서 정리하자면 'facility'란 'loan', 즉 대출과 같은 의미로 사용되기도 하나 본래는 대주가 차주에게 제공하는 다양한 금융지원 프로그램을 일컫는 것이라고 이해할 수 있습니다. 다양한 금융지원의 예로서 term loan과 line of credit, revolving credit 등을 들고 있는데 위 정의에 등장하는 주요 용어를 간단히 설명드리면 다음과 같습니다.

① **overdraft service**: 당좌대월(當座貸越). 한국에서는 한도대출 중 소위 마이너스대출이라고 불리는 통장대출과 같은 개념으로 오인되는 경우가 있습니다만, 일반적인 한도대출이나 마이너스대출의 개념과는 다른 용어입니다. 사전에 약정된 한도 내에서 인출할 수 있는 권리가 부여된다는 점에서는 당좌대월이나 마이너스대출 등이 모두 동일하지만, 당좌대월은 개인이나 기업이 특정 계좌와 연동되어 수표나 어음을 발행하되, 해당 계좌의 잔고가 부족한 경우 미리 약정된 한도 내에서 자동으로 수표나 어음을 발행할 수 있는 권리가 부여되는 시스템을 일컫습니다.

② **deferred payment plans**: 무역금융의 연지급과 같은 개념입니다. 선적서류를 받음과 동시에 대금을 지급하는 것이 아니라 선적서류를 받고 일정 기간 이후에 대금을 지급하는 방식을 연지급방식이라고 하며 보통은 연지급 신용장방식으로 활용되고 있습니다. 수입상은 선적서류를 받아서 물건을 미리 처분할 수 있는 반면에, 수출상 입장에서는 대금을 받지 못하고 선적서류를 넘겨주는 꼴이 되므로 위험부담이 발생합니다. 이럴 경우 수입상의 거래은행(개설은행)이 그 지급을 보증해 주는 것이 연지급 신용장입니다.

③ **lines of credt**: 신용장을 뜻할 때의 LOC의 약자가 아니며, 차주의 지급능력이 부족한 경우 일정한 범위 내에서 해당 지급능력을 보완해 주기로 사전에 체결하는 약정을 가리킵니다. 은행과 개인, 기업 간 또는 은행과 은행 간에도 이러한 약정을 체결할 수 있습니다. (국내 자산유동화에서 흔히 볼 수 있는 credit line에 대해서는 이 책의 자산유동화 부분에서 자세히 설명드립니다. 또한 국내에서는 정의하기에 따라서는 credit line을 외환이나 무역금융분야에서의 '여신'과 동일한 개념으로 사용하기도 합니다.)

④ **revolving credit**: 한도대출이되, 사용한 대출금을 다시 상환한 경우 약정한도 내에서 계속 인출할 수 있는 권리가 부여되는 여신방식입니다. 국내에서는 총대출약정한도 내에서 분할인출을 하되, 일단 인출하고 상환한 금액에 대해서는 다시 인출할 권리가 소멸되는 방식도 올바른 표현은 아니나 관습적으로 '한도대출'이라고 부르는 경우가 종종

있습니다. 따라서 한도대출이라는 표현을 들으실 경우, 본래의 revolving credit의 의미로 사용되는 것인지 여부를 반드시 상대방에게 확인할 것을 권유드립니다.

⑤ **term loan**: revolving credit과 대비되는 용어로서 정해진 한도와 관계없이 사전에 정해진 대출금이 일시에 또는 분할해서 인출되고 상환기일까지 해당 대출금이 그대로 유지되는 방식을 일컫습니다. 현업에서는 한도대출 외의 대부분의 일반 대출금은 term loan이라고 보시면 됩니다.

⑥ **letter of credit**: 신용장을 일컫습니다. 기본적인 개념이므로 추가 설명은 생략하겠습니다.

⑦ **swingline loan**: 국내 금융시장에서 이에 정확히 대응하는 개념을 찾기는 쉽지 않은 생소한 개념입니다. 영미권에서 기업이나 차주 등의 부족자금을 긴급히 수혈하기 위한 초단기(5~15영업일)의 긴급대출을 일컫는 용어라고 보시면 됩니다. 긴급대출의 성격상 금리는 높은 수준에서 형성되는 것이 일반적입니다.

33 **utilisation**은 활용하다는 의미의 'utilise'의 명사형입니다. 또한 영국식 영어로서 미국식 영어로는 'utilization'으로 표기됩니다. 사전적 의미에서는 'utilisation'과 'utilization'이 단순한 영미식 철자의 차이가 아닌 미묘하게 다른 의미가 있는 것으로 알고 있습니다만, 적어도 국제 금융계약에서는 동일한 의미로 사용되고 있습니다. 우리말로는 utilisation에 대응하는 용어로서 (대출금의) '인출'이라는 표현이 금융실무에서 가장 널리 사용되고 있는데, 영문계약에서는 utilisation은 '인출'이라는 행위로서의 뜻과 함께 특정시점에서 인출된 대출금 자체를 가리키는 뜻도 가지고 있습니다. 금융실무에서 자주 접할 수 있는 '대출실행' 또는 '대출집행' 등은 모두 '인출'과 같은 의미입니다. 한편, 'utilisation'과 같은 의미로 'drawdown'이라는 표현도 사용되고 있으니 참고하시기 바랍니다.

34 우리말로는 트렌치 또는 트랜치 등으로 표기하고 있으며, 프랑스에서 유래한 말로서 동등한 것들의 집합을 의미합니다. 금융실무에서는 대출금을 그 목적과 리스크의 정도, 금리 등 다양한 기준에 따라 구분할 필요가 있을 때, 흔히 '대출 A', '대출 B', '대출 C' 또는 'Tranche A' , 'Tranche B', 'Tranche C' 등으로 집합화해서 구분하고 있습니다. 국제 영문계약에서는 tranche라는 용어가 가장 보편적으로 사용되고 있으며, tranche 외에도 약정 당사자 간 합의나 기타 사유에 의해 다른 표현이 사용될 수도 있습니다. 설령 다른 표현이 사용된다 하더라도 모든 금융계약은 약정 초반부에 그것이 어떤 대출금을 가리키는 것인지를 정의하고 있으므로 그 '다른 표현'이 tranche와 같은 뜻으로 사용되고 있다는 것은 직관적으로 이해하실 수 있으리라 봅니다. tranche의 실무상 활용 사례 등 보다 자세한 사항은 이 책의 금융구조의 설계 부분에서 설명드리도록 하겠습니다.

tranche에 대한 심도 있는 정보는 다음 자료를 참고하실 수 있습니다. Cumming, Douglas Aff1, Aff2/Lopez-de-Silanes, Florencio/McCahery, Joseph A/Schwienbacher, Armin, 2020, Tranching in the syndicated loan market around the world, Journal of International Business Studies, 51(1):95–120. 참고로 이 논문에서는 debt financing의 도구로 활발히 이용되고 있는 국제 신디케이티드 론에서 'loan tranching'의 중요성이 간과되고 있음을 지적하고, 리스크 관리 차원에서 보다 정밀한 tranching이 필요함을 주장하고 있습니다.

35 **대주의 수익률 보장**(yield protection)을 위한 각종 조항이 포함됩니다. 곧 설명드릴 tax gross-up, tax indemnity, increased cost 보전조항 등이 이에 해당됩니다.

36 **tax gross-up**(차주의 이자원천징수세액 보상 또는 차주에게 이자원천징수세액 전가) 조항은 간단히 설명드리자면 대출이자 관련 원천징수세액(withholding tax)의 영향과 관계없이 대주가 당초 설계된 금리에 해당하는 금액 전액을 수취할 수 있도록 차주가 보전하는 것을 목적으로 합니다. 금융실무에서 보통 'withholding tax' 이슈라고 할 때에는 바로 이 tax gross-up 조항을 가리킨다고 보시면 됩니다. tax gross-up은 이자를 수취할 때, 만약 원천징수세액이 있다면 해당 세금만큼을 추가로 차주로부터 '더해서 받음으로써 당초 계산된 이자 총액을 만든다(gross-up)'는 개념으로 이해하시면 쉽습니다. 한편, withholding tax는 우리말로 하면 원천징수세액입니다만, 'withhold'의 본래 의미인 무언가를 움켜쥐고 놓지 않는, 유보하거나 보류하는 의미를 세금에 대입하시면 원천징수와 관련된 것이라는 것을 쉽게 떠올리실 수 있습니다.

tax gross-up은 국제금융계약에서 매우 보편적인 조항입니다. 국제금융계약에서는 국가별 조세제도의 차이가 있을 수 있고, 동일한 국가라 할지라도 갑작스런 원천징수제도의 변경 또는 세율의 변동으로 대주가 실수령하는 이자금액이 달라질 수 있습니다. 결국 대주로서 가장 기본적인 권리, 즉 대출에 대한 이자를 온전히 수취할 권리가 침해될 수 있으므로 이러한 이슈를 차단하기 위한 것이라고 할 수 있습니다.

37 **tax indemnity**는 tax gross-up과 유사하나 차이가 있습니다. tax gross-up은 이자 원천징수로부터 대주를 보호하기 위한 것이고, tax indemnity는 일단 이자가 지급되고 난 뒤 다양한 사유로 혹시 대주에게 세금이 청구되고 결국 대주가 수취해야 하는 원리금총액에 부족요인이 발생하는 경우 이를 차주가 보상하는 조항입니다.

38 조세부담자와 납세의무자가 다른 세금으로서 대표적인 간접세는 부가가치세입니다.

39 **FATCA**란 Foreign Account Tax Compliance Act의 약어입니다. 이는 미국이 조세정보교환협정을 체결한 국가에 소재한 금융기관으로 하여금 미국 납세자의 상세 계좌정보를 미국 국세청에 보고토록 하는 제도를 가리킵니다. 우리말로는 '미국 해외금융계좌 신고제도' 또는 '미국 해외금융자산 신고제도' 정도로 번역할 수 있으며 금융실무에서는 흔히 '패트카'라고 부르고 있습니다. 미국에서는 2010년부터 시행되었으며, 한국에서는 2014년 4월 2일 미국과 조세정보교환협정을 체결한 후 2014년 7월 1일 자로 시행 중입니다.
FATCA가 국제 표준금융계약에 포함된 것은 미국이 지니는 막강한 경제적 위상과 관련이 있습니다. 세계경제의 중심지인 미국의 납세의무자가 국제 금융계약의 약정 당사자가 될 가능성이 상존하는 상황에서, 그러한 상황을 가정하여 약정당사자가 FATCA 대상자인지 여부와 만약 대상자인 경우 해당 내용을 즉시 약정 당사자 간 공유하도록 하는 것은 불가피하다고 할 수 있습니다. 또한 FATCA와 관련하여 어느 약정 당사자가 관련 공제(deduction)를 하게 되어 그 공제분만큼 수령금원이 부족하게 되는 경우 이를 보상할 것을 명시하고 있습니다. 이런 차원에서 FATCA 역시 'yield protection'(대주의 수익률 보장) 조항의 하나라고 할 수 있습니다.

40 이 조항은 우리말로 간단히 번역하기가 쉽지 않습니다. 이 조항은 세금이나 각종 비용 등이 추가됨으로써 대주가 수취하는 금원이 부족한 상황이 발생하는 경우, 이를 정해진 절차에 의거 대주가 주도적으로 차주와 협의하여 조속히 그러한 상황을 해소하도록 할 의무를 대주에게 부과하는 것을 주요한 내용으로 하고 있습니다. 보는 시각에 따라서는 대주의 권리를 의무화해 놓은 조항이라고도 할 수 있습니다만, 사실은 대주뿐만 아니라 차주, 종국적으로는 프로젝트의 원활한 진행을 담보하기 위한 조항이라는 것이 보다 합리적인 해석입니다.
이 조항은 최악의 경우 증가된 비용(increased costs)이나 세금이슈 등을 사유로 어느 대주가 약정된 대출의 실행을 거부하는 등, 대출약정 자체가 실행불가능한 상태로 되는 경우를 방지하는 것을 주목적으로 합니다. (단, 대주의 그러한 적극적인 행위가 약정 취지에 오히려 반하거나 또는 별도로 인정되는 경우에는 이 조항에 의한 대주의 의무는 면제됩니다.)

41 지급보증 외에 담보(security)가 있을 경우 관련 내용도 포함됩니다. **security**라는 용어는 다양한 의미를 가지고 있습니다만, 금융계약에 있어 'security'는 우리말의 담보 또는 채권보전사항 등을 일컫습니다. 예를 들어, 대출에 대한 담보 또는 채권보전조치 중 하나로서 관련 계좌에 대한 질권설정이나 저당권설정, 기타 유가증권 질권 등을 모두 포괄하는 것이 'security'라고 할 수 있습니다. LMA에서는 다양한 종류의 담보나 채권보전조치 등을 아우르는 용어로서 'security interest'라고 표기하고 있으며, 이는 우리말의 '담보권' 또는 '채권보전 관련 권리' 등에 해당한다고 할 수 있습니다. 'security agent'라고 하면 담보대리기관을 뜻합니다. 예를 들어, 신디케이티드 론의 담보권 설정 및 관리와 관련하여 대주를 대리하여 업무를 처리하고 권한을 행사하는 기관이 필요한데 이런 역할을 하는 것이 'security agent'라고 할 수 있습니다. 우리말로는 흔히 '담보대리은행' 또는 '담보대리기관' 등으로 번역되어 사용되고 있습니다. (물론 security agent가 은행이 아닌 경우 공식적인 표현에서는 '담보대리은행'이라는 표현은 피하는 것이 좋습니다.)
그런데 security가 복수인 'securities'로 쓰일 때에는 채권이나 지분 관련 증서 등 유가증권을 일컫는다는 것은 널리 알려져 있습니다만, 구글링(googling)을 해보시면 이러한 원칙과 관계없이 단수인 security도 유가증권을 일컫는 말로 광범위하게 쓰이고 있음을 알 수 있습니다. 개인적으로는 공식적인 약정이나 문서에서는 증권을 뜻하는 의미로 'security'가 쓰인 것을 본 적은 없습니다만, 참고 차 말씀드립니다.

담보권 관련 설명드리는 김에, 국제 금융계약에서 자주 접하실 수 있는 담보권 중 하나인 'lien['li:ən]'을 설명드리겠습니다. 우리말의 유치권과 거의 유사한 법률적 속성을 갖는 lien은 영미권에서는 유치권의 의미 외에 각종 권리관계에서 다른 권리보다 우선하는 권리라는 의미의 '우선특권'이라는 뜻으로 사용되기도 합니다. 예를 들어, 미국의 집합건물 체납관리비의 경우 각 주마다 다르기는 하나 일반적으로는 관리단에게 체납관리비에 대한 lien, 즉 우선특권을 부여하는 방식이 널리 활용되고 있습니다. [미국 집합건물 체납관리비 관련 lien에 대한 내용은 진도왕(2021), 미국 집합건물법상 체납관리비의 책임 귀속 – 관리단의 우선특권(Condominium Association Lien)을 중심으로– , 집합건물법학, 37, 133–169을 참고하였습니다.]

42 **Covenant**는 확약, 특약, 서약, 구속약정, 준수사항약정 등 다양한 표현으로 번역·사용되고 있습니다. 실무상으로는 원어 발음 그대로 '커버넌트'라고 부르고 있습니다. 단독으로 사용되는 경우도 많지만 주로 재무적 조건과 결합되어 'Financial Covenants'로 사용되는 경우가 흔하기 때문에 현업에서는 흔히 '재무약정'이라고 불립니다. 세부적으로 이러한 covenant는 그 내용을 기준으로 적극적 구속약정(affirmative covenants), 소극적 구속약정(negative covenants), 그리고 재무약정(financial covenants)으로 구분됩니다[이미현, 고훈(2004). 연재: 국제금융법의 현상과 과제3: 국제대출계약의 특징과 구조 – 신디케이티드 론을 중심으로. BFL, 5(0), 107–120].

43 **DSCR**은 Debt-Service Coverage Ratio의 약어로서 우리말로는 부채상환계수로 번역되어 사용되고 있습니다. 참고로 영어로 Debt-Service라고 하면 상환해야 하는 대출이자 및 원금, 즉 대출원리금을 가리킵니다. 현업에서는 거의 대부분 부채상환계수라는 표현 대신 '디에스씨알'이라고 부르는 것이 일반적입니다. DSCR은 부동산개발금융이나 투자금융 부문에서 해당 프로젝트 또는 차주의 현금흐름이 차입금의 원리금상환액과 견주어 어느 정도 되는지를 비교할 때 자주 사용됩니다. 임대업을 영위하는 차주의 부동산 실물자산 매입자금대출을 예로 들면 매 3개월마다 도래하는 대출 원리금을 100이라고 하고, 해당 3개월 동안의 순영업이익이 130이라고 하면, 이때의 DSCR은 1.3이 됩니다. 보통 월별 또는 분기별로 이러한 DSCR을 산정하고 참고함으로써 대출 원리금상환여력이 충분한지를 가늠하는 지표로 사용되며, 약정기간 내 최소 DSCR의 준수의무를 재무특약으로 차주에게 부과하고 이를 이행하지 못하는 경우 다양한 페널티나 보상방안을 마련토록 하는 것이 일반적입니다. 프로젝트 및 대출기간이 장기인 SOC나 부동산 실물자산 금융에서는 일반적으로 재무약정 중의 하나로서 차주의 준수의무로 부과되는 경우가 많습니다.

44 **적극적 준수사항**은 영어의 'affirmative covenants'를 우리말로 번역한 것입니다. 이는 적극적 구속사항으로도 번역되어 사용되고 있습니다. 한편, 소극적 준수사항은 'negative covenants' 또는 'negative pledge'를 번역한 것으로서 소극적 구속사항으로 번역되기도 합니다. 적극적 준수사항은 차주가 능동적으로 무엇인가를 해야 하는 작위의 의무를 부과하는 것이고, 소극적 준수사항은 차주가 하지 말아야 하는 행위를 규정할 때, 즉 부작위의 의무과 관련될 때 사용됩니다.
일반적인 금융계약에서는 적극적 준수사항보다는 **소극적 준수사항**이 더 중요한 경우가 많습니다. 소극적 준수사항은 차주가 하지 말아야 하는 행위를 규정하지만 자세히 들여다보면 많은 경우 담보나 자산제공 금지 등을 주요 내용으로 하는 경우가 많기 때문입니다. 이런 면에서 소극적 준수사항을 우리말로는 '담보제공금지 확약(Negative Pledge Covenant)'이라고 번역하는 것이 올바르다는 의견도 있습니다(임철현, 주요 국제금융계약 조항의 의미와 국내법적 해석방안: 타인자본 방식의 자금조달에 한정하여, 2013. 7., 고려대학교 법무대학원 금융법학과 석사학위논문, p. 39). 참고로, 해당 논문 p44에서는 '적극적 담보제공금지 조항(Affirmative Negative Pledge Clause)'을 소개하고 있습니다. 이 조항은 담보제공금지 확약에도 불구하고 채무자가 대주단 중 어느 대주를 위해 담보권을 별도로 설정해 주는 경우, 기존의 다른 채권자가 균등한 담보설정을 요구하거나 기존 채권자에게 자동으로 별도로 설정된 담보권이 취득되는 효과를 목적으로 하는 조항이라고 할 수 있습니다.
한편, 위 논문과 별개로 개인적으로는 이러한 negative pledge는 신디케이티드 론에서 균등분배를 실천하기 위한 취지가 반영된, 즉 어느 대주에게 다른 대주와 달리 별도의 추가 담보를 제공하는 것을 금지하는 것에서 유래된 측면이 강하다고 생각합니다만 이와 관련된 자세한 논의는 생략하도록 하겠습니다.

45 금융실무에서 흔히 '이오디(E.O.D.)'라고 불리지만, 따로 명기하지 않는 한 공식적인 문서나 표현에서는 '**채무불이행사**

유'라고 기재하여야 합니다.

46 이자일수를 계산하기 위해 1년 일수를 규정하는 것을 '**day-count fraction**' 또는 '**day-count convention**'이라고 합니다. 국제금융에서는 일반적으로 1년을 360일로 간주하고 이를 약정에 반영하는 경우가 많으나 국가나 통화, 그리고 자본시장 상품이 어떤 것이냐에 따라 365일이 적용되기도 합니다. 하지만 윤년인 경우 1년이 366일인 경우도 있는데 이렇게 실제 해당 연도의 일수를 그대로 이자계산일수로 인정하는 것을 actual/actual basis 방식이라고 하고, 1년을 일률적으로 365일로 가정하는 방식을 actual/365 basis, 360일로 간주하는 경우를 actual/360 basis 방식이라고 합니다. 1년을 360일로 보는 것은 음력 문화에서 비롯된 것으로 추정되며, 고대 로마나 중국, 인도 문명 등에서도 모두 음력달력을 쓴 것과 관련이 깊은 것으로 알려져 있습니다. 실제로 1년을 360일로 볼 경우 1개월을 30일로 간주하여 계산이 보다 편리해지는 장점이 있습니다. 참고로 태양력을 기준한 1년의 일수(평년기준 365.2일)와 음력을 기준으로 한 1년 일수(평년기준 354.4일)의 평균치도 360일에 근접합니다. [동 내용 중 이자계산을 위한 표기방식 관련 부분은 이미현, 최승훈(법무법인 광장 변호사), 국제금융계약에서의 이자조항, BLF 제35호(2009.5.) 특집 금융계약조항의 쟁점, p. 13을 일부 참고했습니다.]

47 한국 금융실무에서는 일반적으로 '**조건변경**'으로 표현되는 약정의 변경은 엄밀하게는 크게 두 가지로 구분할 수 있습니다. 즉, 기존 조항의 항구적인 변경, 즉 'amendment'가 그 하나이고, 기존 조항에 따라 차주가 수행해야 하는 법률행위 또는 대주의 권리를 규정한 조항을 포기(waiver)하거나 또는 일시적 약정불일치 사항에 대해 해당 조항은 존치하되 일시적 불일치를 용인하는 것을 뜻하는 'waiver'가 나머지 하나입니다. waiver의 원뜻을 기준으로 하면 조건변경이라기보다는 별개 개념으로서 대주단의 권한포기가 맞다고 할 수 있습니다만, 대주단의 권한포기나 일시적 약정불일치에 대한 용인 또는 승인이라는 것 자체가 일반적이지 않은 사항으로서 각 금융기관 내부의 심사의사결정을 거쳐야 된다는 차원에서 국내 금융시장에서는 흔히 조건변경의 일종으로서 분류되고 있습니다. 이러한 사항이 발생했을 때 전제 대주의 동의를 받고 변경을 해야 할지, 다수 대주(다수 대주의 정의는 별도로 해당 약정에서 정하는 것이 보통입니다. 예: 전체 대주 수의 2/3 이상의 동의, 잔존 대출금액 기준 2/3 이상의 동의)의 동의로 가능한 것인지 등을 주 내용으로 하는 조항이라고 할 수 있습니다.

참고로 앞서 말씀드렸듯이 현업에서는 '웨이버(waiver)'라는 표현도 조건변경과 동의어로서 흔히 사용되고 있습니다. 예를 들어 "이번에 차주가 요청한 건은 웨이버하기 쉽지 않을 거 같습니다."라는 말은 약정 조건변경이 곤란하다는 것을 의미합니다.

한편 국제금융계약에서는 조건변경 등과 관련하여 'omnibus amendment'(조건변경 통합약정)라는 약정을 종종 접하실 수 있습니다. 이는 기존의 각종 대출약정 및 담보약정 등에 조건변경 등과 관련하여 조건의 변경사항이 발생한 경우 단일한 조건변경계약에 해당 변경내용을 포함하여 기존 약정의 모든 당사자들이 체결하고, 해당 계약의 체결로써 기존 약정의 관련 부분은 모두 변경된 것으로 갈음한다는 내용을 포함하는 조건변경 약정을 일컫습니다. 국내에서는 이러한 'omnibus amendment'라는 표현만 쓰지 않을 뿐, 거의 대부분의 조건변경 약정에서 'omnibus amendment'의 내용을 명시하는 경우가 일반적입니다.

48 'Funding Rate'는 자본시장에서 다양한 의미로 쓰입니다만, 일반적인 금융계약에서는 금리나 각종 수수료를 포괄적으로 일컫는 말로 사용되고 있습니다.

49 참고로 KYC에 대해 설명드리고자 합니다. KYC는 'Know Your Customer' 또는 'Know Your Client'의 약어로서 우리말로 하면 '고객알기제도', '고객파악제도' 등으로 번역할 수 있습니다. 자금세탁(money laundering)이나 테러 등의 방지목적으로 금융기관 등에게 엄격하게 부여하고 있는 의무로서, 금융거래와 관련하여 최초 거래 시, 그리고 그 이후 정기적으로 해당 고객이 정말 그 고객이 맞는지를 확인할 의무를 부과하는 것을 주 내용으로 하고 있습니다. 국내에서는 차주가 국내기관인 경우 물론 나름의 절차적인 애로가 당연히 있습니다만, 국제 금융거래와 비교하면 상대적으로 KYC를 실행하는 데 큰 어려움을 겪지 않는 것이 일반적입니다. 이는 국내 차주의 차주로서의 적격 여부를 비롯하여 이 차주가 누구이고 어떤 목적을 가지고 있는지, 그리고 어떤 비즈니스를 영위하고 있는지 등을 파악하는 것이 국제 금융거래와 비교하여 상대적으로 수월하기 때문입니다.

위 표에서 소개한 내용을 다시 정리해 보면 크게 다음과 같이 분류할 수 있습니다.

가. 여신의 개요 및 집행

- 여신의 목적 및 규모(금액), 대출인출을 위한 선행조건 등
- 실제 여신의 인출(집행): 관련 절차

나. 여신의 상환: 만기 및 상환, 조기상환, 상환 관련 절차

다. 금리 및 비용: 금리 및 비용지급 관련 조항(대주의 수익률 보호를 위한 보전조치 포함, tax gross-up, tax indemnity, increased cost clasuse 등)

라. 지급보증, 담보 등 채권보전조치

마. 차주의 진술 및 보장사항

바. 채무불이행

사. 대출채권의 양도양수, 약정 당사자 변경

아. 각종 통지 및 위 내용 관련 기타 사항

자. 준거법과 관할법원

결국 국제 금융계약은 본질적으로 금전대차계약으로서 가장 핵심적인 내용은 "대주와 차주 간의 대출집행(utilisation) 및 그 상환(repayment)에 관한 조항"[9]이며 이와 관련된 각종 담보 및 지급보증, 채무불이행 사유의 요건과 그 결과 및 치유방안, 기타 행정적인 통지 등의 사항을 포함하는 것이라고 할 수 있습니다.

예를 들어, 일정 기준 이상의 기업인 경우 전자공시제도를 활용할 수 있습니다. 그 외 필요한 경우 실제 본사 등 사업장을 방문하여 영업활동을 파악하는 것이 가능하고, 법인등기사항전부증명서를 자유롭게 열람할 수 있는 등 기본적으로 '상대가 누구인지를' 파악하는 것이 국외에 있는 차주와 비교하여 상대적으로 용이합니다. 하지만 국제 금융거래에서는 이러한 KYC가 매우 중요한 절차로 인식되고 있으며 실제로도 이중 삼중의 확인절차를 거쳐 거래 상대방이 문제의 소지가 없는지 등을 철저히 검증하는 것이 일반적입니다. 실제로 어떤 프로젝트의 타인자본조달 관련 일정을 고려할 때, KYC의 신청 및 완료시기는 매우 중요한 변수로 작용합니다. 경우에 따라서는 대출 자체의 위험도나 대주의 여신승인과 별개로 순전히 KYC 이슈로 딜 클로징(deal closing)이 순연되는 경우도 자주 발생합니다.

한편, KYC는 일종의 policy로서 기능합니다. 실무적으로는 단순히 인적사항 등을 파악하는 차원을 넘어 실제로 해당 고객이 어떤 목적으로 금융거래를 하려는 것인지를 포함해서 보다 상세한 신원확인을 실시하는 CDD(Custoemr Due Diligence, 고객 상세확인제도) 및 객관적으로 거래목적 등이 의심되는 경우 보다 철저하게 고객의 거래정보 및 신원을 확인하는 EDD(Enhanced Due Diligence, 강화된 고객확인제도)로 확장되어 국내 및 국제적인 금융실무에 적용되고 있습니다.

지금까지 국제적으로 표준으로 인정받는 금융계약이 어떻게 구성되었는지 그 얼개를 간단히 살펴봤습니다. 국제 표준 금융계약과 비교하면서 국내의 신디케이티드 론 및 단독대출 관련 대출약정은 어떻게 구성되어 있는지 그 목차를 기준으로 참고 차 간략히 알아보겠습니다.

○ 국내 부동산PF 비정형 금융계약의 목차 예시

먼저 대주가 한 곳인 단독대출인 경우, 비정형 금융계약서 목차의 예시를 살펴보겠습니다.

제1조 정의

제2조 대출계약

제3조 차입목적

제4조 대출실행과 대출금의 인출

제5조 이자 및 연체이자

제6조 비용 및 수수료

제7조 대출기간 및 원금의 상환

제8조 조기상환

제9조 대상자산의 매각과 상환 등

제10조 자금의 관리

제11조 담보

제12조 진술 및 보장

제13조 준수사항

제14조 기한이익의 상실

제15조 통지

제16조 준거법 및 관할법원

제17조 양도

[별지] 사업개요, 인출선행조건 및 인출후행조건 서류, 인출요청서 외

어떻게 보셨는지요? 국제적인 금융계약의 형식과 완전히 같지는 않고 전체적으로 간결하지만 구조 면에서 유사한 점이 많다는 것을 보실 수 있습니다. 이번에는 신디케이티드 론 관련 대출약정의 목차를 살펴보도록 하겠습니다.

제1조 해석
제2조 대출약정
제3조 인출
제4조 이자
제5조 비용 및 수수료
제6조 상환과 기한전 상환
제7조 충당
제8조 담보
제9조 시장불안정, 위법, 증가비용 및 조세 및 공제
제10조 차주 등의 진술 및 보장
제11조 적극적 준수사항
제12조 소극적 준수사항
제13조 기한이익 상실
제14조 시공사의 확약사항
제15조 재무유동성 확보
제16조 대리은행과 대주들
제17조 손해배상
제18조 양도 등과 비밀유지
제19조 준거법 및 관할
제20조 통지
제21조 기타
부록 및 별첨: 대주별 대출약정금표, 사업개요, 인출선행조건, 인출요청서, 대출금관리계좌 출금요청서, 기간별 목표분양률, 시행권 및 시공권 포기각서 외

위 목차는 국내 유수의 법무법인에서 작성되어 실제 약정되고 인출된 신디케이티드 론의 약정서 중 목차 부분만을 발췌[50]한 것입니다. 해당 프로젝트의 특성을 반영하여 시공사 관련 재무유동성 확보 등 특이한 조항이 포함돼 있고, 부동산개발사업 및 일부 해당 프로젝트의 개별 특성을 반영하여 시기별 목표분양률이나 각종 포기각서 등이 별첨으로 포함돼 있지만 전체적으로는 역시 앞서 살펴본 대출약정과 유사한 얼개를 가지고 있음을 알 수 있습니다.

지금까지 표준 금융계약의 구조와 주요 내용에 대해 설명드렸습니다. 이 책을 읽으시는 분들은 아마 실무에서 수없이 많은 약정서를 보시게 될 것으로 예상됩니다. 약정서 검토는 기본적으로 매우 지루하고 인내심을 요하는 작업입니다. 어려운 약정서 검토에 지금까지 설명드린 내용이 조금이나마 길라잡이가 되었으면 합니다.

금융계약의 주요 쟁점사항

표준 금융계약의 구조에 대해 간단히 설명드렸습니다만, 앞서 말씀드린 내용은 매우 기본적인 사항이라고 할 수 있습니다. 깊게 들어가면 쟁점이 될 만한 사항이 적지 않은데, 예를 들어 어느 대주의 단독여신이 아닌 공동으로 취급하는 신디케이티드 론의 경우 분배 및 의사결정 등과 관련하여 다양한 법리적 이슈가 발생할 수 있습니다. 기본서인 이 책의 성격상 그러한 쟁점을 깊이 있게 소개해 드리지는 못하나, 그중 대표적인 부분 몇 가지를 간략히 살펴보고자 합니다.[10]

① 신디케이티드 론 분배 관련 쟁점: 대주 간 균등분배의 실현

①-1. 균등분배의 취지와 그 절차

신디케이티드 론의 취지와 가장 직접적으로 연결되어 있는 중요사항이자 근본적인 쟁점사항은 대주단 간 의사결정이나 권리행사, 대출원금 등과 관련된 균등분배(pro rata sharing) 이슈입니다. 한국에 보편적인 LMA 방식을 원용한 금융계약에서는 대부분 어느 대주가 당초 정해진 균등분배 원칙과 달리 추가로 상환금을 받을 경우, 이러한 상환금은

50 발췌해 드린 목차 부분은 다양한 사례 중 하나일 뿐으로서 개별 프로젝트 및 딜의 특성을 반영하여 이와 다른 형식과 구조, 내용 등의 추가가 가능합니다.

즉시 에이전트(agent), 즉 대리금융기관에게 지급하여 대주단 간 공평한 분배를 실현하도록 하는 것이 일반적입니다. 이에 비해 미국식, 즉 LSTA 방식의 금융계약에서는 어느 대주가 초과 분배금을 수취한 경우, 그에 해당하는 만큼의 다른 대주들의 여신을 인수하거나 또는 즉시 변제하도록 강제하는 조항이 있는 것이 일반적입니다. 방식은 다르지만 대주단 간에 동일한 채권의 만족을 얻도록 '공평하게 분배된다는 차원'에서는 본질적으로 그 취지가 동일하다고 할 수 있습니다.

현실적으로 신디케이티드 론 약정에 불구하고, 어느 대주가 다른 대주보다 더 많은 상환금을 수취할 가능성이 얼마나 있느냐는 의문을 가질 수도 있습니다. 물론 대부분의 경우 그러한 가능성이 현실화될 확률이 낮은 것이 사실입니다. 하지만 실제 금융시장에서는 다양한 사유로 차주가 어느 대주에게 별도의 담보권을 이면으로 설정해 준다든지 또는 신디케이션에 참여한 어느 기관이 차주의 예금에 대해 일방적으로 상계권을 행사하여 그 기관의 채권만 별도로 변제를 하고 대리금융기관에는 지급하지 않음으로써 대주단 간 다툼이 일어나는 경우가 종종 발생하고 있습니다.

실제로 이러한 분쟁이 현실화되는 경우 최악에는 소송으로 이어지는 경우도 있으며, 특히 이미 채무불이행 사유가 발생하고 차주의 지급능력이 불명확한 상태에 이른 경우에는 사후관리 차원에서 매우 심각한 이슈로 발전되기도 합니다.

참고로, 한국의 금융계약에서는 미국식 방식, 즉 LSTA 방식의 분배절차를 따르지 않고 LMA 방식의 분배절차를 따르는 것이 일반적입니다. 이는 1997년 한국의 IMF 구제금융시기에 LMA 방식 표준금융계약이 접목된 영향과 더불어, LSTA 방식을 따를 경우 일단 수취한 자금만큼 다른 대주의 대출채권을 매입하는 방식이 절차적인 면에서 상대적으로 매우 번거롭다는 점에 기인합니다.

①-2. Pari Passu 및 Negative Pledge 조항

'Pari Passu'는 라틴어로서 '동등한 발걸음(equal footing)'이라는 뜻이며 우리말로는 '파리 파수'라고 불리고 있는데, 우리말로는 보통 '채권자지위동등'이라고 번역되어 사용되고 있습니다. Pari Passu 조항은 일반적으로 도산되지 아니한 상황을 전제[51]로, 당해 계약

51 도산된 상황에서는 채권의 경합과 관련하여 대부분의 국가에서 별도의 우선변제 제도를 두고 있으며 이를 따르는 것을 국제 표준 금융계약에서도 인정하는 것이 일반적입니다.

상 채권자가 채무자에 대해 가지는 무담보채권이 채무자에 대한 다른 채권자들이 가지는 무담보 채권들과 동등한 순위에 놓여 있다는 채무자의 진술과 장래에도 그러할 것이라는 특약을 말합니다. 표현이 다소 어렵습니다만, 이러한 Pari Passu는 도산되지 아니한 상황에서 어느 대주의 채권이 다른 대주의 채권과 동등하고 앞으로도 그러할 것이라는 차주의 진술 및 특약이므로, 반대로 해석하자면 특별히 도산 관련 법령에서 별도로 명기하지 않는 한, 최종적으로 채무자에 대한 도산절차가 개시된 경우에도 채권자들이 당초의 동등한 조건과 채권비율에 의한 만족을 얻을 수 있는 지위에 있다는 것을 의미하는 것으로 해석되고 있습니다.

물론 각 나라의 도산 관련 법제도가 모두 다르기 때문에 약정에도 불구하고 실제로 Pari Passu가 현실에서 완벽하게 구현된다고 보기는 힘듭니다. 당장 대한민국의 경우에도 회생절차에서 같은 무담보채권자임에도 불구하고 현실적으로는 일반 상거래 채권자를 금융기관 채권자 대비 우대하여 운용하는 경향이 있는 것이 대표적인 사례입니다.

따라서 이러한 Pari Passu는 상위 법령에서 달리 정하는 경우를 제외하고는 채무자 임의대로 어느 채권자의 지위를 다른 채권자와 협의하여 후순위화하는 것을 방지하는 데 그 목적이 있는 조항이라고 할 수 있습니다. 대한민국에서는 채권자의 동의를 받지 아니하고 임의로 그 채권자의 채권지위를 후순위로 한다는 것은 법제상 용납되지 않아 국내법적으로는 금융계약의 당사자가 내국인일 경우 해당 사항이 거의 없는 조항이라고 할 수 있습니다. 하지만 국가에 따라서는 동일한 순위의 채권이라 할지라도 소정의 공증절차 등을 밟으면 그로써 타 채권보다 우선하는 지위를 획득하는 것을 허용하는 경우도 있기 때문에 마냥 선언적인 것이라고만 볼 수 없는 조항이기도 합니다.

또한 채무자가 민간기업이 아닌 국가인 경우 실제 지급불능 등 도산상황이 발생할 경우 해당 국가의 부채탕감 및 국제 채권자들에 대한 채권상환과 관련하여 Pari Passu 조항은 그 해석에 있어 많은 논쟁이 야기되기도 합니다. 실제로 1983년 페루정부가 발행한 국채 일부가 지급불능(insolvency)되는 등 실질적인 국가 도산 상황에서 채권자 중 하나인 헤지펀드가 여타 국제 채권자들과 페루정부의 부채탕감 합의를 무시하고 당초의 채권발행 조건대로 변제해 줄 것을 요청하여 큰 논란이 된 사례가 있습니다. 당시 Pari Passu 조항은 도산되지 않은 상황을 전제로 한 단순히 선언적이고 차주의 수동적인 의무개념일 뿐 도산상황에서 부채탕감 관련 협의 자체를 금지하는 취지의 조항이 아니라는 페루정부 측의 해석에 맞서, 차주인 페루정부가 적극적으로 당초 채권에 대한 변제를 함으로써 종국적으로는 Pari Passu를 구현해야 한다는 헤지펀드의 해석이 맞서서 국제적으로 큰 이슈가 되었습니다. 한마디로 곤궁한 상황에 처한 개발도상국의 채무를 약탈적으로 변제받는 데 Pari Passu 조항이 악용된 사례[52]라고 할 수 있습니다.

한편, Pari Passu 조항은 흔히 'Negative Pledge(소극적 준수사항)' 조항과 혼동되는 경향이 있습니다. Pari Passu 조항은 차주의 비(非)도산상태에서 어느 대주의 채권이 다른 대주의 채권과의 관계에서 후순위로 취급되는 것을 방지하는 조항이며, Negative Pledge 조항은 그러한 선언적인 문언과 달리 차주가 어느 대주에게 별도의 담보를 제공함으로써 대주 간에 소위 '적극적인 불평등'을 초래하는 행위를 금지하는 것을 그 주요 취지로 한다는 점에서 다른 성격을 갖습니다.

Pari Passu 조항은 앞서 말씀드린 균등분배 조항과도 그 성격이 유사하다고 할 수 있습니다. 단, Pari Passu 조항은 일단 차주가 도산상태로 진입한 이후에는 원칙적으로 그 효력이 미치치 않는 데 반해 균등분배 조항은 차주의 도산 여부에도 불구하고 대주단 간 공평한 분배를 강제하는 강력한 조항[53]이라는 점에서 차이가 있습니다.

② 중대한 부정적인 변화 관련 진술 및 보장(MAC)

흔히 국제금융에서 'MAC'[54](엠에이씨)라고 일컬어지는 이 조항은 대출약정 및 인출일 현재 중대한 부정적인 변화(Material Adverse Change)가 없음을 차주가 진술 및 보장하는 것을 주요 내용으로 하고 있습니다. 금융실무에서는 MAC 조항이라고 하면 중대한 부정적

---

52 당시 해당 헤지펀드는 원채권자가 아니었습니다. 페루정부는 채무자인 페루국적의 은행이 발행한 채권에 대해 지급보증을 제공하였고, 지급보증이행이 불가능한 상황에 처하자 대부분의 국제 채권자들은 페루정부와 부채탕감 관련 협의에 적극적인 상황이었습니다. 이때 모 헤지펀드가 해당 채권일부를 매입하여 국제 채권상환 관련 주권면제를 인정하지 않는 뉴욕 남부법원에 부채탕감 협의를 인정할 수 없으며 당초 조건대로 채권 원리금 전액을 변제할 것을 Pari Passu 조항을 근거로 소송을 제기한 바 있습니다. 이에 대한 자세한 내용은 앞서 각주에서 소개한 Pari Passu 관련 논문을 참고하시기 바랍니다.

53 이런 점에서 신디케이티드 론과 관련된 약정에는 그 본질상 반드시 'Intercreditor Agreement(채권자 간 계약)'의 내용이 포함된다고 할 수 있습니다. 이에 대해서는 곧 설명드릴 LMA 기준 신디케이티드 론의 문서체계에서 더 말씀드리도록 하겠습니다.

54 국제 금융실무에서는 '엠에이씨'로 호칭하는 것이 일반적입니다. 그리고 중대한 부정적 변화에 해당하는 사안 또는 그러한 변화로 인한 효과를 'MAE(엠에이이: Material Adverse Event 또는 Material Adverse Effect)'라고 합니다.

인 변화만을 뜻하기도 하나 약정상 그러한 중대한 부정적인 변화의 부존재에 대한 차주의 진술 및 보장과 함께 사용되는 경우가 일반적입니다. 이러한 'MAC' 조항은 M&A, 대형 부동산개발금융 및 자산양수도 거래(대출채권 포함) 등 투자금융 부문의 비정형 계약서에서 매우 보편적으로 찾아볼 수 있는 기본 조항 중 하나입니다.

실무적으로는, 대출을 예로 들면 만약 인출이 완료된 이후 약정기간 동안 '중대한 부정적인 변화'가 발생하는 경우에는 일반적으로 기한이익의 상실에 해당하여 대주가 기한의 이익상실을 선언할 수 있도록 명문화되며, 아직 인출이 이루어지지 않았거나 미인출 대출금이 남아 있는 경우에는 해당 인출을 실행할 의무를 대주가 부담하지 않고, 차주도 당연히 해당 인출을 요청할 수 없도록 합니다.

이러한 소위 'MAC' 조항은 대주의 권리를 보호한다는 측면에서는 당연하고도 필수불가결한 조항이라고 할 수 있지만, '중대한 부정적인 영향'의 '중대성'을 어떻게 객관적으로 정의할 수 있는지가 쟁점이 될 소지가 있습니다. 따라서 이론적으로는 가능하다면 중대성을 가늠하는 객관적인 기준을 정량적인 수치, 즉 금액 또는 비율 등을 사용하여 미리 당사자 간에 정의해 놓을 것이 추천됩니다만, 개인적으로는 그러한 효용이 얼마나 있을지 다소 의문입니다. MAC 조항은 그 해석의 모호함을 제외하면 사실 내용 자체는 약정 당사자 모두가 수긍할 수 있는 기본적이고 원칙적인 문언으로 국내외 금융시장에서 널리 인식되고 있습니다. 따라서 금융실무에서는 크게 쟁점이 되기 어려운 점이 존재하는데, 자칫 'MAC'와 관련하여 민감한 반응을 보일 경우 상대방이 매우 의아하게 생각하여 약정 당사자의 진의에 대해서 오해를 하게 될 가능성도 배제할 수 없기 때문입니다.

모든 약정은 그 세부적인 내용을 차치하고 근본적으로는 당사자 간의 신의성실을 그 바탕으로 하고 있습니다. 특히 'MAC' 조항은 그러한 신의성실의 원칙이 차주의 진술 및 보장을 통해 명시적으로 표현되는 성격이 강한 문언 중 하나입니다. 시장참여자들 모두 당연한 것으로 인식하고 크게 이의을 제기하지 않는데 섣불리 정량적인 수치를 기준으로 하는 다른 의견을 제시하는 경우 상대방은 본능적으로 그러한 의견을 제시한 당사자의 약정준수의지를 한 번 더 고민하게 될 수밖에 없습니다. 국제금융이나 국내 M&A 또는 자산인수도 거래에서 치열한 협상이 진행되는 딜로서 정밀한 진술조항 설계가 필요한 경우를 제외한다면, 개인적으로는 국내 투자금융 특히 부동산개발금융부문에서 MAC 조항에 대해 일반적인 금융관행과 다른 의견을 제기하여 과도하게 쟁점화하는 것은 신중해야 할 필요가 있다고 생각합니다.

한편 기준을 계량적으로 미리 정한다는 것도 현실적으로는 쉽지 않은 경우가 많은데, 기준을 어느 수준으로 할 것이냐는 부분도 쉽게 합의하기 어려웁니다만, 보다 근본적으로는 포괄적인 규정을 통해 장래의 모든 발생가능한 리스크를 헤지하는 수단으로 하려는 대주나 자산인수인 등의 입장과, 반대로 가급적 약정 해석의 모호함을 제거하려는 차주 등의 이해가 충돌할 수 있는 구조적인 관점의 차이가 있기 때문입니다. 이러한 구조적인 문제로 인해 금융실무에서는 진술보장과 관련된 소송이 안타깝게도 끊이지 않는 경향이 있습니다. 부동산PF와 같은 부동산개발금융 시장에서뿐만 아니라 M&A 분야에서도 'MAC' 조항에 저촉되었다는 것을 사유로 소송에서 매수인에게 유리한 판결이 나오기 시작하는 등 'MAC' 조항을 더 이상 단순히 선언적이고 포괄적인 문언으로만 보기 어려운 환경으로 변화하고 있습니다.

과도하게 쟁점화되지 않고 여건이 허락한다면 개별 프로젝트나 딜의 특성에 맞추어 가급적 포괄적으로 해석될 여지를 줄이는 것도 고민해 볼 필요가 있다고 생각합니다.

마지막으로 실제로 'MAC' 조항의 해석을 둘러싸고 국내에서 발생했던 분쟁 사례를 소개하는 것으로 이번 설명을 마칠까 합니다. 국내의 ○○은행은 1996년 5월, 당시 ◎◎은행의 '추후 지급보증발급을 약속하는 확약서'를 근거로 A기업에 여신을 실행하였습니다. 이후 잘 아시다시피 1997년 IMF 구제금융으로 한국의 금융을 비롯한 경제환경은 급변한 바 있습니다. 당시 ◎◎은행은 구제금융의 여파로 인한 중대한 사회경제적 환경변화를 사유로, 즉 앞서 살펴본 'MAC' 조항을 근거로 1998년 ○○은행이 요청한 지급보증서의 발급요청을 거절한 바 있습니다. 두 은행 간의 분쟁은 결국 대법원의 판단으로 최종적으로는 ◎◎은행이 패소하였습니다. 당시 대법원은 국가경제적인 중대한 변화가 곧 약정당사자 간의 중대한 부정적인 변화와 무조건 등가로 볼 것은 아니라는 취지로 판결[11] 한 바 있습니다.

③ 후순위약정의 법적 효력

현업에서 흔히 '후순위 대출'의 모습으로 큰 고민 없이 접하는 '후순위약정(contractual subordination)'은 사실 법리적으로는 살펴봐야 할 부분이 많은 사항 중 하나입니다. 후순위약정의 의미와 종류, 그리고 선순위약정과 대비되는 특징, 선순위채권자가 있음에도 불구하고 후순위채권자가 차주 자산을 상계할 수 있는지 여부, 그리고 차주가 도산하는 경우 선순위채권을 비롯하여 타 채권과의 경합은 어떻게 되는지, 그 밖에 후순위채권이 자기자본으로서 인정되는 경우는 어떤 것인지 등 살펴봐야 할 부분이 한두 가지가 아니며 그 대부분이 실무와도 밀접하게 관련되는 경우가 많습니다. 우선 금융실무 담당자로서 알고 계셔야 할 후순위약정의 종류를 표로써 간단히 요약소개해 드리고, 후순위 대출[55]에 대해서는 이 책의 금융구조 설계 부분에서 보충설명드리도록 하겠습니다.

표 4.4 후순위약정 개관

항목	내용
의의	선순위채권자(senior creditor)의 채권상환이 완료되기 전까지 채무상환을 받지 않기로 하는 약정
구분 A	• 후순위의 실현방식 관련 구분 – 채권후순위약정: 근저당권 설정을 활용한 선·후순위 대출에 보편적으로 활용되는 구조. 후순위약정의 의의에 직관적으로 가장 부합하나, 차주가 도산하는 경우 선·후순위 대출의 분배 관련 조항에도 불구하고 「채무자 회생 및 파산에 관한 법률」과 같은 도산법상 선순위채권으로서의 지위가 자동으로 보장되지는 않는다는 점에서 분쟁의 소지를 완전히 배제할 수 없음 – 수취금양도 후순위약정(turnover subordination): 신탁개념을 활용하여 선순위채권자를 신탁자산의 1순위 수익권자로, 차주를 자산의 위탁자로, 그리고 후순위채권자를 후순위(2순위) 수익권자[56]로 하는 방식. 차주의 도산과 법리적으로 격리돼 있어 선순위채권자에게 가장 안전한 방식. 채권후순위약정과 결합하여 활용되기도 함
구분 B	• 후순위채권자의 채권상환방식 관련 구분 – 완전후순위약정(complete subordination): 선순위채권의 변제 전까지는 채권자는 지급 또는 상환을 받을 수 없는 방식. 금융실무에서는 거의 사용되지 않고 있음 – 불완전후순위약정(springing or inchoate[57] subordination): 차주의 채무불이행 또는 도산 전까지는 후순위채권자도 약정에 정해진 대로 지급 또는 상환을 받을 수 있는 구조. 금융실무상 가장 널리 활용되고 있으며, 현업에서 '상환후순위'라고 할 때에는 대부분 이러한 방식을 가리킴
구분 C	• 담보순위 관련 구분 – 선·후순위채권에 상응하게 담보권도 담보선순위, 담보후순위로 취득하는 것이 보편적이나, 금융구조에 따라 채권의 선·후순위에도 불구하고 담보권은 동 순위 또는 역순위로 취득하는 경우도 발생할 수 있음[58]

55 영문으로는 일반적으로 'subordinated loan'으로 표기됩니다.

56 원논문에서는 차주가 위탁자, 후순위채권자는 수탁자(trustee), 선순위채권자가 수익자로 표기되어 있습니다. 신탁구조는 반드시 별도의 신탁사를 수탁자로 하여야 함에도 불구하고 후순위채권자를 수탁자라고 표기한 것은, 후순위채권자가 선순위채권자를 위해서 담보를 보관하는 역할을 하는 것과 동일한 개념으로 보고 이를 강조하기 위한 표현방식으로 보는 것이 합리적입니다. 결국 신탁구조를 활용함으로써 차주의 도산위험과의 구조적인 절연과 관련된 구조라고 보시면 되겠습니다. 이 부분은 처음 접하시면 이해하기 쉽지 않은 부분이 있습니다. 이 책의 금융기법, 그리고 신탁 관련 부분에서 설명드리는 신탁구조를 참고하시면서 찬찬히 다시 한번 읽어보시길 권해 드립니다.
[원논문: 서울대학교 금융법센터에서 펴낸 BFL(Business Finance Law) 제35호(2009.5.)의 특집 논문 특집_금융계약조항의 쟁점 후순위약정의 법적 문제(정순섭, 발간당시 서울대학교 법과대학·법학대학원 조교수)]

57 inchoate[ɪn|koʊət]는 무엇인가 막 발아하는, 시작단계를 가리키는 이미지의 단어입니다. 법률용어로 사용될 때에는 '완전하지 않은'이라는 뜻을 가지고 있습니다.

LMA 기준 신디케이티드 론의 문서체계

LMA에서는 신디케이티드 론 거래를 구성하는 주요 문서를 다음와 같이 다섯 가지로 구분하고 있습니다. 일단 LMA 기준으로는 어떻게 구분하고 있고, 각각의 문서가 지니는 의미는 무엇인지 간략히 살펴보도록 하겠습니다.[59]

① Mandate Letter(기채의뢰서)

금융주선권 부분에서 설명드린 바 있습니다만, 금융주선을 의뢰하는 기채의뢰서라고 보시면 됩니다. 엄격하게 보자면 'mandate'는 기채의뢰, 그리고 기채의뢰의 내용으로 적성된 공문이 'mandate letter'라고 할 수 있습니다. 그러나 실제 국내 및 국제금융 실무에서는 두 용어가 사실상 동일한 의미로 널리 사용되고 있습니다. LMA는 이러한 mandate letter를 차주가 대주를 금융주선기관으로 지정하는 내용의 문서로 정의하고 있으며 일반적으로 다음 내용을 포함한다고 설명하고 있습니다.

1. best effort basis[60]의 인수(underwriting)[61] 또는 금융주선 관련 합의내용

58 일반적이진 않으나, 특정 딜의 금융조건변경과 관련하여 발생하는 경우가 있습니다. 예를 들어, 특정 프로젝트에 선·후순위채권자가 있고 추가 자금지원이 필요한 경우, 추가로 여신을 지원하는 금융기관이 기존 선순위 금융기관이 취득한 담보보다 최선순위 또는 적어도 선순위금융기관과 동 순위의 담보권을 요구할 수 있습니다. 또한 같은 차주에 대한 동순위 채권자이긴 하나, 채권자 상호 간 채권채무관계가 있어 담보권의 순위를 후순위로 하는 경우도 있습니다. 법리적으로는 다양한 사례가 있을 수 있으나, 부동산개발금융이나 부동산 실물자산금융, 그 외 투자금융 부문에서는 특별한 사유가 없는 한 담보순위로 채권의 선·후순위를 따르는 것이 일반적입니다.

59 LMA의 "Guide to Syndicated Loan"의 내용을 근거로 하였습니다. 해당 자료에서는 신디케이티드 론의 종류 중 하나로서 클럽 딜(club deal)을 정의하고 있기도 합니다. 클럽 딜에 대해서는 이 책의 신디케이티드 론 절차에서 상세하게 설명드리도록 하겠습니다. 간단히 말씀드리자면 신디케이션의 한 종류로서 참여기관을 공개모집하지 않고 일부 기관들(club)에게만 제한적으로 정보를 공개하고 금융을 모집하는 방식을 일컫습니다.

60 금융주선기관이 신의성실 원칙에 의거 최선을 다해 금융을 주선하기 위해 노력하는 것을 전제로 합니다. 이 경우 설사 해당 금융기관이 금융주선이나 금융의 제공에 실패한다고 해도 그에 상응하는 추가적인 경제적 제재나 법률적 책임을 금융기관에 물을 수 없습니다. 보다 구체적으로는, 금융주선기관의 신디케이티드 론 총액인수와 관련하여, 목표금액(기채금액) 전체를 총액인수하는 대신 시장상황을 감안하여 주선기관이 가능한 범위까지만 인수하는 것을 뜻하며, 부동산금융시장에서 흔히 '잔액인수'라고 할 때는 이러한 best effor basis 방식으로 주선진행후 모집이 불발된 금액을 인수하는 방식을 뜻하는 경우가 많습니다. 참고로, 국내 금융시장에서 총액인수의 의미로 보편적으로 사용되는 full underwriting은 사실 확정적 인수라는 측면에서는 표준용어인 firm-commitment underwriting과 결이 다소 다른 용어입니다만 크게 구별되지 않고 혼용되어 사용되고 있습니다.

61 우리말로는 '최선인수방식' 정도로 번역할 수 있습니다만, 금융실무에서는 원어 그대로 'best effort 방식'이라고 표현하

2. 금융주선기관의 지위 및 주선금액, 그리고 독점권

3. 금융주선기관의 의무

4. 신디케이션 관련 이슈 사항[잠재적 투자자 선정, 대주들에게의 프레젠테이션, 금융주선 전략, 프로젝트 또는 대출 관련 설명자료(Information Memorandum: IM) 등]

5. 비용 및 면책조항 등

② Term Sheet(주요 금융조건합의서)

일반적으로 위의 'mandate letter'에 첨부되는 자료로서 최종 대출약정의 근간이 되는 주요 금융조건과 약정 당사자의 역할 등을 요약한 문서로 설명되어 있습니다. 앞서 제안서 부분을 설명드리면서 term sheet을 이 책에서 '주요 금융조건'이 아닌 '주요 금융조건합의서'로 표기하는 취지를 설명드린 바 있습니다만, 개인적으로는 구속력의 차원에서 보면 term sheet은 구속력이 없는 일종의 간이합의서 정도에 해당한다고 생각합니다.

③ IM(Information Memorandum, 프로젝트 및 금융구조, 개요 관련 종합설명자료)

금융실무에서 흔히 'IM(아이엠)'으로 표현되는 것으로서 프로젝트의 개관 및 자본구조, 금융구조를 비롯하여 프로젝트의 특징, 시장조사 내용 등 투자자나 대주의 관점에서 핵심이 될 만한 내용을 주로 하여 작성되는 일종의 프로젝트 또는 대출 관련 '종합설명자료'라고 할 수 있습니다. 현업에서는 사실 IM은 그 내용의 완성도에 따라 해당 자료를 작성한 금융주선기관의 내공(실력)을 가늠할 수 있는 기준이 되기도 합니다.

LMA에서는 이러한 IM이 일반적으로 차주 및 대주 공동으로 작성되며 잠재적인 신디케이션 대주들에게 제공되는 자료라고 설명하고 있습니다. 여기에 포함되는 주요 내용으

는 것이 일반적입니다. 이 방식은 예를 들어 금융주선기관이 증권사인 경우 일단 주선기관인 증권사가 목표 모집금액 전체, 즉 총액을 확정적으로 인수(underwriting)하는 대신 사전 마케팅을 통해 최대한 매출(sell-down)을 확보하고 그 범위 내에서 인수하되, 그 외의 물량에 대한 상장주식매입 또는 신디케이티드 론 실행은 보장하지 않는 방식을 뜻합니다. 여기서 인수라는 것은 해당 신디케이티드 론이 대출방식인 경우 Loan, 즉 대출을 주선기관이 대주로서 실행하는 것을 뜻하며, 증권발행을 통한 방식인 경우에는 관련 증권을 매입하는 것을 의미합니다. 그 형식과 내용, 그리고 총액인수의 주체는 인수의 대상이 증권이냐 대출이냐에 따라 증권사나 시중 상업은행 등 다양할 수 있으며, 본질적으로는 금융주선기관이 목표 모집금액 전체를 일단 자기의 부담으로 책임진다는 차원에서 총액인수(firm-commitment underwriting)는 'best effort' 방식 대비 클라이언트가 가장 선호하는 방식이라고 할 수 있습니다. 하지만 총액인수 또는 일부 인수가 이루어진다면 금융주선기관은 인수한 해당 여신금액 중 일부 또는 전부를 금융시장에서 매각(sell-down)하는 것이 일반적입니다. 총액인수 및 'sell-down'에 대해서는 이 책의 신디케이티드 론 절차 부분에서 추가 설명드리겠습니다.

로는 프로젝트 및 차주의 개관(비즈니스 모델 포함), 자본구조 및 재무모델, 주요 금융조건 및 전반적인 내용에 대한 핵심요약(executive summary) 등을 예로 들고 있습니다.

LMA에서는 또한 이러한 IM은 비밀유지서약(confidentailty agreement)[62]을 전제로 제공되는 비공개자료임을 명시하고 있습니다.

④ Syndicated Loan Agreement(신디케이티드 론 대출약정서)

간단하게 여신 관련 주요 금융조건(terms & conditions)을 기술한 약정서로서 설명되어 있습니다. 참고로, 현업에서 국제 금융계약을 체결하는 경우 'intercreditor agreement'(채권자 간 계약)라는 표현을 많이 접할 수 있습니다. 원래 영미권에서 'intercreditor agreement'는 다양한 형태의 'creditors', 즉 자기자본 및/또는 타인자본공여자 간의(inter-creditor) 관계와 권리를 규정하는 약정을 가리키며 프로젝트 파이낸스를 비롯한 다양한 금융방식에서 활용되고 있습니다. 우리말로는 약정 당사자 간의 역할에 대해 규정하는 것을 주목적으로 하는 사업약정과 유사한 성격이라고 할 수 있습니다. 따라서 앞서 각주에 잠깐 언급해 드렸듯이 모든 신디케이티드 론 관련 약정은 'intercreditor agreement'의 내용이 포함돼 있다고 할 수 있습니다.

이와 관련하여 성낙주 선생은《항공기금융》[63]이라는 저서에서 'Intercreditor Agreement'

---

62 현업에서는 흔히 'C.A.'라고 부르고 있습니다. 원용어는 'confidentiality agreement'의 줄임말이나, 흔히 'confidential agreement'라고도 표현되고 있습니다. 이와 비슷한 용어로서 'N.D.A.'가 있습니다. 이는 'non-discklouser agreement'의 약어로서 민감한 정보를 상호합의되지 않는 한 공개하지 않는다는 내용을 기본으로 하고, 별도의 승인절차 없이 공개 가능한 경우 등을 나열하고 있다는 면에서 타이틀만 다를 뿐 C.A.와 같은 의미라고 보시면 됩니다.
우리말로는 '비밀유지서약', '비밀유지확약' 또는 '비밀보장조약' 등으로 번역되어 사용되고 있습니다. 실제 양식은 이 책의 C.A. 견양을 참고하시기 바랍니다. 실무적으로는 정보를 제공하는 측에서 정보를 제공받는 측에게 미리 정해진 양식의 C.A.를 이메일 또는 대면회의 등을 통해 제공하고, 이에 정보를 제공받는 측에서 날인을 해서 해당 스캔본을 상대방에게 회신하거나 대면미팅에서 다시 제출하는 경우가 일반적입니다. 이메일로 회신하는 경우 원본을 별도로 송부해야 하는지 등은 따로 정해져 있지 않으므로 상호합의해서 처리하시면 됩니다. (특별한 사유가 없는 한 C.A.의 날인 시 부서장 또는 팀장의 날인을 적법한 날인으로 인정하는 것이 일반적입니다. 하지만 대형 딜이거나 특히 비밀유지에 신중을 기해야 하는 등 사안에 따라 대표이사 직인이나 부서장 날인 및 사용인감계 제출이 요구되는 경우도 있습니다.)
참고로, 최근에는 날인본을 스캔해서 이메일로 송부 시 별도의 원본 송부는 생략하는 경우가 과거보다 많아졌습니다. 기본적으로 이러한 C.A.는 그 구속력과 별개로 상호 신뢰를 근본전제로 하고 있습니다. 비록 이메일로 스캔본을 제출했다고는 하나 정보를 제공받는 측에서 C.A.를 내부 날인절차를 거쳐 제출했다는 사실이 인정되고 기본적으로 상대방의 선의를 신뢰하는 측면이 크므로 향후 법적 책임 등을 전제로 한 원본제출 및 수령방식을 반드시 고수할 필요는 없다고 봅니다.

63 성낙주 선생은 KDB 한국산업은행에서 항공기금융을 오랫동안 전담해 온 전문가입니다. 한국 투자금융업계에서《항공

를 채권자 간 계약서로 번역하여 그 취지와 체결 당사자 등에 대히 자세히 소개하고 있습니다. 이 책에서는 'Intercreditor Agreement'의 취지에 대해서 "… 다양하고 복잡한 이해관계를 갖는 채권자들이 다수 참여하며 이에 따라 거래와 관련된 또는 채권자 상호 간[64](inter-creditors)의 권리/의무관계 또한 별도의 계약서에 기술될 필요가 있다. …"라고 설명하고 있습니다.

국내의 부동산개발금융에서는 자주 접할 수 있는 '사업약정'이라는 것이 바로 이 'intercreditor agreement'와 유사한 성격을 가진다고 할 수 있습니다. (사업약정은 금융기관을 포함하여 프로젝트에 참여하는 다양한 이해 당사자 간의 약정이라는 점에서, 대주에 국한하여 대주 간 체결되는 성격의 intercreditor agreement와는 구분됩니다.) 참고로 앞서 이 책의 핵심용어 '약정' 부분에서 설명드렸습니다만, 국내에서는 이러한 '사업약정'을 '대출약정'과 별도로 체결하기도 하고 또는 '대출약정'에 '사업약정'의 내용을 포함하여 체결하고 있기도 합니다.

⑤ Fee Letters(수수료 약정)

금리 및 여신 관련 비용 외에 차주가 대주, 대리금융기관 등에게 부담해야 하는 수수료를 규정하는 별도의 약정을 일컫습니다. 수수료는 국제 금융계약에서도 대주 간 공개의무가 없고 그 공개를 요구하지 못하는 것으로 규정되는 것이 일반적입니다. 따라서 정보비공개를 원칙으로 하는 수수료의 특징상 LMA에서도 이러한 'Fee Letters'는 신디케이티드 론 대출약정서에 포함시키지 않고 별도의 약정으로 체결하는 것으로 설명하고 있습니다. (재무모델에서도 금융주선기관의 금융주선수수료는 표기하지 않는 것이 원칙입니다. 약정 당사자 간 합의나 재무모델의 작성 목적, 배부 대상자 등에 따라 재무모델에 포함돼서 공개되는 경우도 있으나 오히려 예외적인 경우로 봐야 합니다.)

국내 신디케이티드 론에서도 대형 딜일수록, 그리고 수수료의 종류 및 지급방식 등이 다양할수록 별도의 수수료약정을 통해 수수료의 지급과 관련된 사항을 처리하는 것이

기금융》(박영사)이라는 저서는 실무자들 사이에서 항공기금융의 교과서로 통하며 항공기금융의 연원과 의의, 절차 및 약정에 이르기까지 훌륭한 길라잡이로 높이 평가받고 있습니다. 대한민국에서 프로젝트 파이낸스 분야의 필독서로 꼽히는 반기로 선생의 《프로젝트 파이낸스》와 함께 한국 투자금융 분야의 역작이라고 할 수 있습니다. 관심 있는 분들께서는 기회가 되시면 일독해 보실 것을 권해 드립니다.

64 개인적으로는 'intercreditor agreement'를 '채권자 간 계약서' 또는 '대주 간 약정'보다는 대주를 중심으로 하는 사업당사자 간 약정이라는 의미의 '대주 간 사업약정'으로 번역하는 것이 보다 직관적으로 이해하기 쉽다고 생각합니다.

일반적입니다. 하지만 대주 간 수수료가 약정서의 타이틀에도 불구하고 그 실질에서 대주 간 차등 없이 균등분배되는 성격이거나 소액인 경우, 그리고 신디케이티드 론 방식이 아닌 어느 금융기관이 단독으로 지원하는 대출 관련 비정형 금융계약인 경우에는 수수료의 공개 여부가 그다지 큰 이슈사항이 아닌 경우가 많습니다. 이런 경우에는 약정 당사자들이 서로 합의하여 대출약정에 수수료 조항이 포함되는 경우도 적지 않습니다.

한편 'Fee Letters'에서 'letters', 즉 서간의 형식을 취한 것은 국제 금융계약에서 일반적으로 차주가 대주 또는 대리 금융기관에게 어떤 종류의 수수료를 어떻게 지급하겠다는 서신 형식으로 발송하고, 이를 대주가 인정하여 말미에 날인(signing)하는 방식으로 체결되는 경우가 많기 때문입니다. 이런 차원에서 'Fee Letters'는 사실 'Fee Letters Agreement'라고 이해하셔도 무방합니다. 일종의 관행이라고 보시면 되며 국내 금융실무에서는 굳이 차주의 서신 형식을 취하지 않고 단순히 '수수료 약정'이라고 표기하고 형식과 내용도 서간 형식이 아닌 보통의 약정서 형식으로 구성하는 경우가 더 많습니다.

참고로, 이러한 'Fee Letters', 즉 수수료 약정이 신디케이티드 론 대출약정과 별개로 체결되는 경우에도 이러한 수수료 약정은 신디케이티드 론을 구성하는 '공식적인 약정'으로 인정[65]됩니다. 따라서 수수료 약정은 별도의 약정서 형식으로 체결될 뿐 엄연히 신디케이티드 론 대출약정의 한 요소라고 할 수 있습니다.

표준약정서와 주요 금융조건합의서

주요 금융조건합의서(Terms & Conditions)는 향후 약정의 기초가 될 주요한 금융조건을 담고 있으며, 해당 프로젝트나 여신 관련 금융구조가 온전히 반영되어 있다는 점에서 부동산개발금융을 비롯한 투자금융 부문에서 매우 중요한 의미를 갖습니다. 실무적으로는 시장에서 수용가능한 금융구조를 설계하고 이러한 주요 금융조건합의서를 온전히

65 일반적으로 수수료약정서 또는 신디케이티드 론 대출약정에서 수수료에 관한 한 별도의 수수료약정은 신디케이티드 론 대출약정을 구성하는 한 요소이며, 수수료에 관한 한 수수료약정이 신디케이티드 론 대출약정의 일반내용보다 우선한다는 조항이 포함됩니다. 만약 차주가 수수료 약정의 이행을 지연하는 등 의무를 불이행하는 경우 대출약정에 의거 차주의 의무불이행으로 인한 채무불이행 사유가 구성되므로 이행 관련 약정상의 강제력은 충분하다 하겠습니다.

스스로 작성할 수 있을 때에야 비로소 금융주선기관 담당자로서 제 역할을 할 준비가 되었다고 할 수 있습니다. 주요 금융조건합의서는 이 책의 말미에 별도로 국문 및 영문 견양을 첨부하였습니다. 번거로우시더라도 해당 자료를 표준 금융계약의 구조와 비교하시면서 눈에 익혀나가시기를 권해드립니다.

앞서 잠깐 말씀드렸습니다만, 금융실무자로서 약정서 검토는 매우 중요합니다. 클라이언트에게 금융이 최종적으로 제공되기까지 모든 단계가 중요하지 않은 것이 없으나, 지난한 작업을 거쳐 완성된 금융구조를 실질적으로 현실세계에 체화시키는 관점에서 보면 가장 중요한 단계는 바로 약정서 작성 및 검토라고 해도 지나치지 않을 정도입니다.

일반적인 부동산개발금융에서도 그러하지만 약정서 검토의 중요성이 극명하게 드러나는 경우 중 하나가 바로 NPL을 매매할 때 체결하는 대출채권양도양수계약서입니다. 이는 현업에서 흔히 LSPA[66](Loan Sales and Purchase Agreement)로 불리는 대출채권매매계약서를 가리키는데, 정상적인 여신(대출채권)이나 부실화된 채권 등을 대상으로 채권매매 가격을 협상하고 해당 채권의 양도양수와 관련된 사항을 규정하는 내용으로 구성되어 있습니다.

특히 대형 NPL 매매의 경우 양도양수계약에 의거하여 해당 NPL의 양도양수가 완료된 이후에도 담보책임이나 제공된 정보의 허위나 오인 여부에 따라 계약자체가 무효가 될 가능성도 배제할 수 없으므로 약정서 조항 및 문언 하나하나에 대하여 매우 정밀한 검토가 필수적으로 요구됩니다. 물론 이러한 LSPA 역시 경험이 풍부한 전문 법무법인의 자문을 바탕으로 이루어지는 경우가 대부분입니다.

부동산개발금융의 신규 여신과 관련해서도 추후 채무불이행 사유가 발생하거나 금융조건변경이 필요한 상황이 발생하는 경우, 금융조건의 모호함이나 해석의 포괄성, 심지어는 약정내용 상호 간에 모순되는 금융조건이 뒤늦게 발견되는 등의 미처 생각하지 못한 다양한 사유로 약정 당사자 간 분쟁이 발생하는 경우가 적지 않습니다.

이 책에서 적지 않은 분량을 할애하여 약정서 관련 주요 내용을 소개해 드린 계기도 약정서와 관련된 저자의 실수 및 약정 당사자 간 분쟁, 수많은 약정서 미팅 등의 경험이

66 LPSA(Loan Purchase and Sales Agreement)로도 표기되며 줄임말로 LSA(Loan Sales Agreement)로도 자주 사용되고 있습니다.

바탕이 되었습니다. 바쁜 현업의 일상에서 약정의 기본적인 의의와 구조에 대해 필수적인 지식을 익히시는 데 도움이 됐으면 하는 바람입니다. 아울러 약정서를 작성한 법무법인이나 금융주선기관의 약정서 검토와 별개로, 아무쪼록 이 책을 읽으시는 독자분들이 현업을 하시는 경우 약정의 당사자로서 책임감을 바탕으로 세심하고 철저한 약정서 검토를 하셨으면 하는 바람을 가져봅니다.

아포스티유

국제 금융계약의 날인단계에서 실무상 자주 접하는 것 중 하나가 아포스티유(Apostille)[67]입니다. 아포스티유는 우리말로는 '국내문서의 진위에 대한 정부 확인서' 정도로 해석이 가능한 용어입니다. 직관적인 이해가 쉽지 않은지라, 이해를 돕기 위해 '국내문서에 대한 정부인증서' 정도로 기억하고 계셔도 무방합니다.

아포스티유는 국제 아포스티유 협약[68]에 근거합니다. 아포스티유 협약은 국제화가 보편화되면서 국경을 넘어 각종 증명서나 민간 문서 등이 교환되는 것이 일반화되었지만, 이러한 증명서나 문서 등의 진위확인 절차를 각국에 주재하는 대사관 등의 공관을 통해서 일일이 수행할 경우 시간 및 절차 면에서 효율적이지 않다는 점을 인정하고 이를 개선하기 위해 제정된 협약입니다. 이 협약에 가입한 국가 간에는 문서나 증명이 발행된 국가의 정부기관이 최종적으로 그 문서의 관인 또는 서명을 대조하여 진위를 확인하고 아포스티유를 발급해 주면, 상대 국가에서도 별도의 확인절차 없이 해당 증명서나 문서 등을 법적으로 사용할 수 있는 공문서로 인정됩니다. 이때 이러한 확인을 신청하는 것을 '아포스티유 신청'이라고 하고, 금융실무에서는 정부기관의 확인이 완료되면 흔히 '아포스티유를 받았다'라고 표현하고 있습니다. 일반적인 아포스티유 발급체계와 그렇지 않은 경우의 절차를 그림으로 비교해서 설명드리겠습니다.

---

67 Apostille는 영국영어를 기준으로 [əpάstil]이라고 발음되나, 실제 영미권에서는 어파스티-일, 아퍼스티-일, 애퍼스티-일 등으로 발음되고 있습니다.

68 정식명칭은 'Convention Abolishing the Requirement of Legalization for Foreign Public Document(외국공문서에 대한 인증의 요구를 폐지하는 협약)'입니다. 1965년 1월 24일에 발효된 국제 협약으로서 네덜란드의 헤이그에서 협약내용이 작성되었기 때문에 'The Apostille Hague Convention'으로도 불리고 있습니다. 2021년 9월 16일 현재 대한민국을 포함하여 세계 120개국이 가입돼 있습니다.

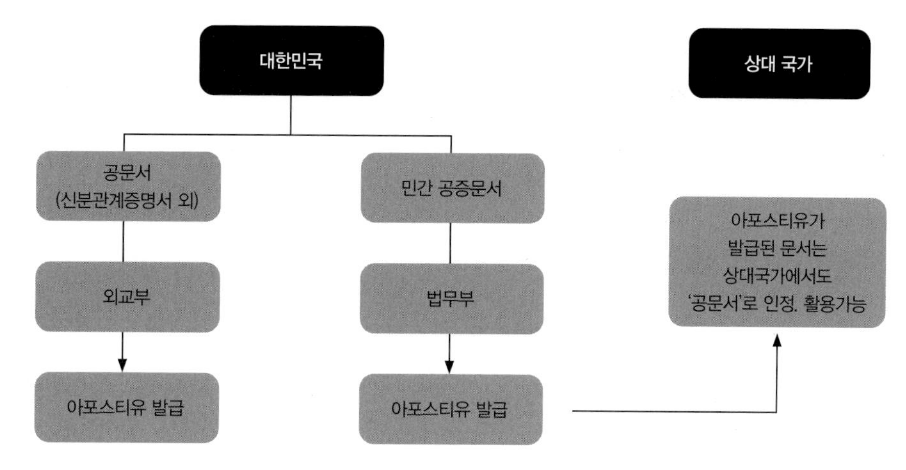

※ 외교부, 법무부 관할 문서의 구분은 정부 아포스티유 서비스 홈페이지 참고

그림 4.2 아포스티유를 활용한 경우의 문서인증 체계

위 그림을 보시면, 대한민국의 각종 공문서가 상대 국가에서도 공문서로 어엿하게 인정받고 사용되기 위해서 굳이 상대국 주한공관의 영사확인이 필요하지 않음을 알 수 있습니다. 결과적으로 주한공관의 영사인증 업무를 우리 정부가 대행하여 처리하는 것으로서 해당국 주한공관의 영사확인을 별도로 받는 경우와 비교하여 매우 신속하고 효율적으로 업무진행이 가능하다는 장점이 있습니다. 예를 들어 국제 금융계약에서 대한민국의 은행이 약정 당사자 중 하나라고 가정해 보겠습니다. 이때 한국의 은행이 날인한 약정서에 대해 적법한 권원이 있는 자가 수임을 받아 체결된 약정이라는 확인이 상대국 약정체결 당사자로부터 요청되는 것이 일반적입니다. 이때 실무적으로는 해당 위임장[69]에 대해 대부분 법무법인의 공증팀에서 공증[70]을 받고, 그 공증본에 대해서 아포스티유를 받아 해당국의 법무법인에게 제출함으로써 약정을 완결하는 절차를 밟게 됩니다.

아포스티유를 받지 않고 주한공관의 영사인증을 받는 경우는 다음과 같습니다.

---

69 일반적으로 영문위임장인 경우가 많으며, 이를 피오에이(Power of Attorney, POA)라고 합니다.

70 일반적으로 약정서가 영어 또는 해당국가의 언어로 체결되는 경우, 약정서나 위임장 내용 등을 번역하여 그 내용에 대해 공증(번역공증)받고, 번역본 및 국문본에 대해 다시 공증을 받는 것이 보통입니다. 번역공증은 경우에 따라 생략 가능한 경우도 있습니다.

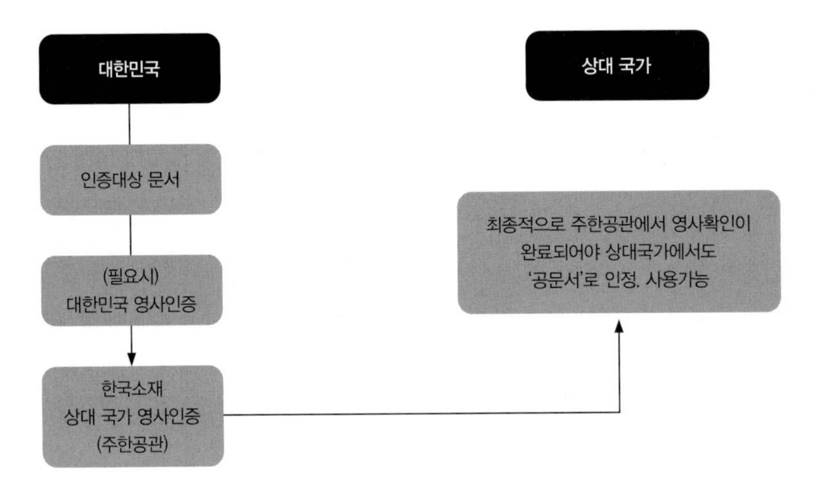

그림 4.3 아포스티유 대신 주한공관의 영사인증을 활용한 체계

만약 아포스티유가 없다면 위 그림에서 보시는 상대 국가의 주한공관에서 모든 문서에 대해 영사확인을 수행해야 하므로 업무의 효율이 급격히 떨어질 수밖에 없습니다. 그런데 현업에서는 아포스티유 협약에 가입한 국가라 하더라도 국내 문서의 성격에 따라 아포스티유 절차를 따르지 않고 별도로 주한공관 영사인증이 필요한 경우도 간혹 경험할 수 있습니다. 그 외, 선진국 중에서도 아포스티유 협약에 가입하지 않은 국가도 일부 있고, 문서의 성격에 따라 공증 전에 별도로 번역을 하고 해당 번역내용에 대한 공증(이를 '번역공증'이라고 합니다.)이 선행되어야 하는 경우도 적지 않습니다. 비록 아포스티유가 편리한 제도이고 금융관행상 전문 법무법인의 도움을 받아 관련 업무가 처리된다고는 하나, 금융기관 실무자 입장에서는 의외로 준비하고 신경 써야 할 일이 적지 않은 업무 중 하나라는 점은 알고 계실 필요가 있습니다.

영문약어 또는 전문 금융용어의 과도한 사용, 문제는 없을까?

전문용어는 해당 분야를 이해하고 또 그 분야에서 활동하기 위한 가장 기초적인 '언어'에 해당한다고 할 수 있습니다. 외국어를 배울 때 그 외국어의 알파벳부터 익혀나가듯이 금융시장에서 쓰이는 전문용어도 금융을 이해하는 데 필수불가결한 요소 중 하나입니다.

그런데 전문용어 중 상당수가 영어 등 외국어의 약자로 구성되어 있어 처음 접하는 이들에게는 생각보다 높은 진입장벽이 되기도 합니다. 금융시장에서 모두가 쓰는 용어라면 그를 익히고 활용하는 것 외에는 달리 선택의 여지가 없겠으나, 상대방이 그 용어에 낯설어하는 경우에는 차근차근 풀어서 이해에 어려움이 없도록 배려하는 자세가 필요합니다.

협상테이블에서 본인이 모르는 전문용어가 오갈 때 그 용어가 어떤 것을 의미하는지를 물어보는 것은 사실 많은 용기가 필요한 일입니다. 자신의 무지가 드러나는 것이 아닌가 하는 두려움뿐만 아니라 실제로도 치열한 협상테이블에서 자칫 자신의 무지가 약점이 되지 않을까 하는 현실적인 우려도 분명히 존재하기 때문입니다.

금융시장은 경험과 지식 면에서 다양한 편차를 지닌 이해관계인들이 모여 있는 곳입니다. 전문용어 및 약어를 사용하는 것은 당연한 것이지만, 본인의 전문지식이나 경험을 앞세워 상대방이 모르는 용어를 과시하듯이 사용하는 것은 원활한 의사소통을 위해서는 바람직하지 않습니다. 프로젝트의 진행 여부와 별개로, 마주 앉은 상대방에 대한 기본적인 존중과 함께 전문용어 사용에도 세심한 배려를 한다면 진정한 베테랑으로 한층 더 인정받을 수 있는 계기가 되리라 믿습니다.

8. 약정

드디어 약정의 단계까지 왔습니다. 아직 대출금 인출이라는 절차가 남아 있기는 하지만 당사자 간 약정이 체결됐다면 특별한 사정이 없는 한 인출이 이루어진다고 기대되고, 또한 프로젝트에 대한 금융지원이 막바지에 이르렀다는 의미에서 현업에서는 약정체결의 완료를 '클로징(closing)'[71]이라고 하는 경우도 있습니다.

경우에 따라서는 해당 프로젝트의 원활한 진행을 희망하고 대외적으로 홍보 목적으로 약정절차를 별도의 약정식(signing ceremony)의 형태로 공식적으로 치르는 경우도 있습니다만, 대부분은 법무법인에 약정 당사자가 모여서 서명을 하거나(이때 약정 당사자는 대부분 법인이므로 해당 법인의 위임을 받은 직원이 참석하여 약정서에 서명을 하는 것이 일반적입니다.) 또는 'circulation(서큘레이션)'이라고 하여, 약정서를 당사자 간 회람하여 날인 또는 서명하는 절차를 거치는 경우가 많습니다.

71 곧 설명드립니다만, 약정 완료 후에 인출선행조건 충족을 전제로 최초 인출(first drawdown)이 이루어져야 비로소 이를 온전히 클로징됐다고 표현할 수 있다고 생각합니다.

9. 대출금 인출

이제 자금지원의 마지막 단계까지 왔습니다. 약정이 끝나면 자동적으로 대출금이 인출되는 것 아니냐고 생각하실 수도 있습니다만, 의외로 약정단계까지 무사히 왔음에도 불구하고 정작 대출금 인출이 안 되거나 지연되는 경우가 심심치 않게 발생합니다.

보통, 약정서에서는 대출금 인출을 위한 조건을 상세히 기술하고, 해당 조건이 충족되어야만 비로소 대출금이 인출되는 구조를 취하고 있습니다. 해당 조건의 충족 여부는 최종적으로는 금융주간사 또는 대리금융기관이 판단을 하게 되어 있습니다만, 대부분의 경우 금융주간사 등에서 조건 충족의 근거로 법무법인의 법률의견서(인출을 하기 위한 조건이 모두 충족되었다는 내용이 주가 됨)를 징구할 정도로 대출금 인출에 엄격한 입장을 취하는 것이 일반적[72]입니다.

따라서 관건은 대출금 인출이 이루어지기 위한 조건이 충족될 수 있는지 그 가능성을 면밀히 관찰하여 금융조건에 반영하는 것이라고 할 수 있습니다. 만약 이 부분에서 금융주간사가 오판하여 사업추진자의 일방적인 희망사항 피력을 객관적으로 충족가능한 조건으로 오인하는 경우, 약정을 하고도 대출금 인출이 이루어지지 않는 대형 사고가 발생할 수 있습니다.

이런 측면에서, 앞서 이 책의 2장 핵심용어 부분에서 클로징(closing)의 맥락과 의미를 자세히 설명드렸습니다만, 약정(signing)의 완료 그 자체를 '클로징'으로 호칭하는 것은 적어도 부동산개발금융 시장에서는 그다지 바람직하지 않다고 생각합니다. 약정 후에 대출금이 정상적으로 예정된 기간 내에 제대로 인출이 되고, 해당 대출금이 프로젝트에 투하돼서 사업의 원활한 진행을 위한 밑거름 역할을 할 때에만이 비로소 부동산PF가 온전히 '클로징'됐다고 표현하는 것이 보다 합리적이라고 생각합니다. 그리고 이런 맥락

72 금융실무에서는 법무법인의 법률의견서 날인본이 도착하지 않았음에도 불구하고 경우에 따라서는 대리금융기관의 책임으로 신디케이션에 참여한 대주단 앞으로 대출금 인출요청을 하는 경우도 있습니다. 법무법인의 내부 절차 등으로 최종 날인이 되지 않았을 뿐, 내용상에는 이견이 없는 것으로 확인된 경우로서 최종 날인본은 당연히 최초 인출일 당일 또는 그 이전으로 소급하여 발급되는 것을 전제로 하는 경우가 이에 해당됩니다.
일반적으로 인출선행조건의 충족 여부를 포함한 인출 관련 법률의견과 기타 필요한 사항을 대리금융기관이 종합적으로 판단하여 인출요청을 하고 참여기관은 이에 따르는 경우가 많습니다. 하지만 참여기관에 따라서 대리금융기관 등이 확인한 증빙자료의 일부 또는 전부를 직접 확인하고자 하는 경우도 없지 않아 있습니다. 이런 경우에는 약정내용에도 불구하고 참여기관과의 신뢰유지를 위해서 그러한 요청에 응하는 것이 바람직합니다.

에서, 약정체결의 완료를 의미하는 뜻으로 '클로징'이라는 표현을 사용하는 경우에는 혼동을 피하기 위해 단순히 '클로징'이라고 표현하는 대신 '약정체결 완료' 또는 '컨트랙 클로징(contract closing)' 등으로 보다 구체적으로 표현하실 것을 권해 드립니다.

10. 사후관리

금융조달의 측면에서는 직전 단계에서 종결이 됐다고 할 수 있으나, 금융기관 입장에서는 한 단계가 더 남아 있는데 바로 '사후관리'의 영역입니다.

부실화된 여신을 관리하는 것만을 사후관리라고 할 수는 없습니다. 정상여신이라고 하더라도, 제대로 약정에 정해진 기준대로 대출금이 사용되고 있는지 감독·관리하고, 부실화될 징후는 없는지 해당 프로젝트의 진행현황을 정기적으로 점검하는 등의 관리가 뒷받침되어야 이미 취급된 부동산개발금융의 상환가능성이 높아지게 됩니다.

실무적으로는 대리금융기관에서 단순히 해당 부동산개발금융을 관리하는 것뿐만 아니라, 사업의 당당한 한 축으로서 해당 사업을 관리한다는 인식을 가지고 업무를 처리하는 태도가 매우 중요합니다.

11. 부동산개발금융의 절차 관련 조언

프로젝트 당사자 간 상호 win-win 패러다임이 중요하다

정보비대칭을 남용하지 말자

지금까지 설명드린 부동산개발금융의 절차는 대단히 정형화하고 핵심적인 내용만 요약한 것입니다. 실제 금융시장에서는 해당 프로젝트가 민간사업이냐 민관 합동사업이냐에 따라서, 또는 주거용인지 비주거용인지 등 다양한 변수에 따라서 해당 절차가 달라질 수 있습니다.

코비드 엔데믹에 즈음하여 도래한 경제위기로 국내의 많은 부동산개발 프로젝트의 진행이 중단 또는 연기되거나 관련 부동산PF의 차환이나 신규도 현실적으로 쉽지 않은 등 부동산개발금융 시장 전체가 거대한 충격을 받고 있고, 이러한 현상이 여전히 현재진행형임은 부정할 수 없습니다. 이런 상황에서 쉽게 상상되지는 않지만, 특별한 경제적 변수가 없는 환경을 가정하면, 일반적으로는 우량한 부동산개발사업일 경우 관련 부동산개발금융이 더욱 buyer's market[시행사(사업추진자)가 금융공급자, 즉 금융기관을 선택하는 시장]화되어 가는 경향이 있었고, 정식으로 금융자문계약 등을 체결하고 부동산개발금융이 진행되는 경우는 상대적으로 드물어지는 추세였다고 할 수 있습니다. 단, 금융자문계약이 체결되지는 않는다고 하더라도, 시행사 입장에서도 또 해당 부동산개발금융을 주선하는 금융기관 입장에서도 업무를 진행할 최소한의 근거는 필요하기 때문에 통상 금융주선을 의뢰하는 공식적인 문서를 시행사가 해당 금융기관 앞으로 발송하고, 그 금융기관은 관련 공문 등에 근거하여 금융시장에서 금융주선업무를 수행하는 것이 바람직합니다.

이때 소요 기간은 일반화하기 어렵지만 경험상 평균적인 일정을 기준으로 한다면 시공사가 선정되어 있다는 것을 전제로, 맨데이트(기채의뢰서) 또는 이에 준하는 공적인 문서를 수령했을 때부터 약정이 체결될 때까지 큰 이슈가 없다면 약 1~2개월가량, 만약 대형 프로젝트로서 협의해야 할 금융조건이 많거나 대주단 모집에 시간이 더 걸리는 경우는 그보다 훨씬 더 긴 기간이 소요된다고 할 수 있습니다.

대략적인 절차를 파악했다고 하더라도, 구체적인 부분으로 들여다보면 각 관계자, 예를 들면 시행사 입장에서는 도대체 어떤 금융기관을 접촉하고 선정해야 하는지, 금융구조 설계와 관련하여 과연 믿고 맡겨도 되는 것인지, 대주단 모집은 기한 내에 제대로 될 것인지 등 내용적으로 고민해야 할 부분이 한두 가지가 아닐 것입니다. 이러한 고민은 해당 부동산개발사업의 금융주선을 고려하고 있는 금융기관 입장에서도 마찬가지입니다. 거액의 부동산PF를 주선하려고 하는데, 시행사가 과연 시행의지가 얼마나 있는 곳인지, 재정적으로는 믿을 만한 곳인지, 사업경험은 사업을 수행하기에 충분한지, 시공사는 과연 어디로 될 것인지 등 따져봐야 할 요소가 한두 가지가 아닙니다.

당연한 이야기지만, 일반적인 부동산개발금융의 절차를 숙지하는 것도 중요하지만 단순히 교과서적으로 그 절차가 이러이러하다라고 알고 있는 것만으로는 실무에 도움이 되지 않습니다. 일반적인 절차는 따르되, 그 절차에 해당하는 업무를 얼마나 원활하고 차질 없게 수행해 나갈 것인가는 업무역량과 관계된 것으로서 완전히 별개의 문제라고 할 수 있습니다.

거듭 말씀드리지만, 설명드린 부동산개발금융의 일반 절차는 참고사항으로 인식하시고 실무적인 부분은 따로 파악을 하고 익혀나가셔야 합니다. 경험하지 않으면 알 수 없는 한계가 분명히 존재하며, 단순히 관련 절차를 안다는 것만으로는 실무를 제대로 수행하기 어렵습니다. 가능한 범위 내에서 주위의 도움을 받거나 비슷한 사례를 수집해서 별도로 보다 구체적인 업무의 맥을 파악하고 활용할 수 있도록 노력을 기울이는 것이 중요합니다.

한편, 사업에 따라 절차가 달라지기도 합니다만, 가급적 준수해야 하는 공통적인 절차도 분명히 존재합니다. 예를 들어, 맨데이트(기채의뢰서)나 또는 이에 준하는 공적인 문서 등을 시행사로부터 수령하지 않고 업무를 시작하는 것은, 앞서 간단히 말씀드린 바 있습니다만 바람직한 상황이라고는 할 수 없습니다. 부동산개발금융의 절차가 법령에 정해진 것이 아니라 시장관행이나 시장원리에 의거하여 진행되는 것은 어쩔 수 없다 치더라도, 사업추진자와 금융주선을 하려는 금융기관 상호 간에 신뢰관계를 구축하고 보다 원활하게 업무가 추진되기 위해서는 가급적 준수해야 할 핵심적인 사항들이 있기 마련이고 그 대표적인 예가 맨데이트나 또는 이에 준하는 공적인 문서를 주고받는 일이라고 할 수 있습니다.

비교적 길게 이 부분에 대해 다시 한번 말씀을 드리는 이유는, 일부 사업추진자 또는 금융기관들이 본인들의 우월적 지위를 사실상 남용에 가깝게 행사하면서 이를 시장관행이나 시장원리에 의한 것으로 포장하는 경우가 일부 있기 때문입니다.

부동산개발금융은 크게 보면 시행사(사업추진자) 및 금융기관, 그리고 시공사 등 주요 기관들이 오케스트라처럼 상호 협력하면서 화음을 만들어내는 과정과 같다고 할 수 있습니다. 시장원리에 의해서 부동산개발금융시장이 때로는 seller's market(공급자 우위시장)이 되기도 하고, 때로는 buyer's market(구매자 우위시장)이 되기도 합니다. 그때그때 경제상황에 따라 우월한 지위를 점하게 되는 쪽은 달라질 수 있습니다. 그러나 이때의 우월한 지위라는 것은 다양한 금융조건 협상에 있어서 제한적으로 활용되어야 할 부분일 뿐, 이러한 우월적 지위를 남용하여 근본적으로 거래의 신뢰관계를 저해하거나 시장질서를 어지럽히는 일에 면죄부를 주는 것과 등가로 인식되서는 안 된다는 것을 사업시행자나 금융기관, 시공사 등 부동산PF의 주요 당사자들이 깊이 인식할 필요가 있습니다.

시행사 입장에서는 부동산개발금융이 자주 거래되는 상품이 아니다 보니 경험이 많은 시공사나 금융기관이 제시하는 금융조건이나 시공조건이 제대로 된 것인지 확신을 가지기 힘든 경우가 많습니다. 반대로, 시행이나 시공경험이 풍부한 시행사 또는 시공사인 경우에는 오히려 본인들의 경험을 과신하여, 금융기관의 조언을 경시하거나 본인들이 원하는 대로만 하려는 경향을 보이기도 합니다.

정보비대칭이 심하지 않다면, 시장원리에 따라서 결국 시장의 평균에 수렴하게 금융이나 시공조건이 결정되겠지만, 그렇지 않다면 어느 일방은 손해를 보거나 만족하지 못하게 될 확률이 대단히 높은 시장이 바로 부동산개발금융시장이므로, 주요 시장참여자들의 상호협력에 대한, 그리고 시장질서 준수와 관련된 인식은 매우 중요하다고 할 수 있습니다.

부동산PF의 소요기간 관련 단상

앞서 시공사가 선정되어 있다는 것을 전제로 대략적으로 약정체결까지 약 1~2개월이 소요된다고 설명드렸습니다. 단, 이 기간은 대주단 모집이 원활할 경우에만 가능한 기간이고, 대외 경제여건이 어렵거나 금융구조가 대주단이 쉽게 금융참여하기 힘든 조건인 경우에는 훨씬 오랜 기간이 소요되기도 합니다.

사실 부동산개발업계에서는 금융구조는 차치하고 일단 성사라도 됐으면 좋겠다라는 생각을 하는 경우가 많을 정도로, 부동산개발금융의 완결(closing) 자체가 일반적인 금융환경에서도 그리 쉬운 일은 아닙니다. 시행사의 의지 및 보유 재력, 시공사가 어디인지, 채권보전 및 금리와 같은 금융구조가 어떠한지 등 부동산개발금융이 성사되기까지는 수많은 요인이 변수로 작용합니다. 1~2개월이라는 것도, 굳이 일반화해서 말씀드린다는 것을 전제로 한 것으로서 결코 '어떤 프로젝트 A가 시공사만 선정되면 길게 잡아 2개월이면 금융조달이 완료되겠구나'라고 일반화될 수 없습니다. 여러 가지 무리에도 불구하고 기간을 대략적이나마 밝힌 것은, 그래도 대체로 원만하게 진행되는 부동산개발금융의 경우 소요되는 기간이 어느 정도인지 감을 잡으실 수 있도록 하기 위함[73]입니다.

물론 평균적인 기간을 알고 있는 것도 나름대로 유용한 경우가 있습니다. 예를 들어, 비교적 원만하게 이루어지는 부동산개발금융의 경우가 시공사가 정해졌다는 것을 전제로 금융지원 종결까지 대략 1~2개월 정도가 소요된다면, 어떤 특정 프로젝트 B가 그 이상 기간이 걸리고 있다면 그 원인이 당초 예상했던 인허가에 관계되는 물리적으로 소요되는 기간과 관련된 것인지, 아니면 금융구조상 금융기관이 쉽게 참여하지 못하는 부분이 있어서 그런 것인지 정확한 원인을 분석하여 해결해 나가는 계기가 될 수도 있습니다.

총소요기간을 100이라고 했을 때, 가장 많은 시간이 소요되고 어려운 부분이 바로 금융구조 설계와 대주단 모집 부분입니다. 어림잡아 금융구조 설계와 대주단 모집에 총소요기간 100 중 60가량이 소요된다고 해도 무리가 없을 정도입니다. 금융구조 설계와 대주단 모집은 동전의 앞뒷면이라고 해도 무방할 정도로 불가분의 관계를 가지고 있습니다. 따라서 금융구조 설계가 제대로 되지 않을 경우, 향후 대주단 모집이나 약정체결 및 대출실행에 있어 많은 애로가 발생하게 됩니다. 글로 쓰거나 곰곰이 생각해 보면 너무나 당연한 이야기지만, 현실의 부동산개발금융에서는 마치 금융구조 설계 따로, 대주단 모집 따로인 것처럼 인식하고 행동하는 시행사나 금융기관도 간혹 볼 수 있습니다.

이렇게 되는 주요한 원인은 시장을 제대로 파악하지 못하고 금융구조가 지나치게 시행사 또는 금융기관에게 유리하게 설계되는 경우가 많아서입니다. 예를 들어, A라는 금융구조를 시행사 측에서 요청했고 해당 구조가 시장에서 충분히 통용될 것으로 판단하여 금융구조 설계를 완료했는데, 막상 뚜껑을 열어보니 대주단 모집이 안 된다든지, 아니면 아예 금융구조를 제대로 만드는 것은 도외시하고 부동산개발금융이 마치 담보대출인 것처럼 채권보전책에만 지나치게 매달린다든지 하는 일도 있을 수 있습니다.

한편, 시행사 측에서 금융주선의 조건으로 어떤 내용을 전제로 해달라고 했는데, 그 내용이 금융시장에서 수용되기 어려운 환경임에도 불구하고, 시행사 측의 과신으로 해당 금융조건을 변경하지 못한 상태에서 그대로 대주단 모집이 강행되는 경우도 있습니다. 이럴 경우, 시행사 측은 부동산개발금융이 조기에 완료되지 못해서 사업진행에 심대한 타격을 받게 됨에도 불구하고, "우리 회사가 이 정도 조건으로 금융조달을 못하나?

73 경험에 의하면 실제 기간과 편차가 크게 나도 관계없으니 평균적인 기간이라도 알려달라는 질문을 실무에서 많이 접했습니다.

어떻게든 이 조건은 양보할 수 없어."라는 식의 판단에 쉽사리 처음 제시했던 조건을 변경하지 못하게 되는 경우가 있습니다. 아예 경험이 없거나 재무상태가 그다지 좋지 않은 시행사의 경우에는 오히려 덜한데, 시행경험도 있고 재무여력도 어느 정도 있어서 금융조건 설계에 있어 본인들의 요구사항이 관철되기를 바라는 대형 시행사나 대형 시공사 측에서 이런 함정에 자주 빠지곤 합니다. 특히 부동산개발금융에 전문지식이 없는 오너가 회사의 의사결정을 좌지우지하는 경우 금융구조 설계 따로, 대주단 모집 따로인 현상이 발생할 가능성을 배제할 수 없습니다.

부동산개발사업이나 부동산개발금융의 경우 자조적으로 업계에서 '물 반(半) 컨설팅 회사 반(半)'이라는 표현이 있을 정도로 '자칭' 전문가들이 많은 것이 현실입니다. 예를 들어, 어떤 대기업의 오너가 회사 내에서 전문적으로 부동산개발금융을 담당하는 인력이나 아니면 전문 금융기관의 조언을 경시하고, 본인이 개인적으로 잘 아는 부동산개발금융 컨설팅사의 의견을 중용한다면, 그 사업은 제대로 진행되지 않을 가능성이 매우 높습니다.

부동산개발금융의 경우 실제로 현업에서 단 6개월만 떠나 있어도, 시장의 미세한 변화나 흐름을 제대로 잡아내지 못할 정도로 역동적이고 변화가 심한 분야입니다. 이런 곳에서, 몇 번의 부동산개발사업이나 부동산개발금융 성공경험을 전체 부동산개발사업이나 부동산개발금융에 일반화할 수 있는 것처럼 정형화해서 전문가인 양 하는 것은 난센스에 가깝습니다.

저 역시 부동산개발금융 분야 1세대로서 오랫동안 다양한 분야의 부동산PF나 부동산 실물자산 금융을 담당해 왔습니다만, 개별 프로젝트의 특징을 오롯이 반영하고, 각 이해당사자가 바라는 바를 조화롭게 담아내는 장기적이고 안정적인 금융구조를 설계하는 것은 늘 어려운 과제였습니다.

따라서 부동산개발사업을 추진하는 시행사나 시공사 입장에서는 가급적 부동산개발금융 시장에서 최근까지도 계속 주선업무를 진행해 왔고, 과거에도 대주단 모집을 제대로 완료한 경험이 있는 전문 금융기관을 선정해서 상의하는 것이 부동산PF 성공의 초석이 된다는 인식을 가지는 것이 바람직합니다. 여건이 허락한다면, 금융주선사를 선정하기 전에 나름대로 복수의 전문 금융기관을 접촉하여 전반적인 시장의 흐름이나 조언을 경청한 후에 금융주선기관을 선정하는 것이 시행착오를 줄이는 첩경이 될 수도 있습니다.

대형 금융기관이 부동산PF에 참여하면 안전자산으로 볼 수 있을까

국내 시중은행들의 경우 일반적으로 리스크와 사업성이 제대로 검증되지 않는 한 부동산개발금융 지원에 나서지 않는 경우가 많습니다. 반대로 얘기하면, 시중은행이 부동산개발금융을 지원하는 경우는 수많은 부동산개발사업 중 어느 정도 검증된 사업장이라고도 할 수 있습니다. 다만, 시중은행이 지원한 부동산개발사업의 경우 그만큼 사업성이 검증된 부분이니까 나도 분양을 받아야지라는 식으로 해석하는 것은 매우 위험합니다.

실제로, 과거에는 국내 은행들이 지원한 부동산개발사업의 경우도 과거 여러 사유로 사업이 중단되고 이에 따라 PF도 부실화된 경우가 있었습니다. 부동산개발금융의 전문가집단이라고 할 수 있는 시중은행을 비롯한 대형 금융기관에서도 여러 가지 변수를 모두 고려해서 완벽한 리스크 헤지를 하는 것은 결코 쉬운 과제가 아니었습니다. 미래를 예측하여 투자를 하는 것은 전문가이건, 비전문가이건 어렵기는 마찬가지이기 때문입니다. 다만, 투자의 위험을 최대한 객관적으로 최소화할 수 있는 것일 뿐, 투자에 따르는 수익과 위험은 온전히 투자자 자신이 부담해야 함을 잊어서는 안 됩니다.

부동산개발금융은 부동산 실물자산과 다른 그 나름의 구조적인 리스크가 분명히 존재합니다. 사정이 이러한데도 불구하고, 마치 내가 나서면 해당 부동산개발금융이 일사천리로 처리될 것처럼 얘기한다든지, 시장의 흐름상 받아들이기 쉽지 않은 금융구조에 대해서 내가 충분히 해결해 주겠다라든지, 또는 전문 금융기관의 조언에 대해 별 근거없이 본인의 경험만으로 폄훼하는 사람의 말에 귀를 기울인다면, 부동산개발금융 또는 개인적인 투자와 관련하여 잘못된 의사결정으로 귀결될 가능성이 높다는 점, 잊지 마셨으면 합니다.

금융기관 내부 여신심사·투자심의 절차 관련 단상

앞서 말씀드린 부동산개발금융 절차는 일반적인 민간 부동산개발사업[74]을 전제로 한 것입니다. 프로젝트가 공공사업의 성격을 띠는 경우 최근에는 공모를 통하여 프로젝트의

---

74 예: 아파트 개발 및 분양사업, 오피스텔 개발 및 분양사업, 오피스빌딩 건축 및 임대사업, 상가 건축 및 분양사업 외

콘셉트를 가다듬고 금융구조를 설계하는 경우도 잦아지고 있습니다.

기존에는 주로 사업추진자가 민간이건 공공이건 간에, 이미 사업추진자 나름대로 개발계획의 밑그림을 구체적으로 그려놓고 이에 대해서 부동산개발금융 조달을 추진하는 경우가 많았다면, 최근에는 공공기관에서 개발계획의 큰 방향만 정해놓고 이 방향을 전제로, 구체적인 밑그림은 사업에 참여하고자 하는 자가 작성 및 응모를 해서 선정을 하고, 선정된 콘셉트에 따라서 후속조치를 취하는 경우도 점점 늘고 있습니다. 예를 들어, 2015년 2월 당시 문화체육관광부는 ○○개발사업 관련 투자설명회를 개최한 후에, 콘셉트 제안, 즉 RFC(Request for Concepts)를 요청하였고, 응모(안) 중 최적의 제안을 선정하는 방식으로 업무를 진행한 바 있습니다. 앞서 부동산개발금융의 절차 중 제안서 부분에서 설명드린 바 있습니다만, RFC는 사업초기 개발계획의 콘셉트 자체를 공모를 통하여 선정하려는 취지로 활용되고 있는데 이는 RFP(사업계획 제안요청, Request For Proposal)[75]의 대상이 되는 프로젝트의 기본 방향을 설정하기 위한 것이라고 할 수 있습니다.

공모기관 입장에서는 민간을 비롯한 다양한 사업참여 예상자들의 창의적이고 다양한 계획을 청취하고 이 중에서 가장 좋은 개발계획(안)을 선택할 수 있다는 점에서, 양질의 부동산개발사업 개발계획을 확보할 수 있다는 장점이 있습니다. 응모자 입장에서도 틀에 박힌 개발 콘셉트에서 벗어나 다양한 계획을 세우고 본인들이 장점을 특화하여 경쟁할 수 있는 면이 있다고 할 수 있습니다.

한편, 대주단 모집 중 가장 많은 시간이 소요되는 부분 중 하나가 바로 해당 금융기관 내부의 여신심사 또는 투자심의입니다. 금융기관에 따라 다르기는 하지만, 보통은 위원회나 협의회의 성격으로 여신이나 투자지원 여부를 결정하는 기구들이 있고, 그 위원회 또는 협의회 또는 심의회 등에서 투자나 지원타당성, 회수 가능성, 채권보전 방안의 적정성, 적절한 수익확보 여부 등을 종합적으로 고려해서 여신이나 투자지원 여부를 결정하게 됩니다. 이와 관련하여 대부분의 금융기관에서는 시스템적으로 금액이나 담보 여부에 따라 어느 정도 수준의 심사를 받아야 하는지가 결정되어 있는 경우가 많습니다.

해당 금융지원을 직접 담당하는 부서와 심사 관련 부서는 별개로 운영되는 경우가 대부분입니다. 이는 자칫 해당 사업을 접하고 금융지원을 직접 실행하는 프론트 부서에서

---

75 RFP는 제안의 대상이 어떤 것이냐에 따라 금융조건 제안요청, 사업계획 제안요청, 용역내용 제안요청, 입찰요청 등 다양한 의미로 활용되고 있습니다. 여기서는 '사업계획 제안요청'의 뜻으로 사용되었습니다.

리스크관리 대신 영업을 우선시하여 잘못된 결정을 내리는 것을 피하기 위해서입니다. 과거에는 부동산개발금융과 관련하여 투자나 여신을 실행하는 부서에 일정 한도를 부여하고, 동 한도 내에서 부서장이 판단하여 투자나 여신지원을 할 수 있도록 하는 경우도 있었습니다만, 최근에는 리스크와 영업의 균형이라는 차원에서 투자나 대출지원부서와 심사부서가 엄격히 분리되고 별도의 한도부여제도를 없애거나 있더라도 매우 제한적으로 운영하는 것이 일반적입니다.

다만, 해당 투자부서에서 내부적으로 리스크관리와 관련된 의사결정이 시스템적으로 잘 이루어지고 있고 시장수요가 인정되는 경우, 빠른 의사결정을 바탕으로 한 투자 또는 여신지원이 전략적으로 필요한 경우 등에는 해당 투자부서에 일정금액까지는 자체적으로 판단하여 투자의사결정을 할 수 있도록 하는 것을 무조건 배척할 필요는 없다고 판단되며, 이는 리스크와 엉엽효율성의 관점에서 보다 심도 있는 고민이 필요한 지점이라고 생각합니다.

한편, 여신지원이나 투자금액과 관계없이, 해당 여신이나 투자를 심사하고 심의하는 절차는 일반적으로 쉽지 않은 경우가 많습니다. 자칫 잘못 판단할 경우, 바로 해당 금융기관의 자산 부실로 연결되기 때문에 신중에 신중을 기해서 판단할 수밖에 없기 때문입니다. 심사나 심의와 관련하여 대주단 모집에서 유의해야 할 점이 바로 이 부분입니다. 영업을 하는 현업부서에서 의사결정 권한이 있지 않고 별도의 심의절차를 거쳐야 하기 때문에, 최악의 경우에는 심사를 무난히 통과할 것으로 예상하고 업무를 진행하다가, 막상 대주단 모집 막바지에 승인이 부결됨으로써 참여를 못하는 경우도 발생하게 됩니다. 따라서 금융주선기관의 경우 대주단 모집 시 이런 부분을 고려하여 모집하려는 금액을 초과하여 모집을 하고, 혹시 예정했던 금액보다 많이 모집이 되면 적절히 배분을 하는 경우가 일반적입니다. 이때 필요한 신디케이티드 론 모집금액보다 더 많이 모집된 것을 국제 신디케이션 시장에서는 '오버섭스크립션(oversubscription)'이라고 하고, 국내 IB 시장에서는 대부분 이를 가키려 '오버부킹(overbooking)'되었다고 표현합니다.[76] 만약 오버부킹된 경우에는 금융주간사가 적절히 대주단 협의를 통해서 금액을 줄여서 배분해야 되는데, 이런 경우는 사실 행복한 고민이라고 할 수 있습니다. 목표로 하는 날짜는 다가

76 이 책에서도 국내 금융시장 관행에 따라 신디케이티드 론이 초과모집된 것을 모두 '오버부킹'으로 기재하였습니다.

오는데 대주단 모집이 여의치 않으면, 주간사 담당직원은 피가 마르는 경험을 하게 됩니다. (총액인수방식인 경우에는 논외로 합니다.)

만약 사업추진자가 원하는 일정이 촉박해서, 대주단 모집기간이 넉넉지 않은 가운데 설상가상으로 대주단 모집까지 원활하지 않다고 가정하면, 이럴 때 각 참여 금융기관에서 정확히 내부 심사절차가 제대로 진행되고 있는지, 진행되고 있다면 내부 승인기조는 어떠한지 등을 확인하는 것은 주간사 담당자의 가장 기본적이고 중요한 업무 중 하나로 대두됩니다. 예를 들어, 어떤 금융기관에서 내부 심사가 완료된 것과 다름없다고 자신만만하게 얘기하고 이를 믿고 있었는데, 대출약정일을 며칠 앞두고 갑자기 내부 심사에서 문제가 생겨서 참여를 못하겠다고 하면, 물리적으로 새로운 참여기관을 섭외할 시간도 부족하고, 대출약정일정도 연기되는 등 많은 문제가 발생하게 됩니다. 금융주간사라면 적어도 각 참여 금융기관 내부의 심사절차 및 기간, 심사 관련 해당 기관의 의견 등을 면밀하게 관찰하는 일에 소홀해서는 안 되는 이유가 여기에[77] 있습니다.

77 오버부킹 이슈는 이 책의 신디케이션 부분에서 추가로 설명드리겠습니다.

참고문헌

[1] 남문기 · 이재엽(2014). 국제 M&A 거래에 있어 지적재산권과 관련한 실무상의 주요 쟁점. **국제거래법연구**, 23(2), 283–316.

[2] 반기로(2016). 프로젝트 파이낸스, 한국금융연수원 출판사업부, p. 58.

[3] 정순욱, 은행권관점에서의 특허거래 활성화에 대한 제언. **한국지식재산연구원 지식재산정책**. vol. 23. pp. 44–49.

[4] 이미현 · 고훈(2004). 국제대출계약의 특징과 구조: 신디케이트드론을 중심으로. **BFL**, 5(0), 107–120.

[5] 임철현(2013). 전게논문. p. 14.

[6] https://www.aplma.com/

[7] 임철현(2013). 전게논문. p. 1.

[8] 김채호(2015). 국제대출계약서의 주요 조항 및 법적 쟁점(Loan Market Association 표준계약서를 중심으로). **한국금융법학회지**, 12(2).

[9] 상게논문.

[10] 이미현 · 고훈, 전게서 및 최경선(2009). 특집_금융계약조항의 쟁점 Material Adverse Change 조항. **BFL**, 제35호, 2009. 5., 이상현(2009). 특집_금융계약조항의 쟁점 Negative Pledge 조항. **BFL**, 제35호, 2009. 5., 김성용(2009). 특집_금융계약조항의 쟁점 Pari Passu 조항. **BFL**, 제35호, 2009. 5., 이미현 · 최승훈(2009). 특집_금융계약조항의 쟁점 국제금융계약에서의 이자조항. **BFL**, 제35호, 2009. 5., 신희강 · 강은주(2009). 특집_금융계약조항의 쟁점 신디케이티드 대출에서의 분배조항에 대한 이해. **BFL**, 제35호, 2009. 5., 정순섭(2009). 특집_금융계약조항의 쟁점 후순위약정의 법적 문제. **BFL**, 제35호, 2009. 5., 김동수 · 김영란(2009). 특집_금융계약조항의 쟁점 금융거래실무의 주요 세무상 논점. **BFL**, 제35호, 2009. 5., 서울대학교 금융법센터.

[11] 최경선. 전게논문.

CHAPTER 5

부동산개발금융의 자금조달 방식

CHAPTER 5

부동산개발금융의 자금조달 방식

이제 본격적으로 부동산개발금융의 기법에 대해서 하나씩 살펴보겠습니다. 주요 금융기법을 본격적으로 설명드리기에 앞서, 대출, 자산유동화 방식, 펀드방식 등의 개별적인 금융조달 방식 또는 금융기법이 부동산PF와 어떤 관계를 가지고 있는지 잠깐 알아보겠습니다.

부동산개발사업을 위해 조달된 자금은 회계적인 관점에서는 자기자본, 그리고 대출과 같은 차입금, 즉 타인자본[1]으로 구분할 수 있음은 앞서 설명드렸습니다. 그런데 조달된 자금의 성격과 별개로 그러한 자금이 조달된 기법에 따라서도 다양하게 분류할 수 있습니다. 부동산PF에서 자금조달 방식이라고 하면 자기자본 또는 타인자본이 조달되는 구체적인 금융방식을 가리키는데, 가장 보편적이고 일반적인 대출을 비롯하여 자산유동화 방식, 그리고 펀드와 같은 집합투자기구를 활용하는 방식 등 다양한 기법이 보편적으로 금융시장에서 활용되고 있습니다.

예를 들어, 어떤 금융기관의 금융주선을 통해 부동산개발금융에 소요되는 자금을 조

1 타인자본은 모집되는 방식에 따라 다시 금융을 통해 모집된 방식, 즉 금융자금(financing)과 사업이익의 일정 부분 수취를 전제로 하는 투자자금(investment)으로 나뉜다는 의견도 있습니다(안용운, 최민섭(2021). 부동산 개발금융 리스크 관리방안에 관한 연구 – PFV를 중심으로–. 주거환경, 19(3), 97–115, p. 102).

달했다고 가정해 보겠습니다. 이때, 예를 들어 부동산펀드를 통해 자기자본으로 분류되는 자금을 모집했을 수도 있고, 타인자본은 우리에게 가장 익숙한 대출방식으로 조달된 것일 수도 있고, 아니면 자산유동화기법을 활용해서 조달된 것일 수도 있습니다. 이렇듯 회계적인 자기자본, 타인자본 등의 구분과 별개로, 해당 자본이 구체적으로 조달되는 금융방식이나 금융기법을 기준으로 해서도 대출방식이나 자산유동화, 펀드나 리츠 등으로 다양하게 구분할 수 있습니다.

PF의 경우 상환재원이나 채권보전이라는 측면에서 전통적인 일반 금융권 여신과 대비되는, 일종의 특수여신으로서의 성격을 강조하는 의미와 더불어, 사실상 금융시장에서 부동산개발금융과 동의어로도 널리 사용되고 있습니다. 이에 비해, 자산유동화나 펀드, 대출 등은 부동산PF를 위해 자금이 조달되는 개별적인 금융기법을 의미하는 용어로서의 성격이 강합니다. 즉, 부동산PF는 목적, 자산유동화 방식이나 대출방식, 부동산펀드 등은 부동산PF를 위한 수단으로서의 성격을 가진다고 할 수 있습니다. 이를 표로 간단히 분류하면 다음과 같이 정리할 수 있습니다.

표 5.1 부동산PF와 자금조달 방식의 관계

구 분	부동산PF	자산유동화, 대출, 펀드 외
주요 의의	• 부동산PF 자체가 타인자본을 조달하는 금융 기법 중 하나임 • 단, 부동산개발금융에 있어 그 상환재원 및 채권보전, 차주 등의 금융구조 측면에서 전통적인 일반 대출과 다른 특수금융이라는 점을 강조하는 의미를 내포하고 있음 • 부동산PF는 금융방식 중 하나로서의 측면과 더불어 부동산개발금융을 포괄적으로 가리키는 성격을 동시에 지님	• 부동산개발사업에 필요한 자기자본 및 타인자본이 조달되는 구체적인 금융기법을 가리키며, 방법론적인 측면에서의 개별적인 방식(method)을 일컫는 용어

참고로, 신디케이티드 론도 엄연히 금융방식 중 하나이나, 금융조달이 이루어지는 구체적인 방식의 측면이 아닌 해당 금융지원이 어느 한 금융기관의 단독으로 이루어지는 것인지, 아니면 공통의 금융조건을 바탕으로 집합적으로 이루어지는 여신인지의 관점에서 호칭되는 금융방식이라는 점이 차이점이라고 할 수 있습니다. 위의 표 내용을 포함하여 그림으로 간단히 정리하면 다음과 같습니다.

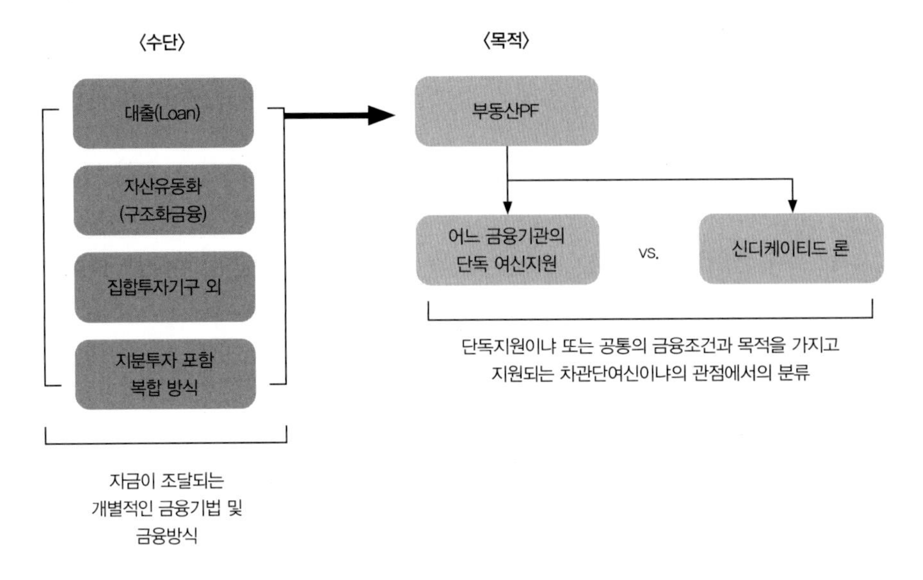

그림 5.1 부동산PF와 신디케이티드 론, 그리고 자금조달 방식의 관계

이를 바탕으로 실제 업계에서 사용되는 대화의 한 예를 들어보겠습니다. 친분이 있는 금융기관 직원 A와 시공사 직원 B가 만나서 나누는 가상의 대화입니다.

- *금융기관 직원 A: 그 프로젝트는 PF 어떻게 할 예정이세요?*
- *시공사 직원 B: 글쎄요, 우리(시공사) 등급(회사채 등 신용등급)이 좋으니까 우리가 보증 서고 그냥 유동화로 가려구요.*
- *금융기관 직원 A: 요즘 보증 거의 안 서는데 이번 건은 보증 서실려구요?*
- *시공사 직원 B: 금액도 적당하고 시간 끄느니 빨리 진행하는 것이 낫다는게 경영진 판단입니다. 그리고 SPC지분도 일부 취득하는 조건이라고 하더라구요.*
- *금융기관 직원 A: 네. 시행사하고는 협의됐구요?*
- *시공사 직원 B: 그럼요. 얘기 다 끝났습니다. 증권사 통해서 연락드릴 테니까 신용공여 좀 잘 부탁드릴게요.*
- *금융기관 직원 A: 네. 알겠습니다. 보고드리고 검토 바로 진행하겠습니다. 관련 자료는 이메일로 부탁드리겠습니다.*

위의 대화가 어떤 맥락에서 진행되었는지 행간을 자세히 살펴보도록 하겠습니다.

○ *금융기관 직원 A: 그 오피스빌딩 PF는 어떻게 할 예정이세요?*

☞ 부동산개발금융은 어떻게 진행되고 있는지, 어떤 방식으로 진행할 것인지 묻고 있습니다.

○ *시공사 직원 B: 글쎄요, 우리 등급이 좋으니까 우리가 보증 서고 그냥 유동화로 가려구요.*

☞ 시공사 신용등급이 우수한 모양입니다. 시공사가 연대보증을 서고, 금융기법은 자산유동화를 활용하여 자금을 모집할 예정인 것 같습니다.

○ *금융기관 직원 A: 요즘 보증 거의 안 서는데, 이번 건은 보증 서실려구요?*

○ *시공사 직원 B: 금액도 적당하고 시간끄느니 빨리 진행하는 것이 낫다는게 경영진 판단입니다. 그리고 SPC지분도 일부 취득하는 조건이라고 하더라구요.*

☞ 앞서 간단히 설명드린 바 있습니다만, 2011년부터 한국채택국제기준회계(IFRS)가 본격적으로 유가증권시장 상장사나 코스닥 상장사에게 적용되기 시작하면서 사실상 부동산개발사업에 참여하는 일정 규모 이상의 시공사 대부분이 IFRS 적용을 받게 되었습니다. 연대보증을 서는 경우, 해당 시공사의 부채로 인식이 되기 때문에 일반적으로 시공사들이 연대보증을 꺼립니다만, 이번 건의 경우에는 SPC의 지분을 일부 취득하는 대가로 예외적으로 연대보증을 서는 것으로 정리가 된 것 같습니다.

○ *금융기관 직원 A: 네. 시행사하고는 협의됐구요?*

☞ 시행사에게는 시공사가 가지고 있는 계획을 안내하고 충분히 협의가 됐는지를 묻고 있습니다. 보통은 시공사가 연대보증을 서지 않기 때문에, 이번 건처럼 시공사가 연대보증을 서는 경우에는 일반적인 경우와 비교하여 시공사의 발언권이 훨씬 더 커질 가능성이 높아 보입니다. 이 과정에서 자칫 잘못하면, 사업을 추진하는 시행사와 시공사 간에 불필요한 오해나 알력이 생길 수도 있기 때문에 이런 점을 우려해서 조심스럽게 질문을 하고 있습니다.

○ *시공사 직원 B: 그럼요. 얘기 다 끝났습니다. 증권사 통해서 연락드릴 테니까 신용공여 좀 잘 부탁드릴게요.*

○ *금융기관 직원 A: 네. 알겠습니다. 보고드리고 검토 바로 진행하겠습니다. 관련 자*

료는 이메일로 부탁드리겠습니다.

☞ 다행히 시행사와 얘기가 잘되고 있고 특별한 이견도 없는 듯합니다. 자산유동화 방식일 경우 통상적으로는 자산유동화증권을 발행하고 인수하는 증권사가 필요하기 때문에 증권사를 언급하고 있고, 자산유동화라는 금융구조에서 자산유동화증권의 신용도를 더욱 높이기 위해 시중은행에서 소위 말하는 자산유동화증권 인수확약(credit line)을 제공하는 경우가 많은데 이 내용을 언급하고 있습니다.

증권사를 통해서 연락할 테니 이번 건의 인수확약 검토를 해달라는 의미의 대화가 오가고 있습니다. (자산유동화는 부동산개발금융뿐만 아니라 신용카드 매출채권의 유동화나 자동차 할부금융의 유동화 등 셀 수 없을 정도로 다양한 분야에서 사용되는 금융기법이며, 알아야 할 내용도 책 한 권이 거뜬히 나올 정도로 방대한 분야입니다. 자산유동화와 관련된 용어 및 기본개념 등은 곧 설명드리겠습니다.)

대화 내용을 보니 전반적으로 시행사를 대리하여 시공사가 부동산개발금융의 방향을 정하고 있는 모양새입니다. 하지만 이는 부동산개발금융이 일어나는 과정에서 발생할 수 있는 가상의 대화를 예로 든 것에 불과합니다. 위 대화와 달리 명망 있는 시행사(사업추진자)가 사업을 진행하는 경우에는 시행사가 말 그대로 해당 부동산개발사업이나 부동산개발금융을 주도하고 금융구조나 기법에도 영향력을 시공사보다 더 발휘하는 경우도 얼마든지 있습니다.

지금부터는 부동산개발금융을 위한 자금조달 방식 중 가장 대표적이고 기본이 되는 다섯 가지 금융기법을 하나씩 구체적으로 설명드리도록 하겠습니다.

1. 대출방식

우리가 흔히 알고 있는 '대출(loan)'방식을 활용한 타인자본조달을 가리킵니다. 대출의 법적 성질은 금전소비대차계약으로서 타인자본조달 방식 중 가장 보편적이고 일반적인 방식으로 기능해 온, 매우 전통적인 기법이라고 할 수 있습니다. 대출 자체는 차입금의 성격을 가지는 부채로서 앞으로 설명드릴 자산유동화 방식 등에 비해 그 기법이나 방식과 관련하여 특별히 설명드릴 내용은 없다고 할 수 있습니다. (여기서의 '대출'이란 부동산PF와 대비되는 개념으로서의 '일반대출'을 말씀드리는 것이 아닌, 부동산PF의 자금조달 방식으로서의 '대출'을 말씀드리고 있습니다.)

부동산PF는 신용평가에서는 특수금융에 활용되는 모형이 적용되는 등 일반적인 기업대출과 비교하여 특별한 지위에 있고, 그 리스크값도 다르게 평가되는 것이 일반적입니다. 하지만 일단 부동산PF가 '대출'의 형태로 지원되는 경우에는 해당 대출의 계정과목을 어떻게 처리해야 할지는 별개의 문제로 대두됩니다. 비록 부동산PF가 일반대출과 다른 특성을 가지고 있지만, 일단 '대출'로 취급된 이상 회계기준에 의해 적절한 계정과목으로 분류를 해야 합니다. 이때 국내를 기준으로 하여 회계적인 관점에서는, 일반적으로 시중은행의 경우 부동산PF 대출은 별도의 '부동산PF' 또는 '신디케이티드 론'이라는 계정과목으로 처리하지 않고, 기존의 기업시설자금대출이나 기업운전자금대출 중 하나로 분류하는 것이 보통입니다. 물론 회계적인 계정과목 분류와 별개로 금융기관들은 부동산PF를 별도로 구분하고, 그 취급규모를 포함한 제반 정보를 따로 취합하고 관리하는 것이 일반적입니다. 또한 국외의 경우 회계적으로 'Syndicated Loan' 또는 이에 준하는 계정과목을 사용하는 경우가 있으나, 국내의 경우에는 별도로 '신디케이티드 론'이라는 계정과목을 사용하지 않는 것이 일반적입니다. 앞서 2장의 핵심용어 정리 부분에서 기업시설대출에 대해서 잠깐 언급해 드린 적이 있습니다만, 여기서는 시설자금대출 및 운전자금대출의 구분 기준이 어떻게 되는지, 그리고 부동산PF는 어떤 계정과목으로 분류하는 것이 보다 합리적인가에 대해 간단히 부연 설명드리겠습니다.

표 5.2 시설자금대출과 운전자금대출의 일반적인 구분 기준

구분	내용
시설자금대출	• 기업의 영업활동에 필요한 부동산, 기계 등의 시설을 취득하거나 확장하는 데 소요되는 자금의 지원을 목적으로 하는 대출 • 즉, 자금용도가 영업활동에 필요한 각종 자산의 증가를 위한 자본적 지출인 경우 지원되는 대출
운전자금대출	• 위에 해당되지 않는 용도로서 기업의 일반적인 운영을 위해 소요되는, 즉 경상적인 영업활동을 위한 인건비, 원자재비, 임대료, 금융비용 등의 각종 운영자금의 지원을 목적으로 하는 대출

실제 금융시장에서는 자금용도가 매우 다양하기 때문에 위 표에서 구분한 일반적인 기준만으로는 시설자금대출과 운전자금대출의 구분을 명확히 하기 쉽지 않은 경우가 적

지 않습니다. 또한 시설자금대출일 경우 운전자금대출에 비해 일정한 혜택[2]이 있고, 대출기간 및 취급방식 등에서 제약을 받기 때문에 시설자금이냐 운전자금이냐의 구분이 대출을 실행하는 금융기관이나 차주 입장에서는 소홀히 할 수 없는 부분입니다.

부동산PF와 관련해서는 해당 부동산PF가 다양한 여신방식 중 대출방식으로 취급되는 것이 대다수이므로, 해당 대출을 금융기관에서 계정과목 중 시설자금대출로 분류해야 하는 것인지, 아니면 운전자금대출로 분류해야 하는 것인지가 이슈[3]가 될 수 있습니다. 사실 이 부분은 보는 시각이나 기준에 따라 완전히 다른 결과가 나올 수 있을 정도로 논쟁의 여지가 있는 부분 중 하나입니다. (물론 도로를 비롯한 인프라금융 부문에서 취급된 PF의 경우에는 이견의 여지 없이 회계적으로는 시설자금대출로 분류하는 것이 일반적입니다.)

일반적으로 자금용도를 특정하지 않는 운전자금의 특성이 PF에는 적용되지 않는다는 점, 그리고 자금 용도가 해당 부동산의 매입 및 신축·개축자금 등으로 특정이 될 수 있다는 점에서 부동산PF의 경우에는 일단 대출로서 취급이 되면 그 계정과목은 운전자금이 아니라 시설자금으로 분류하는 것이 올바르다는 의견이 있습니다.

반면에 분양사업장일 경우, 토지를 매입하고 토지 위에 건물을 건축해서 분양을 하는 것은 건물 자체가 하나의 판매상품이라고 볼 수 있습니다. 부동산PF의 경우 이렇듯 판매(분양)할 상품을 만들어내기 위해 투입되는 자금으로서 전형적인 운전자금대출의 성격에 부합하고, 차주가 장기적으로 해당 토지와 건물을 '보유'하면서 수익을 창출하는 구조를 전제로 지원되는 시설자금대출의 용도와는 분명히 구분되기 때문에, 개인적으로는 분양대금을 주 상환재원으로 하는 부동산PF의 경우에는 시설자금보다는 운전자금에 가깝다는 것이 보다 합리적인 주장이라고 생각합니다.

---

2 시설자금대출의 경우 신용보증기금출연료가 면제되며, 운전자금대출과 비교하여 상대적으로 대고객금리 수준이 인하되는 효과가 있습니다. 또한 시설자금대출은 원칙적으로는 한도대방식으로 취급되지 않습니다. 참고로 시설자금대출의 경우 보통 줄여서 '시설대'로 호칭하며, 운전자금대출은 '운전대'로 부르고 있습니다.

3 부동산PF는 일종의 특수금융에 포함되기는 하나, 부동산PF가 대출로 취급되는 경우에는 적어도 계정과목 측면에서는 회계적으로 다른 기업대출과 같이 기업시설자금대출이나 기업운전자금대출 등의 기존 계정과목 중 하나로 분류되는 것이 일반적입니다. 물론 이는 계정과목 분류에 국한된 것이며 IFRS에 의한 특수금융으로서 일반 기업대출의 차주와는 다른 신용평가 모형이 적용되는 점, 대손충당금과 관련하여 손상이 있는 프로젝트의 경우에는 일반적인 기업대출의 경우 자산건전성에 따라 정률 적립법이 적용되는 것과 달리 DCF법(Discounted Cash Flow, 현금흐름할인법)으로 별도로 산정되는 점, 그 밖에 위험가중자산 산정 측면에서 일반 기업대출과는 다르게 취급되는 등 특수금융으로서 다양한 별도의 지위를 부여받고 있습니다.

기존의 기업시설자금대출이나 기업운전자금대출이 온전히 부동산PF의 특성을 담지는 못하는 개념이므로 이러한 이슈와 관련해서는 그 경계를 명확히 구분하기가 쉽지 않다고 할 수 있습니다. 계정과목 분류와 관련된 주요 관점은 다음의 표로써 정리해 드리고 이어서 구조화금융 및 자산유동화에 대해서 설명드리겠습니다.

표 5.3 부동산PF가 대출로 취급되는 경우, 해당 대출의 계정과목 분류 예시

구 분	대출로 취급되는 경우 계정과목	
	기업시설자금대출로 분류하는 시각	기업운전자금대출로 분류하는 시각
부동산PF	• 토지를 취득하여 건물을 신축 또는 개축, 대수선 등으로 새로운 미래현금흐름을 창출하는 것에 초점을 둠 • 미래현금흐름인 분양대금 창출을 위해 토지와 건물 등을 취득하는 것을 자본적 지출로 인정 • 주 상환재원인 미래현금흐름이 장기 임대료인 경우에는 시설자금대출로 분류하는 것이 합리적임	• 분양대금의 경우 영구보유에 따른 장기 시설취득 또는 자본적 지출로 인정 곤란 • 준공 후 비교적 일정 기간 내에 분양대금으로서 상환되는 선분양을 전제로 하는 구조인 경우에는 운전자금대출로 분류하는 것이 타당(예 : 운전자금대출의 하위 세목으로서 금융기관에 따라 '주택사업비대출' 등으로 추가 분류도 가능) • 단, 물류센터 개발사업과 같이 부동산PF의 주 상환재원이 분양대금이 아닌 장기 임대료 등인 경우에는 시설자금대출 분류도 적정할 수 있음

참고로, 이 책의 1장에서 PF의 개념을 설명드리면서 언급해 드린 선박이나 항공기 매입을 목적으로 하며 주 상환재원이 용선료, 항공운임 등 향후 유입될 현금흐름을 바탕으로 하는 오브젝트 파이낸스(object finance)의 경우 회계적인 계정과목은 운전자금대출이 아닌 시설자금대출로 분류하는 것이 일반적입니다.

2. 자산유동화 방식

자산유동화는 구조화금융의 핵심이다

구조화금융의 기본 개념

금융현업에서 'SF'라고 표현되는 구조화금융(structured finance)의 가장 대표 격인 자산유동화에 대해서 알아볼 차례입니다. 자산유동화를 본격적으로 알아보기 전에 낯선 용어인 구조화금융이 등장했습니다. 조금 복잡할 수 있지만, 기본 개념을 확실히 이해하는 것이 중요하기 때문에 구조화금융이 무엇인지 짚고 가보겠습니다.

전통적인 대출방식의 기업여신과 대비되는 면을 포함하면서, 금융구조에 있어 '증권(securties)'을 활용한 금융의 경우에 주로 '구조화금융'이라는 표현을 쓰고 있습니다. 이 중 자산유동화를 활용한 금융이 가장 대표적인 구조화금융의 사례입니다. 그러나 앞서 살펴봤던 프로젝트 파이낸스(PF)와 마찬가지로, 구조화금융 또한 한국 금융시장에서 비교적 다의적으로 사용되고 있습니다. 금융시장에서는 마치 공기처럼 늘 접하는 용어입니다만, 막상 '구조화'가 어떤 뜻이냐고 물어보면 명확하게 답변하는 사람을 찾아보기 쉽지 않은, 알듯 말듯한 모호한 면을 가지고 있기도 합니다.

사실 우리는 미처 의식하지 못하는 가운데 '구조(構造)'라는 말을 일상에서도 자주 사용하고 있습니다. 예를 들면, 어떤 프로젝트를 기획하면서 "구조를 짠다"거나, 재테크에서도 "지금쯤 뭔가 지출구조를 바꿀 필요가 있지 않습니까?"라는 표현이 쓰이는 것처럼 '구조(structure)'라는 말이 광범위하게 사용되고 있습니다. 따라서 '구조화' 또는 구조화금융에 대해서 어렵게 생각할 필요는 없습니다. 극단적으로 말씀드리자면, 일반적인 기업대출과 비교하여 금융구조가 뭔가 다르고 좀 복잡하다면 해당 금융을 그냥 구조화금융이라고 표현해도 실무상으로는 큰 무리가 없을 정도입니다.

그럼에도 불구하고 최소한의 기준이 되는 개념은 알고 계셔야 하므로, 일반적으로 금융기관들이 사용하는 구조화금융이 보다 구체적으로 어떤 뜻을 지니고 있는지 일반적으로 정의되는 기준과, 이를 포함하여 저자가 현업을 경험하면서 생각하는 구조화금융은 어떤 것인지 살펴보겠습니다.

우선, '구조화'라는 용어는 법률에서 정의된 것은 아닙니다. 부동산개발금융을 포함한 한국의 투자금융분야에서는 일반적인 대출과 비교하여 증권이나 집합투자수익권증서 등 비(非)대출 구조를 중심으로 하는 경우로서, 해당 사업의 특성을 면밀히 검토하여 SPC를 설립하고 동 SPC를 통해서 금융을 조달했을 때, '구조화'했다고 표현하는 경향이 높습니다. 개인적으로는 다음 세 가지 조건이 충족되었을 경우에 구조화금융이라고 호칭할 수 있다고 생각합니다. ① 해당 사업을 영위하기 위해 SPC를 설립하고, ② 해당 SPC에 금융을 지원하는 방식으로서 ③ 증권 또는 집합투자수익권증서 등 일반적인 대출방식이 아닌 금융기법을 활용한 방식일 경우.

이를 자산유동화 및 구조화금융이 태동한 미국 및 국내 학계에서 정의하는 개념과 비교하여 설명드리자면 다음 표와 같습니다.

표 5.4 구조화금융의 개념

구분	내용
국내외 학계 ①[1]	• 특정 목적에 적합한 새로운 금융 또는 관리구조를 조성(structuring) • 법률적·회계적으로 독립된 특별목적기구(special purpose vehicle, 이하 SPV)를 설립하고 이것을 투자 도관체(conduit)로 이용하여 자금을 조달 • 추가적으로 파생상품이나 리스크(risk) 관리기법을 활용하는 금융 • 자산유동화와 구조화금융은 사실상 동의어
국내외 학계 ②[2]	[광의적 개념] • 기업의 비전통적인 방법에 의한 일체의 자본조달과정 [협의적 개념] • 기업이 보유한 자산의 위험수준이나 신용과는 상관없이 이루어지는 기업의 자본조달과정 중 하나 • 페이퍼 컴퍼니를 활용하여 자산유동화 발행기업과 파산으로부터 절연된 조직을 통해 증권을 발행하기 위한 것은 법인 또는 신탁형태가 중심이 되며, 자산의 증권화는 신용위험의 전가를 자본조달과 통합하는 형태의 구조화금융으로 정의 가능
저자의 정의	• 특정 목적을 위한 도관체로서 SPC를 설립 • 해당 SPC에 금융을 지원하는 방식 • 전통적인 대출방식이 아닌 금융기법, 그중에서도 특히 자산유동화증권이나 파생상품을 활용한 방식의 자금조달방식 ※ 금융실무에서는 구조화금융은 자산유동화와 직간접적으로 연관된 경우가 대부분임

한편, 국내 금융시장에서는 「자산유동화법」에 근거하지 않은 이른바 '비등록 자산유동화'를 가리켜 구조화금융(structured finance)이라고 지칭하는 경우가 간혹 있습니다만, 이는 구조화금융의 일반적인 의미와는 거리가 있으며, 구조화금융을 국내의 특정 법을 기준으로 하여 임의로 구분하여 호칭하는, 지나치게 협소한 해석이라는 점 참고하시기 바랍니다. (등록 자산유동화, 비등록 자산유동화의 구분에 대해서는 곧 차근차근 설명드리겠습니다.)

구조화금융과 부동산PF

그런데 여기서 구조화금융과 부동산PF는 어떤 관계일까라는 궁금증을 가지실 수 있습니다. 앞서 부동산PF라는 용어가 부동산개발금융과 사실상 동의어로 한국에서 사용되는 경우가 많고, 동시에 전통적인 기업대출과 대비되는 개념의 새로운 금융방식(기법)으로서의 의미도 지니고 있다고 설명드렸습니다. 또한 부동산PF와 자산유동화, 부동산펀드 등의 개별적인 금융방식이 서로 어떤 관계인지도 말씀드린 바 있습니다.

다시 한번 복기를 해보면, 부동산PF가 물론 새로운 금융방식(기법)으로서의 의미를 가지지만, 이때는 상환재원이나 채권보전이 어떤 것이냐의 관점에서 바라본 측면이 강하며, 자금조달을 위한 구체적인 금융방식, 즉 대출방식을 통한 자금조달인지 또는 증권을 활용한 구조화금융방식인지 등을 기준으로 한 것은 아닙니다.

쉽게 말씀드리자면, 구조화금융이 PF를 위한 자금조달 방식 중 하나로서 표현될 수는 있지만, 그 역은 성립하기 힘들다는 의미이기도 합니다. 즉, PF를 구조화금융으로 조달했다, 구조화해서 PF를 조달했다라는 표현은 성립할 수 있어도, 구조화금융을 PF방식으로 조달했다라는 표현은 성립하지 않는다는 의미이기도 합니다. 이는 PF라는 용어가 기업의 시설자금대출이라는 표현처럼, 어떤 목적을 위한 타인자본대여라는 명확한 개념을 내포하고 있는 데 반하여, 구조화금융이라는 것은 금융기법 중 하나로서의 의미가 더 강하기 때문입니다. 앞서 설명드린 바 있지만 이를 그림으로 다시 한번 표현하면 다음과 같습니다.

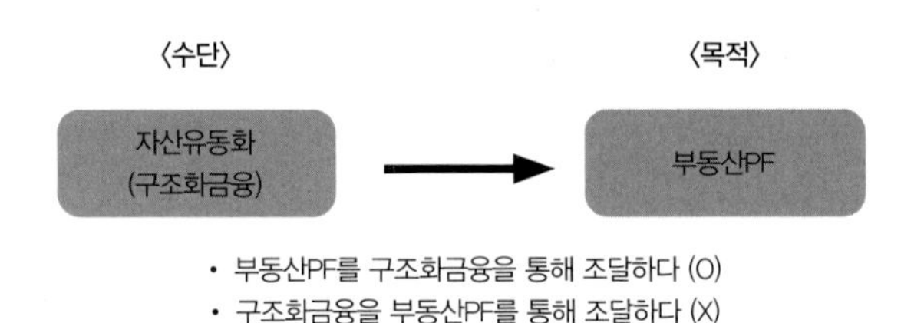

• 부동산PF를 구조화금융을 통해 조달하다 (O)
• 구조화금융을 부동산PF를 통해 조달하다 (X)

그림 5.2 구조화금융과 부동산PF의 상관관계

참고로, 금융기법으로서의 속성만을 기준으로 비교하면 구조화금융의 대표적인 금융방식인 자산유동화와 프로젝트 파이낸스는 근본적으로 다른 성격을 가진다고 할 수 있습니다. 즉, 두 금융기법 모두 재무상태표에 부담을 주지 않는 비소구 차입방식이라는 점에서는 비슷한 성격을 가집니다. 하지만 일반론적으로 자산유동화의 핵심요소 중 하나가 자산의 양도에 따른 소유분산과 이로 인한 위험절연을 통해 유동화 전문회사 등이 우량 신용등급을 획득하는 것인 데 비해, 프로젝트 파이낸스는 거액의 장기 프로젝트로서 상대적으로 위험도가 높기 때문에 증권화를 통한 대중투자자로의 판매가 쉽지 않다는 점에서 같은 비소구 금융의 성격을 가지고 있지만 증권화의 관점에서는 다른 특징을 가지는 금융기법[3]이라고 할 수 있습니다.

자산유동화의 이미지

'유동화'라는 것은 영어 'securitization'을 우리말로 옮긴 것이며 한자로는 '流動化'라고 표기합니다. 개인마다 차이는 있겠지만 '유동화'라는 표현을 들으면 아마 뭔가 자유롭게 떠다니거나 부유하는, 기존에 매여 있던 또는 고정된 어떤 것에서 풀려나는 이미지가 연상되지 않을까 싶습니다. 앞으로 자산유동화 또는 유동화라는 말을 접하시게 되면 바로 이 뭔가 자유로운, 고정되지 않은 어떤 것이라는 핵심 이미지를 잘 기억해 두실 필요가 있습니다.

자산유동화와 관련하여 가장 많이 접하시는 '자산유동화증권'이라는 용어는 영어의 ABS, 즉 'Asset Backed Securities'를 우리말로 번역한 것입니다. 'Asset Backed'라는 것은 곧 자세히 설명드리겠지만 유동화할 대상이 되는 '매여 있는' 자산을 기초로 새로운 증권을 발행하여 필요한 자본을 조달하는 뜻이라고 할 수 있습니다. 여기서 '매여 있다' 또는 '고정돼 있다'라고 표현해 드렸습니다만, 구체적으로는 현재 보유 중인 자산을 통해 현금의 유입은 확정되어 있으나, 그 유입시점이 미래이기 때문에 현재로서는 해당 자산이 자본으로 전환되기 곤란한 상태를 뜻하며, 회계적으로는 비유동(illiquid) 상태[4]에 있음을 뜻합니다. 자산유동화는 비유동 상태에 있는 자산을 마치 마법처럼 현재 시점에서 현금자산으로 치환해 주는 금융방식입니다.

자산유동화를 그림으로 간략히 이미지화하면 다음과 같습니다. 보다 상세한 내용은 곧 사례를 들어 설명드리겠습니다.

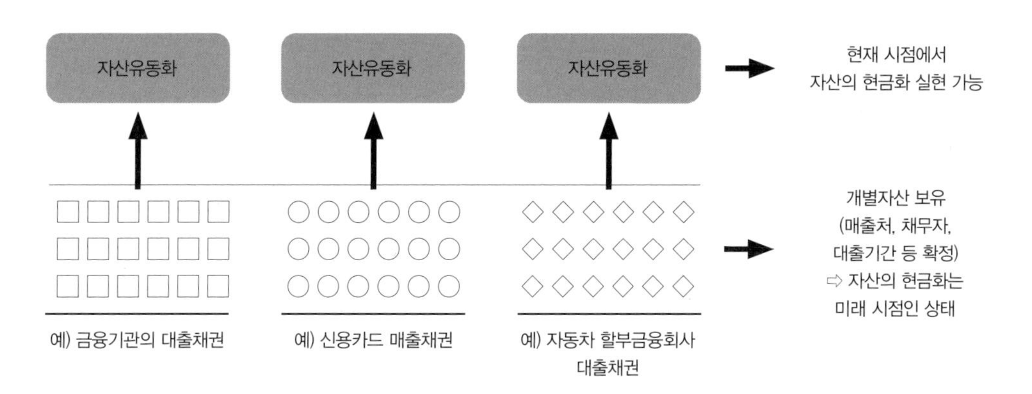

그림 5.3 자산유동화의 기본 이미지

4 1년 이내에 현금화가 가능한 자산을 유동자산, 그렇지 않은 자산을 비유동자산이라고 구분합니다.

참고로, '자산유동화'를 영어로 옮길 때 'securitization'이 아니고 'liquidation'으로 오기하는 경우가 간혹 있습니다. 비유동 상태에 있는 자산을 현금자산화한다는 측면을 떠올리고, 그렇다면 유동자산(liquid asset)으로 전환되는 것이라는 측면에서 'liquid'의 명사형 'liquidation'으로 기재하는 것이 그런 경우입니다. 영미권에서는 비유동자산을 증권화함으로써 유동자산화한다는 측면, 즉 '증권화' 자체에 큰 의미를 두고 'Asset Securitization'이라는 표현을 사용[4]하기 시작했습니다. 이를 일본과 우리는 '자산유동화'로 번역하여 사용하고 있는 것이므로, 우리말의 '자산유동화'에 포함되는 '유동화'라는 개념은 증권화를 뜻하는 'securitization'에 대응하며, 영어 'liquidation'은 파산과 관련하여 자산의 청산을 뜻하는 용어로서 우리가 다루는 자산유동화와는 전혀 다른 뜻이라고 할 수 있습니다. 'liquidation'에 자산의 정리 및 현금화라는 이미지가 일부 포함돼 있는 것은 사실입니다. 하지만 예를 들어 'liquidation sale'이라고 하면 점포정리세일을, 'go into liquidation'은 파산한다는 뜻으로서 영업이 종료 또는 청산되어 자산이 배분되는 것과는 엄연히 다른 개념이므로 'asset securitization'(자산유동화)와 혼동 없으시기 바랍니다.

- 자산유동화: 영어의 'Asset Securitization'을 우리말로 번역한 것
- 영미권에서의 자산유동화는 곧 증권화를 통한 비유동자산의 현금화 이미지
- 'liquidation'은 청산, 정리, 파산 등을 뜻하며 'liquid asset'(유동자산)이나 자산유동화와는 관계가 없음

한편, 'liquidation'이 영업의 정리와 관련하여 자산의 배분 및 현금화라는 의미를 가지고 있는 것에 비해, 'liquidity'는 회계에서 자산의 유동성을 뜻하는 다른 개념의 용어입니다. 예를 들어, 회계적으로 유동성 비율이라고 하면 어떤 회사가 보유하고 있는 유동자산이 유동부채 대비 어느 정도인지를 나타내는 것(즉, 유동자산/유동부채)으로서 즉시 현금화할 수 있는 현금성 자산이 1년 이내 도래하는 부채 대비 어느 정도인지를 분석하는 데 쓰이는 재무건전성 지표입니다.

자산유동화의 기본 의의

앞서 자산유동화라고 하면 어떤 이미지를 떠올려야 하는지 가장 기본적인 내용을 살펴봤습니다. 지금부터는 자산유동화를 보다 구체적으로 어떻게 정의할 수 있는지, 그리고 그 대상 자산에는 어떠한 것이 있는지를 살펴보겠습니다. 아울러 일반 대출과 비교하여 어떤 차이점이 있고 그 장단점은 어떠한지 등도 함께 살펴보도록 하겠습니다.

① 자산유동화의 정의: 양도자산을 기초로 한다는 것의 의미

일반적으로 자산유동화라 하면 앞서 설명드린 것처럼 자산보유자가 보유한 비유동상태에 있는 각종 자산, 예를 들면 대출채권이나 매출채권, 부동산 등을 바탕으로 유가증권이나 기타 채무증서로 전환하여 자본시장에서 유동자산화하는 일체의 행위[5]를 일컫습니다. 이때의 유가증권이나 기타 채무증서를 자산유동화증권, 즉 ABS(Asset Backed Securities)라고 하며, 자산유동화의 가장 기본적인 금융구조는 다음과 같은 모습을 갖습니다.

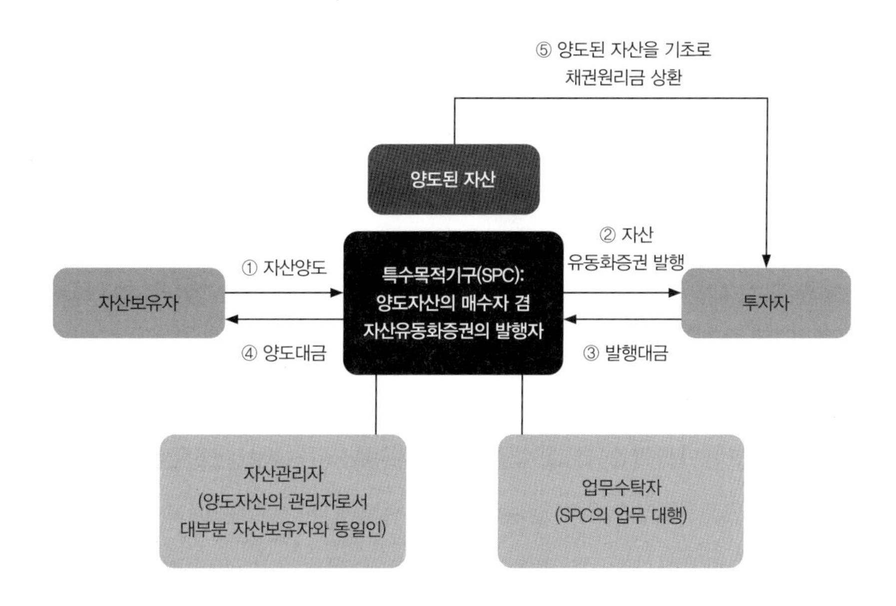

그림 5.4 자산유동화의 기본 구조

한편 현행 「자산유동화에 관한 법률」(이하 「자산유동화법」)에 따르면 자산유동화를 "유동화전문회사 또는 신탁업자가 자산보유자로부터 유동화자산을 양도 또는 신탁받아 이를 기초로 유동화증권을 발행하고, 당해 유동화자산의 관리·운용·처분에 의한 수익으로 유동화증권의 원리금 또는 배당금을 지급하는 일련의 행위"라고[6] 할 수 있습니다. 참고차 해당 법 조항 원문을 그대로 소개해 드리면 다음과 같습니다.

「자산유동화에 관한 법률」 제2조(정의)

1. "자산유동화"라 함은 다음 각목의 1에 해당하는 행위를 말한다.
   가. 유동화전문회사(資産流動化業務를 專業으로 하는 外國法人을 포함한다)가 자산보유자로부터 유동화자산을 양도받아 이를 기초로 유동화증권을 발행하고, 당해 유동화자산의 관리·운용·처분에 의한 수익이나 차입금 등으로 유동화증권의 원리금 또는 배당금을 지급하는 일련의 행위
   나. 「자본시장과 금융투자업에 관한 법률」에 따른 신탁업자(이하 "신탁업자"라 한다)가 자산보유자로부터 유동화자산을 신탁받아 이를 기초로 유동화증권을 발행하고, 당해 유동화자산의 관리·운용·처분에 의한 수익이나 차입금등으로 유동화증권의 수익금을 지급하는 일련의 행위
   다. 신탁업자가 유동화증권을 발행하여 신탁받은 금전으로 자산보유자로부터 유동화자산을 양도받아 당해 유동화자산의 관리·운용·처분에 의한 수익이나 차입금 등으로 유동화증권의 수익금을 지급하는 일련의 행위
   라. 유동화전문회사 또는 신탁업자가 다른 유동화전문회사 또는 신탁업자로부터 유동화자산 또는 이를 기초로 발행된 유동화증권을 양도 또는 신탁받아 이를 기초로 하여 유동화증권을 발행하고 당초에 양도 또는 신탁받은 유동화자산 또는 유동화증권의 관리·운용·처분에 의한 수익이나 차입금 등으로 자기가 발행한 유동화증권의 원리금·배당금 또는 수익금을 지급하는 일련의 행위

그런데 위 정의 중 "자산을 양도받아 이를 기초로 증권을 발행"한다는 표현이 있습니다. 여기서 양도받은 자산을 기초로 증권을 발행한다는 것은 '양도받은 자산에 대한 소유권을 양도받아 해당 자산에 대한 소유권을 취득하고, 그 자산에서 발생하는 현금흐름을 담보로 하여 새로이 채무증권을 발행'한다는 의미입니다. 즉, 자산유동화증권 원리금의

일차적 상환재원은 기초자산으로부터 창출되는 현금흐름이라는 특징을 가지고 있다고 할 수 있습니다.

이를 보다 자세히 그림으로 표현하면 다음과 같습니다.

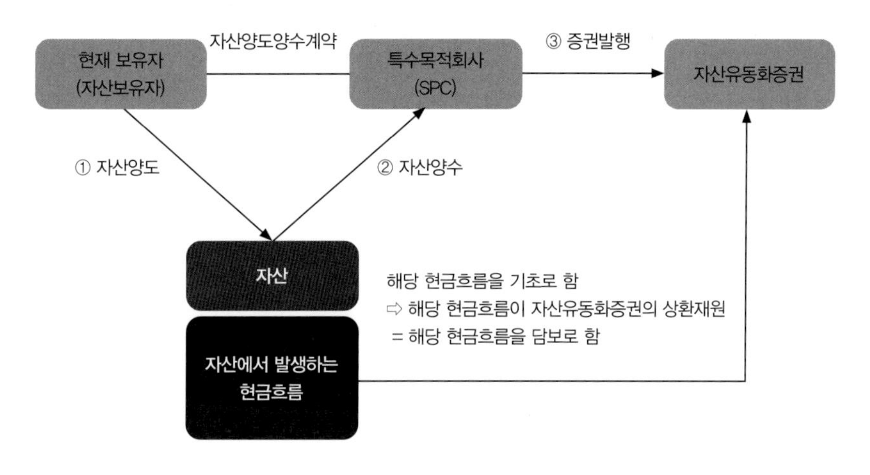

그림 5.5 양도받은 자산에 기초한 증권발행

② 자산유동화의 대상이 되는 기초자산 및 자산유동화증권의 분류

자산유동화의 대상이 되는 자산을 「자산유동화법」에서는 채권, 부동산 및 기타의 재산권으로 규정하고 있습니다. 너무 포괄적으로 규정돼 있어 잘 와닿지 않을 수 있지만, 이론적으로는 기업이 보유한 비유동자산으로서 추후 안정적인 현금흐름이 기대되는 자산이면 모두 대상 자산으로서 가능하다고 할 수 있습니다. 금융시장에서는 일반적으로 기업의 확정 매출채권이나 금융기관의 대출채권 등이 그 대상자산으로 활발히 이용[7]되고 있습니다. 현재 확정되지 않은 상태로서, 추후 발생할 것으로 합리적으로 예상되는 장래 매출채권도 자산유동화의 대상이 될 수 있으나, 확정 매출채권에 비해 상대적으로 자산유동화를 위한 조건이 까다롭습니다. 따라서 일반적으로는 객관적으로 장래 매출채권의 발생가능성이 높고, 구체적으로 채권이 특정가능한 경우에만 제한적으로 자산유동화의 대상이 된다고 할 수 있습니다.

자산유동화증권(ABS)은 기초가 되는 자산이 어떤 것이냐에 따라 별도의 명칭을 붙이는 것이 일반적입니다. 예를 들어, 부동산PF 대출채권을 기초자산으로 하는 경우에는 부동산PF Loan ABS 등으로 구체적으로 구분해서 부르고 있으며, 기초가 되는 양도대상 자산이 은행의 대출채권인 경우에는 포괄적으로 CLO(Collateralized Loan Obligation)로, 그중에서도 주택담보대출인 경우에는 더 구체적으로 MBS(Mortgage Backed Securities)로 구분하는 등 다양하게 분류할 수 있습니다. 기초자산뿐만 아니라 발행증권의 형태에 따라서도 구분이 가능한데, 기초자산을 담보로 발행되는 유동화증권의 형태가 기업어음(Commercial Paper, CP)인 경우, ABS라는 표현 대신 ABCP(Asset Backed Commercial Paper)로 특정하여 달리 부르는 것이 그 대표적인 예입니다.

이를 표로 정리하면 다음과 같습니다.

표 5.5 자산유동화의 대상자산 및 자산유동화증권의 종류[8]

항목	내용		
대상 자산	• 「자산유동화법」상 자산: 채권, 부동산 및 기타의 재산권 • 일반적 의미: 기업이 보유한 비유동자산으로서 추후 안정적인 현금흐름이 기대되는 자산이면 모두 가능 • 금융시장에서는 기업의 확정 매출채권이나 금융기관의 대출채권 등이 주 대상		
종류	ABS		• Asset Backed Securities의 줄임말 • 직역하면 자산담보부증권에 해당 • 일반 사채를 기초로 하는 자산유동화증권을 가리키나, 자산유동화증권을 포괄적으로 지칭할 때에도 사용됨
	ABCP		• Asset Backed Commercial Paper의 줄임말 • 직역하면 자산담보부 기업어음에 해당 • 기초자산을 담보로 발행되는 유동화증권이 기업어음인 경우 • 기업어음의 만기는 3개월(90일)이 대부분으로서 총 유동화 기간 동안 3개월마다 차환발행(revolving)되는 것이 기본 구조 • 만기가 3개월로서 단기인 기업어음의 특성상 명목이율이 장기 채권 대비 일반적으로 낮은 수준이므로, 일반적인 금융환경에서 매 3개월마다 차환이 정상적으로 이루어지는 경우 전체 유동화 기간 동안 평균 조달금리를 대폭 낮출 수 있음
	ABSTB		• Asset Backed Short Term Bond의 줄임말 • 「주식·사채 등의 전자등록에 관한 법률」(약칭: 전자증권법)에 의한 자산담보부 전자단기사채를 뜻하며, 자산유동화 실무에서는 ABCP와 함께 단기증권의 형태를 가지는 자산유동화증권으로 분류
	부동산PF Loan ABS		• 부동산PF의 자금조달을 목적으로 하며, 대출채권을 기초자산으로 함 • 발행증권이 ABCP인 경우 부동산PF Loan ABCP로도 호칭
	ABL		• Asset Backed Loan의 줄임말 • 유동화자산을 담보로 금융기관이 실행하는 대출을 포괄적으로 일컫는 용어
	CDO		• Collateralized Debt Obligation의 줄임말 • 부채담보부증권으로서 크게 두 가지로 구분됨 • 금융실무에서는 '합성 CDO'를 편하게 가리키는 말로도 사용[9]
		CLO	• Collateralized Loan Obligation의 줄임말 • pooling된 대출채권을 기초자산으로 하는 경우
		CBO	• Collateralized Bond Obligation의 줄임말 • pooling된 회사채를 기초자산으로 하는 경우 • 신규 발행된 회사채를 기초자산으로 하는 경우를 별도로 'P-CBO'라고 함(P: Primary의 머리글자)

표 5.5 (계속)

항목		내용
종류	합성 CDO	• Synthetic Collateralized Debt Obligation의 줄임말 • 일반적인 자산유동화구조와 다르게 자산보유자는 자산을 그대로 보유하고 대신 해당 자산과 관련된 자산보유자의 신용위험을 양도자산으로 함 • 일반적으로 신용디폴트스왑(CDS)이라는 신용파생계약을 활용하여 인위적으로 기초자산이 구성되므로 '합성'이라는 명칭을 사용
	MBS	• Mortgage Backed Securites의 줄임말로서 CLO의 한 종류 • pooling된 부동산담보대출이 기초자산인 경우 • 상업용부동산의 담보대출인 경우 CMBS(Commercial Mortgage Backed Securites)로, 주택담보대출을 pooling했을 경우를 RMBS(Residential Mortgage Backed Securites)라고 함
	Auto Loan ABS	• 자동차할부대출채권을 기초로 하는 경우
	CARD	• Certificate of Amortization Revolving Debts의 줄임말 • 신용카드매출채권을 기초자산으로 하는 자산유동화 증권

③ 자산유동화의 특징과 장단점: 진정양도의 중요성과 긍정·부정 효과

자산유동화가 여러 가지 다양한 재무적 또는 비재무적 효과를 가지지만 가장 중요한 본질적인 특징은 자산을 보유한 기업의 도산위험과 그 기업이 보유하고 있는 자산을 절연시켜서 새로운 채무증권을 창출한다는 점에 있다고 할 수 있습니다. 결국 도산위험과의 절연이라는 것은 자산보유자의 신용위험과의 절연을 뜻한다고 할 수 있으며 이러한 절연을 위해서는 해당 자산의 양도가 '진정한 양도(true sale)'여야 한다는 전제가 필요합니다. 만약 자산유동화를 위한 자산의 양도가 진정한 것이 아니라면, 해당 자산의 현금흐름을 기초로 발행되는 자산유동화증권의 상환안정성은 그 뿌리부터 흔들릴 수밖에 없기 때문입니다. 따라서 '진정양도'는 자산유동화를 자산유동화이게끔 하면서 다른 금융기법과 근본적으로 구분되는 자산유동화의 본질적인 특징이라고 해도 지나치지 않습니다.

현행 「자산유동화법」에서는 이러한 진정양도를 충족하고 보호하기 위해 자산보유자, 즉 양도인이 유동화자산에 대해 반환청구권을 가지지 않는 것과 자산의 양수인은 양도된 자산에 대한 위험을 인수할 것을 주 내용으로 하는 양도의 방식(제13조)과 자산보유자의 도산 시에도 자산보유자가 양도한 자산 중 임차료채권에 대해서는 「채무자 회생 및 파산에 관한 법률」이 적용되지 않는 내용의 차임채권(제15조)이라는 조항을 두고 있습니다.

비유동 상태의 자산을 당좌자산화한다는 자산유동화는 자산보유자를 기준으로 그 나름의 긍정적 그리고 부정적인 효과를 가지고 있습니다. 이를 표로 정리하면 다음과 같습니다.

표 5.6 자산유동화의 긍정적 · 부정적 효과[10]

항목	내용
긍정적 효과	• 자금의 효율성 향상 – 비유동성 상태의 자산이 유동자산화되므로 자금의 고정화에서 탈피 가능 • 자금조달 비용의 절감 가능 – 자산보유자의 신용위험과 절연되므로, 대상자산 및 구조에 따라 자산보유자의 신용등급보다 양호한 신용등급 확보 가능 • 재무구조 개선효과 – 자산을 양도하는 방식이므로 자산유동화대금은 부채로 인식되지 않으며 유입된 자산유동화대금은 현금자산(유동자산) 증가로 귀결됨 – 자산보유자가 자산관리자 역할 대행 시 별도의 수수료 수입도 가능하며 소폭이지만 자기자본비율 향상 및 재무구조개선 효과 발생 • 사업여력 증대 – 신규 자금조달을 바탕으로 신규사업 추진 여력 증대
부정적 효과	• 복잡한 거래구조 – 대상자산의 동질성이 전제되어야 함 – 구조화금융의 본질적인 특성상 일반 대출 대비 금융구조가 복잡하고 이해당사자가 다수로서 향후 금융조건 변경 또는 양도자산과 관련된 의사결정 시 상대적으로 의사결정이 쉽지 않을 가능성이 높음 • 필요시 신용보강을 위한 추가 거래비용 발생 가능성이 있으며, 규모가 작을 경우 상대적으로 거래비용이 증가하는 경향이 높음 • 기존 채권자의 이해관계와 상충될 가능성 – 자산보유자의 기존 차입금 채권자가 차입을 위한 안전장치로서 자산의 매각을 금지하는 경우 자산유동화는 불가능 – 명문화되지 않았더라도 자산의 매각은 자산보유자의 신용에 큰 영향을 미치는 요인으로서 기존 채권자와 갈등 가능성이 있음

④ 자산유동화의 회계처리

위 표의 긍정적 효과 중 "자금의 효율성 향상"은 구조화금융의 하나로서 자산유동화가 기존의 주식이나 채권발행, 대출 등의 전통적인 자금조달 기법으로는 충족되지 않는 자금수요자와 자금공급자의 니즈를 충족시켜 주는 가장 근본적인 장점이자 존재 이유라고 할 수 있습니다.

재무구조 개선과 관련해서는 회계적으로 다음과 같은 효과가 발생합니다. 이와 관련해서는 금융감독원에서 펴낸《자산유동화 실무안내》책자의 예시가 가장 이해하기 쉽게 작성되어 있으므로, 이를 기준하여 인용 및 일부 수정하여 안내드리겠습니다.

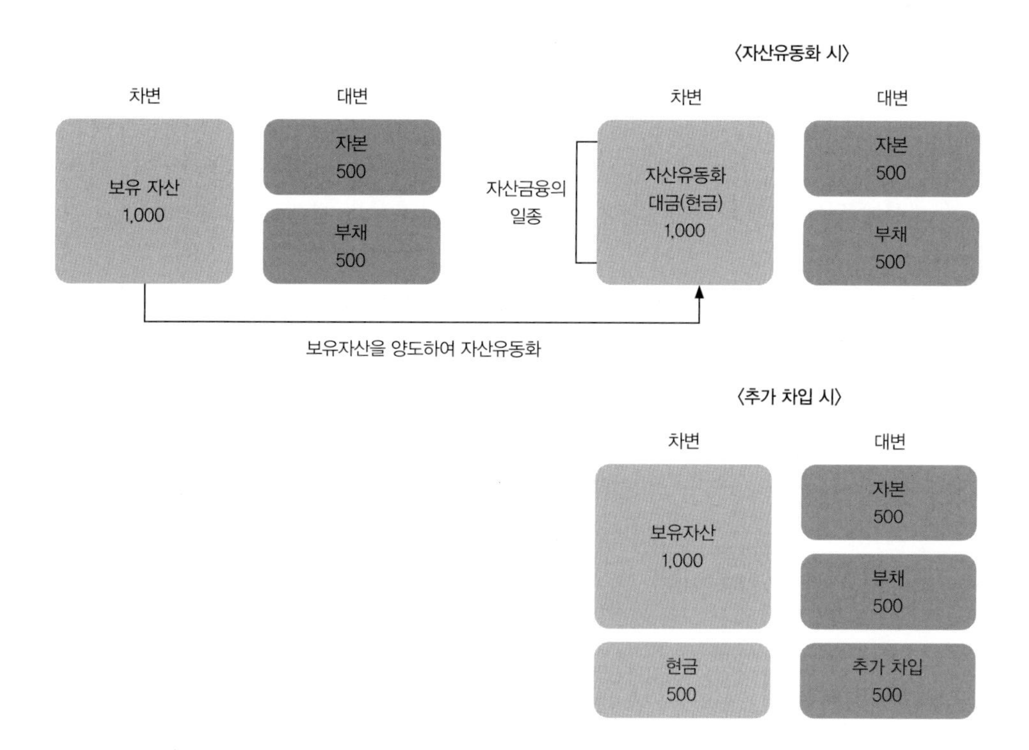

그림 5.6 자산유동화의 회계처리

위 그림에서 보시는 것처럼 자산유동화는 차변의 자산을 양도하여 다시 현금을 생성하는 구조로서, 회계적으로는 차변의 자산을 활용한 금융인 자산금융(asset based financing)의 일종이라고 할 수 있습니다. 새로 차입을 하는 경우와 비교해 보면 자산유동화의 경우 부채비율은 증가하지 않습니다. 아울러 자산유동화 대금으로 조달된 자금을 기존 부채의 상환에 사용한다면 그만큼 오히려 부채비율이 감소하는 효과도 누릴 수 있습니다. 또한 조달된 자산유동화 대금으로써 신규 사업을 수행하여 추가 수익이 발생한다면 그만큼 자기자본비율(ROE)이 높아지는 효과도 기대할 수 있습니다.

반대의 경우도 있습니다. 예를 들어 금융기관이 보유하고 있는 부실채권(NPL)을 기초자산으로 하여 자산유동화를 실행했다고 하면 회계적으로는 부실채권의 감소, 즉 위험가중자산이 감소함으로써 국제결제은행의 자기자본비율[5]이 증가하는 효과가 기대되는 것이 일반적입니다. 하지만 현실적으로 NPL은 장부가 대비 할인하여 경쟁입찰

5 BIS 자기자본비율 = 자기자본/위험가중자산 x 100

로 매각하는 경우가 대부분이므로 매각손실이 발생하고, 이에 따라 위험가중자산은 감소하지만 결과적으로 자본감소 및 부채비율 증가로 귀결되는 경우[11]가 많습니다. 이렇듯 자산유동화를 통한 회계적 영향은 일반적으로는 자산금융의 일종으로서 재무구조 개선에 긍정적인 효과가 발생하지만 사안에 따라서는 복잡하고 다면적인 효과를 발휘하기도 합니다.

⑤ 자산유동화와 일반 담보대출은 어떻게 다를까

이 역시 금융감독원의 《자산유동화 실무안내》에서 일목요연하게 잘 정리하고 있습니다. 이를 인용 및 일부 수정하여 정리하면 다음 표와 같습니다.

표 5.7 자산유동화와 일반 담보대출의 차이점

항 목	자산유동화	일반 담보대출
기본 성격	• 비유동 상태의 일반 담보대출 대비 상대적으로 유연	• 보유자산이 비유동 상태에 머물러 있는 경직성
회계처리	• 진정양도 조건에 부합 시 유동화자산은 매각처리	• 자산보유자가 자산을 그대로 보유
신용위험 절연	• 자산보유자의 신용위험(파산 포함)으로부터 절연 가능	• 차주인 자산보유자의 신용위험과 직접적으로 연결
종류	• 대상 기초자산에 따라 다양한 종류의 자산유동화 증권 생성 가능	• 비유동 상태의 자산 속성상 이를 바탕으로 한 추가 금융상품 창출 곤란
자산양도 관련 특례	• 「자산유동화법」에 의한 자산유동화인 경우 채권양도 및 저당권취득 관련 특례 인정	• 별도의 특례 없음 • 피담보채권 양도 시 이에 수반하는 별도의 담보권 이전 절차 필요

위 표의 내용 중 자산양도 관련 특례는 보다 자세히 살펴볼 필요가 있는데, 곧이어 소개해 드리는 「자산유동화법」에 의한 자산유동화의 특례 부분에서 상세히 설명드리겠습니다.

⑥ 자산유동화의 친척 격인 팩토링과 포페이팅

부동산개발금융시장에서 팩토링을 직접 접하게 될 가능성은 사실 거의 없습니다만, 기본적으로 자산유동화와 팩토링이 유사한 부분이 있다는 점에서, 자산유동화와 같은 점은 어떤 것이고 다른 점은 어떤 것인지 간단하게 살펴보고자 합니다.

팩토링(factoring)이라는 명칭은 고대 로마에서 현재의 팩토링과 유사한 개념을 일컫는 용어인 'facere'에서 유래[12]된 것으로 알려져 있습니다. 국내 금융시장에서는 매출채권을 매입하고 그 대가로서 기업에 자금을 대여하는 행위로 인식되며, 「상법」 제46조 21호에서는 "영업상 채권의 매입·회수에 관한 행위"라고 간단히 규정되어 있기도 합니다. 팩토링은 16세기 유럽국가들의 식민지 개척에 따라 발전하기 시작한 제도로서 19세기 후반부터 정착되어 현재 미국과 일본 등지에서 활발히 이용되고 있는 금융방식 중 하나입니다. 그 기원을 거슬러 올라가보면 약 5천 년 전 바빌로니아에서도 현재의 팩토링과 유사한 채권매입행위가 있었다는 문헌이 발표될 정도이니, 서구에서는 인류문명의 시작과 함께 발전하기 시작한 유서 깊은 상업제도라고 할 수 있습니다.

팩토링은 식민지 현지의 상관습에 밝으면서 자금력과 함께 인적 네트워크 등을 보유한 대형 기업들이 식민지의 물품수요 및 상관례 등에 어두운 수출업자와 상인에게 16세기부터 금융서비스를 제공하기 시작하면서 본격적으로 발전하게 되었습니다. 한국에서는 아직 주류로 자리 잡지 못하고 있지만 정부의 지원과 관련 제도의 정비 등으로 팩토링의 시장규모 확대를 위한 기반이 마련되어 가고 있습니다.

팩토링은 금융 관점에서 다양하게 정의될 수 있지만 일반적으로는 기업의 영업활동으로 발생하는 현재 또는 장래의 채권을 해당 기업에게 상환청구권이 없는 조건으로 기업으로부터 할인매입하여, 종국적으로는 매출처(거래처)의 신용위험을 인수함으로써 해당 채권의 변제기까지 추심, 회수를 담당하고 매출채권 양수에 대한 반대급부로서 기업에 자금을 제공하는 업무[13]라고 할 수 있습니다. 제조업 중소기업의 예를 들면, 판매기업이 구매기업의 부도 등의 우려와 관계없이 매출채권을 할인매각하여 조기 현금화를 이루는 방식이라고 할 수 있습니다.

팩토링은 그 대상이 영업상 매출채권에 국한되고 팩토링 기간, 즉 매출채권이 현금화되는 기간도 자산유동화와 비교하여 상당히 단기라는 점 등에서 차이가 있습니다. 그러나 비록 증권화를 하지 않고 그 대상이 현실적으로는 상거래라는 매우 좁은 영역에 국한된다는 점 등에서 한계도 뚜렷합니다만, 아직 현금화되지 않은 매출채권을 양도, 매각함으로써 자금을 조달한다는 측면에서는 사실상 채권유동화의 한 형태로서 자산유동화의 본질적인 속성과 맞닿아 있는 제도라고 할 수 있습니다. 이러한 팩토링과 자산유동화의 주요 차이점을 표로 정리하면 다음과 같습니다.

표 5.8 자산유동화와 팩토링의 차이점[14]

항 목	자산유동화	팩토링
회계처리	• 자산의 매각	• 매출채권의 매각
양수인	• 유동화전문회사 등(SPC 등)	• 매출채권의 매입을 전문으로 하는 자(팩터: factor)
대상	• 채권, 부동산 및 기타의 재산권 • 원칙적으로 미래의 안정적 현금흐름이 담보되는 자산이면 모두 가능	• 매출채권에 국한
만기	• 장·단기	• 단기
유동화방식	• 유동화증권을 발행	• 채권의 매각으로 거래 종료

팩토링은 매출채권을 제3자에게 양도한다는 측면에서 자산유동화와 유사하나, 자산유동화의 경우 일반적으로 기초자산의 보유자가 양도 후에도 자산관리자로서 상당한 역할을 하고, 자산을 양수받은 SPC는 이를 바탕으로 별도의 증권을 발행하여 제3의 투자자로부터 자금을 조달하는 구조입니다. 반면에, 팩토링은 팩토링 회사, 즉 팩터가 매출채권을 인수하면서 자산보유자에게 금융까지 직접 제공한다는 점, 그리고 채무자인 상품 및 서비스의 구매자에 대한 신용위험을 자체적으로 부담하고, 매출채권의 관리나 추심 업무 서비스를 자산보유자를 대신하여 제공한다는 점에서 금융구조상 근본적인 차이가 있습니다. 이런 측면에서, 팩토링은 영업 관련 일상적으로 발생하는 매출채권만을 그 대상으로 국한하여 금융 제공과 해당 매출채권의 관리서비스 제공이 결합된 금융상품이라고 할 수 있습니다.

한편, 포페이팅(forfaiting)은 무역금융에서 활용되는 채권유동화의 한 형태입니다. 수출업자가 수출환어음을 비소구조건으로 포페이팅업자에게 할인매각하여 수출대금을 조기에 회수하는 방식으로서 채권유동화라는 관점에서는 팩토링과 유사한 개념이지만 대개는 단기 6개월~5년의 중·장기 채권을 대상으로 한다는 점에서 자금공여기간이 상당히 단기인 팩토링과 구분됩니다. 한국에서는 대부분 신용장방식거래에 한정하여 운용되고 있으며 포페이팅을 활용하면 수출업자는 추후 발생할 수도 있는 수입업자의 부도나 지급불능 위험에서 분리되어 수출대금을 조기 환수·활용할 수 있게 되므로 자금의 원활한 운용에 큰 도움이 됩니다. 포페이팅도 재무상태표에서 자산의 매각처리는 가능하며 이론적으로는 포페이팅을 장기간에 걸쳐 연장할 경우 기업의 해외매출채권 ABS와 유사한 형태가 된다[15]고 할 수 있습니다.

정리하자면 팩토링은 주로 기업의 매출채권의 매각을 통한 단기 자금조달을 목적으로 하며, 포페이팅은 무역금융의 일종으로서 수출업자의 수출대금 조기 환수를 위한 제도라고 할 수 있습니다. 비록 대상 채권이나 방식은 자산유동화와 엄연히 다른 형태를 가지지만, 채권유동화의 관점에서는 두 금융기법 모두 현재의 자산을 바탕으로 미래에 유입될 현금흐름을 현재 시점에서 확보하고자 하는 자산유동화와 본질적인 면은 유사한 부분이 있다고 할 수 있습니다.

근거법을 기준으로 한 대한민국의 자산유동화

법적인 자산유동화(등록 유동화) vs. 일반 자산유동화(비등록 유동화)

① 법적인 자산유동화와 일반 자산유동화

자산유동화는 그 기초자산과 발행형태에 따라 구분할 수도 있지만, 근거법령을 기준으로는 크게 두 가지로 분류할 수 있습니다. 여기서는 자산유동화의 법적인 개념 및 실무상 개념을 아울러 살펴보고, 이어서 자산유동화 구조의 참여당사자가 어떤 회사들이고 그 역할은 어떠한지 등을 자세히 살펴보도록 하겠습니다.

자산유동화[6]도 법에 의한 자산유동화가 있고, 그렇지 않은 경우가 있습니다. 모든 상경제 활동이 「상법」이나 「민법」에 지배를 받으므로 사실 법에 의하지 않는 자산유동화란 엄밀히 말하면 있을 수 없습니다. 다만, 실무에서 흔히 '법상 유동화'(실무상으로는 '등록 유동화'라는 표현도 많이 쓰고 있습니다.)라는 것은 「자산유동화법」에 의거한 유동화를 의미합니다. 이 외에는 금융시장에서 통상적으로 '일반 자산유동화', '비등록 자산유동화' 또는 '유사 자산유동화'라고 부르며, 금융감독원에서는 법상 유동화를 제외한 유동화를 포괄적으로 '기타 유동화방식', 그리고 이에 의한 유동화증권을 '유사 유동화증권'이라고 소개[16]하고 있습니다. 이를 간단히 구분하여 표로 정리하면 다음과 같습니다.

---

6 이하 '유동화'라고 표현되는 것은 달리 표현하지 않는 한 '자산유동화'와 동의어로 기술하였음을 알려드립니다. 실제로 구두로 의견을 교환하는 경우에는, 보통은 그냥 '유동화'로 표현하는 경우가 많습니다.

표 5.9 법적인 자산유동화와 일반 자산유동화

구 분	내 용
법적인 자산유동화	• 실무에서 흔히 표현하는 '법상 유동화' 또는 '등록 유동화'에 해당 • 지원법적 성격인 「자산유동화에 관한 법률」에 의거한 유동화 • 양도통지를 포함하여 여러 가지 특례가 인정되나 절차가 복잡함 • 금융기법으로서의 자산유동화에 대한 기준점 역할 수행
일반 자산유동화	• 위 법상 유동화를 제외한 유동화('비등록 자산유동화'로도 표현됨) • 자산유동화는 반드시 「자산유동화에 관한 법률」에 의거하여 진행해야 하는 것은 아님 • 법적인 자산유동화와 더불어 금융시장에서 널리 활용되고 있음

「자산유동화법」에 근거하여 자산유동화를 진행할 경우, 양도통지를 포함하여 여러 가지 특례가 인정되는 데 반하여 유동화가 실제 완료되기까지 절차적으로도 복잡하고 일반적으로 유사 유동화 대비 물리적인 기간도 더 소요되므로, 일반 유동화로도 소기의 목적을 달성할 수 있는 경우 일반 유동화에 의하여 자산유동화를 완성하는 경우가 실무적으로는 더 많습니다. 그렇다고 「자산유동화법」의 존재의미가 퇴색되는 것은 아니라고 보는데, 이는 「자산유동화법」이 크게는 일반 유동화까지 포함하여 '자산유동화'에 대한 방향성을 제시하는 기준점 역할을 하기 때문이고, 경우에 따라서는 실제로 여러 가지 특례를 목적으로 자산유동화를 실행하는 데 최적의 도구(tool)가 될 수 있기 때문입니다.

채권양도와 관련하여 채무자가 다수인 관계로, 「자산유동화법」에 의한 채권양도의 특례가 아니고서는 채권양도의 통지가 사실상 불가능한 경우에는 실제로 「자산유동화법」에 근거하여 유동화가 이루어지는 경우가 많습니다. 대표적으로 신용카드 매출채권 및 자동차 할부대금 등을 기초자산으로 하여 유동화하는 경우를 들 수 있습니다.

다시 한번 설명드리자면, 「자산유동화법」은 지원법적 성격을 갖고 있으므로 자산유동화를 위하여 반드시 이 법을 따를 의무[17]는 없습니다. 즉, 「자산유동화법」에 의거하여 유동화를 진행할 경우, 앞서 말씀드린 각종 조세감면이나 절차상으로 편의를 얻을 수 있기 때문에 「자산유동화법」에 의한 유동화를 진행하는 것이지, 꼭 「자산유동화법」의 틀에 맞춰서 유동화업무를 진행할 필요는 없습니다. 사안에 따라서는 유동화증권을 인수할 곳이 미리 정해져 있고[7] 인수할 곳 및 기초자산을 보유하고 있는 회사와 협의해서 기초자산의 양도일정 및 등록세 감면 여부 등과 관련하여 큰 이견이 없는 경우에는 절차

7 불특정다수에게 공개적으로 증권을 판매하는 것을 공모(公募)라고 하고, 그렇지 않은 경우를 사모(私募)라고 합니다. 미리 인수할 소수의 기관을 정해서 해당 유동화증권을 매출하는 경우에는 대부분 사모에 해당됩니다.

적으로 복잡한 「자산유동화법」에 의한 유동화를 굳이 진행할 필요가 없는 경우도 많습니다. 실무적으로는 부동산개발금융 측면에서만 보자면 「자산유동화법」에 의한 유동화보다는 일반 유동화가 더 자주 사용된다고 봐도 큰 무리는 없습니다.

「자산유동화법」에 의한 유동화인지 여부와 별개로 중요한 것은 앞서 말씀드린 'securitization'의 이미지, 즉 뭔가 매여 있어 당장 현금화하기 힘든 비유동자산을 현재 시점에서 현금성 자산으로 바꾸는 개념이라고 할 수 있습니다. 금융감독원의 자료를 인용하여 법상 유동화와 일반 유동화를 보다 상세히 비교하면 다음과 같은 차이점이 있습니다.

표 5.10 법상 유동화와 일반 유동화 상세 비교

항 목	법상 자산유동화	일반 자산유동화
근거법	• 「자산유동화법」, 「자본시장법」(공모 공시규제 관련), 「한국주택금융공사법」	• 「상법」, 「어음법」, 「자본시장법」, 「전자증권법」 등
SPC 설립형태	• 유한회사	• 주식회사, 유한회사 모두 가능
발행형태	• 회사채, 수익증권, 지분증권	• 기업어음, 단기사채
모집방식	• 대부분 공모(사모도 가능)	• 주로 사모
포괄유동화[1]	• 원칙적으로 불가능	• 가능(conduit)
발행조건	• 선·후순위 등 다양한 조건으로 발행 가능	• 기업어음의 특성상 조건부 발행 곤란
조달기간	• 장기자금 조달에 적합	• 일반적으로 단기자금 조달에 적합
발행 소요기간	• 통상 30일 내외(공모 기준)	• 통상 5일 이내(공모는 10일)
공시의무	• 유동화계획·양도 등록 • 대부분 증권신고서 제출(공모 시) • 중요사항 발생사실 수시공시	• 원칙적으로 공모 외에는 공시의무가 없음 • 단, 등록 유동화와 동일하게 ABCP 발행 시 신용등급 관련 공시의무는 존재(세부내용은 금융투자협회 홈페이지에 공시 의무화) • 만기가 1년 이상이거나 특정금전신탁에 편입가능성이 있는 ABCP는 투자자보호 등을 위해 공모로 간주하여 증권신고서 제출의무 부과(만기 3개월 이내 전자단기사채는 증권신고서 제출면제) • 증권사 등 금융투자회사의 ABCP 거래내역 사후보고 의무화
특례	• 「자산유동화법」상 특례적용 • 채권양도, 저당권취득 특례 • 파산절연 인정 • 등록취득세감면 등 각종 조세특례	• 원칙적으로 법령상 인정되는 특례는 없음 • 기타 특례는 본 표의 공시의무 참고
신용평가	• 1개 이상 평가기관 의무화(실무상 2개 이상 기관에서 평가)	• 의무사항 아님 • 단, 실무상 증권사의 기업어음 중개를 위해 2개 이상의 신용평가회사로부터 신용평가를 받음
발행비용	• 상대적으로 높은 발행비용 • 매각 관련 법률·회계처리 비용 • 신용평가, 자산실사수수료 • (공모 시) 인수수수료, 발행분담금 • 거래소 상장수수료 등 추가부담	• 부대비용 측면에서는 법상 자산유동화와 유사한 수준이나 상대적으로 전체적인 발행비용은 저렴

1) 포괄유동화: 1개의 SPC가 복수의 자산유동화증권(ABS)을 발행하는 것을 뜻함. 구체적으로는 다수의 유동화계획에 따라 수차례 유동화증권을 발행하는 것을 가리킴. 2010년 금융위원회 주도로 포괄유동화 허용방안이 입법예고된 적 있으나, 아직까지는 허용되지 않고 있음

위 표의 내용 중 몇 가지 부연설명드릴 부분이 있습니다. 첫째, 일반 자산유동화가 단기자금 조달에 적합하다는 것은 자산유동화증권의 발행형태가 기업어음이나 단기사채 등 구조적으로 단기인 증권을 활용하고 있기 때문인데, 다분히 일반론적인 의미이며 실제로는 1년을 초과하는 장기 부동산PF에도 널리 활용되고 있는 등 사안에 따라 달라진다고 할 수 있습니다. 실제로 부동산PF의 경우 대출채권을 기초로 단기 기업어음인 CP를 차환발행하는 ABCP 구조를 활용하여 장기 자금을 조달하는 기법이 널리 활용되고 있으며, 이에 대한 자세한 내용은 자산유동화의 대표적인 구조 부분에서 추가로 설명드리도록 하겠습니다. 참고로, ABCP 구조에서는 단기 기업어음을 장기 자금조달 도구로 활용하는 데 따르는 근본적인 불안전성과 리스크가 지속적으로 제기되고 있는데 이 부분도 포함하여 말씀드리겠습니다. 둘째, 소요기간의 경우 일반 자산유동화는 통상 5일이라고 되어 있습니다만, '증권발행'의 물리적 기간만을 기준으로 한 것이며, 자금조달 목적에 따라 금융구조 설계부터 준비, 투자자모집 등의 기간을 모두 고려한다면 부동산PF의 경우 적어도 실질 내용 면에서는 등록 자산유동화와 일반 자산유동화의 완료까지 소요되는 기간은 유사하다고 할 수 있습니다.

② ABCP는 '유동화증권'이라고 할 수 있을까

ABCP의 경우 발행증서의 형태가 기업어음의 형태를 가지고 있습니다. 기업어음은 일반적인 증권과 달리 별도로 「어음법」의 적용을 받고 「자본시장법」의 적용도 받는 이중성[18]을 가지고 있어서 과연 유동화 '증권'으로 볼 수 있느냐는 의문이 있을 수 있습니다. 특히 금융실무에서는 일반적인 채권형태의 자산유동화증권과 구분하여 ABCP로 별도로 호칭하고 있고, 대부분의 ABCP가 자산유동화법의 적용을 받지 않는 '일반 유동화(비등록 유동화)' 방식인 경우가 많기 때문에 기업어음임에도 불구하고 '증권'이라고 할 수 있느냐는 질의가 충분히 있을 수 있습니다. 결론부터 말씀드리자면, 발행형태나 근거법령은 다르지만 금융실무상 ABCP를 유동화증권 중 하나라고 포괄적으로 지칭하는 것은 큰 무리가 없습니다.

현행 「자산유동화법」에서는 유동화증권의 정의를 "유동자산을 기초로 하여 제3조의 규정에 의한 자산유동화계획에 따라 발행되는 출자증권·사채·수익증권 기타의 증권 또는 증서를 말한다"로 포괄적으로 정의하고 있습니다. 그리고 「자본시장법」에서는 증권 중 대표적인 것으로서 '채무증권'을 꼽고 있고 채무증권에는 일반적인 사채나 국채, 지방채와 같은 채권, 그리고 기업어음도 포함되는 것으로 규정[8]하고 있습니다. 비록 「자산유동화법」에서는 동법에 의한 '자산유동화계획'에 따라 발행되는 것이어야 한다는 단서를 달고 있고, ABCP가 그러한 자산유동화계획에 따라 발행되는 것이 아닌 소위 '유사 자산유동화증권'이기 때문에 「자산유동화법」을 기준으로 할 경우 '유동화증권'에 해당된다고 할 수는 없습니다. 하지만 근본적으로 기초자산을 담보로 자산의 유동화라는 목적을 달성하기 위한 목적을 가지고 있다는 점에서는 실무적인 차원에서 ABCP를 유동화증권의 하나로 통칭하는 것은 무리가 없으며, 「자산유동화법」에 의한 유동화증권이 아니라는 것을 나타내고 싶을 때에는 ABCP 등을 '유사 유동화증권'이라고 별도로 부기하면 충분하다고 할 수 있습니다.

이를 간단히 그림으로 나타내면 다음과 같습니다.

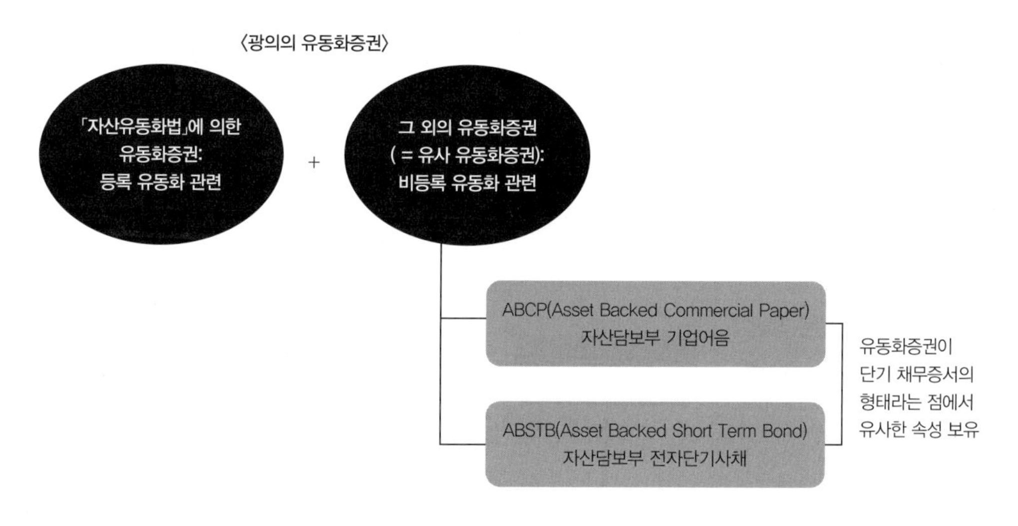

그림 5.7 광의의 유동화증권 구성

한편, 근본적으로 단기 자금조달 수단인 기업어음(CP)이 자산유동화에서 널리 활용되고 있는 것은 다음의 두 가지 이유 때문입니다.

첫째, 기업어음은 자산유동화와 별개로 자본시장에서도 기업의 단기 자금조달을 목

8 「자본시장법」 제4조(증권) ③ 근거

적으로 광범위하게 사용되어 온 친숙한 수단입니다. 기업들이 이렇듯 기업어음을 애용한 것은 2011년 「상법」 개정으로 일반적인 주식회사의 사채발행한도 규제가 폐지되기 전까지는 사채발행한도는 순자산액의 4배로 제한되어 목표로 하는 조달 총액을 충족하기 어려운 데 반해, 기업어음은 그러한 제한이 없는 장점[19]을 가지고 있었기 때문입니다. 이러한 장점은 「자산유동화법」이 아닌 주로 「상법」에 기초하여 이루어지는 유사 자산유동화 방식에도 동일하게 적용되었고 자산유동화 방식을 활용한 부동산개발금융이 활발히 이루어지던 2000년대 초·중반에 매우 보편적인 주력 자금조달수단으로 활용되었습니다.

둘째, 앞서 자산유동화증권의 종류 표에서 간단히 언급해 드렸습니다만, 기업어음을 활용할 경우 총자산유동화기간 내에서 매 3개월을 만기로 하는 기업어음이 차환발행(revolving)되는 구조를 기본으로 하고 있습니다. 금리역전이 일어나지 않는 일반적인 금융환경이라고 가정할 때, 만기가 3개월인 기업어음은 만기가 1년 이상인 채권에 비해 명목이율이 상대적으로 매우 낮은 수준을 보입니다. 따라서 금융시장에 급격한 변동이 있는 경우를 제외하면 사실상 자산유동화 기간 동안 일반적인 ABS 대비 낮은 조달비용의 혜택을 누릴 수 있다는 장점이 있습니다. ABCP는 바로 이런 이유 때문에 금융시장에서는 대표적인 '금리 갭(gap) 비즈니스 상품' 중 하나로 꼽히고 있습니다. ABCP에 대해서는 그 효용과 특징, 상세한 금융구조를 별도로 설명드리도록 하겠습니다.

③ ABSTB의 기본 개념

자산담보부 전자단기사채인 ABSTB(Asset Backed Short Term Bond)는 ABCP와 함께 대표적인 유사 유동화증권입니다. 비록 ABCP와 법적 성질은 다르지만 1년 이하의 단기 채무증서로서 자산유동화를 위해 발행되는 증권이라는 점에서 그 본질적인 성격은 ABCP와 동일하다고 할 수 있습니다. 이런 측면에서, 금융실무에서는 부동산PF와 관련하여 ABCP라고 하면 암묵적으로 ABSTB까지 포괄하는 의미로도 자주 사용되고 있으며, ABCP를 활용한 부동산PF를 '부동산PF ABCP', 'PF ABCP', '부동산PF Loan ABCP' 및 'PF 유동화 ABCP' 등으로 다양하게 부르고 있습니다. ABSTB를 활용하는 경우에도 이와 유사하게 '부동산PF 전단채', '부동산PF 유동화 전단채' 또는 '전단채', 'AB 전단채' 등으로 불리고 있습니다.

금융시장에서 흔히 '전단채'라고 불리는 전자단기사채는 자본시장에서 기존의 단기조달 자금수단인 기업어음(CP)의 한계를 해결하기 위해 도입된 대안적 제도입니다. 핵심은 기업어음의 법적 형식을 약속어음에서 사채로 전환(CP의 사채화)하고, 사채의 발행 및 유통을 완전히 전자화(사채의 전자화)하는 데 있다[20]고 할 수 있습니다. 이를 깊이 있게 이해하기 위해서는 자본시장에서의 기업어음의 기능과 속성, 제기되어 온 여러 가지 문제점과 함께 전자단기사채를 도입함으로써 기대되는 효과나 다른 자본시장 증권과의 연관성 등을 모두 이해할 필요가 있습니다. 이 책에서 그 모두를 전문적으로 다루기는 어려운 점이 있으므로 여기서는 간단히 표로써 전자단기사채의 개요만 설명드리고자 합니다.

표 5.11 전자단기사채(전단채)의 개요

항목	내용
기본개요	• 만기가 1년 이하로서 관련 법령에 의거 일정한 요건을 갖춘 사채 • 전자등록기관인 한국예탁결제원을 통해 발행부터 유통, 상환 및 관련 권리행사 등의 모든 절차가 전자적 방식으로 처리되는 단기 전자증권
관련 법령	• 2011. 7. 14. 제정되어 2013. 1. 15.부터 시행된 「전자단기사채 등의 발행 및 유통에 관한 법률」(약칭: 전자단기사채법)로 시행 • 「전자단기사채법」은 2019. 9. 16. 시행된 「주식·사채 등의 전자등록에 관한 법률」에 통합 • 근본적으로 현행 기업어음 제도를 보완하기 위한 대체제도로서의 성격을 가지며, 기업어음 방식을 전자적으로 구현하는 성격의 전자어음(「전자어음의 발행 및 유통에 관한 법률」에 근거)과는 전혀 별개의 개념임
도입배경	• 기존 기업어음(CP) 시장의 한계를 해결하기 위한 대안적 제도 필요성 대두 • CP의 구조적인 문제점 – 어음법상 약속어음인 동시에 「자본시장법」상 증권이라는 이중적인 법적 지위 보유(발행 및 보유목적에 따라 유가증권 또는 실질적인 여신의 성격을 보유하여 규제대상으로서 정체성이 모호) – 실물발행에 따른 비용과 위험, 권면액 이하 분할양도 금지로 인한 유통시장 발달 제약 – 발행 CP에 대한 공신력 있는 발행정보 관리체계 부재로 CP 자체에 대한 신뢰저하 가능성 상존(위조, 기망사건 외) • 장기적으로는 CP의 완전대체를 지향하며 단기사채 관련 새로운 플랫폼을 구축하여 단기금융시장의 선진화 및 전자증권의 도입기반 마련이 목적
기대효과	• 기존 CP가 가지는 경제적 실질은 유지하면서 유가증권으로서 보다 투명하고 자유롭게 유통될 수 있도록 제도화 – 전자증권으로서 중앙등록기관(한국예탁결제원)의 등록을 통해 발행 및 유통 가능 – 발행내역을 한국예탁결제원에서 등록계좌부에 기재 – 그 후 양도, 질권설정, 신탁 등의 권리행사도 각종 계좌부에 등록 – 위 정보는 모두 한국예탁결제원의 증권정보포털(Seibro)을 통해 실시간으로 정보공개 • 액면분할 허용 및 상시 공시를 통한 정보의 완전공개 및 시장투명성 제고 • 1년 이내 범위에서 초단기 사채발행 가능 등 유통시장 발달 제고

ABSTB와 관련하여 주목해야 할 점은 ABSTB가 현재의 기업어음 제도의 문제점을 보완하기 위해 도입된 대체 제도로서의 특징을 가진다는 점입니다. ABSTB는 정보의 투명한 공개와 공유라는 강력한 장점을 비롯하여 도입 시 기대되는 긍정적인 효과를 바

탕으로 앞으로의 성장가능성이 기대되고 있습니다. 기업어음을 바탕으로 하는 기존의 ABCP도 그 나름대로 강화된 규제책을 통해 관련 정보의 공유가 보다 원활히 될 수 있도록 이미 제도적으로 강제[9]되어 있지만, 궁극적으로는 단기사채 제도로 일원화될 수 있도록 정책적으로 유도되고 있다는 점도 참고하시기 바랍니다.

실제 사례로 엿보는 자산유동화의 개념

신용카드 매출채권 유동화

당장 현금화하기 힘든 자산을 도대체 어떻게 쉽게 현금화할 수 있는 구조로 바꾸는 것인지, 어떤 측면에서 자산유동화 기법이 금융의 연금술이라는 닉네임을 얻고 있는 것인지 가장 기본적인 사례를 통해 알아보도록 하겠습니다.

신용카드 매출채권 유동화는 자산유동화의 가장 대표적인 사례입니다. 카드사들은 회원들이 신용카드를 사용하게 되면, 해당 신용카드 가맹점에 회원들을 대신해서 사용대금을 지급하고, 해당 지급금액을 결제기일에 회원들로부터 회수하는 비즈니스 모델을 가지고 있습니다. 신용카드를 사용하는 회원의 경우, 결제대금이나 연간 수수료 외에 별도로 카드사에 지불하는 비용은 없습니다.

그렇다면 신용카드 회사들은 주로 어떤 구조로 이익을 내고 있을까요? 바로 신용카드 본연의 업무인 신용판매와 관련된 가맹점 수수료입니다. 물론 이 외에, 신용카드 회원에게 자금을 대여해 주는 장·단기 대출(카드론, 현금서비스) 등의 현금대출 업무 관련 이자도 주요 수입원입니다. 신용카드 가맹점의 경우, 회원들이 사용한 금액의 일정액을 카드사에게 수수료로 지급하고 나머지 금액을 받게 되어 있습니다. 이해를 돕기 위해 단순화했습니다만 대략적인 수익창출 구조는 위와 같은데, 수익구조와 별개로 신용카드사에는 매달 막대한 자금이 들고남(결제대금 유입, 가맹점앞 지급)과 동시에 대량의 신용카드 매출채권이 새로 발생하고 있습니다.

예를 들어, A라는 회원이 어느 음식점에서 10만원을 결제하면, 해당 회원은 결제일에

9 ABCP 신용평가의 세부내용은 금융투자협회에 공시되어 있으며, 최종 만기 1년 이상으로 발행되어 그 실질이 장기자금조달이 목적인 경우 등에는 ABCP를 공모로 간주하여 증권신고서 제출이 의무화되었습니다. (상세 내용은 금융감독원, 자산유동화 실무 안내, 2013. 12., p. 12 및 금융감독원 보도자료, CP시장현황 및 대응방안, 2012. 9. 25. 참고)

10만원을 결제하면 그만[10]이지만, 가맹점주의 경우 10만원 중 신용카드 관련 수수료 일정액을 공제하고 남은 금액을 카드사로부터 입금받게 됩니다. 신용카드 회원의 입장에서는 경제적으로는 다음 결제기간 동안 외상거래를 하게 되는 셈이고, 이는 신용카드사 입장에서는 매출채권으로 인식됩니다.

위와 같은 거래가 매월 대량으로 발생하므로 결국 매달 막대한 현금이 신용카드 회원들로부터 신용카드사로 입금됨과 동시에 역시 막대한 매출채권이 새로 발생한다고 할 수 있습니다. 할부인지 일시불인지에 따라 다소 다르지만, 큰 틀에서는 신용카드사가 보유하는 이러한 신용카드 매출채권은 단기간에 결제되는 특성을 가집니다. 신용카드사 관점에서는 일정 기간 동안 대량의 매출채권이 발생할 것이 예상되지만 그러한 매출채권이 미래에 현금화될 자산이라 당장은 현금화하기 힘든 비유동자산이라는 부분이 아쉬운 부분이라고 할 수 있습니다. 예를 들어, 다른 신용카드사를 합병하기 위해 자금이 필요할 수도 있고, 기타 시설이나 서비스의 개선을 위해 자금이 더 필요할 수도 있습니다. 다양한 사유로 필요한 자금을 매번 직접금융 방식, 즉 주식을 발행해서 자금을 모을 수도 없고, 그렇다고 회사채를 발행하거나[11] 금융기관에서 대출을 받자니 부채비율이 올라가서 재무현황이 안 좋게 보일 우려가 있습니다. 참고로, 추가 자금을 조달하기 위한 주식발행, 즉 유상증자의 경우 대출과 같은 부채 대비 원리금 상환의무가 없다는 점에서 근본적으로 부채 리스크는 없다고 할 수 있습니다. 하지만 유상증자를 비롯하여 전환사채(Convertible Bond, CB)[12]나 신주인수권부사채(Bond with Warrant, BW)[13]의 경우 기존 주주 입장에서는 본인들의 지분율이 낮아지는 소위 희석효과가 발생할 수도 있

---

10 할부나 단기현금대출일 경우 별도로 수수료가 발생하기도 합니다. 여기서는 사례의 단순화를 위해 논외로 합니다.

11 회사채발행은 대표적인 직접금융 방식 중 하나이며, 대출은 간접금융에 해당됩니다.

12 일반사채에 주식으로 전환할 수 있는 권리가 부여된 사채를 가리킵니다. 즉, 지금은 채권이지만 추후에 보통주로 전환이 가능한 잠재력을 가지고 있는 사채라고 할 수 있습니다. 일반사채 대비 별도의 권리를 부여하기 때문에 일반적으로 쿠폰금리가 낮으나, 추후 대규모로 주식전환이 발생하면 기존 주주의 희석효과와 더불어 오버행(overhang: 대량의 대기매물) 이슈가 발생할 수 있습니다.

13 채권을 매입한 채권자가 향후 신주인수권을 행사할 수 있는 채권을 가리킵니다. 전환사채는 일단 주식으로 전환되면 부채인 전환사채 자체는 감소하고 자본이 증가하며, 신주인수권 사채는 기존 부채, 즉 사채는 그대로 유지되고 신주가 인수된 만큼의 발행대금이 현금으로 기업에 유입됩니다[박동훈(2016), 박회계사의 재무제표 분석법, ㈜한국투자교육연구소 부크온, p. 134].

고, 지배구조에도 영향을 미칠 수 있기 때문에 고민이 필요한 구조적인 한계를 가지고 있습니다. 더구나 일반적으로 타인자본인 대출과 비교하여 주주의 요구수익률이 월등히 높은 경향이 있기 때문에 기업의 재무건전성과 별개로 유상증자는 그리 쉽게 결정할 수 있는 사안은 아닙니다.

이렇듯 기업의 자금조달과 관련하여 여러 가지 고민이 많은 상황에서, 앞으로 들어올 돈(자산)은 확실한데 당장 현금화가 안 되는 자산을 가지고 있는 경우, 해당 자산을 활용해서 현금을 마련할 수만 있다면 얼마나 좋을까라는 생각이 자연스럽게 들게 됩니다. 이럴 때 활용할 수 있는 방안이 바로 자산유동화입니다. 자산유동화 기법을 활용해서, 앞으로 들어올 돈(자산, 여기서는 신용카드 단말기 할부대금 매출채권)을 유동화해서 미리 현금을 끌어 쓸 수 있게 되는 것이죠. 정리하자면 현금성 자산으로서의 잠재력을 지닌 신용카드 정상 매출채권[14]을 매각해서 현금을 확보하는 구조라고 할 수 있고, 이를 이론적으로 치환해서 살펴보면 자산유동화를 통해 신용카드사가 보유한 자산의 신용위험이 제3자에게 이전됨으로써 자본조달이라는 목표가 달성[21]되었다고 할 수 있습니다. 이러한 개념을 간단히 그림으로 표시하면 다음과 같습니다. (상세 금융구조는 자산유동화의 대표 구조를 유

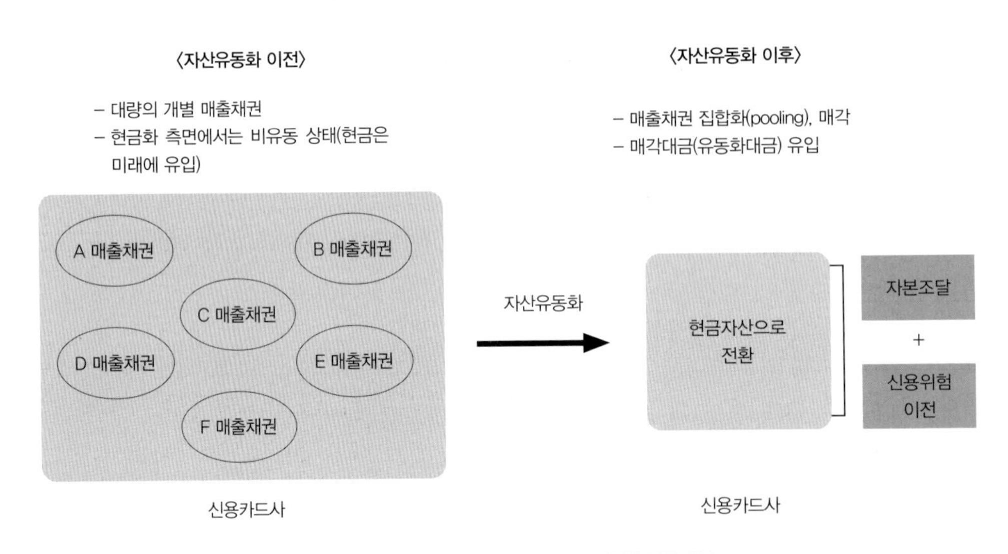

그림 5.8 신용카드 단말기 할부대금채권 자산유동화 개념

14 앞서 설명드렸듯이, 신용카드 매출채권은 단기간에 결제되는 특성을 가지므로 이를 기초자산으로 하기 위해서는 현재 및 미래의 고객으로부터 창출되는 매출채권이 일정 규모 내에서 지속적으로 소멸과 생성을 반복해 가는 리볼빙 방식으로 구조화되는 것이 일반적입니다[권재중·이동걸(2002). 은행경영 브리프: 신용카드 매출채권 ABS의 이해. 주간금융동향, 11(27), 18–23].

형별로 설명드릴 때 말씀드리도록 하겠습니다.)

방금 예를 일반적인 신용카드 매출채권으로 들었습니다만, 사실 자산유동화의 대상은 무궁무진합니다. 각종 캐피털회사들이 미래에 받게 될 자동차 담보대출 할부대금이나 시중은행에서 취급하는 주택담보대출도 자산유동화의 대상이 될 수 있습니다. 건설사가 공사를 하고 받게 될 공사대금이 확정되면 이 또한 자산유동화를 통하여 현금화할 수 있는 대상이 됩니다. 신용카드 매출채권만 하더라도, 굳이 전업 신용카드사의 단말기 할부대금뿐만 아니라, 대기업과 전업 신용카드사 간에 거래되는 구매전용카드대금 매출채권 등도 그 대상이 되고 있으며, 스마트폰을 구매할 때의 할부대금채권 등도 모두 자산유동화의 대상이 될 수 있습니다.

비록 대기업의 간접금융 방식으로 활용되고 있는 한계가 뚜렷하지만, 자산유동화는 대한민국에서 현재 가장 광범위하게 이용되고 있는 자금조달 방식 중 하나가 되었습니다. 기업의 회사채 등급이나 프로젝트의 사업성을 평가해 주는 신용평가사들의 매출 비중 상당수가 이미 오래전부터 자산유동화와 직간접적으로 연동되어 있을 정도[22]로, 자산유동화는 이제 대한민국 금융에서 빼놓고 논할 수 없는 핵심 금융기법 중 하나라고 할 수 있습니다. 부동산개발금융에서도 자산유동화는 널리 이용되고 있습니다. 시행사를 실차주로 하는 대출채권에 대해서, 이를 기초자산으로 하는 자산유동화, 즉 소위 '부동산PF Loan ABS' 구조가 가장 대표적이라고 할 수 있는데 이에 대해서는 잠시 후에 설명드리도록 하겠습니다.

자산유동화의 당사자

자산유동화는 명목상 3인의 주연과 3인의 조연으로 구성된다

모든 사안이 그렇지만, 용어의 이해가 해당 업무 파악 및 활용의 시작점입니다. 자산유동화도 예외가 아닙니다. 자산유동화에 수반되는 용어, 특히 유동화거래 당사자와 관련된 용어를 숙지하지 못하면 자산유동화 구조를 이해하는 것 자체가 불가능합니다. 일단, 「자산유동화법」에 의한 유동화구조를 숙지하게 되면 그 외의 일반 자산유동화 구조의 직관적인 이해는 어렵지 않으므로, 여기서는 「자산유동화법」에 의한 유동화를 전제로 금융구조에 등장하는 주요 참여자를 설명드리도록 하겠습니다.

자산유동화와 관련된 주요 등장인물은 총 6인으로 구성됩니다. 이를 유동화대상자산의 보유 및 이전, 증권발행 후 해당 자산유동화증권의 보유라는 흐름을 바탕으로 금융구조상 법적 지위를 중심으로 표로 간단히 정리하면 다음과 같습니다.

표 5.12 법적 지위를 기준으로 한 자산유동화의 당사자(참여자)

구 분	항 목	비 고
주요 당사자	① 자산보유자	• Originator(오리지네이터)
	② 특수목적기구(SPC)	• Obligor(오블리거), 특수목적회사 • 유한회사 또는 신탁회사의 형태
	③ 자산유동화증권 보유자(투자자)	• Obligee(오블리지)
보조 당사자	④ 자산관리자	• Servicer, 대개 자산보유자가 담당
	⑤ 업무수탁자(SPC의 행정 업무대행 대리인 지위, Trustee, Administrator)	• 자산유동화 관리계좌의 관리 • 자금의 수납, 운용 관리 포함 • 약정준수여부 관리, 채무불이행사항 발생 등 통지 • 유사시 자산관리자의 업무 대행 • 자산유동화구조의 악용방지를 위해 자산보유자와 동일인은 지양
	⑥ 기타 참여자	• 신용보강기관(예: 시중은행) • 금융자문기관 • 유동화증권 또는 유동화대출의 신용위험을 평가하는 신용평가기관 • 그 외 전문 용역기관(회계법인, 법무법인 및 감정평가기관 등)

편의상 유동화대상 자산의 보유부터 최종 보유에 이르는 흐름을 중심으로 하여 주요 당사자(주연) 3인, 그리고 그 이외의 보조 당사자(조연) 3인으로 구분했습니다만, 사실 위 당사자들은 자산유동화 구조가 성립하는 데 마치 한몸처럼 유기적으로 결합되어 움직인다는 차원에서는 모두 그 경중을 가리기 힘든 주요 참여자들이라고 해도 과언이 아닙니다. 위 표에 등장하는 당사자에 대해서 차례대로 설명드리겠습니다.

① 자산보유자(Originator): 자산유동화의 실수요자

우선, 유동화할 자산을 가지고 있는 자산보유자가 있어야 합니다. 유동화할 자산이 없다면 애당초 자산유동화 자체가 불가능하기 때문입니다. 실무적으로는 자산유동화의 기초자산을 처음으로 발생시킨 자를 포함하여 자산유동화 대상 자산을 보유한 자를 일컬으며, 보통은 채권, 부동산 기타 재산권 등을 보유한 자[23]를 말합니다. 예를 들면 영업상 유동화할 자산을 가지고 있고, 유동화할 필요가 있는 기업이 첫 번째 등장인물이 됩니다.

참고로, 현행 「자산유동화법」에서는 자산유동화 대상 자산을 채권, 부동산 및 기타의 재산권으로 규정하고 있습니다만, 이러한 기준이 지나치게 포괄적이고 명확하지 않다는 주장이 끊이지 않아왔습니다. 특히 기타 재산권이 무엇인가에 대한 해석이 모호하여 실무적으로는 채권이나 부동산에 준하는 확정된 권리로 해석되어 온 점을 부인할 수 없습니다. 이에 대해서는 금융감독 당국에서도 중·장기적인 개선사항 중 하나로 인식하고 있으며, 일정 조건을 충족한다면 무체재산권이나 미확정 장래자산에 대해서도 자산유동화 대상자산이 될 수 있도록 하는 개선방안을 검토 중[24]입니다.

② 특수목적기구(SPC, Obligor)

자산유동화 대상 자산이 구해졌다면, 다음으로는 유동화할 자산을 양수받아서 자산보유자의 자산으로부터 유동화자산을 분리하고 절연시켜서 유동화증권을 발행할 주체가 필요합니다. 이때 이 주체는 자산유동화라는 목적만을 수행하기 위한 특수목적기구의 성격을 가지게 됩니다. 현행 「자산유동화법」에 의한 특수목적기구로는 유동화전문회사와 신탁회사 등 두 가지 형태가 있습니다.

신탁구조에 의한 자산유동화가 아닌 한 「자산유동화법」에 의한 SPC는 반드시 설립절차가 비교적 간단한 유한회사 형태여야 하며 공식적으로는 '유동화전문회사'로 표기[15]하게 됩니다. 이러한 유동화전문회사는 일반적으로 1개의 유동화계획만 등록 가능하고, 유동화증권의 상환이 완료되는 등 그 목적이 달성되면 해산하도록 명문화[25]되어 있습니다. 물론, 실무적으로는 「자산유동화법」에 의한 회사이건 일반 자산유동화 구조의 특수목적회사이건 동일하게 SPC로 불리는 것이 보통입니다. 이때의 SPC는 유동화증권의 원리금 납입 의무가 있는 채무자라는 뜻에서 '오블리거(Obligor)'에 해당되며, 반대로 자산유동화증권을 보유하고 있는 개인이나 기관은 채권자 지위에 있기 때문에 '오블리지(Obligee)'에 해당된다고 할 수 있습니다.

그런데 같은 'SPC'로 표기되고 있지만 자산유동화를 위한 SPC는 부동산개발금융에

15 「상법」상의 일반적인 유한회사와는 다르게 사채 및 무기명식 출자증권을 발행할 수 있다는 점에서 차이가 있습니다.

서 일반적으로 명목 사업주체이자 차주로 기능하는 SPC와는 다른 개념입니다. 예를 들어 부동산개발금융을 위한 SPC인 A사가 있고, A사가 추진하는 부동산개발사업의 자금조달 목적으로 유동화기법을 사용하기 위해 설립된 별도의 SPC를 B사라고 가정해 보겠습니다. A사나 B사의 설립목적이나 지위, 역할은 판이하게 다르고 각자 정식 법인명이 부여되기 때문에 법인명만으로 불릴 때에는 혼동될 여지가 없습니다. 하지만 모두 SPC로 호칭되어 업무협의 과정에서 서로 혼동될 여지가 있으므로 같은 프로젝트에서 SPC가 복수로 존재할 때에는 어떤 SPC인지 명확히 표현하는 것이 바람직합니다.

이를 간단히 그림으로 표시하면 다음과 같습니다.

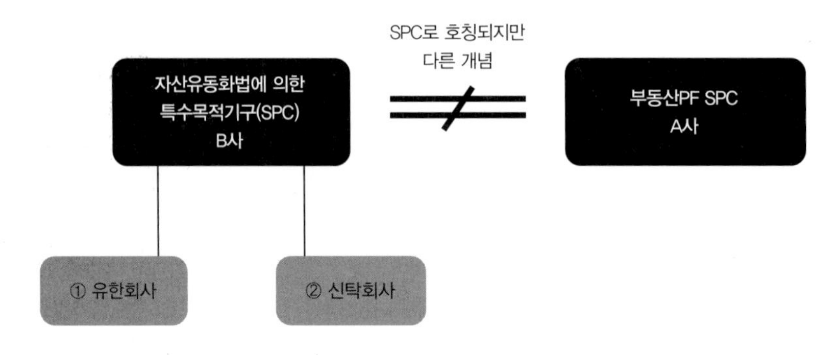

그림 5.9 자산유동화 SPC와 부동산PF 차주로서의 SPC

신탁회사가 SPC의 역할을 수행하는 경우 신탁회사는 자산보유자로부터 유동화 대상자산을 수탁받아서 이를 바탕으로 수익증권 또는 수익증서를 유동화증권으로서 발행할 수 있도록 되어 있습니다. 신탁회사가 특수목적기구인 자산유동화 구조인 경우에는 수익증권 또는 수익증서가 유동화전문회사가 발행하는 자산유동화증권에 해당한다고 할 수 있습니다.

위 그림에서 B사가 「자산유동화법」에 의한 SPC일 경우에는 오직 유동화만을 위해서 설립된 회사로서 일체의 다른 사업을 영위할 수 없으므로 A와 B는 근본적으로 동일 회사가 될 수 없습니다. 이때 금융구조에 따라 B는 A에 대하여 대출을 해준 '대주'이자, 유동화증권의 보유자에 대해서는 원리금을 상환해야 하는 실질 '차주'의 이중 성격을 가질 수 있게 됩니다. 그러나 「자산유동화법」에 의한 SPC가 아닐 경우에는, A와 B가 동일 회사일 가능성도 있습니다.

③ 자산유동화증권 보유자(Investor, Obligee)

주요 당사자 중 마지막으로, SPC가 발행한 유동화증권을 매입하여 보유하는 투자자를 꼽을 수 있습니다. 현실의 금융시장에서는 프리-마케팅(pre-marketing)을 바탕으로 자산유동화 주간기관에서 총액인수를 하는 것이 일반적입니다.

자산을 보유한 자가 자신의 자산을 SPC에 넘기고(양도하고), 해당 자산을 바탕으로 유동화증권을 발행하며, 투자자들이 유동화증권을 매입하면, 결국 그 매입대금이 자산보유자에게 전달돼서 유동화의 진정한 목적인 '비유동자산의 조기 현금화'라는 목적을 달성하게 되는 것이 유동화의 큰 사이클이라고 할 수 있습니다.

자산유동화 관련 참고서를 보면, 자산보유자 및 유동화전문회사, 그리고 자산관리자 및 업무수탁자 등을 중점적으로 설명하는 것을 흔히 볼 수 있습니다. 자산유동화 구조에서 지니는 중요성이나 역할을 고려한다면 당연하다고 할 수도 있습니다. 하지만 개인적으로는 자산유동화의 사이클 관점에서 주요 등장인물을 크게 3명(기관), 즉 ① 자산보유자, ② SPC, ③ 자산유동화증권 보유자로 나눌 수 있고, 자산관리자 및 업무수탁자, 그리고 기타 참여자 등 3명(기관)을 보조[16] 등장인물이라고 파악하는 것이 자산유동화구조의 직관적인 이해에 보다 도움이 된다고 생각합니다.

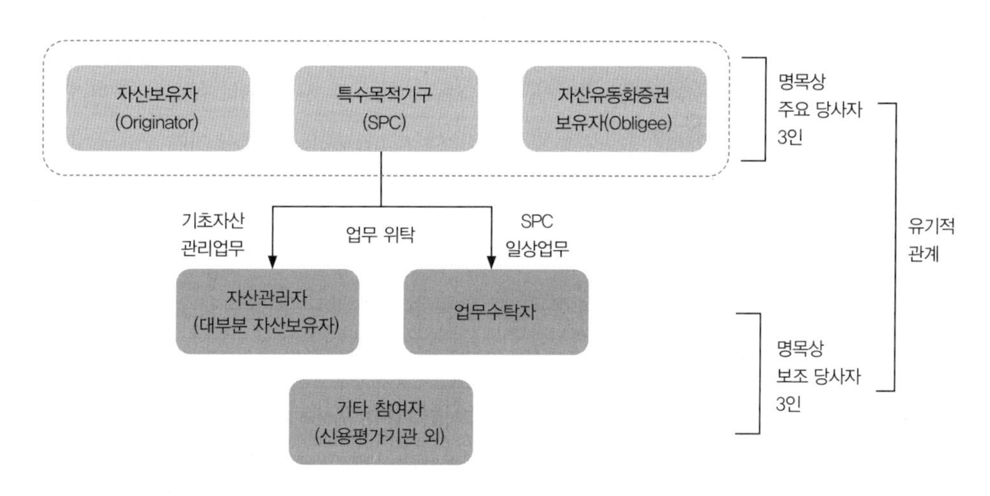

그림 5.10 자산유동화의 주요 참여당사자

16 자산관리자와 업무수탁자는 SPC의 역할을 분담하여 대행한다는 차원에서 SPC의 분신이라고 할 수 있습니다.

④ **자산관리자(Servicer)**

특수목적기구로서 유동화전문회사 또는 신탁회사는 스스로 유동화자산을 관리하여야 하나, 자산유동화만을 위해 존재하는 특수목적회사로서 실제 업무를 담당하는 고용 임직원이 없거나 단순한 수탁회사라는 현실을 감안할 때 이는 매우 어려운 일[26]이라고 할 수 있습니다. 자칫 유동화자산의 관리가 부실해질 경우 자산유동화 참여자 모두에게 혼란을 가중시킬 수 있으므로 자산관리자를 선정하는 것은 매우 중요한 일로 대두되며, 유동화전문회사의 경우 「자산유동화법」 제10조에 의거 자산관리자를 선임하여 SPC의 업무를 위탁하는 것이 의무로 되어 있습니다. 물론 신탁회사의 경우 법리적으로는 신탁회사가 자산관리를 담당할 수도 있으나 자산관리를 위한 담보물 및 기초자산으로서의 관련 채권채무 관리, 담보실행 및 각종 자료의 관리 및 유지 등은 별도의 자산관리자를 선정하여 행하는 것이 업무 효율 면에서 바람직하기 때문에 결국은 별도의 자산관리자를 선임하여 특수목적기구(SPC)의 업무를 대행시키는 것이 일반적이라고 할 수 있습니다. 실무적으로 자산관리자는 기초자산의 추심 및 채무자 관리 등의 업무를 담당하게 됩니다. 특별한 사유가 있지 않는 한 기초자산의 내용을 가장 잘 파악하고 있는 자산보유자가 자산관리를 담당하는 것이 일반적이나, 기초자산이나 금융구조에 따라서는 시중은행 등 대형 금융기관이 담당하는 경우도[17] 있습니다.

자산관리자는 자산유동화 구조에서 양도된 기초자산의 관리라는 내용상 중추적인 역할을 담당하며, SPC를 대신하여 추심한 금전이 자산관리자의 파산재단에 속하게 될 가능성을 배제할 수 없으므로 「자산유동화법」에서는 그 자격요건을 매우 엄격하게 규정하고 있습니다. 따라서 자산관리자는 자산보유자, 자산보유자 외의 경우에는 「신용정보의 이용 및 보호에 관한 법률」에서 인정되는 신용정보업 및 채권추심업의 업무를 모두 허가받은 회사,[18] 또는 기타 법에서 인정되는 자산관리를 전문적으로 수행하는 자로 자산관리자의 자격이 엄격히 제한되고 있습니다.

---

17 특히 비등록 자산유동화 방식의 부동산PF ABCP 구조에서, SPC가 차주, 즉 시행사에게 직접 대출을 실행하는 구조인 경우에는 대개 신용공여 및 매입약정을 제공하는 해당 은행이 자산관리 및 업무수탁을 맡는 것이 일반적입니다. 이러한 구조에 대해서는 곧 설명드릴 '자산유동화의 대표유형' 부분에서 자세히 설명드리겠습니다.

18 채권추심업의 허가만 받아도 자산관리자가 될 수 있도록 법개정 예정(추진시기 미상)(금융감독원, 2021, 자산유동화 실무안내, pp. 21–22)

지금까지 설명드린 자산관리자의 개념과 자격요건 등을 그림으로 표시하면 다음과 같습니다.

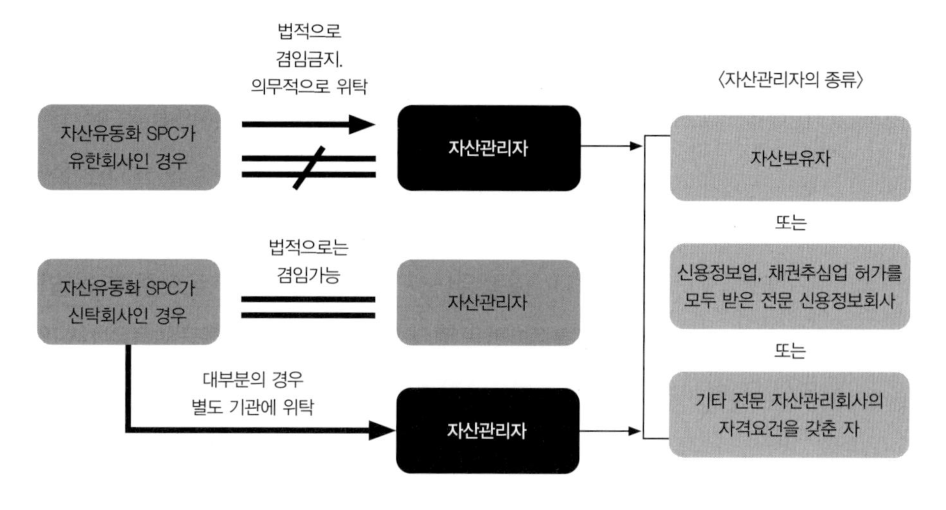

그림 5.11 SPC와 자산관리자의 관계

한편, 자산보유자가 자산관리를 담당하는 경우 진정양도 관련 부정적 요소로 작용할 수 있고, 자산관리자가 파산하거나 기타의 사유로 업무가 불가능하게 될 때를 대비하여 대체자산관리자(backup servicer)를 지정하는 경우도[27] 있습니다. 자산보유자가 자산관리자를 겸하는 경우 업무수탁자는 반드시 제3자를 선임해야 한다는 점도 참고하시기 바랍니다.

⑤ 업무수탁자(Trustee, Administrator)

SPC가 비록 서류상의 명목회사이기는 하나, 엄연한 법인체이므로 회사가 존속한다면 부수하는 기본업무가 발생하기 마련입니다. 회계처리나 세금문제 해결, 각종 공시 및 문서의 보관 등 일반적인 기업의 가장 기초적인 업무부터 유동화증권 관련 원리금 상환 및 비용의 지급 등 자산유동화기구로서 SPC가 수행해야 하는 근원적인 업무까지 실제 인력이 필요한 업무가 있기 마련입니다. 이렇듯 SPC의 세부적인 각종 일상 및 행정 업무를 대행해 주는 자를 '업무수탁자'[19]라고 합니다.

19 '자산관리자' 및 '업무수탁자'라는 용어는 「자산유동화법」에서 독립적인 명칭으로 등장하지는 않습니다. 동법 제10조(자산관리의 위탁) 및 제23조(업무의 위탁)에 관련 내용이 기술되어 있고, 이러한 역할을 담당하는 자를 각각 "자산

업무수탁자는 현행 「자산유동화법」에 의하면 자산보유자가 맡을 수도 있지만 대부분의 경우 대외 신인도를 보유한 은행 등의 금융기관이 담당하게 되는 경우가 일반적입니다. 만약 자산보유자가 자산관리자와 업무수탁자를 겸임하는 경우, 진정양도 측면에서도 문제의 소지를 배제할 수 없을뿐더러 자산관리자와 업무수탁자를 달리 선정할 때의 상호 관리, 견제의 효과를 기대할 수도 없기 때문에 해당 자산유동화 증권이 신용평가기관으로부터 높은 등급을 받는 것이 쉽지 않습니다. 업무수탁자의 경우, 자산관리자와는 달리 그 자격요건이 「자산유동화법」이나 시행령에도 명시되어 있지는 않습니다. 다만, SPC의 업무를 대행해서 공정하고 객관적으로 업무를 수행할 필요가 있으므로 높은 대외 신인도를 가지는 시중은행이 업무수탁을 맡는 것이 보편화되어 있습니다.

지금까지 설명드렸던 자산관리자와 업무수탁자의 업무를 표로 간단히 정리하면 다음과 같습니다.

표 5.13 자산관리자와 업무수탁자의 업무범위

구분	내용
자산관리자	• 기초자산을 실질적으로 관리 • 기초자산에 대한 채권의 추심, 채무자 관리 등을 담당 • 유동화전문회사는 자산관리자가 될 수 없으며 반드시 제3자에게 업무를 위탁해야 함 • 유동화기구가 신탁회사인 경우 자산관리자가 될 수 있으나, 금융실무상 대부분 제3의 자산관리자를 선정하여 업무를 위탁 • 기초자산의 내용을 가장 잘 파악하고 있는 자산보유자가 담당하는 경우가 대부분 • 기초자산의 종류나 금융구조에 따라 시중은행 등 대형 금융기관이 담당하는 것도 가능
업무수탁자	• 실물 부동산자산, 각종 권리 등 기초자산을 안전하게 보관(채무불이행 시 SPC를 대신하여 담보권 행사, 기초자산 및 관련 권리 등에 대하여 이해관계자에게 정보제공 등 포함) • SPC의 실무업무를 총괄 • 회계처리, 세금, 각종 장부 및 계약서의 보관과 관리, 각종 공시 • 자산유동화증권의 원리금상환과 관련 비용의 지급 및 이와 관련된 자금관리의 수행 • 자산유동화와 관련된 현금흐름을 총괄적으로 관리 및 투자자 이익의 최종 보호자 역할[28] 담당(자산관리자에 대한 견제 포함) • 객관적인 신뢰도가 우수한 시중은행 등 대형 금융기관, 주간사 등이 담당하는 경우가 많음

위 내용 중 업무수탁자의 역할을 주요한 기능별로 정리하면 크게 네 가지[29]로 분류할 수 있습니다.

첫째, 자산유동화의 자금관리, 즉 유동화증권의 원리금상환 및 각종 비용 지급, 이를 위해 자산유동화 구조에서 발생하는 현금흐름을 바탕으로 한 자금의 수납과 운영을 관

관리자", "업무수탁자"로 통칭하고 있습니다.

리하는 자금관리자로서의 역할과 함께 SPC의 회계 및 세금, 기타 공시 등 기본적인 행정업무를 수행합니다. 둘째, 업무수탁자는 담보관리자로서의 역할을 담당합니다. 예를 들어, 기초자산이 부실채권이거나 MBS의 경우 일반적으로 채권과 같이 담보물이 양도되는데, 업무수탁자는 해당 담보물에 대한 관리 및 운용, 그리고 처분의 책임까지 지는 것이 일반적입니다. 다만, 금융실무에서는 최종 법적 관리책임은 업무수탁자가 부담하나 관련 실무는 별도의 기관에게 위탁하는 경우가 많습니다. 셋째, 업무수탁자는 대체자산관리자로서의 역할을 담당합니다. 자산관리자가 자산관리가 불가능한 상황이 발생할 때에는 대체자산관리자가 별도로 선임되기 전까지는 업무수탁자가 관련 업무를 수행하면서 대체자산관리자의 선임을 위한 업무를 수행해야 합니다. 마지막으로, 업무수탁자는 위 주요 역할을 수행함과 동시에 당초 계획된 자산유동화가 제대로 이행되고 있는지를 자산유동화 관련 약정을 기준으로 관리·감시하며 종국적으로 자산관리자에 대한 견제자로서의 역할을 담당함으로써, 자산유동화의 최종적인 관리자 및 투자자의 이익을 최종적으로 보호하는 역할을 담당합니다.

한편, 자금관리와 관련하여 자산관리자가 수납하는 자금은 업무수탁자의 수납관리계좌로 이체되거나 또는 아예 약정에 의거 처음부터 기초 자산으로부터 발생하는 현금흐름이 업무수탁자 명의의 특정 계좌로 직접 이체되는 방식 등 기초자산으로부터 발생하는 현금흐름이 시스템적으로 업무수탁자에게 흘러갈 수 있도록 기초자산의 성격을 바

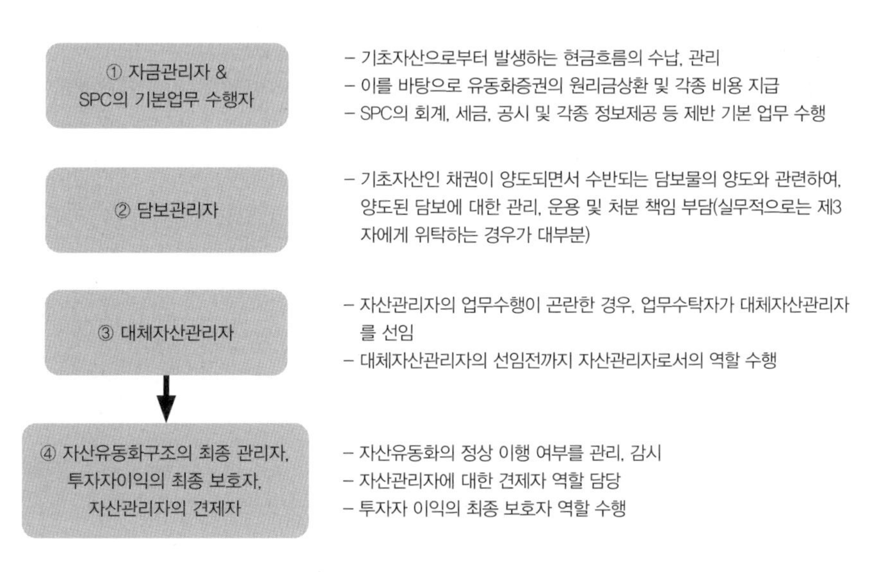

그림 5.12 업무수탁자의 주요 역할

탕으로 다양한 방식이 사용되고 있습니다. 지금까지 설명드린 업무수탁자의 주요 역할 네 가지를 요약하면 그림 5.12와 같습니다.

⑥ 기타 참여자: ABS의 신용평가기관, ABS의 안정성 제고를 위한 신용보강기관, 금융자문 및 주선기관, 각종 전문 용역기관

자산유동화를 위해서는 자산유동화 기초자산에 대한 기대손실 및 신용보강 정도를 객관적으로 평가하여 이를 등급화하는 과정이 필요합니다. 이를 담당하는 것이 신용평가기관이며 신용보강기관은 해당 자산유동화 증권의 안정성 향상을 위해 지급보증 또는 신용공여(credit line) 등의 신용을 공급하는 기관을 가리킵니다. 자산유동화에 있어 신용

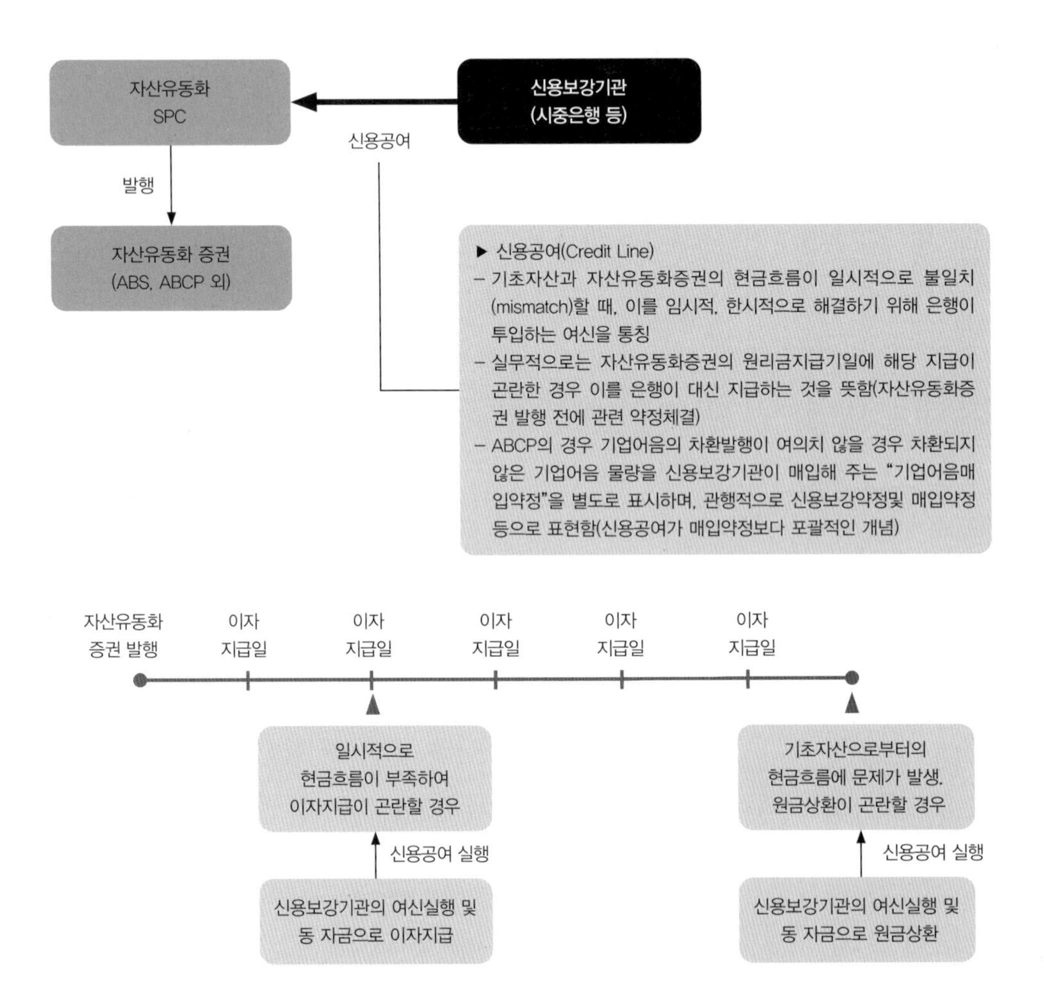

그림 5.13 자산유동화 신용공여(credit line)의 기본 구조

자산유동화의 신용공여와 회계처리

Credit Line은 이 책의 용어설명 부분에서도 앞서 설명드린 바 있습니다만, 자산유동화에 국한하여 설명드리자면 기초자산과 자산유동화증권의 현금흐름이 일시적으로 불일치할 때 이를 해결하기 위해 은행 등이 투입하는 일시 여신, 즉 '신용공여'를 뜻합니다.

특히, ABCP와 관련된 금융실무에서 자주 사용되는 '신용공여 및 매입약정'은 이러한 신용공여의 대표적인 방식 중 하나입니다. 신용공여는 원칙적으로 자산유동화증권이나 기업어음의 원리금지급기일에 원리금지급이 곤란한 경우 이를 시중은행을 포함한 공신력 있는 대형 금융기관이 대신 지급하는 것을 통칭하는 것으로서 그 내용상 일반적으로 매입약정을 포함합니다.

매입약정은 기업어음매입약정의 줄임말로서 ABCP 구조의 자산유동화에서 해당 기업어음이 시장상황 변화 등 다양한 사유로 정해진 기일에 전액이 차환발행되지 못한 물량이 있는 경우 이를 시장에서 다시 판매될 때까지 은행 또는 증권사 등 공신력 있는 금융기관이 일시적으로 매입하여 보유하거나, 또는 할인금리가 매입약정금리보다 높아서 사실상 금융시장에서 당초 약정금리에 차환이 이루어지기 힘든 경우에 이에 대해 은행 등이 일시적으로 해당 기업어음 등 자산유동화증권 매입을 보장해 주는 약정을 뜻합니다. 금융실무에서는 ABCP의 신용보강인 경우 일반적으로 단순히 '신용공여'라고 하는 대신 '매입약정'까지 포함하여 '신용공여 및 매입약정'이라고 하는 경우가 많습니다.

보강이 중요한 것은 기초자산의 현금흐름만으로는 부여받을 수 없는 신용등급을 신용보강에 의해 획득하는 경우가 많기 때문입니다.

이 외에 자산유동화 금융구조를 설계하고 투자자를 모집하고, 때로는 총액인수 역할을 수행하는 금융자문기관 또는 금융주선기관, 전문적인 법률적·회계적 조언을 제공하는 법무법인 및 회계법인, 자산의 객관적 가치를 측정하고 제공하는 감정평가기관 등의 전문 용역기관이 앞서 기타 참여자에 해당한다고 할 수 있습니다.

주요 참여자와 관련하여 부연 설명드리자면, 비등록 유동화의 경우에도 의무사항은 아니지만 자산관리자나 업무수탁자를 지정해서 업무를 위탁하는 경우가 상당히 많습니다. 이는 일반 유동화의 경우 법에 의한 강제사항은 아니나 자산관리자나 업무수탁자를 지정해서 운영하는 근본 취지와 그 업무영역의 중요성은 법상 유동화와 동일하기 때문입니다.

한편, 자산유동화증권 관련 신용공여 및 매입약정의 실제 회계처리 예시를 살펴보면 다음 표와 같습니다.

표 5.14 부동산PF ABCP에 대한 신용공여 및 매입약정의 회계처리 예시

항 목	난외계정 (우발채무)	난내계정 (확정채무)	관련 수수료	
신용공여약정	원화대출약정	대출채권[1]	신용공여수수료	자산관리·금융자문 수수료 등
기업어음 매입약정	자산담보부 기업어음 매입약정	매입어음[2]	매입약정수수료	

1) 신용공여가 실제 이행되는 경우 SPC에 대한 운전자금대출로 전환
2) 자금조달을 목적으로 발행한 어음을 시장매각 곤란 등의 사유에 따라 매입약정을 실행한 경우. 매입실행기관은 대체적으로 ABCP 시장금리보다 높은 수준의 조달비용으로 매입을 실행하기 때문에, 난내계정 편입에 따른 대손충당금까지 고려한다면 매입한 기업어음을 보유하고 있는 동안에는 상당한 수준의 역마진 발생가능성이 높음[기업회계기준서 금융업회계처리 및 은행회계기준해설(금융감독원) 난외계정란 참고]

법에 의한 자산유동화의 특례

자산유동화는 근거법령에 따라 「자산유동화법」에 의거한 자산유동화와 그렇지 않은 일반 유동화의 두 가지로 분류할 수 있다는 점은 앞서 말씀드린 바 있습니다. 참고로, 「자산유동화법」에 의한 자산유동화, 즉 실무상 '법상 유동화'라고 불리는 등록 유동화도 그 방식에 따라 다시 세 가지로 분류할 수 있습니다. 가장 일반적으로는 유동화전문회사(SPC)를 통한 방식이 있고, 신탁업자를 통한 방식, 그리고 조금 더 세분하면 양자를 결합한 2단계 유동화(또는 재유동화) 등으로 구분[30]할 수 있습니다. 이에 대해서는 자산유동화의 구조분석 부분에서 자세히 살펴보도록 하고, 여기서는 소위 금융실무에서 '법상 유동화'로 지칭되는 등록 유동화의 특례에는 어떤 것들이 있는지 살펴보겠습니다.

법적인 자산유동화의 각종 특례

I. 채권양도의 대항요건 관련 특례

[취지]

- 「민법」상 채권양도의 대항요건 준수 시 효율적인 자산유동화 곤란(「민법」상 채권양도 대항요건으로서의 통지는 채권의 양도인이 양도사실을 통지하거나 채무자가 양도를 승낙하여야만 가능. 이때의 통지나 승낙은 확정일자가 있는 증서에 의한 경우에만 제3자에 대한 대항력 인정)
- 시간과 비용 최소화를 통한 자산유동화의 효율성 제고 및 활성화 목적

[특례 내용] 대항력을 갖춘 상대방을 채무자와 제3자로 구분하여 특례 부여

① 채무자에 대한 대항요건(「자산유동화법」 제7조의 ①)

- 채권의 양도인 또는 채권의 양수인 모두 채권양도 통지 가능
- 채무자의 주소지로 2회 이상 내용증명우편을 발송하였으나 소재불명 등으로 반송된 경

우, 채무자의 주소지를 보급지역으로 하는 2개 이상의 일간신문(전국지 1개 이상 포함)에 채권양도사실을 공고함으로써 적법한 채권양도통지로 인정

② 제3자에 대한 대항요건(「자산유동화법」 제7조의 ②)

- 유동화계획에 따라 금융위원회에 채권 양도등록을 한 때 제3자에게도 채권양도 관련 대항요건을 갖춘 것으로 봄
- 참고: 「민법」상 채권양도가 채무자외의 제3자에게 대항요건을 갖추기 위해서는 채권양도인이 확정일자가 있는 증서로 채무자에게 통지하거나 채무자가 이를 승낙하여야 함

II. 근저당권, 소유권 관련 특례

[취지]

- 근저당권은 현재뿐만 아니라 장래에 추가로 발생할 가능성이 있는 채무까지 담보하는 특성을 가지며, 일반적인 근저당권부 채권이 양도되는 경우 근저당권의 이전등기를 통하여 채권의 양수인이 새로운 근저당권자가 됨
- 이런 경우, 채권의 양도라는 법률행위와 근저당권이전등기라는 법률행위가 함께 이루어지게 되며, 판례에 의하면 근저당권부 채권의 양도는 해당 피담보채권의 확정을 전제로만 가능함[이성삼, 정해상(2004). 피담보 채권의 양도성과 근저당권의 관계. 중앙법학, 6(2), 141–159 일부 인용, 관련 판례: 대법원 2002. 7. 26. 선고 2001다53939 판결, 대법원 2000. 12. 26. 선고 2000다54551 판결, 대법원 1996. 12. 6. 선고 96다35774 판결, 대법원 1996. 6. 14. 선고 95다53812 판결 등]
- 자산유동화에 있어 실제로 근저당권과 관련되는 문제는 근저당권의 이전등기와 채권양도의 전제가 되는 피담보채권의 확정처리절차임
- 자산자산유동화의 경우 일일이 근저당권 이전등기를 경료하는 것이 비효율적일뿐더러 유동화자산이 대량의 집합 채권인 경우 관련된 모든 개별 근저당권을 이전하는 부기등기를 하는 것이 현실적이지 않으므로 일정 조건을 전제로 근저당권 이전등기를 면제하는 특례를 부여하고 있으며, 이는 동산에 대한 담보물권인 질권에도 동일하게 적용됨
- 또한 일정 조건 충족 시 당초 근저당권 계약에 불구하고 자동적으로 피담보채권이 확정되는 특례를 부여하고 있음
- 소유권의 경우, 부실기업 정리와 같은 공익목적으로서 일정 조건을 충족하는 경우 소유권 이전등기가 없더라도 소유권을 취득하는 예외를 인정

[특례 내용]

① 저당권 취득 시 이전등기 면제 특례(「자산유동화법」 제8조의 ①)

- 자산유동화계획에 따라 양도 또는 신탁한 채권이 질권 또는 저당권에 의해 담보된 채권인 경우로서 양도등록이 있은 때에 해당 질권 또는 저당권 취득 인정

② 근저당권의 피담보채권의 확정 특례(「자산유동화법」 제7조의 ②)

- 자산유동화계획에 의하여 양도 또는 신탁하고자 하는 유동화자산이 근저당권에 의하여

담보된 채권인 경우에는 자산보유자가 채무자에게 근저당권에 의하여 담보된 채권의 금액을 정하여 추가로 채권을 발생시키지 아니하고 그 채권의 전부를 양도 또는 신탁하겠다는 의사를 기재한 통지서를 내용증명우편으로 발송한 때에는 통지서를 발송한 날의 다음 날에 당해채권은 확정된 것으로 봄(단, 채무자가 10일 이내에 이의를 제기한 경우에는 제외)

③ 일부 공공기관의 자산유동화 활성화를 위한 특례 부여

- 소유권이전 등기생략 시에도 소유권취득 인정 특례(「자산유동화법」 제8조의 ②): 한국자산관리공사 또는 한국토지주택공사가 금융기관의 부실자산정리, 부실징후기업의 자구계획지원 및 기업의 구조조정을 위하여 취득한 부동산을 자산유동화계획에 따라 유동화전문회사 등에 양도 또는 신탁한 경우 유동화전문회사 등은 양도등록이 있은 때에 그 부동산에 대한 소유권을 취득
  - 부동산소유권 이전등기의 경우 금융위원회에 유동화계획 등록 여부에도 불구하고 원칙적으로는 별도로 실행해야 함. 다만, 한국자산관리공사 등 공익목적을 위한 부동산취득으로서 해당 부동산을 자산유동화하는 경우 소유권이전등기의 생략에 따른 위험은 현저히 적고 자산유동화의 효율성 제고라는 공공 효용이 기대되므로 특례를 인정하고 있음
  - 소유권이전등기 시 관련 계약서에 해당 부동산의 소재지를 관할하는 시장, 군수 등의 검인을 받아서 관할등기소에 제출하여야 하나, 이를 면제(「부동산등기 특별조치법」 제2조~제4조)
- 교통유발부담금 면제(「자산유동화법」 제36조, 「도시교통정비 촉진법」 제36조): 시장 등은 도시교통정비지역에서 교통혼잡의 원인이 되는 시설물의 소유자로부터 매년 교통유발부담금을 부과 · 징수할 수 있으나, 이를 면제
- 외국인 토지취득신고의무 면제(「자산유동화법」 제36조, 「부동산 거래신고 등에 관한 법률」 제3조의 ① 및 제8조): 외국인이 대한민국 영토 안의 토지를 취득하는 계약을 체결 시 계약체결일로부터 60일 이내에 관할관서에 신고하여야 하나, 한국자산관리공사 또는 한국토지주택공사로부터 자산유동화를 위하여 부동산 소유권을 이전받은 외국법인은 해당 신고의무를 면제

III. 세제 및 기타 특례(규제 포함)

[취지]

- 자산유동화의 활성화를 위해 세제 및 기타 부문에서도 다양한 특례 조항을 두고 있음
- 세제 측면에서는 유동화전문회사 등 SPC의 법인세 및 배당금, 부가가치세, 그리고 국민주택채권 매입 관련 특례를 인정하고 있으며, 기타 자산관리자의 선임, 「자본시장법」상 신탁자금운용과 「상법」상 지분양도, 그리고 이익배당 및 자본변동 등에 대한 각종 예외인정 및 특례조항을 명문화하고 있음

[특례 내용]

① 세제특례

- 이자소득금액에 대한 법인세 원천징수 면제(「법인세법」 제73조의 ①, 동법 시행령 제111조 ①의 1): 유동화전문회사는 소정의 금융회사로 인정하여 이자소득금액에 대한 법인세 원천징수를 면제
- SPC가 실행하는 배당을 소득금액에서 공제(사실상 법인세 면제 효과, 「법인세법」 제51조의 2 ①의 1): 유동화전문회사가 배당가능이익의 90/100 이상을 배당한 경우 그 금액은 해당 배당을 결의한 잉여금 처분 대상이 되는 사업연도의 소득금액에서 공제함. 이는 유동화전문회사가 일종의 도관체(conduit)로서 이익을 실제로 향유하는 주체가 아니며, 발생하는 대부분의 이익이 실질적으로 자산보유자 및 자산유동화계획에 따른 관련 당사자 중 일부에게 귀속되므로 이중과세를 원천적으로 방지하기 위한 목적임
- 부가가치세 면제(「부가가치세법」 제26조 ①의 11, 동법 시행령 제40조 ①의 10, 10의 2): 유동화전문회사 또는 자산관리자가 수행하는 자산유동화사업 또는 자산관리사업은 금융 · 보험용역으로 보아 부가가치세를 면제
- 국민주택채권 매입의무 면제(「자산유동화법」 제36조의 2): 자산유동화계획에 의거 유동화자산을 양도 또는 신탁하거나 유동화자산에 저당권을 설정하는 경우에는 「주택도시기금법」 제8조를 적용

② 자산관리 위탁 및 자산관리자의 선임(「자산유동화법」 제10조)

- 자산관리의 중요성을 인정하고 자산관리의 위탁 관련 조항을 명문화

③ 신탁 관련 특례

- 신탁자금운용상 특례 인정(「자산유동화법」 제16조의 ①의 1 및 2): 「자본시장법」 제105조에 따른 신탁자금운용의 제한을 받지 않음. 신탁업자가 유동화전문회사로서 유동화자산을 취득한 경우 기본적으로 「자본시장법」이 적용되는데, 만약 신탁자금운용에 제한을 가하는 경우 신탁업자를 유동화전문회사로 인정하는 취지가 무력화될 우려가 있기 때문에 이러한 특례를 인정.[31] 유동화자산을 양도 또는 신탁받은 신탁회사가 자산유동화계획에 의거 여유자금을 운용하는 것을 허용하기 위한 목적
- 신탁 관련 자기계약 인정(「자산유동화법」 제16조의 ②): 「신탁법」 제3조, 「민법」 제563조 및 596조에도 불구하고 자기계약 가능. 「민법」상 쌍방대리와 함께 자기계약을 금지하고 있는데, 신탁을 활용한 자산유동화의 구조[20]상 신탁업을 겸영하는 자산보유자가 자기계약에 의하여 자신이 보유하는 자산을 대상으로 유동화하는 것을 가능하게 하기 위해 자기계약을 명시적으로 허용하고 있음

---

20 자산유동화 구조 부분에서 신탁을 활용한 자산유동화구조를 별도로 설명드립니다. 투자자보호 측면 및 자산보유자의 신탁구조 악용가능성 등에서 잠재적인 위험이 있는 것으로 우려하는 시각도 존재합니다[강성일(2008). 자산유동화에 관한 법률의 상법상 문제점과 개선방향. 충남대학교 대학원 석사학위논문, p. 68].

- 금전신탁 관련 특례(「자산유동화법」 제16조의 ③): 신탁업자가 유동화자산을 관리 · 운영함에 있어 「신탁법」 제37조에도 불구하고 신탁재산이 금전인 경우에도 고유재산 또는 다른 신탁 재산에 속하는 금전과 구별하여 관리해야 할 의무를 부과. 즉, 「신탁법」상 신탁재산이 금전인 경우에는 이를 물리적으로 구별하지 않고 별도로 그 계산만을 명확히 하는 것으로 충분하도록 되어 있으나, 자산유동화를 위한 신탁의 경우에는 금전인 경우에도 수탁자의 고유한 재산 또는 다른 신탁재산과 구별하여 관리하도록 함으로써 「신탁법」상의 일반적인 분별관리의무를 한층 강화[32]한 조항임
- 수익증권 발행 관련 특례(「자산유동화법」 제32조의 ①, ②): 신탁회사는 「자본시장법」상 금전신탁계약에 의해서만 수익증권을 발행할 수 있도록 되어 있으나[「자본시장법」 제110조(수익증권)], 「자산유동화법」에서는 광범위한 유동화자산의 종류를 고려하여 금전 이외의 재산, 즉 대출채권, 신용카드채권, 공사대금채권 등의 금전채권을 신탁하는 경우에도 수익증권 발행이 가능하도록 허용하고 있음

④ 「상법」상 사채발행, 지분양도 및 이익배당, 자본변동 등에 관한 특례

- 유한회사의 사채발행 허용(「자산유동화법」 제31조 및 제33조): 법적인 자산유동화, 즉 등록유동화의 유동화전문회사는 유한회사형태로 설립됨. 「상법」에서는 유한회사의 사채발행 관련 규정을 두고 있지 않으며 다수로부터 대규모의 자금을 조달하는 데 최적화된 주식회사를 사채발행의 주체로 전제하고 다양한 규정을 두고 있음. 이런 취지에서 상대적으로 유한회사 또는 유한책임회사는 법리상 사채발행은 허용되지 않는다는 것이 통설이며, 특히 공모방식의 사채발행이나 관련 등기는 현행 제도에서는 원천적으로 불가능함
  - 「자산유동화법」에서는 비록 유한회사라 할지라도 명문 조항을 두어 자산유동화계획에 따라 사채를 발행(제31조)할 수 있으며, 그 한도도 양도 또는 신탁받은 유동화자산의 매입가액 또는 평가가액의 총액을 한도로 할 수 있음(제32조)
  - 「상법」상 사채발행한도는 과거에는 일반 주식회사의 경우 순자산액의 4배를 초과하지 못하는 것으로 되어 있었으나 2011년 4월 동 조항은 폐지되었음. 단, 「자본시장법」상 증권금융회사의 경우에만 동법 제329조에 의거 자본금과 준비금 합계액의 20배를 초과하지 않는 범위 내에서 사채발행을 허용하는 제한조항을 유지 중임
- 지분양도 관련 예외인정(「자산유동화법」 제30조의 ②): 출자증권의 양도에 관하여, 지분의 이전 시 취득자의 성명, 주소와 그 목적이 되는 출자좌수를 사원명부에 기재하지 않으면 제3자에게 대항하지 못한다는 「상법」 제557조를 적용하지 않는 예외 인정
- 이익초과 배당 가능(「자산유동화법」 30조의 ③): 「상법」 제583조의 규정에 의해 준용되는 동법 제42조에 불구하고, 정관이 정하는 바에 따라 이익을 초과하여 배당 가능. 이때 이익은 재무상태표의 자산에서 부채와 자본금, 준비금을 공제한 금액을 가리킴
  - 이익초과 배당과 관련하여 많은 오해가 발생하고 있음
  - 본 특례는 위의 세제특례에서 일정 조건 충족 시 SPC가 실행하는 배당을 소득금액에서 공제하는 조항과 관련된 조항임

- 유동화전문회사가 위 조세특례를 적용받기 위해 배당가능이익의 90% 이상의 배당비율을 선택하여 배당결의를 하게 되고 그 배당결의를 한 당해 사업연도에 소득공제를 받게 됨. 실제로는 배당금이 지급되는 경우는 드물고 지급을 지연하는 것이 일반적[33]임
- 유동화전문회사는 비록 유한회사라는 법인의 모습을 띠고 있으나 그 실질은 자산유동화를 위한 SPC, 즉 도관체(conduit)에 불과하며 유동화전문회사의 배당결의는 「법인세법」상 소득공제를 받기 위한 목적으로서 실제 배당과는 관계없는 조세특례를 적용받기 위한 세무 측면에서 이루어지는 일종의 형식적 배당이라는 성격을 가짐
- 일반적으로 선순위 및 후순위 유동화증권이 모두 상환되어야 배당금의 지급이 가능하므로, 실제 배당금을 지급하기에 충분한 금액이 유동화전문회사가 가지고 있을 가능성은 구조적으로도 희박함
- 유동화전문회사의 배당결의는 출자자에 대한 이익실현을 목적으로 하는 것이 절대 아니며 유동화전문회사 단계에서 법인세를 납부하지 않음으로써 결과적으로 투자자의 원리금상환을 보장하기 위한 절차에 불과함

• 자본변동 관련 특례(「자산유동화법」 제30조의 ④): 「상법」 제597조의 규정에 의해 준용되는 동법 제439로 제1항(자본금감소의 방법, 절차) 및 동법 제586조(자본금증가의 결의)에도 불구하고, 자본금의 감소 및 증가에 관한 사항을 정관으로 별도로 정할 수 있음

자산유동화의 대표적인 유형 분석

지금까지 자산유동화의 개념과 특징, 기본적인 금융구조, 그리고 주요 참여당사자 등에 대해서 살펴봤습니다. 이제 이러한 기본 지식을 바탕으로 실제 자산유동화의 주요 구조를 하나씩 설명드리겠습니다.

자산유동화 구조는 유동화하는 자산의 종류에 따라서, 그리고 「자산유동화법」의 적용을 받는지 여부에 따라서, 그 밖에도 유동화자산의 양도구조를 어떻게 하느냐 또는 발행하는 유동화증권이 어떤 종류이냐 등에 따라서 다양하게 설계할 수 있습니다. 한정된 지면에 수많은 유동화구조를 모두 설명드리기는 곤란하지만, 부동산PF와 관련된 자산유동화 구조를 이해하고 실무자들이 현업에 활용하는 데 근본적으로 도움이 될 수 있도록, 기초가 되는 내용을 중심으로 크게 세 가지 유형으로 구분하여 설명드리고자 합니다.

① 단일 SPC에 의한 부동산PF Loan ABCP 발행 방식인 경우

단일 SPC를 중심으로 하는 방식은 자산유동화의 가장 기본적인 구조로서 앞서 구조화금융 및 자산유동화의 기본 개념을 소개할 때 그림으로 설명드린 바 있습니다. 단일 SPC를 중심으로 기초자산을 대출채권으로 하여 기업어음을 자산유동화증권으로서 발행하는 방식은 「자산유동화법」에 근거한 회사채 형식의 ABS 발행 방식과 함께 부동산 PF에 있어 가장 보편적인 구조 중 하나입니다.

원래 ABCP는 1980년대 초반 선진국의 상업은행들이 기업고객에게 저금리의 자금을 공급하기 위한 기법으로 개발된 것으로서 개발 초기의 기초자산은 할부매출채권, 리스채권 등의 상거래매출채권이 주종이었습니다. 그 후, 기초자산이 대출채권이나 주택저당증권, 각종 회사채 등으로 대상이 확대되어 현재에 이르렀습니다.[34]

한국은 ABS 방식인 경우 근본적으로 등록유동화에 따른 각종 혜택[21]이 있고 개별 프로젝트에 따라 금융조건에 따라 다를 수 있으나 대개 ABS의 조기상환이 가능하도록 차주에게 콜 옵션(call option)이 부여되는 경우가 많습니다. 이에 비해, ABCP 방식인 경우 「상법」 및 「어음법」 등에 근거한 비등록 유동화구조로서 등록유동화가 누릴 수 있는 각종 제도적 특례를 누리지 못합니다. SPC가 도관체로 인정받지 못하고 실체가 있는 계속기업으로 인식되기 때문에 SPC가 수취하는 대출이자에 대해 원천징수의무가 부과[35]되는 것이 그 대표적인 예입니다.

그 밖에, ABCP는 일반적으로 조기상환도 ABS 방식 대비 상대적으로 까다로운 경우가 많습니다. 대개의 경우, 조기상환 자체가 금지되거나 허용되더라도 ABCP 만기일까지의 이자비용을 추가 부담해야 하는 경우도 적지 않은데 등록 유동화 방식에 의한 부동산 PF ABS와의 차이점을 간단히 표로 정리하면 다음과 같습니다.

표 5.15 부동산PF ABS와 부동산PF ABCP의 주요 차이점

항 목	부동산PF ABS	부동산PF ABCP
법적 성격	• 등록 유동화	• 비등록 유동화
이자소득세	• 이자소득금액에 대한 원천징수 면제	• 이자소득금액에 대하여 원천징수 의무 존재
중도상환	• 일반적으로 차주에게 중도상환 권리 부여	• 일반적으로 조기상환이 곤란한 경우가 많음[36] • 중도상환 시 ABCP 만기까지의 이자비용을 부담

21 이 책의 '법에 의한 자산유동화의 특례' 부분을 참고하시기 바랍니다.

금융시장에서는 부동산PF의 자산유동화와 관련하여 등록유동화 방식인 부동산PF ABS보다는 부동산PF ABCP 방식이 보다 널리 활용되고 있습니다. 비록 등록유동화와 비등록유동화라는 근본적인 차이점이 있으나, 부동산PF와 관련하여서는 대부분 대출채권을 기초자산으로 한다는 점에서 공통분모를 가지며 실질적인 금융구조도 거의 유사한 형태를 갖습니다.

여러 차이점이 있으나 금융구조는 유사하므로, 여기서는 부동산PF와 관련하여 널리 활용되고 있는 ABCP를 중심으로, ABCP 방식이 자산유동화에서 보편적으로 활용되는 사유와 특징, 그리고 주의할 점에 대해 보다 자세히 설명드리고, 금융실무에서 대출채권을 기초자산으로 하는 자산유동화가 어떤 방식으로 이루어지는지를 차례대로 설명드리도록 하겠습니다.

①-1. ABCP 활용과 관련된 단상

ABCP는 'Asset Backed Commercial Paper'의 약어로서 자산담보부 기업어음으로 번역할 수 있습니다. 즉, 기업어음(CP)과 자산유동화증권의 구조가 결합된 것[37]으로서, 자산유동화에서 가장 일반적으로 활용되는 자산유동화증권의 한 종류입니다. 단일 SPC방식으로 ABCP를 발행하는 기본적인 구조를 다시 한번 그림으로 복기해 보면 다음과 같습니다.

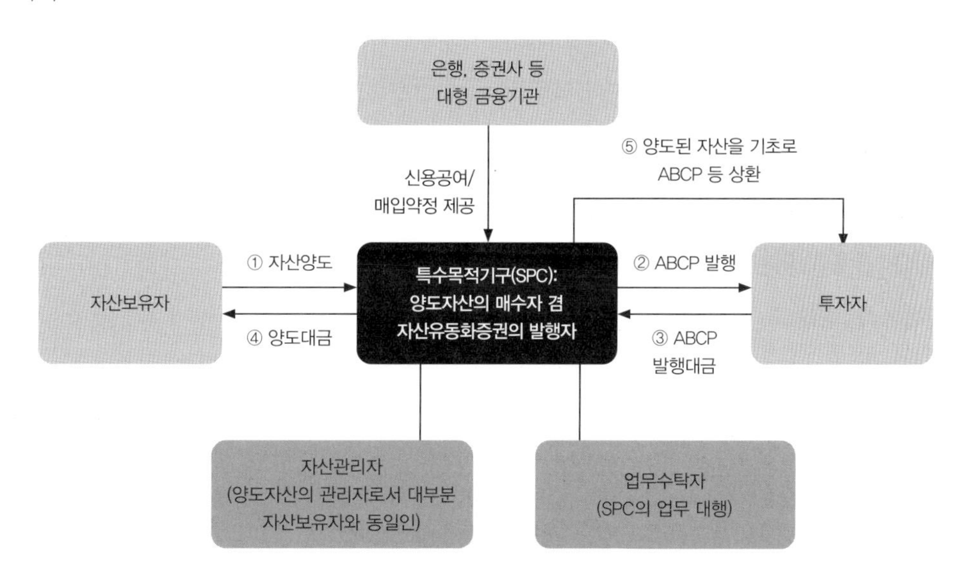

그림 5.14 단일 SPC 및 ABCP 발행구조 요약

위의 구조가 자산유동화의 가장 기본이 되는 구조입니다. 앞서 설명드린 구조화금융과 자산유동화의 기본 개념을 차근차근 따라오셨다면 이해에 큰 어려움은 없으실 것으로 봅니다. (대출채권을 기초로 하는 개념이 어떤 것인지, 그리고 그 실제 처리 절차에 대해서는 구체적인 그림과 함께 곧 별도로 설명드립니다.)

자산을 유동화하기 위해 SPC에 해당 자산을 넘기고 나면(양도), 해당 자산을 바탕으로 유동화증권을 발행하게 됩니다. 자산유동화는 일반적으로 양질의 기초 자산을 전제로 하는 경우가 많지만, 예기치 못하게 현금흐름이 부족한 상황이 발생할 수도 있고, 유동화증권이 채권의 형태가 아닌 기업어음(CP)의 형태로 발행되는 경우, 계속 차환발행[22]이 되기 때문에 기업어음의 만기 때마다 차환발행이 가능할 것인지에 대한 구조적인 불안정성이 항상 내재되어 있습니다. 프로젝트의 사업성이 양호하고 금융시장에 별다른 충격이 없다면 최초에 ABCP를 매입한 투자처에서 계속 차환발행 시에도 매입을 이어가는 것이 일반적이지만, 이는 일반론일 뿐 투자자의 내부 사정이나 다양한 경제변수로 차회차에 발행되는 ABCP 매입에 더 이상 참여하지 않을 가능성이 상존합니다. 결국 자금조달은 단기로 하고, 실제 운용 기간은 장기로 하는 자금조달·운용기간 간 만기 불일치로 인한 유동성 위험으로 귀결될 위험이 존재하고, 다른 신용위험과 달리 그 측정과 평가가 곤란하다는 점[38]에서 그 위험도가 적지 않습니다. 은행과 같은 공신력이 있는 금융기관이 신용공여와 매입약정을 제공하는 것은 바로 이러한 위험이 현실화되는 경우를 대비하기 위한 것이라고 할 수 있습니다.

자산유동화증권을 회사채 형태로 할 것인지 아니면 기업어음 형태로 할 것인지를 결정하는 요인에는 여러 가지가 있지만 가장 중요한 차이는 금융비용, 그리고 기업이 외부의 관리감독을 받지 않고 발행할 수 있는지 여부 등 절차적 간소함의 정도라고 할 수 있습니다. 금융시장에서 기업어음(CP)이 기업의 단기 자금조달 수단으로서 널리 사랑받아온 이유에 대해서는 「상법」상 사채발행제한과의 관련성을 포함해서 앞서 ABCP가 광의의 유동화증권에 포함된다는 것을 설명드릴 때 말씀드린 바 있습니다만, 최대한 중복되

---

22 기업어음의 만기가 도래했을 때, 같은 조건으로 기업어음을 다시 발행하여 해당 발행대금으로 만기가 도래된 기업어음을 갚아나가는 것을 '차환발행'이라고 합니다. 예를 들어 최종 대출만기가 3년이고 기업어음이 3개월 만기(90일)로 발행된다고 가정하면, 기업어음은 총 12번 발행되는 셈이고, 차환발행은 첫 번째 발행된 것을 뺀 총 11번 일어나게 됩니다.

지 않는 선에서 CP가 부동산PF 시장에서 보편적인 금융상품으로 자리매김하게 된 이유에 대해서 살펴보도록 하겠습니다.

우선 절차적인 면을 살펴보겠습니다. 회사채의 경우, 채권을 새로 발행해서 시장에 판매하기 위해서는 신용평가기관으로부터 신용등급을 부여받아 정보를 투자자에게 제공해야 하고, 금융감독원에 유가증권 발행신고까지 해야 하는 등 여러 가지 절차를 밟아야 합니다. 이에 비해서, 기업어음의 경우는 본질적으로 기업이 자신의 신용을 바탕으로 사실상 임의로 발행하는 속성을 지니기 때문에 발행절차도 상대적으로 훨씬 간소하며 주로 기업의 단기 자금조달이나 상거래에서 사용되는 경향이 있습니다.

이렇듯 상대적으로 회사채 대비 발행절차가 간소하다는 장점과 함께, 기업어음이 금융시장에서 존재 의의를 갖고 널리 활용되고 있는 것은 기업어음의 단기 금융상품으로서의 특성과 관련이 있습니다. 즉, 금융시장에서 부동산PF ABCP는 투자자에게는 단기임에도 불구하고 일정 수준 고수익 향유가 가능한 매력적인 단기 자금운용대상으로 인식되고 있고, 사업추진자 입장에서는 일반적인 PF 대출이나 ABS를 활용한 PF 대비 상대적으로 저렴한 금융비용으로써 타인자본조달이 가능하다는 것이 큰 장점이라고 할 수 있습니다.

일반론적으로 보면, 회사채의 경우 1년 미만의 6개월물 단기로 발행되는 경우도 있으나 보통의 만기는 1년 이상, 우량 회사채의 경우 대개 3년물의 장기로 발행되는 것에 비하여 기업어음(CP)의 경우 「어음법」상 최장 만기인 1년 범위 안[23]에서 3개월 또는 6개월물 등 기업의 사정에 따라 단기로 발행되는 것이 일반적이며 보통은 단기 자금을 운용하려는 투자자에게 적합한 금융상품으로 인식되고 있습니다. 발행하는 기업 입장에서도, 회사채 대비 단기로 자금을 조달하면서 상대적으로 저렴한 금리에 자금모집이 가능하고 절차적으로도 간단하므로 많은 장점을 가진 단기 자금조달 방식이라고 할 수 있습니다.

여기서 잠깐, 투자자와 발행자인 SCP의 관점에서 살펴본 부동산PF 관련 ABCP의 장단점을 다음 표와 같이 먼저 살펴보고 추가설명드리겠습니다.

---

23 기업어음의 전자적 구현성격을 갖는 전자어음은 「전자어음법」에 근거합니다. 「전자어음법」상 최장 만기는 기업어음과 다르게 발행일로부터 최장 3개월을 초과할 수 없습니다(동법 제6조의 ⑤). 참고로, 전자단기사채는 기업어음 제도를 궁극적으로 대체하기 위한 것으로서 전자어음과는 그 성격과 목적이 완전히 다른 개념입니다.

표 5.16 부동산PF ABCP의 장단점 분석

항 목	투자자(ABCP 매입자) 관점	발행자(SPC) 관점
장점	• 단기 투자상품으로서 기간별 위험프리미엄이 일반적인 회사채 대비 상대적으로 월등히 낮음 • 고위험군인 부동산개발사업에 기반한 CP라는 점에서 단기임에도 불구하고 일반 단기금융상품 대비 상대적으로 고수익 향유 가능 • 단기 투자상품으로서의 구조적인 효용 존재 (차환발행에 미참여 가능) • 대형 금융기관의 매입약정 등이 뒷받침되는 경우 투자자 보호 측면에서 일정 부분 안전자산의 성격 보유	• 일반적으로 장기로 운용되는 회사채 대비 금융비용 저감 가능(장단기 금리 역전이 발생하는 경우는 제외) • 등록 자산유동화 대비 비교적 절차가 간단함 • 다양한 투자처가 존재
단점	• 매입약정 등의 신용보강 장치에 불구하고 프로젝트의 사업성에 상환가능성이 연동되는 고위험 상품으로서의 속성을 보유	• 금융시장에서 정상적인 차환발행이 되지 않을 경우 프로젝트의 원활한 진행에 치명적인 영향을 미칠 수 있음 – 매입약정 실행으로 투자자는 보호될 수 있으나, 영구적인 치유책은 아니라는 점에서 프로젝트에 상당히 부정적인 영향을 초래 • 채무불이행 사유(E.O.D.) 또는 기타 조건변경 사유 발생 시 이해당사자가 많고 합의 관련 절차가 복잡함 • 일반 대출방식 대비 자산유동화에 따른 부대비용 증가 • 비등록유동화로서 세제혜택이 없으므로 대출이자소득에 대한 원천징수 후 납부의무가 있음(SPC는 일반적으로 적자상태이므로 추후 환급이 가능하여 실부담 정도는 경미한 수준)
비고	• 금융환경 급변으로 인한 차환발행 실패, 기타 조건변경 사유 등 발생 시 원활한 관련 업무 진행이 어려울 수 있는 위험 상존 • 저렴한 금리만을 목적으로 ABCP 방식을 결정하는 것은 위험할 수 있음	

부동산PF ABCP의 차환발행 위험에 대해서 조금 더 자세히 살펴보겠습니다. 투자기간 중에 급격한 사회경제적인 충격이 있어서 유동화 자산에 부정적인 영향을 미치거나 그러한 영향이 있을 것으로 예상되는 경우가 있습니다. 이럴 경우에는, 투자자에게는 당연히 투자한 자금을 한시 바삐 회수하는 것이 최우선 과제로 대두될 수 있습니다. 만약 부동산PF ABS에 투자한 경우라면 해당 ABS를 금융시장에서 판매하지 않는 한, 원칙적으로는 투자자금을 회수할 방법이 마땅치 않을 가능성이 높습니다. 일반적인 회사채가 아닌 프로젝트의 사업진행과 연동된 ABS인 경우 금융시장에서의 판매가 녹록지 않기 때문에 SPC가 약정을 위반하지 않는 한, 사실상 만기까지는 최초 투자자가 해당 ABS를 그대로 보유하고 있어야 할 가능성이 높습니다.

하지만 기업어음의 경우에는 사정이 다릅니다. 만일 해당 CP가 매 3개월마다 차환발행되는 구조를 가지고 있고, 향후 상황이 안 좋아질 것으로 판단하는 투자자는 중간에 원금을 회수하려고 할 가능성이 높습니다. 자산유동화의 기초자산이 3년인 대출채권으로서 매 3개월마다 차환발행되는 기업어음 방식이라면 금융시장에 충격이 가해지는 등 예기치 못한 상황이 발생하거나 투자자 내부 사정으로 자금회수가 필요한 경우, 지금 보유하고 있는 ABCP의 만기가 도래했을 때 해당 원금을 상환받고 차환발행되는 기업어음을 매입하지 않을 수 있습니다. 해당 투자자가 ABCP의 차환에 다시 참여하지 않는 만큼을 SPC는 다른 투자처를 보충해야 하는 어려움이 있지만 이는 SPC의 사정일 뿐, 투자자와는 원칙적으로 관계없는 일이라고 할 수 있습니다.

이렇듯, 일견 같아 보이지만 투자자 관점에서는 ABCP를 매입하는 것과 ABS를 매입하는 것은 프로젝트 기간 중에 투자자가 원금회수를 위해서 상대적으로 유연하게 빠져나올 수 있느냐 여부에서 큰 차이가 존재합니다.

한편, 위에서 설명한 원금회수의 유연성을 목적으로 기업어음을 매입하는 경우도 있지만, 상대적으로 투자할 회사채 물량이 적은 경우에도 기업어음 투자에 많은 영향을 미칩니다. 한창 부동산개발금융이 활황이던 2000년 초·중반대에는 상당수의 부동산개발금융이 자산유동화 방식에 의해서 자금조달이 이루어졌고, 이 중 상당수는 CP로 자산유동화증권이 발행되었습니다. 당시 부동산개발분야에서 투자처를 찾고 있던 많은 기관투자가들이 바로 이 ABCP를 매입했는데, 그 당시의 매입을 앞서 설명드린 투자금 회수의 유연성과 같은 전략적인 이유만으로 매입했다고 보기는 어렵습니다.

그보다는 당시 상황에서 적어도 부동산개발금융 부분에서 공급된 투자상품이 대부분 ABCP였기 때문에 현실적으로 어쩔 수 없는 선택이기도 했고, 그 외 기업어음 자체가 단기 금융상품으로서 투자기간에 따른 위험프리미엄 역시 장기인 회사채보다 월등히 낮은 데다가 일반적인 단기 금융상품 대비 고금리 상품이었던 점, 그리고 당시 부동산개발금융과 관련하여 발행된 대부분의 기업어음에 대하여 1금융권 은행의 신용공여가 뒷받침되어 있었기 때문에 상당 부분 안전장치가 보강되어 있었던 점도 있는 등 여러 가지 요소가 종합적으로 고려된 결과로 보는 것이 보다 정확하다고 할 수 있습니다.

어쨌든, 기업어음이 투자자 및 발행자(SPC) 입장에서 장점 및 순기능뿐만 아니라 그에 못지않은 단점도 있는 것이 사실이기 때문에, 부동산개발금융과 관련하여 단순히 금리가 상대적으로 저렴하다는 이유만으로 맹목적으로 ABCP 발행을 선호하는 것은 금융환경이 급변하는 경우 위험한 선택이 될 수도 있습니다.

부동산PF뿐만 아니라 기업의 일반적인 자금조달 시장에서도 ABCP의 활용에 대해서는 깊이 고민할 필요가 있습니다. ABCP 발행에 따른 단점과 위험을 인식하고, 그럼에도 불구하고 전략적으로 CP 발행을 해서 유동화하겠다라고 하는 것은 해당 기업의 경영적 판단이므로 충분히 존중되어야 할 것입니다. 그러나 단순히 금리조건이 더 좋다거나 또는 거래은행의 추천이 있었다는 이유만으로 ABCP 방식의 특징을 깊이 이해하지 못한 상태에서 자금조달의 도구로 활용하는 경우, 자칫 기업의 미래에 악영향을 미칠 우려도 있습니다.

일례로, 2008년 글로벌 금융위기로 국내 부동산개발 분야가 휘청일 때, 실제로 ABCP 방식으로 금융을 조달한 많은 사업주체들이 곤욕을 치른 바 있습니다. 당초 계획했던 바대로 사업이 진행되지 않았고, 이에 따라 약정 내용을 변경하는 등 조건변경이 수시로 필요했음에도 불구하고 자산유동화 방식으로 자금이 조달된 경우 이해당사자가 많고 절차도 복잡하여 은행 등 대형 금융기관의 신용공여 및 매입약정과 별개로 조건변경이 곤란하여 약정 당사자들이 많은 고통을 겪은 바 있습니다. 비단 2008년뿐만 아니라 코로나19의 영향으로 금융시장에 충격이 가해지면서 ABCP의 차환발행에 곤란을 겪고 증권사 등 신용공여기관의 매입약정 등이 실행된 바 있었다는 점에서 ABCP의 구조적인 문제, 즉 자금조달과 자금운용기간과의 불일치는 언제든 현실에서 심각한 문제로 이어질 수 있습니다.

외부충격에 취약한 부동산PF ABCP

금융시장에서는 경제에 충격이 발생할 경우 부동산PF ABCP로 인한 금융기관들의 부담 증가와 국가 경제에 미치는 부정적인 영향에 대한 우려가 끊임없이 제기되고 있습니다. 부동산PF ABCP의 경우, 일반적으로 경제적 환경변화에 취약한 부동산개발 프로젝트에 기반한 단기 금융상품이라는 점에서 금융시장의 충격에 매우 민감한 성격을 갖습니다. 은행이나 증권사 등 대형 금융기관의 매입약정이 있다고 하더라도, 이는 투자자보호에 기반한 ABCP의 원활한 발행과 유통의 측면에서는 큰 의미가 있지만, 막상 실제로 매입약정이 실행되는 경우 그 규모나 지속기간 등에 따라 최악의 경우 금융권의 유동성위기로 연결될 가능성을 배제할 수 없습니다.

부동산PF ABCP는 정기예금을 기초자산으로 하는 일반적인 ABCP와 함께 비등록유동화 시장을 대표하는 금융상품 중 하나입니다. 그러나 단일 프로젝트에 투하되는 ABCP의 절대 금액이 평균적으로 적지 않은 규모[24]인 데다가 부동산개발금융시장에서도 널리 활용되고 있

24 2019년 한 해 동안의 연간 비등록 유동화증권 발행액 총 161조 원, 부동산PF ABCP 발행 추정비율 약 15% 고려 시 연간 부동산PF ABCP 발행액은 약 24조 원으로 추정(금융위원회, 자산유동화제도 종합 개선방안, 2020. 5., p. 2 자료를 기준으로 저자 추정)

어 국가 전체적으로 그 절대액이 적지 않음에도 불구하고, 실질적인 규제는 등록유동화 대비 매우 느슨하며 관련 정보 취합도 여의치 않은 특성을 가지고 있습니다.

감독당국에서도 이러한 우려를 충분히 인식하고 있습니다. 자산유동화 시장을 육성하기 위해 명확한 법령상 제한이 아닌 소위 가이드라인 등의 그림자 규제를 중·장기적으로 폐지하는 것을 정책방향으로 함과 동시에, 비등록 유동화시장에서는 오히려 규제를 강화하는 조치를 꾸준히 취하고 모니터링을 실시하면서 부동산PF ABCP의 구조적 취약점이 국가 경제에 전이되지 않도록 예의주시하고 있습니다. 법상 자산유동화와 일반 자산유동화의 비교에서 설명드렸습니다만, ABCP 발행 관련 공시의무를 부과하고 투자자보호를 위해 최종 만기가 1년 이상인 ABCP 등에 대해서는 증권신고서 제출의무를 부과하는 등의 규제 등도 모두 이러한 맥락에서 취해진 조치라고 할 수 있습니다.

①-2. 대출채권을 기초자산으로 하는 자산유동화: 브릿지론의 활용

이번에는 부동산PF ABCP에서 가장 보편적인 구조 중 하나인, 대출채권을 기초자산으로 하는 경우 실제 자금의 흐름이 어떻게 이루어지는지 살펴보도록 하겠습니다.

부동산개발과 관련하여 자금을 조달하고자 하는 시행사는 자금력이 열위하고 향후 해당 사업으로부터 유입될 분양대금이나 임대수익 외에는 마땅한 현금흐름이 없는 것이 보통입니다. 따라서 기초자산이 될 만한 자산인 분양대금이나 임대수익은 실제로 사업에 착수해서 분양이나 임대를 개시하고, 관련된 분양계약 등의 실제 현황이 파악된 후에야 비로소 사업의 성공여부 및 실제 현금흐름이 구체적으로 어떻게 될 것인지가 결정되는 구조를 가지고 있습니다.

자산유동화의 기초 자산을 장래에 발생할 미확정 채권으로 하는 경우도 불가능하지는 않으나 일반적이라고 할 수는 없으며, 실제 자산유동화가 성립되기 위한 현실적인 요건도 객관적으로 채권의 발생 및 확정 가능성이 인정되어야 하는 등 매우 까다롭습니다. 따라서 선분양을 전제할 경우 대부분의 부동산PF에 자산유동화 방식을 접목할 때에는 사업계획상의 추정 분양대금이나 임대수익 등 미확정 채권을 기초로 유동화증권을 발행하는 것이 현실적으로는 쉽지 않은 경우가 많습니다.

일단 분양이 개시되고 분양계약이 체결되어 향후 현금흐름이 계약상 상당 부분 확정된 경우라면, 당연히 장래 유입될 것으로 예상되는 분양대금도 기초자산으로 인정하여 자산유동화구조를 설계할 수 있습니다. 그러나 대부분의 부동산PF는 토지비 관련 브릿지론의 상환 및 시공비, 기타 사업비용 충당을 위해 사업 초기단계에 해당하는 착공 전에 확보되어야 하는 특성이 있으므로 사업계획상의 예상 분양대금을 기초자산으로 인정하기는 어렵다고 할 수 있습니다.

이러한 불일치를 극복하기 위해 부동산개발금융 자산유동화의 경우, 시행사가 우선 어느 금융기관으로부터 명목상의 대출을 먼저 받고, 미래의 불확실한 분양대금 등이 아닌 구체적인 그 대출채권을 SPC가 양도받아 이를 기초로 유동화증권을 발행하는 구조를 취하는 경우가 많습니다. 금융실무에서 '브릿지론을 활용한 자산유동화'라고 하는 것이 이에 해당합니다. 다만, 브릿지론 성격의 대출채권을 기초자산으로 하는 방식은 주로 2010년대 중반 이전에 보편적으로 활용된 방식이며 최근에는 브릿지론을 활용하지 않고 자산유동화를 위한 SPC가 차주, 즉 시행사에게 직접 명목대출을 실행하고 이를 기초로 자산유동화를 실행하는 방식이 보다 보편적으로 활용되고 있습니다. 이에 대해서는 곧이어 설명드리는 '브릿지론을 활용하지 않는 부동산PF ABCP 발행방식'에서 그 이유를 상세하게 설명드리겠습니다. 브릿지론을 활용한 자산유동화구조를 그림으로 정리하면 다음과 같습니다. (토지확보 및 사업부지 신탁 등은 이 그림에서는 표시를 생략합니다.)

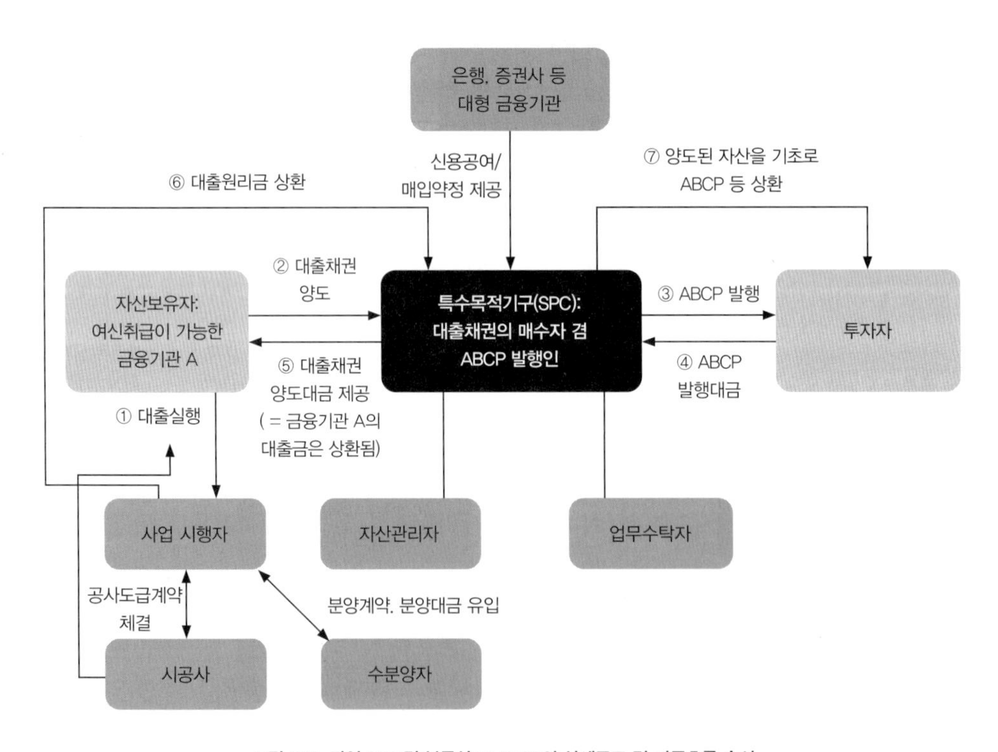

그림 5.15 단일 SPC 및 부동산PF ABCP의 상세구조 및 자금흐름 순서

대출채권을 기초로 하는 자산유동화의 자금흐름을 구체적으로 살펴보면 다음과 같습니다.

연번	내용	
①	절차	• 어느 금융기관(편의상 금융기관 A라 지칭)에서 시행사를 차주로 하는 대출을 실행
	자금	– 대출금은 시행사 명의 계좌에 입금 및 지급정지
②	절차	• 금융기관 A는 대출채권을 SPC에게 양도
③	절차	• SPC는 대출채권을 기초자산으로 설계된 ABCP를 발행
④	절차	• 투자자는 해당 ABCP를 매입하고 매입대금을 SPC에게 지급
	자금	– ABCP 매입대금은 SPC 명의 계좌로 입금
⑤	절차	• SPC는 수령한 ABCP 매매대금으로써 금융기관 A에게 대출채권 양수도대금을 지급
	자금	– SPC는 금융기관 A 명의 계좌에 대출채권 양수도대금(원금 및 하루분 이자)을 입금처리 – 금융기관 A는 대출채권 매각대금을 수령함으로써 대출채권 양수도 거래 종결 및 이를 금융주선기관에 통보 – 금융주선기관은 금융기관 A의 대출금이 입금된 시행사 명의 계좌에 대하여 금융기관 A를 권리자로 하는 지급정지를 해제(이후 PF약정에 의거 SPC를 대주로 하는 해당 계좌의 질권설정, 자금입출금 등 자금관리 실행) – 결과적으로 금융기관 A 관점에서는 당일 실행한 대출채권 해당액을 당일 즉시 회수하는 구조임
⑥	절차	• 시행사(차주)는 분양대금 등 유입 현금흐름을 바탕으로 SPC에 대출원리금 상환 • 대출채권이 양도되었으므로 시행사 입장에서 대주는 SPC가 됨
	자금	– SPC(대주) 명의 계좌로 대출기간 동안 이자 및 원금 등 입금
⑦	절차	• SPC는 시행사로부터 수령한 대출원리금으로써 투자자 ABCP 원리금 상환

이해가 잘되셨는지요? 금융시장에서 직접 경험하지 않으시면 처음 접하고 바로 이해하기는 쉽지 않을 것 같습니다. 위 자금흐름과 관련하여 가장 많이 받는 질문 중 하나는, 대출금은 그대로 시행사 계좌에 입금된 상태인데 금융기관 A의 대출금은 어떻게 상환되느냐는 것입니다.

위와 같은 구조에서 금융기관 A 입장에서는 실행한 대출금을 대출양수도 대금의 명목으로 당일자로 곧 수령하기 때문에 사실상 1일물의 초단기 대출을 한 것과 같다고 할 수 있습니다. 이러한 대출은 불명확한 분양대금을 대신하여 구체적으로 확정된 채권 형태의 기초자산을 만들기 위한 목적이기 때문에 자산유동화를 위한 브릿지론의 성격을 갖는다고 할 수 있습니다. 부동산PF의 사업부지 확보를 위한 목적의 브릿지론도 있지만, 자산유동화 구조에 있어서의 브릿지론이라고 하면 대개 이와 같은 초단기의 명목대출을 가리키는 경우가 많습니다.

"금융기관 A의 대출금이 어떻게 상환되냐?"라는 질문은 이 구조를 다소 오해한 데에서 비롯합니다. 금융기관 A의 대출채권은 엄연히 SPC에게 양도되어 대출채권의 효력을 그대로 가지면서 존속하고 있습니다. 금융기관 A의 관점에서 보면 처음에 지출한 대출금을 수령한 양도대금으로 메꾼 것에 불과한데, 종국적으로 그 실질이 1일물 초단기 대출을 실행한 것과 같다고 하여 흔히 브릿지론이 상환됐다는 표현을 쓰는 것입니다. 브릿지론이 1,000억원이라고 가정하고 금융기관 A의 당일 자 자금흐름을 순서대로 정리하면 다음과 같습니다.

표 5.17 금융기관 A의 입장에서 본 브릿지론의 자금흐름 예시

항목	내용	비고
오전 x시	• 대출 1,000억원 실행 및 1,000억원을 시행사 명의 계좌로 입금	(–) 1,000억원
오후 x시	• 대출채권 양도대금 1,000억원 수령 (대출채권 양수도거래 종결)	(+) 1,000억원 및 α(1일분 이자)
※ 금융기관 A는 동 대출에 대한 반대급부로서 별도의 수수료를 수취하는 것이 일반적임(해당 수수료의 수수관련 흐름은 이 표에 기재 생략) ※ 만약의 경우 ABCP 발행이 무산될 가능성을 고려하여 시행사 명의 계좌로 입금된 1,000억원에 대해서는 지급정지 등의 조치가 수반되고, ABCP 발행무산 시 기한이익상실로 즉시 금융기관 A에게 반환되는 구조로 설계되기 때문에 금융기관 A의 입장에서 대출원리금 상환리스크는 실질적으로 제로(0)에 수렴함		

참고로, 이러한 자산유동화를 위한 브릿지론을 제공하는 기관은 자산유동화구조상 신용공여약정이나 매입약정을 담당하는 은행이 될 수도 있고, 대출을 실행할 수 있는 여신전문금융기관이 될 수도 있습니다. 예를 들어, 금융주선기관이 시중은행 중 한 곳인 경우, 신용공여약정이나 매입약정을 위한 내부 여신승인절차를 진행하는 데 물리적인 시간이나 품이 만만치 않게 들어가기 때문에, 실질적으로 하루 만에 상환되는 효과가 발생하는 초단기 대출은 가급적 다른 기관을 섭외하는 경우가 종종 있습니다.

①-3. 브릿지론을 활용하지 않는 부동산PF ABCP 발행 방식: SPC에게 직접대출

일반 기업여신 분야에서는 앞서 설명드린 브릿지론을 활용하는 대신 SPC가 우선 차주와 대출계약을 체결하고, 이를 기초로 ABCP를 발행하여 동 대금으로써 차주에게 대출금을 지급하는 구조도 널리 활용되고 있습니다.

부동산PF 분야에서도 이와 유사하게 자산유동화의 기초자산을 생성하기 위한 브릿

지론을 거치지 않고 차주, 즉 시행사에게 SPC가 직접 대출을 실행하는 부동산PF ABCP 금융구조가 보편적으로 활용되고 있습니다. 앞서 브릿지론을 활용한 자산유동화 방식을 설명드리면서 주로 2010년대 초중반 이전에 활용되던 방식이라고 설명드린 바 있습니다만, 이는 자산유동화 기법에 대한 금융시장의 이해가 진일보함에 따른 결과라고 할 수 있습니다.

사실 SPC가 직접 대출을 실행하는 방식과 비교하여 브릿지론 방식을 활용하는 것은 절차적으로 복잡하기도 하거니와 초단기 브릿지론을 공여해 줄 금융기관에 대한 수수료가 발생하여 비용 측면에서도 불리한 면이 있습니다. 그럼에도 불구하고 브릿지론이 활용됐던 것은, 2010년대 초중반 이전까지는 SPC가 차주인 시행사에게 직접 대출을 실행하는 것이 「대부업법」에서 규정한 '대부'행위에 해당하며 대부업 등록을 할 수 없는 명목회사인 SPC의 성격을 감안할 때 원천적으로 불가능한 구조라는 인식이 널리 공유되고 있었기 때문입니다.

참고로 「대부업법」 제19조 ①항 1.에서는 대부업 등록을 하지 않고 영업을 영위한 자를 5년 이하의 징역 또는 5천만원 이하의 벌금에 처하고, 동조 제20조에서는 법인의 대표자나 법인 또는 개인의 대리인, 사용인, 그 밖의 종업원이 그 법인 또는 개인의 업무에 관하여 「대부업법」을 위반한 경우에는 해당 법인 또는 개인에 대해서도 위의 벌금형을 부과할 수 있도록 되어 있습니다. 그런데 부동산PF의 ABCP는 비등록 자산유동화의 대표적인 방식이며, 이때의 SPC는 자산유동화를 위한 특수목적법인으로서 대부를 전문적으로 하는 기관이 아니므로 타인, 즉 시행사에게 대출을 실행할 권한이 없고, 만약 SPC가 시행사에게 직접 대출을 실행한다면 이는 곧 「대부업법」 위반으로 귀결된다는 인식이 광범위하게 자리 잡고 있었다고 할 수 있습니다.

하지만 2010년경부터 일부 금융기관에서 SPC가 대부를 '업'으로 하는 기관이 아니라는 점에 착안하여, SPC가 자산유동화를 목적으로 차주, 즉 시행사에게 제공하는 일회성 직접 대출이 결코 「대부업법」과 상충되지 않는다고 주장하고 이에 대한 법적 타당성이 서서히 인정되면서 절차적으로 복잡하고 비용 면에서도 불리한 브릿지론 방식의 자산유동화 방식은 점차 SPC의 직접 대출방식으로 대체되기 시작했습니다.

보다 구체적으로는, SPC가 특수목적회사라는 속성을 고려하면 자산유동화를 위한 대출 자체가 본질적으로 일회성일 수밖에 없고, 이러한 자산유동화를 위한 대출이 SPC

의 정관에 사업목적 중 하나로 명시된다면 지속적이고 반복적인 대출이 발생할 가능성 또한 객관적으로 현저히 낮으므로 대부를 '업'으로 하는 것을 규제하는 「대부업법」과 상충될 이유가 없다는 주장이 금융시장에서 주류 의견으로 인정을 받기 시작했다고 할 수 있습니다.

참고로, 「대부업법」의 적용을 받는 법인의 경우 「법인세법 시행령」(제61조 ②의 28, 제111조(내국법인의 이자소득 등에 대한 원천징수) ②의 1)이 정하는 바에 따라 '금융회사'로 인정되어 대출채권에 대한 이자소득 관련 원천징수가 면제(법인세법 제73조 ①의 1)되나, 부동산PF ABCP와 같은 비등록 자산유동화구조의 SPC는 「상법」상의 주식회사이므로 이자소득 관련 법인세 원천징수 문제로부터 자유롭지 못하다는 단점이 있습니다. 다만, 원천징수된 법인세는 추후 환급이 가능하므로 실무적으로는 해당 법인세 관련 자금의 유출과 향후 환급시기를 감안한 현금흐름을 사전에 예측하고 이를 자금계획에 반영함으로써 그 영향을 최소화하고 있습니다.

한편, 이렇듯 SPC가 차주에게 직접 대출을 실행하고 이를 기초로 ABCP를 발행하는 방식은 장기 부동산PF뿐만 아니라, 사업부지를 확보하기 위한 1년 이하의 단기 대출로서 해당 ABCP를 특정 금전신탁에 편입하여 판매하는 목적으로 선택되는 등 브릿지론 구조를 선호하지 않는 프로젝트 당사자의 니즈에 따라 다양하게 선택되어 활용되고 있습니다. SPC가 차주에게 직접 대출을 실행하는 방식이 브릿지론을 활용하는 방식 대비 언제부터 주된 금융방식으로 활용되기 시작했는지는 그 시기를 특정하기 쉽지는 않으나,[39] 관련 자료 및 필자의 경험을 종합해 보면 대략 2010년 초중반 이후부터로 보는 것이 합리적이라고 생각합니다. (브릿지론을 활용한 자산유동화 구조는 금융주선기관의 내부 판단에 의거하여 결정되는 경우를 포함하여 불가피한 일부 사례를 제외하고는, 금융시장에서는 더 이상 보편적인 금융구조로서 활용되지 않고 있습니다.)

참고 차 관련 금융구조를 그림으로 소개해 드립니다. 이 구조에서는 대출계약이 ABCP의 발행 전에 체결되고, 대출약정 익일에 ABCP를 발행 및 동 발행대금을 재원으로 하여 시행사에게 대출금을 제공하며, 추후 유입될 대출원리금 상환대금을 바탕으로 ABCP 대금을 상환하는 것이 일반적입니다. 브릿지론의 활용 여부를 제외하면 앞서 설명드린 브릿지론을 실행하고 이를 양도양수하는 구조의 부동산PF ABCP 구조와 본질적으로 유사하다고 할 수 있습니다.

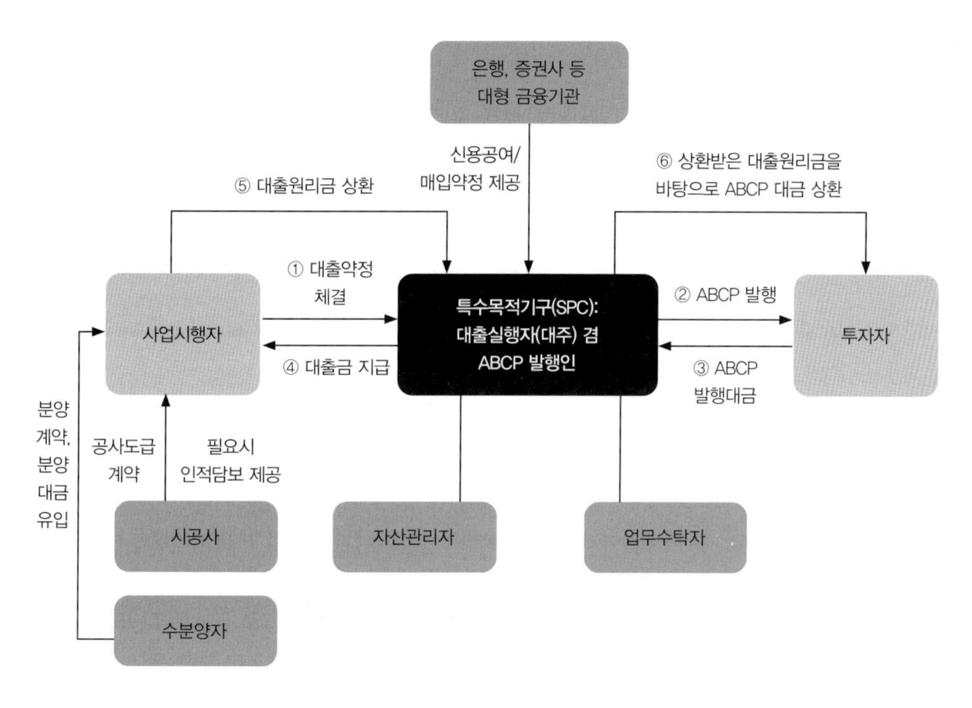

그림 5.16 브릿지론을 활용하지 않고 SPC가 직접 대출을 실행하는 ABCP 구조

② 자산담보부대출 방식

ABL이란 'Asset-Backed Loan'의 약자로서 우리말로는 자산담보부대출 또는 자산유동화대출 등으로 번역되어 사용되고 있습니다. 사채나 기업어음 등의 유동화증권도 발행하지 않고 대출을 통해 최종적으로 자금을 조달받는 이질적인 구조이므로 ABL이 자산유동화 상품이라고 할 수 있는지에 대해 궁금해하시는 경우도 많습니다. 결론부터 말씀드리자면 ABL도 엄연히 비등록 유동화 금융상품[25] 중 하나입니다. 이는 ABL이 기초자산을 양도하는 대가로 대출을 받되, 대출을 받는 주체가 실제 차주가 아닌 SPC라는 점에서 일반적인 자산유동화 구조와 매우 유사한 모습을 띠기 때문입니다. ABL을 이론적으로 정의하자면 「민법」과 「상법」에 따른 거래를 통해 특수목적회사인 SPC가 금융기관으로부터 대출을 받아 자산보유자부터 자산을 매입하는 거래라고[40] 할 수 있는데, 실제

25 ABL이 등록 유동화의 범주에서 취급되지 않는 것은 대출이 「자산유동화법」상 유동화증권으로 인정되지 않기 때문입니다[진홍기(2012). 프로젝트 파이낸스와 구조화금융. 비교사법, 19(2), 459–498].

금융시장에서는 SPC를 차주로 하지 않더라도 자산유동화의 대상이 되는 기초 자산을 담보로 지원되는 모든 여신을 포괄적으로 'ABL'이라고 부르는 경향이 있습니다.

부동산개발금융 분야에서는 주로 시공사의 공사대금 채권을 기초자산으로 하고, SPC가 차주로서 대출을 받는 구조를 ABL과 동의어로서 인식하는 경향이 있습니다만, ABL의 기초자산은 다른 자산유동화의 기초자산과 마찬가지로 리스채권, 물품대금채권, 회사채 및 다른 자산유동화 사채 등에 이르기까지 상당히 폭넓게 분포합니다.

ABL은 기초자산을 양도하는 방식에 따라 크게 두 가지로 구분되는데, 이를 표로 정리하면 다음과 같습니다.

표 5.18 ABL의 분류

항목	내용
일반 양도방식	• 자산보유자는 기초자산을 SPC에게 양도 • SPC는 이를 담보로 금융기관 등 대주로부터 대출을 공여받음 • SPC는 수령한 대출금을 양수도대금으로 자산보유자에게 지급
신탁방식 (공사대금 채권을 중심으로)	• 자산보유자는 기초자산을 신탁사에 위탁 • 이때 기초자산이 시공사의 공사대금채권인 경우, 공사대금채권은 금전 자체는 아니므로 특정금전신탁이 아닌 금전채권신탁으로 신탁됨 • 신탁사는 1종 수익권자(1순위 수익권자)를 SPC로, 2종 수익권자(2순위 수익권자)를 자산보유자(시공사)로 하여 신탁수익권증서 발행 • SPC는 1종 수익권(1순위 수익권)을 담보로 제공하여 금융기관 등 대주로부터 대출을 차입 • SPC는 1종 수익권자 지정에 대한 대가로서 신탁사를 통해 자산보유자에게 수익권인수대금 지급 • 자산보유자, 즉 시공사는 신탁사와 별도의 관리계약을 체결하고 기초자산인 공사대금의 추심 및 관리 업무 담당

시공사의 공사대금채권을 기초자산으로 하는 ABL의 경우 대개 위 방식 중 신탁방식을 활용하는 경우가 많습니다. 이는 ABL 구조에서 가장 중요한 공사대금채권의 특정 및 보전, 관리가 신탁사라는 제3의 기관을 활용하여 보다 객관적이고 안정적으로 이루어질 수 있기 때문입니다.

직관적인 이해를 돕기 위해 위 내용을 그림으로 정리하면 그림 5.17 및 5.18과 같습니다.

ABL은 실제로 관련 업무를 경험하지 않은 경우 그 구조를 이해하는 데 어려움을 겪는 경우가 적지 않습니다. ABCP만 하더라도, 증권의 형태로 발행되기 때문에 비등록 유동화상품이기는 하나 등록유동화와 금융구조가 유사한 반면, ABL은 아무래도 증권이 아닌 대출방식으로 자금을 조달하는 구조이다 보니 상대적으로 개념도 낯설 뿐만 아니라, 일반 기업대출 또는 팩토링 등과 어떻게 다른 것인지 혼동되는 경우도 많기 때문입

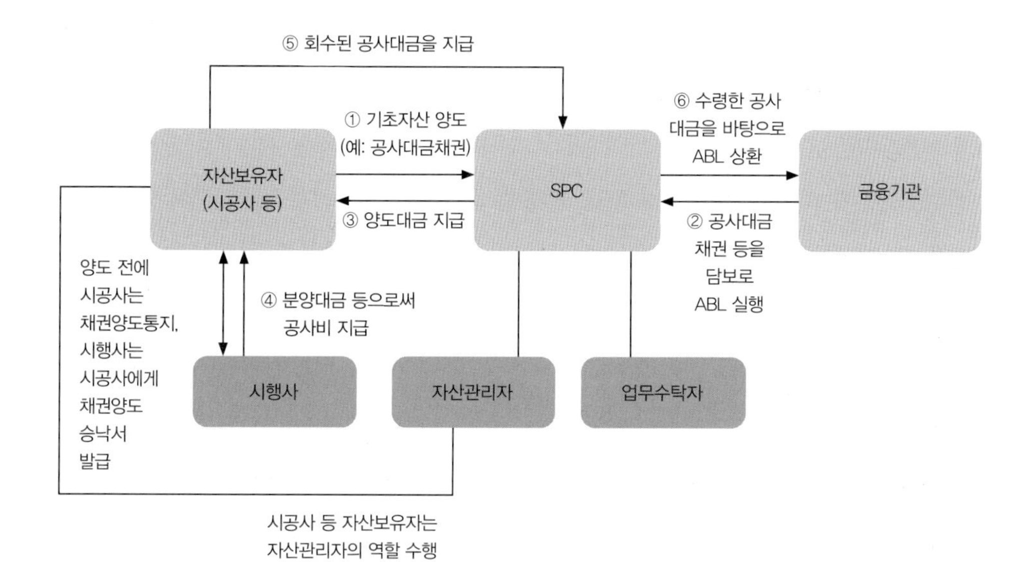

그림 5.17 ABL: 일반 양도방식(공사대금이 기초자산인 경우를 중심으로)

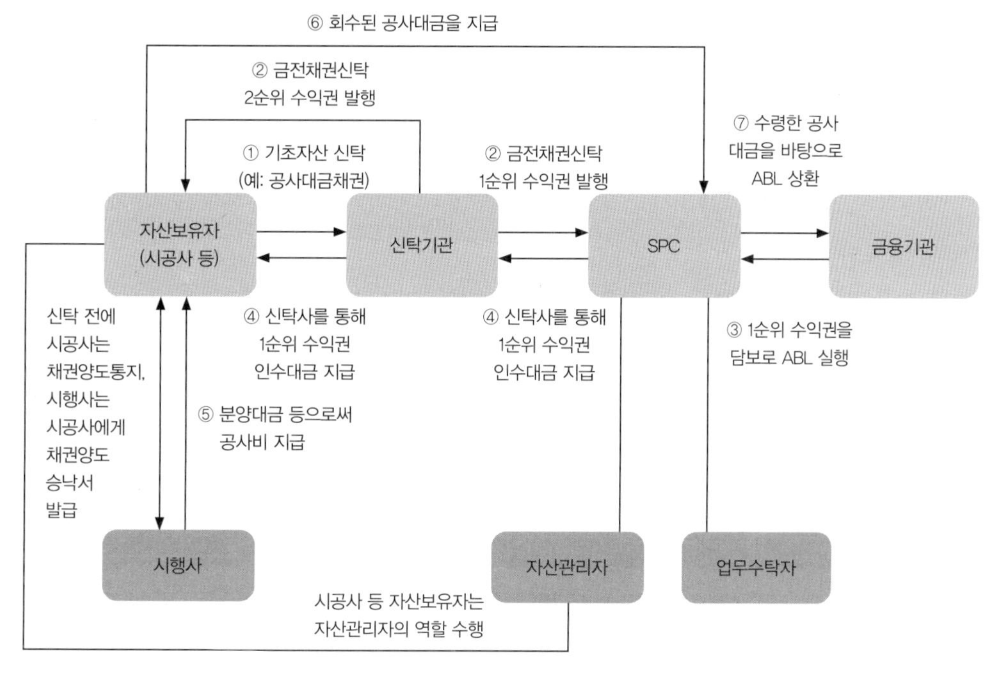

그림 5.18 ABL: 신탁방식(공사대금 금전채권 신탁방식을 중심으로)

니다.

팩토링과 자산유동화 방식은 근본적으로 특정 자산의 유동화라는 본질적인 취지는 유사하나 SPC의 활용 여부와 자금조달원, 그리고 기초자산의 종류 측면에서 근본적인 차이점이 있습니다. 이 부분은 앞서 별도로 설명드린 바 있으므로 해당 부분을 참고하시기 바랍니다.

한편, 경우에 따라 팩토링이나 ABL 구조를 취하지 않고, 공사대금채권에 대해서 시공사가 제3자에게 질권을 설정하고 해당 제3자로부터 직접 자금을 차입하는 경우도 있는데, 이 경우 일반 양도 방식의 ABL과 매우 흡사한 구조를 갖게 됩니다. 하지만 공사대금채권을 보유한 시공사와 대주 사이에 '자산의 양수도'라는 개념을 위한 SPC가 없다는 측면에서 이러한 구조는 ABL과 구별됩니다. 금융시장에서는 시공사의 공사대금채권과 관련하여 담보로 설정하고 취급되는 모든 대출을 SPC 활용 여부에도 불구하고 일괄적으로 ABL이라고 부르는 경향이 있습니다만, 정확한 개념은 알고 있을 필요가 있다고 하겠습니다.

금융구조에 따라서는 ABL이 단독으로 취급되지 않고 다른 자산유동화증권 상품과 함께 취급되는 경우도 있습니다. 참고로, 공사대금채권이 기초자산인 경우 ABL과 같은 비등록 유동화상품이 아니라 「자산유동화법」에 의한 ABS 방식으로 유동화하는 것도 물론 가능합니다.

ABL이 굳이 SPC를 통한 자산양수도의 개념을 중심으로 대출을 실행하는 것은 대주나 자산보유자 모두에게 그럴 만한 유인이 있기 때문입니다. 대주 입장에서는 기초자산을 자산보유자의 파산위험으로부터 절연시킬 수 있으므로 일반 대출과 비교하여 유리한 점이 있고, 이러한 장점을 바탕으로 자산보유자도 일반 대출과 비교하여 유리한 조건으로 차입[41]을 할 수 있을 뿐만 아니라 해당 ABL이 기업의 부채 증가로 이어지지 않는다는 장점이 있습니다. 이를 표로 정리하면 다음과 같습니다.

표 5.19 대주와 자산보유자 관점에서 본 ABL의 효용

항 목	내 용
대주	• SPC에게 대출을 실행하며, 담보로 취득하는 공사대금채권 등의 기초자산은 시공사 등 자산보유자와 파산절연됨(신탁방식의 ABL인 경우)
자산보유자	• 일반 대출 대비 보다 유리한 금융조건으로 자금조달 가능 • 시공사 등 자산보유자는 ABL의 차주가 아니므로 부채 증가 방지 가능[부외 금융(off-balance sheet financing) 성격 보유] • 비등록 유동화로서 절차가 비교적 단순함

공사대금 미수채권 ABL 예시(비SPC 방식)

어느 사업장의 준공이 완료된 것을 전제로,

① 시행사의 금융권 PF 잔액은 200억원

② 시공사가 시행사로부터 수취할 미지급공사비 잔액은 총 300억원

③ 분양 총매출은 1,000억원이며 편의상 현재 분양률은 70%이고 70%에 해당하는 분양계약자가 상품의 특성상 큰 무리 없이 100% 입주를 하는(즉, 잔금을 완납) 것으로 가정(이때 70% 분양률에 해당하는 계약자가 준공 전 기납부한 금원은 총 420억원)

⇨ 향후 70%에 해당하는 분양계약자로부터 유입예상 분양대금
1,000억원 × 70% − 420억원 = 280억원(계산편의를 위해 선순위 PF 대주단의 PF 상환원리금은 고려치 않고, 동 대금이 전액 공사비로 충당된다고 가정)

⇨ 잔여 미분양분 30% 해당분 300억원의 향후 유입예상 분양대금: α 억원

④ 시공사 니즈: 상기 유입예상 분양대금 총 '280억원 + α' 중 일정 부분에 대하여 미수공사비 담보 일반대출을 ○○금융기관에 신청 및 동 대출과 관련하여 선순위 PF대주단에게 공사대금채권 담보차입 관련 동의서 발급 요청

⑤ 선순위 PF대주단은 채권상환 선순위를 해하지 않는 것을 전제로 ○○금융기관 앞 ABL 차입 관련 동의서 발급

⑥ 시공사를 차주로 하는 일반대출(ABL) 150억원 실행(○○금융기관에서는 향후 유입예상 분양대금을 보수적으로 약 300억원으로 계산하고, 동 금원에 50% LTV 가중치 적용)

③ 신탁 유동화 방식

마지막으로 신탁을 활용한 유동화 구조를 설명드리겠습니다. 신탁 유동화는 '신탁형 유동화'라고도 하며, 「자본시장법」에 의한 신탁회사가 자산유동화를 목적으로 특수목적기구(SPC)의 역할을 수행하면서 이루어지는 유동화[42]를 포괄적으로 일컫는 용어입니다. 이러한 신탁을 활용한 자산유동화 구조는 기본적으로 신탁기관이 유동화전문회사와 같은 도관체의 기능을 담당한다는 것 외에 근본적인 금융구조는 여타의 자산유동화 방식과 거의 유사합니다.

앞서 신탁 방식의 ABL 구조를 설명드렸습니다만, 그 구조에서 SPC가 차입이 아닌 유동화증권을 발행한다면 그것이 바로 신탁 유동화의 전형적인 모습이라고 할 수 있습니다. 여기서는 「자산유동화법」에서 정하고 있는 신탁 유동화의 유형과 신탁 유동화가 금융시장에서 활용되고 있는 사유에 대해 간단히 소개해 드리겠습니다.

먼저 신탁 유동화의 유형을 알아보겠습니다. 현행 「자산유동화법」에서는 자산유동화

를 크게 네 가지로 분류하고 있는데, 그 내용은 다음과 같으며 아래 내용 중 나, 다, 라의 세 가지 유형이 신탁 유동화에 해당한다고 할 수 있습니다.

○ 자산유동화에 관한 법률 제2조(정의)

1. "자산유동화"라 함은 다음 각목의 1에 해당하는 행위를 말한다.

가. 유동화전문회사(자산유동화업무를 전업으로 하는 외국법인을 포함한다)가 자산보유자로부터 유동화자산을 양도받아 이를 기초로 유동화증권을 발행하고, 당해 유동화자산의 관리·운용·처분에 의한 수익이나 차입금 등으로 유동화증권의 원리금 또는 배당금을 지급하는 일련의 행위

나. 「자본시장과 금융투자업에 관한 법률」에 따른 신탁업자(이하 "신탁업자"라 한다)가 자산보유자로부터 유동화자산을 신탁받아 이를 기초로 유동화증권을 발행하고, 당해 유동화자산의 관리·운용·처분에 의한 수익이나 차입금등으로 유동화증권의 수익금을 지급하는 일련의 행위

다. 신탁업자가 유동화증권을 발행하여 신탁받은 금전으로 자산보유자로부터 유동화자산을 양도받아 당해 유동화자산의 관리·운용·처분에 의한 수익이나 차입금 등으로 유동화증권의 수익금을 지급하는 일련의 행위

라. 유동화전문회사 또는 신탁업자가 다른 유동화전문회사 또는 신탁업자로부터 유동화자산 또는 이를 기초로 발행된 유동화증권을 양도 또는 신탁받아 이를 기초로 하여 유동화증권을 발행하고 당초에 양도 또는 신탁받은 유동화자산 또는 유동화증권의 관리·운용·처분에 의한 수익이나 차입금 등으로 자기가 발행한 유동화증권의 원리금·배당금 또는 수익금을 지급하는 일련의 행위

이 중 나와 다의 구조를 유형별로 그림으로 정리하면 다음과 같습니다.

유형 ①: 「자산유동화법」 제2조의 나에 해당

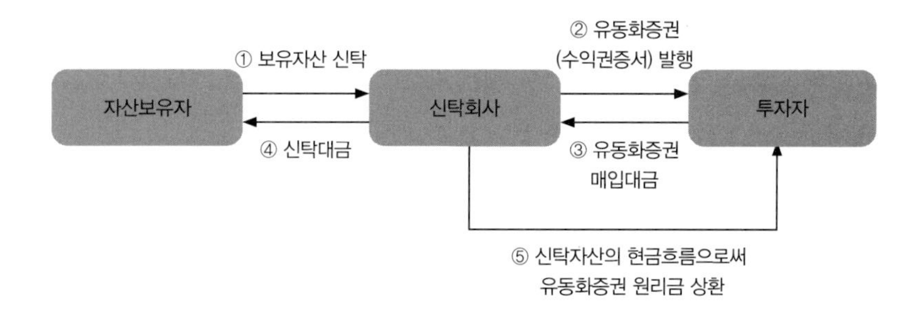

그림 5.19 신탁 유동화의 유형 ①: 보유자산 신탁 및 신탁회사는 유동화증권을 발행

유형 ②: 「자산유동화법」 제2조의 다에 해당

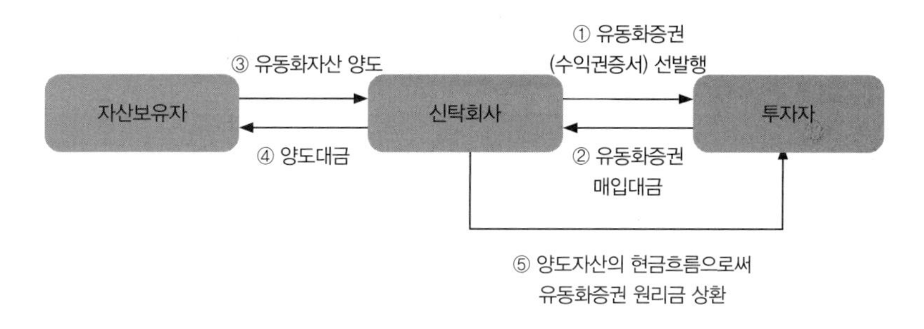

그림 5.20 신탁 유동화의 유형 ②: 신탁회사가 유동화증권을 선(先)발행

그런데 이론적으로도 가능하고 금융실무에서도 그 사례가 아예 없지는 않으나 실제 금융시장에서는 위 그림에서 표시한 신탁 유동화 유형 ①과 ②, 즉 신탁회사가 자산유동화를 위한 SPC로서 최종적인 유동화증권 발행의 주체가 되는 구조는 거의 사용되지 않고 있습니다.

유형 ①의 경우, 그 형태 그대로 신탁 유동화되는 사례는 거의 없으며 대개 곧 소개드릴 유형 ③의 복합 유동화구조 형태로 활용되고 있습니다. 위 그림의 유형 ②의 경우, 신탁 유동화가 가능한 구조를 이론적 차원에서 정의한 것일 뿐, 현실적으로 특별한 사유가 없는 한 자산보유자의 유동화자산 양도 전에 양도 계획만을 바탕으로 먼저 유동화증권을 발행하고 이를 투자자가 매입한다는 것은 성사가능성이 희박한 거래구조라고 할 수 있습니다. 설사 사전에 주요 당사자들의 합의하여 유동화증권의 발행과 보유자산의 양도 등이 동시에 발생하는 구조라 하더라도 부자연스럽다는 느낌을 지울 수 없습니다. 무엇보다도 유형 ②가 신탁 유동화의 유일한 방식이 아니며 직관적인 이해에 보다 부합하고 자연스러운 방식, 즉 자산보유자가 보유자산을 신탁 또는 양도하는 방식의 신탁 유동화가 「자산유동화법」에서 인정되고 있다는 점에서 유형 ②의 현실적인 효용은 매우 제한적이라고 할 수 있습니다.

한편 일반적인 신탁에서는, 신탁회사가 수탁된 신탁재산에 대하여 배타적인 관리, 처분권을 가지고 그 결과를 수익자에게 귀속시키는 데 반해, 신탁 유동화에서 신탁회사는 사전에 당사자들이 합의한 자산유동화 계획에 근거하여 신탁재산을 신탁 또는 양도받고 이의 관리, 처분 등의 수익을 유동화증권 원리금의 지급에 사용하게끔 하는 구조[43]로서 일종의 도관체로서 기능한다고 할 수 있습니다.

그러나 아무리 도관체로서의 역할을 한다고 하더라도 실제 금융시장에서는 신탁회사는 본업이라고 할 수 없는 유동화증권 발행자 역할을 그리 선호하지 않습니다. 그보다는 자산보유자로부터의 강력한 파산 절연효과를 가지는 '신탁구조 자체'에 대한 수요와 더불어 신탁 유동화구조에서 공신력 있는 제3자인 신탁회사가 유동화구조에서 본연의 업무, 즉 수탁자로서 신탁수익권증서를 발행하고, 신탁회사로서 신탁수익권자와 미리 체결한 신탁계약에 따라 자금을 관리하고 지급하는 역할을 훨씬 자연스럽고 중요한 가치로 인식하는 경향이 있습니다. 금융현업에서 위 ①과 ② 유형의 사례를 거의 찾아볼 수 없고 곧 소개해 드릴 유형, 즉 신탁회사가 유동화증권 발행자로서의 역할이 아닌, 자산을 신탁받고 이에 기반한 수익권증서를 발급하는 '수탁자'로서의 역할을 수행하는 구조가 대부분인 이유가 여기에 있습니다.

신탁회사가 '수탁자'로서 기능하는 신탁 유동화의 일반적인 구조는 다음 그림 5.21과 같습니다.

이 유형 ③의 신탁 유동화구조는 앞서 언급드렸지만 신탁방식의 ABL 구조와 거의 유사합니다. 신탁회사가 발행하는 신탁수익권이 SCP가 발행하는 유동화증권의 기초자산이 되게끔 구조화된다는 점에서 금융시장에서는 신탁회사의 신탁수익권 발행을 1차 유동화, 그 후의 단계를 2차 유동화로 구분하고 있으며 유동화가 2단계로 연결된다는 점에서 복합 유동화 구조[44]라고 할 수 있습니다.

「자산유동화법」에서 굳이 신탁을 통한 신탁 유동화의 유형을 일일이 분류하고 지정한 것은 신탁을 자금조달 기법의 한 형태로 인정하고 여타 금융기법과 결합하여 다양한

유형 ③: 「자산유동화법」 제2조의 라에 해당

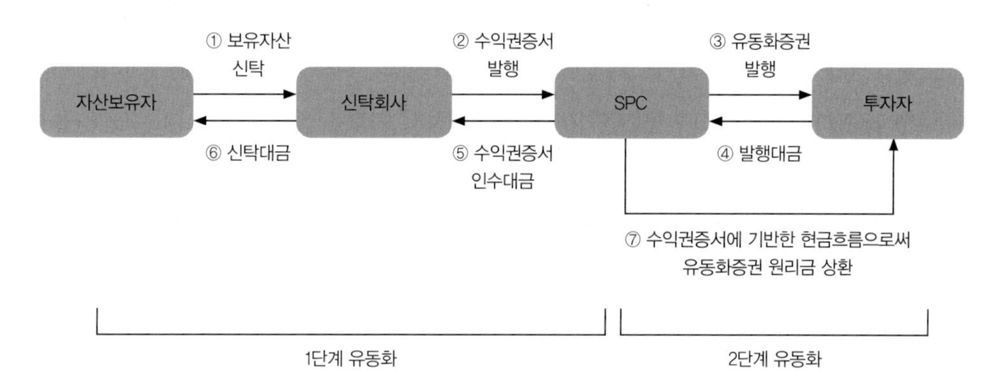

그림 5.21 신탁 유동화의 유형 ③: 복합 유동화

금융구조를 창출[45]할 수 있도록 하기 위한 것으로 보는 것이 타당합니다. 물론 이러한 정책적 목적의 바탕에는 신탁의 순기능과 효용이 그 근거가 되었다고 볼 수 있습니다. 즉, 신탁재산을 수탁함으로써 위탁자로부터 신탁재산의 소유권이 수탁자에게 이전되는 강력한 파산절연 효과와 함께, 순위별로 다양한 종류의 신탁수익권 발행을 통한 금융구조 설계가 쉬운 속성 등이 인정된 것이라고 할 수 있습니다.

실제로 「자산유동화법」에서는 신탁을 자산유동화의 한 축으로 인정하고 활용하기 위해 다양한 특례를 인정하고 있습니다. 대표적으로 본래 「자본시장법」에 따르면 신탁회사는 금전신탁에 한하여 수익증권을 발행할 수 있으나, 「자산유동화법」에서는 금전 이외의 자산을 신탁하는 경우에도 자산유동화 계획에 따라 수익증권을 발행할 수 있도록 한 것을 들 수 있습니다. 이 부분을 포함한 신탁 관련 여러 용어는 앞서 이 책의 「자산유동화법」에 의한 특례 부분을 참고하시기 바랍니다.

자산유동화 구조에 대한 설명을 마치며

지금까지 적지 않은 분량을 할애하여 자산유동화 구조 중 가장 대표적인 유형 세 가지를 설명해 드렸습니다. 자산유동화는 구조화금융의 가장 핵심이 되는 금융기법입니다. 자산유동화 구조를 모르고는 구조화금융을 제대로 이해할 수 없을 정도로 이미 금융시장에 굳건히 뿌리를 내리고 현업에 광범위하게 활용되고 있습니다.

기본적인 개념부터 부동산PF에서 활용되고 있는 대표적인 유형까지 가급적 핵심적인 내용을 모두 설명해 드리려고 노력하였으나 방대한 구조화금융의 세계를 모두 담아내지는 못했습니다. 특히 신탁형 유동화와 관련해서는 비교적 간단히 설명드렸습니다만 법리적으로나 이론적으로 자산유동화와 관련하여 가볍게 여길 수 없는 많은 이슈사항이 있는데, 그 부분을 언급해 드리지 못한 것은 아쉬운 부분입니다.

그 밖에도 금융시장에서는 앞서 설명드린 유형뿐만 아니라 상당히 다양한 구조가 설계되어 활용되고 있습니다. 자산의 종류와 성격, 그리고 자산보유자 및 자산유동화 증권의 투자자가 어떤 니즈를 가지고 있는가에 따라 매우 다양한 유동화구조의 설계가 가능합니다. 이런 점에서, 이 책에 기재된 자산유동화에 관한 설명을 일독하신 후에는 가급적 별도의 관련 도서나 논문, 감독당국의 관련 자료 등을 통해 자산유동화의 다양한 실제 사례와 특징에 대한 이해의 폭을 넓히시고 실무에 접목해 나가시기를 권유드립니다.

3. 금융투자기구 활용방식

한국의 부동산 금융투자기구

프로젝트 수행을 위한 SPC, 즉 주체(vehicle)의 관점에서 현행 법령상 부동산의 개발 또는 취득을 통한 투자 등을 위한 금융투자기구를 분류하면 총 세 가지가 존재합니다. 부동산펀드, 부동산투자회사인 리츠(Real Estate Investment Trusts, REITs) 그리고 프로젝트금융투자회사 또는 부동산 투자금융회사로 불리고 있는 PFV(Project Financing Vehicle)가 그것입니다. 이 세 가지 금융투자기구 이외에도 차입형 토지신탁, 관리형 토지신탁과 같은 부동산신탁 상품에서 전업 부동산신탁회사가 해당 프로젝트의 실질 주체로서 기능할 수 있으나, 이는 전업 부동산신탁회사가 담당, 관리하는 다수의 프로젝트 중 하나로서 사업진행기구 역할을 담당하는 것이기 때문에, 해당 프로젝트에 전속되는 부동산펀드 등의 금융투자기구와는 차이가 있습니다.

또한 자산유동화의 경우 SPC 구조를 활용하기는 하나 해당 SPC는 자산유동화를 위한 매우 제한적인 목적의 특수목적회사로서 실제 부동산개발이나 부동산 실물자산 매입·운용을 담당하는 사업주체로서의 역할을 담당하지 않으므로 부동산 관련 금융투자기구로 분류하는 것은 적절치 않은 면이 있습니다.

PFV의 경우에는 근거법령이 체계적으로 구비되어 있지 않은 점, 부동산펀드나 리츠(REITs)와 같은 전통적인 간접투자기구와 비교하여 '투자자' 관점에서 투자대상 자산을 발굴하여 운영 후 투자수익을 배분하는 '금융투자기구'로서의 정체성이 매우 약하다는 점에서 사실 '금융투자기구'로 분류하는 것은 무리가 있으며 논란의 여지가 있습니다. 하지만 법령에 자금의 모집이나 운용, 관리, 처분 등과 관련하여 명확한 법체계가 부족함에도 불구하고, 금융시장에서는 사실상 부동산개발사업의 SPC이자 일종의 제한된 투자기구로서 그 역할을 하고 있다는 점에서 이 책에서는 PFV 역시 금융투자기구의 일종으로 분류하였습니다.

금융시장에서는 과거 「간접투자자산 운용업법」이 「자본시장법」으로 흡수되기 전까지는 간접투자 여부를 기준으로 부동산펀드와 REITs를 대표적인 '간접투자기구'로 분류[46]한 적이 있으나, 최근 금융시장에서는 엄격한 기준이 아닌 한 일반적으로 부동산 관련 금융투자기구라고 하면 관리형 토지신탁 등과 같은 부동산신탁의 상품을 제외한 앞서 언급한 세 가지를 꼽는 것이 보다 합리적이라고 생각합니다.

참고로, 학계에서는 실제 특정 프로젝트의 시행을 담당하는 주체로서의 SPC 여부, 즉 SPC의 목적이나 기능과 별도로, 특수목적회사인지 여부만을 기준으로 하여 SPC 전체를 다음과 같이 분류하고 있기도 합니다. SPC 및 투자금융기구의 분류와 관련하여 다양한 기준이 있을 수 있다는 사례로서 인용·소개해 드립니다.

표 5.20 SPC의 유형[47]

구 분	부동산개발 SPC	부동산유동화 SPC				
	PFV	유동화 전문회사	CR REITs	위탁형 REITs	부동산펀드	부동산 신탁
근거법	「법인세법」 「조세특례제한법」	「자산유동화법」	「부동산투자회사법」	「부동산투자회사법」	「자본시장법」	「신탁법」

한편, 부동산펀드나 REITs와 같은 금융투자기구 제도는 각자 도입된 배경이나 맥락이 모두 다릅니다만, 큰 틀에서는 부동산개발을 포함한 부동산투자 부문에서 시행사와 같은 사업주가 대부분 향유하는 개발이익과 자본이득 등을 다수의 투자자도 향유[48]할 수 있도록 하는 것이 바람직하다는 전제를 바탕으로 하고 있습니다. 다소 추상적이기는

하나, 금융투자기구 제도를 도입함으로써 시중의 유휴자금을 흡수하여 부동산금융을 활성화하고, 사회적 부의 재분배 효과와 함께 자본시장을 발전시키는 효과가 금융투자기구 제도가 존속하는 취지라고 할 수 있습니다.

금융투자기구는 부동산의 개발이나 취득, 운용과 관련된 특수목적회사, 즉 주체로서 기능하므로 그 자체가 금융조달방식이나 기법이라고 하기는 힘든 측면이 있습니다. 그러나 각 금융투자기구는 도입배경이나 실제 활용을 위한 요건, 절차 등에서 나름의 특징을 가지고 있기 때문에 그 자체가 금융방식이라고 해도 지나치지 않은 면 또한 지니고 있습니다. 그러나 앞서 말씀드린 세 가지 금융투자기구는 각각 근거로 하고 있는 법령이나 도입배경이 모두 다르고 설립(설정) 및 운영절차 또한 다르기는 하나, 근본적으로는 차별적인 요소보다는 부동산개발을 위한 금융투자기구라는 측면에서는 본질적인 공통점이 더 많은 제도라고 할 수 있습니다.

물론 그러한 공통점에 불구하고 현행 법령이나 실제 업무절차상 그 개별적인 특성과 비용의 수준 등을 고려하여 금융실무에서는 선호되는 정도가 다른 점 또한 분명히 있습니다. 뿐만 아니라, 제도의 특성상 대규모 민관합동사업에 보다 유리한 방식이 있는 등 금융시장에서는 각 금융투자기구가 나름의 특성을 바탕으로 존재가치를 인정받고 활용되고 있다는 점은 부인하기 어렵습니다.

일반화하기에는 다소 무리가 있지만 어떤 금융투자기구를 활용할지, 그리고 어떤 금융방식을 채택할지는 개발 대상 프로젝트의 종류와 금융주선기관을 포함한 주요 프로젝트 이해관계자의 특성에 따라 결정되는 경향 또한 분명히 존재합니다. 예를 들어, 자산운용사라면 부동산개발이나 부동산 실물자산의 매입 시 일반적으로 「자본시장법」에 근거한 부동산펀드 방식을 선호하는 경향이 있고, 리츠 자산관리회사 인가를 취득한 금융기관(신탁사 외)으로서 공모 상품의 출시에 대한 수요가 있는 경우라면 리츠 방식을, 그리고 공공기관이나 대형 시공사, 금융기관 등이 주요 출자자(anchor inestor)로 참여하여 진행되는 민관 합동 개발사업이나 대형 민간 프로젝트 등 출자자의 다양한 구성과 출자자들의 사업 공동진행 개념이 일정 부분 요구되는 경우에는 PFV가 선호될 수도 있습니다.

참고로, 금융투자기구의 선택문제는 단순히 세 가지 중 어떤 방식을 선택하여 프로젝트를 진행해야 하는가 하는 단순한 문제가 아닙니다. 결국은 금융투자기구의 선택을 포함해서 보다 큰 차원에서 자산유동화와 같은 구조화금융이나 관리형 토지신탁 외의 다양한 금융방식을 대상으로 해당 프로젝트와 사업주에 어떠한 방식이 최적일지를 고민하는 것과 직결되는 금융구조 설계의 기반이 되는 사항이라고 할 수 있습니다. 때에 따라서는 금융방식의 선택과 관련하여 금융주선기관의 이해관계와 사업주의 이해관계가 일부 충돌하는 경우도 배제할 수 없는 상당히 어려운 과제이며, 금융주선기관의 경험과 역량이 집중되어야 하는 분야라고 할 수 있습니다.

다음은 부동산금융과 관련된 주요한 금융방식과 관련 법을 정리한 그림입니다.

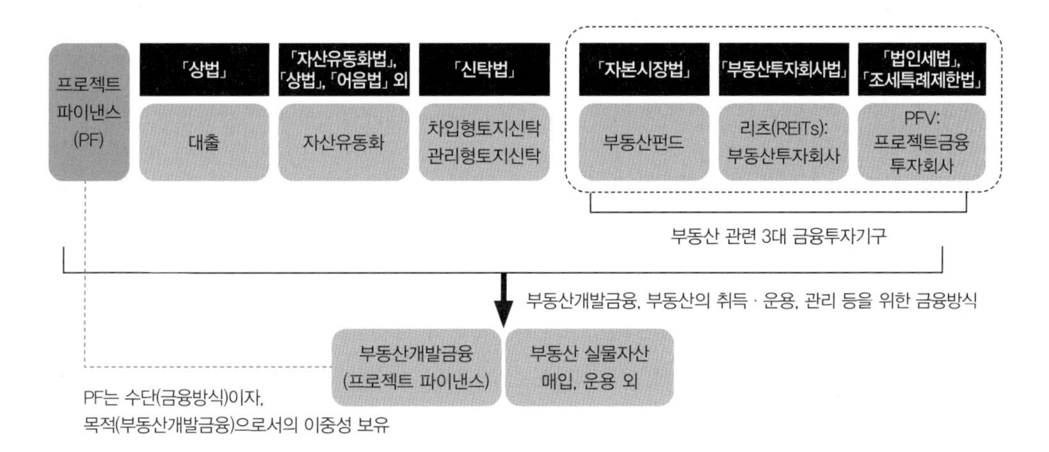

그림 5.22 부동산개발·투자 관련 주요 금융방식과 관련 법(PI는 기재 생략)

한편, 한국의 부동산 금융투자기구는 각자 나름의 관련 법령을 그 바탕으로 하고 있는데, 관련 법령을 간단하게 정리하면 다음 표와 같습니다.

표 5.21 한국의 부동산 금융투자기구 관련 법령표

항 목	부동산펀드	REITs	PFV	「간접투자자산 운용업법」(폐지)
관련 법	「자본시장법」	「부동산투자회사법」	「법인세법」, 「조세특례제한법」	-
법 제정(도입)일	2007. 8. 3.	2001. 4. 7	-	2003. 10. 4
시행일	2009. 2. 4.	2001. 7. 1	2004. 1. 29	2004. 1. 5
비고	• 「자본시장법」 도입으로 간접투자자산운용업법, 「간접투자자산 운용업법」, 「신탁업법」, 「증권거래법」, 「선물거래법」, 「종합금융회사에 관한 법률」 등 폐지 • 「자본시장법」: 1968년 11월 22일 제정되고 시행된 「자본시장육성에 관한 법률」이 최초의 전신임 – 단, 「자본시장육성에 관한 법률」의 경우 기업공개(IPO) 및 주식조달이 원활하게 될 수 있도록 하는 데 목적이 있었으며, 자본시장과 관련된 매우 기초적인 내용만 포함하였음 – 「자본시장육성에 관한 법률」은 개정된 「증권거래법」이 일부 시행되면서 폐지(1997. 4. 1.) ※ PFV의 도입배경 및 시행 관련 상세 정보는 PFV 설명 부분 참고			

부동산펀드(REF)의 개념

① 펀드의 기본 개념과 주요 당사자: 투자신탁을 중심으로

펀드는 요즘 가입하지 않은 사람이 없을 정도로 대중화되어 있습니다. 은행이나 증권사 등 금융기관에서도 새로운 상품이 끊임없이 출시되고 있습니다. 부동산개발금융에서도 펀드를 활용한 자금조달이 매우 보편적인 금융방식으로 기능한 지 오래입니다. 여기서는 이러한 펀드에 대해서, 기본개념 및 구조를 투자신탁을 중심으로 살펴보도록 하겠습니다. 우리가 흔히 펀드(fund)라고 하는 것에 대해 「자본시장법」에는 다음과 같이 정의되어 있습니다.

> 제6조(금융투자업) ⑤ 제4항에서 "집합투자"란 2인 이상의 투자자로부터 모은 금전 등을 투자자로부터 일상적인 운용지시를 받지 아니하면서 재산적 가치가 있는 투자대상자산을 취득·처분, 그 밖의 방법으로 운용하고 그 결과를 투자자에게 배분하여 귀속시키는 것을 말한다. 다만, 다음 각 호의 어느 하나에 해당하는 경우를 제외한다. 〈개정 2013. 5. 28., 2018. 3. 27.〉
>
> 1. 대통령령으로 정하는 법률에 따라 사모(私募)의 방법으로 금전 등을 모아 운용·배분하는 것으로서 대통령령으로 정하는 투자자의 총수가 대통령령으로 정하는 수 이하인 경우
> 2. 「자산유동화에 관한 법률」 제3조의 자산유동화계획에 따라 금전 등을 모아 운용·배분하는 경우
> 3. 그 밖에 행위의 성격 및 투자자 보호의 필요성 등을 고려하여 대통령령으로 정하는 경우
>
> ⑥ 제5항 각 호 외의 부분 본문에도 불구하고 다음 각 호의 어느 하나에 해당하는 자로부터 위탁받은 금전 등을 그 자로부터 일상적인 운용지시를 받지 아니하면서 재산적 가치가 있는 투자대상자산을 취득·처분, 그 밖의 방법으로 운용하고 그 결과를 그 자에게 귀속시키는 행위는 집합투자로 본다. 〈신설 2018. 3. 27., 2021. 12. 21.〉
>
> 1. 「국가재정법」 제9조제4항에 따른 기금관리주체(이에 준하는 외국기관으로서 대통령령으로 정하는 자를 포함한다) (이하 2~11은 기재 생략)
>
> 제9조(그 밖의 용어의 정의) ⑱ 이 법에서 "집합투자기구"란 집합투자를 수행하기 위한 기구로서 다음 각 호의 것을 말한다. 〈개정 2013. 5. 28.〉
>
> 1. 집합투자업자인 위탁자가 신탁업자에게 신탁한 재산을 신탁업자로 하여금 그 집합투자업

자의 지시에 따라 투자·운용하게 하는 신탁 형태의 집합투자기구(이하 "투자신탁"이라 한다)
2. 「상법」에 따른 주식회사 형태의 집합투자기구(이하 "투자회사"라 한다)(이하 3~7은 기재 생략)

위의 정의를 바탕으로 요약하자면, 투자대상을 발굴해서 투자계획을 기획하고, 이를 바탕으로 투자자로부터 모집한 자금으로써 해당 투자대상에 자금을 투하하고 운영해서 과실을 분배하는 것을 '집합투자'라고 하고, 이러한 집합투자를 하기 위한 법적인 권리의무 주체로서의 기구를 '집합투자기구'라고 할 수 있습니다. 이러한 집합투자기구에는 직관적으로 '신탁'이라고 할 때 떠올릴 수 있는 가장 보편적인 신탁 형태의 집합투자기구뿐만 아니라 미국의 뮤추얼펀드와 유사한 「상법」에 따른 주식회사나 유한회사 형태 등의 회사형 집합투자기구[26]를 포함한 다양한 유형의 집합투자기구가 포함되어 있습니다. (펀드의 유형에 대해서는 곧 별도로 안내드립니다.)

그런데 2020년에 발생한 사모펀드의 대규모 손실사태를 비롯하여 곧 설명드릴 부동산펀드 등은 모두 집합투자기구 중에서도 신탁형 집합투자기구라는 특징을 가지고 있습니다. 우리가 일상의 경제활동에서 펀드라고 할 때 직관적으로 떠올리는 것은 아직까지는[27] 이러한 신탁형태의 집합투자기구, 즉 '신탁형 집합투자기구'(투자신탁)를 가리키는 경우가 대부분입니다.

신탁형 집합투자기구에서는 집합투자업자인 자산운용회사가 집합투자재산을 신탁업자에게 신탁하여 수익증권을 발행하고, 동시에 자산운용회사가 은행 등의 판매회사(투자매매업자 또는 투자중개업자)와 판매계약 또는 위탁판매계약을 체결하여 해당 수익증권을 판매회사를 통해 판매하는 형태를 가지게 됩니다. 물론, 이때 자산운용회사는 집합투자업자로서 신탁재산의 투자와 운용을 지시하고 신탁업자는 이에 따라 관련 업무를 처리하는 역할을 맡습니다.

---

26 금융시장에서는 「자본시장법」상 집합투자업자가 운용을 하는 '투자회사', '투자유한회사' 등의 범(凡)회사형 집합투자기구를 모두 '회사형 펀드'로 지칭하고 있습니다. 이 책에서도 신탁형 펀드는 신탁형 집합투자기구, 즉 투자신탁과 동의어로, 회사형 펀드는 범회사형 집합투자기구와 동의어로서 사용하였습니다.

27 2020년의 대규모 사모펀드 환매중단 사태로 인해 신탁업자 섭외가 무척 어려워지고 있습니다. 이에 대해서는 부동산펀드를 다루면서 보다 자세하게 설명드리겠습니다.

이러한 신탁형 펀드의 전형적인 구조를 그림으로 간단히 정리하면 다음과 같습니다. (절차적으로 주요한 부분을 중심으로 간소화하여, 편의상 투자자와 수탁사 간 이루어지는 투자금 유입 및 수익증서 발행은 동시에 이루어지는 것으로 표현했습니다.)

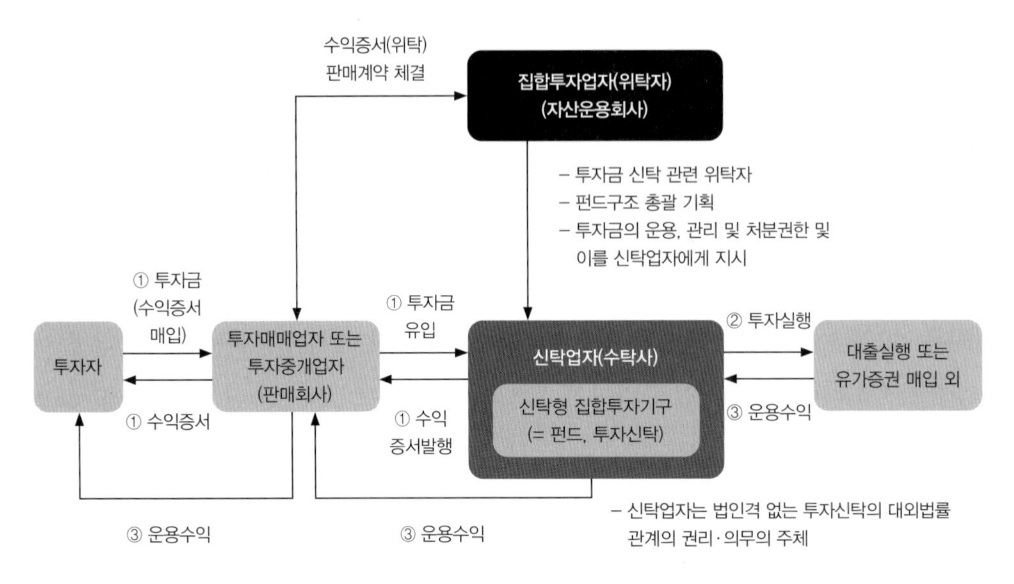

그림 5.23 신탁형 집합투자기구의 기본 구조

그런데 부동산펀드를 포함한 펀드는 돈, 즉 자금의 집합체이므로 법인격을 가질 수 없으며 명목상 신탁재산의 소유자는 신탁회사(수탁사)이므로 대외적 법률행위는 수탁회사를 통해서만[49] 이루어집니다. 금융실무에서 부동산펀드 등의 계약이나 기타 공식적인 의사결정 시 반드시 수탁회사 명의로 날인을 하는 이유가 여기에 있습니다.

이렇듯 신탁업자, 즉 수탁사는 돈의 집합체인 펀드가 법률행위를 할 수 있는 사람(기업)으로 변신하기 위해 꼭 필요한 등장인물이라고 할 수 있습니다. 한편, 펀드를 대신하여 법인격이 있는 사람(기업)으로 역할을 할 수 있는 신탁업자가 있다면, 그 신탁업자에게 투자신탁재산의 취득과 처분 등에 관하여 지시를 하는 주체가 필요한데 이를 자본시장법상으로는 '집합투자업자'라고 하며 금융시장에서는 자산운용사에 해당됩니다. 집합투자업무는 펀드의 투자대상을 결정하고 투자신탁계획 등을 총괄 기획하는 역할을 담당합니다. 구체적으로는 투자재산을 결정하고 해당 투자재산에 대한 운용, 그리고 관리 및 처분권한을 모두 보유하는 등 사실상 펀드의 중추적인 역할을 담당하는 집합투자기구의 핵심이라고 할 수 있습니다.

판매회사는 신탁된 투자재산을 판매하는 곳을 가리킵니다. 현행 「자본시장법」에서는 집합투자업자, 즉 자산운용사가 원칙적으로 직접 수익증권을 판매하지 못하도록 하고 있으며[50](단, 투자매매·중개업 인가를 받은 경우 직접 판매 예외적으로 가능), 투자매매업자 또는 투자중개업자와 각각 판매계약 또는 위탁판매계약을 체결하도록 하고 있습니다. 금융시장에서 투자자가 펀드에 가입했다 혹은 펀드에 들어간다라고 할 때에는 판매회사가 판매하는 수익증권을 매입하는 것을 가리킵니다. 또한 펀드 환매요청 시에도 자산운용사가 아닌 판매회사를 대상으로 청구하도록 되어 있습니다. 참고로, 현행 「자본시장법」에서는 '판매회사'라는 용어는 공식적으로 등장하지 않습니다. 대신 집합투자증권의 판매를 영업으로 하는 투자중개업자나 투자매매업자의 개념을 사용하고 있는데, 과거 금융관행을 고려하여 금융시장에서는 판매회사라고 호칭하고 있습니다.

설명드린 투자신탁의 주요 당사자를 표로 요약·정리하면 다음과 같습니다.

표 5.22 신탁형 집합투자기구의 주요 당사자[51]

항 목	내 용
투자자	• 투자신탁의 투자자
집합투자업자	• 자산운용회사 • 투자신탁계획 등의 총괄 기획 • 펀드의 운용, 관리 및 처분권한 보유(수탁사에게 운용지시 외)
신탁업자	• 투자신탁의 대외 법률관계 담당(권리·의무의 주체) • 투자신탁재산의 보관과 관리 • 자산운용회사의 운용지시에 따른 자산의 취득과 처분의 이행 및 운용지시에 따른 수익증권의 환매대금과 이익금의 지급업무 담당 • 자산운용회사의 투자신탁재산 운용지시에 대한 감시기능 • 투자신탁재산 평가와 기준가격 산정 • 자산운용회사의 계열회사는 신탁업자 지정 불가
판매회사	• 투자중개업 또는 투자매매업의 인가를 받은 자[시중은행, 보험회사 및 「자본시장법」상 금융투자회사(증권사) 등. 상세 인가 현황 등은 금융감독원의 '집합투자업 및 집합투자증권 판매업 인가·등록 종합표' 참고[52]] • 투자신탁 수익권증서의 판매 대행 • 펀드 환매요청 시에도 반드시 판매회사를 대상으로만 청구 가능
기타	• 펀드평가회사(집합투자기구 평가회사, 채권평가회사 등) • 집합투자업자, 투자회사 등의 위탁을 받은 일반사무관리회사(일반사무관리회사의 활용은 의무사항 아님) • 회계법인 등

투자신탁에 중점을 두고 설명드렸습니다만, 앞서 언급해 드렸듯이 펀드, 즉 집합투자기구는 분류기준에 따라 다양하게 구분할 수 있습니다. 펀드의 전체 유형을 금융감독원 자료를 기준으로 정리하면 다음 표와 같습니다.

표 5.23 펀드(집합투자기구)의 일반적인 분류[53]

<table>
<tr><th>기 준</th><th colspan="6">내 용</th></tr>
<tr><td rowspan="9">법적
조직형태</td><td>대분류</td><td>구 분</td><td>형 태</td><td>집합투자규약</td><td>집합투자증권</td><td>집합투자업자</td></tr>
<tr><td>투자신탁형
집합투자
기구(펀드)</td><td>투자신탁</td><td>신탁계약</td><td>투자신탁계약</td><td>수익증권</td><td>위탁자</td></tr>
<tr><td rowspan="4">투자회사형
집합투자
기구(펀드)</td><td>투자회사</td><td>주식회사</td><td>정관</td><td>지분증권
(주식)</td><td>법인이사</td></tr>
<tr><td>투자유한회사</td><td>유한회사</td><td>정관</td><td>지분증권
(출자지분)</td><td>법인이사</td></tr>
<tr><td>투자합자회사</td><td>합자회사</td><td>정관</td><td>지분증권
(출자지분)</td><td>무한책임사원</td></tr>
<tr><td>투자유한
책임회사</td><td>유한
책임회사</td><td>정관</td><td>지분증권
(출자지분)</td><td>업무집행자</td></tr>
<tr><td rowspan="2">조합형
집합투자기구</td><td>투자합자조합</td><td>합자조합</td><td>조합계약</td><td>지분</td><td>업무집행조합원</td></tr>
<tr><td>투자익명조합</td><td>익명조합</td><td>익명조합계약</td><td>지분</td><td>영업자</td></tr>
<tr><td colspan="6">• 「자본시장법」 제9조의 '투자회사' 등은 회사형태의 금융투자기구라는 점에서 「부동산투자회사법」상의 '부동산 투자회사'와 함께 금융시장에서 뮤추얼펀드로 분류되고 있으나 근거법령이 다른 별개의 개념임</td></tr>
<tr><td>운영구조</td><td colspan="6">• 환매 가능 여부: 개방형펀드(open-end fund), 폐쇄형펀드(closed-end fund)
– 개방형은 지속적으로 판매·환매 가능 → 평가, 기준가격이 중요
– 폐쇄형은 환매금지형 펀드로서 유동성 확보(투자자의 투자금회수)를 위해 공모펀드인 경우 거래소에 상장 (일일 평가가 어려운 부동산, 특별자산 등에 투자 가능)
• 추가설정 가능 여부: 추가형은 추가설정납입 가능, 단위형은 불가
– 단위형은 일정 기간 동안에만 투자자 모집 가능
– 추가 설정이 가능한 펀드 유형: 추가·개방형 또는 단위·개방형(단, 단위·개방형은 법상 가능하나 소규모 펀드에서 문제발생의 소지가 있음)</td></tr>
<tr><td>수익자의 수</td><td colspan="6">• 공모펀드: 투자권유를 받은 자의 수가 50인 이상인 경우
• 사모펀드: 50인 미만인 경우</td></tr>
<tr><td>설정국가</td><td colspan="6">• 국내펀드: 국내 법률에 따라 설정된 펀드
• 외국펀드: 외국 법률에 따라 설정된 펀드
– 역외펀드(offshore fund)라고도 하며, 국내 판매 시 관련 등록 필요
• 해외펀드: 국내펀드로서 해외에 투자하는 펀드</td></tr>
</table>

펀드는 금융시장에서 가장 보편적으로 알려진 위의 일반적인 분류 기준 외에도, 펀드의 대상 자산이 어떤 것인지 또는 「자본시장법」상 별도의 특별한 운용규제가 있는지 여부에 따라서도 분류할 수 있습니다. 투자대상 자산을 기준으로 구분하면 아래 표와 같습니다.

이 밖에도 법령상 운용규제 등을 기준으로 분류할 수 있는데, 이 중 가장 대중적으로 잘 알려진 것이 재간접펀드(재간접투자펀드) 및 모자펀드입니다. 재간접펀드는 흔히 금융시장에서 'fund of fund'로 불리고 있으며 펀드자산의 40%를 초과하여 다른 집합투자증권에 투자할 수 있는 펀드를 가리킵니다. 재간접펀드는 과거 「간접투자자산 운용업법」에서는 '재간접 투자기구'로 명시되어 간접투자기구의 한 종류로서 인정되었으나, 현행 「자

표 5.24 「자본시장법」상 투자대상 자산에 따른 펀드(집합투자기구)의 분류[54]

종류	투자대상자산				최소 투자비율	한도
	증권	파생	부동산	특별자산		
증권펀드	○	○	○	○	펀드재산의 50%를 초과하여 증권에 투자	
					증권 / 증권파생상품	> 50%
부동산펀드	○	○	○	○	펀드재산의 50%를 초과하여 부동산에 투자	
					부동산 관련증권 / 부동산 파생상품 / 부동산 대출 / 부동산	> 50%
특별자산펀드	○	○	○	○	펀드재산의 50%를 초과하여 특별자산에 투자	
					증권 및 부동산 제외 투자대상 자산	> 50%
단기금융펀드	○	○	○	○	펀드재산 전부를 단기금융상품에 투자	
					단기금융상품*	= 100%
혼합자산펀드	○	○	○	○	제한 없음	

* 단기금융상품: 남은 만기가 6개월 이내인 양도성예금증서, 남은 만기가 5년 이내인 국채증권, 남은 만기가 1년 이내인 지방채증권·특수채증권·기업어음 증권 외

본시장법」이 도입되면서 집합투자기구의 종류가 아닌 운용한도를 제한하는 형태로 수정[28]되었습니다.

한편, 모자펀드는 재간접펀드와 마찬가지로 다른 펀드의 집합투자증권을 투자의 대상자산으로 한다는 점은 동일하나, 재간접펀드가 일반투자자에게 판매되는 펀드에 투자하는 상품인 반면, 모자펀드는 모집합투자기구와 자집합투자기구가 동일인으로서 펀드 자산의 포트폴리오 또한 동일하다[55]는 차이점이 있습니다. 즉, 자집합투자기구는 모집합투자기구가 발행하는 집합투자증권만 취득이 가능하며, 동일한 포트폴리오를 가지는 복수의 독립적인 개방형 펀드를 펀드 하나로 통합하게 함으로써 비용이나 절차 면에서 유리한 특징을 가진다고 할 수 있습니다.

② 부동산펀드(REF)의 개념과 대출형 부동산펀드의 기본 구조

부동산펀드는 금융시장에서 'Real Estate Fund'의 약어인 'REF'로 지칭되고 있습니다. 이러한 부동산펀드를 「자본시장법」에서는 다음과 같이 정의하고 있습니다. (동법 제229조의 2.)

28 「자본시장법」 제81조(자산운용의 제한) ① 3호

> 2. 부동산집합투자기구: 집합투자재산의 100분의 40 이상으로서 대통령령으로 정하는 비율을 초과하여 부동산(부동산을 기초자산으로 한 파생상품, 부동산 개발과 관련된 법인에 대한 대출, 그 밖에 대통령령으로 정하는 방법으로 부동산 및 대통령령으로 정하는 부동산과 관련된 증권에 투자하는 경우를 포함한다. 이하 이 조에서 같다)에 투자하는 집합투자기구

위의 정의를 이론적으로 좀 더 구체화하면, 부동산펀드는 「자본시장법」을 근거법으로 하며 "다수 투자자들로부터 자금을 모아서 공동기금(fund)을 조성하여, 전문적인 투자기관(자산운용 또는 관리회사)이 부동산, 부동산 관련 대출 또는 유가증권 등에 투자하여 그 운용성과에 따라 수익을 분배하여 주는 간접투자상품, 혹은 회사(corporation) 또는 투자신탁(business trust)을 의미"[56]한다고 할 수 있습니다.

그런데 2020년에 발생한 사모펀드의 환매중단 등 대규모 손실로 인하여 집합투자기구 시장이 큰 타격을 받은 바 있습니다. 투자자 보호 측면에서 비교적 수동적 위치에 있었던 신탁업자와 판매사의 적극적 투자자 보호의무가 강조되고, 경우에 따라서는 불완전 판매 또는 자산운용사가 제공한 정보의 정합성 확인 등과 관련하여 판매회사 및 신탁업자(수탁기관)가 어려움을 겪음에 따라 수탁기관 섭외환경이 악화되어 왔음을 부인할 수 없습니다. 이런 차원에서 상징적인 수준에 그쳤던 수탁기관의 보수와 비교하여 수탁기관의 법적 책임과 부담이 과거와는 비교가 되지 않을 정도로 증가하였고, 2022년 하반기 현재도 수탁기관이 부동산펀드에 수탁을 꺼리는 상황이 지속되고 있는 상황입니다.

이에 대한 대안으로서 수탁기관의 법적 책임 경감이 가능한 회사형 펀드가 부동산 부문의 경우 2021년부터 일부 활용되기 시작했습니다. 2020년 관련 세법의 개정으로 2022년부터 사모 부동산펀드에 종합부동산세율 적용 및 세액공제 방식 변경 등으로 펀드의 수익률이 하락할 것으로 예상됨에 따라, 별도의 법적 주체인 '투자회사' 구조를 통해 일정 부분 관련 세금 증가에 대한 대처가 가능하다는 점[29]이 회사형 펀드 선택에 영향을 미친 것으로 알려져 있습니다. 하지만 자산운용사들은 기존 신탁형 펀드 대비 증가하는 법적 책임과 업무량, 상대적으로 복잡한 절차 등을 사유로 그다지 선호하지 않

---

29 김시목, 부동산 운용사, 신규 펀드 설정 회사형 구조 급부상, 더벨, 2022. 1. 26., http://www.thebell.co.kr/free/content/ArticleView.asp?key=202201260852151860102678&svccode=00&page=1sort=thebell_check_time을 참고하시기 바랍니다.

는 상반된 경향을 보이고 있습니다. (인프라시장에서 보통 '인프라펀드'로 통칭되고 있으며 보편적으로 활용되고 있는 각종 투융자회사 형태는 그 본질이 회사형투자기구, 즉 회사형펀드의 성격을 가지지만, 부동산 부문과는 별개의 영역이므로 여기서는 논외로 합니다.)

이와 관련하여 향후 부동산 부문에서 신탁형 펀드와 회사형 펀드의 설정[30]규모와 그 추이가 어떻게 전개될지 주목되는 상황이며, 회사형 펀드의 법적 구조와 장단점, 신탁형

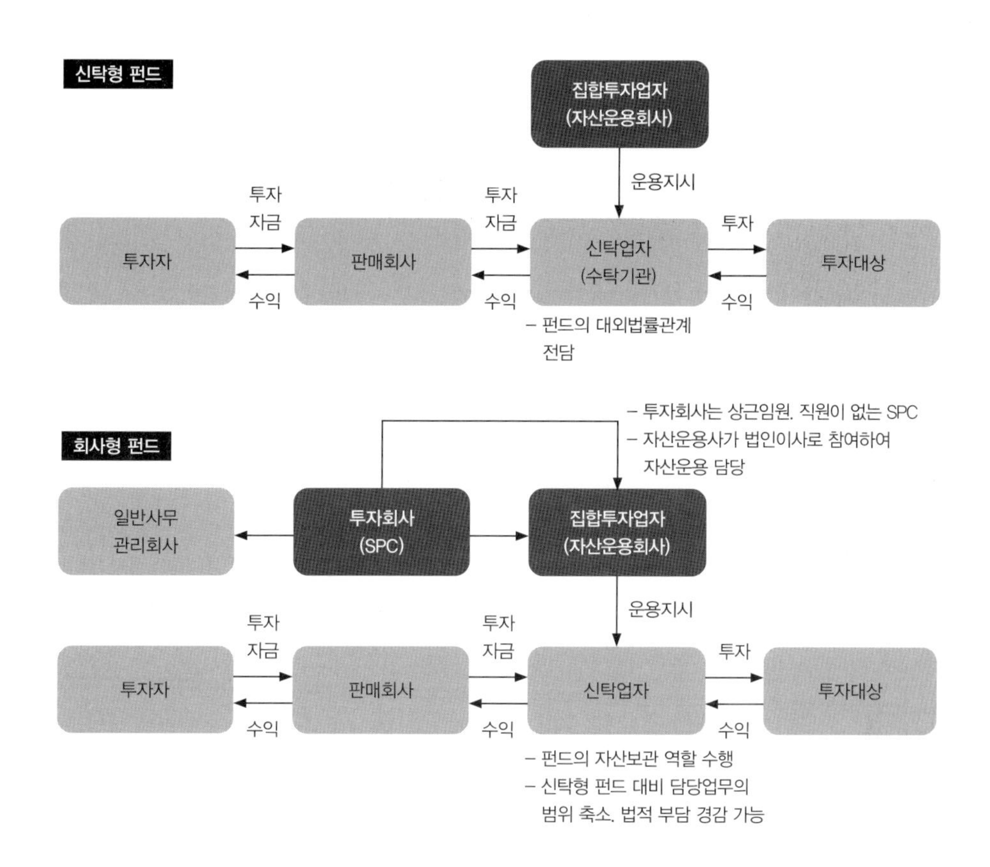

그림 5.24 신탁형 펀드와 회사형 펀드의 구조 비교[57]

30 공식적이고 최종적으로 펀드의 자금모집 관련 약정이 완료되고 해당 펀드의 운용이 개시되는 것을 '설정'이라고 합니다. 금융시장에서는 펀드 설정이라는 표현 대신 펀드 결성이라는 표현도 자주 접할 수 있는데, 이 경우 결성은 「벤처투자촉진에 관한 법률」(약칭 벤처투자법) 등에 따른 벤처투자조합의 결성 또는 「여신전문금융업법」에 의한 신기술사업투자조합 등의 결성, 그 외 창업투자조합 등과 같이 주로 벤처투자기구를 통해 모집된 자금을 가리킬 때 쓰이고 있습니다. 다만, 금융실무에서는 벤처투자 분야가 아닌 경우에도 펀드 설정과 펀드 결성이라는 용어가 혼용되는 경향이 있습니다. 참고로 회사형 펀드의 경우 '설정'의 대용어로서 '설립'이라는 표현을 쓰는 경우도 있습니다. 개인적으로는 조합형식의 투자기구가 아닌 경우에도 '펀드 결성'이라는 표현을 쓰면 어색하게 느껴집니다만, 법률적인 문서 등 엄격하게 구별해야 하는 경우를 제외하고는 보통의 경우 양자 간 구별의 실익은 크지 않을 것으로 판단됩니다.

펀드구조 대비 금융시장에 미치는 영향 등에 대해서는 아직 그 연구가 매우 미진한 상태입니다. 이 책에서는 아직 부동산펀드 분야에서 절대 다수를 차지하는 신탁형 펀드(투자신탁)를 전제로 하여 부동산펀드를 설명드리고 있으나, 참고를 위해 회사형 펀드와 신탁형 펀드의 구조적인 차이점을 그림으로 정리해 드렸습니다.

한편, 부동산펀드는 모집된 펀드자금을 어떻게 운용하는지에 따라 크게 다음 여섯 가지로 구분됩니다.

표 5.25 운용방식에 따른 부동산펀드의 유형[58]

항목	내용
대출형	• 부동산개발을 영위하는 사업주에게 자금을 대여하고 해당 대출에 대한 이자로써 수익을 창출하는 펀드
임대형	• 오피스 빌딩, 대형 물류센터 등 완공되어 임대운영 중인 부동산 실물자산을 매입하여 임대수익을 향유하고 추후 매각 시 자본이득을 목적으로 하는 펀드
경·공매형	• 경매나 각종 민간 공매를 통해 부동산을 매입한 후 이를 임대 또는 매각하여 수익을 창출하는 펀드
직접개발형	• 펀드가 직접 부동산개발의 주체가 되어 분양 또는 임대를 실시하여 개발이익을 얻는 펀드
프로젝트 개발형	• 도로, 발전소와 같은 대형 인프라 사업, 광산 및 유전 등 대형 시설 개발사업에 대출을 실시하고, 해당 프로젝트로부터 산출되는 생산물(통행요금, 전기, 석탄, 원유 외)을 매각하여 수익을 향유하는 펀드
유가증권 투자형	• 펀드의 투자대상이 부동산 개발 또는 부동산 임대 등 부동산과 관련된 유가증권에 투자하는 펀드 • 기존의 부동산펀드 수익증서 또는 리츠(REITs)를 투자대상으로 하는 재간접투자펀드 방식도 가능

부동산펀드에는 전통적인 개념, 즉 부동산의 실물자산을 매입하여 임대운용하는 것뿐만 아니라 부동산개발사업 관련 법인에 대출을 실행하고 이로써 투자수익을 창출하는 것도 포함되는 것으로 정의되어 있는데, 대출형 부동산펀드가 바로 여기에 해당합니다.

대출형 부동산펀드는 국내 부동산펀드의 주력 상품으로서 2020년 10월말 현재 설정된 부동산펀드 중 설정 건수 기준으로 약 43%를 차지하는 것으로 파악[59]되었으며 그 전형적인 구조는 그림 5.25와 같습니다. (앞서 언급해 드린 바와 같이 관련 설명은 모두 신탁형 펀드를 전제로 합니다. 다만, 회사형 펀드의 경우에도 대주의 지위를 '투자회사' 등이 담당하는 것 이외에는 본질적인 집합투자기구 속성 자체는 크게 다르지 않다는 점 참고하시기 바랍니다.)

앞서 펀드의 기본구조 중 판매회사 부분은 지면관계상 이번 그림에서는 표시를 생략하였습니다. 대출형 부동산펀드의 가장 큰 특징은 펀드자금을 유가증권 매입이 아닌 직접 대출을 실행하여 운용하는 것으로서 이때의 부동산펀드는 차주에 대해서 대주의 지위를 가지게 됩니다. 부동산펀드가 대주 금융기관의 역할을 담당한다는 것을

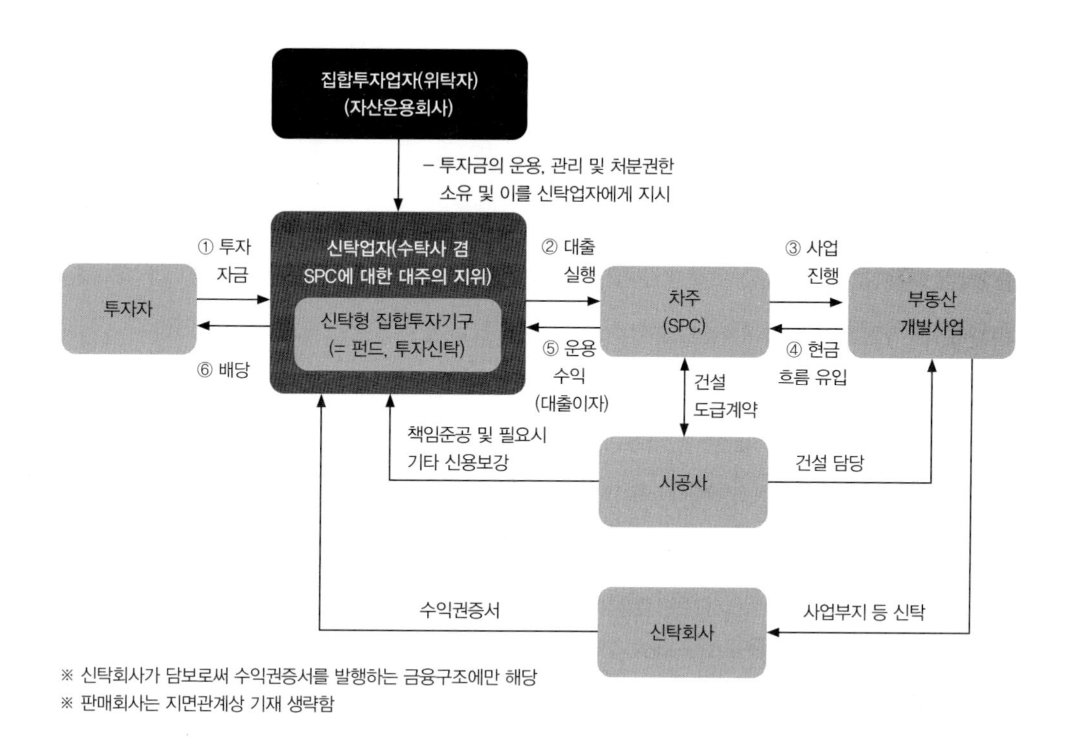

그림 5.25 대출형 부동산펀드의 기본 구조

제외하면 그 외에는 대부분 일반적인 부동산PF와 유사한 금융구조를 갖는다고 할 수 있습니다.

부동산펀드의 기준가격이란?[60]

펀드의 수익률은 투자로부터 창출된 총수익을 총투자금액으로 나누어 계산합니다. 대출형 부동산펀드의 경우에는 대부분 펀드의 수익률을 기준가격을 활용하여 계산하고 있는데, 최종 수익률은 펀드를 환매하는 시점의 기준가격에서 최초 가입 시의 기준가를 차감하여 산정하고 있습니다. 기준가격(Net Asset Value Per Share, NAVPS)은 해당 펀드의 순자산총액(일반적으로 재무상태표의 자본총액에서 부채총액을 차감한 가액)을 그 펀드의 총좌수로 나누고 여기에 1,000을 곱해 계산합니다.

펀드 기준가격 = (펀드의 순자산총액/총좌수) × 1,000

좌수는 펀드의 최소 거래단위이며 펀드가 실제로 거래되는 최소 물량단위는 일반적으로 1,000좌입니다. 펀드의 최초 설정 당시 기준가격은 1,000원, 즉 1구좌(share)당 1원의 가치를 가지는 것으로 계산되므로, 결국 기준가격이란 당초 1구좌당 1원의 가치를 가지는 펀드

1,000좌에 대한 가치가 순자산총액의 변동 여부에 따라 산정 시점에는 어느 정도의 가치로 변화하였는가를 직관적으로 파악할 수 있는 수익률 계산 지표라고 할 수 있습니다.

예를 들어, 처음 부동산펀드 설정 시 순자산총액을 100억원이라고 가정하고, 1구좌당 1원을 적용하여 기준가격을 계산하면 기준가격은 1,000원이 됩니다.

(100억원/100억 좌) × 1,000 = 1,000

부동산실물자산을 매입하여 임대운용하는 부동산펀드라고 가정할 때, 임대수익이 발생하면 임대수익에서 관리비용 등 고정비를 제외한 만큼의 순자산총액 증가에 따라 기준가격이 올라갔다가, 배당이 지급되면 해당 임대수익에서 창출된 순자산이 감소되므로 기준가격도 내려가는 형태가 반복됩니다. (펀드의 기준가격은 '금융투자협회 전자공시서비스' 홈페이지에서 확인 가능합니다.)

한편, 「자본시장법」 제238조(집합투자재산의 평가 및 기준가격의 산정 등)의 ①에 의하면 집합투자업자는 대통령령으로 정하는 방법에 따라 집합투자재산을 시가에 따라 평가하되, 평가일 현재 신뢰할 만한 시가가 없는 경우에는 대통령령으로 정하는 공정가액으로 평가하도록 되어 있습니다. 이때 동법 시행령 제260조(집합투자재산의 평가방법) ②에 의하면 '대통령령이 정하는 공정가액'은 자산의 종류별로 투자대상자산의 취득가격이나 거래가격, 채권평가회사·신용평가회사·감정평가법인 등의 전문기관이 제공한 가격, 환율, 펀드의 기준가격 등을 고려하여 집합투자업자가 자체적으로 평가하도록 되어 있습니다. 참고로, 부동산펀드의 경우 일반적으로 취득원가를 보유 부동산의 평가액으로 하되, 일정 주기로 감정평가법인 등이 평가한 가액을 참고하고, 펀드의 수익과 비용을 반영하여 기준가격을 산정하고 있습니다.

리츠의 개념

「부동산투자회사법」상 주식회사 형태의 부동산투자회사

① 리츠(REITs)의 기본 개념과 종류

리츠(REITs)는 금융시장에서는 투자회사의 형태를 가지고 있어 뮤추얼펀드의 일종으로 분류되고 있습니다. 학계에서는 일반적으로 부동산투자회사(Real Estate Investment Trusts)가 "다수의 투자자로부터 자금을 모아 부동산의 취득·관리·개량 및 처분, 부동산개발사업, 부동산의 임대차, 증권의 매매, 금융기관에 예치 등 부동산권리취득 등에 투자·운용을 하여 수익을 창출하고 그 수익의 대부분을 투자자에게 배당하는 것을 목적으로 설립된 주식회사"로 정의하고 있습니다.

참고로 코람코자산신탁에서는 리츠를 "다수의 투자자로부터 자금을 모아 부동산에 투자하고, 그 운용수익 및 매각수익을 배당 또는 잔여 재산분배 형식으로 투자자에게 지급할 것을 목적으로, 국토교통부장관의 영업인가(등록)를 받아 운영되는 부동산투자회사[61]를 뜻한다"고 설명하고 있습니다. 리츠는 이론적으로 투자대상과 기한, 설립형태 등을 기준으로 다양하게 분류할 수 있으나, 한국의 현행 「부동산투자회사법」에서는 회사형에 국한하여 다음과 같이 세 가지로 분류하고 있습니다.

제2조(정의) 1. "부동산투자회사"란 자산을 부동산에 투자하여 운용하는 것을 주된 목적으로 제3조부터 제8조까지, 제11조의2, 제45조 및 제49조의2제1항에 적합하게 설립된 회사로서 다음 각 목의 회사를 말한다. 가. 자기관리 부동산투자회사: 자산운용 전문인력을 포함한 임직원을 상근으로 두고 자산의 투자·운용을 직접 수행하는 회사 나. 위탁관리 부동산투자회사: 자산의 투자·운용을 자산관리회사에 위탁하는 회사 다. 기업구조조정 부동산투자회사: 제49조의2제1항 각 호의 부동산을 투자 대상으로 하며 자산의 투자·운용을 자산관리회사에 위탁하는 회사

투자의 위탁 여부를 기준으로 자기관리리츠 및 위탁관리리츠로 구분하고, 그 외에 기업구조조정 목적(Corporate Restructuring REITs, CR REITs)의 리츠를 포함하여 총 세 가지로 구분하고 있는데, 이 중 기업구조조정리츠는 일종의 위탁관리리츠로서 그 투자대상이 기업구조조정과 관련된 특수한 분야임을 감안하여 별도로 정의된 리츠라고 할 수 있습니다.

이 외에, 개발리츠도 금융시장에서 많이 접하는 리츠입니다. 소위 '개발리츠'라는 것은 기존의 「부동산투자회사법」상 부동산개발사업 투자에 대한 특례가 존속하던 때에 설립된 '개발전문 부동산투자회사'를 일컫는 말이며 흔히 '개발리츠' 또는 '개발전문리츠'라고 불렸습니다. 개발전문리츠는 당초 기업구조조정리츠와 마찬가지로 부동산개발 관련 전문성 및 특수성을 인정하여 「부동산투자회사법」의 기존 조항[당시 「부동산투자회사법」 제26조의 2(부동산개발사업에 대한 특례)]에 부동산개발사업인 경우 투자한도를 높일 수 있도록(총자산의 70/100까지 가능, 여타 리츠는 총자산의 30%까지만 가능) 도입되었으나, 2015년 6월 22일자로 개정·시행된 「부동산투자회사법」에서는 해당 조항이 삭제되어 현행 「부동산투자회사법」에는 존재하지 않는 리츠 형태입니다. (개정 당시 개발전문리츠의 경우 그 명칭을 최대 1년까지 그대로 사용할 수 있도록 경과조치가 마련되었습니다.) 공식적으로는 '개발전문 부동산투자회사' 또는 '개발전문 리츠'라는 용어는 사라졌습니다만, 여전히 금융시장에서는 부동산개발과 관련되어 투자되는 리츠를 관행적으로 법적 용어의 개념과 별개로 '개발리츠'라고 부르는 경우가 많습니다.

리츠(REITs)의 영어표기는 도입 초기에 REITs, REIT's 또는 Reit's 등 다양하게 혼용되었으나 최근에는 'REITs'로 통일되어 사용되고 있습니다. 리츠는 Real Estate Investment Trusts의 약자이며 영어 그대로 번역하면 '부동산투자신탁'이라고 할 수 있습니다만, 미국을 비롯한 영미권에서도 신탁형 펀드와 같은 투자신탁이 아닌 뮤추얼펀드 형태, 즉 회사형태의 투자기구를 보편적을 일컫는 말로서 사용되고 있습니다. 신탁형 펀드 형식의 부동산펀드와 리츠는 부동산을 투자대상으로 하는 금융투자기구라는 점에서 그 속성은 매우 유사하나, 리츠의 경우 신탁형 펀드형태가 아닌 회사형태의 전문투자기구이며, 근거 법령이나 투자방식, 업무절차 등이 완전히 다른 별개의 투자기구(vehicle)입니다.

리츠는 1960년에 미국에서 최초로 도입된 비교적 최근의 금융상품입니다. 2000년 이후 유럽과 한국, 일본 등 아시아 지역에 전파[62]되었고, 한국에서는 부동산투자를 목적으로 하기보다는 1997년 외환위기(IMF사태) 이후 기업구조 조정 및 부동산시장 안정화를 위해 도입된 측면이 큽니다. (한국 리츠의 근거법인 「부동산투자회사법」은 2001년 4월 7일 「부동산투자회사법」으로 최초 제정되었습니다.) 리츠는 본래의 속성상 부동산 투자수익의 주주배당을 통한 배분을 목적으로 하고 있으며 아직 완전히 대중적인 금융상품이라고 하기에는 다소 무리가 있으나, 한국에서 비교적 소액으로 부동산 관련 간접투자를 할 수 있는 매력적인 상품으로 자리매김[31]해 가고 있습니다. 이런 면에서 리츠는 부동산개발금융을 위한 투자금융기구의 성격과 함께 부동산의 낮은 유동성을 증권화한 금융투자상품의 성격[62]을 가집니다. 또한 이러한 특징을 바탕으로 부동산 실물자산에 투자한 상장 리츠의 경우, 일반 펀드에서 우량 주식을 투자상품으로 편입하고 이를 바탕으로 장기적으로 배당을

31 일몰규정인 공모 상장리츠에 대한 분리과세 특례가 2023년 말까지 연장되었습니다. 이에 따라 금융소득이 일정규모를 초과하는 경우 여타 소득과 합산한 종합소득세율이 적용되나 공모 리츠는 해당 소득에 합산하지 않고 분리과세 대상으로 유지되고 있습니다.

실시하는 것과 같이 매각차익보다는 안정적인 임대수익 수취를 목표로 하는 경우가 많으므로 일반 투자자 관점에서는 장기적인 투자상품으로 인식되고 있습니다.

한편, 리츠는 국가별로 다소 차이는 있으나 뮤추얼펀드 형태, 즉 회사형 금융투자기구로서 다수 투자자에 의한 분산소유, 과세대상 소득 대부분을 배당으로 분배한다는 등의 공통점[64]을 지니고 있습니다. 리츠의 핵심 요소를 한국의 「부동산투자회사법」을 기준으로 정리해 보면 다음 표와 같습니다.

표 5.26 리츠의 핵심 구성요건[65]

항 목	내 용
다수의 투자자	• 영업인가를 받거나 등록한 날부터 2년 이내에 발행주식 총수의 30% 이상을 일반인의 청약에 제공(법 제14조의8제2항, CR리츠는 제외) – 다수 투자자가 주식을 매입하는 방식 → 강한 규제[66]와 관리감독
투자대상	• 총자산의 70% 이상을 부동산(건축 중인 건축물 포함)에 투자·운용(법 제25조제1항)
배당	• 배당가능이익의 90% 이상 배당 의무(법 제28조)
회사형태	• 주식회사/「부동산투자회사법」에서 정한 사항 외에는 「상법」 적용(법 제3조제1항 및 제2항)

부동산펀드가 그러하듯이 투자대상을 비롯하여 다양한 기준으로 구분할 수 있습니다만, 여기서는 「부동산투자회사법」상 정의된 리츠의 종류 세 가지와 주요 개요를 표로 정리하여 안내드리겠습니다.

표 5.27 한국 리츠의 구분 및 주요 개요[67]

종 류	자기관리리츠	위탁관리리츠	기업구조조정리츠
투자대상	일반부동산 / 개발사업	일반부동산 / 개발사업	기업구조조정용 부동산
영업개시	국토교통부 영업인가(공모, CR리츠는 금융위원회 사전협의)		
감독	국토교통부·금융위원회		
설립주체	발기인(발기설립)		
회사형태	실체회사(상근인력 보유)	페이퍼컴퍼니(상근인력 없음)	
자산운용전문인력	5인(상근고용)	자산관리회사(5인)에 위탁운용	
설립자본금	5억원	3억원	3억원
최저자본금	70억원	50억원	50억원
	영업인가 후 6개월 이내에 최저자본금을 확보하여 국토교통부에 보고		
주식분산	1인당 발행주식 총수의 50% 이내	1인당 발행주식 총수의 50% 이내	제한 없음
주식공모	자본금 30% 이상	자본금 30% 이상	의무사항 아님(사모 가능)

〈계속〉

표 5.27 (계속)

종 류	자기관리리츠	위탁관리리츠	기업구조조정리츠
상장	요건충족 시 즉시	요건충족 시 즉시	의무사항 아님
자산구성	• 부동산 및 부동산 관련 유가증권 등: 80% 이상 • 부동산: 70% 이상	• 부동산 및 부동산 관련 유가증권 등: 80% 이상 • 부동산: 70% 이상	• 기업구조조정용 부동산: 70% 이상
배당	이익배당한도의 90% 이상 의무배당(단, 2021년말까지 50%)	90% 이상 의무배당(초과하여 배당 가능)	90% 이상 의무배당(초과하여 배당 가능)
법인세 소득공제	해당사항 없음	배당가능이익의 90% 이상 배당 시 소득금액에서 공제	배당가능이익의 90% 이상 배당 시 소득금액에서 공제
	리츠기간 동안 법인세는 거의 발생되지 않음(자기관리리츠는 제외)		
개발사업	주주총회에서 정하는 바에 따라 총자산의 최대 100%까지 가능		
자금차입	차입, 사채발행 합은 자기자본의 2배 이내까지 가능(주총 특별결의 시 10배까지 가능, 법 제29조)		
회사존속	영속	선택적	한시적

자기관리 부동산투자회사(자기관리리츠)는 자산운용전문인력을 포함한 상근직원을 두고 실제로 투자 업무를 수행하는 실체가 있는 회사입니다. 이에 비하여, 위탁관리 부동산투자회사(위탁관리리츠)는 상법상 주식회사 형태로 설립되고, 그 자본금으로 투자를 행하는 것은 자기관리리츠와 동일하나, 실제로 상근직원이 없는 명목회사의 형태로서 투자운용을 자산관리회사에 맡기게 됩니다.

자기관리리츠의 경우 상근직원이 있으나 리츠의 안정성 확보를 위해 의무적으로 자산보관회사(신탁사, 신탁업 겸영 은행 외)와 부동산 등 자산에 대한 자산보관계약을 체결하여야 하며, 그 외 위탁관리리츠 및 CR리츠의 경우에는 자산보관계약과 더불어 상근직원이 없는 명목회사(SPC)인 점을 감안하여 실제 자산의 운용, 관리를 담당할 자산관리기관과 자산관리계약을, 그리고 리츠 투자와 운용의 사무업무를 담당하는 사무수탁기관과 사무수탁계약을 의무적으로 체결하도록 되어 있습니다. 결국 위탁관리리츠의 경우는 사실상 주식회사의 형태를 띠고 있지만, 자금을 모아서 전문가 집단이 그 투자운용을 하는 형태를 가진다는 점에서는 부동산펀드와 같은 금융투자기구와 본질적으로 동일한 속성을 가진다고 할 수 있습니다.

한편, 자기관리리츠의 경우 별도의 시행사가 진행하는 부동산개발사업을 대상으로 투자하는 것도 물론 가능하나, 공공기관으로부터 토지를 불하받아 부동산개발사업을 영위하는 경우와 같이 사실상 사업을 기획 및 발굴하여 토지를 매입하고, 시공사와 금융사를 섭외하여 사업을 진행해 나가는 역할도 수행할 수 있다는 점에서 본질적으로는 일정 부분 시행사가 수행하는 역할과 같은 업무를 담당합니다. 한국토지주택공사 등에서 보유 택지에 대하여 주간사를 공모 및 선정하여, 해당 주간사로 하여금 주택개발리츠를 설립하여 택지를 개발하는 경우도 이에 해당됩니다. 자산관리회사가 공공기관인 경우, 금융구조상 자산관리회사를 중심으로 하는 위탁관리리츠를 통해 공공 개발사업을 수행하는 방식도 보편적으로 활용되고 있습니다. LH 한국토지주택공사가 자산관리회회사 역할을 담당하는 위탁관리리츠를 설립하여 민간기업형 임대주택개발사업인 뉴스테이 프로젝트를 개발하는 것이 그 예입니다.

기업구조조정 부동산투자회사(기업구조조정리츠, CR리츠)는 일종의 위탁관리리츠로서 기업구조조정과 관련하여 매각되는 부동산을 주요 투자 대상으로 하는 것을 가리킵니다.

리츠의 국토교통부장관 인가와 등록 대상을 표로 정리하면 다음과 같습니다.

표 5.28 리츠의 인가 및 등록 대상

항 목	내 용	인가 및 등록 구분	비 고
자기관리리츠		인가	인가요건 및 사업타당성 등 심사
위탁관리리츠	공모형	인가	
	사모형(비개발)	등록	등록요건 확인
기업구조조정리츠		등록	

인가와 등록 모두 국토교통부 장관의 행정 재량행위라는 공통점을 가지며, 상대적으로 사모 리츠 등에 비하여 공모 위탁관리리츠와 자기관리리츠에는 등록이 아닌 인가를 받도록 하는 등 보다 엄격한 기준을 적용하고 있습니다.

② 리츠의 구조와 주요 효용, 부동산펀드와의 차이점

앞서 설명드린 리츠의 기본 개념과 주요 당사자(자산관리회사, 자산보관회사 및 사무수탁회사 등)와의 관계를 반영한 리츠의 기본 거래 구조를 그림[68]으로 살펴보면 다음과 같습니다.

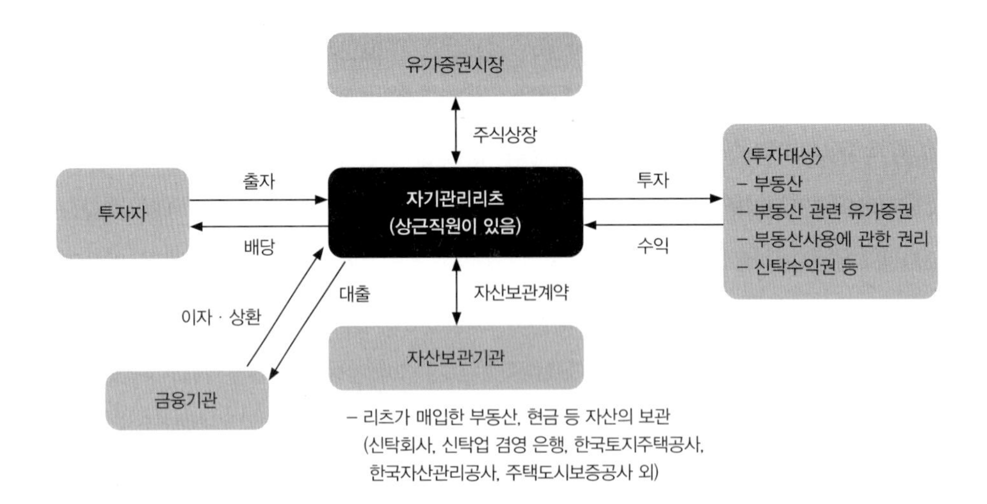

그림 5.26 자기관리리츠의 기본 구조

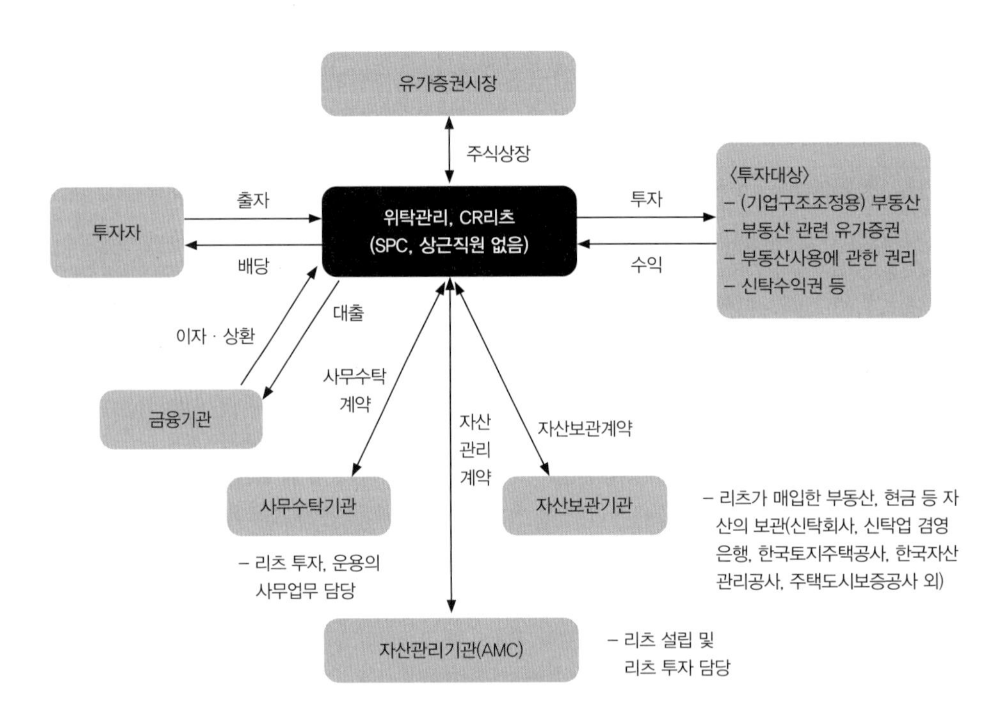

그림 5.27 위탁관리 · 기업구조조정리츠의 기본 구조

리츠는 부동산과 자본시장이 결합한 상품입니다. 실물자산에 투자하는 부동산펀드를 비롯한 간접투자기구의 속성이 그러하듯이, 리츠 역시 그 구조하에서 투자자는 실물자산을 직접 매입하지 않고도 리츠 투자(출자)를 통해 실물 부동산에 직접 투자한 것과 동일한 효과를 거둘 수 있습니다. 또한 리츠는 민간영역에서 부동산개발 관련 금융투자기구로 기능함으로써 장기적으로는 국가 재정부담의 경감효과가 나타날 것으로 기대되고 있습니다. 그 외, 리츠의 일반적인 효용과 기대효과 등을 간단히 정리하면 다음과 같습니다.

표 5.29 리츠의 일반적인 효용 및 기대효과[68]

항목	내용
효용 및 기대효과	① 부동산의 증권화(주식)로 부동산의 유동성 확대(투자자의 투자기회 증가) ② 부동산개발의 민간 또는 민관 금융투자기구로 기능하여 국가재정 경감 가능 ③ 장기적으로 부동산 임대시장의 투명성 제고 가능(리츠의 부동산매입 및 임대시장 진출 시 관련 정보의 투명한 공개와 관리 가능) ④ 부동산 시장 관련 정보의 습득 가속화로 관련 인프라 구축 가능

물론, 위의 효용이 리츠에 전속된 효용이라고 보기는 어려운 점이 있습니다. 부동산펀드와 같은 금융투자기구뿐만 아니라 부동산 투자와 관련된 자산유동화 증권 등도 유사한 효용이 있음을 부인하기 어렵습니다. 한국에서는 주식발행 형태의 투자기구라는 점이 고려되어 투자안정성 확보를 위한 사전검토(인가 외)가 철저하게 이루어지고 있으나 그 반대급부로서 여타 금융투자기구 대비 물리적 절차가 복잡하고 절대적인 기간이 더 소요되는 경향이 없지 않아 있습니다.

그러나 미국과 일본 등 선진국에서는 리츠가 이미 부동산 실물자산 투자의 매우 보편적인 투자기구로서 자리 잡았습니다. 한국에서도 아직 충분하다고는 할 수 없으나 간접투자기구로서의 보편성과 대중성은 어느 정도 확보된 것으로 보이며, 공공성이 포함된 부동산개발 분야에서도 성공적으로 활용되고 있는 등 적어도 기능적으로는 부동산개발 측면에서 다른 금융투자기구와 경쟁이 가능한 잠재력이 충분하다고 생각합니다. 그 외, 리츠가 소수의 기관투자가뿐만 아니라 다수의 개인투자가들도 손쉽게 접근할 수 있는 막강한 접근 용이성, 그리고 자본시장이 성숙한 선진국에서 리츠가 이미 보편적인 주류 상품으로 기능하고 있다는 점 등을 고려하면 개인적으로 한국 금융시장에서 리츠의 장기 성장가능성은 밝다고 생각합니다.

다양한 자산유동화 상품과 금융투자기구 등 경쟁 상품과 대비하여 리츠만의 장점과 특징, 그러한 장점 등이 금융시장에서 어떻게 펼쳐질지는 보다 세밀한 연구가 필요한 사항입니다만, 앞서 설명드린 부동산펀드를 기준으로 하여 부동산펀드와 리츠는 어떻게 다른지를 간단히 소개하고 리츠에 대한 설명을 마치고자 합니다. 부동산펀드와 리츠를 비교하면 다음과 같습니다.

표 5.30 부동산펀드와 리츠의 비교[70]

구 분	부동산펀드	리츠
근거법	• 「자본시장법」	• 「부동산투자회사법」
본질적인 속성	• 집합투자업자에 의한 집합투자 형태의 자산운용(펀드) • 투자의 주체는 펀드 그 자체이며, 투자신탁 기준 대외 법률관계의 주체는 대부분 수탁기관(신탁업 겸영 은행 등)	• 주식회사 설립 및 출자를 통한 투자금모집 • 투자의 법률적 주체는 해당 주식회사(리츠)이며 그 의사결정 및 운용은 스스로(자기관리리츠) 또는 자산관리회사(AMC)에게 위탁하여 운용
투자가능대상	• 부동산 및 관련 유가증권 • 부동산 관련 대출, 혼합자산 • 단기금융자산 등	• 부동산 및 관련 유가증권
기구형태	• 투자신탁 • 회사형 및 조합형	• 「상법」상 주식회사형만 인정
기구설립	• 금융위 등록(사후 등록 가능)	• 국토부 인가
기타	• 실물자산을 대상으로 하는 경우 설정 기간 동안의 임대수익과 설정 후 3~5년 내 매각차익이 목적	• 비교적 단기간 내 매각차익보다는 실질 영구보유에 따른 안정적인 임대수익의 향유가 주목적

프로젝트금융투자회사(PFV)

① PFV의 개념과 인정요건

PFV는 'Project Financing Vehicle(프로젝트금융투자회사)'[32]의 약어로서 실무상 영어 알파벳 그대로 '피에프브이'라고 부릅니다. 프로젝트금융을 수행하기 위한 명목회사(SPC)의 성격을 가지고 있으며 별도의 근거법령에 근거하여 설립되는 방식이 아닌, 일정한 요건을 갖춘 명목회사로서의 '주식회사'인 경우 이를 PFV로 인정하는 방식으로 운용되고 있습니다. (물론 이는 설립 관련 근거법령이 없다는 의미에서의 구분일 뿐입니다. 실제 금융시장에서는 PFV로 인정받기 위한 요건을 전제로 주식회사의 설립을 기획하고 진행하므로 흔히 'PFV를 설립'한다고 보편적으로 표현하고 있습니다.)

그런데 PFV는 사실 대한민국에 존재하는 부동산개발을 위한 투자기구 중 존립기반

32 금융시장에서는 '부동산 투자금융회사'로 표현하는 경우도 있습니다.

이 가장 불완전합니다. 부동산펀드나 리츠가 모두 나름의 근거법령 체계, 즉 「자본시장법」과 「부동산투자회사법」이라는 든든한 울타리를 가지고 있는 데 반해, PFV가 금융시장에 존속하는 유일한 근거는 현행 법령을 기준으로 하면 「조세특례제한법」 및 「조세특례제한법 시행령」, 「법인세법」상의 일부 관련 조항에 지나지 않습니다. 근거법령이 미비하여 정부 주무부서가 정해지지 않음에 따라 정보수집과 관리감독에 구조적으로 한계가 있을 수밖에 없고, 느슨한 관리감독에 비해 상대적으로 일반 시행법인과 비교하여 부여되는 세제 혜택이 과도하다는 비판이 끊이지 않고 있습니다. 근거법령만을 기준으로 생각해 보면, 극단적으로는 관련 제도가 언제 사라져도 이상하지 않을 정도로 그 존립 근거가 아슬아슬하게 유지되고 있다고 해도 무리가 아닐 정도입니다.

PFV는 근본적으로 향후 존치의 필요성, 존치한다면 근거법령의 정비 및 관리감독 등과 관련하여 지속적인 연구와 사회적 논의가 필요한 분야 중 하나입니다. 여기에서는 대형 부동산개발사업에서 적지 않게 애용되어 온 PFV가 왜 상대적으로 빈약한 법조항만에 의지해서 존속하게 되었는지 그 탄생배경을 포함해서 기본적인 개념과 특성, 그리고 PFV를 활용한 부동산개발금융 구조 등에 대해 간단히 설명드리겠습니다.

법령상 관련 조항과 한국 금융시장에서 일반적으로 통용되는 개념을 포함하여 포괄적으로 요약하자면, PFV는 부동산개발사업, 대형 사회간접자본 개발사업 등 상당한 자금과 기간이 소요되는 프로젝트를 한시적으로 운영하여 그 수익을 주주에게 배분하기 위한 주식회사 형태의 명목회사로서 그 출자와 존속기한, 회사의 형태 및 세제 등에서 세법상의 일정한 규제와 기타 혜택을 받는 특수목적기구입니다. 「조세특례제한법」을 중심으로 한 PFV 관련 내용을 간단히 표로 정리하면 다음과 같습니다.

표 5.31 프로젝트금융투자회사(PFV)의 인정요건과 세제 혜택 등

항 목	내 용
근거법령	• 「조세특례제한법」 제104조의 31(프로젝트금융투자회사에 대한 소득공제) • 「조세특례제한법 시행령」 제104조의 28(프로젝트금융투자회사에 대한 소득공제) * 이하 이 표에서 「조세특례제한법」은 '조특법'으로 표기
회사의 성격	• 회사의 자산을 설비투자, 사회간접자본 시설투자, 자원개발, 그 밖에 상당한 기간과 자금이 소요되는 특정사업에 운용하고 그 수익을 주주에게 배분

〈계속〉

표 5.31 (계속)

항 목	내 용
회사 형태 및 지분출자	• 주식회사로서 프로젝트의 진행기간을 고려하여 최소 존립기간은 2년 이상이어야 하며, 프로젝트 종료에 따라 그 소임을 다하는 한시적 성격을 지닐 것 • 주식회사의 설립 등은 「상법」 규정에 의하며, 설립 시 발행주식 전부를 소수의 발기인이 인수하는 발기설립 방법만 인정 • 본점 외의 영업소는 설치 금지(직원과 상근 임원 등은 두지 못함) • 자본금은 50억원 이상일 것 – 단, 「사회기반시설에 대한 민간투자법」에 따른 민간투자사업 시행의 경우에는 10억원 이상 • 금융회사의 5% 이상 지분출자 의무 – 금융회사: 은행, 보험사, 각종 보증기금(「법인세법 시행령」 제61조의 ②에 해당하는 금융회사) 및 국민연금(민간투자회사인 경우에 국한) 등 – 최소 1인 이상(복수 금융회사의 출자 가능하며, 금융회사 외 출자자의 자본이익률 극대화를 위해 일반적으로 우선주로 참여)
업무의 위탁 의무화	• 명목회사(Paper Company, SPC)의 성격을 보유 • 자산의 관리·운용 및 처분 관련 별도의 자산관리회사에게 자산관리업무를 위탁 – 이때의 자산관리회사는 실질적인 사업운영의 주체로서 기능 – 자산관리회사는 해당 PFV에 출자한 법인 또는 출자자가 단독 또는 공동으로 설립한 법인 – 신탁업을 겸영하는 금융회사 등에 자금관리사무를 위탁 – 원칙적으로 자산관리회사와 자금관리사무수탁회사는 동일인이 아니어야 함 – 여타 부동산 금융투자기구와 같이 업무 위탁 관련 비용은 총사업비의 증가요인으로 작용
세제 혜택	• 사실상 법인세 면제효과: 배당가능이익의 90% 이상을 배당한 경우, 사업소득금액에서 해당 금액을 공제 – 배당가능이익에 대한 법인세는 부과되지 않음으로써 법인소득세와 주주소득세의 이중과세 방지 가능 • 수도권 과밀억제권역 내 부동산 취득 시 중과세 배제[1] 및 수도권 과밀억제권역 내 PFV 설립등기 시 법인등록세 중과세 배제[2] • 지방세 감면혜택은 폐지되었음 – PFV의 부동산 취득 시 소유권이전 등록세와 취득세 각 50%씩 감면혜택 폐지(과거 조특법 120조 외, 2014년 개정으로 삭제. 단, 일부 경과조치에 따라 혜택이 유지되는 사업장 존재) – PFV 법인설립 등록면허세 혜택 폐지(과거 조특법 119조, 2014년 개정으로 삭제)
기타	• 투자대상의 특정, 자금의 대여와 차입, 개발사업의 비중 관련 법령상 제한 등은 일체 없음 • 특별한 세제 혜택 규정이 없는 부동산개발의 일반적인 SPC와 비교하여 세제 혜택으로 인한 사업수익률 제고 가능 • 단, 출자자 구성과 공신력 있는 당사자의 사업참여가 중요한 이슈로 대두되는 대형 민관 개발사업, 우량 대형 민간 개발프로젝트 등에 주로 활용

1) 「지방세법」 제13조(과밀억제권역 안 취득 등 중과) 및 「지방세특례제한법」 제180조의 2(지방세 중과세율 적용 배제 특례)
2) 「지방세법」 제28조(세율)의 2항, 3항 및 「지방세특례제한법」 제180조의 2(지방세 중과세율 적용 배제)

② PFV의 탄생배경, 거래 구조와 장단점

PFV는 이 책을 관통하고 있는 키워드인 프로젝트 파이낸스, 즉 PF와 밀접한 관련이 있습니다. PFV의 도입은 당시 대형 개발사업에서 가장 문제가 되었던 이중과세 이슈를 해결함으로써 프로젝트 금융(project financing)을 활성화하고 궁극적으로 시중의 유동자금을 건설적인 생산자금으로 전환하는 데 일조시키겠다는 배경이 있었습니다. 즉, 도입목적 자체가 프로젝트 파이낸스의 육성과 발전을 위한 것이었으므로 제도의 도입 취지만 보면 프로젝트 파이낸스를 위한 가장 최적의 도구(제도)가 되기에 손색 없는 잠재력을 지니고 있었습니다.

2000년대 초반, 새로운 금융기법으로 자리를 잡아가던 프로젝트 파이낸스와 관련하여, 명목회사인 SPC가 법인세를 납부하고 사업 참여자들은 배당에 대한 소득세를 납부함[71]으로써 동일 사업에 대하여 사실상 이중과세가 됨에 따라 굳이 프로젝트 파이낸스 기법을 활용할 유인이 부족하다는 문제의식을 바탕으로 논의가 시작되었습니다.

◆ 이중과세 ① SPC의 시행이익에 대한 법인세 납부
② SPC 출자자는 시행이익의 배당에 대한 배당소득세를 부담
☞ SPC는 구조적 도관체이자 명목회사(SPC)로서 실질 사업주체는 출자자임
☞ 실질 사업주체 관점에서는, 동일한 사업소득에 대하여 도관체인 SPC 차원에서 1차 납부 후, 출자자가 추가로 배당소득세를 납부하여 세금 중복납부로 인식

공식적으로 PFV는 2004년 「법인세법」 개정으로 존립의 근거를 가지게 되었습니다만, PFV가 공식적인 법제화의 첫걸음을 내디딘 것은 그보다 훨씬 전인 2001년 11월 24일 '프로젝트금융투자 회사법'의 발의라고 할 수 있습니다. 당시 사회간접자본시설이나 대형 부동산개발 등에 프로젝트 파이낸스 기법이 도입되어 활용되기 시작하였고, 프로젝트 파이낸스의 잠재력과 발전가능성이 인정되어 법제화 논의가 시작되었지만 약 2년여 간 국회에서 표류하다가 여러 가지 사유로 국회 본회의에 상정되지도 못한 채 폐지[72]된 바 있습니다.

당시 불법적인 자금의 유입통로로 악용될 수 있다는 점이 상정되지 못한 주 이유였지만, 내용상으로는 PFV의 도입이 결국은 부동산 시행업체의 막대한 시행이익 향유로만 귀속될 뿐 국가경제 발전으로 연결되지 않을 것이라는 우려가 크게 작용한 것으로 기억하고 있습니다. 결국 우여곡절 끝에 별도의 근거법령 체계를 갖추지 못하고 2004년 1월 29일 PFV를 법인세 면제효과에 대한 일부 조항을 「법인세법」에 포함시키는 형식으로 도입되었습니다. 2020년 12월과 2021년 2월에는 「법인세법」이 개정되어 기존의 「법인세법」 제51조의2(유동화전문회사 등에 대한 소득공제) 항목 중 일부에 포함되어 있던 PFV의 개념을 삭제하고, 해당 사항을 「조세특례제한법」으로 옮기면서 일몰시한을 두어[73] 현재에 이르렀습니다.

이쯤에서 PFV를 활용한 기본적인 사업 구조를 살펴보고, PFV의 특징에 대해서 설명을 이어가도록 하겠습니다.

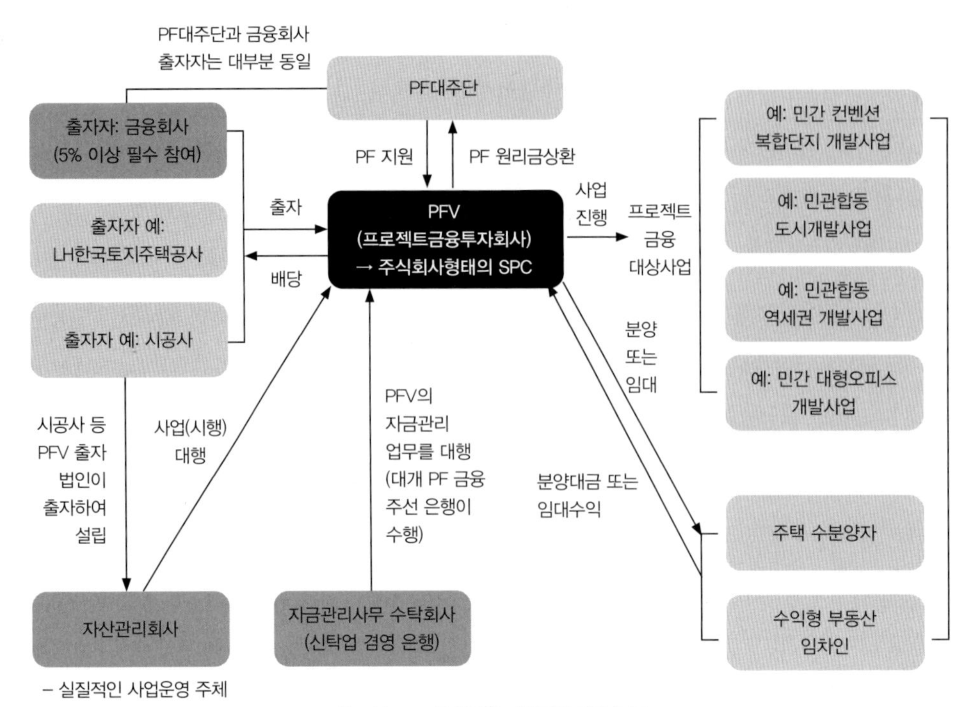

그림 5.28 PFV를 활용한 기본적인 사업 구조

위 그림을 보시면 PFV의 인정요건인 금융회사의 의무출자, 명목회사인 점을 감안한 업무의 위탁관리 시스템 등을 제외하고는 기본적으로 일반적인 SPC를 중심으로 하는 부동산PF와 거의 유사하다는 것을 알 수 있습니다.

PFV가 대형 민관합동개발사업에 최적화된 금융투자기구 중 하나로 인식되고 있음에도 불구하고, 이러한 구조적 유사성 때문에 금융시장 일각에서는 PFV를 부동산개발사업의 법인세 감면 및 기타 세제 혜택을 목적으로 일정 요건을 갖춰 설립·운영하는 SPC 그 이상도 이하도 아니라는 의견이 적지 않고, 이에 대해서는 학계에서도 과거 다음과 같은 의견[74]으로 우려를 나타낸 바 있습니다.

"대규모 개발사업에 있어 무엇보다 중요한 재원 조달 부분에서 현실적으로 금융기관 등이, 사업에 참여하는 대형 건설회사의 신용과 담보능력에 의해 사업 참여를 결정함으로써, 본래 해당 사업의 미래의 사업성만을 근거로 사업의 자금을 충당하는 PFV가 기존의 개발방식과의 차별성 없이 단순한 세제 혜택을 위한 도구로서 전락할 가능성이 나타나고 있다."

일반 SPC를 활용한 부동산PF와의 구조적 유사성, 그리고 전통적인 간접투자기구인 부동산펀드나 리츠 등이 이미 시장에서 기능적으로 유사한 금융투자기구의 역할을 하고 있다는 점에서 PFV의 존치 당위성은 금융시장 일각에서 끊임없이 논란이 되고 있습니다.

더구나 구체적인 규율 법령이 없는 상태에서 세법 일부에 의거하여 존재하는 것이므로 이에 따른 PFV 설립 이후 관리감독 체계가 구비되어 있지 않은 점, 그리고 PFV 출자 후에 사업이 중단되는 경우 출자자이자 PF대주단인 금융회사와 시공사, 공공기관 및 기타 출자자 간 갈등이 심화되고 그러한 갈등의 해결이 쉽지 않을 가능성이 상존한다는 점도 단점으로 지적되고 있습니다.

그러나 이러한 단점 못지않게, 다양한 부동산개발금융상품 및 기법(tool)이 금융소비자의 선택권을 넓히고 대한민국 부동산개발금융의 다양성 확보에 일조한다는 의견도 만만치 않습니다. PFV의 속성상 반드시 은행을 비롯한 공신력 있는 금융회사가 참여를 하기 때문에 금융기관과 사업주체 간 사실상 합자형태로 사업이 추진됨으로써 대규모 개발사업의 안정적인 진행에 실질적인 도움이 된다는 점도 부인하기 힘든 사실입니다.

널리 알려진 세제 혜택을 제외한 PFV의 장단점을 표로 정리하면 다음과 같습니다.

표 5.32 PFV의 장단점(세제 혜택 제외)

장점(긍정 의견)	단점(부정 의견)
• 금융회사의 의무출자(5% 이상)로 사업주체의 공신력 강화 • 사업성판단이 곤란한 대형, 복합 개발프로젝트에 대해 다양한 이해관계자가 출자구조를 중심으로 결합하여 사업리스크 분담 가능 – 대형 개발사업의 신속하고 효율적인 공동 사업수행에 유리 – 금융시장에서 PFV를 경험한 실무자들은 PFV 구조의 효율성, 존치 필요성 등에 대해 긍정 의견이 압도적[75] • PFV의 인정요건 외에는 자금의 차입과 대여, 투자 대상 등에 제한이 없어 자유로운 투자구조 창출 용이	• 세제 혜택 외에는 SPC를 활용한 일반 프로젝트 파이낸스 구조와 동일 – 유사 세제 혜택이 있는 부동산펀드 등 금융투자기구 대비 근본적인 경쟁력 의문시됨 • 민관합동 대형 개발프로젝트에서 적정한 수익분배 관련 기준과 절차가 모호함 – 출자자 간 갈등의 소지 상존 • 근거법령 미비로 관리감독 체계 미흡

PFV는 극단적으로 요약하자면 세제 혜택이 있는 SPC로 볼 수 있으므로 이론적으로 또 법리적으로 자산유동화 방식이나 부동산펀드 등과 결합하여 활용될 수 있습니다(물론 그 실질적인 필요나 효용 여부는 별개입니다).

PFV가 과연 부동산펀드, 리츠 등의 금융투자기구 및 구조화금융 등 다른 자금조달

방식과 비교하여 구조적으로 유의미한 차별성과 사업안정성을 보여왔는지는 향후 추가로 연구할 가치가 충분한 주제라고 생각합니다. 그러나 이와 별개로 개인적으로는 이미 대한민국의 부동산개발금융 관련 법제도가 과도하게 세분화되고 파편화되어 있다는 인상을 지울 수 없습니다. 금융실무자들의 높은 선호도와 달리 PFV는 금융시장 및 사회 일각에서 끊임없이 그 존립 필요성 및 국가경제 전체차원에서의 효용에 대한 의문이 제기되고 있습니다. 그러나 PFV도 단순하게 PFV 제도의 장단점만을 볼 것이 아니라, 부동산개발금융의 상품 및 기법을 규율하는 전반적인 법제도를 다시 돌아보고 보다 큰 차원에서 중복된 것을 통일하고 단순화하는 차원에서 그 존치 여부와 효용이 논의되는 것이 바람직하다고 생각합니다.

PFV와 인허가 등의 의제

PFV의 인정요건을 구비했다고 해서, 다른 법령상 요구되는 별도의 자격요건을 충족한 것으로 의제되지는 않는다는 점은 유의할 필요가 있습니다.

예를 들어, 「자본시장법」상 일정 요건을 갖추면 「부동산투자회사법」에서 부과하는 조건을 충족한 것으로 의제하는 경우가 있는 데 비하여, PFV의 경우에는 이러한 의제가 적용되지 않습니다. 출자자 중 공공기관이 포함된 민관합동 개발형식인 경우 관련 협약에 따라 인허가가 의제될 수 있으나, 이는 그러한 협약에 의거한 것일 뿐 PFV 자체로서 그러한 의제효과가 뒤따르는 것은 아닙니다. 따라서 PFV의 인정요건 구비에도 불구하고 일반적으로는 부동산개발사업을 하기 위한 인허가 및 별도의 충족요건은 모두 별도로 준비·구비해야 합니다.

한편, PFV는 금융회사가 일정 부분 지분출자에 참여하게 되는데, 이에 따라 자연스럽게 금융기관이 사업기획 단계에서부터 이해당사자로 포함됩니다. 금융기관, 그중에서도 특히 공신력이 인정되는 은행이 주주로 참여하게 되는 경우, 그 지분참여 금액이 아무리 미미하더라도 대외적으로는 큰 상징성을 갖는 경우가 적지 않습니다. 다만, 이러한 금융회사의 출자가 사업의 원활한 진행이나 성공을 보증하는 것은 아니라는 점 참고하시기 바랍니다.

4. 자기자본 투자(PI)

PI란 'Principal Investment'의 약자로서 금융시장에서 '자기자본 투자', '자기자본 직접 투자', 또는 '자기자금 투자' 등으로 표현되고 있습니다. PI라는 용어 안에 이미 '투자'라는 뜻의 'Investment'가 포함되어 있으므로 PI 투자라고 하면 동어반복이 되는 셈이지만 금융실무에서는 흔히 'PI 투자'라고 표현됩니다.[33] 자기자본 투자인 PI는, 은행이나 증권사 등 금융기관이 고객으로부터 받은 예금이나 수탁금 등이 아닌, 자체자본을 활용한 투자를 포괄적으로 의미하는 용어입니다. 즉, 금융기관 입장에서 자신의 부채가 아닌 자본금을 가지고 수행하는 투자업무를 일컫는 말이라고 할 수 있습니다.

글로벌 금융시장에서는 투자의 대상과 성격에 따라 회사 자체의 수익증대를 위한 주식, 채권 및 파생상품 매매거래 등을 회사의 자본으로 수행하는 프롭 트레이딩[prop(proprietary) trading]과 상대적으로 장기간의 투자기간을 전제로 기업의 경영권 지분 매입이나 신사업 투자 등 자본시장에 유동성을 공급하는 방식의 자기자본 투자(principal investment) 거래로 구분하고 있습니다.

한국의 경우에도 대형 금융기관은 개념적으로는 위의 구분을 준용하여 업무에 활용하고 있습니다. 예를 들어, PI의 의미를 ① 제3자에게 투자를 위탁하지 않고 자신의 판단과 책임으로 자기자금, 즉 자기자본을 직접 투자한다는 의미로서의 'principal'이라는 의미와, ② 단기차익 획득을 목적으로 하는 프롭 트레이딩이 아니라 비교적 장기간의 투자과실을 목표로 한다는 의미의 'investment'가 합쳐진 것으로 해석하고,[34] 이를 업무에 적용하고 있습니다.

자기자본 투자는 M&A, 부동산 관련 지분투자 등의 고위험·고수익 투자상품을 대상으로 하며, 수익극대화를 목적으로 취급되는 것이 일반적입니다. 자기자본 투자를 포함한 투자은행의 업무영역을 정리하면 다음 표와 같습니다.

표 5.33 투자은행의 업무 범위[76]

구분	기능	주요 내용
협의	자본시장 형성	• 유가증권 인수(Undertaking) • 증권의 분배업무(Distribution)
	금융자문	• M&A, 기업구조조정 자문 • 기업재무 관련 컨설팅 및 정보제공(Advisory) • 부동산금융 관련 신디케이티드 론 금융주선·자문

〈계속〉

33 이 책에서도 별도로 명시하지 않는 한 PI 투자와 PI를 같은 뜻으로 표시하였습니다.

34 대형 시중은행 기준

표 5.33 (계속)

구분	기능	주요 내용
광의	위탁매매	• 위탁매매 중개업무
	자산관리	• 펀드판매를 통한 자산운용(Private Banking: 은행의 PB 업무에 해당)
	자기자본 투자 PI	• 주식: 상장·비상장 주식 • 채권 관련: 국공채, ABS, MBS, 정크본드 등 • 파생금융상품: 선물, 옵션, 스왑, 신용파생상품 등 • 기타: 부동산투자(PFV, REITs, 직접투자 등)
	기타	• VC(벤처캐피털), 프로젝트 파이낸스, 리서치 등

한편, 한국의 부동산개발금융시장에서는 자본력이 부족한 시행사에게 금융주선을 전제로 금융기관이 자본을 투하하고 향후 본PF 성사 시 투하자본을 회수하는 형태의 비교적 단기간의 자기자본 투자도 취급되고 있으며, 이 경우 일반적인 의미에서의 PI 투자에 해당한다고 하기에는 어려운 점이 있으나 한국 금융시장에서는 크게 구분하지 않고 포괄해서 모두 PI 투자로 부르고 있습니다.

시중은행 또는 증권사와 같은 금융기관에서는 PI 투자를 예수금 등의 타인자본으로는 거래하기 힘든 고위험 투자대상에 보다 자유롭고 다양한 투자를 함으로써 고수익을 영위하기 위한 수단으로서 활용하고 있습니다. 다만, 만약 PI 투자가 실패해서 자칫 투자원금 손실이 발생하는 경우, 그 손실은 고스란히 해당 금융기관의 자본금 감소로 이어지며, PI 투자의 손실은 규모에 따라서는 해당 금융기관의 자본적정성이나 안정성에 부정적인 영향을 미칠 가능성도 배제할 수 없습니다. 금융기관의 경우, 고객의 금융자산을 관리하는 사회적 공공재로서의 특징을 가지고 있으므로 해당 금융기관의 자본금 감소 및 그 여파는 국가경제적으로도 상당한 영향을 미칠 수 있는 여지가 있다는 점에서 금융기관 안팎의 엄격한 관리와 감독의 대상이 되고 있습니다.

다행히, 대부분의 금융기관에서는 이러한 PI 투자의 특수성을 감안하여 PI 투자의 한도 및 절차, 투자대상 선정에 있어서 매우 엄격한 기준을 적용하고 있습니다. 물론 이러한 기준에는 적정 요구수익률의 달성도 포함됩니다. 이러한 PI 투자의 가장 대표적인 예로는 투자대상 회사의 지분을 취득하는 방식, 즉 자기자본으로써 타인의 자본을 취득하는 형태를 들 수 있습니다. 이때 타인의 자본을 취득하는 방식을 기준으로 하면 해당 기업의 지분을 투자기관이 직접 매입하는 직접투자 방식과, 집합투자기구를 통해서 간접적으로 지분을 취득하는 간접투자 방식의 크게 두 가지로 구분할 수 있습니다. 부동산개발과 관련해서는 일반적이지는 않지만 부동산개발의 사업주체에 대한 자본투하 또는 은행 등 금융회사의 PFV에 대한 출자가 대표적인 직접 PI 투자방식에 해당하고, 금융투자기구 중 리츠(REITs)가 모집하는 자기자본(equity)에 참여하거나 앞서 이 책 용어설명 부분에서 말씀드린 PEF나 부동산펀드(REF) 등의 집합투자기구를 통한 지분취득은 간접 PI 투자방식의 대표적인 사례라고 할 수 있습니다.

금융기관의 PI 투자는 M&A의 목적이 아닌 한, 그 성격상 기업에 대한 대규모의 자금지원 도구로 활용되기는 어려우며 이는 부동산개발금융 분야에서도 마찬가지입니다. PI는 투자대상의 선정 및 절차, 사후관리에 이르기까지 일반적인 부동산PF 등의 타인자본 조달방식과는 근본적으로 다른 성격을 가지고 있으며 부동산개발 프로젝트에 대해서는 매우 제한적으로 지원되는 경향이 있습니다.

지금까지 자산유동화 방식, 부동산펀드 및 리츠, PFV 등 부동산개발금융에서 가장 기본이 되는 금융방식과 금융투자기구 등에 대한 핵심내용을 설명드렸습니다. 이미 말씀드린 바와 같이, 금융방식의 결정에 영향을 끼치는 요인은 매우 다양하여 일반화하기 쉽지 않습니다. 현실의 금융시장에서는 단일한 금융방식으로 부동산PF가 이어지기도 하고, 해당 프로젝트의 특성 및 자금조달 가능성 등을 종합적으로 고려하여 둘 이상의 금융방식이 함께 사용되는 복합방식으로 금융주선이 이루어지기도 합니다.

끝으로, 자기자본과 타인자본을 중심으로 하는 자본구조가 어떻게 상세하게 분류될 수 있는지 그 예시를 보여드리면서 부동산개발금융을 위한 자금조달 방식의 설명을 마치고자 합니다.

표 5.34 상세 자본구조 예시[77]

원 천		출자자(또는 종류)	투자 목적
자기자본(Equity)	전략적 투자자(Strategic Investor)	건설회사 원자재 공급자 생산물 구매자 운영회사	시공 이윤 기존 사업 확장 신규 사업 진출 판로 확보
	재무적 투자자(Financial Investor)	보험회사 연기금 공공단체 PF투자회사 펀드 등	배당 수익(Capital Gain)
혼합성(중간) 자본(Mezzanine Capital)		후순위 대출(Subordinated Loan) 전환 차입(Convertible Debt) 등	차입금 대비 높은 이자 목적
타인자본(Debt)	차입금	대출(Loan) 채권(Bond)	이자 수익

참고문헌

[1] 진홍기(2012). 프로젝트 파이낸스와 구조화금융. **비교사법**. 19(2). 459-498에서 재인용(Steven L. Schwarcz(1994). "The Alchemy of Asset Securitization". 1 Stan. J. L. Bus & Fin. 133).

[2] 김은수(2016). 특수목적법인의 구조화금융에 관한 연구. **상사판례연구**. 29(4). 193-225.

[3] 강성일(2008). 자산유동화에 관한 법률의 상법상 문제점과 개선방향. 충남대학교 대학원 석사학위논문. p. 22.

[4] 조석행(2012). 자산유동화제도의 법적 쟁점에 관한 연구 - 신탁법 개정이 유동화에 미치는 영향 포함. 고려대학교 법무대학원 금융법학과 석사학위논문. p. 4.

[5] 상게논문.

[6] 금융감독원(2021). **자산유동화 실무안내**. p. 8.

[7] 상게서. p. 15.

[8] 상게서. p. 15. 및 최성만(2005). 부동산 구조화금융에 관한 연구. 건국대학교 부동산학과 석사논문. p. 18.

[9] 한국금융연구원(2016). 국제금융 이슈: 미국 양대 주택금융공사의 합성CDO 발행과 향후과제. **주간금융브리프**. 25(4). 16-17.

[10] 금융감독원. 전게서. p. 36. 및 최성만. 전게논문. p. 9.

[11] 금융감독원. 전게서. p. 36.

[12] https://www.tradefinanceglobal.com/posts/what-is-the-history-of-factoring/

[13] 송정남(2013). 한국 팩토링제도 운용의 활성화방안에 관한 연구: 한 · 일간 팩토링제도의 비교를 중심으로. 성균관대학교 일반대학원 박사학위논문. p. 21.

[14] 송정남. 상게논문. p. 2.

[15] 강성일. 전게논문. p. 23.

[16] 금융감독원. 전게서. p. 9.

[17] 금융감독원(2013). **자산유동화 실무안내**

[18] 손영화(2013). 전자단기사채 활성화를 위한 법적과제. **한양법학**. 24(1). 371-398.

[19] 김남훈(2016). PF-ABCP 하자가 특정금전신탁계약에 미치는 영향에 관한 연구. 건국대학교 부동산대학원. p. 11.

[20] 김남훈. 상게논문. p. 18.

[21] 김은수. 전게논문

[22] **한국기업평가 분기보고서**. 2015. 9.

[23] 조석행. 전게논문. p. 20.

[24] 금융위원회(2020). **자산유동화제도 종합 개선방안**

[25] 김은수, 전게논문

[26] 조석행, 전게논문, p. 21.

[27] 조석행, 전게논문

[28] 최성만(2005). 부동산 구조화금융에 관한 연구, 건국대학교 부동산학과 석사학위논문, p. 35.

[29] 조석행, 전게논문, p. 22.

[30] 금융감독원(2013), 전게서, p. 8.

[31] 조석행, 전게논문, p. 32.

[32] 강성일, 전게논문, p. 68.

[33] 강성모(2012). 유동화전문회사의 배당결의에 따른 배당소득의 귀속시기에 관한 연구. **조세법연구**, 18(1), 129-164.

[34] 김남훈, 전게논문, p. 12.

[35] 정대석 · 최창규(2007). **부동산 PF 자산유동화증권의 발행 구조 및 현황**

[36] 상게서

[37] 김남훈, 전게논문, p. 11.

[38] 금융위원회, 전게서, 2020. 5., p. 3.

[39] 김남훈, 전게논문, p. 29.

[40] 김은수, 전게논문, 193-225.

[41] 김용호 · 이선지 · 유이환(2008). 특집_자산유동화의 현황과 과제: 비등록유동화거래의 실태와 법적 문제. **BFL**, 31(0), 45-67.

[42] 박해선(2011). 자산유동화제도의 법적 쟁점과 과제에 관한 연구: 「자산유동화법」의 한계와 법제적 대응 방안을 중심으로. 고려대학교 대학원 법학과 석사학위논문, p. 49.

[43] 박해선, 상게논문, p. 49.

[44] 금융감독원(2013), 전게서, 2013. 12., p. 8.

[45] 조석행, 전게논문, p. 90.

[46] 정희남 · 최수 · 권태정 · 강승일 · 송현부(2008). 부동산시장 선진화를 위한 리츠제도 활성화방안 연구. 국토연 2008-55, p. 48, 그림 2-2.

[47] 윤정득 · 윤동건(2010). 도시재생사업의 PFV 방식 시행방안. **감정평가학 논집**, 9(2), 83-101.

[48] 서정진(2016). 부동산투자회사의 투자환경 변화와 활용성 제고 방안: 자기관리리츠를 중심으로. 한성대학교 대학원 박사학위 논문, p. 25, p. 52.

[49] 김윤종(2021). 신탁형 집합투자기구의 법률관계와 당사자들의 법적 지위에 관한 고찰 – 투자자 보호의무를 중시하는 판례의 태도를 중심으로. **사법**, 1(58), 149-193, p. 165(동 논문 각주 대법원 2002. 11. 22. 선고 2001다

49241 판결)

[50] 금융감독원(2018). , 전게서, p. 93, 근거법: 「자본시장법」 제184조 5항, 자산운용사의 펀드 직판관련 예외조항

[51] 김윤종, 전게논문, 149-193.

[52] 금융감독원 홈페이지 업무자료 - 금융투자-금융투자업자 인가현황 부문

[53] 금융감독원(2018), 전게서, p. 90-92의 표

[54] 금융감독원(2018), 상게서, p. 98, 근거법: 「자본시장법」 제229조(집합투자기구의 종류) 및 동법 시행령 제240조(집합투자기구의 종류별 최소투자비율 등)

[55] 금융감독원(2018), 전게서, p. 113.

[56] 최월(2020). 대출형 프로젝트 파이낸싱(PF) 부동산펀드의 수익률에 미치는 영향요인 분석. 건국대학교 부동산대학원 석사학위논문, p. 6[서동한(2010). 대출형 부동산펀드의 특성이 펀드수익률에 미치는 영향에 관한 연구. 건국대학교 대학원 석사학위논문 재인용].

[57] 각주 30 기사 및 법제처 생활법령정보 홈페이지 '집합투자기구의 유형'

[58] 상게자료

[59] 최월(2020). 대출형 프로젝트 파이낸싱(PF) 부동산펀드의 수익률에 미치는 영향요인 분석. 건국대학교 부동산대학원 석사학위논문, p. 7.

[60] 최월, 상게논문, 29-30, 민성훈(2018). 취득원가 기준 부동산펀드의 수익률지수에 관한 연구. **대한부동산학회지**, 36(4), 113-131.

[61] 코람코자산신탁 홈페이지 중 리츠소개 부분 인용

[62] 최월, 전게논문, p. 4.

[63] 백지선(2021). 부동산간접투자 활성화 방안: 위탁관리리츠를 중심으로. 명지대학교 부동산대학원 석사학위논문, p. 17, 코람코자산신탁 홈페이지의 리츠 소개 부분

[64] 리츠정보시스템 홈페이지 해외리츠현황 부분

[65] 리츠정보시스템 홈페이지 리츠개념 부분

[66] 신승우(2021). 한국 상장 리츠의 특성 및 주가 영향요인에 관한 연구. 건국대학교 대학원 부동산학과 석사학위논문, p. 11.

[67] 백지선(2021). 부동산간접투자 활성화 방안: 위탁관리리츠를 중심으로. 명지대학교 부동산대학원 석사학위논문, p. 13, 리츠정보시스템, 코람코자산신탁 홈페이지 중 리츠소개 부분, LH한국토지주택공사 홈페이지 중 부동금융사업 부분

[68] 리츠정보시스템, 한국리츠협회 홈페이지 리츠 구조도

[69] 백지선, 전게논문, p. 18-19, 코람코자산신탁 홈페이지 리츠소개 부분

[70] 퍼시픽투자운용㈜ 2016년 제9기 정기 주주총회 관련 배부자료

[71] 김은성 · 김재준(2008). 대규모 개발사업에서의 PFV 구성에 관한 연구. **한국건축시공학회 학술발표대회 논문집.**

8(1), 159–163.

[72] 김은성 · 김재준, 상게논문, 159–163.

[73] 김은성 · 김재준, 상게논문, p. 98, 법제처 홈페이지 법인세 연혁법령(2020, 2019년)

[74] 김은성 · 김재준, 상게논문, 159–163.

[75] 안용운 · 최민섭(2021). 부동산 개발금융 리스크 관리방안에 관한 연구 – PFV를 중심으로–. **주거환경**, 19(3), 97–115.

[76] 노현정(2010). 자본시장통합법의 주요 내용과 금융투자업 경영 변화에 관한 연구. 세종대학교 경영전문대학원 석사학위논문, p. 30 표[동 논문에서 표의 출처: 금융감독원(2006). **미국투자은행의 성장과정 및 시사점**. 현대경제연구원(2007). **자통법이후 투자은행 발전전략**]

[77] 윤정득 · 윤동건, 전게논문, p. 90, 표 4 "기존의 자금조달 방법과 혼합된 형태의 자금조달 방법"

CHAPTER 6
부동산개발금융의
구조설계

CHAPTER 6

부동산개발금융의 구조설계

지금까지는 부동산개발금융의 기초에 해당하는 주요 핵심용어와 일반적인 절차, 그리고 주요 금융기법에는 어떠한 것이 있는지 설명드렸습니다. 이제부터는 설명드린 내용을 바탕으로 실무에서 부동산개발금융의 구조를 어떻게 설계하는 것이 가장 바람직한지 함께 살펴보도록 하겠습니다.

1. 부동산개발금융 구조설계의 의미와 금융구조의 3요소 (T.O.T.)

부동산개발금융의 구조를 설계한다는 것은, 해당 프로젝트의 특성과 사업시행자의 니즈를 고려하여 ① 프로젝트에 투하되는 자기자본 및 타인자본의 모집 및 회수, 상환에 가장 적합한 자금조달 방식과 규모를 결정함과 동시에, ② 해당 자본이 실제로 투하되고 회수 및 상환되는 구체적인 순서와 흐름을 결정하고, ③ 이를 바탕으로 자본조달 관련 주요한 금융조건을 산출해 내는 것을 가리킵니다. 금융실무에서는 흔히 이러한 과정을

"금융구조를 짠다" 또는 "금융구조를 설계[1]한다"라고 표현합니다. (여기서 ①번 자금조달 방식과 규모의 결정은 적정한 자기자본의 확보와 신디케이티드 론에 있어서의 선·후순위 등 최적의 tranching을 모두 포함하는 개념입니다.)

금융구조 설계는 위의 세 가지 측면을 종합적으로 고려하여 결정되며, 세 가지 요소 모두 어느 하나 소홀히 할 수 없는 유기적인 관계를 가집니다. 하지만 금융구조 설계에 있어 가장 기본이 되는 주요 요소는 타인자본을 모집하는 금융조달 방식의 결정이라고 할 수 있습니다. 예를 들어, 신디케이티드 론의 경우 앞서 설명드린 대출방식으로 해야 할지, 자산유동화 구조를 활용할지, 부동산펀드와 같은 집합투자기구를 활용할지와 같이 실제로 자금을 모집하는 금융방식을 결정하는 것이 금융주선기관이 집중해야 할 가장 중요한 책무 중 하나입니다.

자금조달 방식의 결정은 금융주선기관이 어디냐에 따라 선호되는 방안이 다를 수 있

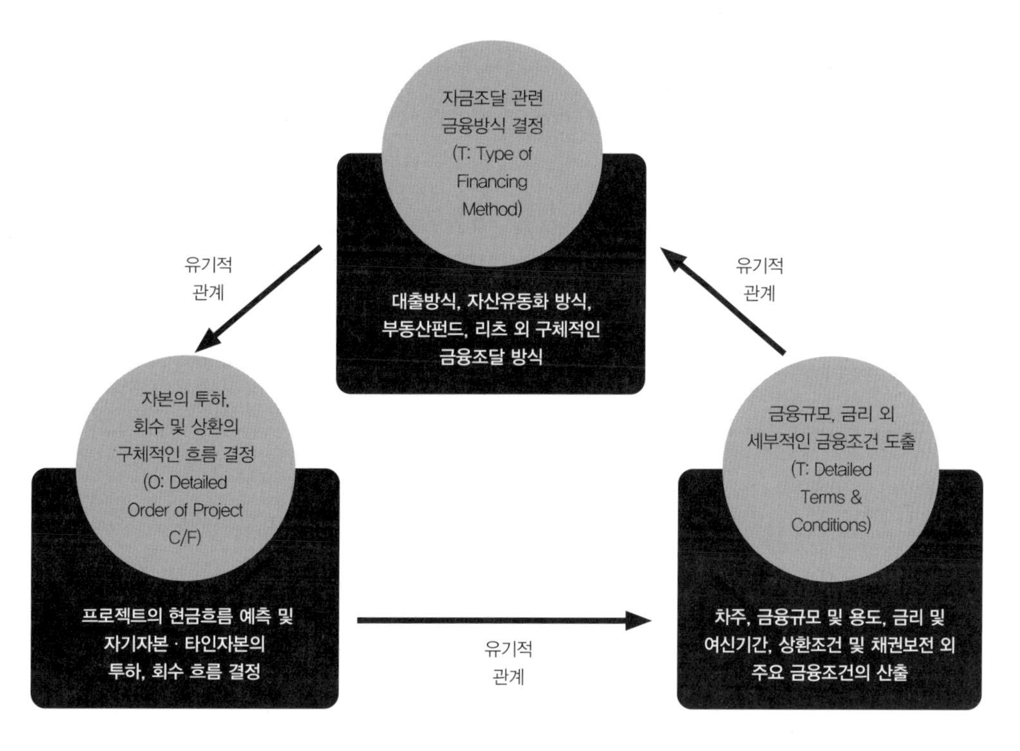

그림 6.1 부동산개발 금융구조의 3요소(T.O.T.)

1 금융구조에서의 '구조'는 말 그대로 해당 프로젝트를 위한 주요한 금융의 방식, 기법 및 금리 및 담보 등 주요한 금융의 조건을 망라하는 것으로서 앞서 살펴본 '구조화 금융'이라고 할 때의 '구조화'와는 다른 개념입니다.

지만, 구조적으로는 자산운용사 또는 리츠 자산관리회사 본인가를 취득한 금융기관의 경우 부동산펀드와 같은 집합투자기구나 리츠 등의 금융투자기구 활용을 전제로 할 수밖에 없는 경우도 있습니다. 일반적으로는 시장 금리현황이나 부동산경기, 잠재적인 참여 금융기관의 여신정책을 포함한 현실적인 신디케이션의 성사가능성, 채권보전 방안 및 정부의 부동산규제와 같은 시장개입 요소, 사업시행자가 감수할 수 있는 비용의 수준 및 해당 프로젝트의 사업성 등을 모두 고려하여 해당 프로젝트에 가장 적합한 금융조달 방식을 결정하게 됩니다.

금융조달 방식을 포함한 최적의 금융구조를 도출한다는 것은 결국 시장에서 수용 가능한 한계를 정확히 이해하고, 그 범위 안에서 최적의 금융방식 및 금융조건을 설계하는 것이라고 할 수 있습니다.

일반적으로 신디케이티드 론이 필요한 프로젝트의 경우, 가장 적합한 금융조달 방식이 어떤 것인지는 해당 사업의 특성과 사업추진자의 요청사항을 포함하여 다양한 변수를 고려해야 하므로 공식처럼 일반화하기는 쉽지 않습니다. 따라서 금융조달 방식 및 금융기법의 결정은 금융주선 경험이 풍부한 금융기관 등 전문가집단의 도움이 필요한 영역이라고 할 수 있습니다. 이 책에서는 금융방식의 선택에 대해서 무리한 일반화를 하는 대신 금융구조를 설계할 때 고려해야 하는 주요한 원칙이 어떤 것인지 우선 부동산개발 금융구조의 특성을 살펴보고 이어서 설명드리도록 하겠습니다.

2. 부동산개발 금융구조의 특성

금융조건의 경직성

부동산개발금융의 구조를 설계하는 데 필요한 원칙을 알아보기에 앞서, 부동산개발금융의 금융구조 결정에 직접적으로 관련되는 특성을 알아보겠습니다.

부동산개발사업은 투하된 금융자금이 최종적으로 실물자산으로서 기능할 부동산의 개발에 활용되며, 일단 해당 부동산의 건축이 시작되면 완공되기 전에는 주요 설계의 변경 및 공기, 공사비의 증액을 포함한 전반적인 의사결정이 해당 부동산의 개발을 기준으로 이루어지고 제한되는 속성을 지니게 됩니다.

예를 들어 상가를 건축하여 분양하는 사업이라면, 부동산PF의 만기도 해당 상가의 건축기간에 자연스레 연동되는 것이 일반적입니다. 즉, 공기가 24개월이고, 선분양이 가능한 구조라고 한다면 보통은 부동산PF의 만기도 24개월 + α(보통은 6개월 내외)로 정하는 것이 일반적입니다. 이때 건축기간 중에 예상치 못한 사유가 추가로 발생하여 당초 공기보다 더 길게 부여된 6개월 내에도 PF상환이 힘들다고 예상되면, 이를 고려하여 시행사에서 사전에 부동산PF 만기연장을 금융기관에게 요청하게 될 가능성이 높습니다.

상가의 경우 해당 토지와 건물을 신탁한 후 발행되는 수익권증서를 부동산PF 지원 금융기관이 담보로 취득할 수는 있으나, 「건축물의 분양에 관한 법률」에 의거 후분양이 원칙이고, 선분양을 하려면 사업주의 부도나 파산 등으로 사업추진이 불가능한 경우 분양수입금관리계좌의 잔여금액을 수분양자에게 우선하여 지급해야 한다는 내용이 포함된 신탁계약이 체결되어야 하는 등 사실상 물적담보가 온전히 있다고 보기는 어렵습니다.

또한 해당 부동산이 「주택법」의 적용을 받는 아파트로서 시공사의 시공능력 및 기업신용등급이 일정 수준 이상이고 관련 공공기관의 PF 보증서 활용이 가능한 경우에는 이를 바탕으로 '대출'방식으로 부동산PF 지원을 논의하는 것이 일반적입니다.

이렇듯, 가장 기본적으로는 차주를 어디로 할지를 비롯하여 여신만기, 리스크를 고려한 금리수준, 그리고 앞서 살펴봤던 채권보전방안, 이외 부동산PF에 참여하는 금융기관의 종류에 이르기까지 전반적인 금융구조와 금융조건이 해당 부동산의 개발을 전제로 한 실물자산으로서의 물리적 특징 및 개발계획, 그리고 관련된 공법적인 규제를 바탕으로 결정됩니다. 따라서 약정 당사자 간의 합의의사가 있음에도 불구하고 금융조건을 변경하기 위한 기본적인 제약조건이 일반 대출 등과 비교하여 근본적으로 상당히 많다고 할 수 있습니다.

일반적인 기업대출이나 기업 M&A에 소용되는 인수금융 등은 기업의 재무현황을 바탕으로 필요한 자금이나 기업의 인수·합병에 필요한 자금을 산출하여 일정 기간 동안 대여하고, 일단 여신이 취급된 이후 금융조건의 변경이 필요한 경우 해당 기업과 금융기관간에 해당 기업의 재무현황 등의 비실물자산적인 요소를 기준으로 협의가 이루어집니다. 따라서 실물자산을 기준으로 하는 부동산개발금융보다는 금융조건의 결정과 변경에 상대적으로 융통성이 있다고 할 수 있으며, 반대로 부동산개발금융의 경우 다른 금융과 비교하여 금융조건의 설정 및 변경·수정 등이 어렵고 구조적으로 매우 제한되는 경직성을 가진다고 할 수 있습니다. 이를 그림으로 간단히 표현하면 다음과 같습니다.

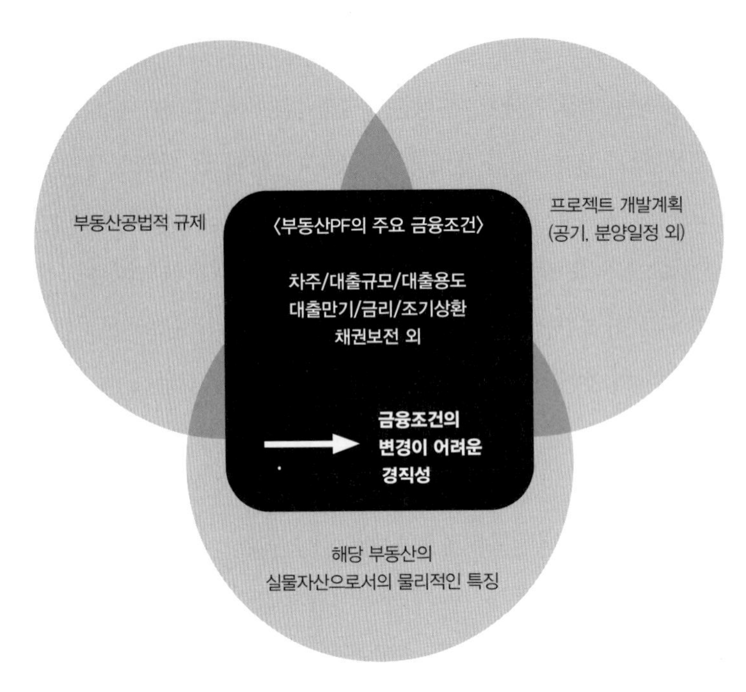

그림 6.2 부동산PF 금융구조(금융조건)의 경직성

한편, 일반적인 기업시설자금대출(corportae loan)의 경우 관련 시설을 설치하는 데 필요한 자금을 지원하는 것으로서, 부동산의 일종인 공장 또는 기계기구, 그 외 임대업 관련 건물의 신축·증축 등 시설을 기준으로 한다는 점에서 금융조건을 정함에 있어 부동산개발금융과 유사한 경직성을 가집니다. 다만, 유사한 경직성에도 불구하고, 부동산PF와 같은 부동산개발금융의 경우 차주가 해당 프로젝트를 시행하는 단일목적회사로서 상환가능성이 오직 해당 프로젝트의 성공 여부에 크게 좌우되는 데 비하여(물론 시공사의 신용공여 여부, 담보 여부 등 다른 변수도 있습니다), 기업시설자금대출의 경우 관련 시설의 건립완료 후 관련 시설의 운영에서 발생하는 현금흐름뿐 아니라, 그 외 분야에서 발생하는 현금흐름까지 포함한 기업의 전체 재무능력에 영향을 받게 됩니다. 따라서 기업시설자금대출 등의 기업여신은 부동산PF 대비 금융조건의 경직성에 보다 융통성 있게 대응할 여지가 있다고 할 수 있습니다. 예를 들어 시설자금대출 규모가 거액으로서 계열 대기업에 지원되는 경우, 해당 기업뿐만 아니라 때에 따라서는 그 대출의 상환과 관련하여 해당 기업이 속한 기업집단(그룹)의 직간접적인 도움을 받는 경우도 종종 있습니다.

3. 금융구조 설계의 3원칙(S.H.F.)

금융구조를 설계하는 것은 건축으로 치면 기초를 튼튼히 하는 것과 같습니다. 부동산 PF를 주간하는 금융기관은 사업추진주체가 바라는 요청사항을 정확히 파악하고, 금융 시장에서 허용하는 범위 안에서 가장 최적의 금융조건을 제시해야 합니다. 이때 단순히 자금을 조달해 준다는 소극적인 인식에서 벗어나서, PF를 지원하는 금융기관이 사업의 성공을 위한 파트너라는 인식을 바탕으로 장기적으로도 프로젝트와 사업추진주체, 그리고 신디케이티드 론 참여 금융기관 등에 누가 되지 않도록 금융구조를 설계하는 것이 매우 중요합니다.

예를 들어, 금융과 같은 추상적인 상품이 아니라 형태를 쉽게 보고 직접 판단할 수 있는 공산품의 경우 품질이 좋은지 내구성이 좋은지를 비교적 쉽게 파악할 수 있습니다. 가격정보부터 품질에 대한 평판까지 인터넷을 비롯한 다양한 경로로 소비자들은 정보를 얻을 수 있습니다.

금융상품 중에서도 주택담보대출과 같이 대출조건이 금리 외에는 거의 대동소이한 전형적인 상품은 공산품처럼 소비자가 직접 그 상품을 선택할지 여부를 손쉽게 판단하고 결정할 수 있습니다. 그러나 PF는 금융상품 중에서도 대표적인 비정형 특수금융입니다. 조건이 비슷비슷해 보여도 해당 사업의 특성에 따라서 금리부터 기간, 채권보전책까지 다양한 조건이 도출될 수 있고, 이에 따라 PF약정서도 일반적인 금융기관의 표준계약서[2]를 쓰지 않고 해당 사업에 맞춤하여 별도로 약정서를 작성하는 것이 일반적입니다. 따라서 시행사와 같은 금융소비자의 입장에서 어느 금융기관이 PF 금융조건을 제안했을 때, 그것이 해당 사업이나 본인에게 가장 최적의 조건인지, 과연 일단 PF가 조달된 후에도 장기적으로 문제가 될 만한 소지는 없는지 등에 대하여 쉽게 판단하기 어려운 경우가 많

2 은행에서 신용대출을 받을 때 창구에서 작성하는 대출약정서, 아파트담보대출을 받을 때 쓰는 여신약정서, 근저당권설정계약서 등이 모두 표준계약서의 대표적인 예입니다.

습니다.

금융주선기관이 PF를 성사시킨 실적[3]이 많은 곳이더라도, 최악의 경우 잘못 설계된 금융조건으로 말미암아 장기적으로 해당 PF와 관련하여 사업추진주체와 금융기관 사이에 막을 수 있었던 불필요한 갈등이 지속적으로 발생하거나 또는 사업이 제대로 진행되는 데 걸림돌이 되는 경우도 발생할 수 있습니다.

금융구조를 설계할 때 금융주선기관이 확고한 기준을 가지고 충분히 주의를 기울이지 않으면 당장 눈앞의 부동산PF 클로징에만 초점을 맞추게 될 가능성도 있습니다. 이 경우, 비록 금융주선에는 성공했을지라도 비효율적으로 설계된 금융구조로 인해 프로젝트의 원활한 진행에 문제가 될 가능성이 항상 도사리고 있습니다. 따라서 부동산개발금융을 공급하는 금융기관도 금융구조를 설계할 때 보다 장기적인 관점에서 주의를 기울일 필요가 있습니다. 또한 사업추진주체 입장에서 금융기관만큼 자세히 알 수는 없을지라도, 제시된 금융구조나 금융조건에 대하여 적어도 장기적인 관점에서는 문제의 소지가 없는지 여부를 검토할 수 있을 정도의 기본적인 안목은 갖추는 것이 좋습니다.

금융구조는 건축으로 치면 건물의 뼈대에 해당한다고 할 수 있습니다. 보다 구체적으로는 금융구조의 3요소, 즉 타인자본 조달을 어떤 금융방식으로 할 것인지와 같은 자금조달 관련 금융방식의 결정, 프로젝트의 현금흐름 및 자기·타인자본의 구체적인 흐름의 결정, 그리고 금리와 만기를 포함한 세부적인 주요 금융조건의 확정 등이 핵심이라고 할 수 있습니다. 프로젝트의 근간 중 하나인 금융구조와 관련하여, 제가 실제로 주선업무를 담당하거나 금융참여한 경험을 바탕으로 아쉽거나 개선이 필요한 사항, 효율적인 금융구조를 위해 가장 중요하다고 생각하는 부분을 정리하면 다음의 세 가지 원칙으로 압축할 수 있습니다.

① 명료성(Simplicity & Clarity): 사업당사자뿐만 아니라, 사업의 이해관계자 외의 제3자가 보기에도 쉽게 이해할 수 있도록 금융구조는 최대한 단순해야 하며, 프로젝트 및 부동산PF 약정에 사용되는 용어와 개념도 정확히 정의되어 있어야 함

② 동질성(Homogeneity in Syndicated Loan Group): 부동산PF가 신디케이티드 론으로 취급되

3 어떤 사업에 대해서 얼마의 PF를 성공적으로 주선하여 지원했는지와 관련된 경력을 실무에서 흔히 'Track Record'라고 합니다.

는 경우, 이에 참여하는 금융기관은 트렌치(tranche)[4]별로 가급적 같은 성격의 금융기관으로 구성하는 것이 바람직함(예: 트렌치 A의 참여 금융기관은 모두 시중은행, 트렌치 B 참여 금융기관은 저축은행 등)

③ 유연성(Flexibility): 향후 금융구조 또는 금융조건의 불가피한 변경을 대비하여 금융조건의 변경이 과도하게 제한되는 것을 지양

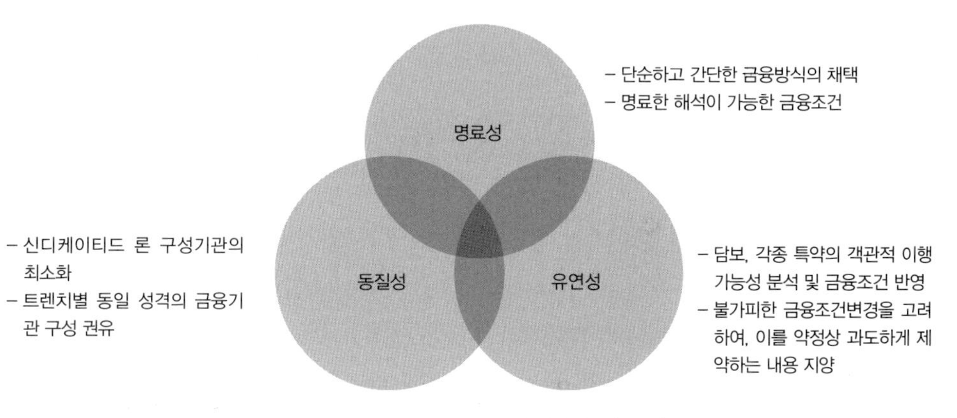

그림 6.3 부동산개발금융 구조설계의 3원칙(S.H.F.)

명료성(Simplicity & Clarity)

① 부동산PF의 금융방식 및 금융조건의 단순성

부동산PF를 위한 금융방식 및 금융조건 등은 여건이 허락하는 한 최대한 단순하고 간단해야 합니다. 예를 들어, 금융조건 측면에서는 다양한 이유에서 트렌치를 구분해서 금융구조를 설계하는 경우가 생기는데, 이때 트렌치를 지나치게 세분화하는 경우 부동산PF가 실행된 후 금융주선기관 또는 대리은행이 그 관리에 어려움을 겪을 가능성이 높습니다. 인적자원이 불필요하게 투입되는 등의 부작용과 별개로 트렌치가 지나치게 세분화되어 있는 경우, 프로젝트에 유입되는 현금흐름의 관리 및 비용집행 절차와 흐름이 과도하게 복잡해져서 프로젝트의 원활한 진행에 실제로 부정적인 영향을 끼칠 수도 있습니다.

---

4 이 책의 영문 표준 금융계약을 설명드리면서 간단히 언급한 바 있습니다. 대출금의 종류를 특정한 기준에 의해서 구분할 때 각각의 대출금을 지칭하기 위해 쓰는 말입니다. 원래 의미는 프랑스에서 유래한 용어로서 동등한 것들의 집합을 의미합니다. (예: 총대출금 1,000억원 중 300억원은 상환 및 담보 선순위이고, 나머지 700억원은 후순위 대출인 경우, 트렌치 A 300억원, 트렌치 B 700억원으로 또는 대출 A, 대출 B 등으로 구분합니다.)

이 외에도, 단순하게 대출방식으로 부동산PF가 충분히 가능하고 금융시장의 급격한 변동으로 변수가 증가한 상황임에도 불구하고, 차주 및 프로젝트에 크게 실익이 없을 것으로 예상되는 구조화금융 방식을 채택하는 등 부동산PF를 위한 금융방식의 결정에서 오판이 일어나는 사례도 있습니다. 잘못된 금융방식의 선택은 이해관계자와 비용의 증가, 복잡한 금융절차[5]로 연결되는 경우가 많고, 이 경우 프로젝트의 원활한 진행에 직접적으로 부정적인 영향을 끼칠 수 있습니다.

안타깝게도 현실에서는 금융구조를 설계할 때 금융주선기관에서 가장 이상적이라고 생각하는 금융방식이나 구조와는 다르게 업무가 진행되는 경우가 자주 발생합니다. 가장 큰 원인은 일정 규모 이상의 부동산PF의 경우 참여 금융기관 모집 자체가 기본적으로 상당히 어렵다는 데에 있습니다. 부동산PF의 성사 여부에 따라 프로젝트의 진행이 결정되는 절체절명의 상황에서, 먼 장래를 내다본 금융구조보다는 당장의 위기를 돌파하기 위한 금융구조가 선호되는 경향이 있음은 부인하기 어렵습니다.

부동산개발금융 관점에서 금융소비자인 차주 측에서는 금융주선기관이 제안한 금융방식이나 금융조건이 장기적인 관점에서 프로젝트에 최적인지 여부를 판별하기가 결코 쉽지 않습니다. 따라서 차주 측에서는 제안된 금융구조가 최선인지, 다른 방안이 있지만 불가피한 사유로 차선책이 채택된 것인지에 대해서 적극적으로 금융주선기관에게 본인이 이해할 때까지 문의하고 협의하는 과정을 거치는 것이 좋습니다. 금융주선기관 입장에서도, 차주 측의 금융구조 관련 질의에 대하여 특수금융 문외한의 기우 또는 초보적인 질문이라고 치부하거나 편견을 가지지 말고, 다시 한번 최적의 금융구조가 어떤 것인지에 대해 열린 마음으로 차주의 의견을 경청하고 고민하는 자세를 가져야 합니다.

당장 필요한 자금이 어렵게 마련되었다고 하더라도, 몇 년이 지나 처음의 금융조건을 변경해야 하는 상황이 발생했을 때, 당초의 금융조건과 관련하여 차주가 당시 금융주선사를 탓하는 광경은 부동산개발금융 현업에서 그리 낯선 모습이 아닙니다. 금융주선기관과 차주 사이의 신뢰를 바탕으로 금융구조 설계는 상호 충분한 협의를 거쳐 신중에

5 구조화금융이나 부동산펀드와 같은 집합투자기구 등의 금융기법을 활용하는 것은 일반 대출방식과 비교하여 상대적으로 복잡하다는 뜻입니다. 프로젝트나 금융환경 등에 따라 적절한 금융기법이 결정되므로, 금융구조나 절차가 복잡하다는 것이 무조건 백안시되어야 할 사항은 아닙니다. 오히려 자산유동화방식과 같은 구조화금융을 채택하여야 함에도 불구하고 대출방식만을 고집하여 프로젝트 진행에 걸림돌이 되는 경우도 있습니다.

신중을 거듭해서 설계해 나가야 하는 분야라는 점을 다시 한번 강조하고 싶습니다.

② 금융조건과 약정내용의 명료성

금융조건의 경우에도 당장이 아닌 10년 후의 먼 미래에 해당 금융조건을 처음 접하는 제3자가 다른 해석을 할 여지가 없을 정도로 분명하게 작성하는 것이 중요합니다. 금융조건 제안서나 주요 금융조건합의서(term sheet)에 불분명하게 기재되는 금융조건이 그대로 약정내용에 반영되어 확정되고, 향후 이로 인한 해석과 관련하여 약정 당사자 간 갈등이 증폭되는 경우가 적지 않기 때문입니다.

예를 들어, 주요 금융조건합의서에 트렌치 A는 선순위이고 트렌치 B는 후순위라고 표시돼 있다고 가정해 보겠습니다. 이때 선순위이냐 후순위이냐 하는 것은 나중에 대출원리금을 상환할 때 우선적으로 상환되느냐의 여부를 기준으로 하게 되는데, 선·후순위가 반드시 대출상환의 순위만을 의미하지는 않습니다. 담보권에 대한 상환 선·후순위를 의미할 수도 있기 때문에 반드시 선·후순위의 대상이 무엇인지를 명확히 구분해야 합니다.

너무 간단하거나 지나치게 복잡하게 작성되어서도 안 되겠지만, 적어도 주요 금융조건에 대해서는 참여 금융기관이 추가로 질의를 하지 않아도 될 정도로 명확하고 상세히 기재하는 것이 좋습니다. 간혹 금융주간사가 제공하는 IM(Inforamtion Merandum)이나 term sheet이 지나치게 간단히 작성되어 있어 사업의 기본 개요와 상세 금융조건 등을 파악하기 위해 별도의 자료를 자주 요청하는 수고를 해야 하는 경우가 있는데, 금융주선기관이 조금만 신경 쓰면 이런 불필요한 수고는 대부분 방지할 수 있습니다. IM이나 term sheet에 포함되어야 할 주요 항목에 대해서는 상당히 표준화가 되어 있습니다만, 그럼에도 불구하고 금융시장에서 접하는 IM 등에는 포함돼 있어야 할 주요 항목이 아예 기술되지 않거나 포함되어 있더라도 상세한 내용이 기재되지 않아 그 자료만 가지고는 정확한 얼개를 파악하기 힘든 경우가 여전히 있는 실정입니다. 금융주간사가 작성하여 제공하는 IM이나 term sheet은 해당 자료만으로도 프로젝트의 기본 개요와 자기자본 및 부동산PF와 같은 타인자본 조달계획의 얼개를 파악할 수 있도록 간결하면서도 누락되는 항목 없이 작성하는 것을 목표로 해야 합니다.

한편, 부동산PF를 위한 금융제안서의 경우에는 term sheet의 항목과 유사하게 작성되는 것이 일반적입니다. 다만 금융제안서의 특성상 제출하는 입장에서는 사업의 초기 단계 변수가 많은 상태에서 예상(안)을 중심으로 작성되는 것이 일반적이고, 제안서를 받는 입장에서도 다양한 금융조건 중 금리 및 기간, 금융방식 등 특정한 몇 가지 주요한 면에 초점을 맞추고 검토를 하는 경향이 있는지라 일반적인 term sheet보다는 간략하게 작성되는 경우도 적지 않습니다.

금융조건합의서(안)의 내용 중 보다 구체적이고 상세한 내용을 기재하는 사례의 일부를 표로 살펴보면 다음과 같습니다. 아래 표는 term sheet 내용의 구체화, 명료화 사례 예시에 불과하며, term sheet에 기재되는 표준적인 항목 및 내용은 이 책의 부록을 참고하시기 바랍니다. 모든 term sheet이 아래와 같이 세부 사항을 전부 포함해야 할 필요는 없습니다. 제안단계나 프로젝트의 종류, 상대방의 요청사항 등 다양한 변수에 따라 표준적인 term sheet으로 작성해야 할지, 또는 약식이나 상세 버전으로 작성해야 할지 등이 결정되므로 이 점 혼동 없으시기 바랍니다.

표 6.1 term sheet 항목 중 명료화 사례 예시

<table>
<tr><th>항 목</th><th>수정 전 예시</th><th>수정 후 예시</th></tr>
<tr><td rowspan="2">차주(借主)</td><td>(주) ○○○</td><td>(주) ○○○ (대표이사 ○○○)
– 주소:
– 법인등록번호:
– 주주 현황:</td></tr>
<tr><td colspan="2">▶ term sheet에 차주의 기본개요 상세히 기재
▶ 실제 사업추진자(sponsor)도 특별한 사유가 없는 한 별도로 기재</td></tr>
<tr><td rowspan="2">자금용도</td><td>신규시설 공사비 및 기타 운영비 등</td><td>신규시설 공사비 ○○○억원, 초기 운영비 ○○○억원, 금융비용 ○○○억원 등</td></tr>
<tr><td colspan="2">▶ 자금금용도 세분화 및 금액규모 명기
▶ 가급적 예상 자금조달 및 운영내역을 표로 기재하는 것이 바람직함</td></tr>
<tr><td rowspan="2">선·후순위</td><td>대출 A: 선순위 300억원
대출 B: 후순위 700억원</td><td>대출 A: 상환 및 담보선순위 300억원
대출 B: 상환 및 담보후순위 700억원</td></tr>
<tr><td colspan="2">▶ 선·후순위의 대상과 기준을 분명하게 구분(상환 & 담보권)</td></tr>
<tr><td rowspan="2">대출만기 및 상환방식</td><td>3년 만기일시상환</td><td>최초인출일로부터 3년(만기일시상환)</td></tr>
<tr><td colspan="2">▶ 대출만기를 계산하는 최초 기산일(최초 인출일 등) 특정</td></tr>
<tr><td rowspan="2">인출 관련</td><td>최초 인출일로부터 6개월 이내 불균등분할인출</td><td>최초 인출일로부터 6개월 이내 불균등분할인출. 단, 매회 인출금액은 최소 50억원 이상 10억원 단위로 가능</td></tr>
<tr><td colspan="2">▶ 인출금액의 최저 금액과 단위 명시</td></tr>
</table>

표 6.1 (계속)

항 목	수정 전 예시	수정 후 예시
기한전상환	• 최초 인출일로부터 24개월 이후 기한전상환수수료 면제조건부로 중도상환 가능 • 24개월 이전에는 기한전상환수수료를 지급조건으로 중도상환 가능	• 좌동(左同) 및 아래 내용 추가 • 필요시 의무 기한전상환과 임의 기한전상환으로 구분(예: 자산매각 시 해당 매각대금으로써 의무상환 vs. 분양수입금 또는 기타 잉여 현금흐름, 리파이낸싱 대금으로써 임의 상환) • 분양수입금으로써 기한전상환 시 중도상환수수료 면제조건 협의 및 반영 • 기한전상환의 구체적인 절차 명시(대리은행에 통지기한 및 계좌이체 등 상환방식 등) • 기한전상환 대금의 참여 금융기관 배분 기준 명시
	▶ 기한전상환이 발생할 수 있는 경우의 수를 가정하여 세분화	
프로젝트 개요	• 기본 건축개요 – 부지면적 – 토지용도 – 건폐율 및 용적률 – 건축규모: 지하 00층, 지상 00층 – 연면적	• 프로젝트명 및 취지 • 기본 건축개요 – 부지면적 – 토지용도 – 건폐율 및 용적률 – 건축규모: 지하 ○○층, 지상 ○○층(아파트 총 ○○○세대) – 연면적 * 전체 연면적 * 지상 연면적 * 지하 연면적(주차대수 ○○○대) – 주요 기간 * 총사업기간: 약 ○○개월 * 공사기간: 착공일로부터 ○○개월 이내 * 착공일: 대출금 최초 인출일로부터 0개월 이내 * 기산일: 대출금 최초 인출일 또는 착공일이 속한 달의 익월초부터 개시하여 월단위로 산정
	▶ 프로젝트 및 건축개요 등의 상세 내용을 기재(별지로 첨부 가능) ▶ 「건축법」상 연면적 개념과는 다르나, 대형 프로젝트인 경우 지상과 지하 면적의 합을 별도로 구분하여 표시해 주는 것이 권유됨	
인출후행조건	• 최초 인출일로부터 1개월 이내 분양승인 증빙자료의 제출	• 좌동(左同) 및 아래 내용 추가 • 차주의 귀책사유가 아닌 경우로서 단순순연된 것으로 대리은행이 판단하는 경우 일정 기간 내 인출후행조건 이행기일의 연장이 가능한 조건과 관련하여 필요시 사전에 협의
	▶ 인출후행조건의 기한 내 실제 이행가능성을 고려하여 다소 여유 있는 기한부여 필요 ▶ 프로젝트 진행에 객관적으로 무리가 없는 것을 전제로, 인출후행조건의 이행이 단순순연되는 경우를 가정한 완화조건을 필요시 명문화	
채권보전 및 신용강화구조	• 차주 주식 질권설정	• 차주 주식 질권설정 시 주식발행 후 질권설정인지 또는 주식 미발행을 허용하고 미발행된 주식에 대한 권리질인지 여부 명시
	▶ 주식 질권설정 시 주식발행 여부를 협의·확인하여 금융조건에 반영 ▶ 상환 선·후순위로 구분된 신디케이티드 론인 경우 후순위 근저당권자 또는 후순위 담보신탁수익권자 등의 경매 또는 공매 신청권한 행사절차를 신디케이티드 론의 담보약정뿐만 아니라 신탁계약서상 특약부분에 기재할지 여부를 협의하여 반영(예: 상환선순위 대주의 서면 동의가 있지 않으면 신탁계약상 2순위 신탁수익권자의 공매 신청불가 조건을 신탁계약상 특약으로 명문화 외)	

거듭 말씀드립니다만, term sheet이나 약정서의 모든 문언은 훗날 누가 보더라도 이해하기 쉽고 다른 해석의 여지가 없도록 작성하는 것이 매우 중요합니다. 향후 부동산PF 약정의 기초가 되는 term sheet 자체에 모호한 내용이 있는 경우, 내용의 맥락과 취지를 약정서 초안을 작성하는 법무법인 등에서 금융관행을 바탕으로 자의적으로 해석할 위험이 있습니다. 이런 경우, 약정 당사자가 생각하는 내용이 반영되지 못할 우려가 있으며 결과적으로 약정서 전체의 논리적 일관성과 내용의 합리성 부족 등 예상치 못한 문제로 이어질 수도 있습니다.

term sheet에서 다소 불명확한 부분이 있다 하더라도 금융관행을 기준으로 약정서 초안에서 보완되는 경우가 많아서 실제 문제로 발생하는 경우가 많지는 않습니다. 하지만 경우에 따라서는 촉박한 일정이나 복잡한 금융구조로 인해 검토해야 할 사항이 많은 경우 모호한 term sheet 내용이 약정서 작성 과정에서 미처 걸러지지 않은 채 그대로 반영되기도 합니다. 최악의 경우 향후 약정 당사자 간에 약정 내용의 해석을 두고 갈등으로 이어지기도 하는데, 이런 문제는 당초 주요 금융조건과 약정내용을 보다 자세하고 정확하게 작성함으로써 피할 수 있는 문제였다는 점에서 안타까울 때가 많습니다.

피치 못할 경우가 아니라면, 이해당사자 모두가 쉽게 이해할 수 있도록 가능한 범위 내에서 가장 단순하고 간단한 금융조달 방식을 선택하고, 해당 프로젝트의 금융이 취급된 날로부터 10년, 20년이 지나도 금융조건의 내용이나 취지, 그리고 약정내용을 명확히 한다는 각오로 금융구조를 설계하는 것이 부동산개발금융과 프로젝트의 성공에 큰 도움이 된다는 점을 다시 한번 강조하고 싶습니다.

참여 금융기관의 동질성(Homogeneity in Syndicated Loan Group)

신디케이티드 론으로 취급되는 부동산개발금융의 경우, 가급적 같은 성격의 금융기관이 참여하는 것이 바람직합니다. 예를 들어, 총 금융 소요자금이 5,000억원인 A프로젝트가 있다고 가정해 보겠습니다. 이때 가급적 5,000억원 조달에 참여하는 금융기관의 종류와 수를 최소화한다면 이는 동질성의 원칙이 지켜졌다고 할 수 있습니다. 예를 들어, 5,000억원 전체를 시중은행 몇 곳이 클럽 딜을 하는 경우 또는 트렌치를 나누어 상환 및 담보선순위인 트렌치 A 3,000억원은 대형 보험사들이, 후순위인 트렌치 B 2,000억원은 대형 저축은행들이 나누어서 맡는 경우 각 트렌치별로 적절한 금융기관이 모집되어 동질성의 원칙이 구현됐다고 할 수 있습니다. 반면에, 5,000억원에 참여하는 금융기관이 은행과 증권사, 보험사 및 저축은행, 캐피털사 등으로 그 종류가 지나치게 많고 대출구성도 트렌치가 A, B, C, D 등으로 과도하게 세분화돼 있는 경우 동질성의 원칙이 지켜진 것으로 보기 힘들며, 향후 금융조건의 변경이 필요한 경우 대주단 사이의 의사결정이 지연되거나 통일되지 않을 가능성이 상대적으로 높습니다.

물론 매머드 프로젝트로서 소요자금 규모가 큰 경우 동질성의 원칙을 지키면서 금융조달을 하기는 현실적으로 쉽지 않습니다. 이는 대규모의 자금을 조달하기 위해서는 다양한 금융기관의 참여가 필수적인 경우가 많고, 참여하는 금융기관의 성격에 따라 요청하는 금리 및 채권보전 등 금융조건의 층위 역시 다양한 경우가 많기 때문입니다. 그 밖에 프로젝트의 사업성에 따라 아예 대형 금융기관의 참여가 쉽지 않아 대한민국에 존재하는 거의 모든 금융기관을 대상으로 트렌치를 세분하여 신디케이티드 론을 모집해야 하는 등 다양한 사유가 있을 수 있습니다. 이런 상황에서 동질성의 원칙을 고집하다가 자칫 신디케이티드 론 모집 자체가 성사되지 못한다면 본말이 전도되는 결과로 이어질 수도 있으므로 현실적으로는 동질성의 원칙을 염두에 두는 것 자체가 쉽지 않은 경우도 많은 것이 사실입니다.

그러나 자금조달에 참여하는 금융기관이 가급적 같은 성격을 지녀야 한다는 동질성의 원칙은 현실적으로 힘든 면이 있음에도 불구하고 차주와 해당 프로젝트의 성공을 위해서는 결코 가볍게 취급돼서는 안 되는 사항입니다. 어렵겠지만 가급적 동질성의 원칙을 염두에 두고 이를 금융구조 설계에 반영하려는 입장과, 아예 불가능하다는 생각을 바탕으로 동질성의 원칙에 대한 인식 없이 금융구조를 설계하는 것은 막상 클로징이 된 후에 돌이켜 보면 많은 차이가 발생하게 됩니다. 사업추진자 입장에서도 당장의 금융조달에 급급하여 지나치게 다양한 금융기관군을 자금조달에 활용하는 경우, 향후 사업 진행 과정에서 금융조건을 변경하는 등 대주단의 통일된 의사결정이 필요한 경우에 어려움을 겪게 될 가능성이 있습니다.

부동산개발금융은 처음 해당 프로젝트를 위한 부지를 선택하고 토지매매계약을 하는 것에서부터, 준공 후 분양물건(또는 임대물건)을 양도하고 사업수익을 정산하기까지 일반적으로 짧게는 2년에서 길게는 5년 이상의 장기간이 소요됩니다. 그 과정에서 거시경제 상황도 변할 수 있고, 사업성 자체도 정부정책의 변동에 의해 영향을 받는 경우가 적지 않습니다. 그 외에도 다양한 변수와 사유로 사업기간이 늘어나거나 금융조건을 변경해야 하는 경우가 발생할 수 있습니다.

이런 상황에서는 프로젝트의 원활한 진행과 장애물 제거를 위해 이해당사자 간 긴밀한 의견교환과 원만한 의견일치가 무엇보다 중요한 요소로 대두됩니다. 사업추진자 및 시공사, 스폰서, 그리고 금융기관 간 이견뿐만 아니라, 같은 대주단 내에서도 특정 사안에 대한 의견통일이 이루어지지 않아 의사결정이 지연되는 사례는 현업에서는 비일비재합니다. 여기서 중요한 것은, 일반적으로 대주단 내에서 일어나는 불협화음이 금융조건(예를 들어 상환순위가 서로 다른 경우)에 기인하는 구조적인 경우도 많지만, 적지 않게 참여 금융기관의 속성에 따라서도 발생할 수 있다는 점입니다.

예를 들어, 아파트 개발사업인 프로젝트 B에 총 PF 자금 1,000억원이 투입됐다고 가정해 보겠습니다. 이때 1,000억원 중 대부분인 800억원을 국내 대형 보험사에서 지원하고, 시중은행 중 한 곳에서 나머지 200억원을 지원했습니다. 그러나 프로젝트 B는 불행하게도 수요예측에 실패하여 미분양이 상당 부분 발생하였고, 이에 따라 만기연장 및 기타 금융조건 중 상당 부분을 변경해야 하는 상황이 발생했습니다(담보는 편의상 공공기관이 제공하는 PF보증서가 아닌 것으로 가정하겠습니다). 이때 다른 조건이 동일하다고 전제하고 금융조건 변경 동의에 대해서 대주단이 일치된 의견을 보인다면 상관이 없지만, 만일 대주단에서 이견이 발생한다면 이견의 당사자는 시중은행 한 곳과 나머지 대주(보험사)가 될 가능성이 많습니다.

금융기관에 따라 당연히 연도별 수익목표 및 달성 전략, 그리고 부동산개발사업을 바라보는 관점 및 리스크를 수용하는 성향 등이 모두 다르지만, 크게 보면 금융기관의 성격에 따라서 그러한 계획이나 성향 등이 모두 일정한 틀 안에 수렴되는 경향이 있습니다. 예를 들어 대부분의 자금조달을 고객으로부터의 예금에 의존하고 일부는 자체 채권 발행으로 충당하는 일반 상업은행의 경우, 자금조달 비용이 상대적으로 보험사 등에 비해 높습니다. 따라서 금리와 관련하여 금융조건의 변경사항이 발생하고 프로젝트에 참여한 금융기관의 성격이 다른 경우에 원만한 합의가 이루어지기 힘들 수도 있습니다. 이해를 돕기 위해 과도하게 일반화하여 예를 들었습니다만, 중요한 것은 신디케이션에 참여하는 금융기관의 성격에 따라 프로젝트 진행 과정에서 대주단의 의사결정이 좌우될 수 있는 가능성이 구조적으로 있다는 점입니다.

따라서 이러한 가능성을 최소화하기 위해서는 여건이 허락한다면 금융구조 설계 단계에서부터 유사한 이해관계와 시각을 공유하는 금융기관을 모집하는 것을 목표로 하는 것이 좋습니다. 또한 비슷한 성격의 금융기관이라고 하더라도 가급적 참여 금융기관의 수를 최소화하는 것도 함께 고민해야 합니다.

이때 어떤 성격의 금융기관을 참여기관으로 모집하는 것이 가장 바람직한가라는 질문이 있을 수 있습니다. 하지만 진행되는 프로젝트가 주거용인지 비주거용인지, 사업기간이 장기인지 단기인지, 채권보전방안이 어떤 것인지 등에 따라서 달라지기 때문에 이를 일률적으로 표준화할 수는 없습니다. 한마디로 각 개별 사업에 따라서 다르다는 얘기인데, 이 부분에서 금융주선기관의 경험과 능력이 중요한 요소로 작용하게 됩니다.

다시 한번 말씀드리지만, 신디케이션에 참여하는 금융기관의 동질성 확보는 결코 쉬운 과제가 아닙니다. 부동산PF가 비정형 특수금융이기는 하나 최근에는 그 나름의 표준적인 관행과 절차가 확립되어 1금융권이 제한적으로 주선하는 부동산PF 외의 대형 프로젝트의 경우에는 대형 증권사에서 금융주선을 맡아 총액인수하여 딜(deal)을 클로징한 후, 사전 및 사후에 금융시장 사전 마케팅을 통해 섭외한 금융기관에게 해당 여신을 매출(sell-down)하는 것이 보편화되었습니다. 시중은행의 공공기관의 보증서 담보부 주거용 PF 이외의 일반 부동산PF 참여 기피 현상이 고착화되면서 이때 참여하는 기관은 고위험·고수익을 목표로 하는 2금융권이 매출의 주요 대상이 되고 있음도 부인하기 어렵습니다. 동질성 확보는 고사하고 대주단 모집 자체가 쉽지 않은 경우도 많습니다.

그럼에도 불구하고 이런 금융환경에서 신디케이션에 참여하는 금융기관의 수를 최소화하고 최대한 같은 성격의 금융기관들로 대주단을 구성하는 것은 큰 의미를 갖습니다. 이는 비단 부동산PF뿐만 아니라 대형 부동산 실물자산 금융에서도 마찬가지입니다. 신디케이티드 론에 참여하는 금융기관의 동질성 확보는 최초 인출 후 프로젝트의 사후관리 과정에 큰 영향을 끼칠 수 있습니다. 이상론적으로 보일 수 있지만 직접 금융현업에서 금융구조를 설계하시는 분들께 이 부분을 진지하게 고민해 주실 것을 권유드립니다.

금융조건의 유연성(Flexibility)

마지막으로, 금융구조를 설계할 때 주의해야 할 점 중 하나는 유연성입니다. 여기서 '유연성'이라 함은 앞서 설명드린 부동산 금융조건의 '경직성'에 대응하는 개념입니다. 부동산개발금융의 금융조건은 준공 후 실물자산으로서의 성격을 지니게 될 부동산 및 관련 개발계획에 구속되기 마련이라 일반적인 기업대출과 비교하여 부동산PF의 금융조건 변경이 상대적으로 쉽지 않은 경직성을 가집니다.

부동산PF는 그 특성상 금융조건의 변경이 상대적으로 '경직'될 수밖에 없는데, 이를 감안하지 않고 금융조건 변경이 절차적으로 어렵도록 약정이 되어 있는 경우 본래의 구조적인 경직성을 심화시켜 프로젝트의 원활한 진행에 부정적인 영향을 끼칠 가능성이 높습니다.

대표적으로 대주단의 모든 의사결정을 전원 합의로 하는 것으로 구성된 금융조건을 꼽을 수 있습니다. 클럽 딜의 경우 전략적으로 가급적 이슈가 되는 사항 전체에 대하여 대주단 전원의 합의를 전제로 하는 경우도 많으나, 이 또한 원칙적으로는 바람직한 것이라고는 할 수 없습니다. 비록 참여 대주가 소수이고 금융기관의 동질성이 확보되었다 할지라도 프로젝트의 진행상황에 따라 대주단 내에서 이견이 발생할 가능성은 항상 존재한다고 전제해야 합니다. 실제로 프로젝트의 근본적인 사업성에 큰 영향을 끼치지 않는 사안에 대한 금융조건 변경임에도 불구하고, 일괄적으로 대주단 전원 합의를 전제하는 경우 절차적으로도 번거로울뿐더러 만약 이견이 발생하는 경우 불필요한 갈등으로 프로젝트가 영향을 받을 가능성도 배제할 수 없습니다.

이와 반대로 금융조건의 내용이 지나치게 단순하게 작성되어 있고 취지와 맥락을 유추하는 데 어려움이 있는 경우에도 금융조건의 변경과 관련된 의사결정이 쉽지 않습니다. 약정을 한 의미가 없을 정도로 금융조건을 지나치게 포괄적으로 작성하는 것도 문제이지만, 단순한 것이 좋다는 생각으로 지나치게 간략하게 작성하는 것도 바람직하지 않습니다. 누구나 이해할 수 있도록 명료하고 간단하게 금융구조를 설계하는 것도 중요하지만, 그렇다고 내용 자체를 정밀하게 고민하지 않고 단순하게만 작성하는 경우 앞서 설명드린 '명료성'의 원칙에도 위배되고 금융조건 변경이 어려운 '경직성'을 오히려 심화시킬 수 있습니다.

현실적으로 그 이행이 곤란한 사항에 대해서 상징적인 차원을 떠나 실질적으로도 사업당사자를 구속하고 의무를 부여하는 채권보전 또는 신용강화방안 등도 조심해야 할 사항 중 하나입니다. 신디케이션 구성에 난항을 겪는 경우, 참여기관의 여신지원 의사결정에 도움을 줄 목적으로 일반적이지 않은 담보 또는 재무 관련 특약이 부여되는 경우가 적지 않습니다. 이 경우, 막상 금융모집이 완료되었다 하더라도 프로젝트 진행과정에서 특약이행의 어려움이나 제약 등으로 문제가 발생할 가능성이 다분하다는 점에서 신중을 기할 필요가 있습니다. 현업에서는 담보 및 각종 특약사항 부여 등의 금융조건과 관련하여 "자승자박을 피하라"는 얘기가 경험에서 회자되는 경우가 많은데, 바로 이러한 점을 지적한 것이라고 할 수 있습니다.

정리하자면, 부동산개발금융은 구조적 경직성을 보완하기 위해 금융구조의 최초 설계 단계에서부터 불가피한 금융조건의 변경가능성을 고려한 '유연성'을 염두에 두어야 합니다. 실제로 금융조건의 변경이 요구되는 경우, 이와 관련된 절차가 효율적으로 이루어지는데 과도한 제약사항은 없는지 다시 한번 돌아봐야 하며, 객관적인 이행 가능성이 의문시되는 채권보전방안 등을 딜 클로징에 급급하여 사업시행자 측에 요구하는 것을 지양하는 등 금융조건에 변경이 발생할 요인 자체를 최소화하는 것이 중요합니다.

필자의 경우, 금융주선 업무를 직접 수행하면서 성공적인 프로젝트였다고 자부할 수 있는 경우도 많았지만, 때로는 실수도 하고 실제로 프로젝트가 실패하여 최종적으로 큰 손실을 경험하면서 사후관리 과정에서 많은 고통을 감내해야 한 적도 있었습니다. 그 외, 제가 직접 금융주선을 수행한 사업뿐만 아니라, 선후배 동료직원들이 취급한 다양한 국내외 부동산개발사업의 사후관리를 인계받아 관리를 하면서 많은 것을 느낄 수 있었습니다.

지금까지 설명드린 부동산개발의 금융구조를 설계할 때의 명료성, 동질성, 유연성의 세 가지 원칙은 제가 금융주선 실무와 사후관리를 직접 담당하면서 겪은 아픈 경험을 토대로 나름대로 생각한 원칙입니다. 이런 측면에서 세 가지 원칙은 제가 겪은 시행착오를 줄일 수 있도록 하는 필요조건일 뿐 성공적인 금융구조 설계를 위한 충분조건이라고는 할 수 없습니다.

잊지 말아야 할 것은, 모든 투자금융업무가 그렇지만 특히 부동산개발금융의 경우에는 단순히 금융주선을 완료한 것으로 안도할 것이 아니라, 해당 프로젝트가 제대로 개발되어 관련된 타인자본의 상환이 완료되고 아울러 사업추진자도 시행이익을 최종적으로 향유할 수 있을 때 비로소 성공적인 사업이라고 할 수 있다는 점입니다. 여기서 한발 더 나아가 프로젝트의 성공이 낙후된 지역의 가시적인 발전이나 새로운 공간창출에 따른 사회적 부의 증대, 국가경제 발전의 기반이 되는 등 사회적 공익의 창출에 특별하게 기여한 바가 있다면, 이것이 바로 부동산 디벨로퍼(developer)와 시공사, 그리고 부동산PF에 참여하는 금융기관이 지향해야 하는 궁극적인 목표라고 할 수 있습니다.

좋은 금융구조의 설계가 해당 프로젝트의 성공으로 연결되려면 내재적인 사업성뿐만 아니라 거시경제 상황, 시행사의 경제적·실무적 능력 등 매우 많은 변수가 유기적으로 맞물려서 진행되어야 합니다. 하지만 금융구조가 제대로 설계되면 해당 프로젝트의 성공에 튼튼한 반석이 될 수 있다는 점에서 결코 과소평가되어서는 안 되는 중요한 항목이라는 것 또한 깊이 새길 필요가 있습니다. 제가 설명드린 세 가지 원칙이 아무쪼록 부동산개발금융을 담당하시는 분들께 시행착오를 피할 수 있는 유익한 조언 중 하나로 기억되기를 희망합니다.

금융구조를 그림으로 이해하는 습관을 들이자

금융구조도는 부동산개발금융의 IM이나 금융기관의 대출 승인신청서 등에서 빠지지 않고 등장하는 중요한 내용 중 하나입니다. 복잡한 금융의 흐름과 주요 당사자를 일목요연하게 파악할 수 있다는 점에서 금융구조도는 그 효용이 매우 큰 필수 자료입니다.

부동산개발금융은 이해당사자가 많고 구조가 복잡한 경우가 적지 않습니다. 차분하게 주요 당사자가 누구인지, 그리고 자본과 대출이 투하되고 상환되는 방식 등을 그림으로 그리다 보면 생각지 못한 허점을 발견하기도 하고 고민해야 할 부분이 보다 선명하게 잘 보이기도 합니다. 제3자에게 설명할 때 요긴한 도구가 될 수 있음은 물론입니다.

어느 정도 업무가 손에 익고 정형화된 구조를 담당하다 보면 매너리즘에 빠져 다 안다는 생각으로 금융구조를 그림으로 만들어 보는 것을 소홀히 하는 경우가 있습니다만, 가능하다면 프로젝트를 접하는 순간부터 항상 그림으로 금융의 구조와 자금의 흐름을 파악하는 습관을 만들어 보시기를 권해 드립니다.

유사해 보여도 프로젝트 하나하나를 자세히 보면 다른 프로젝트와는 다른 특징이 있고, 그러한 특징은 크건 작건 금융구조에 반영되기 마련입니다. 물론 금융구조도만으로 각 프로젝트의 체크포인트와 각 당사자별 역할, 세부 일정 등 프로젝트의 주요 내용을 모두 담고 관리하는 것은 불가능합니다.

이런 차원에서 프로젝트의 큰 틀, 즉 금융구조와 자기자본 및 타인자본의 흐름 등은 금융구조도로 이해하고, 그 외의 세부 내용은 마인드맵과 같은 전문 프로그램을 활용하여 관리하시는 것도 좋습니다.

2000년대 중반, 국내 최초로 해외 부동산PF의 금융주선을 담당하였을 때 처음 가보는 길인지라 아무런 자료나 정보가 없었던 막막함이 지금도 생생히 기억납니다. 당시 함께했던 법무법인, 회계법인 및 감정평가기관, 시장조사기관 등의 전문가들이 모두 한마음이 되어 '아무도 가보지 않은 길'을 개척하는 데 최선을 다했지만 개인적으로는 마인드맵의 사용이 원활한 업무진행에 무척 큰 도움이 됐다고 믿고 있습니다. 최근에는 기존의 마인드맵뿐만 아니라 시각적으로 프로젝트를 기획하고 관리하는 데 탁월한 노션(Notion)과 같은 프로그램도 널리 활용되고 있습니다. 그림을 비롯한 시각적인 자료를 활용한 정보의 분류와 기록, 관리는 일반적인 노트 기술방식과 비교하여 무척 큰 장점을 가지고 있습니다. 복잡하고 정밀한 금융을 담당하는 분들께 최적의 업무도구가 될 수 있으니 한 번쯤 꼭 사용해 보실 것을 추천합니다. 아울러, 자료의 정리는 금융실무에서 그 중요성을 아무리 강조해도 지나치지 않습니다. 방대한 자료를 수집하고 정리하는 것이 필수인 투자금융부문 담당자들에게 효과적이고 효율적인 자료의 정리는 선택사항이 아니라 의무에 가깝다고 할 수 있습니다. 참고로, 출력된 자료의 정리는 여건이 허락한다면 일반적인 2공 또는 3공 바인더보다는 자료의 참조와 활용 측면에서 보다 유리한 A4 사이즈의 30공 바인더에 일목요연하게 편철하여 활용하실 것을 추천드립니다.

CHAPTER 7

신디케이션

CHAPTER 7

신디케이션

1. 신디케이션의 기본 의미

앞서 부동산개발금융 핵심용어와 부동산개발금융의 일반적인 절차를 설명드리면서 신디케이션과 신디케이티드 론이 무엇인지 살펴본 바 있습니다. 이번 장에서는 신디케이션(syndication)의 정의를 복기해 보고 금융기관 모집방식에 따른 구분과 상세 절차에 대해 설명드리겠습니다.

신디케이션은 부동산개발금융을 비롯한 투자금융 분야에서 매우 자주 접하게 되는 용어입니다. 간단히 말씀드리자면, 여러 금융기관이 대주단(차관단)을 구성하여 ① 어떤 특정한 사업의 지원이라는 동일한 목적을 위해서, ② 동일한 금융조건으로 여신을 지원하는 것을 신디케이티드 론(syndicated loan)이라고 합니다. 금융규모가 큰 경우에 어느 한 금융기관이 단독으로 해당 금융을 지원한다면, 원리금 상환 관련 리스크가 증가하여 해당 금융기관의 부담이 커질 뿐만 아니라 위험 증가에 따라 조달비용도 증가하여 차주에게도 불리하게 작용할 가능성이 높습니다. 이러한 위험을 효과적으로 분산하고 관리하기 위해 대주단을 구성하여 공통의 조건으로 차주에게 금융을 지원하는 방식이 신디케이티드 론이라고 할 수[1] 있습니다. 신디케이티드 론에서 'loan'이라는 표현이 사용된다고 해서 일반적인 대출방식만을 일컫는 것이 아닌, 전반적인 신용공여 행위 전체를 일컫는 '여신'의 개념임은 별도로 설명드린 바 있습니다. 한편, 대주단(채권단)을 구성하는 행위 자체는 신디케이션(syndication)이라고 합니다. 우리말로 하면 차관단여신으로 표시할 수 있습니다만, 금융실무에서는 대내외 공식 문서에서 신디케이티드 론을 보통 신디케이션[1], 신디케이티드 론 또는 줄임말로서 신디 론(syndi loan) 등으로 표시합니다.

신디케이티드 론은 당초 국제금융시장에서 채권이 대규모로 발행되는 경우 이를 시장에서 소화하기 위한 도구로서 발전되어 온 금융방식입니다. IB 부문에서는 일상용어로 쓰이고 있지만 사실 신디케이션의 특징과 절차, 금융기관 모집전략과 참여 금융기관의 역할, 그리고 약정문언 작성 관례 등에 대해서는 책 한 권 분량이 나올 수 있을 정도로 전문적인 개념이라고 할 수 있습니다.

지면의 제약과 금융실무서의 성격을 지향하는 이 책의 성격상, 신디케이티드 론 전반에 대한 보다 깊은 내용을 모두 다루기에는 어려운 점이 많습니다. 신디케이티드 론의 연원을 포함하여 관련 지식의 폭을 넓히시려는 분께는 《국제채 및 신디케이티드 론》을 우선적으로 권해 드리고 싶습니다. 이 외에도, 시중에는 신디케이티드 론 관련 다양한 논문과 참고자료, 한국금융연수원의 관련 연수과정 등이 있으니 기회가 되시면 한 번쯤 접해 보시길 권해 드립니다. 다만, 신디케이티드 론의 기본적인 의미와 그 취지, 특히 대주 간 분배 관련 약정내용에 대해서는 이 책의 관련 부분에서 설명드림으로써 실무를 위한 핵심적인 내용을 포함시키고자 노력하였습니다.

여기서는 모집전략을 기준으로 한 신디케이티드 론의 종류와 일반적인 절차에 집중하여 설명드리겠습니다. 상세한 설명에 앞서 우선, 이 책의 2장 핵심용어 및 5장 부동산개발금융의 자금조달 방식에서 언급해 드린 금융주선기관의 총액인수와 관련하여 보충 설명드리고자 합니다.

예를 들어, 총 1조 원의 신디케이티드 론을 목표로 하는 차주가 있다고 가정하겠습니다. 이 경우, 금융주선기관이 참여 금융기관을 모집하였지만 결국 목표기간까지 금융모

---

1 이 책의 핵심용어 부분에서 설명드렸습니다만, 신디케이션은 신디케이티드 론에 참여하는 차관단을 구성하는 행위를, 그리고 신디케이트(syndicate)는 신디케이티드 론에 참여하는 대주단을 일컫습니다. 이 책에서는 별도로 표시하지 않는 한 신디케이션(syndication)을 신디케이티드 론(syndicated loan)과 동의어 또는 이러한 신디케이티드 론을 구성하기 위한 절차나 관련 행위 일체, 그 밖에 신디케이티드 론이 모집된 상태 자체 등을 일컫는 의미로 사용하였습니다.

집에 실패하는 경우 차주 사업계획에는 큰 차질이 발생할 수 있습니다. 따라서 이를 방지하기 위해 주간사가 일정 기간까지 최대한 참여 금융기관을 모집하되, 만약 부족한 금액이 있는 경우 이를 금융주선기관이 참여 및 부담하여 당초 목표했던 1조 원이 모집될 수 있도록 지원하는 것, 즉 금융주선기관이 발행한 채권을 매입하거나 대출을 실행하는 것을 '인수(underwriting)'라고 표현합니다.

경우에 따라서는, 아예 처음부터 주간사가 1조 원을 모두 부담하고, 후에 본인이 부담한 1조 원을 각 금융기관에 매출하는(sell-down) 것도 생각해 볼 수 있습니다. 이때 주간사가 사전에 PF 모집금액 전부에 대해서 확정적으로 그 인수, 즉 대출실행을 보장하는 것을 총액인수(firm-commitment underwriting)라고 합니다. 다만, 한국의 부동산개발금융시장에서는 총액인수라고 하면 본래의 총액인수 의미 외에도 best-effort basis와 밀접한 관련이 있는 잔액인수, 즉 참여기관 모집 후 최종적으로 부족한 대출금액을 주간사가 부담하는 방식까지 통칭하는 경우가 많다는 점 참고하시기 바랍니다.

그 밖에 반대로 해당 프로젝트의 사업성이 양호해서 오히려 해당 신디케이티드 론에 참여하겠다는 금융기관이 다수인 경우, 모집금액을 금융주선기관이 오히려 확대하여 참여 금융기관에게 배정할 수 있는 권리를 보유하는 '그린슈옵션(green-shoe option)' 방식도 있습니다. 원래 그린슈 옵션은 기업공개(Initial Public Offering, IPO)에서 상장주식에 대한 초과약정이 있을 경우 주간사가 추가로 주식을 시장배정 및 판매할 수 있는 일종의 콜 옵션으로서 초과배정옵션(over-allotment option)의 일종입니다. 국제 신디케이티드 론이나 서구권의 기업여신에서는 금융주선기관이 금융규모를 확대하는 것뿐만 아니라 차주가 금융주선기관에게 여신규모의 증액을 요청할 수 있는 권리를 가리키는 말로도 쓰이는 등 프로젝트에 따라 다의적으로 사용되고 있습니다. 국내 부동산개발금융의 경우 보편적인 방식은 아니므로 이에 대한 자세한 설명은 생략하도록 하겠습니다.

2. 모집방식에 따른 신디케이티드 론의 분류

신디케이티드 론은 다양한 기준으로 분류할 수 있습니다. 여신을 일반 대출방식으로 지원하느냐 또는 한도대출(revolving) 방식으로 지원하느냐 등 대출 형식에 따라 구분할 수도 있고, 신디케이션의 모집전략에 따라 구분하는 것도 물론 가능합니다. 모집전략뿐만 아니라 모집 후 배분구조에 따라서 일단 신디케이션 모집이 완료된 후에 세컨더리 마켓(secondary market, 이 책의 4장 부동산개발금융 절차의 국제 표준 금융계약에서 설명드렸습니다.)에서의 배분을 주로 고려하는 것인지 아니면 양도 없이 처음에 참여한 대부분의 금융기관이 신디케이티드 론을 계속 보유하는 것인지 등 양도 여부에 따라서 분류할 수도 있습니다. 그 외에도 신디케이티드 론의 지원대상이 PF인지, 또는 오피스 빌딩과 같은 부동산 실물자산이나 선박·항공기 금융 등의 준부동산 매입을 위한 것인지에 따라서 분류할 수도 있고, 금융주선기관의 총액인수 여부를 기준으로 구분하는 등 여러 가지 관점에 따라 구분할 수 있습니다.

다양한 분류방식 중 이 책에서는 금융실무와 가장 밀접한 기준, 즉 신디케이션의 모집전략을 중심으로 다음의 네 가지로 구분하여 설명드리도록 하겠습니다.

① 클럽 딜(Club Deal): 신디케이티드 론과 무관한 별개의 금융방식이 아닌, 엄연히 신디케이티드 론의 한 종류입니다.

② 제한적 공개모집 방식(Programmed Approach): 넓은 의미의 클럽 딜이라고 할 수 있습니다. 참여 금융기관을 일정 기준으로 선별하여 선별된 해당 금융기관에게만 금융참여를 제안하는 방식을 일컫습니다. 실무적으로 '제한적 공개모집 방식'이라는 용어를 그대로 쓰는 경우는 거의 없으며, 금융시장에서는 일반적으로 '클럽 딜'의 일종으로 인식되는 경우가 많습니다.

③ 보조인수단 방식(Sub-underwriters): 모집금액이 크고 해당 프로젝트가 복잡한 경우 주간사 혼자 힘으로는 감당하기 버거운 경우가 많습니다. 이럴 경우, 참여 금융기관 중 신뢰관계 및 모집능력 등을 고려하여 공동 주간사단을 구성하고, 해당 공동주간사단을 통하여 시장에서 참여 금융기관을 모집하는 경우가 있을 수 있는데 이러한 경우를 보조인수단 방식이라고 합니다.

보조인수단 방식의 경우 원(原)주간사로서 중심을 잡고 다른 공동주간사들과의 업무를 총괄하는 주간사를 'lead arranger', 나머지 공동주간사들을 'arranger' 또는 'co-arranger'라고 표현합니다(물론 단독 주간인 경우에는 'arranger'로 표현하는 것이 일반적입니다. 참고로 arranger는 국제금융시장, 특히 채권시장에서는 manager와 동의어로 사용되고 있습니다). 한편, 국제 신디케이티드 론 시장에서는 금융주선권이 부여된 주간사를 'lead arranger'(주간사가 복수인 경우에는 'lead arrangers')라고 하고, 주간사 또는 주간사단이 부담하는 목표 모집금액이 미달하는 경우 일정 부분을 인수(underwriting)하기로 사전에 확약한 금융기관을 보조인수단 또는 간사은행단(sub-underwriter)이라고 하며 이를 'co-arranger' 또는 'co-lead manager'라고 합니다. 즉 국제금융시장에서의 'co-arranger'는 금융주선권을 정식으로 부여받았는지 여부를 기준으로 'lead arranger', 즉 주간사 은행단의 하위개념으로 보는 것이 일반적[2]입니다.

그러나 국내 IB 시장, 특히 부동산개발금융시장에서는 총액인수의무를 실제로 부담하지 않더라도 금융주선권이 부여된 'lead arranger'를 도와 신디케이션 모집활동을 함께 수행하는 금융기관을 통칭하여 '공동주간사(co-arranger)'로 부르는 경향이 있으며, 이러한 공동주간사가 주간업무의 조력자 역할을 하는 경우 '간사은행(manager bank)'으로 호칭하는 경우도 많다는 점, 참고하시기 바랍니다.

참고로 금융주선 실적을 집계하여 해당 정보를 제공하는 전문 민간 금융정보 제공업체에서는 'lead arranger'가 아닌 공동주간사라고 해도 약정에 공동주간사로 표현되는 등 객관적인 근거가 있는 경우에는 전체 모집금액을 해당 공동주간사의 주선 실적으로 인정해 주는 경우가 많습니다. 예를 들어, 총 10개 금융기관이 참여한 5,000억원 규모의 신디케이티드 론이 있다고 가정해 보겠습니다. 프로젝트의 난이도 및 금액을 고려하여 보조인수단 방식을 채택하기로 하고, A사를 'lead arranger'로, B와 C사를 각각 'arranger'로 지정하여 무사히 5,000억원 규모의 신디케이티드 론을 2개월 만에 모집했다고 하면, A뿐 아니라 B사 및 C사의 금융주선 실적도 각각 5,000억원으로 인정을 해준다고 보시면 되겠습니다.

④ 완전 공개모집 방식(Open Market Syndication): 위 세 가지 경우 외에, 금융시장에서 특별한 제한 없이 공개적으로 모집하는 경우를 가리키며, 'general syndication'이라고도 합니다.

위 구분을 그림으로 표현하면 다음과 같습니다.

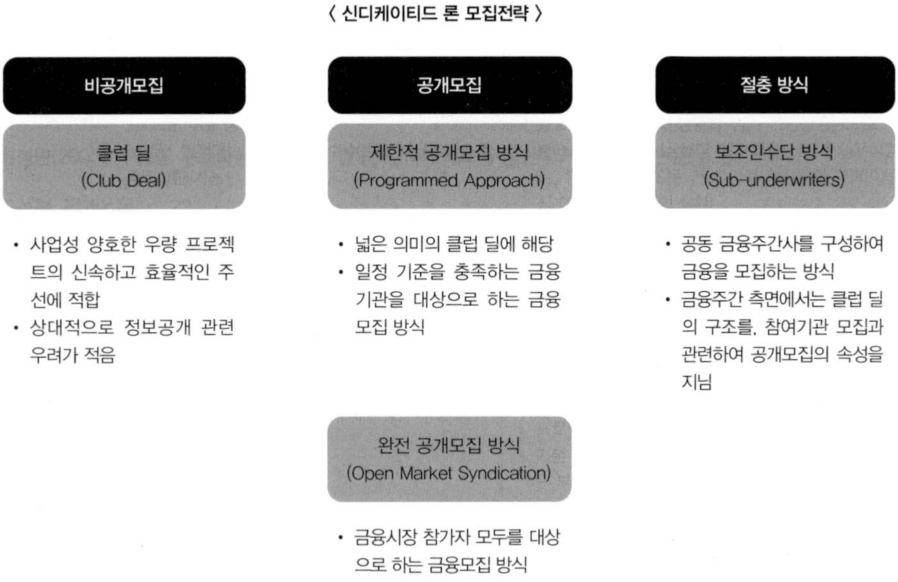

〈 신디케이티드 론 모집전략 〉

비공개모집	공개모집	절충 방식
클럽 딜 (Club Deal)	제한적 공개모집 방식 (Programmed Approach)	보조인수단 방식 (Sub-underwriters)
• 사업성 양호한 우량 프로젝트의 신속하고 효율적인 주선에 적합 • 상대적으로 정보공개 관련 우려가 적음	• 넓은 의미의 클럽 딜에 해당 • 일정 기준을 충족하는 금융기관을 대상으로 하는 금융모집 방식	• 공동 금융주간사를 구성하여 금융을 모집하는 방식 • 금융주간 측면에서는 클럽 딜의 구조를, 참여기관 모집과 관련하여 공개모집의 속성을 지님
	완전 공개모집 방식 (Open Market Syndication)	
	• 금융시장 참가자 모두를 대상으로 하는 금융모집 방식	

그림 7.1 금융모집 방식에 따른 신디케이티드 론의 구분

참고로, 자산유동화 방식이나 부동산펀드 등의 집합투자 방식은 금융기법을 기준으로 하여 구분되는 것이고, 신디케이션 방식도 엄연히 자금조달 방식 중 하나이긴 하나, 자산유동화와 같은 개별적인 금융기법과는 다른 기준에 의해서 구분되는 금융방식임을 앞서 이 책의 자금조달 방식 부분에서 그림으로 설명드린 바 있습니다. 즉, 신디케이션은 금융지원이 어느 한 금융기관에 의해서 단독으로 이루어지느냐 아니면 공통의 금융조건하에 둘 이상의 금융기관이 공동 약정을 통하여 지원하느냐를 기준으로 하여 구분되는 금융 방식이라는 점을 다시 한번 안내드립니다.

3. 신디케이션의 절차

신디케이션의 기본 절차

앞서 부동산개발금융의 일반 절차를 그림으로 설명드렸습니다. 그림 4.1에서 '금융주선(신디케이션 포함)'이라고 표시한 부분이 있었는데, 이 부분을 보다 자세히 설명드리겠습니다.

신디케이션의 기본적인 절차는 다음과 같습니다.

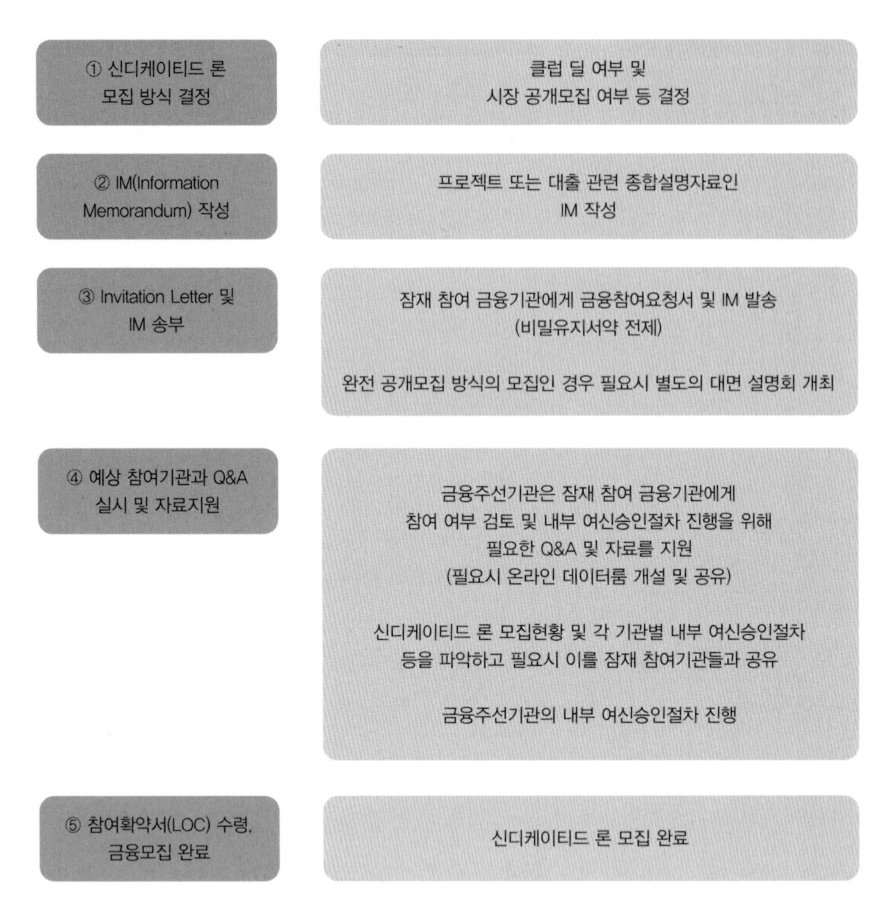

그림 7.2 신디케이션의 기본 절차

그림에서 보시는 것처럼, 신디케이션은 특정 금융기관이 단독으로 지원하는 대출과 비교하여 금융주선기관(arranger)이라는 개념이 도입되어 업무가 처리되는 점이 가장 큰 특징입니다. 금융자문계약을 체결하거나 또는 기채의뢰서를 수령하여 금융주선사로 지정된 금융기관은 사업추진자 및 기타 이해당사자와 협의를 하여 금융구조 설계 및 금융조건 결정 후에 이러한 금융구조 및 금융조건을 바탕으로 해당 프로젝트의 금융지원에 참여할 금융기관을 모집합니다.

물론 경우에 따라서는 사업추진자가 원하는 기간 내에 금융지원이 성사되지 않을 경우를 대비하여, 금융주간사가 총액인수를 확약하는 경우도 있습니다. 원래 총액인수란

기업이 채권이나 주식을 발행할 때, 해당 채권이나 주식의 시장매출이 완료되지 않을 경우를 대비하여, 발행 채권 또는 주식 전부를 확정적으로 주간사가 인수(매입)하는 것을 사전에 확약하는 것[2]을 가리킵니다. 부동산개발금융에 있어서는 필요한 대출금액이 모두 모집되지 않을 경우, 우선 금융주선기관이 모집되지 않은 부족한 부분까지 본인이 대출을 실행하여 지원하고, 일단 신디케이티드 론의 모집이 완료되어 클로징된 후에 시간적 여유를 갖고 주간사가 추가로 대출해 준 대출채권을 다른 금융기관에게 매각(sell-down)하는 잔액인수까지 포함하여 혼용되는 경우가 많습니다.

한편 금융구조 설계 부분을 부연 설명드리자면, 어느 부동산개발사업에 금융지원이 금융기관 단독으로 이루어지느냐 혹은 신디케이션으로 이루어지느냐의 여부는 금융방식을 선택하고 금융구조를 설계하는 방식에도 큰 영향을 미치게 됩니다. 금융 규모가 일정 규모 이상인 경우에는 단독 금융지원보다는 아무래도 신디케이션 방식으로 금융이 지원되는 경우가 더 많은데, 신디케이션인 경우 신디케이티드 론에 수반되는 고유한 법리적 특징과 문제점[3], 절차와 기간, 비용 측면에서도 단독 금융지원과 비교하여 많은 차이가 발생합니다. 따라서 여건이 허락함에도 불구하고 단독 금융지원 방안을 배제하고 신디케이티드 론 방식으로 추진하는 것은 신중히 접근할 필요가 있습니다.

신디케이션은 부동산개발금융의 절차 중 금융기관을 모집하는 절차의 하나일 뿐, 일반적인 부동산개발금융의 절차와 동떨어져 있는 것이 결코 아닙니다. 다만, 금융기관을 모집하여 함께 금융지원을 할 때 관행적으로 정립된 업무절차가 있으므로 이를 별도로 떼어내어 숙지하는 것이 필요하고, 이를 구분한 것이 그림 7.2의 ①에서 ⑤까지의 절차라고 할 수 있습니다. (프로젝트의 종류 및 신디케이션 규모, 참여 금융기관의 종류 등의 변수에 따라 차이가 있을 수 있습니다.)

---

2 총액인수(firm-commitment underwriting)에 대해서는 이 책의 핵심용어 정리 부분 중 신디케이션과 국제 표준 금융계약 부분에서 자세히 설명드렸습니다.

3 이 책의 약정 부분을 참고하시기 바랍니다. 신디케이티드 론은 다수의 금융기관이 공통의 목적과 공통의 금융조건을 바탕으로 연합하여 실행되는 금융지원 방식입니다. 따라서 이해관계자가 다수임에 따라 발생하는 갈등의 발생가능성이 항상 잠재되어 있습니다. 물론 이러한 가능성은 신디케이티드 론의 순기능과 긍정적인 역할이 압도적이므로 굳이 부정적인 측면이라기보다는 본래적인 특징 중 하나라고 인식하는 것이 보다 합리적입니다.

신디케이션의 단계별 절차 분석

금융구조 설계와 금융조건이 어느 정도 확정됐다는 것을 전제로 참여 금융기관의 담당자가 아닌, 금융주간사 담당자의 시각에서 금융주간사의 신디케이션 실무 절차[4]를 단계별로 설명드리겠습니다.

① 클럽 딜 여부 등 금융모집 전략 결정

금융참여기관의 종류 및 대상을 어떻게 결정해야 할지 판단하는 것은 대단히 중요합니다. 가장 효율적으로 클라이언트의 니즈를 충족하기 위한 신디케이티드 론 모집전략의 중요성은 아무리 강조해도 지나치지 않을 정도입니다.

금융모집 방식은 앞서 설명드린 클럽 딜, 제한적 공개모집 방식, 보조인수단 방식 및 완전 공개모집 방식 중에서 금융주선기관이 전문적인 지식과 경험, 그리고 풍부한 금융시장 네트워크를 바탕으로 특정 프로젝트의 성공가능성 및 이와 관련된 금융모집 가능성 등을 종합적으로 고려하여 선정하게 됩니다.

클럽 딜은 앞서 이 책의 표준 금융계약서 부분에서 간단히 설명드렸습니다만, 금융기관을 모집할 때 금융시장에서 공개적으로 모집을 하지 않고, 이미 주간사와 신뢰관계가 구축된 소수 금융기관만을 대상으로 공동 금융주선 또는 금융참여 기회를 부여하는 모집 방식을 가리킵니다. "어느 클럽에 가입했다"라는 표현을 쓰는 것처럼, 특정 프로젝트의 금융지원에 참여할 소수의 클럽 회원(금융기관)을 모집해서 클로징하는 것을 가리킵니다.[5]

클럽 딜은 주로 공개적으로 시장모집을 하지 않고도 충분히 금융모집이 될 만큼 프로젝트의 사업성이나 금융조건이 양호하거나 프로젝트의 특성상 비공개로 신속한 금융모집이 필요할 경우 등에 주로 활용되고 있습니다. 물론 처음에는 클럽 딜로 시작했다가 금융모집이 여의치 않아서 공개모집으로 전환되는 경우도 있습니다.

클럽 딜의 경우 시장에서 공개적으로 모집을 하는 경우와 비교하여, 상대적으로 모집

4 국제채권이나 국제여신의 일반적인 절차와는 차이가 있습니다. 국내 부동산개발금융을 기준으로 하여 최대한 주간사 담당자의 실무적인 부분에 중점을 두고 분류 및 기재하였습니다.

5 이 책의 표준 금융계약서 부분에서 설명드린 바 있습니다만, 클럽 딜은 LMA의 "Guide to Syndicated Loan"에서 신디케이티드 론의 한 종류로 분류되고 있습니다.

기간을 단축할 수 있고, 프로젝트 및 금융모집과 관련된 정보가 금융시장에 비교적 덜 노출되는 경향이 있습니다. 폐쇄적인 것 아니냐고 할 수도 있겠지만, 사업추진자(시행사) 입장에서는 금융지원이 처음부터 공개적으로 이루어졌다가 자칫 모집이 원활하지 않을 경우 신디케이티드 론 모집의 성사 가능성 자체를 장담하기 힘든 상황에 이를 수 있고, 프로젝트 관련 정보가 공개모집 과정에서 사실상 불특정 다수에게 공개되는 결과가 초래되기 때문에 공개모집을 선호하지 않는 경우가 적지 않습니다.

물론 클럽 딜이 나름의 장점을 가지고 있는 것은 사실이나, 신디케이션이 항상 클럽 딜로 이루어지는 것은 아닙니다. 소수의 금융기관만으로 감당할 수 없는 대규모 자금조달이 필요한 경우이거나 굳이 클럽 딜로 모집할 장점이 없다고 판단될 때에는 공개모집 절차를 거치게 됩니다. 부동산개발금융의 경우 자금조달 규모가 매머드급인 경우 금융구조 설계과정에서부터 클럽 딜이 아닌 완전 공개모집이나 제한적 공개모집, 보조인수단 방식 등을 염두에 두는 경우가 대부분입니다.

그런데 국내의 경우 구조적으로 시중은행이 주선할 수밖에 없는 공공기관 PF 보증서 담보부 대출을 제외하고는 대형 증권사가 주요 부동산개발금융을 주도하는 경향이 뚜렷합니다. 따라서 대규모 부동산개발금융인 경우 이를 주선할 플레이어(player)들이 제한적인 편이며, 대형 증권금융기관이 총액인수를 포함한 공동 금융주선을 실행하고 해당 신디케이티드 론을 시장 매출하는 것이 보편적입니다. 이러한 구조는 금융주선의 측면에서는 명확하게 클럽 딜의 형태를 띠게 되고, 각 금융주선기관이 총액인수한 범위 내에서 각자의 책임으로 다시 클럽 딜 방식 또는 제한적·완전 공개모집 방식의 대출채권 매각을 실행하는 사실상 보조인수단 방식의 구조를 지니게 됩니다.

간혹 클럽 딜을 신디케이티드 론과 전혀 다른 별개의 금융 방식으로 오인하는 경우가 있는데, 클럽 딜도 엄연히 신디케이티드 론의 일종입니다. 따라서 클럽 딜로 모집된 대출 또한 당연히 신디케이티드 론이라고 할 수 있으며 관련 활동도 신디케이션이라고 할 수 있습니다. 다만, 클럽 딜의 경우 그 절차가 일반적인 공개모집 절차에 기반한 신디케이티드 론과 비교하여 상대적으로 절차가 간소한 경우가 많아서 현업에서 그러한 신디케이티드 론과 대비되는 용어로서 편하게 사용되는 경향이 있습니다만, 마치 클럽 딜이 신디케이티드 론과 전혀 별개의 금융모집 방식인 것처럼 오해하지는 않으셨으면 합니다.

부동산 PF를 위한 타인자본조달, 즉 대출의 모집전략으로서 처음부터 완전 공개모집 방식을 채택하는 것은 드뭅니다만, 만일 이런 방식을 채택하게 되는 경우에는 특별한 사유가 없는 한 국내의 주요 금융기관 모두를 대상으로 사업설명회를 개최하는 것이 일반적입니다. 즉, 1금융권인 시중은행을 비롯하여 대형 증권사, 주요 연기금 및 공제회, 캐피털사 및 저축은행, 새마을금고 및 신용협동조합에 이르기까지 사실상 금융기관의 종류와 관계없이 잠재적인 금융참여 또는 공동 금융주선 기관으로 보고 사업설명회를 개최하게 됩니다(물론 프로젝트에 따라 대상 금융기관의 종류나 수 등은 적절히 선택할 수 있습니다).

사업설명회를 개최할 때에는, 사업성검토기관·감정평가기관 및 법률자문기관 등 전문 용역기관들과 협의하여 사전에 프로젝트 및 금융조건 등을 소개하는 자료, 즉 IM(Inforamtion Memorandum)을 작성하여 사업설명회에서 배부하는 것이 일반적입니다. 물론 사안에 따라 비용과 인력, 그리고 시간이 물리적으로 소요되는 사업설명회를 생략하고 IM 및 Invitation Letter 등 서면자료 배부로 대체하는 경우도 많습니다. 공개모집을 전제로 하는 사업설명회를 개최하게 되는 경우, 참여하는 기관의 비밀유지서약에 불구하고 사실상 금융시장에 해당 프로젝트의 정보가 모두 공개되고, 향후 금융모집이 여의치 않을 경우 프로젝트 진행 자체에 부정적인 영향을 끼칠 가능성을 배제할 수 없으므로 신중히 접근할 필요가 있습니다.

참고로 공개모집 방식도 대상 금융기관의 종류에 따라 다시 세분할 수 있습니다. 예를 들어, 참여대상 금융기관을 1금융권으로 한정하여 금융주선 활동을 하는 경우 1금융권에 속한 모든 금융기관에게 참여의 기회가 공개적으로 제안된다는 측면에서는 제한적 공개모집 방식보다는 완전 공개모집 방식에 더 가깝다고 할 수 있습니다.

프로젝트에 따라 달라질 수 있어서 섣불리 일반화하기 어려운 점은 있으나 부동산개발금융과 관련하여 금융주선기관이 선호하는 정도를 기준으로 금융모집 방식을 구분하면 그림 7.3과 같습니다.

② IM 작성

클럽 딜 여부 등 금융주선 전략을 결정한 후에는 본격적으로 금융기관을 대상으로 세일즈에 나서야 합니다. 우리가 어떤 물건을 판매할 때 해당 물건에 대한 소개자료를 참고하는 것과 마찬가지로, 신디케이션의 경우에도 해당 프로젝트 및 금융조건을 설명하

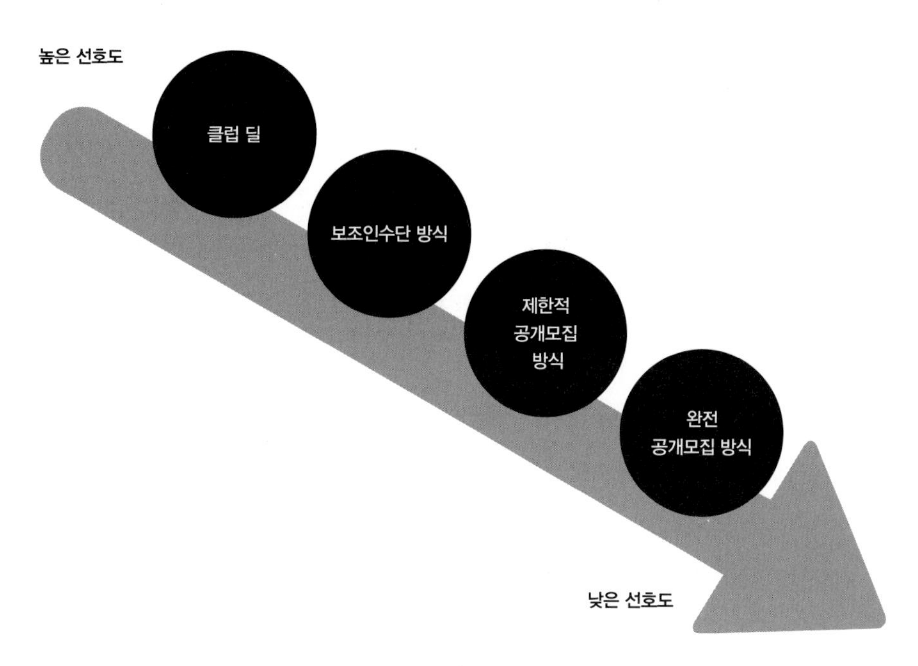

그림 7.3 신디케이티드 론 금융모집 방식의 일반적인 선호도

는 자료를 작성해야 합니다. 이를 금융시장에서는 흔히 IM이라고 하는데 'Inforamtion Memorandum'의 줄임말로서 프로젝트 또는 대출 관련 종합설명자료에 해당합니다.

이러한 IM은 사업의 기본 개요를 포함한 전반적인 소개, 사업진행의 주체 및 시공사 등 주요 당사자, 금융구조, 자기자본 및 타인자본 조달계획, 주요 금융조건인 term sheet, 그리고 사업타당성 및 금융지원 후 원리금상환가능성에 대한 간략한 분석과 시장분석에 이르기까지 해당 프로젝트 및 금융에 대해 제3자가 궁금해할 만한 내용이 모두 망라된 종합 안내자료라고 할 수 있습니다.

IM은 배부되는 목적이 무엇인지에 따라 다양하게 작성될 수 있습니다. 보통은 위의 내용을 모두 포함한 종합 IM을 전제로 작성되지만, 사안에 따라서는 보다 축약되고 제한된 범위만을 다루는 약식 IM이 작성·배부되는 경우도 있는 등 주간사의 신디케이션 전략에 따라 달라질 수 있습니다. 많게는 문서 프로그램으로 100쪽이 넘을 정도의 분량이 되기도 하고, 파워포인트를 기준으로 약 20매 안팎의 축약형으로 작성되는 경우도 있습니다. IM의 분량을 어떻게 할지는 사안에 따라 다릅니다만, IM은 분량과 상관없이 금융주선기관의 실력과 딜을 바라보는 관점이 적나라하게 드러나는 바로미터가 되기 때문에 그 내용과 형식에 있어 결코 소홀해서는 안 됩니다.

금융현업에서는 본말이 전도되어 IM을 위한 IM 작성이 아닌가 의심될 정도로, 가장 중요한 금융구조의 설계보다는 전문기관의 시장조사 자료를 인용하여 방대하고 시각적으로 화려한 IM 작성에 과도한 에너지를 투입하는 경우도 없지 않습니다. 하지만 반대로 IM의 내용이 지나치게 빈약하거나 형식(문서의 포맷)이 일정 수준에 미달한다고 판단되는 경우, 프로젝트의 사업성과는 별개로 IM을 받아보자마자 바로 금융참여 검토를 중단하는 경우도 없지는 않으니, 비록 IM이 금융주간사에 따라 자유 양식으로 작성되는 경향이 있다고 하여 편하게 작성될 자료가 아닌 것만은 분명합니다.

한편, IM 작성과 앞서 설명드린 금융모집전략의 결정은 실무에서는 사실상 동시에 일어나기도 합니다. 클럽 딜로 진행할 것인지 등을 결정함에 따라 그에 알맞은 내용과 형식으로 IM을 작성하기 시작하는 것이 한 예입니다. 개별 프로젝트에 따라 특성이 모두 다르므로 그 형식과 내용을 완전히 정형화하기 힘든 점이 있습니다만, IM에 일반적으로 포함되어야 하는 내용으로 간주되는 것을 정리하면 다음과 같습니다.

- 표지와 목차[디스클레이머(disclaimer)[6] 기재]
- 사업의 기본 개요(프로젝트의 위치, 사업추진자 및 차주, 시공사, 금융주선기관 및 신탁사 외 주요 사업 및 금융당사자, 건축개요, 사업기간 등)
- 사업 및 금융구조
- 프로젝트의 자본구조
- 사업주체별 역할
- 주요 금융조건의 내용(대출규모, 금리 및 기간, 자금용도, 채권보전방안 등)
- 사업의 리스크 및 헤지 방안, 사업의 특성 등
- 사업의 예상 현금흐름 및 자금수지
- 시장조사 내용(전문 용역기관 보고서 초안이 있을 경우 해당 내용 요약)

---

6 디스클레이머(disclaimer)는 사전적으로는 의무나 권리의 포기, 기권 등을 의미하며 다양한 산업 분야에서 활용되고 있는 주의 문언을 통칭합니다. 부동산개발금융과 관련해서는 제안서나 IM, 각종 전문 용역보고서 등에서 관련 자료가 어떤 사항을 전제로 작성되었는지를 기재하고, 대출실행의무를 부담하는 의사표명으로 해석될 수 없다고 기재되거나, 금융조건은 참고용으로서 확정된 사항이 아니라는 점, 해당 자료의 유효기간이 어떠한지 등 전반적으로 해당 문서의 작성 배경과 법적 효력, 전제사항 등이 기재되는 경우가 많은데 이런 것들이 모두 디스클레이머에 해당됩니다. 즉, 책임이나 부담하는 의무, 그리고 해당 문언과 관련하여 해석상 주의해야 할 사항을 담은 문언을 가리킵니다.

• 금융주선기관의 담당자 연락처

③ Inviation Letter 및 IM 배부

작성된 IM을 첨부하여 신디케이티드 론 참여 요청서를 공문의 형식으로 잠재 참여 금융기관에게 배부하는 단계입니다. 이러한 대출 참여요청서를 Invitation Letter라고 하며 IM과 함께 참여 여부를 회신하는 내용의 조건부 대출참여 의향서 또는 대출참여 확약서 등의 회신서 등이 공문에 붙임자료로 포함되는 것이 일반적입니다.

신디케이티드 론 참여요청서는 해당 프로젝트 및 예상 금융조건에 대하여 긍정적인 반응을 보인 금융기관에 한하여 발송하게 되며, 이때 해당 금융기관의 담당자에게 구두나 이메일 등 어떠한 방식으로든 사전 접촉을 통하여 프로젝트에 대한 설명을 하고 1차적인 반응을 확인하는 것을 전제로 합니다. Invitation Letter 견양은 이 책의 부록으로 첨부하였으니 참고하시기 바랍니다.

한편, 이 책의 약정 및 표준 금융계약 부분에서 설명드렸습니다만, 일반적으로는 비밀유지서약 또는 비밀유지확약 등으로 번역되어 활용되고 있는 'N.D.A.(Non-Disclouser Agreement)' 또는 'C.A.(Confidentiality Agreement 또는 Confidential Agreement)'를 징구하고 IM을 배부하는 것이 보통입니다. 비밀유지서약 또는 확약은 비밀유지계약이라고 제목을 정할수 있는 등 비록 타이틀은 다양하게 불리고 있습니다만, 주된 내용은 해당 프로젝트와 관련하여 취득한 정보를 사전 승인 없이 제3자에게 누설하지 않겠다는 내용으로 되어 있다는 차원에서 모두 같은 성격의 문서라고 할 수 있습니다.

원칙적으로는 N.D.A. 또는 C.A.를 받고 관련 자료를 송부해야 하나, 금융기관 간에 계속 거래관계가 있는 등 신뢰관계가 있거나, 또는 시간이 촉박한 특수한 경우에는 해당 N.D.A., C.A. 등을 나중에 보완하여 징구하는 조건으로 우선 관련 데이터나 자료를 송부하는 경우도 있습니다.

이러한 N.D.A.나 C.A. 등은 금융주선기관과 잠재 참여 예상 기관 간에만 교환되는 것은 아닙니다. 금융주선기관이 기채의뢰서를 수령하는 과정에서, 해당 프로젝트를 검토하고자 N.D.A. 또는 C.A.를 사업추진자 앞으로 제공하고 자료를 수령할 때에도 활용됩니다. 또한 특별한 사정이 있지 않는 한 N.D.A.나 C.A. 등은 금융주선이 진행되는 동안 최초 한 번만 제출하는 것이 일반적입니다. 즉, 신디케이션의 단계에 따라 별도로 추가로

N.D.A. 등을 제출하지는 않습니다.

④ 예상 참여기관과 Q&A, 자료 지원

대출참여를 희망하는 금융기관의 경우 금융주간사 담당자 앞으로 다양한 질문을 하기 마련입니다. 금융주간사는 참여 희망 금융기관과는 비교가 안 될 정도로 해당 프로젝트에 대한 이해가 깊고, 관련 자료와 배경 정보도 풍부하게 가지고 있습니다. 따라서 대출참여를 검토 중인 금융기관들은 금융주간사 담당자에게 많은 질문과 자료 요청을 하게 되고, 경우에 따라서는 내부 여신의사결정에 도움이 될 수 있도록 기존에 금융주간사와 사업추진자 간 합의된 금융조건 일부를 변경해 줄 것을 요청하는 경우도 발생할 수 있습니다.

참여기관이 소수인 경우에는 그래도 낫지만, 금융주간사를 포함하여 참여 금융기관의 수가 일반적으로 5개 이상이 되면 일반적으로 금융주간사 담당자 1인 혼자서는 충분히 대응하기 쉽지 않은 경우가 많습니다. 금융기관에서는 어느 한 프로젝트를 담당하는 경우 보통 1인보다는 2인 이상이 주·부담당자로 지정되어 업무를 함께하는 경우가 많습니다. 굳이 주·부담당자 지정 여부를 떠나 팀 단위로 함께 동일한 프로젝트를 담당하는 경우도 많습니다만, 업황에 따라 또는 금융기관의 성격 및 시장 명망 등에 따라서는 팀 전체가 다수의 신규 프로젝트나 사후관리를 담당하면서 사실상 인력부족 상태에 있는 경우도 적지 않습니다. 금융주선기관의 인력부족 문제는 신디케이션에 간접적으로 부정적 영향을 끼친다는 점에서 결코 만성적인 조직문제로 치부하면서 가볍게 생각할 사항이 아닙니다. 클럽 딜이 아니라 공개모집인 경우로서 최소 5개 이상의 기관을 응대해야 하는 경우에는 금융주간사 내부적으로 관련 인력이 부족하여 업무에 차질이 발생하지 않도록 관리자가 세심하게 신경 써야 합니다.

저 역시 어느 한 프로젝트를 진행하면서 동시에 다른 딜에 대한 금융주선이나 사후관리를 진행하는 등 복수의 프로젝트 관리를 담당하면서 많은 애로를 겪은 바 있습니다. 어느 조직이든 인적자원 측면에서 여유 있는 경우는 거의 없으므로 주어진 환경에서 최선을 다해야 한다는 현실적인 제약을 모르지 않습니다. 다만, 인력이 지원되는 경우와 그렇지 않은 경우를 비교하면, 아무래도 인력이 부족한 경우 금융주선과 관련된 업무수행능력이나 관련 업무의 질(quality)에 물리적으로 영향을 미칠 수 있으므로 조직

차원에서도 관심을 기울일 필요가 있다 하겠습니다.

가장 대표적으로는, 참여 희망 금융기관에서 질의를 위해 금융주간사 담당자 앞으로 전화연락을 시도할 때 연결이 여의치 않아 적시에 궁금한 이슈에 대한 답변을 못 받는 경우를 들 수 있습니다. IM에 가급적 충분한 정보를 담을 수 있도록 금융주간사도 노력하지만, 아무래도 서면으로 된 자료만으로는 궁금한 사항을 모두 해소하기에는 역부족인 경우가 많습니다. 따라서 신디케이션에 있어 금융주간사 담당자의 일차적인 책무는, 간결하면서도 이해하기 쉽고, 가급적 풍부한 정보를 담고 있는 IM을 작성하여 배부하는 것이고, 그다음은 대출참여 희망기관 담당자로부터의 질의 및 자료요청에 성실히 응대하는 것이라고 할 수 있습니다.

덜이 우량하여 신디케이티드 론 오버부킹(overbooking)[7]이 예상되는 경우 또는 질의를 하는 참여 희망기관 담당자의 부족한 전문성을 사유로 간혹 금융주간사가 참여 기관의 정당한 질의에 대하여 불성실하게 답변하거나 제대로 된 자료를 적기에 지원하는 것을 우선순위로 두지 않는 경우를 가끔 보곤 합니다.

금융주선기관의 담당자는 금융모집과 금융주선기관의 시장 명망 유지를 위해서 겸손한 자세로 참여 금융기관 담당자의 의견을 경청하고, 요청하는 사항에 대하여 성실하게 대응하는 자세를 가질 필요가 있습니다. 사안에 따라서는 금융주간사의 담당자가 참여 금융기관을 직접 방문하여 질의응답을 개최하는 것을 고려하는 등 적극적인 자세를 가질 필요도 있습니다. 이처럼, 금융주간사의 담당자는 해당 프로젝트의 금융모집이 성공적으로 이루어질 수 있도록 잠재적인 참여 금융기관에게 금융구조의 장단점 및 특성, 전반적인 내용을 누구보다 잘 숙지하고, 이를 제대로 전달하는 데에 최선을 다해야 합니다. 이러한 자세는 단순한 비즈니스 에티켓 차원에서 필요한 것이 아니라, 원활한 신디케이션에도 직접적으로 도움이 되고 장기적으로는 해당 금융주선기관의 전반적인 주선능력에 대한 좋은 시장 평판으로 이어져 결국 향후 금융주선에도 실질적으로 큰 도움이 되는 무형자산이 될 수 있습니다.

또한 잠재적인 참여 희망기관에게 자료를 전달하고 사업구조 등을 설명하는 업무와

7 이 책의 부동산개발금융 절차 부분에서 설명드렸습니다만, 필요한 대출 모집금액보다 더 많이 모집되는 것을 국내 투자금융시장에서는 흔히 '오버부킹(overbooking)'되었다고 표현합니다. (국제 신디케이션 시장에서의 정식 명칭은 'oversubscription'입니다.)

더불어, 금융주간사 담당자가 신경 써야 할 부분은 신디케이션 모집현황을 수시로 파악하고 이를 적절히 활용하는 것입니다. 클럽 딜의 경우에도 상대방이 불가피하게 참여를 못한다고 통보해 오는 경우를 당연히 염두에 두고 있어야 합니다. 클럽 딜이 아닌 공개모집 방식인 경우에는 최종적으로 어느 금융기관이 참여하게 될지 더욱 예단하기 어려운 경우가 많습니다. 실제로, 금융 참여에 문제없을 것이라고 자신하던 금융기관이 신디케이션 완료 목표일을 앞두고 불가피한 사유로 참여를 못하게 됐다고 통보해 오는 경우를 현업에서 심심치 않게 경험할 수 있습니다.

보통 부동산개발사업의 토지매입이나 착공 등의 일정은 확정된 상태에서 프로젝트가 진행되는 경우가 많으므로 자칫 신디케이션 구성이 예상된 기간 내에 이루어지지 않을 경우, 해당 프로젝트에 큰 차질을 빚거나 최악의 경우 프로젝트 자체의 무산으로 연결될 수도 있습니다. 따라서 신디케이션의 기한 내 완료라는 지상과제는 금융주간사 담당자에게는 상상할 수 없을 정도의 엄청난 심적 부담으로 다가오게 됩니다. 극심한 심적 압박감 속에서도 금융주간사 담당자는 금융주간기관 자체의 내부 여신승인절차를 병행하면서, 아울러 참여 금융기관의 참여 의사결정 절차진행 현황 등도 주의 깊게 파악하여 적절한 조치를 취해야 하는 총괄 조정자(general coordinator)의 지위에 있다는 것을 잊어서는 안 됩니다.

참고로, 금융주간사가 아닌 단순 참여 금융기관의 입장에서는 내부 심사업무를 제외한 대부분의 업무를 금융주간사가 수행하고 주요 자료를 제공해 주는 등 도움을 주기 때문에 금융주간사와 비교하여 상대적으로 수월하게 업무를 진행할 수 있습니다. 이 경우 단순 참여 기관은 금융주간사가 신디케이션 완료를 대가로 받는 별도의 금융주선수수료를 향유할 수 없음은 물론입니다.

데이터룸을 적극적으로 활용하자

데이터룸(data room)이란 부동산PF의 신디케이티드 론이나 기업 인수합병 등의 특정 프로젝트 또는 거래와 관련하여, 비밀유지서약 등을 제출한 정보수요자에 한해 제공되는 자료가 보관된 물리적 또는 온라인 공간을 의미합니다. 관계 법령에 의거 열람이 제한되거나 프로젝트의 특성상 달리 요구되는 경우를 제외하고는 일반적으로 국내에서는 부동산PF 관련 별도의 물리적인 데이터룸이 운용되는 경우는 거의 없으며 대부분 온라인 데이터룸으로 운용되고 있습니다. 온라인 데이터룸의 경우 금융주선기관이 지정하는 별도의 클라우드 사이트에 비밀번호를 입력하고 입장하여 열람하거나 다운로드받는 것이 일반적입니다.

국내 신디케이티드 론의 경우 클럽 딜로서 참여 금융기관이 소수인 경우에는 별도의 데이터룸을 운용하지 않고 금융주선기관과 참여 금융기관 담당자 사이에 이메일이나 팩스, 또는 실제 출력본 자료(hard copy)의 교환 등에 의해 업무가 처리되는 경우가 일반적이며 업무효율 측면에서도 큰 불편을 느끼지 못하는 경우가 많습니다.

하지만 자료의 양이 방대하고 참여 금융기관의 수가 많은 경우에는 가급적 제3의 온라인 데이터룸을 마련하고 자료공유에 활용하는 것이 훨씬 효율적입니다. 다만, 신디케이티드 론 모집 등 비록 불가피한 영업행위와 관련된 것일지라도 금융기관이 보유한 각종 거래자료나 관련 정보의 외부유출은 엄격히 제한되고 있습니다. 고객정보보호 및 중요 정보의 보안은 반드시 준수해야 하는 중요한 가치이므로 금융주선기관 내부의 고객정보보호 및 정보보안 관련 내규에서 허용되는 범위에서 업무의 효율성을 높일 수 있는 데이터룸의 현실적인 운용방안 고민이 필요하다 하겠습니다.

⑤ 참여확약서 수령 및 금융모집 완료

신디케이티드 론에 참여를 희망하는 금융기관이 금융을 지원하겠다는 확약서를 제출하고 금융주간사가 이를 수령하는 단계입니다. 이때 목표로 하는 금액을 초과해서 참여확약서(Letter of Commitment, LOC)가 제출되는 경우, 즉 오버부킹되는 경우가 있습니다. 오버부킹된 경우는 금융주선기관이 목표로 하는 대출모집 금액에 미달하여 속이 타는 경우와 비교하면 훨씬 나은 것이 사실이지만, 그렇다고 마냥 좋아할 수만은 없는 경우도 적지 않습니다.

보통 해당 프로젝트의 사업성이 뛰어나고, 금융참여로 얻는 과실(수수료, 이자마진 등)이 양호하여 신디케이션에 참여하고자 하는 금융기관이 많을 때 오버부킹이 되곤 합니다. 이 경우 목표로 하는 금액이 미달할 걱정은 안 해서 좋지만, 초과된 부분을 어떻게 처리해야 할지가 문제 될 수 있습니다. 원칙적으로는 객관성을 사전에 담보하기 위해 신디케이티드 론 모집 초기부터 오버부킹되는 경우의 처리방안을 사전에 참여 금융기관에게 고지하고, 실제로 오버부킹된 금액은 사전에 고지한 방안대로 참여 금융기관이 제출한 참여확약서의 참여금액을 기준으로 하여 그 비율만큼 공평하게 안분차감하는 방식으로 조정하며 참여기관도 이에 동의하는 경우가 대부분입니다.

그러나 금융기관에 따라서는 참여금액 배분 관련 사전 고지에 불구하고 막상 대출참여 희망금액에 미달하는 금액이 최종 배정되는 경우 극단적으로 참여 자체를 포기하겠다며 민감하게 반응하는 경우도 있으며, 반대로 안분비율을 초과하여 참여 희망금액이 감소되어도 수용할 수 있다는 의견을 개진하는 경우도 있는 등 참여기관의 내부 사정에 따라 다양한 의견이 개진될 수 있습니다. 그러므로 오버부킹이 되는 경우 앞서 말씀드린 배분관행을 기준으로 처리하되 금융주선기관과 참여 금융기관 사이에 긴밀한 협의를 통해 관련 이슈를 원만히 조정하는 것이 바람직합니다.

금융현업에서 신디케이티드 론과 관련하여 오버부킹이 문제가 되는 경우는 그다지 많지 않습니다. 오히려 참여금액을 취합해 보니 목표금액에 미달하여 금융주간사 실무자가 밤잠을 설치는 경우가 훨씬 더 많으므로 오버부킹 가능성은 크게 걱정하지 않으셔도 됩니다. 오버부킹됐다는 것은 특별한 사유가 없는 한 적어도 목표로 하는 금액 이상으로 금융모집이 완료될 가능성이 대단히 높다는 것을 뜻하므로 오버부킹 관련 문제가 심각해지지 않는다면 '행복한 고민'으로 그치게 될 가능성이 높습니다.

신디케이티드 론에 참여할 금융기관의 구성이 완료되는 경우, 이를 흔히 '대주단 구성 완료'라고 표현하며, 최종 확정된 각 금융기관의 참여금액 및 배분되는 수수료 등을 명시하여 각 대주 기관에게 공식적으로 통지하는 절차를 밟게 됩니다.

4. 대리금융기관의 역할

대리은행, 담보대리은행 및 자금관리기관

신디케이션과 관련하여 한 가지 더 말씀드릴 사항은 바로 대리금융기관의 역할에 대한 것입니다. 대리금융기관은 영문 표준 금융계약에서 보통 'Agent'로 표기[8]되는데, 신디케이티드 론의 최초 인출이 마무리된 후에 참여 대주 금융기관을 대리하여 업무를 수행하는 기관을 가리킵니다.

대리은행은 특별한 사유가 없는 한 금융주간기관이 그 역할을 맡는 것이 바람직하나, 금융주간사가 시중은행이 아니고 대리금융기관 역할을 하는 데 적합하지 않은 경우에

8 대리금융기관은 금융시장에서 대부분 "Agent" 또는 "대리은행" 등으로 표기되고 있음은 앞서 핵심용어 설명 부분에서 말씀드린 바 있습니다.

는 신디케이티드 론 참여 금융기관 중 공신력이 인정되는 어느 한 기관을 대리은행으로 지정하는 것이 일반적[9]입니다. (이런 경우에도, 금융주간사는 해당 부동산개발금융, 즉 대출 등이 상환 완료될 때까지 공식·비공식 책임을 지고 신디케이티드 론 관리에 직간접적으로 관여하는 경우가 많습니다.)

대리은행은 달리 정해진 사유가 아닌 한, 취급된 대출과 관련하여 거의 모든 사항에 참여 대주단을 대표하여 업무를 수행할 권한을 부여받게 됩니다. 물론 대주단의 의사결정이 필요한 경우에는 일일이 각 참여 금융기관의 의사를 물어야 하지만, 그렇지 않은 경우에는 사전에 약정된 업무범위 안에서 대리권을 부여받고 관련 업무를 수행합니다. 대표적으로 차주가 약정을 제대로 준수하고 있는지 선관주의 의무를 바탕으로 약정에 의거 정기적으로 확인을 하고 프로젝트의 정상 진행 여부를 점검하는 것을 들 수 있습니다.

대부분의 부동산PF에서는 대출금이 최초로 인출된 후 언제까지 어떤 일이 완료돼 있어야 한다는 인출후행조건이 부여됩니다. 인출후행조건은 정해진 기한 내에 특정 사안을 완료하도록 강제하는 것이므로 해당 기한 내에 실제로 완료가 됐는지, 혹시 정해진 기한 내에 완료가 되지 않을 가능성은 없는지 등을 면밀하게 점검해야 하는데, 바로 이러한 업무를 대리은행이 수행하게 됩니다. 이 외에도, 해당 대출금의 취급이나 이자의 수납 및 분배 등도 대리은행이 취급하는 주요 업무이며, 담보물을 관리하고 담보물의 처분대금을 수령하고 분배하는 등 전반적인 채권보전 방안을 관리하고 프로젝트의 현금흐름을 통제, 관리하는 자금관리도 대리은행이 수행하는 중요한 업무 중 하나입니다.

특별한 경우가 아니라면 대리은행은 금융주선기관이 맡는 것이 원칙이나, 금융주선기관이 대리은행 역할을 수행하기에 구조적으로 적합하지 않은 경우에는 대주단과 협의하여 참여 금융기관 중 한 곳이나 별도의 전문 기관에 대리은행 역할을 위탁합니다. 또한 프로젝트의 담보물이 방대하고 복잡한 경우에는 담보물의 관리와 권리행사 등을 위해 대리금융기관을 분리하여 별도로 담보 대리금융기관(담보 대리은행)을 지정하여 일반 대리은행과 함께 복수로 운영하기도 하는 등 실무적으로는 프로젝트의 특성에 따라 적절하게 운용[10]할 수 있습니다.

---

9 법리적으로 업무영역을 분담하여 복수의 대리금융기관을 운용하는 것도 가능합니다만, 책임소재의 불명확함, 업무효율 저하 가능성을 고려할 때 그다지 권할 만한 방식은 아닙니다.

10 별도로 분리하여 명기하지 않는 한, 대리은행은 담보대리기관의 역할을 병행하는 것이 일반적입니다. 또한 프로젝트 및

대리은행의 업무범위는 비교적 표준화되어 있으나 경우에 따라서는 당사자 간 합의에 따라 그 업무범위가 제한적인 경우도 있습니다. 따라서 대리은행의 정확한 업무범위, 권리와 의무에 대해서는 반드시 관련 약정의 해당 부분을 꼼꼼히 살펴보는 습관을 갖는 것이 좋습니다.

한편, 해당 대출의 최초 인출(기표)이 완료되고 나면, 금융주간사 담당자는 약정에 별도로 그 의무가 명시되어 있지 않더라도 가급적 인출후행조건 관리표 등의 자료를 별도로 작성하여 대주단 실무진과 공유하는 것이 좋습니다. 금융주간사뿐만 아니라 참여 금융기관에서도 해당 프로젝트 외에 다수의 신디케이티드 론을 관리하는 경우가 대부분입니다. 혹시라도 향후 담당자의 교체나 부서이동 등의 사유로 주요한 사항에 대한 관리가 소홀해지지 않도록 해당 프로젝트에 대한 이해와 기억이 가장 높을 때인 인출 직후에 사후관리를 위한 자료를 미리 작성해 놓는 것이 바람직합니다. 번거롭더라도 그러한 관리표 등의 자료를 작성해 놓으면, 일일이 관련 약정을 들춰서 찾아보지 않더라도 인출후행조건의 이행 여부를 공사 및 분양, 현금흐름 등의 측면에서 프로젝트가 정상적으로 진행되고 있는지, 신디케이티드 론에 미칠 수 있는 영향은 어떠한지에 대한 주요 점검사항을 누락시키지 않고 보다 효율적으로 관리할 수 있습니다.

대리은행이 자칫 자신의 의무를 해태하는 경우가 발생하면 향후 심각한 결과로 이어질 가능성이 높습니다. 금융구모가 큰 신디케이션에서 설마 대리은행의 업무실수가 있을까 생각될 수도 있지만, 부동산개발금융의 경우 해당 프로젝트에 특화돼서 맞춤형으로 약정서와 금융조건이 작성되는 경우가 많으므로, 주의해서 관리하지 않으면 각 프로젝트별로 부여된 조건이나 의무를 자칫 누락하거나 모르고 지나갈 가능성이 항상 상존합니다.

금융기관에 따라서는 주요한 내용이나 조건을 전산으로 등록하여 관리하는 경우도 있습니다만, 약정의 모든 내용을 데이터베이스화하여 금융기관의 공식 전산망에 등록하는 것은 기술적으로도 장벽이 있고, 너무 많은 정보가 등록되는 경우 정보 간 중요도를

신디케이티드 론의 자금관리를 담당하는 기관을 '자금관리기관'이라고 하는데, 금융구조상 별도의 신탁사 등 전문 위탁기관이 해당 업무를 수행하지 않는 한 금융주선기관이 자금관리기관 역할도 함께 수행하는 것이 이론적으로나 실무적으로 가장 바람직합니다. 금융주선기관의 기관 속성상 대리은행 역할 수행이 당초부터 적합지 않은 경우에는 물론 예외로 합니다.

판별할 수 없어서 실무적으로는 그다지 도움이 되지 않을 가능성도 높습니다. 따라서 일반적으로는 앞서 말씀드린 관리표를 작성하여 대주단뿐만 아니라 차주 및 시공사 등 주요 당사자와 공유하시길 권유드립니다. 한편, 대리은행의 역할 수행을 포함하여 효율적인 사후관리를 위해 구조적인 측면에서는 신디케이티드 론이 취급된 후에 별도의 전담 관리조직에 사후관리를 이관하는 방법도 고려해 볼 수 있습니다.

대리은행이 수행하는 업무의 중요도를 고려했을 때, 가급적 대리은행의 역할은 해당 금융기관의 본점 전문 부서에서 맡는 것이 바람직하며, 전문성이 떨어지는 지점이 업무를 수행하도록 하는 것은 지양할 필요가 있습니다. 물론 상황에 따라서는 해당 금융기관의 어느 지점에서 대리은행 업무를 수행하도록 약정되는 경우도 있습니다만, 부동산개발금융에 대한 전문성이나 관리능력, 위기 대처능력 등을 고려했을 때, 가급적 해당 금융기관의 본점 부서 등 전문 부서에서 담당하는 것이 여러모로 바람직하다고 할 수 있습니다.

저자인 저도 금융주선기관으로서가 아니라 단순 금융참여기관의 지위에서 업무를 경험한 경우도 있습니다만, 실무적으로 대리은행의 업무태도나 사명감 등에서 아쉬움을 느낄 때가 종종 있었습니다. 법적으로 대리은행은 대주단으로부터 업무를 수권받아 수행하는 대리인의 지위에 가깝다고 할 수 있지만, 부동산개발금융이나 투자금융 분야에 있어 대리은행이 대주단의 구심점 역할을 한다는 점에서 약정상 업무범위와 의무와 별개로 그 위치나 역할은 기본적으로 매우 막중합니다.

프로젝트나 신디케이티드 론의 원활한 진행을 위해서는 대리은행의 꼼꼼한 관리가 뒷받침되어야 합니다. 그러나 현실에서는 해당 프로젝트에 문제가 생기기 전까지는 대리은행의 업무가 원리금의 수납 및 분배 등의 매우 정형화된 업무에 국한되는 경우가 많기 때문에 대리은행의 중요성에 대해서 제대로 인식하지 못하는 경우도 있습니다. 사후관리의 중요성과 연결됩니다만, 부동산PF가 취급된 이후 대리은행은 단순히 반복되는 업무를 수행하는 대리인이라는 인식에서 벗어나 해당 프로젝트가 제대로 수행되는지 관리·감독하고 때에 따라서는 선제적으로 이슈 사항에 대해서 대주단 및 차주, 시공사 간 협의를 개시하는 등 프로젝트의 총괄 조정자라는 인식이 필요합니다.

대리은행은 업무의 특수성 및 역할을 고려하여 일반적으로 별도의 대리은행 수수료를 대리은행 업무에 대한 반대급부로서 수취하는데, 사업추진자 측에서 대리은행의 역할에 대한 기본적인 이해가 부족하여 상식적으로 받아들이기 어려운 낮은 수준을 제시하는 경우도 종종 있습니다. 대리은행 담당자뿐만 아니라 사업추진자 관점에서도 대리은행의 위치와 역할을 인식하고 합리적인 대가가 책정되도록 노력하는 자세가 필요하다 하겠습니다.

대리은행과 함께 부동산개발금융 약정에서 가장 흔하게 접할 수 있는 것 중 하나가 '자금관리기관'입니다. 프로젝트에 따라서는 대리은행이 사실상 자금관리기관의 역할을 하도록 업무의 범위를 기술하고 별도로 자금관리기관이 어디인지 명확히 기술하지 않는 경우도 있습니다만, 엄밀히 말하면 대리은행과 자금관리기관은 그 지위가 다릅니다(물론 겸직은 가능합니다. 즉, '대리은행 겸 자금관리기관'은 부동산개발금융에서 일반적인 구조입니다).

금융주간사 또는 금융참여기관 중 어느 한 기관이 이러한 대리은행 또는 자금관리기관의 역할을 수행하는 경우에는 사실상 대출채권자의 지위에서 해당 역할을 수행하는 것으로 보아야 합니다. 법리적으로는 물론 대출채권자로서의 지위와 대리은행 및 자금관리기관의 지위가 다르다고 할 수 있지만, 부동산펀드 방식 또는 구조화금융 방식이 아닌 순수 대출방식으로서 금융주간사 또는 참여 금융기관 중 적어도 어느 한 곳이 해당 업무를 수행하는 경우라면 대출채권자 및 대리은행·자금관리기관의 이해관계는 사실상 동일하다고 할 수 있습니다.

참고로, 대출채권을 매각하는 경우와 같이 특수한 경우에는 얘기가 달라질 수 있습니다. 즉, 대주단의 일원이면서 동시에 대리은행 및 자금관리기관을 겸하고 있는 금융기관이 해당 대출채권을 제3자 앞 매각하는 경우를 가정해 보겠습니다. 이 경우, 채권매각대금은 대출채권자의 지위에서 뿐만 아니라 대리은행 또는 자금관리기관으로서의 지위에서의 관련 미수취 수수료도 포함되어 있는 것인지 여부를 명확히 해야 합니다. 그렇지 않을 경우, 매수인 측에서는 매매대금의 지급으로 대리은행 또는 자금관리기관이 수취하지 못하고 남아 있는 수수료 수취권도 소멸한 것으로 주장하는 등 분쟁이 발생할 가능성이 있습니다.

참고문헌

[1] 이미현 · 고훈(2004). 연재: 국제금융법의 현상과 과제3: 국제대출계약의 특징과 구조 – 신디케이티드론을 중심으로. **BFL**, 5(0), 107–120.

[2] 홍대희(2006). 국제채 및 해외 포트폴리오. 한국금융연수원 도서출판부, p. 267.

APPENDIX

부 록

부록 1-1

『서울市 ○○ 개발 프로젝트』 금융제안서(안)

20XX. XX. XX (X)

본 주요금융조건(案)은 ○○은행의 최종안 또는 대출약정을 의미하는 것이 아니며, 추후 실사 및 ○○은행 내부 승인을 조건으로 하는 것으로서 당사자간 법적인 구속력이 없으며, ○○은행은 본 제안서로 발생될 수 있는 일체의 손해배상 책임을 부담하지 아니합니다. 또한 본 주요금융조건(案)의 내용은 비밀을 엄수하는 조건으로 귀사에 제공되는 것이므로 ○○은행의 동의 없이 복사, 복제, 배포될 수 없습니다. 본 제안서의 유효기일은 제출일로부터 3개월입니다.

○○은행 ○○○○부

『○○市 ○○ 개발 프로젝트』 금융제안서(안)

주요 금융조건(안) 핵심내용 요약

<table>
<tr><th>항 목</th><th>내 용</th></tr>
<tr><td>차주</td><td>○○㈜</td></tr>
<tr><td>금융주선기관</td><td>○○은행</td></tr>
<tr><td>대리은행</td><td>○○은행</td></tr>
<tr><td>금융조달방식</td><td>Syndicated Loan (대출방식을 기준으로 상세 금융방식은 추후 결정)</td></tr>
<tr><td>총 모집금액</td><td>최대 ○○○○ 억원 이내</td></tr>
<tr><td>자금용도</td><td>○○ 개발 프로젝트에 소요되는 토지비, 공사비 및 운영비, 기타 사업비에 충당</td></tr>
<tr><td>여신만기 및 상환방법</td><td>• 1안) 최초 인출일로부터 5년: 불균등분할상환
• 2안) 최초 인출일로부터 3년: 불균등분할상환
– 상세 분할상환방식 및 일정은 추후 협의</td></tr>
<tr><td>금리</td><td>• 적용 대출금리: 기준금리 + Spread (1년 변동금리)
• 기준금리: 최초 인출일 직전 3영업일간 금융투자협회 홈페이지 고시 무보증 금융채(은행채) AAA의 해당만기 민간평가사 평균종가수익률 산술평균 (소수점 둘째자리로 반올림)
– 참고: 'XX.XX.XX 현재 5년만기 X.XX%, 3년만기 X.XX%
– Spread: ① X.XX% (대출기간 5년 시) ② X.XX% (대출기간 3년 시)</td></tr>
<tr><td>수수료</td><td>
<table>
<tr><th colspan="2" rowspan="2">항 목</th><th colspan="2">수수료율</th></tr>
<tr><th>만기 5년</th><th>만기 3년</th></tr>
<tr><td rowspan="4">수수료</td><td>주선수수료율</td><td>0.05% flat</td><td>0.05% flat</td></tr>
<tr><td>참여수수료율</td><td>0.10% flat</td><td>0.10% flat</td></tr>
<tr><td>대리은행수수료율</td><td>추후 협의</td><td>추후 협의</td></tr>
<tr><td>연 수수료율</td><td>0.15% p.a</td><td>0.15% p.a</td></tr>
</table>
• 계산편의를 위하여, 수수료는 대출기간 동안 안분되는 것으로 산정
• 단, 실제 지급은 최초대출금 인출 시 일식(一式) 지급조건임(flat): 주선수수료 및 참여수수료는 연율x대출연수의 산식에 의거 산정된 금액 전액을 최초인출일에 지급조건</td></tr>
<tr><td>조기상환 수수료</td><td>• 상환금액의 0.5%
– ○○은행이 주선하는 Refinancing에 의한 상환 시 면제
– 타 금융기관의 Refinancing에 의한 상환 시 상환금액의 1.0% 적용
– 상기에도 불구하고, 대출금 최초인출일로부터 ○년 경과 시 면제조건부</td></tr>
<tr><td>채권보전</td><td>• 차주의 주권발행 및 대주단앞 1순위 근질권설정·보호예수
• 대주단앞 사업부지에 대한 제한물권 없는 1순위 근저당권 설정(대출금액의 120%) 또는 부동산담보신탁 계약체결 및 1순위 수익권증서 발행
• 모기업인 ○○○㈜의 자금보충약정(대리은행 자금보충 서면요청 시 이행조건)
– 상세내용은 추후 별도 협의</td></tr>
<tr><td>준수사항</td><td>• 적극적 준수사항: 대주가 합리적으로 요구하는 제반 자료의 제출
• 소극적 준수사항: 대주 사전동의 없는 추가 차입 및 지분관계 변동 금지
• 기타: 프로젝트 파이낸스에 일반적으로 적용되는 사항</td></tr>
<tr><td>채무불이행 사항</td><td>• ○○은행 여신거래기본약관(기업용)의 '기한전 채무변제의무'에 다음 사항 추가
– 금융계약상 준수사항 미이행, 진술과 보증사항 등 위반
– 파산, 채무자회생, 워크아웃 및 이와 유사한 절차의 개시 등</td></tr>
<tr><td>진술 및 보장</td><td>• 본건과 유사한 금융거래에서 적용되는 일반적인 사항 및 기타 대주가 요청하는 사항</td></tr>
<tr><td>비용</td><td>• 본건 금융 관련 부대비용 일체는 차주의 부담으로 함
– 부대비용 예시: 사업성평가, 법률자문비용 및 담보평가·설정수수료 외</td></tr>
<tr><td>준거법</td><td>대한민국 법률</td></tr>
<tr><td>관할법원</td><td>서울중앙지방법원</td></tr>
<tr><td>기타</td><td>• 대주의 대출채권은 약정 이후 차관단구성, 대출유동화 등을 위해 제3자에게 양도 가능
• 본 핵심내용 요약표에 기재되지 않은 주요 금융조건은 금융관행에 의거 추후 별도 협의하여 결정</td></tr>
</table>

□ Contact Points

부 서	직 위	성 명	전 화	FAX	email

(이하 여백)

부록 1-2

○ ○ 은행

우 XXX-XXX 서울시 ○ ○ 구 ○ ○ 로 ○ ○/전화 (02) XXXX-XXXX/FAX (02) XXXX-XXXX/담당 차장 홍길동

○ ○ ○ ○: 제 - 호
발신일자: 20XX.0X.XX
수신: ○ ○ (주)
참조: 재무팀 귀중
제목: ○ ○ ○ ○ 프로젝트 금융주선 및 대출 제안의 건

---

1. 귀사의 일익 번창하심을 기원합니다.
2. 제목 건과 관련하여 아래와 같이 금융 주선 및 대출 지원 등을 제안 드립니다.

- 아 래 -

차주	○ ○ (주)
프로제트명	
자금용도	
주선금액	총 ○ ○ ○ ○억원 (Syndication 모집 예정)
당행지원금액	금 ○ ○ ○ ○억원
예상금리	변동금리 - 금융채(AAA, 3년)+ X.XX% (수수료 등은 추후 별도협의)
대출기간	3년 (세부 조건은 추후 별도 협의)
상환조건	추후 별도 협의
담보조건	추후 별도 협의
기타거래 조건	금융관행상 신디케이티드 론에서 통상적으로 적용되는 사항

1. 위 내용은 대출당사자에 대한 여신심사결과 및 최종승인 과정에서 일방적으로 취소·변경될 수 있습니다.
2. 본 제안서의 용도는 귀사 앞 금융조건을 제안하기 위한 용도에 한하며, ○ ○은행의 동의 없이 제3자에게 제공할 수 없습니다.
3. 본 제안서는 청약의 효력 및 법적 구속력이 없으며, 본 제안서로 발생될 수 있는 일체의 손해배상책임을 부담하지 아니합니다.
4. 본 제안서에 의한 여신신청은 제안일로부터 3개월까지로 제한됩니다.

주식회사 ○ ○ 은행
○ ○ ○ ○ 부장

부록 2-1

○○ 은행

우 XXX-XXX 서울시 ○○ 구 ○○ 로 ○○/전화 (02) XXXX-XXXX/FAX (02) XXXX-XXXX/담당: ○○○

□□□□: 제 ○○ - XXX 호
발신일자: 20XX. XX. XX
수　신: 수신처 참조
참　조: Project Financing 담당자
제　목: 「○○○○ 신축 및 분양사업」 Project Financing 참여 요청

1. 귀 행(사)의 무궁한 발전을 기원합니다.

2. 「○○○○ 신축 및 분양사업」과 관련하여, 차주와 금융조건을 확정하여 귀 행(사)앞 대주단 참여를 요청합니다.

3. 사업성검토보고서 등 「붙임1.」의 자료를 검토하시어 20XX. XX. XX(금)일까지 「붙임2.」의 대출참여확약서(법인인감증명서 첨부)로 참여여부를 회신하여 주시기 바랍니다.

4. 기관별 최종 참여금액은 각 금융기관의 대출참여확약서 및 기 제출한 대출참여의향서 등을 감안하여 확정할 예정이며, 참여수수료는 대출금 최초인출일에 제출된 수수료수령계좌로 지급합니다.

붙임: 1. 사업성검토보고서 1부.
　　　2. 대출참여확약서(양식) 1부.끝.

○○은행 □□□□부
부장 ○○○

수신처: ○○은행, XX생명 (이상 2개 기관)

대출참여확약서

○○○○ 귀중

당 행(사)는 20XX. XX.의 귀행 문서 □□□□ 제○○호-XXX호「○○○○ 신축 및 분양사업」 Project Financing 참여 요청 공문에 제시된 금융조건 충족을 전제로 아래와 같이 대출참여를 확약합니다.

○ 대출 참여 금액: 억원
(10억원 단위)

○ 담당부서 및 책임자

담당부서	담당책임자	수수료 입금계좌
	직 위 성 명 연락처 :	계좌 개설은행 : 예 금 주: 계좌번호:

20XX. .

○○○○은행(회사) 은행장(대표이사) ○ ○ ○ (인)

비밀유지 서약서

「○○○○ 신축 및 분양사업」 Project Financing 참여 요청과 관련하여 당행이 차주 및 대출에 관한 주요정보를 귀 은행(사)에 제공함에 있어 제공되는 정보의 비밀유지를 위해 다음 사항을 준수할 것을 서약해 주시기 바랍니다. 이 서약서에서 "주요정보"란 차주 및 당행에 의해 제공된 각종 정보, 분석자료 및 문서 등을 지칭하는 것이며 아래 사항은 이에 해당되지 않습니다.

1. 이 서약서로 비밀보장을 확약하고 제공받은 주요정보에 의해 귀 은행(사)가 독자적으로 작성한 정보
2. 귀 은행(사)의 귀책사유가 아닌 사항으로써 공식적으로 표명된 정보

준수사항

당행으로부터 "주요정보"를 수령한 은행(회사) 및 그 관계회사나 관련인들은 아래의 사항을 준수할 것을 서약하여야 합니다.

1. 이 서약서상에 명기된 경우를 제외하고는 금융조건 등 상기 주요정보에 대한 비밀을 보장하여야 하며, 사전에 채무자 및 이해관계자가 서면동의한 경우를 제외하고는 정보를 공개하여서는 안됩니다. 또한 귀 은행(사) 및 관계회사나 관련인들에 의한 비밀보장이 이루어져야 하며, 본 대출의 목적 또는 본 대출과 직접적으로 관련이 있는 금융계약 이외의 목적으로 사용되어서는 안됩니다.

   주요정보는 본 대출 및 본 대출과 직접적으로 관련이 있는 금융계약과 관련하여서만 귀 은행(사)의 관계회사나 관련인에게 공개될 수 있습니다. 이와 관련하여 귀 은행(사)는 각종 정보 및 이 서약서의 제반조항들의 비밀유지에 대해 관련인들이 인지하도록 하여야 합니다.
2. 귀 은행(사)가 당해 정보와 관련된 사항을 복사하여 배부하는 경우 배부사항을 관리하여야 하며 필요한 경우 귀 은행(사)는 이를 수거하거나 이를 폐기하여야 합니다. 부득이한 사유로 회수되지 않은 각종 서류들은 비밀이 유지되어야 하며 기타 목적으로 사용되어서는 안됩니다. 다만, 다음의 경우에는 당행과의 협의를 거친 후 정보의 제공이 가능합니다.
   (1) 현재 또는 미래의 어느 시점에 공지의 사실이 된 정보의 공개
   (2) 법에 의하여 그 공개가 요구되는 정보의 공개
   (3) 재판, 중재 또는 행정절차에 따른 정보의 공개
   (4) 정보공개 당사자의 법률자문 등에 대한 정보의 공개
3. 이 서약서에서 제시된 각종 의무사항들은 대출약정기간에 불구하고 유효하게 존속합니다.

4. 이 서약서는 대한민국법의 적용을 받으며, 이 서약서와 관련된 각종 분쟁사항은 당행의 본점 소재지의 관할 법원에서 해결됩니다.

“관계회사”란 귀 은행(사)의 자회사 및 계열회사를 말하며, “관련인”이란 (1) 임직원, 변호사, 회계사, (2) 귀 은행/회사와 차주간에 서면으로 명백히 동의한 기타 전문적 자문인, 대리인을 포함합니다.

20XX년 월 일

○○은행 □□□□부

상기 비밀보장 의무사항과 관련하여 당 사는 위의 모든 내용을 인지하였으며 상기 의무사항을 준수하겠습니다.

20XX년 월 일

기 관 명

담당책임자 (서명)

부록 2-2

○○ 은행

우 XXX-XXX 서울시 ○○구 ○○로 ○○/전화 (02) XXXX-XXXX/FAX (02) XXXX-XXXX/담당: ○○○

ㅁㅁㅁㅁ: 제 ○○ - XXX 호
발신일자: 20XX. XX. XX
수　신: 수신처 참조
참　조: Project Financing 담당자
제　목: 「○○○○(ㅁㅁ동 지식산업센터)신축 및 분양사업」 PF 참여 의뢰

1. 귀 행(사)의 무궁한 발전을 기원합니다.

2. 현재 수도권지역, 그 중에서도 특히 서울을 비롯한 과밀억제권역에서의 제조업, 지식산업 및 정보통신산업 기업의 공장부지 확보 또는 본사 입주공간 등의 확보등과 관련하여, 입지문제 해결 능력이 부족한 중견 및 중소업체의 경우 수도권내의 공장부지 또는 본사 입주공간 등의 확보에 상대적으로 어려움을 겪고 있습니다.

   이러한 상황에서 지식산업센터는 입지문제 해결을 위한 최선의 대안으로 주목을 받고 있으며, 자금 및 세제지원 등의 정책지원 확대와 단지내 중소기업의 집약으로 인한 집적효과 기대 등으로 비교적 안정적인 수요가 뒷받침되고 있으며, 지식산업센터 신축 및 분양사업은 안정적인 현금흐름을 바탕으로 한 효율적인 대출운용처로 판단됩니다.

3. 당행은 서울특별시 ○○구 ○○○동 ○○-○번지 외 ○필지상에 건축되는 ○○○○ 신축 및 분양사업에 소요되는 비용중 일부에 대하여 Project Finance 지원을 추진하고 있는 바, 붙임과 같은 대출 금융조건으로 본 사업에 대한 참여를 의뢰하오니 XX월 XX일까지 회신하여 주시기 바랍니다.

붙임: 1. 조건부 대출의향서 양식 (약식 금융조건 포함) 1부.
　　　2. 사업계획서 1부.끝.

○○은행 ㅁㅁㅁㅁ부

부장 ○○○

수신처: ○○은행, △△은행, ㅁㅁ은행, ㅁㅁ화재, △△생명 (이상 5개 기관)

붙임 1.

조건부 대출의향서

수신: ○○은행 ○○○○부장

당행은 「○○○○ (□□동 지식산업센터) 신축 및 분양사업」에 대하여 아래와 같은 조건으로 대출의향서를 발급합니다.

- 아 래 -

구 분		내 용
참여금액		금 억원 (₩ -)
참여조건		당사가 사업성검토 결과(외부 사업성검토 포함) 그 타당성이 인정되어, 내부 여신승인을 득할 것.
Contact Point	직 위	
	성 명	
	전 화	
	FAX	
	E-MAIL	

20XX. . .

기관명 :

약식 금융조건

□ 차 주: 본 건 사업을 위한 특수목적법인 [○○○○㈜]

□ 대출금액: ○○○억원 (총투자비 ○○○억원의 60%) 이내

- 대 출 A: ○○○억원 [토지비일부(총 토지비의 70%)] 이내
- 대 출 B: ○○○억원 [공사비일부(총 공사비의 60%)] 이내

□ 대출기간 및 상환방법

- 대출기간: 21개월, 단 대출 B는 기성에 따라 인출함
- 상환방법: 만기일시상환

□ 적용금리 및 대출취급수수료

- 대출이율: 연 ○.○○% (금리체계: 고정금리)
- 대출참여수수료: 대출 최초 인출일에 전액 지급
  - 최종 참여금액 100억원 미만일 경우: 0.X%
  - 최종 참여금액 100억원 이상 150억원 미만일 경우: 0.X%
  - 최종 참여금액 150억원 이상일 경우: 0.X%

□ 시공사: ○○건설㈜

□ 시행대행사: ○○건설㈜

□ 주요 신용강화 구조

1. 사업부지에 대한 ○○부동산신탁에 부동산담보신탁 및 제1순위 수익권증서 취득 (대출원금의 120%)
2. 건축중인 건물에 대한 양도담보 제공(기성비 지급 시마다)
3. 완공건물의 보존등기와 동시에 ○○부동산신탁에 부동산담보신탁
4. 주권이 발행되는 경우 전체주식에 대한 질권설정(단, 관계법령이 허용하는 범위 내)
5. Escrowed Account에 의한 자금관리(최저 유보금 수준 추후 협의) 및 질권설정
6. 건설공사보험증권 질권설정
7. 시공사의 기성비 지급여부와 관계없이 공사도급계약서에 첨부된 공정율표에 의한 공사진행 및 책임준공보증
8. 시공사의 공사중단 또는 공사지연에 따른 시공권 포기각서(유치권행사 포기 포함) 제출
9. 매월 지급대상 공사비의 ○○%를 정산지급하는 것을 원칙으로 하되, 각 기간별 예정분양률 미달 시 공사비 지급 일시중지 및 도달 시 공사비 지급 재개

10. 시행대행사의 후순위대출금 ○○억원 제공

11. 실제분양률이 예정분양률에 도달하고 준공 완료되었으나 분양자들의 입주 등의 지연으로 사업상 대출만기일에 대출원리금 미상환액이 발생하는 경우, ○개월 범위 내에서 만기일을 연장(법정 대출만기일)할 수 있으며, 연장된 기간 내에 할인 분양, 담보신탁수익권증서의 환가 처분, 시공사의 사업인수 등을 통하여 사업 정산 및 대출금 상환
(상세 조건 추후 확정)

12. 사업주(차주)의 공사도급계약 등의 제 권리에 대한 양도

13. ○○건설㈜의 선순위대출금에 대한 일정 수준의 신용보강 (상세 조건 추후 확정)

비밀유지 서약서

「○○○○ 신축 및 분양사업」 Project Financing 참여 요청과 관련하여 당행이 차주 및 대출에 관한 주요정보를 귀 은행(사)에 제공함에 있어 제공되는 정보의 비밀유지를 위해 다음 사항을 준수할 것을 서약해 주시기 바랍니다. 이 서약서에서 "주요정보"란 차주 및 당행에 의해 제공된 각종 정보, 분석자료 및 문서 등을 지칭하는 것이며 아래 사항은 이에 해당되지 않습니다.

1. 이 서약서로 비밀보장을 확약하고 제공받은 주요정보에 의해 귀 은행(사)가 독자적으로 작성한 정보
2. 귀 은행(사)의 귀책사유가 아닌 사항으로써 공식적으로 표명된 정보

준수사항

당행으로부터 "주요정보"를 수령한 은행(회사) 및 그 관계회사나 관련인들은 아래의 사항을 준수할 것을 서약하여야 합니다.

1. 이 서약서상에 명기된 경우를 제외하고는 금융조건 등 상기 주요정보에 대한 비밀을 보장하여야 하며, 사전에 채무자 및 이해관계자가 서면동의한 경우를 제외하고는 정보를 공개하여서는 안됩니다. 또한 귀 은행(사) 및 관계회사나 관련인들에 의한 비밀보장이 이루어져야 하며, 본 대출의 목적 또는 본 대출과 직접적으로 관련이 있는 금융계약 이외의 목적으로 사용되어서는 안됩니다.

   주요정보는 본 대출 및 본 대출과 직접적으로 관련이 있는 금융계약과 관련하여서만 귀 은행(사)의 관계회사나 관련인에게 공개될 수 있습니다. 이와 관련하여 귀 은행(사)는 각종 정보 및 이 서약서의 제반조항들의 비밀유지에 대해 관련인들이 인지하도록 하여야 합니다.
2. 귀 은행(사)가 당해 정보와 관련된 사항을 복사하여 배부하는 경우 배부사항을 관리하여야 하며 필요한 경우 귀 은행(사)는 이를 수거하거나 이를 폐기하여야 합니다. 부득이한 사유로 회수되지 않은 각종 서류들은 비밀이 유지되어야 하며 기타 목적으로 사용되어서는 안됩니다. 다만, 다음의 경우에는 당행과의 협의를 거친 후 정보의 제공이 가능합니다.
   (1) 현재 또는 미래의 어느 시점에 공지의 사실이 된 정보의 공개
   (2) 법에 의하여 그 공개가 요구되는 정보의 공개
   (3) 재판, 중재 또는 행정절차에 따른 정보의 공개
   (4) 정보공개 당사자의 법률자문 등에 대한 정보의 공개
3. 이 서약서에서 제시된 각종 의무사항들은 대출약정기간에 불구하고 유효하게 존속합니다.

4. 이 서약서는 대한민국법의 적용을 받으며, 이 서약서와 관련된 각종 분쟁사항은 당행의 본점 소재지의 관할 법원에서 해결됩니다.

"관계회사"란 귀 은행(사)의 자회사 및 계열회사를 말하며, "관련인"이란 (1) 임직원, 변호사, 회계사, (2) 귀 은행/회사와 차주간에 서면으로 명백히 동의한 기타 전문적 자문인, 대리인을 포함합니다.

20XX년 월 일

○○은행 □□□□부

상기 비밀보장 의무사항과 관련하여 당 사는 위의 모든 내용을 인지하였으며 상기 의무사항을 준수하겠습니다.

20XX년 월 일

기 관 명

담당책임자 (서명)

부록 2-3

(주) ○○○○ 시설대 신디케이션 참여요청

귀행(사)의 무궁한 발전을 기원합니다.

당행은 ○○○㈜(이하 "회사")의 ㅁㅁ지역 소재 생산시설 건설을 위해 회사로부터 시설자금 신디론("본 거래") 조달 주선의뢰를 받았습니다.

당행은 본 거래 신디케이션의 규모를 회사와의 협의하에 최대 ○○○억원으로 예정하고 있는 바, 관련하여 주간사인 당행은 본 거래 신디케이션에 대한 각 금융기관들의 참여를 요청드립니다.

신디케이션 참여를 위한 주요 금리 및 수수료 조건은 다음와 같습니다.

대출과목	최소 참여금액	참여수수료율	금리
원화 기업시설일반자금대출	100억원 이상	0.xx%	고정금리 x.xx% (기준금리 및 스프레드는 별도 안내)

자세한 내용은 Preliminary Information Memorandum을 참고하시기 바랍니다.

한편, 각 참여예정 금융기관들에 대한 최종 참여금액은 신디케이션 모집 결과에 따라 주간사가 감액조정 할 수 있으며, 각 참여예정기관들에 대한 참여수수료는 주간사가 결정한 최종 참여금액에 대해 상기 참여수수료율을 적용하여 산정될 예정입니다.

본거래 신디케이션의 향후 예상 일정은 다음과 같습니다.

각 참여예정 금융기관들은 별첨 1. Preliminary Information Memorandum을 검토하신 후 별첨 2. 비밀유지확약서를 제출하여 주시기 바랍니다. 비밀유지확약서 원본 수취 후 각 참여예정 금융기관의 독립적인 사업성검토(사업성검토기관 ○○○ 예정)를 위한 자료를 송부예정이며, 20xx년 월 일(금)까지 별첨 3. 참여확약서 양식으로 본 거래에 대한 참여의사를 밝혀주시기 바랍니다.

본거래의 신디케이션 담당자는 아래와 같습니다.

기관명	직 위	성 명	전 화	이메일

○○은행 □□□부장

부록 2-4

□□ BANK January 10, 20xx

Japan ○○○○ Multifamily House
Construction Project

Dear Ma'am/Sir

We, ○○ Bank (the "Arranger"), are pleased to inform □□ BANK (the "△△") of our strong interest in actively proposing your participation in the captioned project above (the "Project") as participant of syndicated loan or bank guarantor or combination of these, based on the indicative terms and conditions described in the attached Annex (collectively, the "Proposal").

Please indicate your intention of your participation among 1. participant of syndicated loan or 2. bank guarantor or 3. combination of these and then specify indicative Terms & Conditions to the attached table (freely modify based on attached one) in this letter if you have intention to participate this project financing.

Alt 1) Participation of Syndicated Loan

Facility Amount of Participation	
Final Maturity Date	
Interest Rate	
Upfront Fee	
Additional Securities	
Other Provisions	

Alt 2) Issuing Bank Guarantee

Amount Limit of Bank Guarantee	
Tenor	
Annual Fee	
Upfront Fee	
Additional Securities	
Other Provisions	

Should you have any questions as to the financing matter of the Project, please do not hesitate to contact the following individuals:

Name	Title	Telephone	E-Mail

We are very pleased to have been given the opportunity to invite you to this project financing and look forward to working with your bank to leverage our global resources for a successful transaction.

Yours faithfully,

____

○ ○ ○ ○ Kim

Project Finance Department

○ ○ Bank

부록 3

○○ 은행

우　서울특별시 ○○구 ○○동 XXX/전화 (02)○○○○-XXXX/ FAX (02)○○○○-XXXX/담당 : ○○○

□□□□: 제 ○○ - XXX 호
발신일자: 20XX. XX. XX
수　신: 수신처 참조
참　조: Project Financing 담당자
제　목: 「○○○○(□□동 지식산업센터)신축 및 분양사업」 신디케이션 마감 통보

1. 귀 행(사)의 적극적인 협조에 감사드립니다.

2. 20XX. XX. XX일자 □□□□ ○○-XXX호로 참여 요청한 바 있는 ○○○○ 신축 및 분양사업 Project Financing에 대한 신디케이션이 마감되어 귀 행(사)의 참여금액 및 주요일정 등을 통지합니다.

붙임: 참여금액 및 주요일정 1부. 끝.

○○은행 □□□□부장

수신처: □□은행, △△생명 (이상 2개 기관)

〈붙임〉

참여금액 및 수수료

○ 기관별 참여금액 및 지위(배정금액 및 가나다순) (단위: 백만원)

기 관 명	참여 금액	대출 A	대출 B	지 위	수수료율	수수료
○○은행				금융자문·주선기관/대리은행		
□□은행				공동주간사		
△△생명				공동주간사		
합 계						

○ 수수료지급: 대출A 인출일에 제출된 수수료입금계좌로 전액 지급

○ 향후 주요 일정

20xx. xx. x1 대출참여액 확정

20xx. xx. x2 대출약정서(안) 대주단의견 마감

20xx. xx. x3 대출약정서 작성 완료

20xx. xx. x4 대출약정서 서명식

20xx. xx. x5 대출 A 인출

부록 4-1

○○○○ 개발사업 PF Term Sheet

□ 주요 금융조건합의서(안) (Terms & Conditions) 예시

본 term sheet은 독자의 이해를 돕기 위한 하나의 예시로서 작성되었습니다. 따라서, 이를 참고하여 금융지원에 활용하는 경우 반드시 개별 프로젝트의 특징 및 금융지원의 방식과 성격에 따라 적절하게 수정하여 사용되어야 합니다. 본 주요금융조건합의서(안) 예시 내용 일부 또는 전부가 실제 금융지원에 사용됨으로써 발생하는 문제에 대하여 필자는 어떠한 책임도 부담하지 아니하며, 이는 이 책의 여타 term sheet 및 그 외 모든 견양에도 동일하게 적용됩니다.

<table>
<tr><th>구 분</th><th>내 용</th></tr>
<tr><td>사업 개요</td><td>– 사 업 명: ○○○○ 개발사업(이하 “본건 사업” 또는 “대상 사업”)
· □□시 □□구 소재 부지에 아파트를 건축하여 분양하는 사업
– 사 업 지: □□시 □□구 □□동 □□□번지 외 □필지 일원
– 사업규모: 아파트 △△개동(지하 ○층, 지상 ○○층), 총 xxxx세대
– 대지면적: xxx,xxx㎡(xx,xxx평)
– 연 면 적: xxx,xxx㎡(xx,xxx평)
· 지상 연면적 xxx,xxx㎡ (xx,xxx평), 지하 연면적 xx,xxx㎡(xx,xxx평)
– 총 주차대수: ○○○대
– 건폐율 및 용적률: 각 xx.xx%, xxx.xx%
– 예상 사업비: 약 ○,○○○억원
– 사업기간: 총 ○○개월(공사기간 xx개월 [xx.x월~xx.x월 예상] 포함)</td></tr>
<tr><td>차 주</td><td>– ㈜○○○○ (대표이사 000)
· 주소:
· 법인등록번호 :
· 주주 현황:</td></tr>
<tr><td>금융자문 및 주선기관</td><td>– □□□□㈜ (공동 금융주선기관이 있는 경우 이를 기재)</td></tr>
<tr><td>대리금융기관 (대리은행)</td><td>– △△△△㈜ (주선기관이 수행하거나, 차주 및 대주단과 협의하여 금융주선기관이 추후 지정하는 자로 기재/담보대리기관(은행) 겸임여부도 필요시 기재)</td></tr>
<tr><td>총 모집금액</td><td>최대 ○○○○ 억원 이내</td></tr>
<tr><td>대주단 구성</td><td>– 다음 ①~ ③ 중 택일하여 기재 또는 본 란을 삭제
① 예상 대주단 구성(예상 대주단 기재가 가능한 경우)
<table>
<tr><th>구 분</th><th>대 주</th><th>참여 금액 (단위: 억원)</th><th>비 고</th></tr>
<tr><td>대출 A</td><td>○○은행</td><td>△△△</td><td>금융주선기관</td></tr>
<tr><td rowspan="3">대출 B</td><td>□□은행</td><td>xxx</td><td></td></tr>
<tr><td>△△생명</td><td>xxx</td><td></td></tr>
<tr><td>대출 B 소계</td><td>xxx</td><td></td></tr>
<tr><td colspan="2">합 계</td><td>○,○○○</td><td></td></tr>
</table></td></tr>
</table>

구 분	내 용
대주단 구성	② 차주와 협의하여 추후 참여기관 선정 ③ 본 "대주단 구성"란을 삭제하고 추후 대주단 구성 시 예비 대주단, 차주에게 개별 안내
PF 규모	– 총 ○,○○○억원 (당사 △△△억원 참여, ㅁㅁ은행·△△생명 각 xxx억원 참여 예정)
대출 기간	– 최초 인출일로부터 ○○개월 이내
PF 대출과목	– 기업운전 일반자금대출 또는 기업시설 일반자금대출 (금융기관 내규에 의거 결정)
자금 용도	– 본건 사업 토지비 및 공사비, 기타 운영비 및 금융비 일부에 충당 · 토지비 ○○○억원, 신규시설 공사비 ○○○억원, 초기 운영비 ○○억원, 금융비용 ○○억원 등
금 리	– 적용 금리: 기준금리 + Spread (20xx.x.x 기준 ○.○○% 수준) · 금리체계: 고정금리 · 기준금리: 인출일포함 ○영업일 동안의 무보증 AAA 은행채 ○년물의 산술 평균(금융투자협회 고시 채권시가평가기준수익률 기준) · Spread : △.△△% – 이자수취: 매 1개월 후취(1년을 365일로 하여 각 이자기간 동안 실제 경과한 일수를 기준으로 일할계산하되 초일은 산입, 말일은 불산입) – 연체이율: 적용금리+ㅁ.ㅁ% (단, 최고지연배상금률은 xx.x% 초과금지)
수수료	– 참여수수료(취급수수료): 약정금액의 x.xx%를 최초 인출일에 각 참여대주에게 지급 – 약정수수료(미인출수수료): 매 분기 인출응당일 기준 미인출금액에 대하여 x.xx%를 적용하여 산출 및 지급 – 대리금융기관(대리은행) 수수료: 매년 최초 인출응당일에 대리금융기관에게 [ ]백만원을 지급(차주와 협의하여 선취 또는 후취 가능) – 자금관리기관 수수료: 해당사항 없음 ※ 금융주선수수료: 금융주선기관의 주선수수료는 일반적으로 미공개
인 출	– 최초 인출 시기: 20xx. xx월 예정 – 인출 방식 예시: · 최초인출일에 전액 일시 인출 또는, · 최초인출일 및 그로부터 매 분기별 인출응당일에 분할 인출가능 단, 분할인출 최소 금액단위는 ○○억원으로 하며 최초 인출일로부터 ㅁㅁ개월이 도래하는 달의 최초 인출응당일을 최종 인출기한으로 함 · 최종 인출기한까지 미인출 시 해당 미인출한도는 인출불가 – 인출 절차 예시: · 차주는 3영업일의 전일(인출예정일포함, 이하 동일)까지 인출요청서를 대리금융기관에게 제출 · 대리금융기관은 인출선행조건 충족 및 대출약정 등에서 정한 제반 조건의 유효를 전제로 대리금융기관 명의의 지정계좌로 인출금액을 이체하여 줄 것을 인출예정일 포함 2영업일의 전일까지 대주에게 요청(분할인출인 경우에는 일반적으로 매 분할인출 시마다 인출선행조건의 유효한 지속 및 충족, 차주의 제반 조건 이행의무 등에 대하여 법무법인의 확인을 득하고 이를 바탕으로 대주단앞 추가 인출을 요청)
인출 선행조건	[주요 예시] – 차주 적격 확인(설립·존속 상태 등) – 인허가 완료 및 증빙자료의 제출 – 대출·담보약정 및 관련 부수 약정의 체결 – 담보약정 등에 의거한 제반 물적·인적 담보 취득 완료 (예: 신탁수익권증서, 근질권설정완료, 각종 보증서의 발급 등) – 차주, 시공사 등 주요 약정 당사자의 관련 약정 적법 체결에 필요한 증빙자료(이사회결의, 주주총회 결의 등) – 차주의 진술 및 보장의 확인 및 유지 – 대출약정 등에서 정한 주요 서류의 제출완료 – 인출 전까지 중대한 부정적 요인이 발생하지 않을 것 – 위 내용을 포함하여 제반 인출 선행조건이 충족되었음을 확인하는 법무법인의 법률의견서 발급

구 분	내 용
인출 후행조건 및 주요 준수사항	**[인출 후행조건 주요 예시]** – 최초 인출일을 기준하여 ○개월이 경과하는 날이 속한 달의 월말까지, · 사업부지내 기존 건축물의 철거 완료 및 동 증빙자료의 제출 · 대상건물의 착공신고 및 공사의 개시, 관련 입증자료의 제출 – 최초 인출일로부터 ○개월이 경과하는 날이 속한 달의 월말까지, · 해당 사업 분양승인·분양개시 및 이의 입증자료 제출 – 최초 인출일로부터 ○○영업일 이내까지 제반 보험에 대한 보험청구권 근질권설정 완료 및 동 증빙자료의 제출(차주의 귀책사유가 아닌 단순순연된 것으로 대리은행이 판단하는 경우 일정기간 내 인출후행조건 이행기일의 연장이 가능한 조건 기재 협의) **[주요 준수사항(주요 기간 준수 포함)]** – 차주는 관련 법령 준수의무를 부담 – 최초 인출일로부터 ○○개월이 경과하는 날이 속한 달의 말일까지, · 대상건물을 준공 및 관련 증빙자료의 제출 – 기타 대출약정 등에서 정한 사항 및 대주단이 합리적으로 요청하는 사항의 일정기간 내 제출
상환 재원	– 분양수입금
상환 및 조기상환	– 만기일시 상환. 단, 다음의 경우 예외 인정 – 임의 조기상환 · 매 이자지급일에 조기상환이 가능한 것을 원칙으로 하며 조기상환 시 대리은행에게 ○영업일 전까지 서면통지(상환 시기 및 통지관련 대리은행과 합의 시 예외 처리 가능) · 임의 조기상환 최소금액은 최소 ○○억원 이상 ○억원 단위로 가능 · 조기상환 완료 후 상환된 금원에 해당하는 약정금원은 추가 인출불가 · 임의 조기상환수수료: 분양수입금 또는 이에 준하는 재원(차주 주주의 증자, 자산처분, 기타 이에 준하는 자금)으로써 조기상환 시 조기상환수수료 면제, 그 외 대리은행이 인정하지 않는, 타 금융기관을 대주로 하는 차입금(리파이낸싱)으로써 조기상환 시 조기상환금액에 다음의 수수료를 적용·지급 ※ 최초인출일 기준 12개월 이내 x.x%, 12개월 초과 24개월 이내 x.x%, 24개월 초과 36개월 이내 x.x%, 36개월초과 시 면제 – 의무조기상환: 해당사항 없음 또는 – 의무조기상환: 차주의 자산 또는 담보물 처분 및 해당 처분액이 ○○억원 이상인 경우 해당 처분액의 1/3 해당액을 차회차 이자지급기일에 의무 조기상환 실시(조기상환수수료 면제 및 인출가능기한 내 의무조기상환은 미인출 약정액에 영향을 미치지 않음)
변제 충당	– 대주에게 지급할 금액의 채무변제 일반 충당순위 ① 지급기일이 도래한 제반 수수료 ② 대출금의 지연이자 ③ 대출금의 이자 ④ 상환기일이 도래한 대출 원금 ⑤ 기한전 상환 원금 – 강제집행, 담보실행 또는 상계 등에 의한 대주의 채권회수 시 충당순위 ① 채권회수 관련 대주가 지출 또는 부담한 비용 ② 지급기일이 도래한 제반 수수료 ③ 상환기일이 도래한 대출 원금 ④ 지급기일이 도래한 대출금 이자 ⑤ 대출금의 지연이자
자금 관리	**[Escrowed Account의 개설 및 관리 예시]** – 대출금입금계좌: 인출된 대출금이 집금되는 차주 명의 요구불 계좌. 대출금 입금후 별도 운영지시가 없더라도 당일 또는 익일까지 자금관리계좌로 이체 – 자금관리계좌(분양수입금관리계좌): 신탁사명의(또는 차주 명의)의 요구불성 자금관리계좌 등을 개설, 대출금입금계좌에 입금된 대출금 포함 프로젝트 관련 모든 수입금을 입금 · 인출은 시공사가 서면 동의한 인출요청서를 차주가 인출목표일의 2영업일 전까지(인출목표일 미포함) 대리사무기관에게 제출 · 대리사무기관은 동 내용을 대리은행에게 제출하여 서면확인·동의 후 최종 자금집행 · 대리은행은 시공사가 동의하여 차주가 요청하는 인출요청내역에 대하여 원칙적으로 동의하며 이에 대하여 면책

구 분	내 용
자금 관리	– 프로젝트의 특성에 따라 신탁사 또는 차주 명의의 요구불성 운영계좌, 대출원리금상환계좌, 이자유보계좌 등 다양하게 개설하여 관리 가능 – 모든 escrowed account는 공히 대리은행 또는 전체 대주앞 1순위 근질권설정을 전제 – 대리은행은 신탁사, 대리사무기관 또는 차주 등으로부터 최초 인출일로부터 매 3개월마다 자금관리 현황 및 사업의 주요 진행현황 등을 수령하여 대주앞 보고 – 일반 인출순위 ① 토지관련 비용 ② 지급기일이 도래한 차주의 제세공과금 ③ 금융조달관련 제반 비용(각종 금융수수료, 용역비, 신탁관련 수수료 외) ④ 초기 개발비용, 공사비중 철거비 ⑤ 대출금의 지급이자 및 상환원금 ⑥ 중도금대출이자를 포함한 분양관련 비용(분양수수료는 제외) ⑦ 공사비 ⑧ 분양수수료 ⑨ 시행사 및/또는 시행대행사 예비비 ⑩ 후순위 대출금 지급이자, 상환원금 등
채권보전 및 신용보강	[주요 채권보전] – 차주 지분 전체에 대한 대주앞 1순위 근질권설정 – 차주의 본 사업 인허가 관련 권리의 제3자앞 이전금지 및 기한이익상실 시 대주 또는 대주가 지정하는 자앞 이전 확약 – 대주가 만족하는 형식과 수준의 관리형토지신탁 계약체결 및 대주단앞 1순위 우선수익권증서 발급 · 후순위 수익권자가 있는 경우, 후순위 수익권자의 공매신청을 제한하는 내용의 특약 기재 협의 – 준공 시 미분양물건에 대한 대주앞 1순위 담보신탁 우선수익권증서 제공 – 기한이익상실을 전제로 하는 차주의 시행권포기각서 징구 – 시공사 관련 기한이익상실사유 발생을 전제로 하는 시공권 및 유치권 포기각서 등 제반권리 포기·양도 – 대출금입금계좌, 자금관리계좌 등 제반 escrowed account에 대한 대주앞 1순의 근질권설정 – 본 사업 관련 제반 보험 관련 대주앞 1순위 근질권설정 [주요 신용보강] – 최초인출일로부터 ○○개월 이내 시공사의 책임준공 (구체적인 책임준공의 정의와 범위, 책임준공 미이행 시 시공사에 대한 위약벌[재무적 책임 또는 채무인수 외] 등의 내용을 포함, 이하 예시) – 상환완료 후 후순위 지급 · 총 공사비는 ○,○○○억원 초과 금지(초과금액은 대출원리금) · 최초 인출일로부터 ○○개월 이내 보존등기 및 사용검사 완료 · 책임준공의무 미이행 시 시공사는 PF 대출원리금 채무인수 및 대주요청 시 시공권의 포기 및 제3자앞 이전을 확약 – 차주 최대주주의 제반 확약 및 보장(예시: 사업비 부족 시 최후순위 대출금 대여 외) – 기타 금융관행에 의거 대주단이 요청하는 사항 [기 타] – 예상 분양가격의 수준을 기재 – 분양가격 산정 및 할인분양 조건 관련 대주와 협의 및 동의필수
기한이익상실 (채무불이행) 사유	[대리금융기관의 여신거래기본약관 일반 내용에 다음을 추가] – 차주가 금융계약에 따라 지급해야 할 금액을 미지급하는 경우 – 차주 진술 및 보장사항이 중요한 점에서 사실과 다르거나 허위인 경우 – 인출후행조건 미이행 – 인허가의 취소 및 이에 준하는 사유의 발생 – 사업부지의 소유권 관련 분쟁 발생 – 관련 법령에 의거 차주의 금융계약상 의무이행 또는 채무부담이 위법하거나 불가능하게 된 때 – 차주의 파산 및 이에 준하는 절차의 개시 – 차주의 금융계약상 제반 의무 미이행 – 기타 금융관행에 의거 기타 대주단이 합리적으로 요청하는 사항의 미충족 등

구 분	내 용
기한이익상실 (채무불이행) 결과	[대리금융기관의 여신거래기본약관 일반 내용에 다음을 추가] – 채무불이행 사유 중 어느 하나가 발생하는 경우 다음의 조치 가능 (대리은행의 여신거래기본약관 일반 내용에 다음을 추가) · 미인출 약정금에 대한 대주의 대출의무 소멸 통지 · 대주에게 지급할 수수료, 비용 등의 이행기 도래 선언 · 대출원리금에 대한 기한이익상실 선언 · 사전에 합의된 조건을 전제로 대상 물건에 대한 할인분양 요청 · 대상 건물 공사중지 요청, 시공사에게 대체시공사 선정에 협조를 요구 · 채무불이행 사유발생에도 불구하고 금융계약상 거래가 유리한 것으로 판단하는 경우 대리은행은 기한이익상실 선언유예 또는 기한이익의 부활 가능
차주 등의 진술	– 차주 등(연대보증인 또는 이에 준하는 신용보강 제공자 포함)은 각자 다음 사항을 진술하고 보장 · 차주 적격 설립 및 금융계약상 의무이행을 위한 적법절차 준수 · 모든 관련 약정은 차주 등의 내규와 상충되지 아니함 · 영업, 재산 등과 관련된 소송, 중재 또는 분쟁이 없으며 그러할 우려 또한 없음 · 일체의 부외부채 또는 우발채무가 없으며 신규로 발생할 우려도 없음 · 정부 인허가 및 법령 등의 준수 · 차주 등이 대주에게 교부한 모든 정보는 중요한 점에서 정확함 · 차주는 대주의 여신거래기본약관을 포함한 관련 금융계약의 모든 내용을 충분히 이해하고 확인하였음
각종 준수사항	**[프로젝트의 특성에 기반한 제반 소극적·적극적 준수사항을 기재]** – 제반 인출후행조건 이행 – 관련 법령에 의한 제반 의무사항을 준수하고 이행 – 금융계약상 주요 기간을 준수 – 담보관련 계약의 체결 및 유지 – 제반 보험의 부보 – 대주의 동의 없는 계약변경 금지 – 차주 등에 대한 이익배당의 제한 또는 금지 – 재무자료, 사업진행현황 보고서, 기타 대주가 합리적으로 요청하는 자료의 정기 또는 적기 제출
비용 부담	– 대출약정 및 부수계약의 체결 및 유지, 이와 관련된 부대비용, 담보보전 비용, 감정평가 및 사업성검토(원리금상환검토), 법률자문 등의 제반 용역비용 등은 차주 부담
대리은행과 대주들 (의사 결정)	**[대주 간 의사결정 기준은 다음과 같이 처리]** – 대주 전원 동의 사항 · 대출약정의 취소 · 기한이익상실 또는 유예, 부활 등의 선언 · 대출만기 또는 담보관련 조건의 변경 · 대리은행의 해임 – 다수 대주의 동의 · 기취급 대출금액 및 미취급 약정금액의 합산액을 기준하여 2/3 이상 동의 사항 · 대출만기일 내 분할상환일정의 변경 · 대리은행의 변경 및 신규 선임 – 대리은행의 독자 업무 수행 · 상기 외의 내용에 대하여 대리은행은 독자적으로 판단하여 의사결정
준거법	– 대한민국 법률(분쟁 관할법원: 서울지방법원)
기 타	– 위 내용 외의 일반적인 사항은 금융시장의 관행에 의함 – 필요시 차주와 협의하에 해당 사업의 특징 및 금융취급을 위한 대주의 희망사항, 전제조건 등 기재 가능(예: 향후 리파이낸싱 우선권 부여, 중도금대출 또는 기타 금융 부대거래의 대주단앞 우선권 부여 외)

(이하 여백)

부록 4-2

○○市 ○○빌딩 매입을 위한 담보대출 Terms&Conditons(案)

□ 약식 주요 금융조건(案) 견양

<table>
<tr><th>구 분</th><th>선순위 담보대출(Term Loan)</th><th>부가가치세 대출(단기대출)</th></tr>
<tr><td>대상 자산</td><td colspan="2">○○市 ○○구 ○○동 xx-xx 토지 및 지상건물 (○○ 빌딩)</td></tr>
<tr><td>차 주</td><td colspan="2">㈜□□ ○호 위탁관리부동산투자회사 (REITs)</td></tr>
<tr><td>대 주</td><td>○○은행, □□생명 등</td><td>○○은행</td></tr>
<tr><td>대출 규모</td><td>· 선순위대출 총 ○○,○○○백만원
– 단, 책임임차인의 임차보증금 ○○억원에 대한 최선순위 전세권 설정 인정(보증금 100% 해당액)
– 본건 선순위대출은 위 전세권에 이은 후순위 근저당권 설정 조건</td><td>○,○○○백만원 이내
(신용대)</td></tr>
<tr><td>대출 과목</td><td>기업시설일반자금대출(임대용부동산 구입·운영)</td><td>기업운전일반자금대출</td></tr>
<tr><td>자금 용도</td><td>부동산 매입관련 자금 중 일부에 충당</td><td>건물분 부가세지급에 충당</td></tr>
<tr><td>금리 및
수수료</td><td><table><tr><th>항 목</th><th>내 용</th><th>비 고</th></tr><tr><td>적용금리</td><td>연 x.xx%</td><td>3년 고정금리</td></tr><tr><td>Up-front fee</td><td>연 △.△△%</td><td>3년 총 □.□□%</td></tr><tr><td>목표 all-in율</td><td>연 ○.○○%</td><td></td></tr></table>※ 고정금리의 기준금리 및 spread는 추후 협의하여 기재</td><td>연 ○.○○%
(고정금리, 수수료 해당사항 없음)</td></tr>
<tr><td>이자 지급</td><td>3개월 후취</td><td>1개월 후취</td></tr>
<tr><td>연체 이율</td><td>적용 정상금리 + □.□%
(단, 최고지연배상금율은 xx.x% 초과금지)</td><td>좌동(左同)</td></tr>
<tr><td>대출 만기</td><td>최초 대출취급일로부터 36개월(3년)</td><td>3개월</td></tr>
<tr><td>상환 방식</td><td>만기일시상환</td><td>만기일시상환</td></tr>
<tr><td>조기 상환</td><td>· 조기상환수수료: 상환액 기준 1년 내 x.x%, 1년 초과 2년 이하 ○.○%, 2년 초과: △.△%</td><td>부가세환급금으로써 수수료면제조건 수시상환 가능</td></tr>
<tr><td>주 요
채권보전</td><td>· 목적물 임차보증금 전세권에 이은 근저당권 설정(대출금의 120%)
· 건물화재·재산종합보험 청구권 1순위 근질권설정(대출금의 120%, 단 영업배상책임보험은 제외)
· 책임임차관련 임차료지급이행 보증보험(해당 사항 있는 경우) 보험금 근질권설정(대출금의 120%)
· 기타 담보관련 예금채권 근질권설정 외</td><td>신용대</td></tr>
<tr><td>인출선행조건</td><td colspan="2">· 차주가 약정 이행에 필요한 모든 법적인허가(국토교통부 위탁관리 부동산 투자회사 영업인가 포함)와 내부승인 절차를 완료할 것
· 차주가 매도자와 부동산 매매계약을 체결하였을 것
· 차주의 출자자들이 차주에 대한 자본금 출자를 완료하였을 것 등</td></tr>
</table>

구 분	선순위 담보대출(Term Loan)	부가가치세 대출(단기대출)
변제 충당 (상환순위)	① 지급기일이 도래한 제반 수수료 ② 대출금의 지연이자 ③ 대출금의 이자 ④ 상환기일이 도래한 대출 원금 ⑤ 조기상환 원금 ※ 기한이익상실 이후의 변제충당은 금융관행에 의함	
기한이익상실 (채무불이행) 사유	[대주의 여신거래기본약관 일반 내용에 다음을 추가] · 대출원리금(제반 금융수수료 포함)이 지급되지 않은 경우 · 차주의 파산 및 이에 준하는 절차의 개시 · 차주의 금융계약상 제반 의무 미이행 · 기타 대주가 합리적으로 요청하는 사항의 미충족 등	
기 타	· 대출 전 기간 DSCR 1.x 이상 유지 (선순위대출의 매 이자지급기일 기준 직전 이자기간 동안의 DSCR이 1.x 미만 시 3개월 이자상당액 유보) · 감정평가·담보취득 등 제반비용은 차주 부담	

(이하 여백)

부록 4-3

OOO Construction Project

Transferable Term Loan Facility

Guaranteed by the Government of the Republic of 000000

Summary of Indicative Terms & Conditions

The Proposal is intended to be used as a basis for discussion, and does not constitute a commitment or undertaking of the Arranger to lend, underwrite or syndicate the Facility or any financing. Any such commitment of the Arranger would be subject to, among other things, (i) completion of the necessary due diligence to the satisfaction of the Arranger; (ii) final credit approval of the Arranger; and (iii) other financial institutions would join the Facility on the basis as outlined in the attached indicative term sheet. The terms and conditions of the Proposal may be modified or supplemented by the Arranger at their sole discretion at any time and from time to time during the course of their due diligence and credit approval process or as a result of any change of the market conditions, the business or financial condition of the Borrower or otherwise.

Borrower/Seller: SPC to be established in the Republic of 000000(the "Borrower")

Financial Advisor ○○ Bank

Arranger: ○○ Bank(the "Arranger")

Lenders: A group of international financial institutions to be selected by the Arranger

Sponsor: To be determined by the Construction Company

Buyer: 000 Joint Stock Company(the "Sponsor")

Guarantor: The Government of the Republic of 000000(the "Guarantor"). The Guarantor shall irrevocably and unconditionally guarantee (with standard terms and conditions and other provisions customarily found in completion guarantees for similar financings and as appropriate for the Facility) repayment of all outstanding amounts due under the Facility (defined hereunder) to the Lenders and guarantee the performance of the Borrower under the Facility.

Agent: ○○ Bank or to be determined later by the Arranger

EPC Contractor The Borrower must have EPC Contract with professional construction company (the "Construction Company") acceptable to the Agent and the Lenders. The Construction Company shall be contracted for the engineering, procurement and construction for the Project. The EPC Contract includes all usual and customary terms and conditions for similar transactions. Terms and conditions of the EPC Contract must be acceptable to the Agent and the Lenders.

Completion Guarator The Construction Company shall issue completion guarantee(the "Completion Guarantee") (with standard terms and conditions and other provisions customarily found in completion guarantees for similar financings and as appropriate for the Facility) issued by the Construction Company for the Project. The terms and conditions of the Completion Guarantee must be acceptable to the Agent and the Lenders.

Project:	Build-transfer type project (the "Project") to construct two 500 MW size new 000 located in ○○○○○, the Republic of 000000 (the "Property"). The Project cost is estimated to be US$XXX million and the Construction Company and/or the Buyer shall invest, in equity, at least 20% of the total estimated project cost. The equity shall be repaid only after full repayment of the Facility and Dividend payment shall be made only after full repayment of the Facility. Borrower will transfer all its rights to the Buyer when the construction is completed and shall receive periodic payments from the Buyer in accordance with the terms and conditions of the transfer agreement, which will be made between the Borrower and the Buyer. Terms and conditions of the transfer agreement must be acceptable to the Agent and the Lenders, and the periodic payment must exceed the amount necessary for the payment of principal and interest related to the Facility.
Purpose of Facility:	To provide funds to construct the Property described above.
Facility:	Transferable Term Loan Facility (the "facility")
Total Facility Amount:	Up to total project cost less at least 20% of equity invested by the Construction Company and/or the Buyer.
Final Maturity Date:	[XX] years from the date of first drawdown date
Drawdown:	Subject to at least five (5) Business Days' prior written notice, satisfactory evidences for the utilization of the

Facility, and the fulfillment of all conditions precedent, the Facility will be available for drawdown, such date being the "Drawdown Date". The drawdown will be subject to the percentage of completion and balance of the Special Account. The Agent on behalf of the Borrower will make the payment directly to the Construction Company. The Progress Report defined below will be the basis to calculate the percentage of completion for the drawdown. The percentage of aggregate drawdown over the Total Facility Amount shall not exceed the percentage of completion. The Borrower must maintain the Special Account Balance no less than 120% of the outstanding balance of the Facility.

Initial Drawdown Date: The date on which the portion of the Facility will be drawn initially. The Initial Drawdown Date shall be no later than [ ].

Closing Date The date on which the loan documentation is to be signed (expected to be on or before the end of [ ])

Availability Period: The Facility will be available for drawdown commencing on the Closing Date and ending on the earlier of (i) [date], or (ii) the date of the completion of construction, whichever comes earlier.

Grace Period: [X] years from the initial drawdown or until completion of construction, whichever comes earlier.

Repayment: The Facility shall be repaid in twenty-four (24) equal installments. Payments will be made semi-annually beginning from the end of the Grace Period.

Prepayment:	Prepayment of the Facility may be made with a 0.50% Prepayment Charge by the Borrower in a minimum amounts of US$[10 million] and higher multiples of US[$5million], provided that a written notice, not earlier than 30 days but not later than 10 days prior to the Prepayment Date on which the prepayment shall be made, has been given to the Agent. Any written notice of prepayment by the Borrower shall be irrevocable. Prepaid amounts may not subsequently be re-borrowed.
Arrangement Fee	US$XXX,XXX flat.
Interest Margin:	US$ 3M Term SOFR + 0.50 % p.a.
Interest Period:	Three (3) months, commencing from the Initial Drawdown Date. In relation to each Drawdown after the initial Drawdown Date, the first Interest Period shall end on the last day of the then current Interest Period in respect of the Initial Drawdown.
Interest Payment:	Interest shall be payable in arrears at the end of each interest period calculated based on the actual number of days elapsed in a 360-day year.
Term SOFR:	As of any determination date for the computation of the Price Differential or other amounts, the rate per annum equal to the Term SOFR Screen Rate with a term equivalent of three month, determined as of 8:00 a.m. (New York City time) on such determination date (rounded to three (3) decimal places); provided that if the Term SOFR Screen Rate is not available as of 8:00 a.m. (New York City

	time) on such determination date, then Term SOFR means the Term SOFR Screen Rate on the first U.S. Government Securities Business Day immediately prior thereto, in each case, plus the SOFR Adjustment.
Feasibility Study:	Prior to the execution of Financing Agreements, the Arranger and the Lenders, in consultation with the Borrower, have the right to appoint a reputable international agency, specialized in evaluating business related to power sector, to exercise feasibility study about the business.
Progress Report:	Commencing on [date] and continuing during implementation of the Project, a report(the "Progress Report") on the implementation and progress of the Project made by independent, reputable agency specialized in evaluating this type of project, which acceptable to the Agent and Lenders, shall be provided to the Arranger at least semi-annually or upon request by the Agent.
Special Account	The borrower shall open a Special Account in credible financial institution acceptable to the Agent. The borrower shall maintain minimum account balance of 130% of the outstanding balance of the Facility. The Agent shall enter account managemet contract with the financial institution.
Securities:	Until the completion of the Project, Facility shall be secured by; i) Pledge over Special Account. ii) Irrevocable guarantee, to be acceptable to the Arranger, given by the Guarantor, on or prior to the Initial Drawdown Date shall be established in favor

of the Lenders, Guarantor's obligation with regard to the guarantee will not be released until (i) complete repayment of the Facility; or (ii) the Borrower and Sponsor provide the Lenders with acceptable and agreed Substitute Securities.

iii) Completion Guarantee issued by the Construction Company for the Project.

iv) Assignment of all major contracts related to the Project, including, but not limited to, transfer agreement made between the Borrower and the Buyer.

v) First priority mortgage interest over the Property

vi) Assignment of rights of insurances related to the Project

vii) Such other securities the Arranger and/or the Lenders may reasonably require

viii) Pledge over the Borrower's equity shares

After the completion of the Project, Facility shall be secured by;

Securities:

i) Pledge over Special Account

ii) Assignment of all major contracts related to the Project, including, but not limited to, transfer agreement made between the Borrower and the Buyer.

iii) Insurance Policies acceptable to the Agent and the Lenders.

iv) First priority mortgage interest over the Property

v) Assignment of the lease agreement, which will be made between the Borrower and the Buyer.

vi) Assignment of rights of insurances related to the Project

vii) Pledge over the Borrower's Equity Shares.

viii) Such other securities the Arranger and/or the Lenders

may reasonably require

Waiver of Sovereign Immunity	The Borrower, the Buyer and the Guarantor irrevocably waives all immunity to which it may be or become entitled in relation to this agreement, including immunity from jurisdiction, enforcement, prejudgment proceedings, injunctions and all other legal proceedings and relief, both in respect of itself and its assets, and consents to such proceeding and relief.
Conditions Precedent To Drawdown:	Customary provisions for financings of this nature including but not limited to: i) The Borrower shall open the Special Account in financial institutions acceptable to the Agent. ii) Receipt of the business feasibility report, satisfactory to the Arranger, prepared by a reputable international agency specialized in evaluating business related to power sector. iii) The EPC contract to be set between the Borrower and the Construction Company. iv) All major contracts, which shall be made in relation to the Project, must be acceptable to the Agent and the Lenders. v) Satisfactory documentation and such other conditions, which are reasonable and appropriate. vi) Receipt of technical & environmental inspection report for the Property. vii) Receipt of all required governmental and other approvals and acceptable legal opinions. viii) The Borrower shall prepare and submit an annual operating budget and business plan of year 2005 to the Agent and thereafter submit an annual operating

budget and business plan for review by the Agent not later than thirty (30) days prior to the end of each calendar year.

Representations & Warranties: The Borrower and the Buyer will make representations and warranties customary for a Facility of this nature. The obligation of the Lenders in relation to each Drawdown will be subject to those representations and warranties, which are to be repeated as of the date of the respective drawdown request and on the first day of each Interest Period.

Covenants & Undertakings: Customary for financings of this nature, applicable as appropriate to the Borrower and to include, but not limited to, provision of financial and other information, notification of any potential Event of Default or Event of Default, compliance with laws and regulations, pari passu ranking of obligations, negative pledge, restriction on disposal of assets, restrictions on mergers and acquisitions, change of business, change of control, breach of contract and other provisions appropriate to this transaction.

In addition to the above, no dividend payments shall be permitted until at least [ ]% of the principal of the Facility has been repaid and Financial Covenants set out herein shall be met.

Events of Default: Customary provisions for financings of this nature (subject to applicable grace periods to be mutually agreed) including but not limited to: (i) payment default, (ii) material default under the Facility documentation, (iii) breach of any Representations & Warranties and Covenants & Undertakings, (iv) cross default to financial indebtedness (of the Borrower, the Sponsor and/or their subsidiaries), exceeding US$ 5 million in aggregate, (v) customary bankruptcy, insolvency, enforcement provisions, (vi) change of control/ownership interest of the Borrower, and (vii) material adverse effect.

Loan Documentation: The Facility will be subject to preparation, execution and delivery of mutually acceptable Facility documentation which will contain conditions precedent, representations and warranties, covenants, negative pledge, events of default, cross default, indemnities, break costs, illegality, market disruption, set-off, , pro-rata sharing between Lenders, agency and other provisions customarily found in loan documentation for similar financings and others as appropriate to the Facility.

Illegality: If it is or becomes illegal for any Lenders to provide or continue to make the Facility available, the Commitment of the relevant Lenders shall be cancelled and the Borrower will prepay all outstanding amounts owing to that Lenders under the Facility.

Clear Market: The Borrower, Buyer and/or their affiliates will not syndicate or issue or act as guarantor for, attempt to syndicate to issue, announce or authorize the announcement of the syndication or issuance of, or engage in discussions regarding the syndication or issuance of, any debt facility or debt securities in the domestic or international debt or capital markets between the date of the written offer of the Arranger and the Closing Date.

Market Conditions: If at any time after the date of the written offer the Arranger determine that changes to the structure, terms and/or pricing of the Facility are advisable in order to ensure a successful syndication of the Facility, the Arranger will negotiate with the Borrower and the Sponsor such changes in good faith for a period of up to seven (7) business days. If the Borrower, the Buyer and the Arrangers can reach no agreement, within that period, the Arranger will be entitled to terminate its commitment under the written offer.

Material Adverse Change: The terms and conditions of the offer shall be subject to, in the opinion of the Arranger, (i) there being no material adverse change in the international money or capital markets, or in the bank syndication market, (ii) there being no material adverse in the business activities and credit standing of the Borrower or the Buyer, and (iii) there being no material adverse change in the (a) international or (b) domestic, socio-political and economic situation, which could adversely affect the successful completion of this transaction.

Expenses: The Borrower shall pay all legal and customary out-of-pocket expenses incurred by the Arranger in connection with the arrangement, execution and documentation of the Facility, irrespective of the completion of this transaction or the termination of the Arranger's engagement. The other out-of-pocket expenses and costs, including those for the signing ceremony, traveling and hotel accommodations for major investors including the Arranger and administration by the Arranger, are also payable by the Borrower irrespective of the completion of this transaction or the termination of the Coordinating Arrangers' commitment.

Taxation: All payments by the Borrower and/or Guarantor in relation to the Facility shall be made free and clear of any present and future taxes, tax duties, levies, withholdings or other deductions or charges of whatever nature imposed, assessed, collected, levied or withheld. Any such taxes, levies or deductions will be for the account of the Borrower and/or Guarantor, which will be required to gross-up payments such that the Lenders will receive the same net amount as if no such tax, levy or deduction were to have been levied.

Increased Costs: The Borrower will pay to the Lenders any increased cost incurred by the Lenders as a result of the introduction of or any change in (or in the interpretation or application of) any law or regulation after the date of the Facility Agreement.

Amendments and Waivers: Amendments to the Facility documentation will require the approval of the "Majority Lenders" (representing not less than 2/3 of the Lenders (by aggregate commitment and/or outstanding)) with the customary exceptions that will require the consent of all Lenders.

Transferability: The Lenders and each of them may assign any of their rights or transfer any of their rights and obligations to another bank or financial institution or to a trust, fund or other entity which is regularly engaged in or established for the purpose of making, purchasing, or investing in loans, securities or other financial assets.

Lenders' Counsel: To be determined.

Governing Law To be determined.

부록 4-4

OOO Project

Borrower	000: 000 LTD.(hereinafter "000") 000: 000 000 Development Co., Ltd
Construction Company	000 Co., LTD.
Arranger	○○ Bank
Lenders	A group of financial institutions to be selected by the Arranger(the "Lenders")
Agent	○○ Bank ; With respect to withdrawals from the designated accounts in 000, the detailed terms and conditions will be determined by discussion between ○○ Bank and □□ Bank.
Purpose	To finance (i) the development, construction and land purchase of the residential buildings in XXXX District, 000, 000, of which total area is approximately 45,000 m^2, including financial costs and other expenses (the "Project") and (ii) repayment of the existing debts of the Borrower in respect of the Project.
Total Facility Amount	Up to approximately US$ XX,000,000. The Total Facility Amount shall consist of three tranches; a. Tranche A Facility up to the amount of US$ XX,000,000,000 b. Tranche B Facility up to the amount of US$ XX,000,000,000 c. Tranche C Facility up to the amount of US$ XX,000,000,000

Interest Rate **Interest Period** **Interest Payment**	Interest Rate·Period·Payment shall be determined by consultation with △△ Bank, (in case that △△ Bank participates in this facility).
Final Maturity Date	○○ months from the initial drawdown of the facility (Tranche A·B·C, respectively)
Repayment Method	Basically, the Borrower will repay the facility in the following manner ; a. On the date of 14months from the initial drawdown date: b. On the date of 20months from the initial drawdown date: c. On the date of 26months from the initial drawdown date: d. On the maturity date. * Detailed repayment method will be determined by consultation with △△ Bank (in case that △△ Bank participates in this facility).
Drawdown Availability	The darwdown of the facility will be permitted within 2 months after the closing date, up to the total sum of the facility.
Conditions Precedent To Drawdown	Customary provisions for financings of this nature including but not limited to: a. Receipt of all required government and other approvals in form and substance acceptable to the Agent. b. Execution of all finance and security documents in form and substance acceptable to the Agent. c. Evidence that the Borrower has duly obtained the title/ownership of the Project land. d. Evidence that 000 000 Development Co., Ltd. duly owns the participation interest in 000.. e. Satisfactory documentation and such other conditions which the Agent may consider appropriate.

f. Creation and perfection of the security as contemplated in the security documents.

g. Evidence that the final construction contract has been duly executed in form and substance satisfactory to the Agent and

h. Evidence that equity investment has been injected into the Borrower in the amount not less than US$X,000,000.

i. Opening of the required accounts both in 000 and 000.

Representations & Warranties The Borrower will make representations and warranties customary for a transaction of this nature. The obligation of the Lenders in relation to Drawdown will be subject to those representations and warranties.

Lenders' Legal Council ○○○ (000) and ◇◇◇ (000)

Governing Law The main documentation shall be governed by 000 law, except where 000 law is required.

* Lenders' Legal Council will determine the relevant governing law at documentation phase.

Security

a. Interest Reserve Account

b. Before sales: 6 month interest reserve

c. After sales: 3 month interest reserve

d. First priority mortgage interest over the real property and related assets

e. Security over shares of the Borrowers both in 000 and in 000

f. Pledge of escrowed accounts both in 000 and 000

g. Construction Completion Guarantee issued by the Construction Company

h. Interest payment and Principal repayment guarantee issued by the Guarantor

i. Assignment of all major contracts and insurance related to the Project

j. The Borrowers' letter of undertaking to waive their right to implement the Project

k. The Construction Company's letter of undertaking to waive their right to implement the Project

l. Such other security the Arranger and the Lenders may reasonably require

Covenants and Undertakings Customary for financings of this nature, applicable as appropriate to the Borrower and to include, but not limited to:

a. Provision of financial and other information

b. Notification of any potential Event of Default or Event of Default

c. Compliance with laws and regulations

d. Pari passu ranking of obligations

e. Restriction on dividend payment

f. Restriction on disposal of assets

g. Restriction of mergers and acquisitions

h. Change of business

i. Change of control

j. Breach of contract

k. Taxation

l. Restriction on loans or credit

m. Restriction on guarantees or indemnities

n. Restriction on financial indebtedness

o. Other provisions the Arranger and the Lenders may reasonably require

Events of Default Customary provisions for financings of this nature (subject to applicable grace period to be mutually agreed) including but not limited to:

a. Payment default in any of Tranche A, B or C

b. material default under the financing documents

c. breach of any Covenants and Undertakings

d. Cross default to financial indebtedness, exceeding US$

[ ] in aggregate

e. bankruptcy, insolvency, enforcement provisions

f. change of control/ownership interest of the Borrower material adverse effect

g. a failure to obtain approvals required to implement the Project

h. a failure to own the relevant Project land

i. improper use of the funds borrowed from Lenders

j. unlawfulness

k. cessation of business

l. expropriation

m. Other provisions the Arranger and the Lenders may reasonably require

부록 5-1

비밀유지 서약서

「(가칭) ○○○ 주택건설 개발사업」 Project Financing 참여 요청과 관련하여 당행이 차주 및 대출에 관한 주요정보를 귀사에 제공함에 있어 제공되는 정보의 비밀유지를 위해 다음 사항을 준수할 것을 서약해 주시기 바랍니다. 이 서약서에서 "주요 정보"란 차주 및 당행에 의해 제공된 각종 정보, 분석자료 및 문서 등을 지칭하는 것이며 아래 사항은 이에 해당되지 않습니다.
1. 이 서약서로 비밀보장을 확약하고 제공받은 주요정보에 의해 귀사가 독자적으로 작성한 정보
2. 귀사의 귀책사유가 아닌 사항으로써 공식적으로 표명된 정보

준수사항

당행으로부터 "주요 정보"를 수령한 귀사 및 귀사의 관계회사나 관련인들은 아래의 사항을 준수할 것을 서약하여야 합니다.

1. 이 서약서상에 명기된 경우를 제외하고는 금융조건 등 상기 주요정보에 대한 비밀을 보장하여야 하며, 사전에 채무자 및 이해관계자가 서면동의한 경우를 제외하고는 정보를 공개하여서는 안됩니다. 또한 귀사 및 귀사의 관계회사나 관련인들에 의한 비밀보장이 이루어져야 하며, 본 대출의 목적 또는 본 대출과 직접적으로 관련이 있는 금융계약 이외의 목적으로 사용되어서는 안 됩니다.

   주요정보는 본 대출 및 본 대출과 직접적으로 관련이 있는 금융계약과 관련하여서만 귀사의 관계회사나 관련인에게 공개될 수 있습니다. 이와 관련하여 귀사는 각종 정보 및 이 서약서의 제반조항들의 비밀유지에 대해 관련인들이 인지하도록 하여야 합니다.
2. 귀사가 당해 정보와 관련된 사항을 복사하여 배부하는 경우 배부사항을 관리하여야 하며 필요한 경우 귀사는 이를 수거하거나 이를 폐기하여야 합니다. 부득이한 사유로 회수되지 않은 각종 서류들은 비밀이 유지되어야 하며 기타 목적으로 사용되어서는 안 됩니다. 다만, 다음의 경우에는 당행과의 협의를 거친 후 정보의 제공이 가능합니다.
   (1) 현재 또는 미래의 어느 시점에 공지의 사실이 된 정보의 공개
   (2) 법에 의하여 그 공개가 요구되는 정보의 공개
   (3) 재판, 중재 또는 행정절차에 따른 정보의 공개
   (4) 정보공개 당사자의 법률자문 등에 대한 정보의 공개

3. 이 서약서에서 제시된 각종 의무사항들은 대출약정기간에 불구하고 유효하게 존속합니다.
4. 이 서약서는 대한민국법의 적용을 받으며, 이 서약서와 관련된 각종 분쟁사항은 당행의 본점 소재지의 관할 법원에서 해결됩니다.

"관계회사"란 귀사의 자회사 및 계열회사를 말하며, "관련인"이란 (1)임직원, 변호사, 회계사, (2)귀 보험사와 차주 간에 서면으로 명백히 동의한 기타 전문적 자문인, 대리인을 포함합니다.

20xx년 월 일

㈜○○은행 □□□부 귀중

상기 비밀보장 의무사항과 관련하여 당사는 위의 모든 내용을 인지하였으며, 상기 의무사항을 준수하겠습니다.

20xx년 월 일

기 관 명

담당책임자 (서명)

부록 5-2

비밀유지 확약서

수신: ○○은행 (이하 "주선은행")

_________(이하 "참여기관")은 주선은행이 주선하는 ㈜○○○의 시설자금대출 지원을 위한 Syndicated Loan(이하 "본 거래")을 취급함에 있어서, 주선은행이 본 거래와 관련하여 제공하는 모든 정보(이하 "본건 정보")에 대해 다음의 사항을 준수할 것을 확약합니다. 단, 일반인에게 공개된 정보, 참여기관이 본 확약서 이전에 이미 보유하고 있는 정보 또는 제3자로부터 제공받은 정보 등은 본건 정보에 해당하지 않습니다.

1. 참여기관은 (i) 본건 정보를 비밀로서 비공개로 취급하고, 주선은행의 사전 승인 또는 법령, 법원의 재판, 수사기관의 요구, 정부 관계당국의 명령 등이 없는 한 어떠한 방법으로든지 그 전부 또는 일부를 공개하거나 누설하지 않으며, (ii) 본 거래의 추진을 위한 목적 이외에는 다른 목적으로 본건 정보를 사용하지 아니한다.
2. 참여기관은 주선은행을 통하지 아니하고 본 거래 또는 본건 정보의 당사자와 직접 접촉하지 아니한다.
3. 참여금융기관은 주선은행으로부터 요청이 있는 경우 즉시 본건 정보를 참여금융기관에 반환하고 만일 사본을 작성한 경우 이를 모두 파기하도록 한다.
4. 참여금융기관이 상기 각 호의 기재된 의무를 위반할 경우 이로 인해 회사 또는 주선은행에 발생한 모든 손해를 배상한다.
5. 본 확약서 상의 의무는 본 거래의 종료일과 본 확약서 제출일로부터 1년이 경과한 날 중 먼저 도래한 날에 종료한다.

"참여기관"은 상기의 사항에 동의하며 아래와 같이 기명날인합니다.

20xx년 월 일

회 사 명:

주 소:

직위/성명: (인)

부록 5-3

비밀유지 계약서

주식회사 ○○(이하 "○○"이라 함)과 주식회사 □□은행(이하 "□□은행"이라 함)은 ○○의 주식회사 △△ 지분 인수(이하 "본 거래"라 함)에 대한 □□의 인수금융 제공을 검토하기 위하여 다음과 같이 비밀유지계약을 체결한다.

제1조 (비밀정보)

(1) 본 계약에 의해 보호되는 "비밀정보"는 다음 각 목의 정보를 의미한다.

① 본 거래와 관련하여 구두, 문서, 컴퓨터 파일, FAX는 물론 기타 제공 되는 형식 및 방법을 불문하고 상대방으로부터 제공받거나 인지하게 된 일체의 정보

② 본 거래와 관련하여 □□은행이 ○○의 인수금융 조달에 대한 검토를 진행하고 있다는 사실

③ 기타 ○○과 □□은행이 비밀이라고 상호 인정하는 정보

(2) 다음 각호의 정보는 본 조 제1항에서 정한 "비밀정보"로부터 제외된다.

① 제공/인지 시점 이전에 공지되어 있던 정보

② 제공/인지 시점 이전부터 수령당사자가 이미 지득하고 있던 정보

③ 제공/인지 시점 이후 수령당사자의 귀책사유 없이 공지된 정보

④ 수령/인지 시점 이후 해당 정보에 대하여 비밀유지의무를 부담치 않는 제3자로부터 수령당사자가 입수한 정보

⑤ 관련법규나 법원, 정부기관(준정부기관, 감독기관 포함)에 의하여 공개가 요구된 정보

제2조 (비밀유지 의무)

(1) 각 당사자는 어떠한 경우에도 본 계약의 목적을 달성하기 위한 경우 또는 상대방의 사전 서면 동의가 있는 경우 이외에는 상방으로부터 지득한 비밀정보를 본 계약의 목적 이외의 다른 목적으로 사용하거나 제3자에게 공개, 누설, 발표 또는 유출하여서는 아니 된다.

(2) 각 당사자는 당사자가 소속된 그룹의 본업무 관련 심의/승인 관련자(□□은행이 본 거래를 위하여 설립할 사모투자전문회사의 잠재적 출자자를 포함한다. 이하 같다), 당사자가 고용한 피

용자 또는 대리인 중 비밀 정보를 알아야 할 필요가 있는 자에 한하여 비밀정보에 접근할 수 있게 하여야 한다. 본 계약의 어느 일방 당사자의 그룹 심의/승인 관련자, 피용자 또는 대리인의 고의 또는 과실로 인하여 비밀정보가 공개, 누설, 발표 또는 유출되는 경우 이로 인하여 발생한 손해는 사용자인 당해 당사자가 그 피용자 또는 대리인과 연대하여 책임진다.

(3) ○○과 □□은행이 본 업무의 이행을 위하여 제 2항의 관련자 이외의 제3자에게 비밀정보를 제공하여야 할 경우 상대방의 사전 동의를 얻어야 하며, 제3자와 본 계약에 준한 비밀유지계약을 체결하여야 한다. 이때 제3자와 계약을 체결한 일방 당사자는 그 제3자의 계약위반에 대하여 책임이 있다.

(4) 전 (2), (3)항에 따라 비밀정보를 제공하는 경우 외에는 ○○과 □□은행은 상대방의 사전 동의 없이는 본계약 체결에 관한 사실 및 본 계약의 내용을 공개하거나 제3자에게 제공할 수 없다.

(5) 어느 일방이 본 업무의 추진에 관해 관계법령, 감독기관(금융감독원,공정거래 위원회 등) 및 법원으로부터 정보공개의 요구를 받을 경우 각 당사자는 법령상 허용되는 범위 내에서 가능한 공개전에 지체없이 상대방에게 통보하여야 한다.

제3조 (비밀정보의 악용금지)

○○과 □□은행은 비밀정보를 오직 본 업무의 이행을 위하여서만 사용하여야 하며 연구개발, 상업적 목적 등으로 활용하지 않기로 한다.

제4조 (비밀의 재생산 등)

○○과 □□은행은 비밀정보를 상대방의 사전 서면동의 없이 복사하거나 재생산 할 수 없다. 단, 제2조 (2), (3)항에 의하여 복사 또는 재생산이 필요한 경우 에는 예외로 한다.

제5조 (비밀의 반환)

본 거래에 대한 진행이 중단되거나 본 업무에 관한 계약이 해제 또는 해지된 경우 또는 ○○과 □□은행이 상대방에게 제공한 자신의 비밀정보의 반환을 요구할 경우, 상대방은 본 업무와 관련된 비밀정보 및 제3조에 의하여 복사하거나 재생산된 비밀정보를 상대방 에게 반환하거나 완전하게 파기하여야 한다. 단, 비밀정보의 반환 또는 파기의무과 관련하여, '관련 법령이나 감독규정에 의한 보관의무가 있는 경우에는 그러하지 아니하다.

제6조 (계약기간)

본 계약은 본 계약 체결일로부터 1년간(이하 "계약기간") 유효하다.

제7조 (손해배상)

각 당사자는 본 계약상의 의무를 고의 또는 중과실로 위반한 경우 상대방에게 이로 인하여 발생하는 직·간접의 모든 손해를 배상하여야 한다.

제8조 (분쟁해결 및 관할법원)

본 계약에 명시되지 아니한 사항 및 본 계약의 해석상 이의가 있을 때에는 쌍방의 협의, 관련법령 및 상관행 등에 의하여 원만하게 해결하는 것을 원칙으로 한다. 단, 소송에 의할 경우에는 서울중앙지방법원을 관할법원으로 하기로 한다.

제9조 (권리의 부존재)

본 계약은 당사자간에 향후 어떠한 확정적인 계약의 체결, 상호 지출한 비용에 대한 보상 등에 관한 내용을 의미하거나 이를 강제하지 아니한다. 본 계약의 성립을 증명하기 위하여 본 계약서 2부를 작성하여 상호 기명 날인한 후 각각 1부씩 보관하기로 한다.

제10조 (분쟁의 해결)

본 계약의 체결, 이행 또는 이 계약의 위반과 관련한 분쟁에 대하여는 서울중앙지방법원을 제1심 관할법원으로 하기로 한다.

20xx년 월 일

주식회사 ○○
서울시 ○○구 □□□로 xxx
대표이사 (인)
대리인 (인)

주식회사 □□은행
서울시 ○○구 □□□로 xx-xx
○○○부장 (인)

부록 6

임대형 민간투자사업(BTL)

표준실시협약(안)

2021. 9.

공공투자관리센터

한 국 개 발 연 구 원

주요 변경사항

이번 개정은 2011년에 개정·공포된 임대형 민간투자사업의 표준 실시협약을 보완하여 지난 10년간 민간투자사업의 정책 환경의 변화를 담아내고자 하였다. 그리고, 실무상 해석에서 협약 당사자 간에 이견이 많았던 사항을 중심으로 명확하게 규정하고자 하였다. 이번 개정안에 반영된 민간투자사업기본계획은 2020년까지의 개정내용 중에서 협약 규정화할 필요성이 있는 사항들이며, 협약 당사자간 해석상의 쟁점이 제기되었던 조항들은 공공투자관리센터의 "표준실시협약의 쟁점 분석 및 개선 방안 연구"를 통하여 쟁점에 대한 법리적 분석 등을 수행하여 개정안을 도출하였다.

주요한 개정 사항은 아래와 같다.

첫째, 총사업비의 변경 조항이다. 총사업비 확정 원칙이 지켜지는 한도에서 관련 법률에서 정산 의무를 두고 있는 경비들을 정산할 수 있도록 하는 근거 규정을 마련하였고, 문화재 발굴조사 비용 등의 정산 근거를 마련하였다.

둘째, 민원 처리 조항이다. 그동안의 사업민원과 시공 및 운영민원으로 양분하여 정의하였으나, 민원의 분류에서 사업민원인지 여부에 대하여 명확한 기준을 제시하지 못하였다는 고려 하에 사업민원의 개념을 폐지하는 대신, 협약 당사자의 의무와 책임 조항에 따른 과실 책임 원칙을 명문화하고, 복잡·다기한 민원의 발생 원인에 따라 민원처리 비용을 당사자간 협의하여 분담할 수 있는 근거를 마련하였다.

셋째, 민간투자사업기본계획의 개정으로 도입된 수요예측재조사, 민자적격성재조사의 협약상의 근거를 마련하였다. 우리나라 민간투자사업의 계약 관리의 주요한 제도로 자리잡고 있는 재조사 제도를 실시협약 규정에 포함하고자 하였다.

넷째, 자금재조달 관련한 이익 공유제도와 자금재조달 절차 규정, 자금재조달 관련 주무관청 동의권 등과 관련하여 민간투자사업기본계획을 통하여 수립된 정책 방향의 변경 사항을 표준 실시협약 규정화하였다.

다섯째, 해지시지급금 관련 규정을 보다 명확하게 규정하였다. 협약 당사자의 귀책사유에 부합하도록 귀책사유를 정비하고, 총민간투자비의 산정에 실시협약에서 합의한 민간투자비 개념으로 명문화하였다.

여섯째, 분쟁해결 절차로 소송과 중재의 선택적 합의로 오인할 수 있는 조항을 정비하여, 소송으로 제기하는 경우와 중재합의를 하는 경우를 구분하여 표준 규정을 마련하였다.

일곱 번째, 실무상 많이 활용되고, 빈번하게 질의가 발생하는 건축시설 장기수선 충당금의 적

립과 사용 등에 관한 표준문안을 마련하였다. 〈2021.9.〉

앞으로도, 민간투자사업기본계획의 개정 등 정책방향의 변경과 참가자들로부터의 쟁점사항들을 충분히 소통하여 표준실시협약을 꾸준히 보완하는 작업을 이어나가도록 하겠다.

목 차

KDI(한국개발연구원) 홈페이지의 공공투자관리센터에서 "표준실시협약"을 키워드로 검색 시 전문 다운로드 가능

부록 7

주요 투자금융 영문용어 모음(ABC순)

※ 본 부록에는 원칙적으로는 본문에 기재되지 않은 용어 가운데 필수적이라고 판단한 용어의 일부 또는 책 본문에 포함되어 있으나 별도로 다시 한번 강조하기 위한 내용 등을 매우 제한적으로 수록하였습니다.

※ 아래 내용 이외의 필수 영문용어 및 약어 등은 이 책 본문에서 관련 내용을 설명하고 있으며, 이와 관련해서는 별도로 정리한 찾아보기를 참고하여 주시기 바랍니다.

용어 (참고 발음 등)	정식 명칭(Full Name)	내 용
AUM (에이유엠)	Asset Under Management	○ 펀드의 운용자산규모 ○ AUM이 많다는 것은 그만큼 금융시장에서 펀드를 많이 설정해서 운용 중이라는 의미이므로 자산운용기관의 규모와 능력을 가늠하는 중요한 지표로 인식됨 ○ AUM이라 하면 대개 현재를 기준으로 하나, 필요시 현재의 AUM과 더불어 이미 청산된 펀드를 포함한 누적 AUM을 같이 IM 등에 표시하는 경우도 있음
Boutique (부티끄) & House (하우스)	–	○ 부티끄는 현행 법상 정식 명칭은 아니며, IB 시장에서는 IB 금융기관에서 전문성을 인정받은 개인 등 소수의 인원이 독립하여 M&A 중개, 부동산PF 및 인프라금융, PI투자 등 다양한 부문의 딜 소싱 및 중개, 전문 컨설팅을 제공하는 소규모 업체를 통칭함(증권업계에서는 위법의 소지가 있는 무자격 펀드매니징 업체를 가리키는 경우도 있는 등 다양한 의미로 사용되고 있음) ○ 하우스는 국내에서는 IB 시장의 금융기관 player를 모두 아우르는 포괄적인 개념임. 특정 기준으로 구분(classification)하여 주로 비은행권인 증권 및 자산운용기관 등을 지칭할 때 편하게 가리키는 용어로 활용되는 경향이 있으며, 부티끄와 마찬가지로 공식적인 용어는 아님 예) PEF 하우스 중 최근 가장 실적이 좋은 곳은 ○○이다. 예) 증권 하우스 중 부동산PF에 특화된 대형 기관은 ○○이다. 예) 부동산실물자산에 특화된 운용 하우스는 어디일까요?
Blind Fund (블라인드 펀드)	–	○ 투자대상을 확정하지 않고 우선 펀드자금을 모집한 후, 그 후 특정 투자대상을 최종 결정하여 운용하는 펀드를 가리킴 ○ 투자대상이 사전에 결정되지 않는다고는 하나, 투자의 섹터나 투자를 위한 최소 가이드라인 등의 방향을 정하고 이를 바탕으로 수익자를 모집하게 되므로, 최종 개별 투자처만 사전에 확정되지 않을 뿐 무작위적인 투자와는 전혀 다른 성격을 가짐 ○ 블라인드 펀드에서 개별 투자집해시 자산운용사(GP) 내부의 자체 투자심의기구의 심의를 득하는 것을 전제로 하는 것이 일반적이며, 필요시 투자자문위원회를 통해 투자자 의견을 청취하여 투자전략에 반영하는 투자의사결정절차를 가짐
Build-To-Suit 또는 BTS (비티에스)	Build-To-Suit	○ 고객의 요구에 따라 특정 콘셉트와 용도로 개발된 맞춤형 부동산 ○ 임차인의 니즈에 맞게 설계, 건축되고 준공 후에는 해당 임차인이 일반적으로 장기 단독 책임임차(master lease)를 하는 조건으로 부지매입, 설계, 건축까지 맞춤기획되는 것이 일반적임

용어 (참고 발음 등)	정식 명칭(Full Name)	내 용
C.A. 또는 CA (씨에이)	Confidentiality Agreement 또는 Confidential Agreement	○ 비밀유지확약서 또는 비밀유지서약서
Cash Sweep (Debt Sweep) (캐쉬 스윕)	-	○ 잉여현금흐름이 발생하는 경우 해당 현금흐름을 주주배당을 하거나 별도의 계좌에 예치하는 대신 예정된 만기일보다 미리 부채를 상환하는 것 ○ 고위험 사업의 부채를 저감시키는 효과를 목적으로 한 조항이며 실무적으로는 일정 재무기준 미충족 시 주주배당금지 또는 유입 임대료의 임대인앞 지급유보 등의 조건과 함께 사용되는 경우가 많음 예시) ICR 또는 DSCR이 일정 기준 이하일 경우 해당 기의 이자 상환 후 잔여 잉여현금을 원금상환 또는 이를 위한 별도의 cash sweep용 계좌로 이체하여 관리 ○ 개념 자체는 단순하여 잉여현금을 사용하여(sweep, 쓸어서) 부채상환(debt payment)에 활용한다는 의미
CFADS (씨페즈)	Cash Flow Available For Debt Service	○ 대출원리금상환에 활용가능한 현금흐름 ○ 회계기준이 아닌, 프로젝트에서 창출가능한 실제 현금의 수입과 지출을 기준으로 한 현금흐름을 추정하여 대출원리금 상환가능여력을 산출하는 데 활용됨 ○ 실무적으로는 순영업수익과 동일한 경우가 많으며 부채상환계수(DSCR) 계산 시 분자로도 활용가능
COD (씨오디)	Commercial Operation Date	○ 발전소와 같은 인프라 시설의 상업운전개시일
Co-GP	-	○ 공동 업무집행사원
C.P. 또는 CP(씨피)	Conditions Precedent	○ 인출선행조건
Cross Default (크로스 디폴트)	-	○ 어느 약정에서의 기한이익상실 시 미리 정해진 다른 약정까지 자동으로 기한이익이 상실되도록 하는 조항
C.S. 또는 CS(씨에스)	Conditions Subsequent	○ 인출후행조건
Debt Yield	-	○ 해당 자산의 순영업수익(NOI)을 총대출금액으로 나눈 비율. 부동산 실물자산 금융시 일반적으로 부여되는 DSCR 등과 함께 자주 접하게 되는 재무특약(covenants)의 하나
Double Net Lease	-	○ 임차인이 기본 임차료에 더하여 임차목적물 관련 ① 세금 및 ② 보험료를 추가하여 부담하는 형태의 임대차
DSCR (디에스씨알)	Debt-Service Coverage Ratio	○ 부채상환계수, 부채상환비율(Debt-Service는 대출원리금) ○ 특정 시점에서의 순영업수익을 해당 시점에서의 대출원리금으로 나눈 값
DSRA (디에스알에이)	Debt-Service Reserve Accounts	○ 부채상환적립계좌 = 부채상환적립계정 = 채무상환유보계정 ○ 약정에 의거 대출원리금 상환목적으로 유입 현금흐름 중 일정액을 적립토록 하는 목적으로 개설, 관리되는 계좌 또는 계정 ○ 계좌나 계정의 이름에도 불구하고 대출원리금 상환을 위해 일정액을 적립 또는 유보할 목적으로 개설하여 관리되는 계좌를 통칭함 예시) 이자유보계좌, 자금보충적립계좌 외
EOD (이오디)	Event of Default	○ 기한의 이익상실(채무불이행) 사유

용어 (참고 발음 등)	정식 명칭(Full Name)	내 용
EPC (이피씨)	Engineering, Procurement, Construction	○ 설계, 부품 및 소재 조달, 건설을 뜻함 ○ 일반적으로는 발전소와 같은 인프라 시설의 EPC를 동일 업체가 맡는 경우가 많으므로 실질적으로는 "시공" 자체를 뜻하게 되며 EPC를 담당하는 회사와 결합하여 흔히 "EPC 업체" 또는 "EPC 시공사" 등으로 호칭되고 있음
EURIBOR (유리보)	Euro Interbank Offered Rate	○ 유럽중앙은행회가 국제금융거래를 목적으로 산출하여 활용하고 있는 유럽은행 간 단기 무담보 대출 거래금리를 평균하여 산출되는 기준금리
Exposure (익스포저)	–	○ 특정 기업이나 차주, 국가 등에 대하여 금융기관이 부담하는 총위험을 가리킴 ○ 부동산PF의 경우 별도의 파생거래가 연관되어 있지 않는 한, PF금액과 exposure는 동일한 경우가 대부분임 ○ 익스포저는 여신보다 포괄적인 개념이며, 금융기관이 상대방과의 거래에서 입을 수 있는 난내, 난외계정을 모두 포함하는 위험의 총량, 즉 이론적인 최대 손실액을 지칭함 예) ㅁㅁ은행의 20XX년말 기준 부동산PF exposure 예) ㈜홍길동에 대한 ㅁㅁ은행의 익스포저는 총 1,000억원이며, 이 중 기업운전자금대출은 700억원, 통화스왑 파생한도는 300억원으로 구성 예) ㅁㅁ은행의 유럽 익스포저는 총 X,XXX억원임
FOP	Final Operation Permit	○ 공장, 기타 시설 등의 최종 준공허가
FS 또는 F/S (에프에스)	Feasibility Study 또는 Feasibility Study Report	○ 사업타당성검토 또는 그 보고서 ○ 대출원리금상환가능성검토 또는 그 보고서
Gross lease	–	○ 임차인이 기본 임차료만을 부담하는 조건의 임대차
ICR (아이씨알)	Interest Coverage Ratio	○ 이자보상배율 = 이자보상계수 = 이자보상비율 ○ 일반적으로 영업이익을 금융비용으로 나누어 영업이익이 금융비용의 몇 배인지를 직관적으로 파악하기 위한 상환지표
Idle money (아이들 머니)	–	○ idle cash, idle fund 모두 같은 뜻임 ○ 현재 정확한 사용처가 정해지지 않은 유휴자금으로서 활용대기 상태의 자금 또는 적극적인 수익목적으로 현재 투자되고 있지 않은 자금
IM 또는 I/M 또는 I.M. (아이엠)	Information Memorandum	○ 프로젝트 및 금융구조, 개요 관련 종합설명자료
J-Curve 효과 (제이 커브)	–	○ 경제학에서는 환율변동에 따른 무역수지의 일시 악화 후 개선되는 현상을 지칭하며, 자본시장에서는 사모펀드나 부동산펀드 등에서 투자초기에 낮은 수익률을 보이고 일정 기간 경과 후 수익률이 상승하는 경향을 지칭하고 있음 ○ 예를 들어, 기업인수합병 등 기업투자를 전문으로 하는 PEF의 경우, 인수초기 사업분야의 개편을 포함한 사업전략의 변화 등으로 수익률이 낮은 수준을 보이고, 이후 해당 기업의 가치가 제고되면서 자연스럽게 수익률이 상승하는 경향을 보이는데, 이 모습이 알파벳 "J"와 유사한 모양을 보이므로 "J-Curve 효과"라고 함 ○ 비단 PEF뿐만 아니라 부동산 실물자산에 투자하는 펀드의 경우에도 J-Curve 효과가 발생할 수 있으며, 영역에 관계없이 낮은 저점에서 상승하는 지표의 경우 자본시장에서는 "J-Curve 효과"라고 통칭함

용어 (참고 발음 등)	정식 명칭(Full Name)	내 용
Loan Fund (론펀드)	–	○ 블라인드 펀드의 일종으로서, 펀드의 목적이 특정 섹터의 대출을 공급하는 것을 목적으로 하는 펀드를 지칭함 ○ 특정 분야에 비교적 정형화된 대출이 반복해서 취급이 되는 경우 론펀드를 조성하고 이를 통해 개별 대출을 취급함으로써 업무 처리의 효율성 제고가 가능함 ○ 주거용 부동산의 개발을 위한 HUG PF보증부 대출을 위한 론펀드, 기업인수금융을 목적으로 하는 론펀드가 대표적인 사례임 ○ 사용자의 기준에 따라 다르기는 하나, 일반적으로 펀드에서 대출뿐만 아니라 지분(equity)투자를 병행하는 경우에는 론펀드라고 지칭하지 않는 경우도 있으므로, 용어사용 시 주의해야 함
MAC (엠에이씨)	Material Adverse Change	○ 중대한 부정적인 변화(MAC: Material Adverse Change) 관련 진술 및 보장
Majority (머조리티)	–	○ 신디케이티드 론에서 대다수 대주 또는 다수 대주를 의미함 ○ 대주단의 의사결정 시 의결권을 논할 때 자주 사용되는 용어이며, 대다수 대주의 정의는 약정에서 별도로 정하는 것이 일반적임(예: 약정금액 기준 2/3 이상의 동의로 의결 등)
MAU (엠에이유)	Monthly Active Users	○ 평균 월간 활성 사용자 수
MD (엠디)	Merchandising 또는 Market Design	○ 머천다이징(merchandising)의 의미로서 부동산시설의 업종선정 및 공간구성 등을 계획하는 것 ○ 본래 머천다이징이란 상품을 기획하고 이를 개발, 또는 판매할 상품을 선정하고 구매한 후 마케팅을 통해 이를 최종적으로 판매하기 위한 전 과정에 대한 계획을 지칭하는 포괄적인 용어 ○ 부동산분야에서는 이러한 머천다이징의 포괄적인 의미에서 유래하여 대형 상업시설, 복합시설 또는 오피스 빌딩 중 상업시설 부분 등의 입점 상가의 업종선정과 공간구성 배치 등을 계획하는 활동의 개념으로 사용되고 있음 ○ 부동산시장에서는 본래의 의미 그대로 MD를 "merchandising"의 약어로서 사용하거나 또는 업종선정 및 공간구성 배치 등을 직관적으로 이해하기 쉬운 의미의 "market design"의 약어로서 혼용하여 사용 중임
Middle market (미들마켓)	–	○ 미국기준 매출 또는 EBITDA 등의 기준에 따라 구분되는 중소형 기업을 통칭하는 용어 ○ 금융에서는 미들마켓 기업에 제공되는 대출을 "middle market loans"라고 함
MLA (엠엘에이)	Mandated Lead Arranger(s)	○ 금융주간사 또는 금융주간단 ○ 금융주선사 또는 금융주선단
N.D.A. 또는 NDA (엔디에이)	Non-Discloûser Agreement	○ 비밀유지확약서 또는 비밀유지서약서 (C.A.와 동의어)
NNN 또는 Triple Net Lease (트리플넷 리스)	–	○ "트리플넷"으로 호칭. 임차인이 기본 임차료에 더하여 임차목적물 관련 ① 세금, ② 보험료 및 ③ 일반적인 유지보수비용을 부담하는 조건의 임대차를 지칭함(일반적인 NNN에 건물구조 또는 옥상 관련 유지보수비용까지 부담하는 경우를 Absolute Triple Net Lease라고 함) ○ 트리플넷 리스 계약에서는 건물의 구조적인 부분과 관련된 보수 비용을 제외하면 사실상 임차인이 임대인(actual owner)처럼 모든 비용을 부담하는 효과가 발생함 ○ 상업용부동산 전문 투자, 운용 리츠 등이 주로 활용하는 방식

용어 (참고 발음 등)	정식 명칭(Full Name)	내 용
OEM 펀드	–	○ 펀드투자자가 본인의 니즈를 위해 설정하고 관련 운용 의사결정을 사실상 지배하는 펀드를 금융시장에서 통칭하는 용어(집합투자업자, 즉 자산운용사가 아닌 자가 우회적으로 펀드의 설정 및 운용 등을 하는 효과가 발생하므로 「자본시장법」에서 엄격히 금지되어 있음)
Pari Passu (파리파수)	–	○ 채권자가 채무자에 대하여 가지는 무담보채권이 채무자에 대한 다른 채권자들이 가지는 무담보 채권들과 동등한 순위에 놓여 있다는 채무자의 진술과 장래에도 그러할 것이라는 특약
PM (피엠)	Projet Management	○ 전 산업분야에서 보통명사처럼 사용되는 Project Managemet 의미의 PM과는 다른 개념 ○ 업계 관행에 따라 다양한 뜻으로 사용되고 약정에 따라 서비스의 범위가 달라질 수 있으나, 부동산개발금융 분야에서의 PM은 공사감리 및 실질적인 공사감독을 포함한 공정관리의 의미로서의 CM(construction management), 약정에 따른 자금관리 관련 자금집행 내역의 적정성 확인 관련 대주단 일부 조력, 그 외 전반적인 사업진행현황의 적정성 등을 관리감독하는 건설사업 서비스를 지칭함 ○ 대형 부동산개발사업의 경우 사업당사자가 다수이고, 복잡한 금융구조와 각종 특약 등이 포함된 금융조건, 상대적으로 긴 공사기간, 막대한 공사비 규모 등의 특성으로 원활한 관리가 쉽지 않은 경우가 많음 ○ 대주단 입장에서는, 프로젝트가 정상적으로 문제없이 진행되고 있는지에 대한 관리감독을 전문 PM기관에 위탁함으로써 보다 객관적이고 투명한 사업의 진행 및 통제가 가능한 장점이 있으며, 부동산PF 시장에서의 실제 활용사례도 있음 ○ 부동산PF 관련 전문 PM기관 선정 시 대주단의 만족도는 높은 편이나, 여러 장점에도 불구하고 상대적으로 높은 비용, 시공사 등 사업참여당사자 간 PM 필요성에 대한 이견, 근거 법령 미비 등의 이슈로 보편적으로 활용되고 있지는 않음
PM (피엠)	Property Management	○ 부동산의 시설유지보수, 임차료 수납 및 임대차관리 및 관련 부대서비스를 제공하는 전문 부동산종합관리서비스 ○ 약정에 따라 다르기는 하나, 일반적으로는 물리적인 유지보수뿐만 아니라 임차료 수납 및 임차관리 등의 서비스까지 포함하며, 궁극적으로는 해당 부동산의 가치제고를 위해 제공되는 종합적인 부동산 관리서비스를 지칭함 ○ 금융시장에서는 Project Management를 뜻하는 PM과 자주 혼동되므로 사용 시 주의할 필요가 있음 ○ 참고로, PM 내 업무 중 하나로서 또는 별도의 전문 분야로서 LM(Lease Management) 개념이 활용되기도 함. LM은 주택 또는 상업용 부동산의 임차인 모집과 관리, 임차료 수납 및 임차료 관련 협의 등 전반적인 '임대관리'를 제공하는 서비스임 ○ FM(Facility Management): LM과 마찬가지로 PM의 업무 중 하나 또는 별개의 영역으로서의 의미로 활용되며, 주로 오피스 또는 상업용 부동산의 유지보수, 주차시설 관리, 보안 등의 서비스를 전문적으로 제공하는 서비스
PMI (피엠아이)	Post-Merger Integration	○ M&A의 post deal 단계로서 인수 후 통합을 지칭하는 용어
Private Debt (사모부채)	–	○ 사모자본시장에서 조달된 펀드자금으로 기업에 대출(loan) 공급을 목적으로 하는 사모펀드를 지칭하며, 기업 지분투자를 전문으로 하는 일반적인 PE와 대비되는 개념으로 사용되는 용어
Pro Rata (프로 라타)	–	○ 대주단 간에 동일한 채권의 만족을 얻도록 동일한 비율로 공평하게 분배된다는 의미

용어 (참고 발음 등)	정식 명칭(Full Name)	내 용
Project Fund (프로젝트 펀드)	–	○ 블라인드 펀드와 대비되는 개념으로서, 사전에 투자대상을 확정하고 자금을 조성하여 운용되는 펀드를 가리킴
RBC	Risk Based Capital	○ 보험사의 지급여력비율로서(가용자본/요구자본)의 백분율로 산정하며 보험사의 자본건전성을 가늠하는 지표 ○ 「보험업법」상 100% 이상 유지토록 되어 있으며 국내 금융감독당국의 최소 권고비율도 별도로 존재함(RBC가 100% 미만일 경우 고객의 보험금 일시청구 시 지급여력이 미달한다는 의미) ○ 2023년부터 시행예정인 IFRS 17 도입으로 산정기준이 현재의 자산은 시가평가, 부채는 원가기준에서 부채의 평가기준도 시가로 변경될 예정
RCF (알씨에프)	Revolving Credit Facility	○ 사용한 대출금을 다시 상환한 경우 약정한도 내에서 계속 인출할 수 있는 권리가 부여되는 여신방식
RCPS (알씨피에스)	Redeemable Convertible Preference Shares	○ 상환전환우선주
R&W	Representation & Warranties	○ LMA 표준계약 구성 중 "Representaions"에 해당 ○ 금융시장에서는 중대한 부정적인 변화(MAC: Material Adverse Change)에 대한 진술 및 보장까지 포함하여 차주, 매도인 등의 제반 진술 및 보장사항을 통칭하여 R&W라고 표현
Shadow Banking	–	○ 비교적 다의적으로 사용되는 용어 ○ 광의적으로는 1금융권(은행)은 아니지만 마치 은행과 유사하게 대출, 예금 등의 금융서비스를 제공하는 금융부문을 통칭함 ○ 한국은행 홈페이지 경제용어사전 기준 시 "집합투자기구[MMF(Money Market Funds)·채권형·혼합형 펀드 등], RP(Repurchase Agreements) 거래, 유동화기구 등과 같이 은행 시스템 밖에서 신용중개기능을 수행하지만 은행 수준의 건전성 규제와 예금자 보호가 적용되지 않는 기관 또는 활동"을 뜻함 ○ 은행의 자금중개기능을 보완하는 순기능도 있으나, 국내에서는 부정적인 의미로 사용되는 경우가 적지 않으며, 이때에는 감독당국의 규제 사각지대에 있는 유사 금융을 지칭하는 의미로 사용됨
Single Net Lease	–	○ 임차인이 기본 임차료에 더하여 임차목적물 관련 ① 세금을 추가하여 부담하는 형태의 임대차
SMP (에스엠피)	System Marginal Price	○ 계통한계가격이며, 한전이 발전사업자로부터 전력을 구매 후 정산하는 전기구매의 기준단가 ○ 발전에너지시장에서는 흔히 전력도매가격이라고 하며 단위는 kWh(킬로와트시)로 환산함
SOFR Floor (소파 플로어)	Secured Overnight Financing Rate Floor	○ Zero Floor와 유사하게, SOFR가 하락하더라도 해당 금리로 간주하는 조항 ○ 예를 들어, 금리체계가 1M Term SOFR + 스프레드(3.00%)이고, 이때 SOFR Floor가 1.00%라면 위의 "1M Term SOFR"가 1.00% 미만으로 하락하더라도 1.00%로 간주한다는 의미
SOFR (소파)	Secured Overnight Financing Rate	○ "소파"라고 호칭함. LIBOR가 2022년초를 기점으로 금융시장에서 신규 계약에 적용되지 않음에 따라 사실상 역사의 뒤안길로 사라지게 된 후 USD 기반거래에서 이를 대체하기 위해 등장한 기준금리. ○ 미국 국채를 담보로 하는 1일물 환매조건부채권(RP)거래에 사용되는 금리를 종합하여 산출함

용어 (참고 발음 등)	정식 명칭(Full Name)	내 용
Tax gross-up	–	○ 세금을 차주가 부담하여 대주가 지급받는 이자 등의 금원이 부족해 지지 않도록 하는 조항
Term SOFR (텀 소파)	Term Secured Overnight Financing Rate	○ 익일물(1일물) RP거래에 기반한 SOFR가 다양한 기간별 금리지표로서 활용이 어려움에 따라 기간별(1개월, 3개월, 6개월, 12개월 등) SOFR 금리를 산출하여 고시되는 금리 예시) 3M Term SOFR(3개월 소파금리), 6M Term SOFR 외 ○ 기존에 LIBOR를 기준금리로 하는 여신의 경우, 이의 대체(fallback) 금리 조항을 도입하고 있음
T.L. 또는 TL (텀론)	Term Loan	○ revolving credit facility와 대비되는 용어로서 사전에 정해진 대출금이 일시 또는 분할해서 인출되고 상환기일까지 대출금이 상환되더라도 상환된 만큼의 대출한도가 다시 부활하지 않는 방식의 대출금
TRP	Trial Run Permit	○ 일반적으로 FOP 이전 단계에서의 사용허가, 가동허가
Value Add (또는 Value Added) Investment · Strategy	–	○ 물리적인 리노베이션 및 MD 변경 등을 통해 부동산의 가치를 제고하는 투자전략 ○ 주로 저평가된 부동산을 매입하여 MD를 변경하고 이에 맞춘 리노베이션을 통해 임대수익 상승 외에 근본적인 부동산매각가치 제고 등 수익을 극대화하는 전략을 지칭함 ○ 부동산 투자유형 및 전략구분에서, 리스크수용정도와 목표수익률, 그리고 부채 등 레버리지 정도에 따라 크게 다음과 같이 구분됨 1. Core: 저리스크와 안정적인 임차수익 목표, 핵심권역 오피스빌딩 등이 투자타깃 2. Core Plus: 중하 수준의 리스크와 레버리지를 일부 사용, 핵심권역 외의 오피스빌딩 및 이에 준하는 부동산이 타깃 3. Value Add: 위 설명 참고 4. Opportunistic: 부동산개발사업과 같이 고위험을 감수하면서 수익극대화를 추구하는 전략
Volcker rule (볼커룰)	–	○ 입안자의 이름을 따서 '도드 플랭크(Dodd-Frank)'법안으로 불리는 미국의 'Wall Street Reform & Consumer Protection Act(월스트리트 개혁 및 소비자보호법령)'의 일부 하위 조항을 지칭함 ○ 전 연방준비제도이사회(FRB) 의장인 폴 볼커(Paul Volcker)의 주장이 반영되어 흔히 '볼커룰'로 호칭되고 있으며, ○ 상업은행이 자기자본을 유가증권에 단기투자하여 수익을 얻는 'Proprietary Trading(자기자본거래 또는 자기계정거래)' 금지, 헤지펀드 등의 규제대상 펀드에 대한 지분 취득 및 지원 등의 금지, 전반적인 내부통제시스템의 구축 등을 주요 내용으로 함 ○ 2008년 서브프라임 모기지 사태, 리먼브라더스 파산 등을 겪으면서 상업은행의 복합 파생상품 등 위험자산 관련 거래를 통제함으로써 금융시스템 부실을 사전에 차단하는 것이 목적
W&I (더블유앤아이)	Warranty and Indemnity Insurance [일반적으로 full name으로 불리나 사용하는 사람에 따라 영문 약어인 W&I(더블유앤아이)로 부르는 경우도 있음]	○ 대형 부동산거래 또는 M&A 등에서 R&W(진술 및 보장조항)의 주요 위반에 대해 일정액을 보상하는 보험 ○ 인수합병의 경우, 경영권 매각 시 진술보장 위반에 따른 리스크 저감을 위해 보험을 가입하는 경우가 많음 ○ W&I가 없을 경우, 매각 후 우발채무 현실화를 대비하여 매각 자금의 일부를 매도자측이 별도로 예치하는 경우가 많음 ○ 인수합병시장에서는 매도자의 소위 "클린 Exit"(흠결 없는, 온전한 매각 완료)을 위한 도구로 인식되고 있음

용어 (참고 발음 등)	정식 명칭(Full Name)	내 용
Waiver (웨이버)	–	○ 약정 조항에 따라 차주가 수행해야 하는 법률행위 또는 대주의 권리를 규정한 조항을 포기(waiver)하거나 또는 일시적 약정 불일치사항에 대한 승인조치 ○ 국내 금융시장에서는 항구적인 조건변경의 성격을 지니는 "amendment"와 더불어 "waiver" 모두를 "조건변경"이라고 호칭하는 경향이 있음
WALT (월트)	Weighted Average Lease Term	○ 가중평균잔여만기
Zero Floor (제로 플로어)	–	○ 기준금리가 마이너스(–)로 하락하더라도 이를 제로(0)로 간주하여 당초 계획된 이자 스프레드(spread)는 온전히 대주에게 지급되도록 하는 국제 대출계약의 일반적인 조항을 통칭함

부록 8

부동산금융 현업담당자와의 Q&A

2021년 여름, 국내 굴지의 스타트업 기업으로서 명함관리 앱의 선두주자인 모 플랫폼에서 약 사흘에 걸쳐 부동산금융 관련 자유로운 주제로 Q&A가 있었습니다. 당시 저는 운이 좋게도 멘토로 선정되어 현업을 담당하시는 다양한 분들과의 질의응답 기회를 가질 수 있었습니다. 생각보다 많은 분들이 다양한 질의와 의견을 올려주셨고 저도 답변드리고 의견을 나누면서 많은 것을 배울 수 있는 소중한 기회였습니다. 책으로는 미처 소개해 드리지 못하는 참고가 될 만한 사항이 많아서 관련 내용을 소개해 드리고자 합니다. (자유로운 질의응답 자리라는 점을 고려하여 구어체 표현과 이모티콘 등은 가급적 생략하지 않고 그대로 수록하였으며, 독자의 이해를 돕기 위해 일부 중복된 내용, 현재 경제상황과 맞지 않는 부분은 생략 및 수정하였습니다. 아울러 답변내용은 필자의 개인자격으로서의 의견임을 알려드립니다. 이 자리를 빌려 당시 질의응답에 참여해 주셨던 모든 분들, 그리고 선뜻 멘토의 기회를 주신 해당 플랫폼 담당자분께 감사드립니다.)

〔Q는 질의사항, A는 제 답변입니다.〕

소개의 말. 대한민국 부동산금융 1세대로서 아직 관련 분야 현업 중인 지점장입니다. 수많은 부동산개발금융 및 간접투자기구 관련 금융, 구조화금융 및 해외투자, 선박·항공기금융 포함 국제 CF(Corporate Finance) 및 기업구조조정, 대형 딜 사후관리 및 채권매각, PI투자에 이르기까지 많은 분야에서 딜 주선과 참여를 경험해 왔습니다. 부동산금융 관련 고민되시거나 궁금한 점이 있으시면 힘이 닿는 한 자세하게 답변드리도록 하겠습니다. 감사합니다.

Q. 대단한 커리어시네요. 첫 시작을 어떤 직장에서 어떤 포지션으로 시작하셨는지 궁금합니다!

A. 좋은 말씀 감사합니다. 저는 은행에 공채로 입행해서 5년 정도 지점생활을 거친 후 공모를 거쳐 당시 태동하던 IB부문에서 근무를 시작했습니다.

첫 포지션은 SOC파트에서 주니어로 시작을 했습니다. 당시 수도권순환고속도로(구 서울외곽순환고속도로)가 건설 중이었고, 해당 민자사업 PF 자금관리를 담당했었는데 벌써 많은 시간이 흘렀네요. SOC를 시작으로 국내외 부동산PF, 자산유동화 주선을 담당했고 그 이후 올려드린 다양한 커리어를 운좋게 경험할 수 있었습니다.

리먼사태 이후로 부동산금융의 중심추가 증권쪽으로 옮겨갔지만, 그래도 끈을 놓지 않고 은행 사이드에서 관련 분야에 계속 발을 담그고 현재까지 오게 됐습니다.

Q1. 와 반갑습니다. 부동산금융 1세대이신 만큼 궁금합니다. 처음 이 업에 발을 들이셨을 때와 지금은 어떻게 다른가요? 굵직굵직한 변화도 어떤 것들이 있었는지 간략하게 말씀 주실 수 있을까요?

A1. 네 안녕하세요? 반갑습니다. 제가 커리어를 시작한 게 2000년 초반이니까요, 벌써 20여 년이 지난 것 같습니다. 가장 큰 변화는 금융주선 플레이어들이 비교적 다양해졌다는 걸 꼽을 수 있을 것 같습니다. 2008년 리먼사태 전까지는 주로 시중 상업은행이나 정책 금융기관들이 부동산금융시장을 주도했었다면, 그 이후에는 개발금융 관련 1금융권들의 사실상 shut down기조가 유지되면서, 크게 보면 적어도 개발금융 측면에서는 주거용 섹터를 제외하고는 메인 플레이어로서의 지위를 상실한 지 오래됐다고 볼 수 있을 듯합니다.

그 사이에 한국 간접투자기구 시장도 많이 성숙해져서 자산운용사들이 부동산금융시장에 많이 진입을 해서 현재는 시장의 주류가 되어 있고, 전통의 강호인 증권사들도 군웅할거를 하고 있는 상황이라고 볼 수 있습니다. 실물자산 투자냐 개발금융이냐에 따라 구분할 수 있습니다만, 크게 보면 그렇다고 할 수 있을 듯합니다.

Q2. 이렇게 온라인에서 업계 선배님들께 질문할 수 있는 기회도 있고, 앱 쓰길 참 잘했다 싶네요. ㅎㅎ 저는 캐피털 쪽에서 일하고 있는 부동산 업계에 관심이 있는 주니어인데요. 캐피털 쪽에서 PF/담보/구조화상품 등 부동산금융 커리어를 밟을 경우 3~5년 차 주임~대리급의 커리어 패스가 어떻게 되는지 여쭤봐도 될까요? 기초적인 질문이라 죄송합니다.

A2. 네 안녕하세요? 기초적인 질문이 아니라 굉장히 어려운 질문인 것 같습니다 ^^

같은 부동산(개발)금융이라고 하더라도 기관별로 수행하시는 업무의 종류나 양이 다양하기 때문에 정형화해서 말씀드리기는 다소 어려울 것 같습니다.

말씀하신 것을 종합하면, 현재 캐피털 쪽에 계시지만 부동산금융을 직접 담당하지는 않는 것으로 이해됩니다만, 일단 관심을 가지시고 기회를 노리시는 것 자체가 큰 출발점이라고 생각합니다. 제가 커리어 3~5년 차 대리급이었을 때에는 일이 너무 많아서 밤을 새는 경우가 다반사일 정도로 업무량이 많았습니다만, (라떼~화법은 아닙니다.^^) 그만큼 빨리 업무를 익힐 수 있는 환경이 구비돼 있었다고 볼 수 있을 듯합니다.

기관별로, 또 같은 기관 내에서도 팀 분위기에 따라 주니어 때 어떻게 트레이닝을 받으시는지, 업무량이 어떻게 되는지 천차만별이실 거 같아서 조심스럽긴 합니다. 기관에 따라서는 front와 back 또는 심사부서 간 인적교류를 기조로 하는 곳들도 있거든요. 하지만 부동산금융 실전무대에서 실무경험을 3~5년 쌓으신다면 결코 작은 경력은 아니라고 생각합니다.

뜬구름 잡는 얘기가 되겠지만, 결국 실전 경험을 쌓으시면서 꾸준히 기본 base가 되는 관련 공부를 꼼꼼히 해나가시고, 쉽진 않으시겠지만 클라이언트의 관점에서 서로 윈윈해 나가는 금융구조 설계 능력을 배양하신다면 front든 back 쪽이든, 또는 심사파트로 가신다고 하더라도 곧 능력을 인정받으실 수 있는 기회가 오지 않을까 싶습니다.

그리고 실무경험을 쌓으시면서 본인께서 이직을 하실지, 아니면 해당 기관의 어느 파트에서 추가적으로 경험을 쌓으실지(예: 심사부 등) 깊게 고민하시고 적성을 찾아보시는 것도 고려해 보실 만하다고 생각합니다.

Q2-1. 당연하지만 기본이 제일 중요하겠군요. 귀한 시간 내서 정성스러운 답변해 주셔서 무척 감사드립니다. 저녁 시간 편히 보내세요!

Q3. 안녕하세요. 저는 전통자산 쪽에 들어온 지 얼마 안 된 사원급입니다. PF 쪽으로 경험을 해보고 싶어서 노력 중인데 진입이 어렵습니다. 업계에 경험이 많으신 선배님 입장에서 같은 기관이 아니라 외부에서 주니어급을 채용한다고 하시면 어떤 부분을 중요하게 보실까요? 현재 업무가 대체자산 혹은 PF와 무관하다면, 무엇을 어필을 하여 PF에 진입할 수 있을까요? 감사합니다.

Q3-1. 저도 이 글에 대한 답변이 궁금합니다.

Q3-2. 글쓴이는 아닙니다만 현재업무가 무관하다면, 그리고 주니어라면 똑부러지게 일 잘하는 모습만 갖춘다면 데려갈 데가 많지 않을까요? 냉정하게 얘기해서 무관한데 그 분야로 뭘 어케 어필할까요? 일단 사람 많이 만나고 모임 같은 데 참석 많이 하시면 기회가 있을 겁니다.

A3. ○○님 의견도 현실적이고 일리가 있습니다만, 개발금융분야에 관심이나 열망은 있으신데 향후 커리어전략을 어떻게 짜야 될 것인지 고민하시는 □□님의 답답함도 충분히 이해됩니다.

현실을 먼저 말씀드리자면, 어느 기관에서 순환근무나 공모제도에 따르거나 또는 해당 본부 탑급에서 도제식으로 주니어를 뽑아서 교육시키겠다고 작정하지 않는 한, 개발금융분야에서 경험이 백지인 주니어는 당연히 일반적으로 고려대상이 되질 않습니다. 부동산분야 경쟁이 워낙 치열하다 보니, 현실적으로 시간과 마음의 여유를 가지고 연수와 업무를 병행해서 사람을 키운다는 것은 보통 어려운 일이 아니기 때문입니다.

하지만 막상 자산운용사나 증권사 쪽에서는 경력직을 채용하려고 해도 일할 사람이 없다는 하소연이 나오는 곳이 또 개발금융분야이기도 합니다. 경력직이라고 채용을 했는데, 근본적으로 관련 분야 지식이 현저히 부족함에도 몇 번 금융에 서브로 참여를 했다고 하는 경우가 다인지라 속았다고 느끼는 경우도 의외로 많고, 그렇지 않음 특정 금융기관분야의 경우 구인난에 주니어 2~3년 차에 펀드설정 경험자면 일단 뽑고 필요한 자질은 가르치겠다고 하는 곳도 실제로 적지 않은 실정입니다.

안타깝지만, 같이 일을 해보거나 믿을 만한 추천이 없는 한, 단시간의 인터뷰나 track record만 가지고 부동산금융분야에 있어 주니어의 업무능력이나 잠재력을 판단하기는 거의 불가능에 가깝다고 생각합니다. 추천 등 인적 network나 유관 분야 학력 등에 상당 부분 의존해서 채용하는 이유가 여기에 있습니다.

결론적으로, 1. 부동산금융분야의 지식을 공부하는 데 힘을 쏟으시면서, 2. 나름대로 인적 network를 구축하시려 중장기적으로 애를 쓰시는 것이 원론적이지만 가장 유효한 방법이 되지 않을까 싶습니다.

덧붙여 말씀드리자면, 부동산금융에 관심이 있으신 경우 관련 지식을 쌓는 방법은 다양합니다. 대표적으로 관련 도서를 구해서 공부하시거나, 관련 자격증 공부를 하시면서 부동산공법에 대한 기본 지식을 쌓으시는 방법, 또는 관련 분야의 대학원을 다니시면서 학업과 인적 network 확대를 같이 병행하시는 방법 등이 있겠습니다. 여건이 허락하신다면 관련 분야 대학원을 다니시는 것이 가장 바람직하다고 생각합니다만, 입학의 난이도나 비용 규모, 절대적인 시간투자를 고려한다면 현실적인 진입장벽이 높은 것 또한 사실입니다.

일단 현업에서 "일 잘하는 사람"이 될 수 있도록 최선을 다하시고, 독학을 하신다면 우선 부동산공법 및 부동산금융분야의 도서를 구해서 틈틈이 익혀가신다면 추후 좋은 기회를 얻으셨을 때 큰 도움이 되지 않을까 싶습니다.

믿기지 않으시겠지만, 예를 들어 분명히 경력직이신데, 같이 일하는 대주단 멤버분들 중에 '지구단위계획'의 정확한 뜻을 모르는 분도 적지 않게 봤습니다. 경험이 쌓이시면 어떻게든 일은 처리하실 수 있겠지만, 근본 지식이 부족하면 반드시 한계가 드러나게 되고 무엇보다 당사자 본인이 가장 답답해지게 됩니다. 돈을 버는 것도 좋고 딜을 하는 것도 좋지만, 무엇보다도 장기적으로 부동산금융인으로서 롱런하시기 위한 지식이 우선이라는 인식을 바탕으로 기회를 노리시는 게, 답답하고 돌아가는 길로 보이지만 실은 질러가는 길이 되지 않을까 싶습니다.

Q3-3. ○○님과 작성자님 모두 친절한 답변 감사합니다. 제가 현재 할 수 있는 게 말씀하신 것처럼 현재 맡은 업무를 잘하면서, 개인적으로 공부하고 업계분들 네트워크를 형성하는 것이라고 생

각은 하였으나 확신이 없었습니다. 꾸준히 지금 하고 있는 것들 열심히 해야겠습니다. 감사합니다.

Q4. 선배님 같은 분들이 부딪히며 시장을 키워나가면서 지금처럼 채권보전 방안이 많이 생겼을까요ㅎㅎ 개인적으로 여쭤보고 싶은건,

1. 인구수는 계속 감소할 텐데 20~30년 뒤에 PF가 지금처럼 돈이 되는 시장일까요?

2. 부동산 가격 조정 및 버블 이후에 일본처럼 투자, 매매수요가 줄어들지 않을까 싶은데 업계 전망을 어떻게 보시는지 궁금합니다.

A4. 네, 다분히 원론적인 측면이지만 PF분야는 당연히 존속할 것이고 그 당위와 별개로 여전히 고수익 분야로 남게 될 것으로 봅니다. 지극히 원론적인 얘기이지만 '개발'을 한다는 것은 부동산뿐만 아니라 어느 분야를 막론하고 인간의 본성과 부합한다고 생각합니다. 다만, 부동산의 경우 개발이라는 개념이 한국에서는 특정 경제 주체의 경제적 편익만을 절대가치로 두고 이를 기준으로 진행되어온 측면이 과도하여 문제가 되는 것이지, '개발'이라는 행위 자체나 그 섹터가 없어질 것으로 상상되지는 않습니다.

부동산PF 같은 개발금융은 당연히 개발초기에 따르는 리스크값이 일반 실물자산 투자보다 훨씬 높기 때문에 고비용이 수반되며, 이러한 기조는 자본주의 시장에서 지속되리라고 생각합니다.

다음으로, 일본의 부동산시장은 양극화된 지 오래입니다. 구체적으로는 오사카나 홋카이도, 도쿄도 중 23구 등 주요 거점도시 내 CBD 및 고급주택지와 그렇지 않은 곳 사이에 투자나 매매수요가 극명하게 갈리고 있습니다. (일본도시의 경우 한국과 같은 CBD개념에 정확하게 부합하는 지역이 있다기보다 대부분 여러 지역이 상업과 주거의 다중핵심지 역할을 하기 때문에 비유가 완전히 대응되지는 않는 점 참고 부탁드립니다.)

한국에 일본과 같은 장기 디플레이션이 올까에 대해서는 의견이 분분합니다만, 일정 부분 타격을 받아 조정을 거친다면 전체 거래량은 축소가 불가피할 것으로 예상됩니다. 하지만 이 경우에도 위에 언급드린 A급 거점도시 내 우량한 입지의 부동산의 경우 수요는 꾸준히 있을 것으로 예상됩니다.

그리고 일본의 경우 자가주택이 아닌 경우 100% 월세시스템이기 때문에 이를 바탕으로 한 연기금 및 리츠의 레지덴셜 상품에 대한 기관차원의 투자가 굉장히 활발한 편입니다. 즉, 한국으로 치면 아파트에 해당하는 맨션 등의 소유자가 기관투자가인 경우가 많습니다. 한국의 경우 법인세 장벽 및 여러 가지 사회적인 인식허들 때문에 법인이 주거용 상품에 투자하는 것이 녹록지

않습니다만, 예상보다 빨리 전세시스템이 월세시스템으로 전환되는 경우 일본의 사례를 따라가게 되지 않을까 예상됩니다. (이 경우 상대적으로 REITs 분야 활성화에 장기적으로 도움이 되지 않을까 싶습니다.)

Q4-1. 고견 감사합니다.

Q5. 안녕하세요, 저도 문의드리고 싶어 댓글 남깁니다. 향후 해외, 국내실물, 개발, pf, 리츠 등 어떤 시장이 더욱 잠재력이나 성장가능성이 있다고 보실는지요? 커리어 시작을 어떤 부서나 사이드에서 시작하면 좋을지 여쭤보고 싶습니다!

A5. 네 안녕하세요?

일단 선택하실 수 있다면, 크게 '개발'분야 및 '실물자산'분야로 구분하시고 고민을 하시는 게 맞을 것 같습니다.

가능하시다면 '개발'분야에서 부동산금융을 경험하시고 실물자산분야로 넘어가시는 것이 좋다고 개인적으로는 생각합니다만, 생각보다는 양측 경계가 분명한 편이라 일단 진입하시면 상대분야로 넘어가기가 어려울 수도 있습니다.

선택이 어려운 환경이라고 가정하고, 어느 한 분야 경력을 시작하셨는데, 경험이 쌓임에 따라 현 분야보다는 상대 분야에 대한 관심과 열정을 발견하신 경우에는 관련 인적 network 확대에 신경 쓰시면서 해당 분야의 지식을 공부해 나가시면 기회가 오지 않을까 생각합니다.

국내 vs. 해외의 경우 무조건 국내파트를 먼저 경험해 보실 것을 권유드립니다. 해외의 경우 우선 언어장벽이 가장 큰 문제가 됩니다. 자칫 기본 절차나 지식이 확고하지 않은 상태에서 문화나 법제도, 언어가 다른 해외 딜에 임하실 경우 사소한 오해나 업무실수가 큰 사고로 이어질 가능성도 배제할 수 없습니다.

해당 팀에 충분한 능력이 되시는 매니저분들이 계시다면 큰 고민 없이 배울 수 있는 좋은 기회가 되겠지만, 그렇지 않다면 국내분야에서 경험과 지식을 충분히 쌓으신 후 해외투자로 눈을 돌리시는 게 좋지 않을까 싶습니다. 향후 전망과 관련해서는, 개인적으로는 개발금융보다는 점차 리츠를 비롯한 실물자산 관련 금융이 보다 주류로 인식되는 환경이 되지 않을까 생각하고 있습니다.

Q6. 앞으로 리츠가 더 핫해질 것 같은데(물론 소관 정부가 국토부라는 한계는 있지만) 어떻게 보시나요?

A6. 리츠의 입법취지나 이웃 일본의 사례를 보면 중장기적으로 리츠시장은 활성화돼야 하고, 또 결국 활성화될 것으로 봅니다.

하지만 대한민국의 경우 간접투자기구 관련 법제도가 너무 중복돼 있고 정부부서 간 이해관계나 관점이 상이하기 때문에 근본적으로 활성화에 이슈가 되는 한계가 일정 부분 있다는 점도 고려해야 할 팩트라고 생각합니다.

아직도 국민 대부분이 리츠투자에 대한 인식이 전무한 것 자체도 큰 걸림돌이라고 봅니다. 중장기적으로 정부의 적극적인 지원하에 리츠투자가 대중성을 획득하고 운용기관들이 안전하고 우량한 상품을 다양하게 출시한다면 실물자산 시장의 주류로 진입할 잠재력은 충분하다고 판단됩니다.

Q7. 선배님, 커리어를 고려하신 요소 중에 어떤 관점을 많이 고려하셨는지요. 지금 은행 IB에서 인프라 쪽으로 나름 잘 해가고 있는데, 부동산 쪽으로 옮기고 싶은 소망도 있습니다. 커리어와 향후 진로에 대해서 조언해 주실 게 있다면 부탁드립니다.

Q7-1. 인프라와 부동산은 그래도 구조는 비슷하지 않나요?

A7. 네 안녕하세요?

은행 IB 인프라 쪽이시라면 절차나 기본적인 대체투자 및 여신관련 금융지식은 충분하시리라고 판단됩니다. 잘 알려져 있지는 않지만, 한국 부동산금융의 모든 절차나 구조, 약정체계 모두 인프라금융를 모태로 해서 시작됐습니다. 인프라분야 클로징 경험이 있으시다면, 부동산금융분야로 이직을 하시거나 부서 이동을 하시는 경우 소프트랜딩에 큰 무리가 없으실 것으로 예상됩니다.

본인 능력과 network가 뒷받침된다면, 아직 주니어나 중간 매니저직위에서 부동산분야로 이직하셔서 진검승부를 하시는 것도 나쁘지 않다고 판단됩니다.

문제는 소프트랜딩인데, 분명 인프라 쪽에서 직간접적으로 관계를 맺으신 부동산분야 인맥이 있으실 것 같습니다. 해당 인맥을 잘 관리하시는 것도 좋은 방안이 될 수 있을 것 같고, 별도로 그런 인맥이 없다면 인프라분야 현업을 하시면서 별도로 부동산금융분야의 공부를 하시고 해당 인맥을 구축하셔야 합니다.

이미 인프라금융 경험이 있으시기 때문에 이직을 하시는 경우 해당 팀에서는 OO님을 일반 주니어로 보지 않고 실전활용이 가능한 경력직 주니어로 볼 가능성이 높습니다.

소프트랜딩은 가능하겠지만, 상대의 기대치와 님의 업무능력 간 괴리가 각인되는 경우 고민스런 상황이 될 수 있으므로 관련 분야 공부에 힘을 쏟으시길 권유드립니다. (은행사이드이시면 인근 부서 자료를 대내외비 항목삭제를 전제로, 공부목적으로 구해서 공부하시는 것이 가장 현실적인 대안이 될 것 같습니다.)

자료를 구하시는 시점의 목적이 어떠하든, OO님께서 재직하고 계시는 한 다양한 시각과 분야의 절차와 경험을 알아두시는 것은 조직차원에서도 절대 손해 되는 일은 아닙니다. 조직차원에서도 유관 분야 간 cross 자체연수를 장려하는 경우도 많으니 떳떳하게 공부하신다고 말씀하시고 도움을 구하시는 게 어떨까 싶습니다.

단, 노파심에서 말씀드립니다만 IB 분야 모든 정보는 비밀유지를 그 전제로 하여 보관되고 내부에서 업무목적으로만 유통되게 돼 있습니다. 이 점 유념하셔서 문제의 소지가 되지 않는 범위에서 틈틈이 익혀나가시기를 권유드립니다.

한편, 부동산금융분야도 워낙 다양하게 있어서 고민되실 것으로 보입니다.

정당하게 능력을 발휘하셔서 고액 연봉을 향유하실 것을 목표로 하신다면, 우선 실물자산분야보다는 증권사이드 대체투자, 구조화금융본부 등 주선파트를 염두에 두셔야 할 것으로 판단됩니다. 실제로 이직이 되신다면, 주선 관점에서 증권사는 일반 인프라금융과는 비교가 되지 않을 정도로 업무의 체감속도가 빠르고 스트레스가 많은 편이니 이 점은 감안하셔야 할 것 같습니다.

증권사를 염두에 두신다면, 개인적으로는 증권사 내 인프라금융이나 구조화금융본부 등에 임원급으로 재직하시는 분들과 개인적인 친분을 쌓고 능력을 보여드리면서, 그분들이 OO님의 장단점과 특기를 상당부분 파악한 상태에서 해당 임원분이 이끄시는 본부 및 팀으로 옮기시는 것이 생각할 수 있는 가장 베스트안이 되지 않을까 싶습니다.

Q8. 선배님. 한국의 MBS 시장 현 상황과 전망은 어떨지 궁금합니다.

A8. 죄송합니다. MBS 시장은 제가 경험해 보지 못한 분야라 이 부분은 섣불리 말씀드리기 힘들 것 같습니다.

다만 저도 시중 상업은행에 재직 중인지라, 기본적인 발행절차나 은행 대출채권과의 연계성 정도는 실제로 업무와 관련이 되기도 해서 알고는 있습니다만, 투자관점에서 깊게 고민해 본 적은 없어서 뭐라고 말씀드리기가 쉽지 않을 것 같습니다.

개인적으로는 mbs시장이든 REITs든 활성화되고 시장파이가 커지려면 일단 개인투자자 접근성이 담보돼야 한다고 생각합니다. 관련 글에서 잠깐 언급해 드린 적이 있는데, REITs 활성화를 논하기 앞서 일반 국민 대다수가 REITs가 도대체 뭐야라고 하는 상황에서는 어떤 방안이든 실효성 있는 대책이 될 수 없다고 믿고 있습니다. mbs도 유사하지 않을까 조심스레 추측해 봅니다. 답변이 미흡한 점 죄송하고 많은 양해 부탁드리겠습니다.

Q8-1. 감사합니다.

Q8-2. 후배양성을 안 하는 기득권이 많죠 IB 1세대.

A8-2. 네 맞습니다. 1세대 부동산금융인으로서 저도 안타깝고 반성되는 지점이 분명히 있습니다. 대한민국의 경우 IB는 부동산금융을 포함한 비정형여신 및 투자를 통칭하는 경우가 많은데, IB 시작을 90년대 중후반 인프라분야 PF로 본다면 몇 년만 지나면 한국 IB연혁도 30년에 가까워지게 됩니다.

연혁에 비해 상대적으로 부동산금융이나 IB분야에 관심 있는 주니어분들이 공부할 수 있는 교과서는 극히 한정적이고, 그나마 곁에 두고 참고할 만한 실무에 실질적인 도움이 되는 도서를 시중에서 구하기 거의 힘들다는 사실 자체가 대한민국 IB관련 분야 지식의 사회적 계승, 전달 측면의 암울한 현실을 대변한다고 생각합니다.

오늘도 분명히 대한민국의 어느 증권사나 은행, 자산운용사나 신탁사에 계시는 주니어 중 일부는 시니어분들이 클라이언트분들과 함께하는 미팅에서 열띠게 교환하는 낯선 용어부터 시작해서, 무슨 말인지 외계어를 듣는 심정으로 경청해야 하는 부동산공법용어의 향연과, 딜이 전체적으로 어떻게 구성되고 금융조건은 어떻게 설계되는지 큰 그림에 대한 정보에서 소외된 채 주어지는 업무하기에 바쁜 격무 속에서 길을 잃고 위축되어 계실 것으로 봅니다.

관련 지식의 1차적인 함양책임이 당연히 주니어 본인에게 있는 것이 맞습니다만, 그렇다고 체계적인 지식전수 시스템 없이 주먹구구식 도제식으로만 업무연수가 이루어지는 것을 정당화할 수는 없다고 봅니다. 또, 추후 어느 정도 경력이 쌓이시면 금융구조 설계 능력에 대해서 정통하게 배운 적도 없는데, 경험으로 선배들이 하신 자료를 넘겨 보면서 뭐가 맞는지, 어떤 것이 일반적인 업무처리인지도 확신을 가지지 못하고 딜 담당자로 지정돼서 클로징하기 급급한 상황도 있을 것 같습니다. 이 부분은 정말 저 포함 선배 시니어분들이 함께 반성해야 될 부분이라고 봅니다.

혹시라도 이 글을 보시는 분들 중에 부동산금융기관 CEO분들이나 의사결정이 가능하신 임원분들이 계시다면, 단순 도제식으로 알음알음 전수되는 것으로 만족하는 인재육성 문화를 조금만 벗어나서 고민해 주시기를 부탁드립니다.

실적과 결과로 얘기하는 IB의 특성상 분명 쉽지는 않겠지만, 결국 지나가는 직원분들도 크게 보면 내 식구였던 분들이 되는 셈이니 직원분들의 전문성 함양에 조금만 더 신경을 쓰신다면 최고의 가성비 투자가 되리라 확신합니다.

Q8-3. 좋은 포스팅입니다.

A8-3. 응원 감사합니다.

Q8-4. 선배님 정말 감사합니다. 이 글 부디 지우지 말아주세요. 스크랩 해놓고 두고두고 보면 참 좋을 것 같습니다.

A8-4. 과분한 격려시지만 고맙게 받도록 하겠습니다. 감사합니다.

Q9. 안녕하세요 선배님.

최근 카카오뱅크 상장과 함께 인터넷은행에 대한 각종 평가, 애널리스트들의 의견 등 금융권에서는 테크핀 회사들의 움직임이 큰데 네이버, 카카오, 토스 등 테크회사들의 금융업 진출이 향후 현재 시장을 이끄는 주력 부동산금융 플레이어들에 어떤 변화를 이끌 것으로 예상하시나요?

현재는 부동산 시장 자체가 정보비대칭성도 워낙 심하고 그러다 보니 인적네트워크가 가장 중요한 듯한데, 중개업을 넘어서 부동산금융에는 어떤 변화들이 있을지 궁금합니다.

A9. 예리한 지적이신 것 같습니다. 이 부분은 저도 고민을 해왔고 나름 의견이 있습니다만... 오늘 생각지 못하게 몇 시간 계속 타이핑을 하다 보니 이제 눈이 아파 더 이상 타이핑은 무리일 듯합니다...ㅠㅠ 대단히 죄송하지만 제 의견은 내일 점심쯤 드리도록 하겠습니다. 많은 양해부탁드리겠습니다.

Q9-1. 저도 정독했습니다. 오늘은 이만 쉬시죠. ㅎ 아 혹시 pc버전 안 쓰시나요? 이거 다 모바일로 치신 건 아니시죠?

A9-1. 쉬어야 되는데 다시 보고 있습니다. 다행히 pc에서 작성을 했구요. 신경 써 주셔서 감사합니다.

Q9-2. 늦은 밤에 많은 질문으로 피곤하실 텐데 친절히 답글 달아주셔서 감사합니다!! 현업에 오래 몸담고 계신 선배님께선 어떤 고민을 해오셨을지 궁금하네요. 답변 기다리겠습니다.

A9-2. 답변이 늦어 죄송합니다.

말씀하신 부분은 결국, 부동산금융에 테크핀 기업이 주도하는 B2B 플랫폼이 접목될 수 있을지, 접목된다면 구체적인 분야와 가능성은 어떨지로 귀결될 수 있을 것 같습니다. (리테일 부동산금융까지 아울러서 문의 주신 것으로 이해됩니다만, 리테일분야로의 확장가능성은 워낙 시중에 다양한 의견과 전망이 있고, 리테일 대출이 가장 큰 본령 중의 하나인 은행산업 특성상 제가 개인적인 의견을 드리기 다소 부담스러운 면이 있는 것 같습니다. 메이저 플레이어들이 우량 딜에 공급하는 일반적인 기업 부동산금융을 전제로 의견을 드리고자 하는데, 이 점 양해부탁드리겠습니다.)

결론부터 말씀드리면 저는 실물자산분야의 레버리지 파이낸스는 부동산금융 관련 특유의 정보 폐쇄성향만 해결된다면, 테크핀기업이나 핀테크를 활용하여 금융기관이 주도하는 B2B 플랫폼이 진입할 수 있고, 성공가능성도 있다고 보고 있습니다.

이에 반해, 개발금융의 경우에는 플랫폼으로 수요와 공급을 매치시키기에는 장기적으로도 여러모로 힘들지 않을까 생각합니다. 플랫폼이 제대로 작동하려면 제품의 표준화가 선행되어야 합니다.

예를 들어 실물자산인 오피스를 매입할 때 수반되는 선순위담보대출의 경우, 금리와 기간, 상환방식, LTV 등 주요조건이 비교적 정형화돼 있고 그 수도 많지 않은지라, 매수자입장에서는 해당 조건에 대한 quotation을 플랫폼으로 접수하는 데 근본적인 제약이 있을 것 같지는 않아 보입니다.

하지만 기술적인 문제와 별개로 앞서 언급드린 부동산금융에 있어 해당 정보의 폐쇄성향이 강하다는 점과, 수요자 입장에서는 일반적으로 공급초과시장인 저위험 실물자산 담보대출을 굳이 플랫폼을 사용해서까지 제안을 받고 공급자(금융기관)를 선정할 필요가 있을까라고 인식할 수 있다는 점이 주요한 변수로 작용할 것으로 예상됩니다.

이에 반해, 개발금융은 다양한 이해관계자와 협의해 나가면서 프로젝트 개요 및 금융조건을 공급자와 소비자가 같이 '만들어가는' 과정이 수반되기 때문에 근본적으로 표준화가 어려운 한계가 있다고 생각합니다. 개별 금융조건에 대한 quotation이 아닌, 주요 사항 몇 가지만 기준으로 해서 포괄적으로 개발금융을 주간할 금융기관을 모집하고 줄 세우는 것도 불가능하진 않을 것 같습니다만, 이 역시 부동산 프로젝트의 개요 및 참여당사자 등의 주요 정보가 오픈되는 데 대해 상상 이상으로 당사자들이 본능적으로 극히 보수적으로 된다는 점을 감안하면, 인적 network에 의존해서 알음알음 선정 및 진행되는 전통적인 방식 대비 금융 수요자 입장에서 그리 탐탁해할 것 같지는 않아 보입니다.

개인적으로는 정보비대칭 정도가 가장 큰 개발금융 부문에서, 이를 해소할 수 있는 대안인 플랫폼이 선호되지 않을 가능성 또한 가장 크다는 점이 일종의 아이러니가 아닐까 생각됩니다. 결과적으로, 테크핀 기업의 비즈니스 영역확장 관점에서는 B2B 부동산금융시장도 결국 시간의 문제이지 어떤 형식으로든 검토대상이 될 것이라는 생각이 무리는 아니지 않을까 싶습니다.

Q9-3. 답변에서 많은 고민을 하신 흔적이 절로 느껴지네요. 덕분에 많이 배우고 가는 것 같습니

다. 수요 공급 입장에서 플랫폼이 정보오픈에 어떤 베네핏을 줄 수 있을지가 중요하겠네요.

개발금융에 P2P 시장이 어느 정도 접근했다고 봤지만 아무래도 좋은 질의 딜이 될 수 없기도 하고 정보도 제한적으로 공개되다 보니 결국 다수의 피해자가 생기기도 하는 모습이 안타까웠는데 최근 증권사 IB 친구들도 테크기업 선호 모습을 보이길래 의아하더라구요.

시장이 예상치 못한 곳에서 급변하는 모습을 많이 보니, 커리어 관점에선 어떤 대응능력을 갖추는 것이 좋을지 생각하게 되는데 같이 고민 나누어 주셔서 감사합니다!

Q10. 오피스 매입 시 부동산담보대출 금리가 궁금합니다.

A10. 답변이 늦어 죄송합니다. 금일 저녁에 회신드리도록 하겠습니다.

A10-1. 답변드리기 전에 먼저 양해말씀부터 드려야 할 것 같습니다.

생각 같아서는 저도 '몇 % 수준입니다'라고 속 시원하게 말씀드리고 싶지만, 결국 가격을 알려드리는 답변이 되는 셈이라 오픈되는 곳에서 직접적으로 말씀드리기는 힘든 면이 있는 것 같습니다. 부족하시겠지만 관련 배경정보 및 간접적으로 유추하실 수 있는 내용을 말씀드리면서 답변을 대신하고자 합니다.

문의 주신 취지가 서울을 비롯한 주요 광역시 등 거점도시의 일반적인 A급 물건임을 가정한다면, 이때 담보대출은 일반적으로 시장에서 직간접적인 비딩의 과정을 거쳐 담보대출 기관을 선정하게 됩니다.

담보대출 기관으로는 보통 1금융권의 시중은행이나 보험사를 염두에 두시는 경우가 일반적이고, 매수기관의 성향에 따라 시중은행을 선호하실 수도 비은행권을 선호하실 수도 있습니다. 금리만 고려하면 일반적으로 시중은행이 불리한 경우가 많지만, 대형 딜로서 loan size가 커지는 경우 여러 가지 측면에서 가격에도 불구하고 은행권을 선호하시는 경우도 의외로 적지 않습니다.

전문 투자기구(펀드, RETIs 등)가 매입주체인 경우, 담보대출 기관입장에서는 명목차주이자 매입주체인 펀드나 REITs를 실제 차주로 보지 않고 책임임차인을 실차주로 간주해서 명목차주의 신용등급을 결정하는 것이 일반적입니다.

따라서, 예를 들어 입지가 우량함에도 불구하고 책임임차인이 다수(multiple tenants)로 구성되어 있거나 단일 책임임차인이더라도 임차기간 및 위약벌 조건, 단일 책임임차인의 신용도 등에 따라 비교적 다양하게 금리수준이 결정됩니다.

과거 미국의 양적완화기조가 계속되리라고 누구나 믿어 의심치 않았던 시기를 예로 들면, 서울 소재 A급 대형 오피스로서 우량 단일 책임임차인 조건인 초특급 우량 물건의 경우 3년 고정금리 기준으로 2%대 초반 수준에서 대출이 제공된 적도 있었습니다.

한은의 기준금리 인상이 공식화되고 연준의 테이퍼링 기조가 초미의 관심사가 된 2021년 8월 현재는 아예 비교자체가 안 되는 수준까지 인상되었으니, 이 부분은 단순 참고만 부탁드려야 할 것 같습니다.

그리고 대출기간은 매수기관은 가능한 한 5년 이상의 장기 고정금리를 선호하나, 현실적으로 5년 이상 장기 고정금리를 제공받기는 쉽지 않은 관계로 대출기간은 3년으로 결정되는 것이 일반적입니다. 위 의견으로 답변을 대신해 드리는 점, 다시 한번 양해부탁드립니다.

Q10-1. 장문의 답변 감사합니다. 시장이 과열되어 매입 부동산의 캡은 떨어지는데 대출금리는 올라 레버리지가 되지 않아 고민 중이었습니다.

A10-2. 현업에서 고민 중이신 고수신데, 사족이 되는 답변 아닌 답변을 드린 것 같아 많이 민망합니다. ㅜㅜㅜ 말씀하신 대로 운용기관 입장에서는 고민이 깊어가는 시기가 아닐까 싶습니다.

캡은 떨어지는데 금리까지 오르니 적정 수익률 맞추기는 점점 힘들어지는 것 같습니다. 추세적으로 개선될 것 같은 기미도 없고, 해외 대체투자 자산을 구하는 것도 원천적으로 어려운지라 이래저래 악재의 연속인 듯합니다. 힘내시고 현업에 계시다니 관련해서 개인적으로 연락 주시면 차 한잔 대접해 드리도록 하겠습니다.

Q11. 안녕하세요. 저는 IB 주니어로 있습니다. 최근 산업시설용지의 개발사업을 검토 중인데 참고해야 할 사항이 뭔지 조언해 주시면 앞으로 업무하는 데 있어 커다란 도움이 될 것 같습니다. 답변 부탁드립니다.

A11. 답변이 늦어 죄송합니다. 산단 개발이 개발금융의 가장 최고난도 상품 중 하나인데 부디 좋은 결과가 있으시길 바라겠습니다. 자세한 내용은 금일 저녁에 답변드리도록 하겠습니다.

그리고 가능하시다면 대략적인 예상 loan 사이즈와 순수민간사업이신지, 공공지분이 일부 포함된 민관공동사업인지 알려주시면 더 도움이 될 것 같습니다. 주시는 답변을 반영해서 저녁에 의견드릴까 합니다.

A11-1. 안녕하세요? 간단히 답변을 드리기가 힘든 주제라 고민이 많이 됩니다만, 최대한 핵심내용을 말씀드릴 수 있도록 노력해 보겠습니다.

산업시설용지 개발관련 문의를 주셨는데 아마 산업단지 조성 PF를 염두에 두고 계신 게 아닌가 싶습니다.

산업단지(이하 '산단'으로 지칭하겠습니다.)가 조성된 후의 분양 개별기업에 대한 토지분양대금

대출은 각 시중은행에서 관련 상품들이 이미 출시되어 있어 비교적 정형화된 구조를 보이지만, PF는 완전히 별개의 사안인 것은 맞습니다.

시중은행들이 과거와 같이 고위험 부동산PF를 실질적으로 취급하지 않게 된 것이 오래되었고, 그중에서도 산단PF는 개인적인 의견입니다만, 아마 PF를 취급하는 것으로 기조가 계속됐다고 하더라도 취급이 상당히 어렵지 않을까 하고 생각될 정도로 고위험 상품으로 분류됩니다.

핵심요인은 범용성에 있습니다. 입지나 타깃 end-user가 모두 매우 좁은 수요군의 개별 기업들을 겨냥하다 보니 해당 프로젝트의 토지분양이 실패하는 경우 속된 말로 대책을 논할 수 없을 정도로 수렁에 빠지게 됩니다.

공공지분이 그래도 최소 20% 이상 투하된 민관공동개발 프로젝트인 경우 그나마 한 번 필터링이 된 셈이고, 산단 조성 후 PF상환자금이 되는 개별 기업의 분양대금대출도 비교적 원활한 경우가 많아 나은 편이지만, 순수 민간 시행자가 사업을 진행하는 경우 향후 분양리스크가 현실화되었을 경우 이를 헤지할 방법이 더욱 마땅치 않은 면이 상대적으로 더 큰 면이 있는 건 사실입니다. loan sale을 해야 하는 주간사입장에서는 고민을 안 할 수 없는 부분이기도 합니다.

그렇다고 민간시행자가 추진하시는 프로젝트가 무조건 고위험이고 뭔가 부정적이다라는 얘기는 절대 아닙니다. 실제로 전국 각지 요지에서 많은 민간 시행자분들이 결코 적지 않은 수준의 자기자금을 투입해 가면서 잘 진행 중인 프로젝트도 상당수 있습니다. (loan sale을 하셔야 하는 주간사 입장에 초점을 맞추고 말씀을 드리고 있는 것이니 이 글을 읽는 분들도 부디 다른 오해는 없으셨으면 합니다.)

개인적으로는 다른 조건이 일반적인 수준이라고 가정하면, 산단PF의 성공여부를 좌우하는 가장 큰 요인 중 하나는 민간 시행자분의 자기자금 추가 투입능력이라고 보고 있습니다.

모든 PF가 그렇지만 산단의 경우에는 사업기간이나 비용이 늘어나는 경향이 더 농후하기 때문에, 초기 개발단계에서 비용상승요인이 발생하는 경우 1차적으로는 해당 민간 시행자분이 보충을 하실 수 있는 능력이 무엇보다 중요합니다. 개인적으로는 다른 조건이 일반적인 수준이라고 가정하면, 산단PF의 성공여부를 좌우하는 가장 큰 요인 중 하나는 민간 시행자분의 자기자금 추가 투입능력이라고 보고 있습니다.

모든 PF가 그렇지만 산단의 경우에는 사업기간이나 비용이 늘어나는 경향이 더 농후하기 때문에, 초기 개발단계에서 비용상승요인이 발생하는 경우 1차적으로는 해당 민간 시행자분이 보충을 하실 수 있는 능력이 무엇보다 중요하게 떠오르게 됩니다.

만약 그런 여건이 되지 않는다면 주간사 입장에서는 비용상승요인이 발생할 경우를 가정하고, 내부심의기준으로 추가 인수가 가능한지, 가능하다면 어느 정도인지를 면밀히 따져보실 필요가 있다고 봅니다.

한편, 상환재원이 되는 수분양기업들의 청약의향서 등도 실무적으로 보다 상세히 분석하실 필요가 있습니다. 단순히 100을 기준으로 분양대행사분들이 가져오는 의향서가 100을 초과한다 또는 최소 90 이상은 된다라는 비율적인 면을 기준으로 생각하시기보다는, 잠재 수요층의 분포 지역이나 동일 업종 내에서도 미세한 차이가 있는 기업들의 경우 왜 이쪽에 분양의향을 보이는지 등을 입체적으로 파악하시고 한 번 더 직접 주간사입장에서 객관적으로 생각해 보시는 시간을 갖는 것을 권유드립니다.

기본적으로 시장조사기관이나 분양대행사 등 전문기관분들이 분석을 해주시겠지만, 요는 의향서는 의향서로만 보셔야 한다는 점, 잠재 수요층이 실제로 분양으로 연결될지 여부에 대해서 적어도 리포트한 기관 담당자들과 면밀하게 상담을 하시고 질의를 주고받으시고 의견을 곱씹어서 seller로서 나름의 확고한 sales 포인트를 가지고 계시는 게 바람직하다고 판단됩니다.

산단의 경우 도심에 위치한 상업시설이나 주거시설 대비 상대적으로 낯선 상품이고 분양에 대한 그림이 머릿속에 잘 그려지지 않는 경향이 있습니다. 주간사 입장에서는 일단 딜을 맡으셨으면 좌고우면하지 않으시고 앞으로만 가셔야 하겠지만, 그렇다 하더라도 향후 loan sale을 염두에 두시고 분양대행사분들의 전략이 적절한지, 제대로 타깃층을 공략하고 있는 것인지 너무 맡기시지 말고 간간이 직접 챙겨보시길 권유드립니다.

아울러, 여건이 되신다면 산단 예정부지 내 시중은행 담당자들을 사전 접촉하시어 해당 은행들이 그 지역 산단 토지분양자금 대출을 바라보는 시각이나 대출규모, 개발이 됐을 경우 토지분양자금 대출의 가능여부 등을 사전에 타진해 보시는 것도 좋다고 생각합니다. 대출과 별개로, 지역의 산단 분양자금대출 경험이 있는 금융기관 담당자들과 얘기를 나누다 보면 외부의 객관적인 시각에서 바라보는 강점이나 약점을 더 잘 파악할 수 있는 계기가 되기도 하니까요.

드린 의견이 결과적으로는 너무 당연한 말씀이라 얼마나 도움이 될지 모르겠습니다. 추가로 혹시 궁금하신 사항을 특정해서 문의 주시면 최대한 답변드릴 수 있도록 하겠습니다.

Q11-1. 친절한 답변 감사합니다!

Q11-2. 정말 답글 하나하나에 시장에 대한 인사이트와 경험이 대단하시다고 느껴집니다. 후배 양성을 위해 정성스레 힘 써주시는 모습도 멋지십니다. 화이팅입니다.

A11-2. 아이쿠 과분한 말씀인 것 같습니다. 감사합니다.

Q12. 안녕하세요 선배님 최근 부동산 PF분야로 입사한 새내기입니다. 회사에 도움이 되고 싶은 열망이 크지만 대학에서 공학 쪽 전공으로 공부를 해서, 부동산 및 금융에 대한 지식이 매우 부족한 상황입니다. 만약 백지상태인 신입이 온다면 추천해 주실 자격증이나 서적 같은 부동산 PF

지식에 도움이 될 만한 것들이 있을지 여쭤보고 싶습니다.

A12. 네 안녕하세요? 반갑습니다. 개발금융에 입문하신 것을 동종업계 같은 동료로서 축하드립니다. 문의 주신 내용에 대해서는 최대한 빨리 내용을 정리해서 의견을 드리도록 하겠습니다. 조금만 기다려 주시길 부탁드립니다.

A12-1. 답변이 늦어 죄송합니다. 관련 지식이 부족하다고 스스로 인정하시고 개선코자 하는 것이 결코 평범하기만 한 결심은 아니라고 믿습니다. 앞으로 건승을 기원하며 응원드립니다.

문의 주신 내용과 관련해서는, 자격증을 실제로 취득하기 위한 공부보다는 단기간 내 관련 공부를 하면서 실무에 도움이 되는 기본지식을 뽑아내자는 생각을 가지시는 것이 어떨까 합니다.

중장기적으로는 국내외 회계, 재무계열 전문 자격증이나 CCIM, 국내외 MBA 등도 커리어 차원에서 고려해 보실 만하지만 당장은 실무에 활용될 지식을 쌓으시는 게 급선무실 것 같습니다.

우선 실무지식이 기본 이상이 되시면, 훨씬 자신 있게 업무에 임하실 수 있고, 업무효율도 기존과 비교하면 비약적으로 올라가게 됩니다. 법령을 예로 들면 민상법을 차근차근 공부하시는 게 무엇보다 중요합니다만, 당장 그 방대한 체계를 차근차근 익혀나가시기에는 현실적인 제약이 많을 것 같습니다. 이럴 경우, 입문서를 구해서 처음부터 보시기보다는 업무핵심과 관련되는 부분만 우선 공부하셔도 큰 도움이 될 수 있습니다.

이런 차원에서 저는 한국금융연수원에서 발간하는 실무 연수용 책을 주위 분들께 많이 권유해 드리고 있습니다.

분야가 방대하긴 하지만 우선 부동산금융을 포함한 IB 주니어분들께 최우선적으로 권해 드리고 싶은 책들은 다음과 같습니다.

- 프로젝트파이낸스
- 국제채 및 신디케이티드 론
- 여신실무법률 담보 I & II
- 여신실무법률 채권회수

부동산공법분야는 내용이 방대한 편이므로 현업에 익혀야 할 게 한두 가지가 아닌 주니어분들께는 역시 처음부터 순서대로 공부하는 방식은 추천드리지 않습니다. 그보다는 공인중개사용 부동산공법 책 적절한 것을 고르셔서 틈틈이 업무 보시면서 참고하시고, 전반적인 공법체계나 주요 용어를 눈에 익혀나가시는 것이 낫다고 봅니다.

그 외, 회계기초 및 재무분석은 시중에 요즘 워낙 입문자분들을 위한 좋은 책들이 많이 발간돼 있습니다. 비전공자라고 너무 어려워하지 마시고 서점에 가셔서 적당한 책을 고르셔서 익혀 나가시고, 현업에 접목하시면서 눈에 익히시면 빠른 속도로 기본 이상은 따라잡으실 수 있습니다.

나중에 기업재무분석 관련 깊이 있게 공부를 하시려면 공인신용분석사 과정에 도전해 보시는 것도 추천드립니다.

그리고 시중에 부동산금융 관련 책들이 많지는 않지만 실무와 이론을 어느 정도 같이 정리해 놓은 책들이 몇 권 있습니다. 안타깝게도 대부분의 관련 책들이 너무 이론적이거나, 실무내용이 포함돼 있는 경우에도 지나치게 좁은 분야에만 치우쳐 있는 등 데스크에 비치하시고 두고두고 참고할 만한 서적은 많지 않은 것이 현실입니다.

그래도 찾아보시면 다양한 분야의 저자들이 이론과 실무적인 면을 상당 부분 포함시킨 책이 없지는 않으니 많이는 사실 필요도 없고 1~2권 정도만 구매하셔서 공부를 해보시길 권유드립니다.

참고로, 저도 주니어분들을 위한 부동산금융도서를 현재 집필 중에 있고 빠르면 내년 초쯤 발간을 목표로 하고 있습니다. 부족하지만 주니어분들께 도움이 됐으면 하는 생각으로 진행하고 있으니 많은 응원 부탁드리겠습니다.

한편, 부동산금융 관련 책을 공부하실 때에는 최우선적으로 이 책에 나오는 용어는 마스터하시겠다는 각오로 우선 개념과 용어를 익히시는 데 집중하시는 것이 좋습니다. 그다음에는 자산유동화를 비롯한 다양한 금융구조와 사례를 한 번씩 손이 잡히시는 대로 일독하시면서 감을 익히시고 현업과 연결하신다면 업무에 큰 도움이 될 것으로 믿습니다.

그리고 소속된 회사에서 구하실 수만 있다면 다양한 승인 및 심사자료도 정말 훌륭한 공부거리가 됩니다. 만약 여의치 않으시다면 해당 팀에서 클로징한 딜의 약정서들을 공부해 보실 것을 개인적으로는 강력 추천드립니다. 많이도 아니고 대표적인 딜 3개 정도와 관련된 약정서들만 계속 보시면 여러 면에서 눈이 많이 트이실 겁니다.

저도 주니어로 처음 팀에 배속됐을 때, 팀의 허드렛일이나 막내가 하는 보조업무를 하면서 주된 업무가 약정서를 공부하는 일이었습니다. 다른 일이 없을 때 제가 약정서를 보고 있지 않으면 선배들께 혼이 날 정도로 맨 처음 무조건 약정서만 공부하도록 가르침을 받은 기억이 있습니다.

도움이 되셨는지 모르겠습니다. 아무쪼록 지금은 주니어시지만 건승하셔서 대한민국 부동산금융의 중추 인재가 되시기를 바라겠습니다. ^^

Q12-1. 선배님 이렇게나 자세하게 작성해 주시니 너무 감사드립니다. 시원하게 가이드라인을 잡아주신 것 또한 너무 감사드립니다. 나중에 선배님께서 집필하시는 도서 또한 기대가 됩니다. 천리길도 한 걸음부터인 만큼 작성해 주신 말씀 차근차근히 실행해 옮겨보겠습니다. 정말 감사드립니다!

A12-2. 도움이 조금이라도 된 것 같아 저도 기쁘고 감사합니다. ^^ 건강하시고 힘내시길 바라겠습니다. 감사합니다.

Q13. 부동산업계에 있다가 인프라를 다루는 운용사로 커리어를 확장시키고 싶은데... 관련 분야를 어떻게 쌓아나가야 할까요?

A13. 안녕하세요? 문의 주신 내용은 개인적으로는 며칠간 문의 주신 내용 중 가장 어려운 질의 중 하나가 아닐까 생각합니다.

부동산금융은 플레이어들의 층위가 지나치다 싶을 정도로 다양한 만큼 진입장벽이 낮은 측면이 분명히 있습니다.

단순비교는 가급적 피하고 싶습니다만, 이에 반해 인프라금융시장은 상대적으로 신규 인력의 진입에 허들이 많은 폐쇄적인 면이 강한 편입니다. 주로 메이저기관에서 주니어 때부터 인프라를 담당한 전문가들이 시장을 이끌고 있고, 신규 인력 선발 시에도 상대적으로 높은 수준의 기준을 요구하는 것이 일반적입니다.

참고로, 인프라금융 인력들의 인적 network는 어떨 땐 채권시장 저리 가라 할 정도로 막강한 영향력을 발휘하기도 합니다.

인프라금융시장이 민간투자법이라는 확실한 근거법령을 바탕으로 성숙해 왔고, 그 속성상 플레이어들이 의식하건 의식하지 않건 사회적 관점에서는 정책금융의 역할을 수행하는 특성과 깊은 관련이 있다고 개인적으로는 생각하고 있습니다.

모순이긴 합니다만, 문의 주신 내용에 대한 가장 적절한 답변은, 현실적인 가능성은 별도로 한다면, 어떻게든 인프라금융 무대에서 딜을 경험해 보기 시작하시는 것이 가장 좋다고 생각합니다.

메이저기관의 경우 인프라팀이 별도로 있는 경우가 많으므로, 가능하시다면 부동산 sector에서 인프라 쪽으로 이동을 해서 실제 딜을 경험해 보시고 인적 network의 일원으로 인정받으시는 것이 현실적인 대안이 될 수 있을 듯합니다.

현실적으로 인프라금융시장의 진입허들은 분명히 존재한다는 것을 인식하시고, 부동산금융 현업을 하시면서 관련 network를 꾸준히 노크하시면서 기회를 노리신다면 그렇게 어렵지만은 않을 것으로 믿습니다.

또 하나 참고로 말씀드리면, 인프라금융시장도 최근 경쟁이 무척 치열해진 편입니다. MRG 폐지 등 굵직굵직한 변곡점이 있었습니다만, 위에 잠깐 언급해 드린 인프라금융의 정책금융 성격 때문에 시장 자체가 순수하게 민간부문의 힘으로만 운영되거나 규모가 확장될 수 없는 구조적인 한계를 지니고 있기 때문입니다. 그 와중에 기관 플레이어들은 계속 시장에 진입해 와서 과거 2000년대말과 비교하면 경쟁의 강도가 비교가 되지 않을 정도로 심해진 경향이 있습니다.

인프라금융과 부동산금융은 비슷하지만 그 결이 완연히 다른 점이 있고, 부동산금융과는 다른 인프라부문만의 매력이 있는 것도 부인할 수 없는 사실입니다만, 향후 시장 발전가능성과 경쟁강도, 질문 주신 분의 개인적인 적성을 면밀하게 고려하시어 커리어전략을 세우시는 것이 바람직하지 않을까 생각합니다. 희망하시는 분야를 잘 찾으시고 안착하셔서 건승하시기를 바라겠습니다.

Q14. 안녕하세요~! 좋은 말씀 많이 남겨주셔서 감사합니다.

현재 해외 실물 및 대출 투자를 하는 운용사의 주니어로 있는데요. 해외 투자도 나름의 재미가 있지만 추후에 국내 부동산의 경험도 쌓고 싶은 개인적인 욕심이 있습니다. 지금 이곳에서의 커리어를 시작으로 쭉 가게 되면 국내부동산 투자를 담당할 수 있는 가능성은 희박해질까요?

국내와 해외 투자를 모두 아우를 수 있는 인력으로 성장하기 위해서는 어떤 부분이 필요할까요? 감사합니다.

A14. 네 안녕하세요? 반갑습니다.

이미 현업에서 해외 실물자산 투자를 하고 계시다면 국내 부동산금융 부문으로의 이동은 상대적으로 수월하지 않을까 생각됩니다만, 주로 어떤 차원에서 고민되시는 면이 있으신지 조금 더 구체적으로 말씀해 주시면 답변드리는 데 큰 도움이 될 것 같습니다.

아울러, 혹시 가능하시다면 말씀하신 해외 실물자산 투자도 글로벌 어느 지역을 주로 경험하고 계신지, 국내 자금을 활용한 primary 딜을 하시는 구조이신지 아니면 글로벌 secondary 마켓 참여를 주로 하시는지도 알려주시면 좀 더 면밀하게 맞춤 답변을 드릴 수 있을 것 같습니다.

Q14-1. 네 답변 감사드립니다!

Q15. 국내 부동산 투자를 검토한 경험이 있는데 해당 부분에서 국내와 해외 투자 간 전체적인 금융 구조 사이드는 비슷한 점이 많으나 국내단에서는 훨씬 더 세세하게 고려해야 할 점이 많았던 경험이 있습니다. 예를 들어 세금 단이나 자산의 PM AM 부분까지 세세하게 파고들어야 하는 좀 더 부동산 적인 면들이 있었고, 최근 활발하게 진행되는 국내 PF투자의 경우는 국내외 실물과는 아예 다른 구조의 플레이를 하는 것으로 간접적으로 경험한 적이 있습니다.

제가 고민되는 부분은 이렇듯 해외와 국내 투자 간의 간극이 존재하는데, 점점 해외는 해외투자만 국내는 국내 투자의 경험이 있는 사람만을 찾는 전문화되고 고착화되는 문제가 혹여 나타나지 않을까 하는 고민입니다. 해외 투자를 현재 하면서도 이러한 국내 부동산 투자 사이드의 업력을 키울 수 있는 방법이 혹시 있을까요?

그리고 해외 실물 자산 중 대부분 유럽이나 미국 지역을 경험하고 있으며 국내 자금을 활용한 primary 딜을 하는 구조입니다. 나름 대형사에서 다양한 딜이 들어오고 다양한 수익자를 만나는 경험을 하고 있고 코로나 상황이 풀리면 더 활발해질 것으로 기대하며 다니고 있습니다.

국내로의 이동이 수월할 거라고 생각하시는 부분도 궁금합니다. 저라면 국내 부동산을 경험한 신탁사, 시행사 혹은 적어도 개발사업의 건설사 출신들을 더 선호할 것이라고 생각해서요. 감사합니다!

A15. 네 감사합니다. 고민되시는 지점이 어디인지 잘 알 것 같습니다. ○○님의 열정에 먼저 박수를 보내드립니다.

우선, 전체적인 그림차원에서 조언드리자면 너무 걱정마시고 현업 쪽이신 해외부문에 전념하셔도 나중에 희망하시는 국내 부동산금융부문으로 이동하시는 게 큰 문제는 없지 않을까 생각합니다.

제가 국내부문에 익숙해져서 그런진 모르겠습니다만, 저는 해외부문 PF를 주간하거나 실물자산 투자를 진행 시 국내부문 대비 훨씬 더 복잡하고 고려해야 할 사항도 많다고 느꼈습니다. 기본적으로 국경을 넘는 것은, 그것이 투자이든 무역이든 또는 인적교류이든 국내의 그것들과는 원천적으로 다른 차원의 복잡함과 세심함을 요구한다고 생각합니다.

물론 걱정하시는 것처럼 해외부문의 경험이 국내부문으로의 이동 시 안착을 보장해 주는 것은 아닙니다. 다른 점도 당연히 있고, 경우에 따라서는 국내부문이 오히려 고려해야 할 법적, 회계적 그리고 정무적 이슈가 더 복잡한 경우도 분명히 있습니다.

하지만 이는 근본적으로 '분야'가 달라서 그런 것이지, ○○님께서 일단 경험을 하기 시작하신다면 안착에 대단한 허들이 될 사항으로는 보이지 않습니다.

단순히 안착을 넘어 국내 부문에서도 지금 하시는 현업에서처럼 누구 못지않은 전문가로 자리매김하시려는 열정은 충분히 이해합니다만, ○○님께서 추가 질의글에 언급하신 세금이나 PM, AM, 회계처리 이슈 등은 해외 딜에서 쌓으신 경험과 견문을 가지시고 초기 경험과 전문기관을 통한 약간의 도움만 뒷받침된다면, 익숙해지시는 데 전혀 허들이 되지 않을 거라고 확신합니다.

대한민국도 이제 어느 나라 못지않은 선진국입니다. 단순한 국뽕 차원에서 드리는 말씀이 아니라, 비즈니스 관련 대부분의 법제도가 이미 글로벌리 유사한 구조를 가지고 있다는 점이 중요한 지점이라고 생각합니다. 따라서, 다소 비약일 수는 있습니다만 구조적으로 보면 해외부문 취급 시 고민하셔야 되는 대부분의 사항이 국내 부동산금융을 취급하실 때 고민하셔야 되는 지점과 큰 차이가 있다고는 생각하지 않습니다.

한편, 문의 주신 내용 중 PF 및 실물자산의 간극은 분명히 있는 것이 맞습니다. 부동산금융이라고 통칭되기는 하나, 부동산PF는 개발금융으로서 일반 실물자산 금융과는 궤가 완전히 다른 전혀 별개의 상품입니다. 생각보다 그 경계나 간극이 명확해서 양자 간 전문인력 이동이 그리 쉽지 않은 것도 사실입니다.

안타깝지만 이 부분은 ○○님께서 커리어 전략을 세우실 때, 현실적인 환경을 인정하시고 현재의 해외투자부문에서 옮겨 가신다면 어느 분야로 가실지 선택에 대한 개인적인 고민을 하실 필요가 있다고 생각합니다.

한국의 간접투자시장 초창기에는 은행, 증권사, 신탁사 할 것 없이 올라운드 플레이어가 대세였고, 개발금융과 실물자산 금융을 아우르는 전천후 인력들이 다양한 경험을 풍부하게 할 수 있는 시기가 분명 있었습니다만, 현재는 상대적으로 그런 환경자체가 조성돼 있질 않고, 시장이 성숙해 감에 따라 분야별 전문성이 확립돼 가는 성장기인지라, 과거의 그러한 방식이 과연 추천할 만한 장점인지에 대해서도 개인적으로는 다소 의문을 가지고 있습니다.

말씀하신 전문 인력의 분야별 고착화는 분명 그러한 경향이 있는 것은 사실입니다만, 개인적으로는 환경이나 제도가 그렇게 강제한다기보다는 분야별 전문인력 개개인의 성향이나 판단이 더 중요한 요인이 아닐까 싶습니다.

지금은 해외부문뿐만 아니라 국내 실물자산이나 개발금융 부분에서도 전문성을 키우시고 싶은 큰 꿈이 있으시겠지만, 일단은 말씀드린 대로 현업인 해외부문에 집중하셔서 이쪽 분야의 전문성을 키우시고, 본인의 선택에 의해서 국내 부동산부문으로 이동을 결정하실 경우, 기회의 문이 그리 좁지는 않을 것으로 보입니다.

국내부문으로 만약 이동을 하셔서 업무를 하신다면, 상황에 따라 동일 팀에서 해외투자를 병행하게 될 가능성도 얼마든지 있고, 이럴 경우 ○○님의 경험과 전문지식은 누구도 따라오지 못할 훌륭한 자산이 될 가능성이 높습니다.

시원한 답변은 안 되셨겠지만, 요는 현재 속해 계시는 팀에서 국내 부동산금융을 같이 취급하지 않는 한 일단 현업에 충실하시고, 그 후 본인의 결정에 따라 커리어 이동을 선택하신다면 해외와 국내를 아우르는, 원하시는 전문가로 인정받으시는 데 무리가 없지 않을까 생각합니다.

진정한 부동산금융 전문가를 꿈꾸시는 ○○님께 다시 한번 응원과 격려를 보내드립니다. 감사합니다.

Q15-1. 너무 정성스럽게 답글 달아주셔서 감사합니다!! 응원해 주셔서 정말 감사드리고 말씀해 주신 것처럼 현업에서 충실한 전문가로 인정받은 뒤 격려해 주신 바와 같이 진정한 부동산 금융 전문가로 거듭날 수 있도록 하겠습니다! 나중에 성공한 전문가가 되어 실제로 인사드릴 수 있는 기회가 꼭 생겼으면 좋겠네요. 좋은 답변 정말 감사합니다!

Q16. 저는 국내 증권사에서 리먼사태 즈음에 PF업무를 시작한 후배입니다. 굳이 따지자면

1.5~2세대? 증권업계에서는 1.5, PF시장 전체로 보면 2세대쯤 되겠네요. ㅎㅎ 시중은행들의 PF셧다운으로 ABCP를 주력상품으로 한 증권사들이 태동하던 시기였죠.

후배님들 질문과 선배님의 답변들을 보면서 업계를 떠나 새로운 도전을 해볼까? 생각 중인 시기에 많은 생각을 하게 되네요. 건승하시고 기회가 된다면 오프라인에서도 한번 뵙고 싶네요~~

A16. 치열한 개발금융 전장을 헤쳐오신 프로분께서 Q&A 내용이나 취지를 따뜻하게 봐주신 것 같습니다. 무수한 실전을 거치신 베테랑께서 이렇게 답변을 주시니, 주니어분들과 의견교환을 하는 것과는 또 다른 차원에서 많이 감사할 따름입니다. 말씀처럼 언젠가 기회가 되면 저도 얼굴뵙고 차 한잔 나눌 수 있었으면 합니다. 과분한 격려 진심으로 감사드립니다.

Q17. 안녕하십니까 선배님 댓글들 전부 정독하고 왔습니다. 부동산 개발금융에 이제 막 2~3달 차 정도 된 주니어입니다. 사실 정말 부동산공법용어의 향연과 업계전문용어의 난무로 고생을 많이 하고 있습니다. 혹시 어떠한 것을 공부하는 것이 좋을지 추천해 주셨으면 합니다.

현재 신탁의 종류와 특징, PI B/L PF 등의 개념과 어느 정도의 LTV까지 대출되는지 등을 공부하고 있습니다. 그리고 건축조례에서 높이제한이나 인접경계선을 보고 도시계획조례에서 용적률 건폐율 등을 본다는 것 등을 보고 있는데요. 기타 부가적으로 무엇을 공부하면 좋을지 궁금합니다.

그리고 이건 개인적으로 헷갈려서 질문드립니다. 분양관리신탁의 경우 수분양자가 신탁사에 분양대금을 납입하고, 신탁사가 시공사 및 대주들에게 자금을 주고 차후 남는 이익을 시행사에게 주는 것으로 알고 있습니다. 그렇다면 관리형 신탁과는 거의 차이가 없지 않나요? 관토의 경우에는 차후 시행사가 default되어도 신탁재산인 부동산은 신탁사 소유이고, 분양 및 분양대금관리는 모두 신탁사가 하는 것으로 알고 있어서요. 혹시 가능하시면 답변 부탁드립니다 선배님.

A17. 답변이 늦어 죄송합니다.

주니어분들의 경우 경험이나 관련 지식이 절대적으로 부족한 경우가 많으므로 당연히 답답한 상황이 반복될 수밖에 없습니다. 지극히 정상적인 상황이니 너무 조급해하지 마시고 마음의 여유를 가지시길 권유드립니다.

각론적으로 현재 어떤 부분을 더 공부하셔야 하는지는 직간접적으로 많이 접하는 질문이지만, 지면으로만 파악해서 제대로 답변드리기는 참 어려운 질문 중 하나라고 생각합니다. 핀셋처럼 맞춤식으로 말씀드리면 제일 좋겠지만, 공부하실 분야가 적지 않기 때문에 그중 어떤 분야를 먼저 보셔야 님에게 가장 맞춤한 방법이 될지 섣불리 말씀드리기가 어려운 면이 있기 때문입니다.

그래도 조언을 드리자면, 현재 가장 기초적인 부분을 익히고 계신 것 같은데 그렇다면 우선 부동산공법 용어에 익숙해지시는 것을 우선으로 해서 공부를 해나가시는 게 어떨까 합니다.

참고로, 제 후배님들께도 제가 항상 강조하는 부분입니다만, 부동산금융의 기법이나 용어 등은 그 자체가 어려운 것은 결코 아닙니다. 절차나 용어, 기법 측면에서는 일정 수준 이상만 되시면 업무에 부족함이 없는 수준까지 비교적 빨리 도달할 수 있습니다.

어려운 부분은 사실 형식이 아니라 내용입니다. 실물자산 금융은 그나마 정형화되어 있어 낫습니다만, 개발금융의 경우에는 클라이언트와 금융기관 간 적절한 리스크 분배로 상호 win-win 할 수 있는 금융구조, 문제없이 오래갈 수 있는 금융조건 설계가 본령이라고 할 수 있습니다. 물론 프로젝트에 대한 올바른 리스크 판단을 전제로 하기 때문에 많은 경험과 시장의 여타 player와의 network 및 sales 능력, 몸담고 계시는 조직의 시장 power 등이 복합적으로 필요한 결코 쉽지 않은 영역이라고 할 수 있습니다.

현재 입문단계에서는 아득하게 보이시겠지만 나중에 시니어가 되시면 단순히 딜을 주선하시고 클로징하시는 데 의미를 두시는 것보다는, 내용적으로 어떻게 더 효율적이고 더 올바르게, 장기적인 관점에서 프로젝트가 지속가능할 수 있도록 만들어 나갈까 하는 고민과 훈련을 주니어 때부터 해 나가시는 게 좋다고 생각합니다.

사실 치열하게 고민해도 시장의 압력과 경쟁을 이겨내고 자신의 스타일을 고집하기 쉽지 않은 경우가 많습니다. 따라서 아예 고민조차 하지 않으시고 시장의 trend대로만 딜을 보시게 되면 '금융기술자'는 될지언정 가급적 함께하고 싶은 '금융전문가'로 자리매김하기는 요원할 수 있다는 점 한 번쯤 고민해 보셨으면 합니다.

그리고 말미에 문의 주신 신탁 관련해서 답변드리겠습니다.

우선, 분양관리신탁은 본질적으로는 관리신탁의 개념을 차용한 것이 맞습니다. 다만, 잘 알고 계시겠지만 지난 2003년 굿모닝시티 사태를 겪으면서 사회문제화된 수분양자 보호에 초점을 두고 신탁에 수분양자 보호를 위한 조치를 가미하여 제정된 상품이라고 보시면 됩니다.

따라서 두 상품 공히 신탁사로 '소유권 이전'이라는 신탁의 가장 핵심적인 개념을 가지고 있고, 금융기관 차입금 관련 '담보'의 성격과 default 시 수탁기관에 의한 환가 및 관리라는 개념도 공유하는 등 본질적으로는 유사한 측면이 많습니다.

그럼에도 불구하고 분양관리신탁은 수분양자보호를 최우선가치로 하여 운영되는 상품이므로 default 시에도 일정 조건 충족을 전제로 수분양자의 분양대금이 금융기관 차입금에 우선하는 구조로 개발이 됐습니다.

default가 나고 EOD 상황이 되면 대주단과 신탁사 중심으로 사후관리가 이루어진다는 점에서도 공통점을 가지고 있습니다만, 같은 신탁이더라도 채무불이행 시 환가처분의 결과가 어느 쪽에 우선배분되는지가 가장 큰 차이점이라고 보시면 되지 않을까 싶습니다.

그리고 분양관리신탁계약에 더하여 보통은 신탁계약과 한몸처럼 움직이는 대리사무계약, 대출약정 및 사업약정 등이 어우러져 프로젝트가 관리된다는 점, 그리고 개발금융 분야에서 일반적으로 관리신탁이라고 하면 '관리형 토지신탁'과 거의 동의어로도 쓰인다는 점 참고로 말씀드립니다.

정리하자면, 분양관리신탁은 본질적으로 관리신탁과 유사한 특징을 가지고 있되, 선분양을 위한 전제조건으로 활용되며 '수분양자보호'를 위해 보다 능동적으로 신탁사가 분양대금을 보전관리하게 하는 신탁상품이라고 말씀드릴 수 있겠습니다.

경험이 경험으로만 스쳐지나가고 휘발되지 않도록, deal diary 꾸준히 기록하고 복기하시는 것 잊지 마시고, 아무쪼록 원하시는 대로 부동산금융 전문가가 되시길 바라겠습니다.

Q18. 선배님 안녕하세요? 현재 리츠 AMC에 재직 중인 주니어입니다.

리츠 비히클 특성상 설정이나 운용이 여간 만만한 게 아니라 딜 검토에 있어 제약을 많이 느끼고 있습니다. 그래서 현재 부동산 펀드나 업을 바꿔 PF 쪽으로 이직할까 고민 중인데 어떻게 생각하시나요? 고견 남겨주시면 큰 도움이 될 것 같습니다.

A18. 네 안녕하세요?

고민을 많이 해오신 것 같습니다. 개인적으로는 리츠업계에서 롱런하시면서 전문가로 자리매김하시겠다는 확고한 꿈이 있지 않으시다면, 일반 운용 쪽으로 일찍 옮기시는 게 낫지 않을까 싶습니다.

힘들다고 느끼시는 부분이 구조적인 이슈인지라 시간이 가면서 해결될 문제가 아닌 데다, 말씀하신 대로 리츠분야에 계시면서 상대적으로 경험하실 수 있는 폭이 적은 것도 현재로서는 부인할 수 없는 면이 있기 때문입니다.

주니어 시기에 옮기실 경우 리츠 설정 유경험자의 메리트를 가지시고 보다 폭넓게 딜을 경험해 보실 수 있는 좋은 기회가 되시지 않을까 싶습니다.

다만, 저보다 더 잘 아시겠지만 비록 리츠시장이 작다고는 하나 메이저기관(신탁사 등)의 경우 라이선스를 받고 리츠시장에 진입하려는 수요는 제법 있는 편입니다.

신규 플레이어 점증과 함께 향후 리츠시장이 전반적으로 확대될 가능성이 높다고 보기 때문에, 리츠시장에서 계속 활동하시면서 롱런하신다면 유관 정부기관과의 강력한 network(국토부, 부동산원 등) 구축과 함께 전문가로서 보상받으실 수 있는 충분한 기회가 있을 것으로 보입니다만, 이 점은 판단의 문제이니 숙고하셔서 결정하셔야 되지 않을까 싶습니다.

개인적으로는 어떤 결정을 하시더라도 '부동산금융' 분야에 계시는 한 대과는 없을 것으로 보입니다만, 문의 주신 내용으로 추정컨대 다양한 딜 경험에 대한 갈증이 크셔서 아마 계속 옮기시는 고민을 하게 되실 것 같습니다.

프론트 전문인력으로서 일을 해나가는 가장 큰 동인 중에 하나가 신규 딜을 접하는 희열과 하나하나 클로징해 나가는 재미와 보람이기 때문에, 이에 대한 갈증으로 고민을 하시는 부분 충분히 공감됩니다. 가슴이 시키는 대로 하라는 상투적인 조언은 듣는 것도 제가 드리는 것도 싫어하는 편입니다만, 이번에는 가슴이 원하는 대로 하셔도 무방하지 않을까 싶습니다.

어떤 결정을 하시더라도 열정을 가지시고 전문가로서 자리매김 잘하시기를 바라겠습니다. 감사합니다.

Q18-1. 만나뵙고 여쭤본 것도 아닌데 정말 진지하게 고민하시고 답변해 주셔서 너무 감사합니다.

결과론적으로 저는 이직 준비를 하게 될 것 같습니다.ㅎㅎ 운용도 매우 중요하지만 주니어에게는 투자 경험이 중요하니까요. 질문이라고 했지만 사실상 답변해 주신 내용을 인지하고 있으면서도 제3자가 집어주길 바랐던 걸지도 모르겠네요.

잘될지 안될지, 옮길 수 있을지 없을지 모르지만 머리를 명확히 할 수 있는 계기가 된 것 같습니다. 감사합니다.

A18-1. 새로운 출발을 진심으로 축하드립니다. 부디 성공하시기를 바라겠습니다~! ^^

Q18-2. 선배님 감사합니다. 앞날에 좋은 일만 있으시길 바랍니다. 건강하세요. ^^

맺음말

코로나 팬데믹이 한창이던 2021년에 교문사 류원식 대표님의 격려를 바탕으로 묵혀놨던 원고를 손보기 시작한 것이 엊그제 같은데, 벌써 햇수로는 2년 차에 접어들어 출간하게 되었습니다. 코로나로 인해 사랑하는 가족과 가까운 분을 잃고 고통받으신 모든 분께 지면으로나마 깊은 위로를 전해드리며, 코로나 방역 및 의료 분야에서 헌신하셨던, 그리고 아직도 고생하고 계신 모든 분께 국민의 한 사람으로서 머리 숙여 감사드립니다.

책을 한 권 세상에 내놓는다는 것이 이렇게 힘든 일인 줄 알았다면 아마 시작조차 하지 않았을 것 같습니다. 어려웠던 만큼 출간의 보람이 적지 않지만, 탈고의 기쁨보다는 현재의 국내외 경제상황이 녹록지 않아 국민의 한 사람으로서 걱정이 더 앞선다는 것이 솔직한 심정일 것 같습니다. 더구나 이 책의 주제인 부동산개발금융, 즉 부동산PF가 다수의 도전적 과제에 직면한 한국경제의 불확실성을 가중시키는 요인 중 하나로 지목되고, 2008년에 이어 다시금 국가차원에서 중점 관리대상이 된 현실이 착잡하고 안타깝습니다.

이미 취급된 부동산PF의 관리방안이 초미의 관심사이기도 하거니와, 구조적으로는 부동산개발금융 신규 취급 또한 앞으로 상당 기간 어려움을 피하지 못할 것으로 예상됩니다. 부동산개발금융을 둘러싼 여러 가지 난제가 현재진행형인 상황에서 부동산PF와 관련된 책을 새롭게 세상에 내놓는다는 사실에 마음이 무겁지 않다면 거짓일 것 같습니다. 과거 2008년을 기점으로 겪었던 아픔은 뼈아프지만 그나마 대한민국 부동산개발금융의 성장통이라고 볼 여지라도 있었습니다. 하지만 현시점에서의 부동산PF를 둘러싼 대내외 악재와 불안, 우려는 어떻게 해석해야 할지 난감하기만 합니다. 어쩌면 예전의 교훈은 다른 세계 일인 양 까맣게 잊고 당장의 이익에만 집중하여 달려온 결과를 지금 시점에서 목격하고 있는지도 모르겠습니다.

지루하고 힘들 수 있지만 잘못된 점을 돌아보면서 개선점을 찾고, 아울러 기본을 다지는 노력은 그 나름의 의미를 가진다고 믿습니다. 이 책이 금융기관에서 현재 부동산개발금융 실무를 직접 담당하시는 분을 비롯하여 부동산개발금융, 더 나아가 투자은행 분야에 관심이 있는 모든 분께 기본을 다지고 '기술(skill)'로서의 지식을 넘어 부동산개발금융의 '의미'를 함께 고민하는 데 조금이나마 도움이 되기를 희망합니다.

찾아보기

ㄹ

ㅁ

ㅂ

ㅅ

ㅇ

ㅈ

ㅊ

ㅋ

ㅌ

D

E

F

G

H

I

K

L

M

N

O

P

R

S

T

U

V

W

Y